推进产业工人队伍建设改革

文件汇编

推进产业工人队伍建设改革协调小组办公室◎编

中国工人出版社

图书在版编目（CIP）数据

推进产业工人队伍建设改革文件汇编 / 推进产业工人队伍建设改革协调小组办公室编. —北京：中国工人出版社，2023.1
ISBN 978-7-5008-8049-3

Ⅰ. ①推… Ⅱ. ①推… Ⅲ. ①产业工人 – 体制改革 – 文件 – 汇编 – 中国
Ⅳ. ①D412

中国版本图书馆CIP数据核字（2023）第019443号

推进产业工人队伍建设改革文件汇编

出 版 人　董　宽
责任编辑　习艳群
责任校对　张　彦
责任印制　栾征宇
出版发行　中国工人出版社
地　　址　北京市东城区鼓楼外大街45号　邮编：100120
网　　址　http://www.wp-china.com
电　　话　（010）62005043（总编室）
　　　　　（010）62005039（印制管理中心）
　　　　　（010）82027810（职工教育分社）
发行热线　（010）82029051　62383056
经　　销　各地书店
印　　刷　宝蕾元仁浩（天津）印刷有限公司
开　　本　710毫米×1000毫米　1/16
印　　张　39.75
字　　数　739千字
版　　次　2023年5月第1版　2023年11月第3次印刷
定　　价　98.00元

目录

第一篇　中共中央、国务院文件

第二篇　法律及行政法规

第三篇　推进产业工人队伍建设改革协调小组文件

第四篇　部委文件

第一篇

中共中央、国务院文件

中共中央办公厅　国务院办公厅印发《关于提高技术工人待遇的意见》

近日，中共中央办公厅、国务院办公厅印发了《关于提高技术工人待遇的意见》，并发出通知，要求各地区各部门结合实际认真贯彻落实。

《关于提高技术工人待遇的意见》全文如下。

为落实《新时期产业工人队伍建设改革方案》，创新技能导向的激励机制，进一步鼓励辛勤劳动、诚实劳动、创造性劳动，增强生产服务一线岗位对劳动者吸引力，建设知识型、技能型、创新型劳动者大军，营造劳动光荣的社会风尚和精益求精的敬业风气，现就提高技术工人待遇提出如下意见。

一、指导思想

全面贯彻党的十九大精神，以习近平新时代中国特色社会主义思想为指导，紧紧围绕统筹推进“五位一体”总体布局和协调推进“四个全面”战略布局，牢固树立和贯彻落实新发展理念，坚持以人民为中心的发展思想，坚持全心全意依靠工人阶级的方针，充分发挥政府、企业、社会的协同作用，完善技术工人培养、评价、使用、激励、保障等措施，实现技高者多得、多劳者多得，增强技术工人获得感、自豪感、荣誉感，激发技术工人积极性、主动性、创造性，为实施人才强国战略和创新驱动发展战略，实现“两个一百年”奋斗目标、实现中华民族伟大复兴的中国梦，提供坚实的人才保障。

二、基本原则

——加强领导，形成合力。坚持党管人才原则，充分发挥市场在资源配置中的决定性作用，更好发挥政府作用，进一步增强企业主体作用、工会监督作用、群团组织动员作用和社会支持作用，完善多方参与的工作体系，形成齐抓共促的工作格局。

——重点突破，多措并举。以为国家作出突出贡献的高技能领军人才为重点支持对象，着力提高技术工人收入水平，完善工资正常增长机制，拓宽收入渠道，加大培养培训力度，强化评价使用激励，优化社会环境，全面改善技术工人待遇水平。

——立足当前，着眼长远。加强政策引导，着力改变技术工人社会地位偏低现状，促进广大技术工人爱岗敬业；坚持长期稳定支持，不断营造良好社会氛围，让全体技术工人焕发劳动热情，释放创造潜能，创造更加美好的生活。

三、突出“高精尖缺”导向，大力提高高技能领军人才待遇水平

（一）全面加强对高技能领军人才的服务保障。对为国家经济发展和重大战略实施作出突出贡献，具有高超技艺技能和一流业绩水平，并长期坚守在生产服务一线岗位工作的高技能领军人才，全面采取措施，切实加强服务保障和提高待遇水平。高技能领军人才包括获得全国劳动模范、全国五一劳动奖章、中华技能大奖、全国技术能手等荣誉以及享受省级以上政府特殊津贴的人员，或各省（自治区、直辖市）政府认定的“高精尖缺”高技能人才。各地要设立高技能领军人才服务窗口，负责协调落实相关待遇政策，并结合实际制定支持政策。

（二）提高高技能领军人才的政治待遇。探索实行高技能领军人才在工会等群团组织中挂职和兼职，纳入党委联系专家范围。鼓励行业主管部门、群团组织、行业协会、企业及社会各方面力量，以多种方式对高技能领军人才进行特殊奖励。定期组织高技能领军人才国情研修考察、面向社会进行咨询服务等活动。鼓励企业吸纳高技能领军人才参与经营管理决策，适当提高其在职工代表大会中的比例。

（三）提高高技能领军人才的经济待遇。鼓励企业为高技能领军人才制定职业发展规划和年资（年功）工资制度，科学评价技能水平和业绩贡献，合理确定年资起加点和工资级差。试行高技能领军人才年薪制和股权期权激励，鼓励各类企业设立特聘岗位津贴、带徒津贴等，参照高级管理人员标准落实经济待遇。对于参与国家科技计划项目的高技能领军人才，鼓励所在单位根据其在项目中的实际贡献给予绩效奖励。落实中央财政科研项目资金管理等政策，制定间接费用统筹使用内部管理办法，对高技能领军人才进行绩效奖励，提高高技能领军人才创新创造的积极性。对于解决重大工艺技术难题和重大质量问题、技术创新成果获得省部级以上奖项、“师带徒”业绩突出的，取消学历、年限等限制，破格晋升技术等级。

（四）提高高技能领军人才的社会待遇。鼓励各地根据实际情况，研究探索对高技能领军人才在购（租）住房、安家补贴、子女接受义务教育等方面的支持政策，通过提供人才公寓和发放房租补贴等方式，解决引进高技能领军人

才的住房问题。实施积分落户的城市，要重点考虑高技能领军人才落户需求并放宽落户条件限制。对经济结构调整中出现困难的企业，要保障高技能领军人才稳定就业，对他们的配偶、子女有就业愿望但未就业的，由有关部门积极提供职业指导和就业前培训，推荐就业岗位。

（五）发挥高技能领军人才在技术创新等方面的重要作用。鼓励高技能领军人才更多参与国家科研项目，开展科技攻关活动。增加高技能领军人才参与全国创新争先奖等奖项的推荐名额。支持高技能领军人才参加创新成果评选、展示和创业创新等活动，切实保护高技能领军人才的知识产权和技术创新成果转化权益。支持高技能领军人才参与所在企业（地区、集团、行业组织）的职工教育培训，在制定人才发展规划、高技能人才选拔、职称（技能等级）评审或认定、教学实践等工作中发挥骨干作用。多渠道组织高技能领军人才参与国际大型工业展、国际发明展等海外交流活动，海外交流活动可按程序报批列入政府出国培训团组计划。宣传高技能领军人才先进事迹，开展先进操作法总结、命名，推广绝招、绝技、绝活，制作教育纪录片，树立宣传典型。

四、实施工资激励计划，提高技术工人收入水平

（一）完善符合技术工人特点的企业工资分配制度。指导企业深化工资分配制度改革，建立基于岗位价值、能力素质、业绩贡献的工资分配机制，强化工资收入分配的技能价值激励导向。鼓励企业在工资结构中设置体现技术技能价值的工资单元，或对关键技术岗位、关键工序和紧缺急需的技术工人实行协议工资、项目工资、年薪制等分配形式，提高技术工人工资待遇。鼓励企业建立针对技术工人的补助性津贴制度，提高技术工人津贴水平。

（二）建立企业技术工人工资正常增长机制。推动企业建立健全反映劳动力市场供求关系和企业经济效益的工资决定及正常增长机制，积极推进工资集体协商，引导企业科学确定技术工人工资水平并实现合理增长。国有企业工资总额分配要向高技能人才倾斜，高技能人才人均工资增幅应不低于本单位管理人员人均工资增幅。

（三）探索技术工人长效激励机制。制定企业技术工人技能要素和创新成果按贡献参与分配的办法，推动技术工人享受促进科技成果转化的有关政策。鼓励企业对高技能人才实行技术创新成果入股、岗位分红等激励方式，促进长期稳定提高技术工人收入水平。

五、构建技能形成与提升体系，支持技术工人凭技能提高待遇

（一）加强终身职业技能培训。适应产业结构转型升级趋势，大力弘扬劳

模精神和工匠精神，根据劳动者不同就业阶段特点，加强职业素质培养，开展就业技能培训、岗位技能提升培训、创业创新培训，着力缓解就业结构性矛盾。充分发挥企业在技术工人培训中的主体作用，引导企业结合生产经营和技术创新需要，制定技术工人培养规划和培训制度，发挥工会支持、监督和共青团动员、组织作用，确保企业职工教育培训资金落实到位，并向一线技术工人倾斜。加大政府支持力度，按规定对参加职业培训的技术工人提供职业培训补贴和职业技能鉴定补贴。发挥失业保险基金支持参保职工提升职业技能作用，按规定为参保职工提供技能提升补贴。探索“互联网＋”远程职业培训新模式。

（二）深入实施高技能人才振兴计划。紧密结合先进制造业、战略性新兴产业、现代服务业发展需要，重点实施高技能人才培训基地、技师培训等项目，推动具备条件的行业企业建立首席技师制度，加大技能大师工作室、劳模和工匠人才创新工作室、职工创新工作室、青创先锋工作室等建设力度。企业可从职工教育经费中列支相关工作室专项经费，支持高技能人才“师带徒”。

（三）加大校企合作培养技术工人力度。充分发挥国民教育对技术工人成长发展的支撑作用，促进职业院校（含技工院校）、本科高校与企业充分合作，改革人才培养模式，提高应用型和技术技能型人才培养培训能力。积极发展职工培训和学历继续教育。提高职业教育质量，促进产教融合。完善职业教育“文化素质＋职业技能”的考试招生方式。支持职业院校（含技工院校）、本科高校与企业共同开发教学资源和培训项目。统筹规范现代学徒制和企业新型学徒制。逐步扩大高等职业院校招收有实践经历人员的比例。鼓励企业、职业院校（含技工院校）、本科高校、职业培训机构合作建设现代化产业人才培养培训基地（中心），健全企业参与校企合作的成本补偿等政策，培养符合企业岗位需求的技术工人。鼓励各地根据实际打造具备实践经验的高素质职业教育师资队伍。

六、强化评价使用激励工作，畅通技术工人成长成才通道

（一）完善技术工人评价工作。健全技术工人评价选拔制度，突破年龄、学历、资历、身份等限制，促进优秀技术工人脱颖而出。完善职业技能等级认定政策，引导和支持企业自主开展技能评价并落实待遇。鼓励企业增加技术工人的技能等级层次，拓宽技术工人晋升通道，探索设立技能专家、首席技师、特级技师等岗位。

（二）加大劳动和技能竞赛培养选拔技术工人工作力度。制定出台全国职业技能竞赛管理办法，围绕重大战略、重大工程、重大项目、重点产业，组织开展劳动和技能竞赛。建立以企业岗位练兵和技术比武为基础、以国家和行业

竞赛为主体、国内竞赛与国际竞赛相衔接的职业技能竞赛体系。积极参与世界技能大赛，对优秀选手给予奖励和荣誉激励。支持工会、共青团、妇联等群团组织、行业协会在职业技能竞赛工作中积极发挥作用。

（三）完善技术工人平等享受待遇政策。建立职业资格、职业技能等级与相应职称比照认定制度，制定高技能人才参加工程技术人才职称评审或认定的政策。鼓励企业对在聘的高级工、技师、高级技师在学习进修、岗位聘任、职务职级晋升等方面，比照相应层级工程技术人员享受同等待遇。

（四）落实好技术工人休息休假权利。落实《职工带薪年休假条例》和《企业职工带薪年休假实施办法》，加强劳动执法监察，确保技术工人休息休假权利。建立优秀技术工人休疗养制度，定期组织、分级实施休疗养活动。

（五）广泛宣传技术工人劳动成果和创造价值。大力弘扬工匠精神，组织形式多样的宣传活动，展示优秀技术工人风采。鼓励各地区各部门大力开展技术工人表彰活动。做好“五一”国际劳动节、世界青年技能日、职业教育活动周、高技能人才评选表彰等集中宣传工作，继续办好“技能中国行”、“中国大能手”等品牌活动和“大国工匠”系列专题宣传，引导社会各界创作更多反映技术工人时代风貌的优秀文艺作品，营造劳动光荣、技能宝贵、创造伟大的社会氛围，使技术工人获得更多职业荣誉感，不断提高技术工人社会地位。

七、加强组织领导

各地区各部门要充分认识提高技术工人待遇的重大意义，列入重要议事日程，持续推动技术工人待遇水平的提高，对成熟有效的做法要及时上升为法规政策。建立多方协调机制，人力资源社会保障部门要加强统筹协调，发展改革、教育、科技、工业和信息化、公安、财政、住房城乡建设、文化、国资、税务、外专等有关部门和工会、共青团、妇联、科协等群团组织要各尽其职、紧密配合。各有关部门要深入调查研究，加强工作指导和对技术工人的教育管理，广泛听取各类企业、行业协会、技术工人、社会公众的意见，密切跟踪技术工人待遇政策落实情况，加强督查检查，认真总结经验，推动各项政策措施落到实处。国有企业要带头落实本意见明确的各项政策措施。推动非国有企业结合实际，进一步完善提高技术工人待遇水平的措施。

（来源于新华社北京 2018 年 3 月 22 日电）

中共中央 国务院印发《中国教育现代化 2035》

近日，中共中央、国务院印发了《中国教育现代化 2035》，并发出通知，要求各地区各部门结合实际认真贯彻落实。

《中国教育现代化 2035》分为五个部分：一、战略背景；二、总体思路；三、战略任务；四、实施路径；五、保障措施。

《中国教育现代化 2035》提出推进教育现代化的指导思想是：以习近平新时代中国特色社会主义思想为指导，全面贯彻党的十九大和十九届二中、三中全会精神，坚定实施科教兴国战略、人才强国战略，紧紧围绕统筹推进“五位一体”总体布局和协调推进“四个全面”战略布局，坚定“四个自信”，在党的坚强领导下，全面贯彻党的教育方针，坚持马克思主义指导地位，坚持中国特色社会主义教育发展道路，坚持社会主义办学方向，立足基本国情，遵循教育规律，坚持改革创新，以凝聚人心、完善人格、开发人力、培育人才、造福人民为工作目标，培养德智体美劳全面发展的社会主义建设者和接班人，加快推进教育现代化、建设教育强国、办好人民满意的教育。将服务中华民族伟大复兴作为教育的重要使命，坚持教育为人民服务、为中国共产党治国理政服务、为巩固和发展中国特色社会主义制度服务、为改革开放和社会主义现代化建设服务，优先发展教育，大力推进教育理念、体系、制度、内容、方法、治理现代化，着力提高教育质量，促进教育公平，优化教育结构，为决胜全面建成小康社会、实现新时代中国特色社会主义发展的奋斗目标提供有力支撑。

《中国教育现代化 2035》提出了推进教育现代化的八大基本理念：更加注重以德为先，更加注重全面发展，更加注重面向人人，更加注重终身学习，更加注重因材施教，更加注重知行合一，更加注重融合发展，更加注重共建共享。明确了推进教育现代化的基本原则：坚持党的领导、坚持中国特色、坚持优先发展、坚持服务人民、坚持改革创新、坚持依法治教、坚持统筹推进。

《中国教育现代化 2035》提出，推进教育现代化的总体目标是：到 2020 年，全面实现“十三五”发展目标，教育总体实力和国际影响力显著增强，劳动年龄人口平均受教育年限明显增加，教育现代化取得重要进展，为全面建成小康社会作出重要贡献。在此基础上，再经过15年努力，到2035年，总体实现教育现代化，迈入教育强国行列，推动我国成为学习大国、人力资源强国和人才强国，为到本世纪中叶建成富强民主文明和谐美丽的社会主义现代化强国奠定坚实基础。2035年主要发展目标是：建成服务全民终身学习的现代教育体系、普及有质量的学前教育、实现优质均衡的义务教育、全面普及高中阶段教育、职业教育服务能力显著提升、高等教育竞争力明显提升、残疾儿童少年享有适合的教育、形成全社会共同参与的教育治理新格局。

《中国教育现代化2035》聚焦教育发展的突出问题和薄弱环节，立足当前，着眼长远，重点部署了面向教育现代化的十大战略任务：

一是学习习近平新时代中国特色社会主义思想。把学习贯彻习近平新时代中国特色社会主义思想作为首要任务，贯穿到教育改革发展全过程，落实到教育现代化各领域各环节。以习近平新时代中国特色社会主义思想武装教育战线，推动习近平新时代中国特色社会主义思想进教材进课堂进头脑，将习近平新时代中国特色社会主义思想融入中小学教育，加强高等学校思想政治教育。加强习近平新时代中国特色社会主义思想系统化、学理化、学科化研究阐释，健全习近平新时代中国特色社会主义思想研究成果传播机制。

二是发展中国特色世界先进水平的优质教育。全面落实立德树人根本任务，广泛开展理想信念教育，厚植爱国主义情怀，加强品德修养，增长知识见识，培养奋斗精神，不断提高学生思想水平、政治觉悟、道德品质、文化素养。增强综合素质，树立健康第一的教育理念，全面强化学校体育工作，全面加强和改进学校美育，弘扬劳动精神，强化实践动手能力、合作能力、创新能力的培养。完善教育质量标准体系，制定覆盖全学段、体现世界先进水平、符合不同层次类型教育特点的教育质量标准，明确学生发展核心素养要求。完善学前教育保教质量标准。建立健全中小学各学科学业质量标准和体质健康标准。健全职业教育人才培养质量标准，制定紧跟时代发展的多样化高等教育人才培养质量标准。建立以师资配备、生均拨款、教学设施设备等资源要素为核心的标准体系和办学条件标准动态调整机制。加强课程教材体系建设，科学规划大中小学课程，分类制定课程标准，充分利用现代信息技术，丰富并创新课程形式。健全国家教材制度，统筹为主、统分结合、分类指导，增强教材的思想性、科学性、民族性、时代性、系统性，完善教材编写、修订、审查、选用、退出机制。创新人才培养方式，推行启发式、探究式、参与式、合作式等教学方式以及走班制、选课制等教学组织模式，培养学生创新精神与实践能力。大力推进校园文化建设。重视家庭教育和社会教育。构建教育质量评估监测机制，建立更加科学公正的考试评价制度，建立全过程、全方位人才培养质量反馈监控体系。

三是推动各级教育高水平高质量普及。以农村为重点提升学前教育普及水平，建立更为完善的学前教育管理体制、办园体制和投入体制，大力发展公办园，加快发展普惠性民办幼儿园。提升义务教育巩固水平，健全控辍保学工作责任体系。提升高中阶段教育普及水平，推进中等职业教育和普通高中教育协调发展，鼓励普通高中多样化有特色发展。振兴中西部地区高等教育。提升民族教育发展水平。

四是实现基本公共教育服务均等化。提升义务教育均等化水平，建立学校标准化建设长效机制，推进城乡义务教育均衡发展。在实现县域内义务教育基本均衡基础上，进一步推进优质均衡。推进随迁子女入学待遇同城化，有序扩大城镇学位供给。完善流动人口子女异地升学考试制度。实现困难群体帮扶精准化，健全家庭经济困难学生资助体系，推进教育精准脱贫。办好特殊教育，推进适龄残疾儿童少年教育全覆盖，全面推进融合教育，促进医教结合。

五是构建服务全民的终身学习体系。构建更加开放畅通的人才成长通道，完善招生入学、弹性学习及继续教育制度，畅通转换渠道。建立全民终身学习的制度环境，建立国家资历框架，建立跨部门跨行业的工作机制和专业化支持体系。建立健全国家学分银行制度和学习成果认证制度。强化职业学校和高等学校的继续教育与社会培训服务功能，开展多类型多形式的职工继续教育。扩大社区教育资源供给，加快发展城乡社区老年教育，推动各类学习型组织建设。

六是提升一流人才培养与创新能力。分类建设一批世界一流高等学校，建立完善的高等学校分类发展政策体系，引导高等学校科学定位、特色发展。持续推动地方本科高等学校转型发展。加快发展现代职业教育，不断优化职业教育结构与布局。推动职业教育与产业发展有机衔接、深度融合，集中力量建成一批中国特色高水平职业院校和专业。优化人才培养结构，综合运用招生计划、就业反馈、拨款、标准、评估等方式，引导高等学校和职业学校及时调整学科专业结构。加强创新人才特别是拔尖创新人才的培养，加大应用型、复合型、技术技能型人才培养比重。加强高等学校创新体系建设，建设一批国际一流的国家科技创新基地，加强应用基础研究，全面提升高等学校原始创新能力。探索构建产学研用深度融合的全链条、网络化、开放式协同创新联盟。提高高等学校哲学社会科学研究水平，加强中国特色新型智库建设。健全有利于激发创新活力和促进科技成果转化的科研体制。

七是建设高素质专业化创新型教师队伍。大力加强师德师风建设，将师德师风作为评价教师素质的第一标准，推动师德建设长效化、制度化。加大教职工统筹配置和跨区域调整力度，切实解决教师结构性、阶段性、区域性短缺问题。完善教师资格体系和准入制度。健全教师职称、岗位和考核评价制度。培养高素质教师队伍，健全以师范院校为主体、高水平非师范院校参与、优质中小学（幼儿园）为实践基地的开放、协同、联动的中国特色教师教育体系。强化职前教师培养和职后教师发展的有机衔接。夯实教师专业发展体系，推动教师终身学习和专业自主发展。提高教师社会地位，完善教师待遇保障制度，健全中小学教师工资长效联动机制，全面落实集中连片特困地区生活补助政策。加大教师表彰力度，努力提高教师政治地位、社会地位、职业地位。

八是加快信息化时代教育变革。建设智能化校园，统筹建设一体化智能化教学、管理与服务平台。利用现代技术加快推动人才培养模式改革，实现规模化教育与个性化培养的有机结合。创新教育服务业态，建立数字教育资源共建共享机制，完善利益分配机制、知识产权保护制度和新型教育服务监管制度。推进教育治理方式变革，加快形成现代化的教育管理与监测体系，推进管理精准化和决策科学化。

九是开创教育对外开放新格局。全面提升国际交流合作水平，推动我国同其他国家学历学位互认、标准互通、经验互鉴。扎实推进“一带一路”教育行动。加强与联合国教科文组织等国际组织和多边组织的合作。提升中外合作办学质量。优化出国留学服务。实施留学中国计划，建立并完善来华留学教育质量保障机制，全面提升来华留学质量。推进中外高级别人文交流机制建设，拓展人文交流领域，促进中外民心相通和文明交流互鉴。促进孔子学院和孔子课堂特色发展。加快建设中国特色海外国际学校。鼓励有条件的职业院校在海外建设“鲁班工坊”。积极参与全球教育治理，深度参与国际教育规则、标准、评价体系的研究制定。推进与国际组织及专业机构的教育交流合作。健全对外教育援助机制。

十是推进教育治理体系和治理能力现代化。提高教育法治化水平，构建完备的教育法律法规体系，健全学校办学法律支持体系。健全教育法律实施和监管机制。提升政府管理服务水平，提升政府综合运用法律、标准、信息服务等现代治理手段的能力和水平。健全教育督导体制机制，提高教育督导的权威性和实效性。提高学校自主管理能力，完善学校治理结构，继续加强高等学校章程建设。鼓励民办学校按照非营利性和营利性两种组织属性开展现代学校制度改革创新。推动社会参与教育治理常态化，建立健全社会参与学校管理和教育评价监管机制。

《中国教育现代化 2035》明确了实现教育现代化的实施路径：一是总体规划，分区推进。在国家教育现代化总体规划框架下，推动各地从实际出发，制定本地区教育现代化规划，形成一地一案、分区推进教育现代化的生动局面。二是细化目标，分步推进。科学设计和进一步细化不同发展阶段、不同规划周期内的教育现代化发展目标和重点任务，有计划有步骤地推进教育现代化。三是精准施策，统筹推进。完善区域教育发展协作机制和教育对口支援机制，深入实施东西部协作，推动不同地区协同推进教育现代化建设。四是改革先行，系统推进。充分发挥基层特别是各级各类学校的积极性和创造性，鼓励大胆探索、积极改革创新，形成充满活力、富有效率、更加开放、有利于高质量发展的教育体制机制。

为确保教育现代化目标任务的实现，《中国教育现代化 2035》明确了三个方面的保障措施：

一是加强党对教育工作的全面领导。各级党委要把教育改革发展纳入议事日程，协调动员各方面力量共同推进教育现代化。建立健全党委统一领导、党政齐抓共管、部门各负其责的教育领导体制。建设高素质专业化教育系统干部队伍。加强各级各类学校党的领导和党的建设工作。深入推进教育系统全面从严治党、党风廉政建设和反腐败斗争。

二是完善教育现代化投入支撑体制。健全保证财政教育投入持续稳定增长的长效机制，确保财政一般公共预算教育支出逐年只增不减，确保按在校学生人数平均的一般公共预算教育支出逐年只增不减，保证国家财政性教育经费支出占国内生产总值的比例一般不低于 4%。依法落实各级政府教育支出责任，完善多渠道教育经费筹措体制，完善国家、社会和受教育者合理分担非义务教育培养成本的机制，支持和规范社会力量兴办教育。优化教育经费使用结构，全面实施绩效管理，建立健全全覆盖全过程全方位的教育经费监管体系，全面提高经费使用效益。

三是完善落实机制。建立协同规划机制、健全跨部门统筹协调机制，建立教育发展监测评价机制和督导问责机制，全方位协同推进教育现代化，形成全社会关心、支持和主动参与教育现代化建设的良好氛围。

（来源于新华社北京 2019 年 2 月 23 日电）

国务院关于推行终身职业技能培训制度的意见

各省、自治区、直辖市人民政府，国务院各部委、各直属机构：

职业技能培训是全面提升劳动者就业创业能力、缓解技能人才短缺的结构性矛盾、提高就业质量的根本举措，是适应经济高质量发展、培育经济发展新动能、推进供给侧结构性改革的内在要求，对推动大众创业万众创新、推进制造强国建设、提高全要素生产率、推动经济迈上中高端具有重要意义。为全面提高劳动者素质，促进就业创业和经济社会发展，根据党的十九大精神和“十三五”规划纲要相关要求，现就推行终身职业技能培训制度提出以下意见。

一、总体要求

（一）指导思想。

以习近平新时代中国特色社会主义思想为指导，全面深入贯彻党的十九大和十九届二中、三中全会精神，认真落实党中央、国务院决策部署，统筹推进“五位一体”总体布局和协调推进“四个全面”战略布局，坚持以人民为中心的发展思想，牢固树立新发展理念，深入实施就业优先战略和人才强国战略，适应经济转型升级、制造强国建设和劳动者就业创业需要，深化人力资源供给侧结构性改革，推行终身职业技能培训制度，大规模开展职业技能培训，着力提升培训的针对性和有效性，建设知识型、技能型、创新型劳动者大军，为全面建成社会主义现代化强国、实现中华民族伟大复兴的中国梦提供强大支撑。

（二）基本原则。

促进普惠均等。针对城乡全体劳动者，推进基本职业技能培训服务普惠性、均等化，注重服务终身，保障人人享有基本职业技能培训服务，全面提升培训质量、培训效益和群众满意度。

坚持需求导向。坚持以促进就业创业为目标，瞄准就业创业和经济社会发展需求确定培训内容，加强对就业创业重点群体的培训，提高培训后的就业创业成功率，着力缓解劳动者素质结构与经济社会发展需求不相适应、结构性就业矛盾突出的问题。

创新体制机制。推进职业技能培训市场化、社会化改革，充分发挥企业主体作用，鼓励支持社会力量参与，建立培训资源优化配置、培训载体多元发展、劳动者按需选择、政府加强监管服务的体制机制。

坚持统筹推进。加强职业技能开发和职业素质培养，全面做好技能人才培养、评价、选拔、使用、激励等工作，着力加强高技能人才队伍建设，形成有利于技能人才发展的制度体系和社会环境，促进技能振兴与发展。

（三）目标任务。

建立并推行覆盖城乡全体劳动者、贯穿劳动者学习工作终身、适应就业创业和人才成长需要以及经济社会发展需求的终身职业技能培训制度，实现培训对象普惠化、培训资源市场化、培训载体多元化、培训方式多样化、培训管理规范化，大规模开展高质量的职业技能培训，力争2020年后基本满足劳动者培训需要，努力培养造就规模宏大的高技能人才队伍和数以亿计的高素质劳动者。

二、构建终身职业技能培训体系

（四）完善终身职业技能培训政策和组织实施体系。面向城乡全体劳动者，完善从劳动预备开始，到劳动者实现就业创业并贯穿学习和职业生涯全过程的终身职业技能培训政策。以政府补贴培训、企业自主培训、市场化培训为主要供给，以公共实训机构、职业院校（含技工院校，下同）、职业培训机构和行业企业为主要载体，以就业技能培训、岗位技能提升培训和创业创新培训为主要形式，构建资源充足、布局合理、结构优化、载体多元、方式科学的培训组织实施体系。（人力资源社会保障部、教育部等按职责分工负责。列第一位者为牵头单位，下同）

（五）围绕就业创业重点群体，广泛开展就业技能培训。持续开展高校毕业生技能就业行动，增强高校毕业生适应产业发展、岗位需求和基层就业工作能力。深入实施农民工职业技能提升计划——“春潮行动”，将农村转移就业人员和新生代农民工培养成为高素质技能劳动者。配合化解过剩产能职工安置工作，实施失业人员和转岗职工特别职业培训计划。实施新型职业农民培育工程和农村实用人才培训计划，全面建立职业农民制度。对城乡未继续升学的初、高中毕业生开展劳动预备制培训。对即将退役的军人开展退役前技能储备培训和职业指导，对退役军人开展就业技能培训。面向符合条件的建档立卡贫困家庭、农村“低保”家庭、困难职工家庭和残疾人，开展技能脱贫攻坚行动，实施“雨露计划”、技能脱贫千校行动、残疾人职业技能提升计划。对服刑人员、强制隔离戒毒人员，开展以顺利回归社会为目的的就业技能培训。（人力资源社会保障部、教育部、工业和信息化部、民政部、司法部、住房城乡建设部、农业农村部、退役军人事务部、国务院国资委、国务院扶贫办、全国总工会、共青团中央、全国妇联、中国残联等按职责分工负责）

（六）充分发挥企业主体作用，全面加强企业职工岗位技能提升培训。将企业职工培训作为职业技能培训工作的重点，明确企业培训主体地位，完善激励政策，支持企业大规模开展职业技能培训，鼓励规模以上企业建立职业培训机构开展职工培训，并积极面向中小企业和社会承担培训任务，降低企业兴办职业培训机构成本，提高企业积极性。对接国民经济和社会发展中长期规划，适应高质量发展要求，推动企业健全职工培训制度，制定职工培训规划，采取岗前培训、学徒培训、在岗培训、脱产培训、业务研修、岗位练兵、技术比武、技能竞赛等方式，大幅提升职工技能水平。全面推行企业新型学徒制度，对企业新招用和转岗的技能岗位人员，通过校企合作方式，进行系统职业技能培训。发挥失业保险促进就业作用，支持符合条件的参保职工提升职业技能。健全校企合作制度，探索推进产教融合试点。（人力资源社会保障部、教育部、工业和信息化部、住房城乡建设部、国务院国资委、全国总工会等按职责分工负责）

（七）适应产业转型升级需要，着力加强高技能人才培训。面向经济社会发展急需紧缺职业（工种），大力开展高技能人才培训，增加高技能人才供给。深入实施国家高技能人才振兴计划，紧密结合战略性新兴产业、先进制造业、现代服务业等发展需求，开展技师、高级技师培训。对重点关键岗位的高技能人才，通过开展新知识、新技术、新工艺等方面培训以及技术研修攻关等方式，进一步提高他们的专业知识水平、解决实际问题能力和创新创造能力。支持高技能领军人才更多参与国家科研项目。发挥高技能领军人才在带徒传技、技能推广等方面的重要作用。（人力资源社会保障部、教育部、工业和信息化部、住房城乡建设部、国务院国资委、全国总工会等按职责分工负责）

（八）大力推进创业创新培训。组织有创业意愿和培训需求的人员参加创业创新培训。以高等学校和职业院校毕业生、科技人员、留学回国人员、退役军人、农村转移就业和返乡下乡创业人员、失业人员和转岗职工等群体为重点，依托高等学校、职业院校、职业培训机构、创业培训（实训）中心、创业孵化基地、众创空间、网络平台等，开展创业意识教育、创新素质培养、创业项目指导、开业指导、企业经营管理等培训，提升创业创新能力。健全以政策支持、项目评定、孵化实训、科技金融、创业服务为主要内容的创业创新支持体系，将高等学校、职业院校学生在校期间开展的“试创业”实践活动纳入政策支持范围。发挥技能大师工作室、劳模和职工创新工作室作用，开展集智创新、技术攻关、技能研修、技艺传承等群众性技术创新活动，做好创新成果总结命名推广工作，加大对劳动者创业创新的扶持力度。（人力资源社会保障部、教育部、科技部、工业和信息化部、住房城乡建设部、农业农村部、退役军人事务部、国务院国资委、国务院扶贫办、全国总工会、共青团中央、全国妇联、中国残联等按职责分工负责）

（九）强化工匠精神和职业素质培育。大力弘扬和培育工匠精神，坚持工学结合、知行合一、德技并修，完善激励机制，增强劳动者对职业理念、职业责任和职业使命的认识与理解，提高劳动者践行工匠精神的自觉性和主动性。广泛开展“大国工匠进校园”活动。加强职业素质培育，将职业道德、质量意识、法律意识、安全环保和健康卫生等要求贯穿职业培训全过程。（人力资源社会保障部、教育部、科技部、工业和信息化部、住房城乡建设部、国务院国资委、国家市场监督管理总局、全国总工会、共青团中央等按职责分工负责）

三、深化职业技能培训体制机制改革

（十）建立职业技能培训市场化社会化发展机制。加大政府、企业、社会等各类培训资源优化整合力度，提高培训供给能力。广泛发动社会力量，大力发展民办职业技能培训。鼓励企业建设培训中心、职业院校、企业大学，开展职业训练院试点工作，为社会培育更多高技能人才。鼓励支持社会组织积极参与行业人才需求发布、就业状况分析、培训指导等工作。政府补贴的职业技能培训项目全部向具备资质的职业院校和培训机构开放。（人力资源社会保障部、教育部、工业和信息化部、民政部、国家市场监督管理总局、全国总工会等按职责分工负责）

（十一）建立技能人才多元评价机制。健全以职业能力为导向、以工作业绩为重点、注重工匠精神培育和职业道德养成的技能人才评价体系。建立与国家职业资格制度相衔接、与终身职业技能培训制度相适应的职业技能等级制度。完善职业资格评价、职业技能等级认定、专项职业能力考核等多元化评价方式，促进评价结果有机衔接。健全技能人才评价管理服务体系，加强对评价质量的监管。建立以企业岗位练兵和技术比武为基础、以国家和行业竞赛为主体、国内竞赛与国际竞赛相衔接的职业技能竞赛体系，大力组织开展职业技能竞赛活动，积极参与世界技能大赛，拓展技能人才评价选拔渠道。（人力资源社会保障部、教育部、工业和信息化部、住房城乡建设部、国务院国资委、全国总工会、共青团中央、中国残联等按职责分工负责）

（十二）建立职业技能培训质量评估监管机制。对职业技能培训公共服务项目实施目录清单管理，制定政府补贴培训目录、培训机构目录、鉴定评价机构目录、职业资格目录，及时向社会公开并实行动态调整。建立以培训合格率、就业创业成功率为重点的培训绩效评估体系，对培训机构、培训过程进行全方位监管。结合国家“金保工程”二期，建立基于互联网的职业技能培训公共服务平台，提升技能培训和鉴定评价信息化水平。探索建立劳动者职业技能培训电子档案，实现培训信息与就业、社会保障信息联通共享。（人力资源社会保障部、财政部等按职责分工负责）

（十三）建立技能提升多渠道激励机制。支持劳动者凭技能提升待遇，建立健全技能人才培养、评价、使用、待遇相统一的激励机制。指导企业不唯学历和资历，建立基于岗位价值、能力素质、业绩贡献的工资分配机制，强化技能价值激励导向。制定企业技术工人技能要素和创新成果按贡献参与分配的办法，推动技术工人享受促进科技成果转化的有关政策，鼓励企业对高技能人才实行技术创新成果入股、岗位分红和股权期权等激励方式，鼓励凭技能创造财富、增加收入。落实技能人才积分落户、岗位聘任、职务职级晋升、参与职称评审、学习进修等政策。支持用人单位对聘用的高级工、技师、高级技师，比照相应层级工程技术人员确定其待遇。完善以国家奖励为导向、用人单位奖励为主体、社会奖励为补充的技能人才表彰奖励制度。（人力资源社会保障部、教育部、工业和信息化部、公安部、国务院国资委、国家公务员局等按职责分工负责）

四、提升职业技能培训基础能力

（十四）加强职业技能培训服务能力建设。推进职业技能培训公共服务体系建设，为劳动者提供市场供求信息咨询服务，引导培训机构按市场和产业发展需求设立培训项目，引导劳动者按需自主选择培训项目。推进培训内容和方式创新，鼓励开展新产业、新技术、新业态培训，大力推广“互联网＋职业培训”模式，推动云计算、大数据、移动智能终端等信息网络技术在职业技能培训领域的应用，提高培训便利度和可及性。（人力资源社会保障部、国家发展改革委等按职责分工负责）

（十五）加强职业技能培训教学资源建设。紧跟新技术、新职业发展变化，建立职业分类动态调整机制，加快职业标准开发工作。建立国家基本职业培训包制度，促进职业技能培训规范化发展。支持弹性学习，建立学习成果积累和转换制度，促进职业技能培训与学历教育沟通衔接。实行专兼职教师制度，完善教师在职培训和企业实践制度，职业院校和培训机构可根据需要和条件自主招用企业技能人才任教。大力开展校长等管理人员培训和师资培训。发挥院校、行业企业作用，加强职业技能培训教材开发，提高教材质量，规范教材使

用。（人力资源社会保障部、教育部等按职责分工负责）

（十六）加强职业技能培训基础平台建设。推进高技能人才培训基地、技能大师工作室建设，建成一批高技能人才培养培训、技能交流传承基地。加强公共实训基地、职业农民培育基地和创业孵化基地建设，逐步形成覆盖全国的技能实训和创业实训网络。对接世界技能大赛标准，加强竞赛集训基地建设，提升我国职业技能竞赛整体水平和青年技能人才培养质量。积极参与走出去战略和“一带一路”建设中的技能合作与交流。（人力资源社会保障部、国家发展改革委、教育部、科技部、工业和信息化部、财政部、农业农村部、商务部、国务院国资委、国家国际发展合作署等按职责分工负责）

五、保障措施

（十七）加强组织领导。地方各级人民政府要按照党中央、国务院的总体要求，把推行终身职业技能培训制度作为推进供给侧结构性改革的重要任务，根据经济社会发展、促进就业和人才发展总体规划，制定中长期职业技能培训规划并大力组织实施，推进政策落实。要建立政府统一领导，人力资源社会保障部门统筹协调，相关部门各司其职、密切配合，有关人民团体和社会组织广泛参与的工作机制，不断加大职业技能培训工作力度。（人力资源社会保障部等部门、单位和各省级人民政府按职责分工负责）

（十八）做好公共财政保障。地方各级人民政府要加大投入力度，落实职业技能培训补贴政策，发挥好政府资金的引导和撬动作用。合理调整就业补助资金支出结构，保障培训补贴资金落实到位。加大对用于职业技能培训各项补贴资金的整合力度，提高使用效益。完善经费补贴拨付流程，简化程序，提高效率。要规范财政资金管理，依法加强对培训补贴资金的监督，防止骗取、挪用，保障资金安全和效益。有条件的地区可安排经费，对职业技能培训教材开发、新职业研究、职业技能标准开发、师资培训、职业技能竞赛、评选表彰等基础工作给予支持。（人力资源社会保障部、教育部、财政部、审计署等按职责分工负责）

（十九）多渠道筹集经费。加大职业技能培训经费保障，建立政府、企业、社会多元投入机制，通过就业补助资金、企业职工教育培训经费、社会捐助赞助、劳动者个人缴费等多种渠道筹集培训资金。通过公益性社会团体或者县级以上人民政府及其部门用于职业教育的捐赠，依照税法相关规定在税前扣除。鼓励社会捐助、赞助职业技能竞赛活动。（人力资源社会保障部、教育部、工业和信息化部、民政部、财政部、国务院国资委、税务总局、全国总工会等按职责分工负责）

（二十）进一步优化社会环境。加强职业技能培训政策宣传，创新宣传方式，提升社会影响力和公众知晓度。积极开展技能展示交流，组织开展好职业教育活动周、世界青年技能日、技能中国行等活动，宣传校企合作、技能竞赛、技艺传承等成果，提高职业技能培训吸引力。大力宣传优秀技能人才先进事迹，大力营造劳动光荣的社会风尚和精益求精的敬业风气。（人力资源社会保障部、教育部、全国总工会、共青团中央等按职责分工负责）

国务院

2018 年 5 月 3 日

国务院关于印发国家职业教育改革实施方案的通知

各省、自治区、直辖市人民政府，国务院各部委、各直属机构：

现将《国家职业教育改革实施方案》印发给你们，请认真贯彻执行。

国务院

2019 年 1 月 24 日

国家职业教育改革实施方案

职业教育与普通教育是两种不同教育类型，具有同等重要地位。改革开放以来，职业教育为我国经济社会发展提供了有力的人才和智力支撑，现代职业教育体系框架全面建成，服务经济社会发展能力和社会吸引力不断增强，具备了基本实现现代化的诸多有利条件和良好工作基础。随着我国进入新的发展阶段，产业升级和经济结构调整不断加快，各行各业对技术技能人才的需求越来越紧迫，职业教育重要地位和作用越来越凸显。但是，与发达国家相比，与建设现代化经济体系、建设教育强国的要求相比，我国职业教育还存在着体系建设不够完善、职业技能实训基地建设有待加强、制度标准不够健全、企业参与办学的动力不足、有利于技术技能人才成长的配套政策尚待完善、办学和人才培养质量水平参差不齐等问题，到了必须下大力气抓好的时候。没有职业教育现代化就没有教育现代化。为贯彻全国教育大会精神，进一步办好新时代职业教育，落实《中华人民共和国职业教育法》，制定本实施方案。

总体要求与目标：坚持以习近平新时代中国特色社会主义思想为指导，把职业教育摆在教育改革创新和经济社会发展中更加突出的位置。牢固树立新发展理念，服务建设现代化经济体系和实现更高质量更充分就业需要，对接科技发展趋势和市场需求，完善职业教育和培训体系，优化学校、专业布局，深化办学体制改革和育人机制改革，以促进就业和适应产业发展需求为导向，鼓励和支持社会各界特别是企业积极支持职业教育，着力培养高素质劳动者和技术技能人才。经过5—10年左右时间，职业教育基本完成由政府举办为主向政府统筹管理、社会多元办学的格局转变，由追求规模扩张向提高质量转变，由参照普通教育办学模式向企业社会参与、专业特色鲜明的类型教育转变，大幅提升新时代职业教育现代化水平，为促进经济社会发展和提高国家竞争力提供优质人才资源支撑。

具体指标：到2022年，职业院校教学条件基本达标，一大批普通本科高等学校向应用型转变，建设50所高水平高等职业学校和150个骨干专业（群）。建成覆盖大部分行业领域、具有国际先进水平的中国职业教育标准体系。企业参与职业教育的积极性有较大提升，培育数以万计的产教融合型企业，打造一批优秀职业教育培训评价组织，推动建设300个具有辐射引领作用的高水平专业化产教融合实训基地。职业院校实践性教学课时原则上占总课时一半以上，顶岗实习时间一般为6个月。“双师型”教师（同时具备理论教学和实践教学能力的教师）占专业课教师总数超过一半，分专业建设一批国家级职业教育教师教学创新团队。从2019年开始，在职业院校、应用型本科高校启动“学历证书＋若干职业技能等级证书”制度试点（以下称1+X证书制度试点）工作。

一、完善国家职业教育制度体系

（一）健全国家职业教育制度框架。

把握好正确的改革方向，按照“管好两端、规范中间、书证融通、办学多元”的原则，严把教学标准和毕业学生质量标准两个关口。将标准化建设作为统领职业教育发展的突破口，完善职业教育体系，为服务现代制造业、现代服务业、现代农业发展和职业教育现代化提供制度保障与人才支持。建立健全学校设置、师资队伍、教学教材、信息化建设、安全设施等办学标准，引领职业教育服务发展、促进就业创业。落实好立德树人根本任务，健全德技并修、工学结合的育人机制，完善评价机制，规范人才培养全过程。深化产教融合、校企合作，育训结合，健全多元化办学格局，推动企业深度参与协同育人，扶持鼓励企业和社会力量参与举办各类职业教育。推进资历框架建设，探索实现学历证书和职业技能等级证书互通衔接。

（二）提高中等职业教育发展水平。

优化教育结构，把发展中等职业教育作为普及高中阶段教育和建设中国特色职业教育体系的重要基础，保持高中阶段教育职普比大体相当，使绝大多数城乡新增劳动力接受高中阶段教育。改善中等职业学校基本办学条件。加强省级统筹，建好办好一批县域职教中心，重点支持集中连片特困地区每个地（市、州、盟）原则上至少建设一所符合当地经济社会发展和技术技能人才培养需要的中等职业学校。指导各地优化中等职业学校布局结构，科学配置并做大做强职业教育资源。加大对民族地区、贫困地区和残疾人职业教育的政策、金融支持力度，落实职业教育东西协作行动计划，办好内地少数民族中职班。完善招生机制，建立中等职业学校和普通高中统一招生平台，精准服务区域发展需求。积极招收初高中毕业未升学学生、退役军人、退役运动员、下岗职工、返乡农民工等接受中等职业教育；服务乡村振兴战略，为广大农村培养以新型职业农民为主体的农村实用人才。发挥中等职业学校作用，帮助部分学业困难学生按规定在职业学校完成义务教育，并接受部分职业技能学习。鼓励中等职业学校联合中小学开展劳动和职业启蒙教育，将动手实践内容纳入中小学相关课程和学生综合素质评价。

（三）推进高等职业教育高质量发展。

把发展高等职业教育作为优化高等教育结构和培养大国工匠、能工巧匠的重要方式，使城乡新增劳动力更多接受高等教育。高等职业学校要培养服务区域发展的高素质技术技能人才，重点服务企业特别是中小微企业的技术研发和产品升级，加强社区教育和终身学习服务。建立"职教高考"制度，完善"文化素质+职业技能"的考试招生办法，提高生源质量，为学生接受高等职业教育提供多种入学方式和学习方式。在学前教育、护理、养老服务、健康服务、现代服务业等领域，扩大对初中毕业生实行中高职贯通培养的招生规模。启动实施中国特色高水平高等职业学校和专业建设计划，建设一批引领改革、支撑发展、中国特色、世界水平的高等职业学校和骨干专业（群）。根据高等学校设置制度规定，将符合条件的技师学院纳入高等学校序列。

（四）完善高层次应用型人才培养体系。

完善学历教育与培训并重的现代职业教育体系，畅通技术技能人才成长渠道。发展以职业需求为导向、以实践能力培养为重点、以产学研用结合为途径的专业学位研究生培养模式，加强专业学位硕士研究生培养。推动具备条件的普通本科高校向应用型转变，鼓励有条件的普通高校开办应用技术类型专业或课程。开展本科层次职业教育试点。制定中国技能大赛、全国职业院校技能大赛、世界技能大赛获奖选手等免试入学政策，探索长学制培养高端技术技能人才。服务军民融合发展，把军队相关的职业教育纳入国家职业教育大体系，共同做好面向现役军人的教育培训，支持其在服役期间取得多类职业技能等级证书，提升技术技能水平。落实好定向培养直招士官政策，推动地方院校与军队院校有效对接，推动优质职业教育资源向军事人才培养开放，建立军地网络教育资源共享机制。制订具体政策办法，支持适合的退役军人进入职业院校和普通本科高校接受教育和培训，鼓励支持设立退役军人教育培训集团（联盟），推动退役、培训、就业有机衔接，为促进退役军人特别是退役士兵就业创业作出贡献。

二、构建职业教育国家标准

（五）完善教育教学相关标准。

发挥标准在职业教育质量提升中的基础性作用。按照专业设置与产业需求对接、课程内容与职业标准对接、教学过程与生产过程对接的要求，完善中等、高等职业学校设置标准，规范职业院校设置；实施教师和校长专业标准，提升职业院校教学管理和教学实践能力。持续更新并推进专业目录、专业教学标准、课程标准、顶岗实习标准、实训条件建设标准（仪器设备配备规范）建设和在职业院校落地实施。巩固和发展国务院教育行政部门联合行业制定国家教学标准、职业院校依据标准自主制订人才培养方案的工作格局。

（六）启动 1+X 证书制度试点工作。

深化复合型技术技能人才培养培训模式改革，借鉴国际职业教育培训普遍做法，制订工作方案和具体管理办法，启动 1+X 证书制度试点工作。试点工作要进一步发挥好学历证书作用，夯实学生可持续发展基础，鼓励职业院校学生在获得学历证书的同时，积极取得多类职业技能等级证书，拓展就业创业本领，缓解结构性就业矛盾。国务院人力资源社会保障行政部门、教育行政部门在职责范围内，分别负责管理监督考核院校外、院校内职业技能等级证书的实施（技工院校内由人力资源社会保障行政部门负责），国务院人力资源社会保障行政部门组织制定职业标准，国务院教育行政部门依照职业标准牵头组织开发教学等相关标准。院校内培训可面向社会人群，院校外培训也可面向在校学生。各类职业技能等级证书具有同等效力，持有证书人员享受同等待遇。院校内实施的职业技能等级证书分为初级、中级、高级，是职业技能水平的凭证，反映职业活动和个人职业生涯发展所需要的综合能力。

（七）开展高质量职业培训。

落实职业院校实施学历教育与培训并举的法定职责，按照育训结合、长短结合、内外结合的要求，面向在校学生和全体社会成员开展职业培训。自 2019 年开始，围绕现代农业、先进制造业、现代服务业、战略性新兴产业，推动职业院校在 10 个左右技术技能人才紧缺领域大力开展职业培训。引导行业企业深度参与技术技能人才培养培训，促进职业院校加强专业建设、深化课程改革、增强实训内容、提高师资水平，全面提升教育教学质量。各级政府要积极支持职业培训，行政部门要简政放权并履行好监管职责，相关下属机构要优化服务，对于违规收取费用的要严肃处理。畅通技术技能人才职业发展通道，鼓励其持续获得适应经济社会发展需要的职业培训证书，引导和支持企业等用人单位落实相关待遇。对取得职业技能等级证书的离校未就业高校毕业生，按规定落实职业培训补贴政策。

（八）实现学习成果的认定、积累和转换。

加快推进职业教育国家“学分银行”建设，从2019年开始，探索建立职业教育个人学习账号，实现学习成果可追溯、可查询、可转换。有序开展学历证书和职业技能等级证书所体现的学习成果的认定、积累和转换，为技术技能人才持续成长拓宽通道。职业院校对取得若干职业技能等级证书的社会成员，支持其根据证书等级和类别免修部分课程，在完成规定内容学习后依法依规取得学历证书。对接受职业院校学历教育并取得毕业证书的学生，在参加相应的职业技能等级证书考试时，可免试部分内容。从2019年起，在有条件的地区和高校探索实施试点工作，制定符合国情的国家资历框架。

三、促进产教融合校企“双元”育人

（九）坚持知行合一、工学结合。

借鉴“双元制”等模式，总结现代学徒制和企业新型学徒制试点经验，校企共同研究制定人才培养方案，及时将新技术、新工艺、新规范纳入教学标准和教学内容，强化学生实习实训。健全专业设置定期评估机制，强化地方引导本区域职业院校优化专业设置的职责，原则上每5年修订1次职业院校专业目录，学校依据目录灵活自主设置专业，每年调整1次专业。健全专业教学资源库，建立共建共享平台的资源认证标准和交易机制，进一步扩大优质资源覆盖面。遴选认定一大批职业教育在线精品课程，建设一大批校企“双元”合作开发的国家规划教材，倡导使用新型活页式、工作手册式教材并配套开发信息化资源。每3年修订1次教材，其中专业教材随信息技术发展和产业升级情况及时动态更新。适应“互联网+职业教育”发展需求，运用现代信息技术改进教学方式方法，推进虚拟工厂等网络学习空间建设和普遍应用。

（十）推动校企全面加强深度合作。

职业院校应当根据自身特点和人才培养需要，主动与具备条件的企业在人才培养、技术创新、就业创业、社会服务、文化传承等方面开展合作。学校积极为企业提供所需的课程、师资等资源，企业应当依法履行实施职业教育的义务，利用资本、技术、知识、设施、设备和管理等要素参与校企合作，促进人力资源开发。校企合作中，学校可从中获得智力、专利、教育、劳务等报酬，具体分配由学校按规定自行处理。在开展国家产教融合建设试点基础上，建立产教融合型企业认证制度，对进入目录的产教融合型企业给予“金融＋财政＋土地＋信用”的组合式激励，并按规定落实相关税收政策。试点企业兴办职业教育的投资符合条件的，可按投资额一定比例抵免该企业当年应缴教育费附加和地方教育附加。厚植企业承担职业教育责任的社会环境，推动职业院校和行业企业形成命运共同体。

（十一）打造一批高水平实训基地。

加大政策引导力度，充分调动各方面深化职业教育改革创新的积极性，带动各级政府、企业和职业院校建设一批资源共享，集实践教学、社会培训、企业真实生产和社会技术服务于一体的高水平职业教育实训基地。面向先进制造业等技术技能人才紧缺领域，统筹多种资源，建设若干具有辐射引领作用的高水平专业化产教融合实训基地，推动开放共享，辐射区域内学校和企业；鼓励职业院校建设或校企共建一批校内实训基地，提升重点专业建设和校企合作育人水平。积极吸引企业和社会力量参与，指导各地各校借鉴德国、日本、瑞士等国家经验，探索创新实训基地运营模式。提高实训基地规划、管理水平，为社会公众、职业院校在校生取得职业技能等级证书和企业提升人力资源水平提供有力支撑。

（十二）多措并举打造“双师型”教师队伍。

从 2019 年起，职业院校、应用型本科高校相关专业教师原则上从具有 3 年以上企业工作经历并具有高职以上学历的人员中公开招聘，特殊高技能人才（含具有高级工以上职业资格人员）可适当放宽学历要求，2020 年起基本不再从应届毕业生中招聘。加强职业技术师范院校建设，优化结构布局，引导一批高水平工科学校举办职业技术师范教育。实施职业院校教师素质提高计划，建立 100 个“双师型”教师培养培训基地，职业院校、应用型本科高校教师每年至少 1 个月在企业或实训基地实训，落实教师 5 年一周期的全员轮训制度。探索组建高水平、结构化教师教学创新团队，教师分工协作进行模块化教学。定期组织选派职业院校专业骨干教师赴国外研修访学。在职业院校实行高层次、高技能人才以直接考察的方式公开招聘。建立健全职业院校自主聘任兼职教师的办法，推动企业工程技术人员、高技能人才和职业院校教师双向流动。职业院校通过校企合作、技术服务、社会培训、自办企业等所得收入，可按一定比例作为绩效工资来源。

四、建设多元办学格局

（十三）推动企业和社会力量举办高质量职业教育。

各级政府部门要深化“放管服”改革，加快推进职能转变，由注重“办”

职业教育向“管理与服务”过渡。政府主要负责规划战略、制定政策、依法依规监管。发挥企业重要办学主体作用，鼓励有条件的企业特别是大企业举办高质量职业教育，各级人民政府可按规定给予适当支持。完善企业经营管理和技术人员与学校领导、骨干教师相互兼职兼薪制度。2020 年初步建成 300 个示范性职业教育集团（联盟），带动中小企业参与。支持和规范社会力量兴办职业教育培训，鼓励发展股份制、混合所有制等职业院校和各类职业培训机构。建立公开透明规范的民办职业教育准入、审批制度，探索民办职业教育负面清单制度，建立健全退出机制。

（十四）做优职业教育培训评价组织。

职业教育包括职业学校教育和职业培训，职业院校和应用型本科高校按照国家教学标准和规定职责完成教学任务和职业技能人才培养。同时，也必须调动社会力量，补充校园不足，助力校园办学。能够依据国家有关法规和职业标准、教学标准完成的职业技能培训，要更多通过职业教育培训评价组织（以下简称培训评价组织）等参与实施。政府通过放宽准入，严格末端监督执法，严格控制数量，扶优、扶大、扶强，保证培训质量和学生能力水平。要按照在已成熟的品牌中遴选一批、在成长中的品牌中培育一批、在有需要但还没有建立项目的领域中规划一批的原则，以社会化机制公开招募并择优遴选培训评价组织，优先从制订过国家职业标准并完成标准教材编写，具有专家、师资团队、资金实力和 5 年以上优秀培训业绩的机构中选择。培训评价组织应对接职业标准，与国际先进标准接轨，按有关规定开发职业技能等级标准，负责实施职业技能考核、评价和证书发放。政府部门要加强监管，防止出现乱培训、滥发证现象。行业协会要积极配合政府，为培训评价组织提供好服务环境支持，不得以任何方式收取费用或干预企业办学行为。

五、完善技术技能人才保障政策

（十五）提高技术技能人才待遇水平。

支持技术技能人才凭技能提升待遇，鼓励企业职务职级晋升和工资分配向关键岗位、生产一线岗位和紧缺急需的高层次、高技能人才倾斜。建立国家技术技能大师库，鼓励技术技能大师建立大师工作室，并按规定给予政策和资金支持，支持技术技能大师到职业院校担任兼职教师，参与国家重大工程项目联合攻关。积极推动职业院校毕业生在落户、就业、参加机关事业单位招聘、职称评审、职级晋升等方面与普通高校毕业生享受同等待遇。逐步提高技术技能人才特别是技术工人收入水平和地位。机关和企事业单位招用人员不得歧视职业院校毕业生。国务院人力资源社会保障行政部门会同有关部门，适时组织清理调整对技术技能人才的歧视政策，推动形成人人皆可成才、人人尽展其才的良好环境。按照国家有关规定加大对职业院校参加有关技能大赛成绩突出毕业生的表彰奖励力度。办好职业教育活动周和世界青年技能日宣传活动，深入开展“大国工匠进校园”、“劳模进校园”、“优秀职校生校园分享”等活动，宣传展示大国工匠、能工巧匠和高素质劳动者的事迹和形象，培育和传承好工匠精神。

（十六）健全经费投入机制。

各级政府要建立与办学规模、培养成本、办学质量等相适应的财政投入制度，地方政府要按规定制定并落实职业院校生均经费标准或公用经费标准。在保障教育合理投入的同时，优化教育支出结构，新增教育经费要向职业教育倾斜。鼓励社会力量捐资、出资兴办职业教育，拓宽办学筹资渠道。进一步完善中等职业学校生均拨款制度，各地中等职业学校生均财政拨款水平可适当高于当地普通高中。各地在继续巩固落实好高等职业教育生均财政拨款水平达到12000元的基础上，根据发展需要和财力可能逐步提高拨款水平。组织实施好现代职业教育质量提升计划、产教融合工程等。经费投入要进一步突出改革导向，支持校企合作，注重向中西部、贫困地区和民族地区倾斜。进一步扩大职业院校助学金覆盖面，完善补助标准动态调整机制，落实对建档立卡等家庭经济困难学生的倾斜政策，健全职业教育奖学金制度。

六、加强职业教育办学质量督导评价

（十七）建立健全职业教育质量评价和督导评估制度。

以学习者的职业道德、技术技能水平和就业质量，以及产教融合、校企合作水平为核心，建立职业教育质量评价体系。定期对职业技能等级证书有关工作进行“双随机、一公开”的抽查和监督，从2019年起，对培训评价组织行为和职业院校培训质量进行监测和评估。实施职业教育质量年度报告制度，报告向社会公开。完善政府、行业、企业、职业院校等共同参与的质量评价机制，积极支持第三方机构开展评估，将考核结果作为政策支持、绩效考核、表彰奖励的重要依据。完善职业教育督导评估办法，建立职业教育定期督导评估和专项督导评估制度，落实督导报告、公报、约谈、限期整改、奖惩等制度。国务院教育督导委员会定期听取职业教育督导评估情况汇报。

（十八）支持组建国家职业教育指导咨询委员会。

为把握正确的国家职业教育改革发展方向，创新我国职业教育改革发展模式，提出重大政策研究建议，参与起草、制订国家职业教育法律法规，开展重大改革调研，提供各种咨询意见，进一步提高政府决策科学化水平，规划并审议职业教育标准等，在政府指导下组建国家职业教育指导咨询委员会。成员包括政府人员、职业教育专家、行业企业专家、管理专家、职业教育研究人员、中华职业教育社等团体和社会各方面热心职业教育的人士。通过政府购买服务等方式，听取咨询机构提出的意见建议并鼓励社会和民间智库参与。政府可以委托国家职业教育指导咨询委员会作为第三方，对全国职业院校、普通高校、校企合作企业、培训评价组织的教育管理、教学质量、办学方式模式、师资培养、学生职业技能提升等情况，进行指导、考核、评估等。

七、做好改革组织实施工作

（十九）加强党对职业教育工作的全面领导。

以习近平新时代中国特色社会主义思想特别是习近平总书记关于职业教育的重要论述武装头脑、指导实践、推动工作。加强党对教育事业的全面领导，全面贯彻党的教育方针，落实中央教育工作领导小组各项要求，保证职业教育改革发展正确方向。要充分发挥党组织在职业院校的领导核心和政治核心作用，牢牢把握学校意识形态工作领导权，将党建工作与学校事业发展同部署、同落实、同考评。指导职业院校上好思想政治理论课，实施好中等职业学校“文明风采”活动，推进职业教育领域“三全育人”综合改革试点工作，使各类课程与思想政治理论课同向同行，努力实现职业技能和职业精神培养高度融合。加强基层党组织建设，有效发挥基层党组织的战斗堡垒作用和共产党员的先锋模范作用，带动学校工会、共青团等群团组织和学生会组织建设，汇聚每一位师生员工的积极性和主动性。

（二十）完善国务院职业教育工作部际联席会议制度。

国务院职业教育工作部际联席会议由教育、人力资源社会保障、发展改革、工业和信息化、财政、农业农村、国资、税务、扶贫等单位组成，国务院分管教育工作的副总理担任召集人。联席会议统筹协调全国职业教育工作，研究协调解决工作中重大问题，听取国家职业教育指导咨询委员会等方面的意见建议，部署实施职业教育改革创新重大事项，每年召开两次会议，各成员单位就有关工作情况向联席会议报告。国务院教育行政部门负责职业教育工作的统筹规划、综合协调、宏观管理，国务院教育行政部门、人力资源社会保障行政部门和其他有关部门在职责范围内，分别负责有关的职业教育工作。各成员单位要加强沟通协调，做好相关政策配套衔接，在国家和区域战略规划、重大项目安排、经费投入、企业办学、人力资源开发等方面形成政策合力。推动落实《中华人民共和国职业教育法》，为职业教育改革创新提供重要的制度保障。

国务院关于印发全民科学素质行动规划纲要（2021—2035年）的通知

各省、自治区、直辖市人民政府，国务院各部委、各直属机构：

现将《全民科学素质行动规划纲要（2021—2035年）》印发给你们，请结合本地区、本部门实际，认真贯彻实施。

国务院

2021年6月3日

全民科学素质行动规划纲要（2021—2035年）

为贯彻落实党中央、国务院关于科普和科学素质建设的重要部署，依据《中华人民共和国科学技术进步法》、《中华人民共和国科学技术普及法》（以下简称科普法），落实国家有关科技战略规划，特制定《全民科学素质行动规划纲要（2021—2035年）》（以下简称《科学素质纲要》）。

一、前言

习近平总书记指出："科技创新、科学普及是实现创新发展的两翼，要把科学普及放在与科技创新同等重要的位置。没有全民科学素质普遍提高，就难以建立起宏大的高素质创新大军，难以实现科技成果快速转化。"这一重要指示精神是新发展阶段科普和科学素质建设高质量发展的根本遵循。

科学素质是国民素质的重要组成部分，是社会文明进步的基础。公民具备科学素质是指崇尚科学精神，树立科学思想，掌握基本科学方法，了解必要科技知识，并具有应用其分析判断事物和解决实际问题的能力。提升科学素质，对于公民树立科学的世界观和方法论，对于增强国家自主创新能力和文化软实力、建设社会主义现代化强国，具有十分重要的意义。

自《全民科学素质行动计划纲要（2006—2010—2020年）》印发实施，特别是党的十八大以来，在以习近平同志为核心的党中央坚强领导下，在国务院统筹部署下，各地区各部门不懈努力，全民科学素质行动取得显著成效，各项目标任务如期实现。公民科学素质水平大幅提升，2020年具备科学素质的比例达到10.56%；科学教育与培训体系持续完善，科学教育纳入基础教育各阶段；大众传媒科技传播能力大幅提高，科普信息化水平显著提升；科普基础设施迅速发展，现代科技馆体系初步建成；科普人才队伍不断壮大；科学素质国际交流实现新突破；建立以科普法为核心的政策法规体系；构建国家、省、市、县四级组织实施体系，探索出“党的领导、政府推动、全民参与、社会协同、开放合作”的建设模式，为创新发展营造了良好社会氛围，为确保如期打赢脱贫攻坚战、确保如期全面建成小康社会作出了积极贡献。

我国科学素质建设取得了显著成绩，但也存在一些问题和不足。主要表现在：科学素质总体水平偏低，城乡、区域发展不平衡；科学精神弘扬不够，科学理性的社会氛围不够浓厚；科普有效供给不足、基层基础薄弱；落实“科学普及与科技创新同等重要”的制度安排尚未形成，组织领导、条件保障等有待加强。

当前和今后一个时期，我国发展仍然处于重要战略机遇期，但机遇和挑战都有新的发展变化。当今世界正经历百年未有之大变局，新一轮科技革命和产业变革深入发展，人类命运共同体理念深入人心，同时国际环境日趋复杂，不稳定性不确定性明显增加，新冠肺炎疫情影响广泛深远，世界进入动荡变革期。我国已转向高质量发展阶段，正在加快构建以国内大循环为主体、国内国际双循环相互促进的新发展格局。科技与经济、政治、文化、社会、生态文明深入协同，科技创新正在释放巨大能量，深刻改变生产生活方式乃至思维模式。人才是第一资源、创新是第一动力的重要作用日益凸显，国民素质全面提升已经成为经济社会发展的先决条件。科学素质建设站在了新的历史起点，开启了跻身创新型国家前列的新征程。

面向世界科技强国和社会主义现代化强国建设，需要科学素质建设担当更加重要的使命。一是围绕在更高水平上满足人民对美好生活的新需求，需要科学素质建设彰显价值引领作用，提高公众终身学习能力，不断丰富人民精神家园，服务人的全面发展。二是围绕构建新发展格局，需要科学素质建设在服务经济社会发展中发挥重要作用，以高素质创新大军支撑高质量发展。三是围绕加强和创新社会治理，需要科学素质建设更好促进人的现代化，营造科学理性、文明和谐的社会氛围，服务国家治理体系和治理能力现代化。四是围绕形成对外开放新格局，需要科学素质建设更好发挥桥梁和纽带作用，深化科技人文交流，增进文明互鉴，服务构建人类命运共同体。

二、指导思想、原则和目标

（一）指导思想。

以习近平新时代中国特色社会主义思想为指导，深入贯彻党的十九大和十九届二中、三中、四中、五中全会精神，坚持党的全面领导，坚持以人民为中心，坚持新发展理念，统筹推进“五位一体”总体布局，协调推进“四个全面”战略布局，全面贯彻落实习近平总书记关于科普和科学素质建设的重要论述，以提高全民科学素质服务高质量发展为目标，以践行社会主义核心价值观、弘扬科学精神为主线，以深化科普供给侧改革为重点，着力打造社会化协同、智慧化传播、规范化建设和国际化合作的科学素质建设生态，营造热爱科学、崇尚创新的社会氛围，提升社会文明程度，为全面建设社会主义现代化强国提供基础支撑，为推动构建人类命运共同体作出积极贡献。

（二）原则。

——突出科学精神引领。践行社会主义核心价值观，弘扬科学精神和科学家精神，传递科学的思想观念和行为方式，加强理性质疑、勇于创新、求真务实、包容失败的创新文化建设，坚定创新自信，形成崇尚创新的社会氛围。

——坚持协同推进。各级政府强化组织领导、政策支持、投入保障，激发高校、科研院所、企业、基层组织、科学共同体、社会团体等多元主体活力，激发全民参与积极性，构建政府、社会、市场等协同推进的社会化科普大格局。

——深化供给侧改革。破除制约科普高质量发展的体制机制障碍，突出价值导向，创新组织动员机制，强化政策法规保障，推动科普内容、形式和手段等创新提升，提高科普的知识含量，满足全社会对高质量科普的需求。

——扩大开放合作。开展更大范围、更高水平、更加紧密的科学素质国际交流，共筑对话平台，增进开放互信，深化创新合作，推动经验互鉴和资源共享，共同应对全球性挑战，推进全球可持续发展和人类命运共同体建设。

（三）目标。

2025 年目标：我国公民具备科学素质的比例超过 15%，各地区、各人群科学素质发展不均衡明显改善。科普供给侧改革成效显著，科学素质标准和评估体系不断完善，科学素质建设国际合作取得新进展，“科学普及与科技创新同等重要”的制度安排基本形成，科学精神在全社会广泛弘扬，崇尚创新的社会氛围日益浓厚，社会文明程度实现新提高。

2035 年远景目标：我国公民具备科学素质的比例达到 25%，城乡、区域科学素质发展差距显著缩小，为进入创新型国家前列奠定坚实社会基础。科普公共服务均等化基本实现，科普服务社会治理的体制机制基本完善，科普参与全球治理的能力显著提高，创新生态建设实现新发展，科学文化软实力显著增强，人的全面发展和社会文明程度达到新高度，为基本实现社会主义现代化提供有力支撑。

三、提升行动

重点围绕践行社会主义核心价值观，大力弘扬科学精神，培育理性思维，养成文明、健康、绿色、环保的科学生活方式，提高劳动、生产、创新创造的技能，在“十四五”时期实施5项提升行动。

（一）青少年科学素质提升行动。

激发青少年好奇心和想象力，增强科学兴趣、创新意识和创新能力，培育一大批具备科学家潜质的青少年群体，为加快建设科技强国夯实人才基础。

——将弘扬科学精神贯穿于育人全链条。坚持立德树人，实施科学家精神进校园行动，将科学精神融入课堂教学和课外实践活动，激励青少年树立投身建设世界科技强国的远大志向，培养学生爱国情怀、社会责任感、创新精神和实践能力。

——提升基础教育阶段科学教育水平。引导变革教学方式，倡导启发式、探究式、开放式教学，保护学生好奇心，激发求知欲和想象力。完善初高中包括科学、数学、物理、化学、生物学、通用技术、信息技术等学科在内的学业水平考试和综合素质评价制度，引导有创新潜质的学生个性化发展。加强农村中小学科学教育基础设施建设和配备，加大科学教育活动和资源向农村倾斜力度。推进信息技术与科学教育深度融合，推行场景式、体验式、沉浸式学习。完善科学教育质量评价和青少年科学素质监测评估。

——推进高等教育阶段科学教育和科普工作。深化高校理科教育教学改革，推进科学基础课程建设，加强科学素质在线开放课程建设。深化高校创新创业教育改革，深入实施国家级大学生创新创业训练计划，支持在校大学生开展创新型实验、创业训练和创业实践项目，大力开展各类科技创新实践活动。

——实施科技创新后备人才培育计划。建立科学、多元的发现和培育机制，对有科学家潜质的青少年进行个性化培养。开展英才计划、少年科学院、青少年科学俱乐部等工作，探索从基础教育到高等教育的科技创新后备人才贯通式培养模式。深入实施基础学科拔尖学生培养计划2.0，完善拔尖创新人才培养体系。

——建立校内外科学教育资源有效衔接机制。实施馆校合作行动，引导中小学充分利用科技馆、博物馆、科普教育基地等科普场所广泛开展各类学习实践活动，组织高校、科研机构、医疗卫生机构、企业等开发开放优质科学教育活动和资源，鼓励科学家、工程师、医疗卫生人员等科技工作者走进校园，开展科学教育和生理卫生、自我保护等安全健康教育活动。广泛开展科技节、科学营、科技小论文（发明、制作）等科学教育活动。加强对家庭科学教育的指导，提高家长科学教育意识和能力。加强学龄前儿童科学启蒙教育。推动学校、社会和家庭协同育人。

——实施教师科学素质提升工程。将科学精神纳入教师培养过程，将科学教育和创新人才培养作为重要内容，加强新科技知识和技能培训。推动高等师范院校和综合性大学开设科学教育本科专业，扩大招生规模。加大对科学、数学、物理、化学、生物学、通用技术、信息技术等学科教师的培训力度。实施乡村教师支持计划。加大科学教师线上培训力度，深入开展“送培到基层”活动，每年培训 10 万名科技辅导员。

（二）农民科学素质提升行动。

以提升科技文化素质为重点，提高农民文明生活、科学生产、科学经营能力，造就一支适应农业农村现代化发展要求的高素质农民队伍，加快推进乡村全面振兴。

——树立相信科学、和谐理性的思想观念。重点围绕保护生态环境、节约能源资源、绿色生产、防灾减灾、卫生健康、移风易俗等，深入开展科普宣传教育活动。

——实施高素质农民培育计划。面向保障国家粮食安全和重要农副产品有效供给、构建乡村产业体系、发展农村社会事业新需求，依托农广校等平台开展农民教育培训，大力提高农民科技文化素质，服务农业农村现代化。开展农民职业技能鉴定和技能等级认定、农村电商技能人才培训，举办面向农民的技能大赛、农民科学素质网络竞赛、乡土人才创新创业大赛等，开展农民教育培训 1000 万人次以上，培育农村创业创新带头人 100 万名以上。实施农村妇女素质提升计划，帮助农村妇女参与农业农村现代化建设。

——实施乡村振兴科技支撑行动。鼓励高校和科研院所开展乡村振兴智力服务，推广科技小院、专家大院、院（校）地共建等农业科技社会化服务模式。深入推行科技特派员制度，支持家庭农场、农民合作社、农业社会化服务组织等新型农业经营主体和服务主体通过建立示范基地、田间学校等方式开展科技示范，引领现代农业发展。引导专业技术学（协）会等社会组织开展农业科技服务，将先进适用的品种、技术、装备、设施导入小农户，实现小农户和现代农业有机衔接。

——提升革命老区、民族地区、边疆地区、脱贫地区农民科技文化素质。引导社会科普资源向欠发达地区农村倾斜。开展兴边富民行动、边境边民科普活动和科普边疆行活动，大力开展科技援疆援藏，提高边远地区农民科技文化素质。提升农村低收入人口职业技能，增强内生发展能力。

（三）产业工人科学素质提升行动。

以提升技能素质为重点，提高产业工人职业技能和创新能力，打造一支有理想守信念、懂技术会创新、敢担当讲奉献的高素质产业工人队伍，更好服务制造强国、质量强国和现代化经济体系建设。

——开展理想信念和职业精神宣传教育。开展“中国梦·劳动美”、最美职工、巾帼建功等活动，大力弘扬劳模精神、劳动精神、工匠精神，营造劳动光荣的社会风尚、精益求精的敬业风气和勇于创新的文化氛围。

——实施技能中国创新行动。开展多层级、多行业、多工种的劳动和技能竞赛，建设劳模和工匠人才创新工作室，统筹利用示范性高技能人才培训基地、国家级技能大师工作室，发现、培养高技能人才。组织开展“五小”等群众性创新活动，推动大众创业、万众创新。

——实施职业技能提升行动。在职前教育和职业培训中进一步突出科学素质、安全生产等相关内容，构建职业教育、就业培训、技能提升相统一的产业工人终身技能形成体系。通过教育培训，提高职工安全健康意识和自我保护能力。深入实施农民工职业技能提升计划、求学圆梦行动等，增加进城务工人员教育培训机会。

——发挥企业家提升产业工人科学素质的示范引领作用。弘扬企业家精神，提高企业家科学素质，引导企业家在爱国、创新、诚信、社会责任和国际视野等方面不断提升，做创新发展的探索者、组织者、引领者和提升产业工人科学素质的推动者。鼓励企业积极培养使用创新型技能人才，在关键岗位、关键工序培养使用高技能人才。发挥学会、协会、研究会作用，引导、支持企业和社会组织开展职业能力水平评价。发挥“科创中国”平台作用，探索建立企业科技创新和产业工人科学素质提升的双促进机制。推动相关互联网企业做好快递员、网约工、互联网营销师等群体科学素质提升工作。

（四）老年人科学素质提升行动。

以提升信息素养和健康素养为重点，提高老年人适应社会发展能力，增强获得感、幸福感、安全感，实现老有所乐、老有所学、老有所为。

——实施智慧助老行动。聚焦老年人运用智能技术、融入智慧社会的需求和困难，依托老年大学（学校、学习点）、老年科技大学、社区科普大学、养老服务机构等，普及智能技术知识和技能，提升老年人信息获取、识别和使用能力，有效预防和应对网络谣言、电信诈骗。

——加强老年人健康科普服务。依托健康教育系统，推动老年人健康科普进社区、进乡村、进机构、进家庭，开展健康大讲堂、老年健康宣传周等活动，利用广播、电视、报刊、网络等各类媒体，普及合理膳食、食品安全、心理健康、体育锻炼、合理用药、应急处置等知识，提高老年人健康素养。充分利用社区老年人日间照料中心、科普园地、党建园地等阵地为老年人提供健康科普服务。

——实施银龄科普行动。积极开发老龄人力资源，大力发展老年协会、老科协等组织，充分发挥老专家在咨询、智库等方面的作用。发展壮大老年志愿者队伍。组建老专家科普报告团，在社区、农村、青少年科普中发挥积极作用。

（五）领导干部和公务员科学素质提升行动。

进一步强化领导干部和公务员对科教兴国、创新驱动发展等战略的认识，提高科学决策能力，树立科学执政理念，增强推进国家治理体系和治理能力现代化的本领，更好服务党和国家事业发展。

——深入贯彻落实新发展理念。切实找准将新发展理念转化为实践的切入点、结合点和着力点，提高领导干部和公务员科学履职水平，强化对科学素质建设重要性和紧迫性的认识。

——加强科学素质教育培训。认真贯彻落实《干部教育培训工作条例》、《公务员培训规定》，加强前沿科技知识和全球科技发展趋势学习，突出科学精神、科学思想培养，增强把握科学发展规律的能力。大力开展面向基层领导干部和公务员，特别是革命老区、民族地区、边疆地区、脱贫地区干部的科学素质培训工作。

——在公务员录用中落实科学素质要求。不断完善干部考核评价机制，在公务员录用考试和任职考察中，强化科学素质有关要求并有效落实。

四、重点工程

深化科普供给侧改革，提高供给效能，着力固根基、扬优势、补短板、强弱项，构建主体多元、手段多样、供给优质、机制有效的全域、全时科学素质建设体系，在“十四五”时期实施5项重点工程。

（一）科技资源科普化工程。

建立完善科技资源科普化机制，不断增强科技创新主体科普责任意识，充分发挥科技设施科普功能，提升科技工作者科普能力。

——建立完善科技资源科普化机制。鼓励国家科技计划（专项、基金等）项目承担单位和人员，结合科研任务加强科普工作。推动在相关科技奖项评定中列入科普工作指标。推动将科普工作实绩作为科技人员职称评聘条件。将科普工作纳入相关科技创新基地考核。开展科技创新主体、科技创新成果科普服务评价，引导企业和社会组织建立有效的科技资源科普化机制，支持中国公众科学素质促进联合体等发展，推动科普事业与科普产业发展，探索“产业＋科普”模式。开展科普学分制试点。

——实施科技资源科普化专项行动。支持和指导高校、科研机构、企业、科学共同体等利用科技资源开展科普工作，开发科普资源，加强与传媒、专业科普组织合作，及时普及重大科技成果。建设科学传播专家工作室，分类制定科技资源科普化工作指南。拓展科技基础设施科普功能，鼓励大科学装置（备）开发科普功能，推动国家重点实验室等创新基地面向社会开展多种形式的科普活动。

——强化科技工作者的社会责任。大力弘扬科学家精神，开展老科学家学术成长资料采集工程，依托国家科技传播中心等设施和资源，打造科学家博物馆和科学家精神教育基地，展示科技界优秀典型、生动实践和成就经验，激发全民族创新热情和创造活力。加强科研诚信和科技伦理建设，深入开展科学道德和学风建设宣讲活动，引导广大科技工作者坚守社会责任，自立自强，建功立业，成为践行科学家精神的表率。通过宣传教育、能力培训、榜样示范等增强科技人员科普能力，针对社会热点、焦点问题，主动、及时、准确发声。

（二）科普信息化提升工程。

提升优质科普内容资源创作和传播能力，推动传统媒体与新媒体深度融合，建设即时、泛在、精准的信息化全媒体传播网络，服务数字社会建设。

——实施繁荣科普创作资助计划。支持优秀科普原创作品。支持面向世界科技前沿、面向经济主战场、面向国家重大需求、面向人民生命健康等重大题材开展科普创作。大力开发动漫、短视频、游戏等多种形式科普作品。扶持科普创作人才成长，培养科普创作领军人物。

——实施科幻产业发展扶持计划。搭建高水平科幻创作交流平台和产品开发共享平台，建立科幻电影科学顾问库，为科幻电影提供专业咨询、技术支持等服务。推进科技传播与影视融合，加强科幻影视创作。组建全国科幻科普电影放映联盟。鼓励有条件的地方设立科幻产业发展基金，打造科幻产业集聚区和科幻主题公园等。

——实施全媒体科学传播能力提升计划。推进图书、报刊、音像、电视、广播等传统媒体与新媒体深度融合，鼓励公益广告增加科学传播内容，实现科普内容多渠道全媒体传播。引导主流媒体加大科技宣传力度，增加科普内容、增设科普专栏。大力发展新媒体科学传播。加强媒体从业人员科学传播能力培训。促进媒体与科学共同体的沟通合作，增强科学传播的专业性和权威性。

——实施智慧科普建设工程。推进科普与大数据、云计算、人工智能、区块链等技术深度融合，强化需求感知、用户分层、情景应用理念，推动传播方式、组织动员、运营服务等创新升级，加强“科普中国”建设，充分利用现有平台构建国家级科学传播网络平台和科学辟谣平台。强化科普信息落地应用，与智慧教育、智慧城市、智慧社区等深度融合，推动优质科普资源向革命老区、民族地区、边疆地区、脱贫地区倾斜。

（三）科普基础设施工程。

加强科普基础设施建设，建立政府引导、多渠道投入的机制，实现资源合理配置和服务均衡化、广覆盖。

——加强对科普基础设施建设的统筹规划与宏观指导。制定科普基础设施发展规划，将科普基础设施建设纳入各地国民经济和社会发展规划。完善科普基础设施建设管理的规范和标准，建立健全分级评价制度。完善社会资金投入科普基础设施建设的优惠政策和法规。推行科技馆登记注册制度和年报制度。推进符合条件的科技馆免费开放。

——创新现代科技馆体系。推动科技馆与博物馆、文化馆等融合共享，构建服务科学文化素质提升的现代科技馆体系。加强实体科技馆建设，开展科普展教品创新研发，打造科学家精神教育基地、前沿科技体验基地、公共安全健康教育基地和科学教育资源汇集平台，提升科技馆服务功能。推进数字科技馆建设，统筹流动科技馆、科普大篷车、农村中学科技馆建设，探索多元主体参与的运行机制和模式，提高服务质量和能力。

——大力加强科普基地建设。深化全国科普教育基地创建活动，构建动态管理和长效激励机制。鼓励和支持各行业各部门建立科普教育、研学等基地，提高科普服务能力。推进图书馆、文化馆、博物馆等公共设施开展科普活动，拓展科普服务功能。引导和促进公园、自然保护区、风景名胜区、机场、车站、电影院等公共场所强化科普服务功能。开发利用有条件的工业遗产和闲置淘汰生产设施，建设科技博物馆、工业博物馆、安全体验场馆和科普创意园。

（四）基层科普能力提升工程。

建立健全应急科普协调联动机制，显著提升基层科普工作能力，基本建成平战结合应急科普体系。

——建立应急科普宣教协同机制。利用已有设施完善国家级应急科普宣教平台，组建专家委员会。各级政府建立应急科普部门协同机制，坚持日常宣教与应急宣传相统一，纳入各级突发事件应急工作整体规划和协调机制。储备和传播优质应急科普内容资源，有效开展传染病防治、防灾减灾、应急避险等主题科普宣教活动，全面推进应急科普知识进企业、进农村、进社区、进学校、进家庭。突发事件状态下，各地各部门密切协作，统筹力量直达基层开展应急科普，及时做好政策解读、知识普及和舆情引导等工作。建立应急科普专家队伍，提升应急管理人员和媒体人员的应急科普能力。

——健全基层科普服务体系。构建省域统筹政策和机制、市域构建资源集散中心、县域组织落实，以新时代文明实践中心（所、站）、党群服务中心、社区服务中心（站）等为阵地，以志愿服务为重要手段的基层科普服务体系。动员学校、医院、科研院所、企业、科学共同体和社会组织等组建科技志愿服务队，完善科技志愿服务管理制度，推进科技志愿服务专业化、规范化、常态化发展，推广群众点单、社区派单、部门领单、科技志愿服务队接单的订单认领模式。建立完善跨区域科普合作和共享机制，鼓励有条件的地区开展全领域行动、全地域覆盖、全媒体传播、全民参与共享的全域科普行动。

——实施基层科普服务能力提升工程。深入实施基层科普行动计划。开展全国科普示范县（市、区）创建活动。加强基层科普设施建设，在城乡社区综合服务设施、社区图书馆、社区书苑、社区大学等平台拓展科普服务功能。探索建立基层科普展览展示资源共享机制。深入开展爱国卫生运动、全国科普日、科技活动周、双创活动周、防灾减灾日、食品安全宣传周、公众科学日等活动，增进公众对科技发展的了解和支持。

——加强专职科普队伍建设。大力发展科普场馆、科普基地、科技出版、新媒体科普、科普研究等领域专职科普人才队伍。鼓励高校、科研机构、企业设立科普岗位。建立高校科普人才培养联盟，加大高层次科普专门人才培养力度，推动设立科普专业。

（五）科学素质国际交流合作工程。

拓展科学素质建设交流渠道，搭建开放合作平台，丰富交流合作内容，增进文明互鉴，推动价值认同，提升开放交流水平，参与全球治理。

——拓展国际科技人文交流渠道。围绕提升科学素质、促进可持续发展，充分发挥科学共同体优势和各类人文交流机制作用。开展青少年交流培育计划，拓展合作领域，提升合作层次。

——丰富国际合作内容。深入开展科学教育、传播和普及双多边合作项目，促进科普产品交流交易。聚焦应对未来发展、粮食安全、能源安全、人类健康、灾害风险、气候变化等人类可持续发展共同挑战，加强青少年、妇女和教育、媒体、文化等领域科技人文交流。

——积极参与全球治理。推进科学素质建设国际合作，探索制订国际标准，推动建立世界公众科学素质组织，参与议题发起和设置，在多边活动中积极提供中国方案、分享中国智慧。

——促进“一带一路”科技人文交流。坚持共商共建共享原则，深化公共卫生、绿色发展、科技教育等领域合作。推进科学素质建设战略、规划、机制对接，加强政策、规则、标准联通，推动共建“一带一路”高质量发展。

五、组织实施

（一）组织保障。

建立完善《科学素质纲要》实施协调机制，负责领导《科学素质纲要》实施工作，将公民科学素质发展目标纳入国民经济和社会发展规划，加强对《科学素质纲要》实施的督促检查。各部门将《科学素质纲要》有关任务纳入相关规划和计划，充分履行工作职责。中国科协发挥综合协调作用，做好沟通联络工作，会同各有关方面共同推进科学素质建设。

地方各级政府负责领导当地《科学素质纲要》实施工作，把科学素质建设作为地方经济社会发展的一项重要任务，纳入本地区总体规划，列入年度工作计划，纳入目标管理考核。地方各级科协牵头实施《科学素质纲要》，完善科学素质建设工作机制，会同各相关部门全面推进本地区科学素质建设。

（二）机制保障。

完善表彰奖励机制。根据国家有关规定，对在科学素质建设中做出突出贡献的集体和个人给予表彰和奖励。

完善监测评估体系。完善科普工作评估制度，制定新时代公民科学素质标准，定期开展公民科学素质监测评估、科学素质建设能力监测评估。

（三）条件保障。

完善法规政策。完善科普法律法规体系，鼓励有条件的地方制修订科普条例，制定科普专业技术职称评定办法，开展评定工作，将科普人才列入各级各类人才奖励和资助计划。

加强理论研究。围绕新科技、新应用带来的科技伦理、科技安全、科学谣言等方面，开展科学素质建设理论与实践研究。深入开展科普对象、手段和方法等研究，打造科学素质建设高端智库。

强化标准建设。分级分类制定科普产品和服务标准，实施科学素质建设标准编制专项，推动构建包括国家标准、行业标准、地方标准、团体标准和企业标准的多维标准体系。

保障经费投入。各有关部门统筹考虑和落实科普经费。各级政府按规定安排经费支持科普事业发展。大力提倡个人、企业、社会组织等社会力量采取设立科普基金、资助科普项目等方式为科学素质建设投入资金。

国务院关于印发“十四五”就业促进规划的通知

各省、自治区、直辖市人民政府，国务院各部委、各直属机构：

现将《“十四五”就业促进规划》印发给你们，请认真贯彻执行。

国务院

2021 年 8 月 23 日

“十四五”就业促进规划

就业是最大的民生，也是经济发展最基本的支撑。“十四五”时期，实现更加充分更高质量就业，是推动高质量发展、全面建设社会主义现代化国家的内在要求，是践行以人民为中心发展思想、扎实推进共同富裕的重要基础。本规划依据《中华人民共和国国民经济和社会发展第十四个五年规划和 2035 年远景目标纲要》编制，提出了“十四五”时期促进就业的指导思想、基本原则、主要目标、重点任务和保障措施，是推动就业高质量发展的工作指引。

一、发展环境

“十三五”期间，面对错综复杂的国际形势、艰巨繁重的国内改革发展稳定任务特别是新冠肺炎疫情的严重冲击，党中央、国务院始终坚持以人民为中心，将就业摆在经济社会发展优先位置，创新实施就业优先政策，推动就业工作取得积极进展。全国城镇新增就业 6564 万人，城镇调查失业率均值控制在 5.2%，劳动年龄人口平均受教育年限从 10.2 年提高到 10.8 年，技能劳动者总量由 1.3 亿人增至 2 亿人，就业形势总体稳定，就业结构持续优化，就业质量不断提升。

“十四五”时期是我国全面建成小康社会、实现第一个百年奋斗目标之后，乘势而上开启全面建设社会主义现代化国家新征程、向第二个百年奋斗目标进军的第一个五年。当前和今后一段时期，我国发展仍然处于重要战略机遇期，党中央、国务院高度重视就业问题，实施就业优先战略，为实现更加充分更高质量就业提供了根本保证；我国已转向高质量发展阶段，以国内大循环为主体、国内国际双循环相互促进的新发展格局加快构建，经济稳中向好、长期向好，为就业长期稳定创造了良好条件；新一轮科技革命和产业变革深入发展，新兴就业创业机会日益增多；新型城镇化、乡村振兴孕育巨大发展潜力，新的就业增长点不断涌现；劳动力市场协同性增强，劳动力整体受教育程度上升，社会性流动更加顺畅，为促进就业夯实了人力资源支撑。

但也要看到，"十四五"时期就业领域也出现了许多新变化新趋势。人口结构与经济结构深度调整，劳动力供求两侧均出现较大变化，产业转型升级、技术进步对劳动者技能素质提出了更高要求，人才培养培训不适应市场需求的现象进一步加剧，"就业难"与"招工难"并存，结构性就业矛盾更加突出，将成为就业领域主要矛盾。城镇就业压力依然较大，促进高校毕业生等重点群体就业任务艰巨，在工业化、城镇化进程中，还有大量农村富余劳动力需要转移就业，规模性失业风险不容忽视。同时，就业歧视仍然存在，灵活就业人员和新就业形态劳动者权益保障亟待加强；人工智能等智能化技术加速应用，就业替代效应持续显现；国际环境日趋复杂，不稳定性不确定性明显增加，对就业的潜在冲击需警惕防范。总之，就业形势仍较严峻。必须深刻认识就业领域主要矛盾的变化，深入分析面临的挑战和风险，坚持问题导向，采取务实举措，抓住机遇，调动各种积极因素，不断开创就业工作新局面，努力实现更加充分更高质量就业。

二、总体要求

（一）指导思想。

以习近平新时代中国特色社会主义思想为指导，深入贯彻党的十九大和十九届二中、三中、四中、五中全会精神，统筹推进"五位一体"总体布局，协调推进"四个全面"战略布局，坚持稳中求进工作总基调，立足新发展阶段，完整、准确、全面贯彻新发展理念，构建新发展格局，统筹发展和安全，以实现更加充分更高质量就业为主要目标，深入实施就业优先战略，健全有利于更加充分更高质量就业的促进机制，完善政策体系、强化培训服务、注重权益保障，千方百计扩大就业容量，努力提升就业质量，着力缓解结构性就业矛盾，切实防范和有效化解规模性失业风险，不断增进民生福祉，推动全体人民共同富裕迈出坚实步伐。

（二）基本原则。

——坚持就业导向、政策协同。继续把就业摆在经济社会发展和宏观政策优先位置，作为保障和改善民生头等大事，把稳定和扩大就业作为宏观调控的优先目标和经济运行合理区间的下限，根据就业形势变化，及时调整宏观政策取向、聚力支持就业。

——坚持扩容提质、优化结构。兼顾容量、质量与结构，抓住主要矛盾，在多措并举创造更多高质量就业岗位的同时，更加重视日益凸显的结构性就业矛盾，聚焦劳动者技能素质提升，突出抓好技术技能人才培养培训，推动形成劳动力市场更高水平的供需动态平衡。

——坚持市场主导、政府调控。推动有效市场和有为政府更好结合，既要坚持市场化社会化就业方向，加快破除制约就业的体制机制障碍，充分发挥市场配置劳动力资源的决定性作用，又要强化政府责任，优化整合各类资源，为促进就业提供强有力政策支持和基础性服务保障。

——坚持聚焦重点、守住底线。紧盯就业领域关键环节和突出问题，瞄准重点地区、重点行业和重点群体，制定更加精准有效的举措，因地因企因人强化分类帮扶援助，切实兜牢民生底线。

（三）主要目标。

到 2025 年，要实现以下目标：

——就业形势总体平稳。城镇新增就业 5500 万人以上，努力实现更大规模，城镇调查失业率控制在 5.5% 以内，重点群体就业保持稳定。城乡、区域就业机会差距逐步缩小，劳动力市场供求基本平衡。

——就业质量稳步提升。劳动报酬提高与劳动生产率提高基本同步，覆盖城乡劳动者的社会保障体系更加健全，劳动权益保障进一步加强，劳动关系和谐稳定，更多劳动者实现体面劳动。

——结构性就业矛盾有效缓解。人力资源质量大幅提升，更加匹配产业转型升级和高质量发展的需要。全国高技能人才总量稳步扩大，劳动年龄人口平均受教育年限达到 11.3 年，新增劳动力受过高等教育比例达到 55%。

——创业带动就业动能持续释放。创业引领作用更加凸显，对高质量就业的带动能力不断增强。创业环境更加优化，政策服务体系更加完备，创业机会更多、渠道更广，更多人可以通过创业实现人生价值。

——风险应对能力显著增强。就业领域风险监测预警和应对处置机制不断健全，失业人员保障范围有效扩大、保障水平进一步提高，困难群体得到及时帮扶，就业安全保障更加有力。

专栏1："十四五"时期就业主要指标

指标名称	2020年	2025年	年均/累计	属性
城镇新增就业（万人）	1186	——	>〔5500〕	预期性
城镇调查失业率（%）	5.2	——	<5.5	预期性
城镇就业占比（%）	61.6	>65	——	预期性
脱贫人口务工规模（万人）	3243	——	>3000	预期性
全员劳动生产率增长（%）	2.5	——	高于GDP增长	预期性
劳动报酬占比（%）	52.1*	——	稳步提高	预期性
开展补贴性职业技能培训（万人次）	2700	——	〔7500〕	预期性
基本养老保险参保率（%）	91	95	——	预期性
劳动年龄人口平均受教育年限（年）	10.8	11.3	——	约束性
新增劳动力受过高等教育比例（%）	53.5	55	——	预期性

注：①〔 〕内为5年累计数。②带*号的为2019年数据。③劳动报酬占比是指劳动报酬占GDP的比重。

三、坚持经济发展就业导向，不断扩大就业容量

落实就业优先战略，强化就业优先政策，推动形成高质量发展与就业扩容提质互促共进的良性循环。

（四）全面增强就业吸纳能力。

强化就业优先导向的宏观调控。将就业优先政策置于宏观政策层面并持续强化，完善调控手段，充实政策工具箱，强化财政、货币、投资、消费、产业、区域等政策支持就业的导向，实现与就业政策协同联动。深入实施扩大内需战略，持续促进消费、增加有效投资拉动就业，通过保市场主体保就业。健全就业影响评估机制，制定实施宏观政策时要充分考虑对就业的影响，提升重大政策规划、重大工程项目、重大生产力布局对就业的促进作用。健全就业目标责任考核机制，建立更加充分更高质量就业考核评价体系，探索开展高质量就业地区试点工作。

促进制造业高质量就业。实施制造业降本减负行动，引导金融机构扩大制造业中长期融资，提升制造业盈利能力，提高从业人员收入水平，增强制造业就业吸引力，缓解制造业"招工难"问题。推进制造业高质量发展和职业技能培训深度融合，促进制造业产业链、创新链与培训链有效衔接。支持吸纳就业

能力强的劳动密集型行业发展。注重发展技能密集型产业，推动传统制造业转型升级赋能、延伸产业链条，开发更多制造业领域技能型就业岗位。立足我国产业规模优势、配套优势和部分领域先发优势，发展服务型制造新模式，做大做强新兴产业链，推动先进制造业集群发展，打造更多制造业就业增长点。

扩大服务业就业。聚焦产业转型升级和消费升级需要，构建优质高效、结构优化、竞争力强的服务产业新体系，为劳动者就业提供更大空间和更多选择。进一步放宽服务业市场准入，深入推进服务业扩大开放，促进服务业数字化转型、线上线下双向发展，推动现代服务业同先进制造业、现代农业深度融合，支持生产性服务业和服务外包创新发展，加快生活服务业高品质和多样化升级，鼓励商贸流通和消费服务业态与模式创新，引导夜间经济、便民生活圈等健康发展，稳定开发社区超市、便利店、社区服务和社会工作服务岗位，充分释放服务业就业容量大的优势。

拓展农业就业空间。深化农业供给侧结构性改革，加强现代农业产业园和农业现代化示范区建设，打造农业全产业链，提升农业价值链，吸纳带动更多就业。实施农民合作社规范提升行动、家庭农场培育计划和高素质农民培育计划，推动小农户与现代农业发展有机衔接，扶持一批农业产业化龙头企业牵头、家庭农场和农民合作社跟进、广大小农户参与的农业产业化联合体，实现抱团发展，促进农民就业增收。

支持中小微企业和个体工商户持续稳定发展增加就业。完善促进中小微企业和个体工商户发展和用工的制度环境和政策体系，构建常态化援企稳岗帮扶机制，持续减轻中小微企业和个体工商户负担，激发中小微企业和个体工商户活力，增强就业岗位创造能力。优化中小微企业发展生态，取消各类不合理限制和壁垒。支持劳动者创办投资小、见效快、易转型、风险小的小规模经济实体。加大对中小微企业和个体工商户融资支持力度，加强普惠金融服务。

（五）培育接续有力的就业新动能。

促进数字经济领域就业创业。加快发展数字经济，推动数字经济和实体经济深度融合，催生更多新产业新业态新商业模式，培育多元化多层次就业需求。健全数字规则，强化数据有序共享和信息安全保护，加快推动数字产业化，打造具有国际竞争力、就业容量大的数字产业集群。深入实施“上云用数赋智”行动，推进传统线下业态数字化转型赋能，创造更多数字经济领域就业机会。促进平台经济等新产业新业态新商业模式规范健康发展，带动更多劳动者依托平台就业创业。

支持多渠道灵活就业和新就业形态发展。破除各种不合理限制，建立促进多渠道灵活就业机制，支持和规范发展新就业形态。鼓励传统行业跨界融合、业态创新，增加灵活就业和新就业形态就业机会。加快落实《关于维护新就业形态劳动者劳动保障权益的指导意见》，建立完善适应灵活就业和新就业形态的劳动权益保障制度，引导支持灵活就业人员和新就业形态劳动者参加社会保险，提高灵活就业人员和新就业形态劳动者社会保障水平。规范平台企业用工，明确平台企业劳动保护责任。健全职业分类动态调整机制，持续开发新职业，发布新职业标准。

专栏 2：实施灵活就业人员和新就业形态劳动者支持保障计划

1. 完善灵活就业人员就业服务制度。以个人经营、非全日制、新就业形态等灵活方式就业的劳动者，可在常住地公共就业服务机构办理就业登记，按规定享受各项政策和服务。建立灵活就业岗位信息发布渠道。

2. 实施新就业形态劳动者技能提升项目。创新适合新就业形态劳动者的培训形式和内容，搭建数字资源线上培训服务平台，支持其根据自身实践和需求参加个性化培训。

3. 健全灵活就业人员社会保障制度。完善灵活就业人员参加基本养老、基本医疗保险相关政策，放开灵活就业人员在就业地参加基本养老、基本医疗保险的户籍限制。推进职业伤害保障试点，探索用工企业购买商业保险、保险公司适当让利的机制，鼓励用工企业以商业保险方式为灵活就业人员和新就业形态劳动者提供多层次保障。

（六）提高区域就业承载力。

推动区域就业协调发展。支持东部地区发挥创新要素集聚优势，率先实现产业升级，开拓高质量就业新领域，培育高质量就业增长极。加快完善中西部和东北地区基础设施，提升产业集聚区公共服务效能，引导产业向中西部和东北地区有序梯度转移，推动就业机会向中西部和东北地区扩散。支持中西部和东北地区根据国家战略导向和发展重点，对接先进生产要素和创新资源，发展特色优势产业，改造提升传统产业，积极布局新兴产业，厚植就业创业沃土。

实施特殊类型地区就业促进行动。健全巩固拓展脱贫攻坚成果长效机制，统筹各类政策资源，强化后续扶持，以脱贫地区为重点，支持欠发达地区因地制宜发展吸纳就业效果好的富民产业。支持革命老区、边境地区等发展本地特色产业，推进资源型地区加快培育发展接续替代产业，完善就地就近就业配套设施，做好边民、少数民族劳动者和失地农民、下岗矿工、停产企业员工等困难群体就业帮扶。对高失业率地区开展专项就业援助，针对性开发和推荐就业岗位，促进失业人员再就业。

壮大县乡村促就业内生动力。深入推进新型城镇化和乡村振兴战略有效衔接，推动县乡村联动发展，促进产镇融合、产村一体，打造“一县一业”、“一乡一特”、“一村一品”经济圈，做好产业和就业帮扶。推进以县城为重要载体的城镇化建设，补短板强弱项，增强综合服务能力，促进绿色低碳发展，吸引各类生产要素向县城流动聚集，做大做强县域经济，扩大县城就业需求。支持乡镇提升服务功能，增加生产生活要素供给，为发展产业、带动就业创造良好条件，把乡镇建设成拉动农村劳动力就业的区域中心。完善农村一二三产业融合发展体系，丰富乡村经济业态，促进乡村产业多模式融合、多类型示范，打造乡村产业链供应链，加快乡村产业振兴步伐，培育乡村就业增长极。

专栏 3：提高区域就业承载力重点任务

1. 夯实中西部和东北地区就业基础。鼓励中西部和东北地区与东部沿海地区通过共建跨区域产业合作园区、发展飞地经济等多种方式搭建承接产业转移平台，增强承接产业转移能力，创造更多本地就业岗位。支持中西部和东北地区立足基础优势，加快培育产业链长、带动就业能力强的支柱产业，协同推进产业转型升级和促进就业。

2. 扩大特殊类型地区就业容量。以工代赈项目重点向脱贫地区倾斜。支持革命老区、边境地区培育一批特色产业集群、优势资源基地，推出一批乡村旅游重点村、镇精品线路，为当地居民提供更多就业机会。支持资源枯竭型城市加强接续替代产业平台建设，培育接续替代产业集群，带动当地职工转岗就业。深入实施采煤沉陷区综合治理和独立工矿区改造提升工程，推进老工业基地制造业竞争优势重构，改善生产发展和居民就业条件。

3. 健全县乡村产业提升和就业促进机制。引导劳动密集型产业、县域特色产业在县城集聚发展，在农业产业强镇、商贸集镇、物流节点布局劳动密集型加工业，鼓励大型商贸企业在乡镇布点，增强就业支撑。保障乡村产业发展用地，做强现代种养业，做精乡村特色产业，提升农产品加工流通业，优化乡村休闲旅游业，培育发展乡村新型服务业和信息产业，持续带动农民就业创业。

4. 加强人才扶持。支持中西部和东北地区、特殊类型地区和县乡村基层积极吸引人才流入，加大力度推进职业技术教育和职业技能培训，为产业发展提供技术工人、管理人员和创业人才。

四、强化创业带动作用，放大就业倍增效应

深入实施创新驱动发展战略，营造有利于创新创业创造的良好发展环境，持续推进双创，更大激发市场活力和社会创造力，促进创业带动就业。

（七）不断优化创业环境。

深化创业领域“放管服”改革。全面实行《优化营商环境条例》和政府权责清单制度，分类推进行政审批制度改革，打造市场化法治化国际化营商环境。实施全国统一的市场准入负面清单制度，健全清单动态调整机制，定期评估、排查、清理各类显性和隐性壁垒，最大限度解除对创业的束缚。提升企业开办标准化规范化便利化水平，建立便利、高效、有序的市场主体退出制度。实行以公平为原则的产权保护制度。

加强创业政策支持。加大对初创实体的支持力度，进一步降低创业成本，提升初创企业持续发展能力。落实创业担保贷款及贴息政策，提高贷款便利度和政策获得感。拓展创业企业直接融资渠道，健全投资生态链，更好发挥创业投资引导基金和私募股权基金作用，加大初创期、种子期投入。提升创业板服务成长型创业企业功能，支持符合条件的企业发行企业债券。

实现创业资源开放共享。强化大企业在市场拓展、产业链协调、带动中小企业创业方面的作用，实施大中小企业融通创新专项行动，鼓励大企业向中小企业开放资源、场景、应用、需求，打造基于产业链供应链的创新创业生态。推动国家科研平台、科技报告、科研数据、科研仪器设施、高校实验室进一步向企业、社会组织和个人开放，创造更多创业机会。促进国家级新区、国家自主创新示范区开放企业（项目）资源，建立项目对接机制，吸纳人才创业。

（八）鼓励引导各类群体投身创业。

激发劳动者创业的积极性主动性。实施农村创业创新带头人培育行动，壮大新一代乡村企业家队伍。实施大学生创业支持计划、留学人员回国创业启动支持计划。鼓励引导有创业意愿和创业能力的农民工、大学生、退役军人等人员返乡入乡创业。建立科研人员入乡兼职兼薪和离岗创业制度，完善科研人员职务发明成果权益分享机制。激发和保护企业家精神，倡导敬业、精益、专注、宽容失败的创新创业文化。

全方位培养引进用好创业人才。大力发展高校创新创业教育，培育一批创业拔尖人才。面向有创业意愿和培训需求的城乡各类劳动者开展创业培训。实施更加积极更加开放更加有效的人才政策，加大创业人才引进力度，为外籍高层次人才来华创业提供便利。健全以创新能力、质量、实效、贡献为导向的创新创业人才评价体系，加强创新创业激励和保障。

（九）全面升级创业服务。

打造全生态、专业化、多层次的创业服务体系。加快完善创业服务网络。加强服务队伍建设，为创业者提供政策咨询、项目推介、开业指导等服务。推广创业导师制，推行科技特派员制度，支持科技领军企业、高技能人才、专业技术人才等到基层开展创业服务。实施创业带动就业示范行动，组织各类创业大赛和创业推进活动，办好全国双创活动周，开展创业型城市示范创建，营造浓厚的创业氛围。

建设特色化、功能化、高质量的创业平台载体。构建众创空间、孵化器、加速器、产业园相互接续的创业平台支持链条。创新创业孵化载体建设模式，支持大企业与地方政府、高校共建，提高利用率。实施全国创业孵化示范基地改造提升工程，强化服务质量管理，提升孵化服务功能，新认定一批国家级创业孵化示范基地。优化双创示范基地建设布局，充分发挥双创示范基地示范带动作用。鼓励地方开辟退役军人创业专区和退役军人就业创业园地，依托各类产业园区建设一批返乡入乡创业园，加强大学生创业园等孵化载体建设。支持地方进一步加快建设留学人员创业园，持续推动省部共建。

专栏 4：返乡入乡创业园建设

1. 整合建设一批返乡入乡创业园。以县级地区为单位，对现有开发区、产业园区、产业集聚区、创业载体等各类园区平台整合拓展、优化布局，打造功能完备、环境优良的返乡入乡创业园。改造提升返乡入乡创业园配套设施，提高智能化、服务化水平。

2. 培育返乡入乡创业产业集群。依托返乡入乡创业园，探索适合当地的返乡入乡创业发展路径和模式，通过承接产业转移、资源嫁接输入地市场、一二三产业融合发展等方式，培育具有区域特色、大中小企业协同联动、上下游产业全链条一体发展的返乡入乡创业产业集群。

3. 强化资金支持。允许将符合条件的返乡入乡创业园建设项目纳入地方政府专项债券支持范围。统筹利用现有资金渠道，有条件的地方可按规定因地制宜安排资金，支持返乡入乡创业园建设。鼓励金融机构在风险可控、商业可持续的前提下，创新金融产品和业务模式，支持返乡入乡创业园建设和返乡入乡创业企业发展。

五、完善重点群体就业支持体系，增强就业保障能力

聚焦高校毕业生等重点群体，坚持市场化社会化就业与政府帮扶相结合，

促进多渠道就业创业。

（十）持续做好高校毕业生就业工作。

拓宽高校毕业生市场化社会化就业渠道。结合国家重大战略布局、现代产业体系建设、中小企业创新发展，创造更多有利于发挥高校毕业生专长和智力优势的知识技术型就业岗位。健全激励保障机制，畅通成长发展通道，引导高校毕业生到中西部、东北、艰苦边远地区和城乡基层就业。围绕乡村振兴战略，服务乡村建设行动和基层治理，扩大基层教育、医疗卫生、社区服务、农业技术等领域就业空间。为有意愿、有能力的高校毕业生创新创业提供资金、场地和技术等多层次支持。

强化高校毕业生就业服务。健全校内校外资源协同共享的高校毕业生就业服务体系，完善多元化服务机制，将留学回国毕业生及时纳入公共就业人才服务范围。加强职业生涯教育和就业创业指导，加大就业实习见习实践组织力度，开展大规模、高质量高校毕业生职业技能培训，提高高校毕业生就业能力。实施常态化高校毕业生就业信息服务，精准组织线上线下就业服务活动，举办行业性、区域性、专业性专场招聘，加强户籍地、求职地、学籍地政策服务协同，提高供需匹配效率。对离校未就业高校毕业生开展实名制帮扶，健全困难高校毕业生就业援助机制。强化择业就业观念引导，推动高校毕业生积极理性就业。开展“最美基层高校毕业生”学习宣传活动。

专栏5：实施高校毕业生就业创业促进计划

1. 岗位拓展行动。实施高校毕业生中小微企业就业支持计划，指导国有企业健全公开、竞争、择优的市场化招聘制度。实施好“三支一扶”计划、农村教师特岗计划、大学生志愿服务西部计划等高校毕业生基层服务项目。开发一批社区服务、科研助理、社会组织就业岗位。支持大学生参军入伍，提高高校毕业生新兵补充比例。

2. 就业能力提升行动。开展就业育人主题教育活动，积极搭建校企对接平台，广泛组织大学生实习锻炼。实施就业见习计划，建设一批国家级高校毕业生就业见习示范单位。针对高校毕业生，重点加强新兴产业、智能制造、现代服务业等领域岗位培训。

3. 精准服务行动。持续开展大中城市联合招聘、“24365校园网络招聘”、“千校万岗”、中小微企业专场招聘、中央企业面向西藏青海新疆毕业生专场招聘等系列活动。组建专业化就业创业导师队伍，推出线上直播课，为高校毕业生提供职业规划、职业体验、求职指导等服务。举办全国大学生职业规划大赛。

（十一）高度重视城镇青年就业。

为城镇青年创造多样化就业机会。聚焦城镇青年（主要包括未继续升学初高中毕业生、城镇失业青年、转岗青年职工等，下同），完善就业支持体系。在推动先进制造业、现代服务业和劳动密集型产业发展中，开发更多适合城镇青年的就业岗位，带动更多城镇青年到新产业新业态新商业模式领域就业创业。对接产业优化布局、区域协调发展和重点行业企业人才需求，完善人力资源需求发布、要素配置、协同发展机制，支持城镇青年到人才紧缺领域就业。

增强城镇青年职业发展能力。发挥就业创业服务机构、产业企业园区、青年之家、青年活动中心等各类平台作用，支持城镇青年参加职业指导、职业体验、创业实践、志愿服务等活动。探索组织青年职业训练营、就业训练工场。打造适合城镇青年特点的就业服务模式，畅通信息服务渠道，提高择业精准度。

强化城镇青年就业帮扶。实施青年就业启航计划，对城镇长期失业青年开展实践引导、分类指导和跟踪帮扶，促进其进入市场就业创业。将劳动精神、奋斗精神融入指导和实践，引导城镇青年自强自立。为城镇困难失业青年提供就业援助。

（十二）加强退役军人就业保障。

改革完善退役军人安置制度。科学制定安置计划，改进岗位安置办法，推进落实安置政策，压实属地安置责任，规范接收安置程序，提高安置质量。优化安置方式，探索市场化安置改革，实现多渠道、多元化安置。推广“直通车”式安置，健全“阳光安置”工作机制。鼓励到艰苦边远地区和城乡基层安置。加强各种安置方式统筹协调，强化政策制度衔接。

支持退役军人自主就业。将退役军人按规定纳入现有就业服务、教育培训等政策覆盖范围。探索推开“先入校回炉、再就业创业”的模式，鼓励符合条件的退役军人报考高职学校，落实招收、培养、管理等方面的扶持政策。适时调整退役军人就业岗位目录。协调各方资源，加强行业企业合作，拓展就业供给领域，挖掘更多适合退役军人的就业岗位，促进退役军人到民营企业就业。实施“兵支书”协同培养工程，推动退役军人在乡村就业。设立退役军人就业实名台账，强化退役军人服务中心（站）就业服务功能，及时提供针对性服务。

（十三）推进农村劳动力转移就业。

稳定和扩大农村劳动力外出就业规模。广泛开展区域间劳务协作，健全劳务输入集中区域与劳务输出省份对接协调机制，加强劳动力跨区域精准对接，发展劳务组织和经纪人，有序组织输出地农村劳动力外出务工。培育一批有地域特色、行业特征、技能特点，带动农村劳动力就业效果好的劳务品牌。实施农民工素质提升工程，推进新生代农民工职业技能提升计划。创建一批农村劳动力转移就业示范县。

专栏 6：实施劳务品牌促就业计划

1. 劳务品牌发现培育计划。广泛开展摸底调查，发现一批有一定知名度、从业人员规模大、未固定品牌名称的劳务产品，引导形成劳务品牌。深入挖潜细分行业工种的用工需求，打造一批中高端技能型、高品质服务型、文化型、民生保障型劳务品牌。

2. 劳务品牌发展提升计划。加强劳务品牌技能带头人培养，多形式开展劳务品牌从业人员就业推荐活动，加强用工信息对接。健全劳务品牌质量诚信评价体系。

3. 劳务品牌壮大升级计划。依托返乡入乡创业园、创业孵化基地、农村创新创业孵化实训基地等创业载体，支持有条件的地方建设劳务品牌特色创业孵化基地。发挥特色资源、传统技艺和地域文化等优势，培育劳务品牌龙头企业。推动上下游产业链协同发展，打造产业集聚、定位鲜明、配套完善、功能完备的劳务品牌特色产业园。

4. 做好劳务品牌宣传推广。定期开展劳务品牌征集，组织劳务品牌竞赛，选树具有广泛影响力的劳务品牌项目，推出劳务品牌创立人、传承人、领军人以及形象代言人等典型人物。开展劳务品牌展示交流活动，举办劳务品牌专业论坛。

促进农村劳动力就地就近就业。依托县域经济、乡村产业发展，为农村劳动力创造更多就地就近就业岗位。重大投资项目、各类基础设施建设积极吸纳更多当地农村劳动力参与。加大以工代赈实施力度，在农业农村基础设施建设领域积极推广以工代赈方式，广泛组织当地农村劳动力，优先吸纳农村低收入人口参与工程建设以及建成后的维修养护，并及时足额发放以工代赈劳务报酬。

加快农业转移人口市民化。放开放宽除个别超大城市外的落户限制，试行以经常居住地登记户口制度。推动地方逐步探索制定城乡双向流动的户口迁移政策，确保外地和本地农业转移人口进城落户标准一视同仁，推动在城镇稳定就业生活、具有落户意愿的农业转移人口便捷落户。完善财政转移支付与农业转移人口市民化挂钩相关政策。调整城镇建设用地年度指标分配依据，建立同吸纳农业转移人口落户数量和提供保障性住房规模挂钩机制。依法保障进城落户农民农村土地承包权、宅基地使用权、集体收益分配权，健全农户“三权”市场化退出机制和配套政策。提高基本公共服务均等化水平，推动农业转移人口全面融入城市。

（十四）统筹其他重点群体就业。

稳定脱贫人口就业。健全脱贫人口、农村低收入人口就业帮扶长效机制，保持脱贫人口就业领域的扶持政策、资金支持、帮扶力量总体稳定。健全有组织劳务输出工作机制，将脱贫人口作为优先保障对象，稳定外出务工规模。支持脱贫地区大力发展当地优势特色产业，继续发挥就业帮扶车间、社区工厂、卫星工厂等就业载体作用，为脱贫人口创造就地就近就业机会。聚焦国家乡村振兴重点帮扶县、易地扶贫搬迁安置区，积极引进适合当地群众就业需求的劳动密集型、生态友好型企业（项目），增加本地就业岗位，组织专项就业服务活动实施集中帮扶。

专栏7：实施易地扶贫搬迁群众就业帮扶巩固提升行动

1. 建设一批就业服务站。在万人以上大型安置区，建设就业服务站或专门服务窗口，掌握搬迁群众就业需求、意愿和技能等情况，做到动态精准帮扶。推广“就业帮扶直通车”系统，积极开展线上就业推荐服务，为搬迁群众提供更多岗位选择。开展培训进安置区活动，集中组织技能培训，提升搬迁群众就业能力。

2. 就近就业支持计划。支持安置区充分利用特色资源，对接外部市场，大力发展配套产业，有条件的大型安置区新建、改（扩）建、提升一批配套产业园，吸纳搬迁群众就业。加大安置区以工代赈实施力度。

3. 有组织劳务输出计划。将搬迁群众作为重点输出对象，为有集中外出务工需求的提供便利出行服务。充分发挥东西部协作、对口支援和省域内市际、县际协作等机制作用，拓宽搬迁群众外出就业渠道。

4. 创业支持计划。鼓励安置区内的产业园对搬迁群众创办的企业给予优惠政策。支持有条件的安置区加强创业孵化载体建设，根据入驻实体数量、孵化效果和带动就业成效给予一定奖补。鼓励金融机构针对搬迁群众创业，开发适合的金融产品。

持续开展困难群体就业援助。完善就业困难人员认定办法，建立动态调整机制，对零就业家庭人员、残疾人等困难群体，提供“一人一档”、“一人一策”精细化服务，扩大公益性岗位安置，加强对就业帮扶效果的跟踪与评估，确保零就业家庭动态清零。落实残疾人按比例就业制度。开展就业援助月等各类帮扶活动。及时将符合条件的就业困难人员纳入最低生活保障、临时救助范围，落实乡镇（街道）临时救助备用金制度。

促进其他群体就业。实施积极应对人口老龄化国家战略，强化大龄劳动者就业帮扶和权益保护，制定完善保障措施，及时提供就业创业服务、技能培训等支持，促进人力资源充分利用。持续做好产业结构调整、长江流域生态环境保护修复工作中的人员转岗再就业。

六、提升劳动者技能素质，缓解结构性就业矛盾

把技术技能人才培养培训放在更加突出的位置，着力改善劳动力要素质量，建设一支符合高质量发展要求、适应现代化经济体系、具备较高职业技能和道德素质、结构比较合理的劳动者队伍。

（十五）大规模多层次开展职业技能培训。

完善职业技能培训政策体系。面向市场需求加强职业技能培训，健全终身职业技能培训制度，制定“十四五”职业技能培训规划，深入实施职业技能提升行动。稳步扩大培训规模，重点加强高校毕业生和城镇青年、退役军人、农村转移就业劳动者、脱贫人口、失业人员、个体工商户、就业困难人员（含残疾人）等技能培训，支持企业开展职工在岗培训，突出高技能人才培训、急需紧缺人才培训、转岗转业培训、储备技能培训、通用职业素质培训，积极发展养老、托育、家政等生活服务业从业人员技能培训，广泛开展新业态新商业模式从业人员技能培训，确保“十四五”期间开展补贴性职业技能培训 7500 万人次左右。强化安全生产技能培训，提高劳动者安全生产素质。完善职业技能竞赛体系，推动职业技能竞赛科学化、规范化、专业化发展。

实现培训供给多元化。构建以公共实训基地、职业院校（含技工院校）、职业技能培训机构和行业企业为主的多元培训载体。推动培训市场全面开放，采取优化审批服务、探索实行告知承诺等方式，激发培训主体积极性，有效增加培训供给。充分发挥企业职业技能培训的主体作用和职业院校培训资源优势，政府补贴的职业技能培训项目全部向具备资质的职业院校开放。新建一批公共实训基地，并优化功能布局、提高开放性，完善企业利用公共实训基地开展实训有关制度。实施职业技能培训共建共享行动，健全职业技能培训共建共享机制，开展县域职业技能培训共建共享试点。

专栏 8：实施国家乡村振兴重点帮扶地区职业技能提升工程

1. 建设一批技工院校。支持生源数量较充足、具备发展技工教育条件的县级地区，通过新建、改（扩）建等方式，建设一批技工院校和职业培

训机构。加大东西部协作、对口支援工作力度，对西藏技师学院和南疆四地州技工院校予以倾斜支持。

2. 建设一批高技能人才培训基地。落实高技能人才培训基地建设支持政策，分层分级建设一批高技能人才培训基地。

3. 建设一批技能大师工作室。根据地区产业发展需要，分层分级建立一批技能大师工作室，发挥带徒传技、技能攻关、技艺传承、技能推广等带动作用。

4. 举办乡村振兴职业技能大赛。引导支持国家乡村振兴重点帮扶县，结合当地特色产业发展状况，举办具有地方特色的职业技能竞赛。

切实提升职业技能培训质量。引导培训资源向市场急需、企业生产必需等领域集中，动态调整政府补贴性培训项目目录。采取政府按规定补贴培训、企业自主培训、市场化培训等多样化的培训方式，广泛开展订单式、套餐制培训，探索“互联网 + 职业技能培训”。统筹各级各类职业技能培训资金，加强集约化管理和使用，健全分层分类的培训补贴标准体系，畅通培训补贴直达企业和培训者渠道。健全职业技能培训监督评价考核机制。探索建立个人培训账户，形成劳动者职业技能培训电子档案，实现与就业、社会保障等信息联通共享。

提高劳动者职业素养。大力弘扬劳模精神、劳动精神、工匠精神，营造劳动光荣的社会风尚和精益求精的敬业风气。鼓励劳动者通过诚实辛勤劳动、创新创业创造过上幸福美好生活。加强职业道德教育，引导劳动者树立正确的人生观价值观就业观，培养敬业精神和工作责任意识。推进新型产业工人队伍建设，提高产业工人综合素质。

（十六）构建系统完备的技术技能人才培养体系。

推动职业技术教育提质培优。突出职业技术教育类型特色，深入推进改革创新，优化结构与布局。完善职业技术教育国家标准，推行“学历证书 + 职业技能等级证书”制度，实施现代职业技术教育质量提升计划，建设一批高水平职业技术院校和专业。健全职普融通机制，稳步发展职业本科教育，实现职业技术教育与普通教育学习成果双向互通互认、纵向流动。支持和规范社会力量兴办高质量职业技术教育，增强职业技术教育适应性。大力发展技工教育，建设一批优质技工院校和专业。探索中国特色学徒制，深化产教融合、校企合作。

提高人才培养质量。强化人才培养就业导向，健全人才培养与产业发展联动预警机制，增强人才培养前瞻性。深化教育教学改革，实施教育提质扩容工程，着力培养创新型、应用型、技能型人才。优化高校学科专业布局，推进专业升级和数字化改造，及时减少、撤销不适应市场需求的专业。加快重点领域急需紧缺人才培养，实施专业技术人才知识更新工程。加强重点专业学科建设，研究制订国家重点支持学科专业清单，大力发展新兴专业。加大数字人才培育力度，适应人工智能等技术发展需要，建立多层次、多类型的数字人才培养机制。

完善终身学习体系。建设学习型社会，构建服务全民终身学习的教育体系。推动高水平大学开放教育资源，完善注册学习和弹性学习制度。健全终身教育学习成果转换与认证制度，推进“学分银行”试点，探索学分积累转换制度。促进继续教育高质量发展，建立统一的高等学历继续教育制度，畅通在职人员继续教育与终身学习通道。规范发展非学历继续教育。积极发展在线教育，完善线上、线下课程学分认定和转换机制。创新发展城乡社区教育。

深化技能人才管理制度改革。实施“技能中国行动”，完善技能人才培养、使用、评价、激励机制。推进职业资格制度改革，压减准入类职业资格数量。完善职业技能等级制度，建立职业技能等级认定与相关系列职称评审贯通机制。推行社会化职业技能等级认定，鼓励企业在国家职业技能等级框架范围内增加技能岗位等级层次。加快构建国家资历框架，畅通管理人才、专业技术人才及技能人才的职业发展通道。

七、推进人力资源市场体系建设，健全公共就业服务体系

持续加强统一规范的人力资源市场体系建设，着力打造覆盖全民、贯穿全程、辐射全域、便捷高效的全方位公共就业服务体系，提升劳动力市场供需匹配效率。

（十七）建设高标准人力资源市场体系。

加快人力资源服务业高质量发展。推动人力资源服务与实体经济融合发展，引导人力资源服务机构围绕产业基础高级化、产业链现代化提供精准专业服务。鼓励人力资源服务业管理创新、技术创新、服务创新和产品创新，大力发展人力资源管理咨询、高级人才寻访、人才测评等高技术、高附加值业态。实施人力资源服务业领军人才培养计划。开展“互联网 + 人力资源服务”行动。深化人力资源服务领域对外开放，探索建设国家人力资源服务出口基地。

专栏 9：实施人力资源服务业高质量发展行动

1. 人力资源服务业骨干企业培育计划。重点培育一批有核心产品、成长性好、具有国际竞争力的综合性人力资源服务企业，加快发展有市场、

有特色、有潜力的专业化人力资源服务骨干企业，推动人力资源服务业细化专业分工，向价值链高端延伸。

2. 人力资源服务产业园建设计划。建设一批国家级人力资源服务产业园，开展产业园建设评估工作。鼓励有条件的地区根据本地经济发展和产业转型需要，培育建设一批有特色、有活力、有效益的地方人力资源服务产业园。

3. “一带一路”人力资源服务行动。稳步推进人力资源服务业开放发展，支持人力资源服务企业在共建“一带一路”国家设立分支机构，积极开拓国际市场，构建全球服务网络。加快发展人力资源服务贸易，培育建设一批国家人力资源服务出口基地。

4. 人力资源服务行业促就业行动。持续开展人力资源服务机构联合招聘、重点行业企业用工、重点群体就业、促进灵活就业、劳务协作等服务。

提高人力资源市场规范化水平。深化人力资源市场“放管服”改革，规范实施人力资源服务许可，持续优化人力资源市场环境。加强人力资源市场管理信息化、人力资源服务标准化和人力资源市场信用体系建设，完善人力资源服务机构信用评价标准和制度。组织开展诚信服务活动，选树一批诚信人力资源服务典型。

（十八）健全全方位公共就业服务体系。

完善公共就业服务制度。健全户籍地、常住地、参保地、就业地公共就业服务供给机制，推进就业创业政策咨询、就业失业登记、职业介绍等服务覆盖全体城乡劳动者。支持各类市场主体在注册地、经营地、用工地免费享受劳动用工咨询、招聘信息发布等服务。推动公共就业服务向农村延伸，实现城乡公共就业服务便利共享。持续改善革命老区、边境地区等公共就业服务水平和质量，缩小区域间差距。

加强公共就业服务机构设置。完善街道（乡镇）、社区（村）服务平台，构建覆盖城乡的公共就业服务网络。合理配置公共就业服务机构人员，加强职业指导、职业信息分析、创业指导等专业化、职业化队伍建设。组织动员各类人民团体、群众团体参与提供公共就业服务，支持社会组织提供公益性就业服务。

增强公共就业服务能力。健全公共就业服务标准体系，完善设施设备配置、人员配置等指导性标准，统一公共就业服务视觉识别系统，统一核心业务流程和规范。加快公共就业服务智慧化升级，推动公共就业服务向移动终端、自助平台延伸，打造集政策解读、业务办理等于一体的人工智能服务模式，逐步实现服务事项“一网通办”。推进流动人员人事档案信息化建设。建立综合评价指标体系，开展公共就业服务需求分析、社会满意度调查和第三方评估。创建一批公共就业创业服务示范城市，开展充分就业社区建设。

专栏10：实施提升就业服务质量工程

1. 劳动力市场、人才市场、零工市场建设计划。支持用工密集的中心城市、劳动力密集的欠发达地区建设一批劳动力市场。结合国家重大区域发展战略和地区产业结构，建设一批专业性人才市场。支持零工需求较多地区建设一批零工市场。

2. 就业服务基层基础能力提升计划。在人口密集的村和社区设置就业服务站，健全“15分钟就业服务圈”。支持有条件的高等学校、职业学校（含技工院校）开设就业服务相关学科专业，对公共就业服务人员进行专项培训。组建就业专家服务团，开展服务下乡、巡回指导等活动，引导专业力量下沉。

3. 建立全国统一的公共就业创业服务平台。依托就业监测系统、中国公共招聘网、“就业在线”平台等，建立全国统一的服务平台，实现全国各类就业创业信息的共享和联网发布。推进就业补助资金网上申报、网上审核、联网核查。

4. 健全重点企业用工常态化服务机制。根据各地经济发展实际，确定一批带动就业能力强、用工规模大的重点企业，建立公共就业服务联系制度，设立就业服务专员，实施定点服务，通过专场招聘、劳务协作等多渠道帮助解决用工问题。

5. 开展专项招聘服务系列行动。持续开展春风行动、春潮行动、民营企业招聘月、百日千万网络招聘等招聘活动，创新活动方式，丰富活动内容，促进供需匹配。

八、优化劳动者就业环境，提升劳动者收入和权益保障水平

提高劳动者工作待遇，加强劳动者权益保障，提升劳动者获得感和满意度，让广大劳动者实现体面劳动、全面发展。

（十九）改善劳动者就业条件。

合理增加劳动报酬。坚持按劳分配为主体、多种分配方式并存，提高劳动报酬在初次分配中的比重。健全工资决定、合理增长和支付保障机制，增加劳动者特别是一线劳动者劳动报酬，实现劳动报酬与劳动生产率基本同步提高。

完善工资指导线、企业薪酬调查和信息发布制度，健全最低工资标准调整机制，实施企业薪酬指引计划。积极推行工资集体协商制度。健全劳动、知识、技术、管理等生产要素由市场评价贡献、决定报酬的机制。改革完善体现岗位绩效和分级分类管理的事业单位薪酬制度。深化国有企业工资分配制度改革，建立完善国有企业市场化薪酬分配机制。

营造良好劳动环境。实施工伤预防五年行动计划。建立企业全员安全生产责任制度，压实企业安全生产主体责任。深入开展安全生产专项整治三年行动，持续加强矿山、冶金、化工等重点行业领域尘毒危害专项治理，坚决遏制重特大事故发生。严格执行安全生产法，加强对高危行业建设项目的监管。推动简单重复的工作环节和“危繁脏重”的工作岗位尽快实现自动化智能化，加快重大安全风险领域“机器换人”。

加强劳动者社会保障。健全多层次社会保障体系，持续推进全民参保计划，提高劳动者参保率。加大城镇职工基本养老保险扩面力度，大力发展企业年金、职业年金，规范发展第三支柱养老保险。推进失业保险、工伤保险向职业劳动者广覆盖，实现省级统筹。完善全国统一的社会保险公共服务平台，优化社会保险关系转移接续。

（二十）促进平等就业。

畅通劳动力和人才社会性流动渠道。深化劳动力要素市场化配置改革，同步推进户籍制度、用人制度、档案服务改革，加快破除妨碍劳动力和人才市场化配置和自由流动的障碍，搭建横向流动桥梁、纵向发展阶梯，形成合理、公正、畅通、有序的社会性流动格局。拓展基层人员发展空间，加大对基层一线人员奖励激励力度。

努力消除就业歧视。建立劳动者平等参与市场竞争的就业机制，营造公平的市场环境，逐步消除民族、种族、性别、户籍、身份、残疾、宗教信仰等各类影响平等就业的不合理限制或就业歧视，增强劳动力市场包容性。保障妇女在就业创业、职业发展、技能培训、劳动报酬、职业健康与安全等方面的权益，为因生育中断就业的女性提供再就业培训公共服务。将生育友好作为用人单位承担社会责任的重要方面，鼓励用人单位制定有利于职工平衡工作和家庭关系的措施，依法协商确定有利于照顾婴幼儿的灵活休假和弹性工作方式。建立投诉处理机制和联合约谈机制，及时纠正含有歧视内容和不合理限制的招聘行为。健全司法救济机制，依法受理涉及就业歧视的相关起诉，设置平等就业权纠纷案由。

（二十一）维护劳动者合法权益。

扎实做好劳动权益保障。开展清理整顿人力资源市场秩序专项行动，依法查处招聘过程中的虚假、欺诈现象，强化劳务派遣用工监管。健全劳动合同制度，鼓励企业与劳动者签订长期或无固定期限劳动合同。加强对劳动密集型企业、中小微企业劳动用工指导。督促企业依法落实工时制度，保障劳动者休息休假权益。完善欠薪治理长效机制，持续推进根治拖欠农民工工资工作。推进智慧劳动保障监察系统建设，强化大数据分析能力和监控预警功能，提高执法效能。

构建和谐劳动关系。健全政府、工会、企业代表组织共同参与的协商协调机制。推动企业建立多种形式的民主参与、民主监督、民主决策新机制，提升企业与劳动者沟通协商的制度化程度。完善以职工代表大会为基本形式的企业民主管理制度，引导中小企业依法成立工会组织，在中小企业集中的地方推动建立区域性、行业性职工代表大会。推进集体协商制度建设，巩固提高集体协商覆盖面和实效性。深入实施劳动关系“和谐同行”能力提升三年行动计划，推进构建中国特色和谐劳动关系改革创新。开展和谐劳动关系创建活动。加强劳动关系形势分析和风险监测预警。创新劳动人事争议调解仲裁机制，强化调解仲裁队伍建设，推进“互联网＋调解仲裁”。

九、妥善应对潜在影响，防范化解规模性失业风险

加强风险监测预警和应对处置，及时制定完善应对重大公共安全、卫生等事件的稳就业预案，切实做好失业保障。

（二十二）健全监测预警机制。

完善就业失业统计监测调查体系。加快构建系统完备、立体化的就业失业监测网络，实现劳动力市场、企业用工主体和劳动者个体全覆盖，全面反映就业增长、失业水平、市场供求状况。完善就业统计指标体系和调查统计方法，探索进行就业质量、就业稳定性等方面的分析。推进大数据在就业统计监测领域的应用。

专栏11：实施就业失业统计监测调查能力提升计划

1.升级全国劳动力资源信息库。健全跨地区、跨部门数据共享和业务协同机制，将全国劳动力资源信息采集入库，加强与社会保险、劳动关系、国家人口信息之间的数据比对联动，实现信息动态更新。

2.构建广覆盖的监测网络。加强移动通信、网络招聘、工业用电、企业征信等大数据应用，健全就业大数据监测系统。选取一批有代表性的城市，建立定点下沉、信息直报的监测点联络制度，跟踪监测经济运行、就业失业、工资收入、劳动力流动等变化趋势。

3. 健全失业动态监测机制。优化监测企业样本结构，细分企业规模、性质等，按月分析岗位变化情况，研判企业减员风险。

4. 完善劳动力调查制度。扩大劳动力调查样本规模，按月做好分省份调查失业率统计工作，加强劳动力调查数据的分析研究。

5. 建立就业岗位调查制度。开展就业岗位调查试点，细分区域、行业等，按月调查各类用工主体岗位空缺和用工需求，逐步建成就业岗位调查制度。

增强风险预警预判能力。健全就业形势科学研判机制，建立“政府 + 高校 + 企业”的就业联合实验室，组建专业分析团队，开展就业重大问题研究，提升形势感知、分析研判和科学决策水平。完善企业规模裁员减员及突发事件报告制度，加强风险评估，适时发布失业预警信息。推动县级以上政府进一步完善失业风险预警制度。

（二十三）全面强化风险应对处置。

健全风险应对处置机制。制定分级政策储备和风险应对预案制度。加强规模性失业风险应急处置，有条件的地方可设立就业风险储备金。允许困难企业在与职工协商一致基础上，采取依法调整工作时间安排、薪酬等方式，稳定工作岗位。指导企业依法依规裁员。

完善失业保障体系。稳步推进失业保险扩围，进一步畅通申领渠道，提高政策受益率。用好用活失业保险促进企业稳岗、支持参保职工技能提升等政策，提高失业保险基金使用效率，充分发挥保生活基本功能作用，有效发挥防失业、促就业功能作用。畅通失业人员求助渠道，建立失业人员常态化帮扶机制，实现失业登记、职业指导、职业介绍、职业培训、生活保障联动。

积极应对人工智能等智能化技术应用对就业的影响。建立人工智能等智能化技术应用对就业影响的跟踪研判和协同应对机制，避免其就业替代效应短期内集中释放。构建不同行业、不同业态间的转岗机制，加快劳动者知识和技能更新速度，广泛开展人工智能等智能化技术应用适应性、储备性培训，提升人工智能等智能化技术通用技能，充分放大其就业创造效应。

十、实施更加有力的保障措施，确保规划任务落实落地

（二十四）加强党的领导。

深入学习贯彻习近平新时代中国特色社会主义思想，增强“四个意识”、坚定“四个自信”、做到“两个维护”，把党的领导贯彻到促进就业工作的各领域、各方面、各环节，确保党中央、国务院关于促进就业的各项决策部署落到

实处。规划实施中的重大事项和重大调整报党中央、国务院审定。

（二十五）强化资金保障。

对规划确定的重点任务，按照中央与地方财政事权和支出责任划分原则，落实各级政府的投入责任。按规定统筹各类就业资金，提高使用效率。健全就业领域投融资机制，进一步拓宽资金渠道，引导带动金融资本和社会资本在返乡入乡创业、技能培训、职业技术教育、就业服务等方面发挥更大作用。

（二十六）提升政策效果。

实施就业政策快办帮办行动，及时公布政策清单和网上办理渠道，依托大数据比对主动识别政策对象，精准推送信息，扩大政策知晓度。完善政策宣传机制，开展政策推介解读，努力提高政策落实率。加强对就业政策实施效果的跟踪调查评估。

（二十七）鼓励探索创新。

对规划确定的重大举措和创新政策，支持有条件的地方先行先试。推动就业领域相关法律法规修订。鼓励各地各有关部门和单位围绕规划重点任务，创新思路和形式，积极探索多种务实有效的实施方式和有用、管用的落实措施，着力形成一批可复制可推广的经验做法和制度性成果。

（二十八）认真组织实施。

充分发挥国务院就业工作领导小组作用，推动各有关部门和单位履职尽责。创新规划组织实施方式，针对重大任务，专题专项推进。加强对规划实施情况及效果的评估，推进以评估为依据的政策改进，及时总结推广政策实施中的好经验好做法。强化监督检查，层层压实责任，抓好任务落实。

中共中央办公厅　国务院办公厅印发《关于分类推进人才评价机制改革的指导意见》

近日，中共中央办公厅、国务院办公厅印发了《关于分类推进人才评价机制改革的指导意见》，并发出通知，要求各地区各部门结合实际认真贯彻落实。

《关于分类推进人才评价机制改革的指导意见》全文如下。

人才评价是人才发展体制机制的重要组成部分，是人才资源开发管理和使用的前提。建立科学的人才分类评价机制，对于树立正确用人导向、激励引导人才职业发展、调动人才创新创业积极性、加快建设人才强国具有重要作用。当前，我国人才评价机制仍存在分类评价不足、评价标准单一、评价手段趋同、评价社会化程度不高、用人主体自主权落实不够等突出问题，亟需通过深化改革加以解决。为深入贯彻落实《中共中央印发〈关于深化人才发展体制机制改革的意见〉的通知》，创新人才评价机制，发挥人才评价指挥棒作用，现就分类推进人才评价机制改革提出如下意见。

一、总体要求和基本原则

（一）总体要求。全面贯彻党的十九大精神，以习近平新时代中国特色社会主义思想为指导，认真落实党中央、国务院决策部署，按照统筹推进“五位一体”总体布局和协调推进“四个全面”战略布局要求，落实新发展理念，围绕实施人才强国战略和创新驱动发展战略，以科学分类为基础，以激发人才创新创业活力为目的，加快形成导向明确、精准科学、规范有序、竞争择优的科学化社会化市场化人才评价机制，建立与中国特色社会主义制度相适应的人才评价制度，努力形成人人渴望成才、人人努力成才、人人皆可成才、人人尽展其才的良好局面，使优秀人才脱颖而出。

（二）基本原则

——坚持党管人才原则。充分发挥党的思想政治优势、组织优势、密切联系群众优势，进一步加强党对人才评价工作的领导，将改革完善人才评价机制作为人才工作的重要内容，在全社会大兴识才爱才敬才用才容才聚才之风，把各方面优秀人才集聚到党和人民的伟大奋斗中来。

——坚持服务发展。围绕经济社会发展和人才发展需求，充分发挥人才评价正向激励作用，推动多出人才、出好人才，最大限度激发和释放人才创新创业活力，促进人才发展与经济社会发展深度融合。

——坚持科学公正。遵循人才成长规律，突出品德、能力和业绩评价导向，分类建立体现不同职业、不同岗位、不同层次人才特点的评价机制，科学客观公正评价人才，让各类人才价值得到充分尊重和体现。

——坚持改革创新。围绕用好用活人才，着力破除思想障碍和制度藩篱，加快转变政府职能，保障落实用人主体自主权，发挥政府、市场、专业组织、用人单位等多元评价主体作用，营造有利于人才成长和发挥作用的评价制度环境。

二、分类健全人才评价标准

（三）实行分类评价。以职业属性和岗位要求为基础，健全科学的人才分类评价体系。根据不同职业、不同岗位、不同层次人才特点和职责，坚持共通性与特殊性、水平业绩与发展潜力、定性与定量评价相结合，分类建立健全涵盖品德、知识、能力、业绩和贡献等要素，科学合理、各有侧重的人才评价标准。加快新兴职业领域人才评价标准开发工作。建立评价标准动态更新调整机制。

（四）突出品德评价。坚持德才兼备，把品德作为人才评价的首要内容，加强对人才科学精神、职业道德、从业操守等评价考核，倡导诚实守信，强化社会责任，抵制心浮气躁、急功近利等不良风气，从严治理弄虚作假和学术不端行为。完善人才评价诚信体系，建立诚信守诺、失信行为记录和惩戒制度。探索建立基于道德操守和诚信情况的评价退出机制。

（五）科学设置评价标准。坚持凭能力、实绩、贡献评价人才，克服唯学历、唯资历、唯论文等倾向，注重考察各类人才的专业性、创新性和履责绩效、创新成果、实际贡献。着力解决评价标准“一刀切”问题，合理设置和使用论文、专著、影响因子等评价指标，实行差别化评价，鼓励人才在不同领域、不同岗位作出贡献、追求卓越。

三、改进和创新人才评价方式

（六）创新多元评价方式。按照社会和业内认可的要求，建立以同行评价为基础的业内评价机制，注重引入市场评价和社会评价，发挥多元评价主体作用。基础研究人才以同行学术评价为主，加强国际同行评价。应用研究和技术开发人才突出市场评价，由用户、市场和专家等相关第三方评价。哲学社会科学人才评价重在同行认可和社会效益。丰富评价手段，科学灵活采用考试、评审、考评结合、考核认定、个人述职、面试答辩、实践操作、业绩展示等不同方式，提高评价的针对性和精准性。

（七）科学设置人才评价周期。遵循不同类型人才成长发展规律，科学合理设置评价考核周期，注重过程评价和结果评价、短期评价和长期评价相结合，克服评价考核过于频繁的倾向。探索实施聘期评价制度。突出中长期目标导向，适当延长基础研究人才、青年人才等评价考核周期，鼓励持续研究和长期积累。

（八）畅通人才评价渠道。进一步打破户籍、地域、所有制、身份、人事关系等限制，依托具备条件的行业协会、专业学会、公共人才服务机构等，畅通非公有制经济组织、社会组织和新兴职业等领域人才申报评价渠道。对引进的海外高层次人才和急需紧缺人才，建立评价绿色通道。完善外籍人才、港澳台人才申报评价办法。

（九）促进人才评价和项目评审、机构评估有机衔接。按照既出成果、又出人才的要求，在各类工程项目、科技计划、机构平台等评审评估中加强人才评价，完善在重大科研、工程项目实施、急难险重工作中评价、识别人才机制。深入推进项目评审、人才评价、机构评估改革，树立正确评价导向，进一步精简整合、取消下放、优化布局评审事项，简化评审环节，改进评审方式，减轻人才负担。避免简单通过各类人才计划头衔评价人才。加强评价结果共享，避免多头、频繁、重复评价人才。

四、加快推进重点领域人才评价改革

（十）改革科技人才评价制度。围绕建设创新型国家和世界科技强国目标，结合科技体制改革，建立健全以科研诚信为基础，以创新能力、质量、贡献、绩效为导向的科技人才评价体系。对主要从事基础研究的人才，着重评价其提出和解决重大科学问题的原创能力、成果的科学价值、学术水平和影响等。对主要从事应用研究和技术开发的人才，着重评价其技术创新与集成能力、取得的自主知识产权和重大技术突破、成果转化、对产业发展的实际贡献等。对从事社会公益研究、科技管理服务和实验技术的人才，重在评价考核工作绩效，引导其提高服务水平和技术支持能力。

实行代表性成果评价，突出评价研究成果质量、原创价值和对经济社会发展实际贡献。改变片面将论文、专利、项目、经费数量等与科技人才评价直接挂钩的做法，建立并实施有利于科技人才潜心研究和创新的评价制度。

注重个人评价与团队评价相结合。适应科技协同创新和跨学科、跨领域发展等特点，进一步完善科技创新团队评价办法，实行以合作解决重大科技问题为重点的整体性评价。对创新团队负责人以把握研究发展方向、学术造诣水平、组织协调和团队建设等为评价重点。尊重认可团队所有参与者的实际贡献，杜绝无实质贡献的虚假挂名。

（十一）科学评价哲学社会科学和文化艺术人才。坚持马克思主义指导地位、为人民做学问的研究立场、以人民为中心的创作导向，注重政治标准和学术标准、继承性和民族性、原创性和时代性、系统性和专业性相统一，建立健全中国特色的哲学社会科学和文化艺术人才评价体系，推进中国特色哲学社会科学学科体系、学术体系、话语体系建设，推出更多无愧于民族、无愧于时代的文艺精品。

根据人文科学、社会科学、文化艺术等不同学科领域，理论研究、应用对策研究、艺术表演创作等不同类型，对其人才实行分类评价。对主要从事理论研究的人才，重点评价其在推动理论创新、传承文明、学科建设等方面的能力贡献。对主要从事应用对策研究的人才，重点评价其围绕统筹推进“五位一体”总体布局和协调推进“四个全面”战略布局，为党和政府决策提供服务支撑的能力业绩。对主要从事艺术表演创作的人才，重点评价其在艺术表演、作品创作、满足人民精神文化需求等方面的能力业绩。突出成果的研究质量、内容创新和社会效益，推行理论文章、决策咨询研究报告、建言献策成果、优秀网络文章、艺术创作作品等与论文、专著等效评价。

（十二）健全教育人才评价体系。坚持立德树人，把教书育人作为教育人才评价的核心内容。深化高校教师评价制度改革，坚持社会主义办学方向，坚持思想政治素质和业务能力双重考察、全面考核和突出重点相结合，注重对师德师风、教育教学、科学研究、社会服务、专业发展的综合评价。坚持分类指导和分层次评价相结合，根据不同类型高校、不同岗位教师的职责特点，分类分层次分学科设置评价内容和评价方式。突出教育教学业绩评价，将人才培养中心任务落到实处，要求所有教师都必须承担教育教学工作，建立健全教学工作量评价标准，落实教授为本专科生授课制度，加强教学质量和课堂教学纪律考核。

适应现代职业教育发展需要，按照兼备专业理论知识和技能操作实践能力的要求，完善职业院校（含技工院校）“双师型”教师评价标准，吸纳行业、企业作为评价参与主体，重点评价其职业素养、专业教学能力和生产一线实践经验。

适应中小学素质教育和课程改革新要求，建立充分体现中小学教师岗位特点的评价标准，重点评价其教育教学方法、教书育人工作业绩和一线实践经历。严禁简单用学生升学率和考试成绩评价中小学教师。

（十三）改进医疗卫生人才评价制度。强化医疗卫生人才临床实践能力评价，完善涵盖医德医风、临床实践、科研带教、公共卫生服务等要素的评价指标体系，合理确定不同医疗卫生机构、不同专业岗位人才评价重点。对主要从事临床工作的人才，重点考察其临床医疗医技水平、实践操作能力和工作业绩，引入临床病历、诊治方案等作为评价依据。对主要从事科研工作的人才，重点考察其创新能力业绩，突出创新成果的转化应用能力。对主要从事疾病预防控制等的公共卫生人才，重点考察其流行病学调查、传染病疫情和突发公共卫生事件处置、疾病及危害因素监测与评价等能力。

建立符合全科医生岗位特点的评价机制，考核其掌握全科医学基本理论知识、常见病多发病诊疗、预防保健和提供基本公共卫生服务的能力，将签约居民数量、接诊量、服务质量、群众满意度作为重要评价因素。

按照强基层、保基本及分级诊疗要求，建立更加注重临床水平、服务质量、工作业绩的基层医疗卫生人才评价机制，鼓励医疗卫生人才服务基层，更好满足基层人民群众健康需求。

（十四）创新技术技能人才评价制度。适应工程技术专业化、标准化程度高、通用性强等特点，分专业领域建立健全工程技术人才评价标准，着力解决评价标准过于追求学术化问题，重点评价其掌握必备专业理论知识和解决工程技术难题、技术创造发明、技术推广应用、工程项目设计、工艺流程标准开发等实际能力和业绩。探索推动工程师国际互认，提高工程教育质量和工程技术人才职业化、国际化水平。

健全以职业能力为导向、以工作业绩为重点、注重职业道德和知识水平的技能人才评价体系。加快构建国家职业标准、行业企业工种岗位要求、专项职业能力考核规范等多层次职业标准。完善职业资格评价、职业技能等级认定、专项职业能力考核等多元化评价方式，做好评价结果有机衔接。坚持职业标准和岗位要求、职业能力考核和工作业绩评价、专业评价和企业认可相结合的原则，对技术技能型人才突出实际操作能力和解决关键生产技术难题要求，对知识技能型人才突出掌握运用理论知识指导生产实践、创造性开展工作要求，对复合技能型人才突出掌握多项技能、从事多工种多岗位复杂工作要求，引导鼓励技能人才培育精益求精的工匠精神。

（十五）完善面向企业、基层一线和青年人才的评价机制。建立与产业发展需求、经济结构相适应的企业人才评价机制，突出创新创业实践能力，推动企业自主创新能力提升。对业绩贡献突出的优秀企业家、经营管理人才、高层次创新创业人才，可放宽学历、资历、年限等申报条件。健全以市场和出资人认可为重要标准的企业经营管理人才评价体系，突出对经营业绩和综合素质的考核。建立社会化的职业经理人评价制度。

创新基层人才评价激励机制。对长期在基层一线和艰苦边远地区工作的人才，加大爱岗敬业表现、实际工作业绩、工作年限等评价权重，着力拓展基层人才职业发展空间。健全以职业农民为主体的农村实用人才评价制度，完善教育培训、认定评价管理、政策扶持“三位一体”的制度体系。完善社会工作专业人才职业水平评价制度，加强社会工作者职业化管理与激励保障，提升社会治理和社会服务现代化水平。

完善青年人才评价激励措施。破除论资排辈、重显绩不重潜力等陈旧观念，重点遴选支持一批有较大发展潜力、有真才实学、堪当重任的优秀青年人才。加大各类科技、教育、人才工程项目对青年人才支持力度，鼓励设立青年专项，促进优秀青年人才脱颖而出。探索建立优秀青年人才举荐制度。

五、健全完善人才评价管理服务制度

（十六）保障和落实用人单位自主权。尊重用人单位主导作用，支持用人单位结合自身功能定位和发展方向评价人才，促进人才评价与培养、使用、激励等相衔接。合理界定和下放人才评价权限，推动具备条件的高校、科研院所、医院、文化机构、大型企业、国家实验室、新型研发机构及其他人才智力密集单位自主开展评价聘用（任）工作。防止人才评价行政化、“官本位”倾向，充分发挥学术委员会等作用。对开展自主评价的单位，人才管理部门不再进行资格审批，通过完善信用机制、第三方评估、检查抽查等方式加强事中事后监管。

（十七）健全市场化、社会化的管理服务体系。进一步明确政府、市场、用人主体在人才评价中的职能定位，建立权责清晰、管理科学、协调高效的人才评价管理体制。推动人才管理部门转变职能、简政放权，强化政府人才评价宏观管理、政策法规制定、公共服务、监督保障等职能，减少审批事项和微观管理。发挥市场、社会等多元评价主体作用，积极培育发展各类人才评价社会组织和专业机构，逐步有序承接政府转移的人才评价职能。建立人才评价机构综合评估、动态调整机制。

（十八）优化公平公正的评价环境。加强人才评价法治建设，健全完善规章制度，提高评价质量和公信力，维护人才合法权益。严格规范评价程序，建立健全申报、审核、公示、反馈、申诉、巡查、举报、回溯等制度。加强评价专家数据库建设和资源共享，建立随机、回避、轮换的专家遴选机制，优化专家来源和结构，强化业内代表性。建立评价专家责任和信誉制度，实施退出和问责机制。强化人才评价综合治理，依法清理规范各类人才评价活动和发证、收费等事项，加强考试环境治理，落实考试安全主体责任。加强人才评价文化建设，提倡开展平等包容的学术批评、学术争论，保障不同学术观点的充分讨论，营造求真务实、鼓励创新、宽容失败的评价氛围和环境。

各地区各部门要坚持党管人才原则，切实加强党委和政府对改革完善人才评价机制的统一领导，党委组织部门要牵头抓总，有关部门要各司其职、密切配合，发挥社会力量重要作用，认真抓好组织落实。要深入调查研究，结合实际制定具体实施方案，加强分类指导，强化督促检查，确保改革任务落地见效。军队可根据本意见，结合实际建立健全军队人才评价机制。要坚持分类推进、先行试点、稳步实施，及时研究解决改革中遇到的新情况新问题。要加强政策解读和舆论引导，积极回应社会关切，为分类推进人才评价机制改革营造良好氛围。

（来源于新华社北京 2018 年 2 月 26 日电）

中共中央办公厅　国务院办公厅印发《加快推进教育现代化实施方案（2018—2022年）》

近日，中共中央办公厅、国务院办公厅印发了《加快推进教育现代化实施方案（2018—2022年）》（以下简称《实施方案》），并发出通知，要求各地区各部门结合实际认真贯彻落实。

《实施方案》指出，今后5年加快推进教育现代化的指导思想是：以习近平新时代中国特色社会主义思想为指导，全面贯彻党的十九大和十九届二中、三中全会精神，以培养社会主义建设者和接班人为根本任务，以全面加强党对教育工作的领导为根本保证，以促进公平和提高质量为时代主题，围绕加快推进教育现代化这一主线，聚焦教育发展的战略性问题、紧迫性问题和人民群众关心的问题，统筹实施各类工程项目和行动计划，着力深化改革、激发活力，着力补齐短板、优化结构，更好发挥教育服务国计民生的作用，确保完成决胜全面建成小康社会教育目标任务，为推动高质量发展、实现2035年奋斗目标夯实基础。

《实施方案》提出了加快推进教育现代化的实施原则：立足当前，着眼长远；聚焦重点，带动全局；问题导向，改革创新；分区规划，分类推进。总体目标是：经过5年努力，全面实现各级各类教育普及目标，全面构建现代化教育制度体系，教育总体实力和国际影响力大幅提升。实现更高水平、更有质量的普及，教育改革发展成果更公平地惠及全体人民，教育服务经济社会发展的能力显著提高，社会关注的教育热点难点问题得到有效缓解，多样化可选择的优质教育资源更加丰富，人民群众受教育机会进一步扩大，学习大国建设取得重要进展。

《实施方案》提出了推进教育现代化的十项重点任务：

一是实施新时代立德树人工程。全面推动习近平新时代中国特色社会主义思想进教材进课堂进头脑，把习近平新时代中国特色社会主义思想贯穿课程教材建设全过程，把教材体系、教学体系有效转化为学生的知识体系、价值体系。增强中小学德育针对性实效性，从中小学生身心特点和思想实际出发改进德育方式方法，注重循序渐进、因材施教、潜移默化，开展喜闻乐见、入脑入心的德育活动。提升高等学校思想政治工作质量。将思想政治工作体系贯穿于学科体系、教学体系、教材体系、管理体系当中，深入构建一体化育人体系。大力加强体育美育劳动教育。加强劳动和实践育人，构建学科教学和校园文化相融合、家庭和社会相衔接的综合劳动、实践育人机制。

二是推进基础教育巩固提高。推进义务教育优质均衡发展，加快城乡义务教育一体化发展。推进学前教育普及普惠发展，健全学前教育管理机构和专业化管理队伍，加强幼儿园质量监管与业务指导。加快高中阶段教育普及攻坚，推动普通高中优质特色发展。保障特殊群体受教育权利，将进城务工人员随迁子女义务教育纳入城镇发展规划，加强对留守儿童的关爱保护，组织实施特殊教育提升计划。着力减轻中小学生过重课外负担，支持中小学校普遍开展课后服务工作。

三是深化职业教育产教融合。构建产业人才培养培训新体系，完善学历教育与培训并重的现代职业教育体系，推动教育教学改革与产业转型升级衔接配套。健全产教融合的办学体制机制，坚持面向市场、服务发展、促进就业的办学方向，优化专业结构设置，大力推进产教融合、校企合作，开展国家产教融合建设试点。建立健全职业教育制度标准，完善学校设置、专业教学、教师队伍、学生实习、经费投入、信息化建设等系列制度和标准，制定并落实职业院校生均拨款制度。建立国务院职业教育工作联席会议制度。

四是推进高等教育内涵发展。加快“双一流”建设，推动建设高等学校全面落实建设方案，研究建立中国特色“双一流”建设的综合评价体系。建设一流本科教育，深入实施“六卓越一拔尖”计划 2.0，实施一流专业建设“双万计划”，实施创新创业教育改革燎原计划、高等学校毕业生就业创业促进计划。提升研究生教育水平，完善产教融合的专业学位研究生培养模式、科教融合的学术学位研究生培养模式，加强紧缺高端复合人才培养。完善高等教育质量标准和监测评价体系。提升高等学校科学研究与创新服务能力，实施高等学校基础研究珠峰计划，建设一批前沿科学中心，支持高等学校建设一批重大科技基础设施，积极参与国家实验室建设。继续实施高等学校哲学社会科学繁荣计划。

五是全面加强新时代教师队伍建设。加强师德师风建设，把师德师风作为评价教师队伍素质的第一标准，实施师德师风建设工程。提高教师教育质量，实施教师教育振兴行动计划，大力培养高素质专业化中小学教师。深化教师管理制度改革，创新编制管理，修订高等学校、中小学和中职学校岗位设置管理指导意见，分类推进教师职称制度改革。保障教师工资待遇，健全中小学教师工资长效联动机制，核定绩效工资总量时统筹考虑当地公务员实际收入水平，实现与当地公务员工资收入同步调整，完善中小学教师绩效工资总量核定分配办法和内部分配办法。补强薄弱地区教师短板，深入实施乡村教师支持计划、银龄讲学计划、援藏援疆万名教师支教计划。

六是大力推进教育信息化。着力构建基于信息技术的新型教育教学模式、教育服务供给方式以及教育治理新模式。促进信息技术与教育教学深度融合，支持学校充分利用信息技术开展人才培养模式和教学方法改革，逐步实现信息化教与学应用师生全覆盖。创新信息时代教育治理新模式，开展大数据支撑下的教育治理能力优化行动，推动以互联网等信息化手段服务教育教学全过程。加快推进智慧教育创新发展，设立“智慧教育示范区”，开展国家虚拟仿真实验教学项目等建设，实施人工智能助推教师队伍建设行动。构建“互联网＋教育”支撑服务平台，深入推进“三通两平台”建设。

七是实施中西部教育振兴发展计划。坚决打赢教育脱贫攻坚战，以保障义务教育为核心，全面落实教育扶贫政策，稳步提升贫困地区教育基本公共服务水平。推进“三区三州”等深度贫困地区教育脱贫攻坚。补齐中西部教育发展短板，加快中西部地区义务教育学校标准化建设，全面改善贫困地区义务教育薄弱学校基本办学条件，支持中西部地区加快普及高中阶段教育，加快发展民族教育。提升中西部高等教育发展水平，继续实施中西部高等学校基础能力建设工程、东部高等学校对口支援西部高等学校计划，“部省合建”支持中西部地区 14 所高等学校发展。实施乡村振兴战略教育行动，大力发展现代农业职业教育，推进服务乡村振兴战略的高等农林教育改革，加快乡村振兴急需紧缺人才培养。

八是推进教育现代化区域创新试验。创新体制机制，探索新时代区域教育改革发展的新模式。高起点高标准规划发展雄安新区教育，优先发展高质量基础教育，加快发展现代职业教育，以新机制新模式建设雄安大学。深化粤港澳高等教育合作交流，促进教育资源特别是高等教育相关的人才、科技、信息等要素在粤港澳大湾区高效流动。构建长三角教育协作发展新格局，进一步加大区域内教育资源相互开放的力度，搭建各级各类教育协作发展与创新平台，实现资源优势互补和有序流动。促进海南教育创新发展，依托海南自由贸易试验区打造新时代教育全面深化改革开放的新标杆。

九是推进共建“一带一路”教育行动。加快培养高层次国际化人才，完善留学生回国创业就业政策，提高中外合作办学质量，完善中外合作办学准入和退出机制。加强与共建“一带一路”国家教育合作，建设“一带一路”教育资源信息服务综合平台，建立国际科教合作交流平台，实施高等学校科技创新服务“一带一路”倡议行动计划。深化与共建“一带一路”国家人文交流，大力支持中外民间交流，加强中外体育艺术等人文交流。优化孔子学院区域布局，加强孔子学院能力建设，全面提高办学水平。加大汉语国际教育工作力度。

十是深化重点领域教育综合改革。加快重点领域和关键环节改革步伐，为加快推进教育现代化提供制度支撑。积极稳妥推进考试招生制度改革，坚定高考改革方向，完善普通高中学业水平考试制度，进一步推进学术学位与专业学位硕士研究生分类考试，完善博士研究生“申请—考核”和直接攻博等选拔机制。完善民办教育分类管理，全面落实民办教育促进法，修订民办教育促进法实施条例，积极鼓励社会力量依法兴办教育，促进民办教育持续健康发展。加快构建终身学习制度体系，加强终身学习法律法规建设，搭建沟通各级各类教育、衔接多种学习成果的全民终身学习立交桥，加快发展社区教育、老年教育，深入推动学习型组织建设和学习型城市建设。深化教育领域放管服改革，深化简政放权、放管结合、优化服务改革，推进政府职能转变，构建政府、学校、社会之间的新型关系。推进学校治理现代化。

《实施方案》明确了推进教育现代化四个方面的保障措施：一是全面加强教育系统党的建设，不断提高教育系统党的建设质量，坚定不移推进全面从严治党向纵深发展。二是全面推进依法治教，加快完善教育法律制度体系，加快推进教育行政执法体制机制改革，建立健全教育系统法律顾问制度，加强学校法治工作，广泛深入开展青少年法治教育。三是完善教育经费投入和管理机制，健全财政教育投入机制，全面实施绩效管理。四是加强教育督导评估，有效发挥教育督导“督导评估、检查验收、质量监测”职能，保障教育事业优先优质发展。

《实施方案》最后强调，各级党委和政府要把思想和行动统一到党中央、国务院关于加快教育现代化、建设教育强国的重大部署上来，加强组织领导，结合地方实际制定本地区落实方案。各部门要主动履职尽责，确保实施方案确定的目标任务落到实处。国务院教育督导部门定期组织督导评估，压实落实责任。及时总结宣传典型经验和做法，凝聚全社会共同促进教育健康发展的共识，为新时代教育改革发展营造良好环境和氛围。

（来源于新华社北京 2019 年 2 月 23 日电）

中共中央办公厅　国务院办公厅印发《关于推动现代职业教育高质量发展的意见》

近日，中共中央办公厅、国务院办公厅印发了《关于推动现代职业教育高质量发展的意见》，并发出通知，要求各地区各部门结合实际认真贯彻落实。

《关于推动现代职业教育高质量发展的意见》主要内容如下。

职业教育是国民教育体系和人力资源开发的重要组成部分，肩负着培养多样化人才、传承技术技能、促进就业创业的重要职责。在全面建设社会主义现代化国家新征程中，职业教育前途广阔、大有可为。为贯彻落实全国职业教育大会精神，推动现代职业教育高质量发展，现提出如下意见。

一、总体要求

（一）指导思想。以习近平新时代中国特色社会主义思想为指导，深入贯彻党的十九大和十九届二中、三中、四中、五中全会精神，坚持党的领导，坚持正确办学方向，坚持立德树人，优化类型定位，深入推进育人方式、办学模式、管理体制、保障机制改革，切实增强职业教育适应性，加快构建现代职业教育体系，建设技能型社会，弘扬工匠精神，培养更多高素质技术技能人才、能工巧匠、大国工匠，为全面建设社会主义现代化国家提供有力人才和技能支撑。

（二）工作要求。坚持立德树人、德技并修，推动思想政治教育与技术技能培养融合统一；坚持产教融合、校企合作，推动形成产教良性互动、校企优势互补的发展格局；坚持面向市场、促进就业，推动学校布局、专业设置、人才培养与市场需求相对接；坚持面向实践、强化能力，让更多青年凭借一技之长实现人生价值；坚持面向人人、因材施教，营造人人努力成才、人人皆可成才、人人尽展其才的良好环境。

（三）主要目标

到 2025 年，职业教育类型特色更加鲜明，现代职业教育体系基本建成，技能型社会建设全面推进。办学格局更加优化，办学条件大幅改善，职业本科教育招生规模不低于高等职业教育招生规模的10%，职业教育吸引力和培养质量显著提高。

到2035年，职业教育整体水平进入世界前列，技能型社会基本建成。技术技能人才社会地位大幅提升，职业教育供给与经济社会发展需求高度匹配，在全面建设社会主义现代化国家中的作用显著增强。

二、强化职业教育类型特色

（四）巩固职业教育类型定位。因地制宜、统筹推进职业教育与普通教育协调发展。加快建立“职教高考”制度，完善“文化素质＋职业技能”考试招生办法，加强省级统筹，确保公平公正。加强职业教育理论研究，及时总结中国特色职业教育办学规律和制度模式。

（五）推进不同层次职业教育纵向贯通。大力提升中等职业教育办学质量，优化布局结构，实施中等职业学校办学条件达标工程，采取合并、合作、托管、集团办学等措施，建设一批优秀中等职业学校和优质专业，注重为高等职业教育输送具有扎实技术技能基础和合格文化基础的生源。支持有条件的中等职业学校根据当地经济社会发展需要试办社区学院。推进高等职业教育提质培优，实施好“双高计划”，集中力量建设一批高水平高等职业学校和专业。稳步发展职业本科教育，高标准建设职业本科学校和专业，保持职业教育办学方向不变、培养模式不变、特色发展不变。一体化设计职业教育人才培养体系，推动各层次职业教育专业设置、培养目标、课程体系、培养方案衔接，支持在培养周期长、技能要求高的专业领域实施长学制培养。鼓励应用型本科学校开展职业本科教育。按照专业大致对口原则，指导应用型本科学校、职业本科学校吸引更多中高职毕业生报考。

（六）促进不同类型教育横向融通。加强各学段普通教育与职业教育渗透融通，在普通中小学实施职业启蒙教育，培养掌握技能的兴趣爱好和职业生涯规划的意识能力。探索发展以专项技能培养为主的特色综合高中。推动中等职业学校与普通高中、高等职业学校与应用型大学课程互选、学分互认。鼓励职业学校开展补贴性培训和市场化社会培训。制定国家资历框架，建设职业教育国家学分银行，实现各类学习成果的认证、积累和转换，加快构建服务全民终身学习的教育体系。

三、完善产教融合办学体制

（七）优化职业教育供给结构。围绕国家重大战略，紧密对接产业升级和技术变革趋势，优先发展先进制造、新能源、新材料、现代农业、现代信息技术、生物技术、人工智能等产业需要的一批新兴专业，加快建设学前、护理、康养、家政等一批人才紧缺的专业，改造升级钢铁冶金、化工医药、建筑工程、轻纺制造等一批传统专业，撤并淘汰供给过剩、就业率低、职业岗位消失的专业，鼓励学校开设更多紧缺的、符合市场需求的专业，形成紧密对接产业链、创新链的专业体系。优化区域资源配置，推进部省共建职业教育创新发展高地，持续深化职业教育东西部协作。启动实施技能型社会职业教育体系建设地方试点。支持办好面向农村的职业教育，强化校地合作、育训结合，加快培养乡村振兴人才，鼓励更多农民、返乡农民工接受职业教育。支持行业企业开展技术技能人才培养培训，推行终身职业技能培训制度和在岗继续教育制度。

（八）健全多元办学格局。构建政府统筹管理、行业企业积极举办、社会力量深度参与的多元办学格局。健全国有资产评估、产权流转、权益分配、干部人事管理等制度。鼓励上市公司、行业龙头企业举办职业教育，鼓励各类企业依法参与举办职业教育。鼓励职业学校与社会资本合作共建职业教育基础设施、实训基地，共建共享公共实训基地。

（九）协同推进产教深度融合。各级政府要统筹职业教育和人力资源开发的规模、结构和层次，将产教融合列入经济社会发展规划。以城市为节点、行业为支点、企业为重点，建设一批产教融合试点城市，打造一批引领产教融合的标杆行业，培育一批行业领先的产教融合型企业。积极培育市场导向、供需匹配、服务精准、运作规范的产教融合服务组织。分级分类编制发布产业结构动态调整报告、行业人才就业状况和需求预测报告。

四、创新校企合作办学机制

（十）丰富职业学校办学形态。职业学校要积极与优质企业开展双边多边技术协作，共建技术技能创新平台、专业化技术转移机构和大学科技园、科技企业孵化器、众创空间，服务地方中小微企业技术升级和产品研发。推动职业学校在企业设立实习实训基地、企业在职业学校建设培养培训基地。推动校企共建共管产业学院、企业学院，延伸职业学校办学空间。

（十一）拓展校企合作形式内容。职业学校要主动吸纳行业龙头企业深度参与职业教育专业规划、课程设置、教材开发、教学设计、教学实施，合作共建新专业、开发新课程、开展订单培养。鼓励行业龙头企业主导建立全国性、行业性职教集团，推进实体化运作。探索中国特色学徒制，大力培养技术技能人才。支持企业接收学生实习实训，引导企业按岗位总量的一定比例设立学徒岗位。严禁向学生违规收取实习实训费用。

（十二）优化校企合作政策环境。各地要把促进企业参与校企合作、培养技术技能人才作为产业发展规划、产业激励政策、乡村振兴规划制定的重要内容，对产教融合型企业给予“金融＋财政＋土地＋信用”组合式激励，按规定落实相关税费政策。工业和信息化部门要把企业参与校企合作的情况，作为各类示范企业评选的重要参考。教育、人力资源社会保障部门要把校企合作成效作为评价职业学校办学质量的重要内容。国有资产监督管理机构要支持企业参与和举办职业教育。鼓励金融机构依法依规为校企合作提供相关信贷和融资支持。积极探索职业学校实习生参加工伤保险办法。加快发展职业学校学生实习实训责任保险和人身意外伤害保险，鼓励保险公司对现代学徒制、企业新型学徒制保险专门确定费率。职业学校通过校企合作、技术服务、社会培训、自办企业等所得收入，可按一定比例作为绩效工资来源。

五、深化教育教学改革

（十三）强化双师型教师队伍建设。加强师德师风建设，全面提升教师素养。完善职业教育教师资格认定制度，在国家教师资格考试中强化专业教学和实践要求。制定双师型教师标准，完善教师招聘、专业技术职务评聘和绩效考核标准。按照职业学校生师比例和结构要求配齐专业教师。加强职业技术师范学校建设。支持高水平学校和大中型企业共建双师型教师培养培训基地，落实教师定期到企业实践的规定，支持企业技术骨干到学校从教，推进固定岗与流动岗相结合、校企互聘兼职的教师队伍建设改革。继续实施职业院校教师素质提高计划。

（十四）创新教学模式与方法。提高思想政治理论课质量和实效，推进习近平新时代中国特色社会主义思想进教材、进课堂、进头脑。举办职业学校思想政治教育课程教师教学能力比赛。普遍开展项目教学、情境教学、模块化教学，推动现代信息技术与教育教学深度融合，提高课堂教学质量。全面实施弹性学习和学分制管理，支持学生积极参加社会实践、创新创业、竞赛活动。办好全国职业院校技能大赛。

（十五）改进教学内容与教材。完善“岗课赛证”综合育人机制，按照生产实际和岗位需求设计开发课程，开发模块化、系统化的实训课程体系，提升学生实践能力。深入实施职业技能等级证书制度，完善认证管理办法，加强事中事后监管。及时更新教学标准，将新技术、新工艺、新规范、典型生产案例及时纳入教学内容。把职业技能等级证书所体现的先进标准融入人才培养方案。强化教材建设国家事权，分层规划，完善职业教育教材的编写、审核、选用、使用、更新、评价监管机制。引导地方、行业和学校按规定建设地方特色教材、行业适用教材、校本专业教材。

（十六）完善质量保证体系。建立健全教师、课程、教材、教学、实习实训、信息化、安全等国家职业教育标准，鼓励地方结合实际出台更高要求的地方标准，支持行业组织、龙头企业参与制定标准。推进职业学校教学工作诊断与改进制度建设。完善职业教育督导评估办法，加强对地方政府履行职业教育职责督导，做好中等职业学校办学能力评估和高等职业学校适应社会需求能力评估。健全国家、省、学校质量年报制度，定期组织质量年报的审查抽查，提高编制水平，加大公开力度。强化评价结果运用，将其作为批复学校设置、核定招生计划、安排重大项目的重要参考。

六、打造中国特色职业教育品牌

（十七）提升中外合作办学水平。办好一批示范性中外合作办学机构和项目。加强与国际高水平职业教育机构和组织合作，开展学术研究、标准研制、人员交流。在“留学中国”项目、中国政府奖学金项目中设置职业教育类别。

（十八）拓展中外合作交流平台。全方位践行世界技能组织 2025 战略，加强与联合国教科文组织等国际和地区组织的合作。鼓励开放大学建设海外学习中心，推进职业教育涉外行业组织建设，实施职业学校教师教学创新团队、高技能领军人才和产业紧缺人才境外培训计划。积极承办国际职业教育大会，办好办实中国—东盟教育交流周，形成一批教育交流、技能交流和人文交流的品牌。

（十九）推动职业教育走出去。探索“中文＋职业技能”的国际化发展模式。服务国际产能合作，推动职业学校跟随中国企业走出去。完善“鲁班工坊”建设标准，拓展办学内涵。提高职业教育在出国留学基金等项目中的占比。积极打造一批高水平国际化的职业学校，推出一批具有国际影响力的专业标准、课程标准、教学资源。各地要把职业教育纳入对外合作规划，作为友好城市（省州）建设的重要内容。

七、组织实施

（二十）加强组织领导。各级党委和政府要把推动现代职业教育高质量发展摆在更加突出的位置，更好支持和帮助职业教育发展。职业教育工作部门联席会议要充分发挥作用，教育行政部门要认真落实对职业教育工作统筹规划、综合协调、宏观管理职责。国家将职业教育工作纳入省级政府履行教育职责督导评价，各省将职业教育工作纳入地方经济社会发展考核。选优配强职业学校主要负责人，建设高素质专业化职业教育干部队伍。落实职业学校在内设机构、岗位设置、用人计划、教师招聘、职称评聘等方面的自主权。加强职业学校党建工作，落实意识形态工作责任制，开展新时代职业学校党组织示范创建和质量创优工作，把党的领导落实到办学治校、立德树人全过程。

（二十一）强化制度保障。加快修订职业教育法，地方结合实际制定修订有关地方性法规。健全政府投入为主、多渠道筹集职业教育经费的体制。优化支出结构，新增教育经费向职业教育倾斜。严禁以学费、社会服务收入冲抵生均拨款，探索建立基于专业大类的职业教育差异化生均拨款制度。

（二十二）优化发展环境。加强正面宣传，挖掘宣传基层和一线技术技能人才成长成才的典型事迹，弘扬劳动光荣、技能宝贵、创造伟大的时代风尚。打通职业学校毕业生在就业、落户、参加招聘、职称评审、晋升等方面的通道，与普通学校毕业生享受同等待遇。对在职业教育工作中取得成绩的单位和个人、在职业教育领域作出突出贡献的技术技能人才，按照国家有关规定予以表彰奖励。各地将符合条件的高水平技术技能人才纳入高层次人才计划，探索从优秀产业工人和农业农村人才中培养选拔干部机制，加大技术技能人才薪酬激励力度，提高技术技能人才社会地位。

（来源于新华社北京 2021 年 10 月 12 日电）

国务院办公厅关于深化产教融合的若干意见

各省、自治区、直辖市人民政府，国务院各部委、各直属机构：

进入新世纪以来，我国教育事业蓬勃发展，为社会主义现代化建设培养输送了大批高素质人才，为加快发展壮大现代产业体系作出了重大贡献。但同时，受体制机制等多种因素影响，人才培养供给侧和产业需求侧在结构、质量、水平上还不能完全适应，“两张皮”问题仍然存在。深化产教融合，促进教育链、人才链与产业链、创新链有机衔接，是当前推进人力资源供给侧结构性改革的迫切要求，对新形势下全面提高教育质量、扩大就业创业、推进经济转型升级、培育经济发展新动能具有重要意义。为贯彻落实党的十九大精神，深化产教融合，全面提升人力资源质量，经国务院同意，现提出以下意见。

一、总体要求

（一）指导思想。

全面贯彻党的十九大精神，坚持以习近平新时代中国特色社会主义思想为指导，紧紧围绕统筹推进“五位一体”总体布局和协调推进“四个全面”战略布局，坚持以人民为中心，坚持新发展理念，认真落实党中央、国务院关于教育综合改革的决策部署，深化职业教育、高等教育等改革，发挥企业重要主体作用，促进人才培养供给侧和产业需求侧结构要素全方位融合，培养大批高素质创新人才和技术技能人才，为加快建设实体经济、科技创新、现代金融、人力资源协同发展的产业体系，增强产业核心竞争力，汇聚发展新动能提供有力支撑。

（二）原则和目标。

统筹协调，共同推进。将产教融合作为促进经济社会协调发展的重要举措，融入经济转型升级各环节，贯穿人才开发全过程，形成政府企业学校行业社会协同推进的工作格局。

服务需求，优化结构。面向产业和区域发展需求，完善教育资源布局，加快人才培养结构调整，创新教育组织形态，促进教育和产业联动发展。

校企协同，合作育人。充分调动企业参与产教融合的积极性和主动性，强化政策引导，鼓励先行先试，促进供需对接和流程再造，构建校企合作长效机制。

深化产教融合的主要目标是，逐步提高行业企业参与办学程度，健全多元化办学体制，全面推行校企协同育人，用10年左右时间，教育和产业统筹融合、良性互动的发展格局总体形成，需求导向的人才培养模式健全完善，人才教育供给与产业需求重大结构性矛盾基本解决，职业教育、高等教育对经济发展和产业升级的贡献显著增强。

二、构建教育和产业统筹融合发展格局

（三）同步规划产教融合与经济社会发展。制定实施经济社会发展规划，以及区域发展、产业发展、城市建设和重大生产力布局规划，要明确产教融合发展要求，将教育优先、人才先行融入各项政策。结合实施创新驱动发展、新型城镇化、制造强国战略，统筹优化教育和产业结构，同步规划产教融合发展政策措施、支持方式、实现途径和重大项目。

（四）统筹职业教育与区域发展布局。按照国家区域发展总体战略和主体功能区规划，优化职业教育布局，引导职业教育资源逐步向产业和人口集聚区集中。面向脱贫攻坚主战场，积极推进贫困地区学生到城市优质职业学校就学。加强东部对口西部、城市支援农村职业教育扶贫。支持中部打造全国重要的先进制造业职业教育基地。支持东北等老工业基地振兴发展急需的职业教育。加强京津冀、长江经济带城市间协同合作，引导各地结合区域功能、产业特点探索差别化职业教育发展路径。

（五）促进高等教育融入国家创新体系和新型城镇化建设。完善世界一流大学和一流学科建设推进机制，注重发挥对国家和区域创新中心发展的支撑引领作用。健全高等学校与行业骨干企业、中小微创业型企业紧密协同的创新生态系统，增强创新中心集聚人才资源、牵引产业升级能力。适应以城市群为主体的新型城镇化发展，合理布局高等教育资源，增强中小城市产业承载和创新能力，构建梯次有序、功能互补、资源共享、合作紧密的产教融合网络。

（六）推动学科专业建设与产业转型升级相适应。建立紧密对接产业链、创新链的学科专业体系。大力发展现代农业、智能制造、高端装备、新一代信息技术、生物医药、节能环保、新能源、新材料以及研发设计、数字创意、现代交通运输、高效物流、融资租赁、电子商务、服务外包等产业急需紧缺学科专业。积极支持家政、健康、养老、文化、旅游等社会领域专业发展，推进标准化、规范化、品牌化建设。加强智慧城市、智能建筑等城市可持续发展能力

相关专业建设。大力支持集成电路、航空发动机及燃气轮机、网络安全、人工智能等事关国家战略、国家安全等学科专业建设。适应新一轮科技革命和产业变革及新经济发展，促进学科专业交叉融合，加快推进新工科建设。

（七）健全需求导向的人才培养结构调整机制。加快推进教育“放管服”改革，注重发挥市场机制配置非基本公共教育资源作用，强化就业市场对人才供给的有效调节。进一步完善高校毕业生就业质量年度报告发布制度，注重发挥行业组织人才需求预测、用人单位职业能力评价作用，把市场供求比例、就业质量作为学校设置调整学科专业、确定培养规模的重要依据。新增研究生招生计划向承担国家重大战略任务、积极推行校企协同育人的高校和学科倾斜。严格实行专业预警和退出机制，引导学校对设置雷同、就业连续不达标专业，及时调减或停止招生。

三、强化企业重要主体作用

（八）拓宽企业参与途径。鼓励企业以独资、合资、合作等方式依法参与举办职业教育、高等教育。坚持准入条件透明化、审批范围最小化，细化标准、简化流程、优化服务，改进办学准入条件和审批环节。通过购买服务、委托管理等，支持企业参与公办职业学校办学。鼓励有条件的地区探索推进职业学校股份制、混合所有制改革，允许企业以资本、技术、管理等要素依法参与办学并享有相应权利。

（九）深化“引企入教”改革。支持引导企业深度参与职业学校、高等学校教育教学改革，多种方式参与学校专业规划、教材开发、教学设计、课程设置、实习实训，促进企业需求融入人才培养环节。推行面向企业真实生产环境的任务式培养模式。职业学校新设专业原则上应有相关行业企业参与。鼓励企业依托或联合职业学校、高等学校设立产业学院和企业工作室、实验室、创新基地、实践基地。

（十）开展生产性实习实训。健全学生到企业实习实训制度。鼓励以引企驻校、引校进企、校企一体等方式，吸引优势企业与学校共建共享生产性实训基地。支持各地依托学校建设行业或区域性实训基地，带动中小微企业参与校企合作。通过探索购买服务、落实税收政策等方式，鼓励企业直接接收学生实习实训。推进实习实训规范化，保障学生享有获得合理报酬等合法权益。

（十一）以企业为主体推进协同创新和成果转化。支持企业、学校、科研院所围绕产业关键技术、核心工艺和共性问题开展协同创新，加快基础研究成果向产业技术转化。引导高校将企业生产一线实际需求作为工程技术研究选题的重要来源。完善财政科技计划管理，高校、科研机构牵头申请的应用型、工程技术研究项目原则上应有行业企业参与并制订成果转化方案。完善高校科研后评价体系，将成果转化作为项目和人才评价重要内容。继续加强企业技术中心和高校技术创新平台建设，鼓励企业和高校共建产业技术实验室、中试和工程化基地。利用产业投资基金支持高校创新成果和核心技术产业化。

（十二）强化企业职工在岗教育培训。落实企业职工培训制度，足额提取教育培训经费，确保教育培训经费60%以上用于一线职工。创新教育培训方式，鼓励企业向职业学校、高等学校和培训机构购买培训服务。鼓励有条件的企业开展职工技能竞赛，对参加培训提升技能等级的职工予以奖励或补贴。支持企业一线骨干技术人员技能提升，加强产能严重过剩行业转岗就业人员再就业培训。将不按规定提取使用教育培训经费并拒不改正的行为记入企业信用记录。

（十三）发挥骨干企业引领作用。鼓励区域、行业骨干企业联合职业学校、高等学校共同组建产教融合集团（联盟），带动中小企业参与，推进实体化运作。注重发挥国有企业特别是中央企业示范带头作用，支持各类企业依法参与校企合作。结合推进国有企业改革，支持有条件的国有企业继续办好做强职业学校。

四、推进产教融合人才培养改革

（十四）将工匠精神培育融入基础教育。将动手实践内容纳入中小学相关课程和学生综合素质评价。加强学校劳动教育，开展生产实践体验，支持学校聘请劳动模范和高技能人才兼职授课。组织开展“大国工匠进校园”活动。鼓励有条件的普通中学开设职业类选修课程，鼓励职业学校实训基地向普通中学开放。鼓励有条件的地方在大型企业、产业园区周边试点建设普职融通的综合高中。

（十五）推进产教协同育人。坚持职业教育校企合作、工学结合的办学制度，推进职业学校和企业联盟、与行业联合、同园区联结。大力发展校企双制、工学一体的技工教育。深化全日制职业学校办学体制改革，在技术性、实践性较强的专业，全面推行现代学徒制和企业新型学徒制，推动学校招生与企业招工相衔接，校企育人“双重主体”，学生学徒“双重身份”，学校、企业和学生三方权利义务关系明晰。实践性教学课时不少于总课时的50%。

健全高等教育学术人才和应用人才分类培养体系，提高应用型人才培养比重。推动高水平大学加强创新创业人才培养，为学生提供多样化成长路径。大力支持应用型本科和行业特色类高校建设，紧密围绕产业需求，强化实践教学，完善以应用型人才为主的培养体系。推进专业学位研究生产学结合培养模式改革，增强复合型人才培养能力。

（十六）加强产教融合师资队伍建设。支持企业技术和管理人才到学校任教，鼓励有条件的地方探索产业教师（导师）特设岗位计划。探索符合职业教育和应用型高校特点的教师资格标准和专业技术职务（职称）评聘办法。允许职业学校和高等学校依法依规自主聘请兼职教师和确定兼职报酬。推动职业学校、应用型本科高校与大中型企业合作建设“双师型”教师培养培训基地。完善职业学校和高等学校教师实践假期制度，支持在职教师定期到企业实践锻炼。

（十七）完善考试招生配套改革。加快高等职业学校分类招考，完善“文化素质 + 职业技能”评价方式。适度提高高等学校招收职业教育毕业生比例，建立复合型、创新型技术技能人才系统培养制度。逐步提高高等学校招收有工作实践经历人员的比例。

（十八）加快学校治理结构改革。建立健全职业学校和高等学校理事会制度，鼓励引入行业企业、科研院所、社会组织等多方参与。推动学校优化内部治理，充分体现一线教学科研机构自主权，积极发展跨学科、跨专业教学和科研组织。

（十九）创新教育培训服务供给。鼓励教育培训机构、行业企业联合开发优质教育资源，大力支持“互联网 + 教育培训”发展。支持有条件的社会组织整合校企资源，开发立体化、可选择的产业技术课程和职业培训包。推动探索高校和行业企业课程学分转换互认，允许和鼓励高校向行业企业和社会培训机构购买创新创业、前沿技术课程和教学服务。

五、促进产教供需双向对接

（二十）强化行业协调指导。行业主管部门要加强引导，通过职能转移、授权委托等方式，积极支持行业组织制定深化产教融合工作计划，开展人才需求预测、校企合作对接、教育教学指导、职业技能鉴定等服务。

（二十一）规范发展市场服务组织。鼓励地方政府、行业企业、学校通过购买服务、合作设立等方式，积极培育市场导向、对接供需、精准服务、规范运作的产教融合服务组织（企业）。支持利用市场合作和产业分工，提供专业化服务，构建校企利益共同体，形成稳定互惠的合作机制，促进校企紧密联结。

（二十二）打造信息服务平台。鼓励运用云计算、大数据等信息技术，建设市场化、专业化、开放共享的产教融合信息服务平台。依托平台汇聚区域和行业人才供需、校企合作、项目研发、技术服务等各类供求信息，向各类主体提供精准化产教融合信息发布、检索、推荐和相关增值服务。

（二十三）健全社会第三方评价。积极支持社会第三方机构开展产教融合效能评价，健全统计评价体系。强化监测评价结果运用，作为绩效考核、投入引导、试点开展、表彰激励的重要依据。

六、完善政策支持体系

（二十四）实施产教融合发展工程。“十三五”期间，支持一批中高等职业学校加强校企合作，共建共享技术技能实训设施。开展高水平应用型本科高校建设试点，加强产教融合实训环境、平台和载体建设。支持中西部普通本科高校面向产业需求，重点强化实践教学环节建设。支持世界一流大学和一流学科建设高校加强学科、人才、科研与产业互动，推进合作育人、协同创新和成果转化。

（二十五）落实财税用地等政策。优化政府投入，完善体现职业学校、应用型高校和行业特色类专业办学特点和成本的职业教育、高等教育拨款机制。职业学校、高等学校科研人员依法取得的科技成果转化奖励收入不纳入绩效工资，不纳入单位工资总额基数。各级财政、税务部门要把深化产教融合作为落实结构性减税政策，推进降成本、补短板的重要举措，落实社会力量举办教育有关财税政策，积极支持职业教育发展和企业参与办学。企业投资或与政府合作建设职业学校、高等学校的建设用地，按科教用地管理，符合《划拨用地目录》的，可通过划拨方式供地，鼓励企业自愿以出让、租赁方式取得土地。

（二十六）强化金融支持。鼓励金融机构按照风险可控、商业可持续原则支持产教融合项目。利用中国政企合作投资基金和国际金融组织、外国政府贷款，积极支持符合条件的产教融合项目建设。遵循相关程序、规则和章程，推动亚洲基础设施投资银行、丝路基金在业务领域内将“一带一路”职业教育项目纳入支持范围。引导银行业金融机构创新服务模式，开发适合产教融合项目特点的多元化融资品种，做好政府和社会资本合作模式的配套金融服务。积极支持符合条件的企业在资本市场进行股权融资，发行标准化债权产品，加大产教融合实训基地项目投资。加快发展学生实习责任保险和人身意外伤害保险，鼓励保险公司对现代学徒制、企业新型学徒制保险专门确定费率。

（二十七）开展产教融合建设试点。根据国家区域发展战略和产业布局，支持若干有较强代表性、影响力和改革意愿的城市、行业、企业开展试点。在认真总结试点经验基础上，鼓励第三方开展产教融合型城市和企业建设评价，完善支持激励政策。

（二十八）加强国际交流合作。鼓励职业学校、高等学校引进海外高层次人才和优质教育资源，开发符合国情、国际开放的校企合作培养人才和协同创新模式。探索构建应用技术教育创新国际合作网络，推动一批中外院校和企业结对联合培养国际化应用型人才。鼓励职业教育、高等教育参与配合“一带一路”建设和国际产能合作。

七、组织实施

（二十九）强化工作协调。加强组织领导，建立发展改革、教育、人力资源社会保障、财政、工业和信息化等部门密切配合，有关行业主管部门、国有资产监督管理部门积极参与的工作协调机制，加强协同联动，推进工作落实。各省级人民政府要结合本地实际制定具体实施办法。

（三十）营造良好环境。做好宣传动员和舆论引导，加快收入分配、企业用人制度以及学校编制、教学科研管理等配套改革，引导形成学校主动服务经济社会发展、企业重视“投资于人”的普遍共识，积极营造全社会充分理解、积极支持、主动参与产教融合的良好氛围。

附件：重点任务分工

国务院办公厅

2017 年 12 月 5 日

附件

重点任务分工

序号	工作任务	主要内容	责任单位
1	构建教育和产业统筹融合发展格局	同步规划产教融合与经济社会发展。	国家发展改革委会同有关部门，各省级人民政府
2		统筹职业教育与区域发展布局。	教育部、国家发展改革委、人力资源社会保障部，各省级人民政府
3		促进高等教育融入国家创新体系和新型城镇化建设。	教育部、国家发展改革委、科技部，有关省级人民政府
4		推动学科专业建设与产业转型升级相适应。建立紧密对接产业链、创新链的学科专业体系。加快推进新工科建设。	教育部、国家发展改革委会同有关部门

续表

序号	工作任务	主要内容	责任单位
5	构建教育和产业统筹融合发展格局	健全需求导向的人才培养结构调整机制。严格实行专业预警和退出机制。	教育部会同有关部门
6	强化企业重要主体作用	鼓励企业以独资、合资、合作等方式依法参与举办职业教育、高等教育。坚持准入条件透明化、审批范围最小化，细化标准、简化流程、优化服务，改进办学准入条件和审批环节。	教育部会同有关部门
7		鼓励有条件的地区探索推进职业学校股份制、混合所有制改革，允许企业以资本、技术、管理等要素依法参与办学并享有相应权利。	有关省级人民政府
8		深化“引企入教”改革，促进企业需求融入人才培养环节。	教育部、人力资源社会保障部、工业和信息化部会同有关部门
9		健全学生到企业实习实训制度，推进实习实训规范化。	教育部、国家发展改革委、人力资源社会保障部会同有关部门
10		引导高校将企业生产一线实际需求作为工程技术研究选题的重要来源。高校、科研机构牵头申请的应用型、工程技术研究项目原则上应有行业企业参与并制订成果转化方案。完善高校科研后评价体系，将成果转化作为项目和人才评价重要内容。	教育部、科技部会同有关部门
11		继续加强企业技术中心和高校技术创新平台建设，鼓励企业和高校共建产业技术实验室、中试和工程化基地。利用产业投资基金支持高校创新成果和核心技术产业化。	国家发展改革委、教育部、科技部、财政部会同有关部门
12		强化企业职工在岗教育培训。	全国总工会、人力资源社会保障部会同有关部门
13		鼓励区域、行业骨干企业联合职业学校、高等学校共同组建产教融合集团（联盟），带动中小企业参与，推进实体化运作。	有关部门和行业协会，各省级人民政府

续表

序号	工作任务	主要内容	责任单位
14	强化企业重要主体作用	注重发挥国有企业特别是中央企业示范带头作用，支持各类企业依法参与校企合作。	国务院国资委、全国工商联
15		结合推进国有企业改革，支持有条件的国有企业继续办好做强职业学校。	国务院国资委、国家发展改革委、财政部
16	推进产教融合人才培养改革	将工匠精神培育融入基础教育。深化全日制职业学校办学体制改革，在技术性、实践性较强的专业，全面推行现代学徒制和企业新型学徒制。	教育部、人力资源社会保障部、国家发展改革委、全国总工会会同有关部门
17		健全高等教育学术人才和应用人才分类培养体系，提高应用型人才培养比重。	教育部、国家发展改革委会同有关部门
18		加强产教融合师资队伍建设。支持企业技术和管理人才到学校任教，鼓励有条件的地方探索产业教师（导师）特设岗位计划。	教育部，各省级人民政府
19		适度提高高等学校招收职业教育毕业生比例，建立复合型、创新型技术技能人才系统培养制度。逐步提高高等学校招收有工作实践经历人员的比例。	教育部会同有关部门
20		加快学校治理结构改革。创新教育培训服务供给。	教育部会同有关部门
21	促进产教供需双向对接	强化行业协调指导。规范发展市场服务组织。打造信息服务平台。健全社会第三方评价。	国家发展改革委、教育部、有关部门和行业协会，有关省级人民政府
22	完善政策支持体系	实施产教融合发展工程。	国家发展改革委、教育部、人力资源社会保障部
23		落实财税用地等政策。	财政部、税务总局、国土资源部、国家发展改革委，各省级人民政府

续表

序号	工作任务	主要内容	责任单位
24	完善政策支持体系	强化金融支持。	人民银行、银监会、证监会、保监会、国家发展改革委、财政部
25		开展产教融合建设试点。	国家发展改革委、教育部会同有关部门，各省级人民政府
26		加强国际交流合作。	教育部会同有关部门

国务院办公厅关于印发保障农民工工资支付工作考核办法的通知

各省、自治区、直辖市人民政府，国务院各部委、各直属机构：

《保障农民工工资支付工作考核办法》已经国务院同意，现印发给你们，请认真贯彻执行。

国务院办公厅

2017 年 12 月 6 日

保障农民工工资支付工作考核办法

第一条　为落实保障农民工工资支付工作的属地监管责任，有效预防和解决拖欠农民工工资问题，切实保障农民工劳动报酬权益，维护社会公平正义，促进社会和谐稳定，根据有关规定，制定本办法。

第二条　本办法适用于对各省（区、市）人民政府及新疆生产建设兵团（以下统称各省级政府）保障农民工工资支付工作的年度考核。

第三条　考核工作在国务院领导下，由解决企业工资拖欠问题部际联席会议（以下简称部际联席会议）负责实施，部际联席会议办公室具体组织落实。考核工作从 2017 年到 2020 年，每年开展一次。

第四条　考核工作坚持目标导向、问题导向和结果导向，遵循客观公正原则，突出重点，注重实效。

第五条　考核内容主要包括加强对保障农民工工资支付工作的组织领导、建立健全工资支付保障制度、治理欠薪特别是工程建设领域欠薪工作成效等情况。

第六条　部际联席会议办公室组织部际联席会议各成员单位制定年度考核方案及细则，明确具体考核指标和分值。

第七条　考核工作于考核年度次年年初开始，4 月底前完成。按照以下步骤进行：

（一）省级自查。各省级政府对照考核方案及细则，对考核年度保障农民工工资支付工作进展情况和成效进行自查，填报自查考核表，形成自查报告，于2月底前报送部际联席会议办公室。各省级政府对自查报告真实性、准确性负责。

（二）实地核查。3月底前，由部际联席会议办公室组织部际联席会议各成员单位组成考核组，采取抽查等方式，对省级政府考核年度保障农民工工资支付工作进展情况和成效进行实地核查，对相关考核指标进行评估。实地核查采取听取汇报、抽样调查、核验资料、明察暗访等方式进行。

（三）综合评议。部际联席会议办公室组织部际联席会议各成员单位根据各地自查情况，结合实地核查和社会治安综合治理、公安、信访等部门掌握的情况，进行考核评议，形成考核报告，报部际联席会议审议。

第八条 考核采取分级评分法，基准分为100分，考核结果分为A、B、C三个等级。

（一）符合下列条件的，考核等级为A级：

1. 领导重视、工作机制健全，各项工资支付保障制度完备、落实得力，工作成效明显；

2. 考核得分排在全国前十名。

（二）有下列情形之一的，考核等级为C级：

1. 保障农民工工资支付工作不力、成效不明显、欠薪问题突出，考核得分排在全国后三名的；

2. 发生5起及以上因拖欠农民工工资引发50人以上群体性事件，或发生2起及以上因政府投资工程项目拖欠农民工工资引发50人以上群体性事件的；

3. 发生1起及以上因拖欠农民工工资引发极端事件并造成严重后果的。

（三）考核等级在A、C级以外的为B级。

第九条 考核结果报经国务院同意后，由部际联席会议向各省级政府通报，并抄送中央组织部，作为对各省级政府领导班子和有关领导干部进行综合考核评价的参考。考核过程中发现需要问责的问题线索，移交纪检监察机关。

第十条 对考核等级为A级的，由部际联席会议予以通报表扬；对考核等级为C级的，由部际联席会议对该省级政府有关负责人进行约谈，提出限期整改要求。被约谈省级政府应当制定整改措施，并在被约谈后2周内提交书面报告，由部际联席会议办公室负责督促落实。

第十一条 对在考核工作中弄虚作假、瞒报谎报造成考核结果失实的，予以通报批评；情节严重的，依纪依法追究相关人员责任。

第十二条　各省级政府可参照本办法，结合本地区实际制定相关办法，加强对本地区各级政府保障农民工工资支付工作的考核。

第十三条　本办法由部际联席会议办公室负责解释，自印发之日起施行。

国务院办公厅关于印发职业技能提升行动方案（2019—2021年）的通知

各省、自治区、直辖市人民政府，国务院各部委、各直属机构：

《职业技能提升行动方案（2019—2021年）》已经国务院同意，现印发给你们，请认真贯彻执行。

国务院办公厅

2019年5月18日

职业技能提升行动方案（2019—2021年）

为贯彻落实党中央、国务院决策部署，实施职业技能提升行动，制定以下方案。

一、总体要求和目标任务

（一）总体要求。以习近平新时代中国特色社会主义思想为指导，全面贯彻党的十九大和十九届二中、三中全会精神，把职业技能培训作为保持就业稳定、缓解结构性就业矛盾的关键举措，作为经济转型升级和高质量发展的重要支撑。坚持需求导向，服务经济社会发展，适应人民群众就业创业需要，大力推行终身职业技能培训制度，面向职工、就业重点群体、建档立卡贫困劳动力（以下简称贫困劳动力）等城乡各类劳动者，大规模开展职业技能培训，加快建设知识型、技能型、创新型劳动者大军。

（二）目标任务。2019年至2021年，持续开展职业技能提升行动，提高培训针对性实效性，全面提升劳动者职业技能水平和就业创业能力。三年共开展各类补贴性职业技能培训5000万人次以上，其中2019年培训1500万人次以上；经过努力，到2021年底技能劳动者占就业人员总量的比例达到25%以上，高技能人才占技能劳动者的比例达到30%以上。

二、对职工等重点群体开展有针对性的职业技能培训

（三）大力开展企业职工技能提升和转岗转业培训。企业需制定职工培训计划，开展适应岗位需求和发展需要的技能培训，广泛组织岗前培训、在岗培训、脱产培训，开展岗位练兵、技能竞赛、在线学习等活动，大力开展高技能人才培训，组织实施高技能领军人才和产业紧缺人才境外培训。发挥行业、龙头企业和培训机构作用，引导帮助中小微企业开展职工培训。实施高危行业领域安全技能提升行动计划，化工、矿山等高危行业企业要组织从业人员和各类特种作业人员普遍开展安全技能培训，严格执行从业人员安全技能培训合格后上岗制度。支持帮助困难企业开展转岗转业培训。在全国各类企业全面推行企业新型学徒制、现代学徒制培训，三年培训100万新型学徒。推进产教融合、校企合作，实现学校培养与企业用人的有效衔接。鼓励企业与参训职工协商一致灵活调整工作时间，保障职工参训期间应有的工资福利待遇。

（四）对就业重点群体开展职业技能提升培训和创业培训。面向农村转移就业劳动者特别是新生代农民工、城乡未继续升学初高中毕业生（以下称“两后生”）等青年、下岗失业人员、退役军人、就业困难人员（含残疾人），持续实施农民工“春潮行动”、“求学圆梦行动”、新生代农民工职业技能提升计划和返乡创业培训计划以及劳动预备培训、就业技能培训、职业技能提升培训等专项培训，全面提升职业技能和就业创业能力。对有创业愿望的开展创业培训，加强创业培训项目开发、创业担保贷款、后续扶持等服务。围绕乡村振兴战略，实施新型职业农民培育工程和农村实用人才带头人素质提升计划，开展职业农民技能培训。

（五）加大贫困劳动力和贫困家庭子女技能扶贫工作力度。聚焦贫困地区特别是“三区三州”等深度贫困地区，鼓励通过项目制购买服务等方式为贫困劳动力提供免费职业技能培训，并在培训期间按规定通过就业补助资金给予生活费（含交通费，下同）补贴，不断提高参训贫困人员占贫困劳动力比重。持续推进东西部扶贫协作框架下职业教育、职业技能培训帮扶和贫困村创业致富带头人培训。深入推进技能脱贫千校行动和深度贫困地区技能扶贫行动，对接受技工教育的贫困家庭学生，按规定落实中等职业教育国家助学金和免学费等政策；对子女接受技工教育的贫困家庭，按政策给予补助。

三、激发培训主体积极性，有效增加培训供给

（六）支持企业兴办职业技能培训。支持各类企业特别是规模以上企业或者吸纳就业人数较多的企业设立职工培训中心，鼓励企业与职业院校（含技工

院校，下同）共建实训中心、教学工厂等，积极建设培育一批产教融合型企业。企业举办或参与举办职业院校的，各级政府可按规定根据毕业生就业人数或培训实训人数给予支持。支持企业设立高技能人才培训基地和技能大师工作室，企业可通过职工教育经费提供相应的资金支持，政府按规定通过就业补助资金给予补助。支持高危企业集中的地区建设安全生产和技能实训基地。

（七）推动职业院校扩大培训规模。支持职业院校开展补贴性培训，扩大面向职工、就业重点群体和贫困劳动力的培训规模。在院校启动“学历证书+若干职业技能等级证书”制度试点工作，按《国务院关于印发国家职业教育改革实施方案的通知》（国发〔2019〕4号）规定执行。在核定职业院校绩效工资总量时，可向承担职业技能培训工作的单位倾斜。允许职业院校将一定比例的培训收入纳入学校公用经费，学校培训工作量可按一定比例折算成全日制学生培养工作量。职业院校在内部分配时，应向承担职业技能培训工作的一线教师倾斜，保障其合理待遇。

（八）鼓励支持社会培训和评价机构开展职业技能培训和评价工作。不断培育发展壮大社会培训和评价机构，支持培训和评价机构建立同业交流平台，促进行业发展，加强行业自律。民办职业培训和评价机构在政府购买服务、校企合作、实训基地建设等方面与公办同类机构享受同等待遇。

（九）创新培训内容。加强职业技能、通用职业素质和求职能力等综合性培训，将职业道德、职业规范、工匠精神、质量意识、法律意识和相关法律法规、安全环保和健康卫生、就业指导等内容贯穿职业技能培训全过程。坚持需求导向，围绕市场急需紧缺职业开展家政、养老服务、托幼、保安、电商、汽修、电工、妇女手工等就业技能培训；围绕促进创业开展经营管理、品牌建设、市场拓展、风险防控等创业指导培训；围绕经济社会发展开展先进制造业、战略性新兴产业、现代服务业以及循环农业、智慧农业、智能建筑、智慧城市建设等新产业培训；加大人工智能、云计算、大数据等新职业新技能培训力度。

（十）加强职业技能培训基础能力建设。有条件的地区可对企业、院校、培训机构的实训设施设备升级改造予以支持。支持建设产教融合实训基地和公共实训基地，加强职业训练院建设，积极推进职业技能培训资源共建共享。大力推广“工学一体化”、“职业培训包”、“互联网+”等先进培训方式，鼓励建设互联网培训平台。加强师资建设，职业院校和培训机构实行专兼职教师制度，可按规定自主招聘企业技能人才任教。加快职业技能培训教材开发，规范管理，提高教材质量。完善培训统计工作，实施补贴性培训实名制信息管理，探索建立劳动者职业培训电子档案，实现培训评价信息与就业社保信息联通共享，提供培训就业一体化服务。

四、完善职业培训补贴政策，加强政府引导激励

（十一）落实职业培训补贴政策。对贫困家庭子女、贫困劳动力、“两后生”、农村转移就业劳动者、下岗失业人员和转岗职工、退役军人、残疾人开展免费职业技能培训行动，对高校毕业生和企业职工按规定给予职业培训补贴。对贫困劳动力、就业困难人员、零就业家庭成员、“两后生”中的农村学员和城市低保家庭学员，在培训期间按规定通过就业补助资金同时给予生活费补贴。符合条件的企业职工参加岗前培训、安全技能培训、转岗转业培训或初级工、中级工、高级工、技师、高级技师培训，按规定给予职业培训补贴或参保职工技能提升补贴。职工参加企业新型学徒制培训的，给予企业每人每年4000元以上的职业培训补贴，由企业自主用于学徒培训工作。企业、农民专业合作社和扶贫车间等各类生产经营主体吸纳贫困劳动力就业并开展以工代训，以及参保企业吸纳就业困难人员、零就业家庭成员就业并开展以工代训的，给予一定期限的职业培训补贴，最长不超过6个月。

（十二）支持地方调整完善职业培训补贴政策。符合条件的劳动者在户籍地、常住地、求职就业地参加培训后取得证书（职业资格证书、职业技能等级证书、专项职业能力证书、特种作业操作证书、培训合格证书等）的，按规定给予职业培训补贴，原则上每人每年可享受不超过3次，但同一职业同一等级不可重复享受。省级人力资源社会保障部门、财政部门可在规定的原则下结合实际调整享受职业培训补贴、生活费补贴人员范围和条件要求，可将确有培训需求、不具有按月领取养老金资格的人员纳入政策范围。市（地）以上人力资源社会保障部门、财政部门可在规定的原则下结合实际确定职业培训补贴标准。县级以上政府可对有关部门各类培训资金和项目进行整合，解决资金渠道和使用管理分散问题。对企业开展培训或者培训机构开展项目制培训的，可先行拨付一定比例的培训补贴资金，具体比例由各省（区、市）根据实际情况确定。各地可对贫困劳动力、去产能失业人员、退役军人等群体开展项目制培训。

（十三）加大资金支持力度。地方各级政府要加大资金支持和筹集整合力度，将一定比例的就业补助资金、地方人才经费和行业产业发展经费中用于职业技能培训的资金，以及从失业保险基金结余中拿出的1000亿元，统筹用于职业技能提升行动。各地拟用于职业技能提升行动的失业保险基金结余在社会保障基金财政专户中单独建立“职业技能提升行动专账”，用于职工等人员职业技能培训，实行分账核算、专款专用，具体筹集办法由财政部、人力资源

社会保障部另行制定。企业要按有关规定足额提取和使用职工教育经费，其中60%以上用于一线职工培训，可用于企业“师带徒”津贴补助。落实将企业职工教育经费税前扣除限额提高至工资薪金总额8%的税收政策。推动企业提取职工教育经费开展自主培训与享受政策开展补贴性培训的有机衔接，探索完善相关机制。有条件的地区可安排经费，对职业技能培训教材开发、师资培训、教学改革以及职业技能竞赛等基础工作给予支持，对培训组织动员工作进行奖补。

（十四）强化资金监督管理。要依法加强资金监管，定期向社会公开资金使用情况，加强监督检查和专项审计工作，加强廉政风险防控，保障资金安全和效益。对以虚假培训等套取、骗取资金的依法依纪严惩，对培训工作中出现的失误和问题要区分不同情况对待，保护工作落实层面干事担当的积极性。

五、加强组织领导，强化保障措施

（十五）强化地方政府工作职责。地方各级政府要把职业技能提升行动作为重要民生工程，切实承担主体责任。省级政府要建立职业技能提升行动工作协调机制，形成省级统筹、部门参与、市县实施的工作格局。各省（区、市）要抓紧制定实施方案，出台政策措施，明确任务目标，进行任务分解，建立工作情况季报、年报制度。市县级政府要制定具体贯彻落实措施。鼓励各地将财政补助资金与培训工作绩效挂钩，加大激励力度，促进扩大培训规模，提升培训质量和层次，确保职业技能提升行动有效开展。

（十六）健全工作机制。在国务院就业工作领导小组框架下，健全职业技能提升行动工作协调机制，充分发挥行业主管部门等各方作用，形成工作合力。人力资源社会保障部门承担政策制定、标准开发、资源整合、培训机构管理、质量监管等职责，制定年度工作计划，分解工作任务，抓好督促落实。发展改革部门要统筹推进职业技能培训基础能力建设。教育部门要组织职业院校承担职业技能培训任务。工业和信息化、住房城乡建设等部门要发挥行业主管部门作用，积极参与培训工作。财政部门要确保就业补助资金等及时足额拨付到位。农业农村部门负责职业农民培训。退役军人事务部门负责协调组织退役军人职业技能培训。应急管理、煤矿安监部门负责指导协调化工、矿山等高危行业领域安全技能培训和特种作业人员安全作业培训。国资监管部门要指导国企开展职业技能培训。其他有关部门和单位要共同做好职业技能培训工作。支持鼓励工会、共青团、妇联等群团组织以及行业协会参与职业技能培训工作。

（十七）提高培训管理服务水平。深化职业技能培训工作“放管服”改革。对补贴性职业技能培训实施目录清单管理，公布培训项目目录、培训和评价机构目录，方便劳动者按需选择。地方可采取公开招投标等方式购买培训服务和评价服务。探索实行信用支付等办法，优化培训补贴支付方式。建立培训补贴网上经办服务平台，有条件的地区可对项目制培训探索培训服务和补贴申领告知承诺制，简化流程，减少证明材料，提高服务效率。加强对培训机构和培训质量的监管，健全培训绩效评估体系，积极支持开展第三方评估。

（十八）推进职业技能培训与评价有机衔接。完善技能人才职业资格评价、职业技能等级认定、专项职业能力考核等多元化评价方式，动态调整职业资格目录，动态发布新职业信息，加快国家职业标准制定修订。建立职业技能等级认定制度，为劳动者提供便利的培训与评价服务。从事准入类职业的劳动者必须经培训合格后方可上岗。推动工程领域高技能人才与工程技术人才职业发展贯通。支持企业按规定自主开展职工职业技能等级评价工作，鼓励企业设立首席技师、特级技师等，提升技能人才职业发展空间。

（十九）加强政策解读和舆论宣传。各地区、各有关部门要加大政策宣传力度，提升政策公众知晓度，帮助企业、培训机构和劳动者熟悉了解、用足用好政策，共同促进职业技能培训工作开展。大力弘扬和培育工匠精神，落实提高技术工人待遇的政策措施，加强技能人才激励表彰工作，积极开展各类职业技能竞赛活动，营造技能成才良好环境。

国务院办公厅关于支持多渠道灵活就业的意见

各省、自治区、直辖市人民政府，国务院各部委、各直属机构：

个体经营、非全日制以及新就业形态等灵活多样的就业方式，是劳动者就业增收的重要途径，对拓宽就业新渠道、培育发展新动能具有重要作用。为全面强化稳就业举措，落实保居民就业任务，经国务院同意，现就支持多渠道灵活就业提出以下意见。

一、总体要求

以习近平新时代中国特色社会主义思想为指导，全面贯彻党的十九大和十九届二中、三中、四中全会精神，坚持以人民为中心的发展思想，把支持灵活就业作为稳就业和保居民就业的重要举措，坚持市场引领和政府引导并重、放开搞活和规范有序并举，顺势而为、补齐短板，因地制宜、因城施策，清理取消对灵活就业的不合理限制，强化政策服务供给，创造更多灵活就业机会，激发劳动者创业活力和创新潜能，鼓励自谋职业、自主创业，全力以赴稳定就业大局。

二、拓宽灵活就业发展渠道

（一）鼓励个体经营发展。持续深化商事制度改革，提供便捷高效的咨询、注册服务。引导劳动者以市场为导向，依法自主选择经营范围。鼓励劳动者创办投资小、见效快、易转型、风险小的小规模经济实体。支持发展各类特色小店，完善基础设施，增加商业资源供给。对下岗失业人员、高校毕业生、农民工、就业困难人员等重点群体从事个体经营的，按规定给予创业担保贷款、税收优惠、创业补贴等政策支持。（财政部、人力资源社会保障部、商务部、人民银行、税务总局、市场监管总局等按职责分工负责）

（二）增加非全日制就业机会。落实财政、金融等针对性扶持政策，推动非全日制劳动者较为集中的保洁绿化、批发零售、建筑装修等行业提质扩容。增强养老、托幼、心理疏导和社会工作等社区服务业的吸纳就业能力。加强对非全日制劳动者的政策支持，对就业困难人员、离校 2 年内未就业高校毕业生从事非全日制等工作的，按规定给予社会保险补贴。（民政部、财政部、人力资源社会保障部、住房城乡建设部、商务部、人民银行等按职责分工负责）

（三）支持发展新就业形态。实施包容审慎监管，促进数字经济、平台经济健康发展，加快推动网络零售、移动出行、线上教育培训、互联网医疗、在线娱乐等行业发展，为劳动者居家就业、远程办公、兼职就业创造条件。合理设定互联网平台经济及其他新业态新模式监管规则，鼓励互联网平台企业、中介服务机构等降低服务费、加盟管理费等费用，创造更多灵活就业岗位，吸纳更多劳动者就业。（国家发展改革委、教育部、工业和信息化部、人力资源社会保障部、交通运输部、商务部、文化和旅游部、国家卫生健康委、市场监管总局等按职责分工负责）

三、优化自主创业环境

（四）加强审批管理服务。开通行业准入办理绿色通道，对需要办理相关行业准入许可的，实行多部门联合办公、一站式审批。在政府指定的场所和时间内销售农副产品、日常生活用品，或者个人利用自己的技能从事依法无须取得许可的便民劳务活动，无须办理营业执照。加大“放管服”改革力度，引导劳动者规范有序经营。（市场监管总局和地方各级人民政府按职责分工负责）

（五）取消部分收费。取消涉及灵活就业的行政事业性收费，对经批准占道经营的免征城市道路占用费。建立公开投诉举报渠道，依法查处违规收费行为。（财政部、住房城乡建设部、市场监管总局和地方各级人民政府按职责分工负责）

（六）提供低成本场地支持。落实阶段性减免国有房产租金政策，鼓励各类业主减免或缓收房租，帮助个体经营者等灵活就业人员减轻房租负担。有条件的地方可将社区综合服务设施闲置空间、非必要办公空间改造为免费经营场地，优先向下岗失业人员、高校毕业生、农民工、就业困难人员提供。（国家发展改革委、民政部、住房城乡建设部和地方各级人民政府按职责分工负责）

四、加大对灵活就业保障支持

（七）推动新职业发布和应用。密切跟踪经济社会发展、互联网技术应用和职业活动新变化，广泛征求社会各方面对新职业的意见建议，动态发布社会需要的新职业、更新职业分类，引导直播销售、网约配送、社群健康等更多新就业形态发展。及时制定新职业标准，推出新职业培训课程。完善统计监测制度，探索建立新就业形态统计监测指标。（人力资源社会保障部、国家统计局

等负责。列第一位者为牵头单位，下同）

（八）开展针对性培训。将有创业意愿的灵活就业人员纳入创业培训范围，组织开展开办店铺、市场分析、经营策略等方面的创业培训，促进提升创业能力和创业成功率。支持各类院校、培训机构、互联网平台企业，更多组织开展养老、托幼、家政、餐饮、维修、美容美发等技能培训和新兴产业、先进制造业、现代服务业等领域新职业技能培训，推进线上线下结合，灵活安排培训时间和培训方式，按规定落实职业培训补贴和培训期间生活费补贴，增强劳动者就业能力。（人力资源社会保障部、教育部、财政部等负责）

（九）优化人力资源服务。把灵活就业岗位供求信息纳入公共就业服务范围，开设灵活就业专区专栏，免费发布供求信息，按需组织专场招聘，送岗位进基层进社区，提供职业指导等服务。指导企业规范开展用工余缺调剂，帮助有"共享用工"需求的企业精准、高效匹配人力资源。有条件的城市可选择交通便利、人员求职集中的地点设立劳务市场或零工市场，组织劳务对接洽谈，加强疫情防控、秩序维护和安全管理。鼓励各类人力资源服务机构为灵活就业人员提供规范有序的求职招聘、技能培训、人力资源外包等专业化服务，按规定给予就业创业服务补助。（人力资源社会保障部、财政部等负责）

（十）维护劳动保障权益。研究制定平台就业劳动保障政策，明确互联网平台企业在劳动者权益保护方面的责任，引导互联网平台企业、关联企业与劳动者协商确定劳动报酬、休息休假、职业安全保障等事项，引导产业（行业、地方）工会与行业协会或行业企业代表协商制定行业劳动定额标准、工时标准、奖惩办法等行业规范。依法纠正拖欠劳动报酬等违法违规行为。持续深入推进工程建设领域农民工按项目参加工伤保险，有针对性地做好工伤预防工作。（人力资源社会保障部、应急部、全国总工会等按职责分工负责）

（十一）加大对困难灵活就业人员帮扶力度。2020 年缴纳基本养老保险费确有困难的灵活就业人员，可按规定自愿暂缓缴费。对符合条件的灵活就业人员，及时按规定纳入最低生活保障、临时救助范围。（民政部、财政部、人力资源社会保障部、税务总局等按职责分工负责）

五、切实加强组织实施

（十二）强化组织领导。地方各级人民政府特别是市、县级人民政府要切实履行稳就业主体责任，把支持多渠道灵活就业作为就业工作重要内容，结合实际创新工作举措，加强规范引导，完善监督管理，促进灵活就业健康发展。各级人民政府要统筹用好就业补助资金和其他稳就业、保就业的资金，保障灵活就业扶持政策落实。各有关部门要同向发力、分工合作，坚持问题导向，完

善政策措施，共同破解工作难题。（各有关部门、单位和地方各级人民政府按职责分工负责）

（十三）加强激励督导。各地区各有关部门要加强督促检查和政策实施情况评估，狠抓政策落实，简化手续，提高效率，确保灵活就业人员便捷享受各项支持政策和就业创业服务。将支持多渠道灵活就业有关工作纳入文明城市创建和测评内容。对灵活就业政策落实好、发展环境优、工作成效显著的城市，优先纳入创业型城市创建范围。（中央文明办、人力资源社会保障部和地方各级人民政府按职责分工负责）

（十四）注重舆论引导。充分利用各种宣传渠道和媒介，大力宣传支持灵活就业的政策措施和典型做法，宣传自主就业创业和灵活就业的典型事迹。建立舆情监测和处置机制，积极主动回应社会关切，营造良好舆论氛围。（各有关部门、单位和地方各级人民政府按职责分工负责）

国务院办公厅

2020 年 7 月 28 日

中共中央办公厅　国务院办公厅印发《关于加强新时代高技能人才队伍建设的意见》

近日，中共中央办公厅、国务院办公厅印发了《关于加强新时代高技能人才队伍建设的意见》，并发出通知，要求各地区各部门结合实际认真贯彻落实。

《关于加强新时代高技能人才队伍建设的意见》全文如下。

技能人才是支撑中国制造、中国创造的重要力量。加强高级工以上的高技能人才队伍建设，对巩固和发展工人阶级先进性，增强国家核心竞争力和科技创新能力，缓解就业结构性矛盾，推动高质量发展具有重要意义。为贯彻落实党中央、国务院决策部署，加强新时代高技能人才队伍建设，现提出如下意见。

一、总体要求

（一）指导思想。以习近平新时代中国特色社会主义思想为指导，深入贯彻党的十九大和十九届历次全会精神，全面贯彻习近平总书记关于做好新时代人才工作的重要思想，坚持党管人才，立足新发展阶段，贯彻新发展理念，服务构建新发展格局，推动高质量发展，深入实施新时代人才强国战略，以服务发展、稳定就业为导向，大力弘扬劳模精神、劳动精神、工匠精神，全面实施“技能中国行动”，健全技能人才培养、使用、评价、激励制度，构建党委领导、政府主导、政策支持、企业主体、社会参与的高技能人才工作体系，打造一支爱党报国、敬业奉献、技艺精湛、素质优良、规模宏大、结构合理的高技能人才队伍。

（二）目标任务。到“十四五”时期末，高技能人才制度政策更加健全、培养体系更加完善、岗位使用更加合理、评价机制更加科学、激励保障更加有力，尊重技能尊重劳动的社会氛围更加浓厚，技能人才规模不断壮大、素质稳步提升、结构持续优化、收入稳定增加，技能人才占就业人员的比例达到30%以上，高技能人才占技能人才的比例达到1/3，东部省份高技能人才占技能人才的比例达到35%。力争到2035年，技能人才规模持续壮大、素质大幅提高，高技能人才数量、结构与基本实现社会主义现代化的要求相适应。

二、加大高技能人才培养力度

（三）健全高技能人才培养体系。构建以行业企业为主体、职业学校（含技工院校，下同）为基础、政府推动与社会支持相结合的高技能人才培养体系。行业主管部门和行业组织要结合本行业生产、技术发展趋势，做好高技能人才供需预测和培养规划。鼓励各类企业结合实际把高技能人才培养纳入企业发展总体规划和年度计划，依托企业培训中心、产教融合实训基地、高技能人才培训基地、公共实训基地、技能大师工作室、劳模和工匠人才创新工作室、网络学习平台等，大力培养高技能人才。国有企业要结合实际将高技能人才培养规划的制定和实施情况纳入考核评价体系。鼓励各类企业事业组织、社会团体及其他社会组织以独资、合资、合作等方式依法参与举办职业教育培训机构，积极参与承接政府购买服务。对纳入产教融合型企业建设培育范围的企业兴办职业教育符合条件的投资，可依据有关规定按投资额的30%抵免当年应缴教育费附加和地方教育附加。

（四）创新高技能人才培养模式。探索中国特色学徒制。深化产教融合、校企合作，开展订单式培养、套餐制培训，创新校企双制、校中厂、厂中校等方式。对联合培养高技能人才成效显著的企业，各级政府按规定予以表扬和相应政策支持。完善项目制培养模式，针对不同类别不同群体高技能人才实施差异化培养项目。鼓励通过名师带徒、技能研修、岗位练兵、技能竞赛、技术交流等形式，开放式培训高技能人才。建立技能人才继续教育制度，推广求学圆梦行动，定期组织开展研修交流活动，促进技能人才知识更新与技术创新、工艺改造、产业优化升级要求相适应。

（五）加大急需紧缺高技能人才培养力度。围绕国家重大战略、重大工程、重大项目、重点产业对高技能人才的需求，实施高技能领军人才培育计划。支持制造业企业围绕转型升级和产业基础再造工程项目，实施制造业技能根基工程。围绕建设网络强国、数字中国，实施提升全民数字素养与技能行动，建立一批数字技能人才培养试验区，打造一批数字素养与技能提升培训基地，举办全民数字素养与技能提升活动，实施数字教育培训资源开放共享行动。围绕乡村振兴战略，实施乡村工匠培育计划，挖掘、保护和传承民间传统技艺，打造一批“工匠园区”。

（六）发挥职业学校培养高技能人才的基础性作用。优化职业教育类型、院校布局和专业设置。采取中等职业学校和普通高中同批次并行招生等措施，稳定中等职业学校招生规模。在技工院校中普遍推行工学一体化技能人才培养模式。允许职业学校开展有偿性社会培训、技术服务或创办企业，所取得的收入可按一定比例作为办学经费自主安排使用；公办职业学校所取得的收入可按一定比例作为绩效工资来源，用于支付本校教师和其他培训教师的劳动报酬。合理保障职业学校师资受公派临时出国（境）参加培训访学、进修学习、技能交流等学术交流活动相关费用。切实保障职业学校学生在升学、就业、职业发展等方面与同层次普通学校学生享有平等机会。实施现代职业教育质量提升计划，支持职业学校改善办学条件。

（七）优化高技能人才培养资源和服务供给。实施国家乡村振兴重点帮扶地区职业技能提升工程，加大东西部协作和对口帮扶力度。健全公共职业技能培训体系，实施职业技能培训共建共享行动，开展县域职业技能培训共建共享试点。加快探索“互联网 + 职业技能培训”，构建线上线下相结合的培训模式。依托“金保工程”，加快推进职业技能培训实名制管理工作，建立以社会保障卡为载体的劳动者终身职业技能培训电子档案。

三、完善技能导向的使用制度

（八）健全高技能人才岗位使用机制。企业可设立技能津贴、班组长津贴、带徒津贴等，支持鼓励高技能人才在岗位上发挥技能、管理班组、带徒传技。鼓励企业根据需要，建立高技能领军人才“揭榜领题”以及参与重大生产决策、重大技术革新和技术攻关项目的制度。实行“技师 + 工程师”等团队合作模式，在科研和技术攻关中发挥高技能人才创新能力。鼓励支持高技能人才兼任职业学校实习实训指导教师。注重青年高技能人才选用。高技能人才配置状况应作为生产经营性企业及其他实体参加重大工程项目招投标、评优和资质评估的重要因素。

（九）完善技能要素参与分配制度。引导企业建立健全基于岗位价值、能力素质和业绩贡献的技能人才薪酬分配制度，实现多劳者多得、技高者多得，促进人力资源优化配置。国有企业在工资分配上要发挥向技能人才倾斜的示范作用。完善企业薪酬调查和信息发布制度，鼓励有条件的地区发布分职业（工种、岗位）、分技能等级的工资价位信息，为企业与技能人才协商确定工资水平提供信息参考。用人单位在聘的高技能人才在学习进修、岗位聘任、职务晋升、工资福利等方面，分别比照相应层级专业技术人员享受同等待遇。完善科技成果转化收益分享机制，对在技术革新或技术攻关中作出突出贡献的高技能人才给予奖励。高技能人才可实行年薪制、协议工资制，企业可对作出突出贡献的优秀高技能人才实行特岗特酬，鼓励符合条件的企业积极运用中长期激励工具，加大对高技能人才的激励力度。畅通为高技能人才建立企业年金的机制，鼓励和引导企业为包括高技能人才在内的职工建立企业年金。完善高技能特殊人才特殊待遇政策。

（十）完善技能人才稳才留才引才机制。鼓励和引导企业关心关爱技能人才，依法保障技能人才合法权益，合理确定劳动报酬。健全人才服务体系，促进技能人才合理流动，提高技能人才配置效率。建立健全技能人才柔性流动机制，鼓励技能人才通过兼职、服务、技术攻关、项目合作等方式更好发挥作用。畅通高技能人才向专业技术岗位或管理岗位流动渠道。引导企业规范开展共享用工。支持各地结合产业发展需求实际，将急需紧缺技能人才纳入人才引进目录，引导技能人才向欠发达地区、基层一线流动。支持各地将高技能人才纳入城市直接落户范围，高技能人才的配偶、子女按有关规定享受公共就业、教育、住房等保障服务。

四、建立技能人才职业技能等级制度和多元化评价机制

（十一）拓宽技能人才职业发展通道。建立健全技能人才职业技能等级制度。对设有高级技师的职业（工种），可在其上增设特级技师和首席技师技术职务（岗位），在初级工之下补设学徒工，形成由学徒工、初级工、中级工、高级工、技师、高级技师、特级技师、首席技师构成的“八级工”职业技能等级（岗位）序列。鼓励符合条件的专业技术人员按有关规定申请参加相应职业（工种）的职业技能评价。支持各地面向符合条件的技能人才招聘事业单位工作人员，重视从技能人才中培养选拔党政干部。建立职业资格、职业技能等级与相应职称、学历的双向比照认定制度，推进学历教育学习成果、非学历教育学习成果、职业技能等级学分转换互认，建立国家资历框架。

（十二）健全职业标准体系和评价制度。健全符合我国国情的现代职业分类体系，完善新职业信息发布制度。完善由国家职业标准、行业企业评价规范、专项职业能力考核规范等构成的多层次、相互衔接的职业标准体系。探索开展技能人员职业标准国际互通、证书国际互认工作，各地可建立境外技能人员职业资格认可清单制度。健全以职业资格评价、职业技能等级认定和专项职业能力考核等为主要内容的技能人才评价机制。完善以职业能力为导向、以工作业绩为重点，注重工匠精神培育和职业道德养成的技能人才评价体系，推动职业技能评价与终身职业技能培训制度相适应，与使用、待遇相衔接。深化职业资格制度改革，完善职业资格目录，实行动态调整。围绕新业态、新技术和劳务品牌、地方特色产业、非物质文化遗产传承项目等，加大专项职业能力考核项目开发力度。

（十三）推行职业技能等级认定。支持符合条件的企业自主确定技能人才评价职业（工种）范围，自主设置岗位等级，自主开发制定岗位规范，自主运

用评价方式开展技能人才职业技能等级评价；企业对新招录或未定级职工，可根据其日常表现、工作业绩，结合职业标准和企业岗位规范要求，直接认定相应的职业技能等级。打破学历、资历、年龄、比例等限制，对技能高超、业绩突出的一线职工，可直接认定高级工以上职业技能等级。对解决重大工艺技术难题和重大质量问题、技术创新成果获得省部级以上奖项、“师带徒”业绩突出的高技能人才，可破格晋升职业技能等级。推进“学历证书 + 若干职业技能证书”制度实施。强化技能人才评价规范管理，加大对社会培训评价组织的征集遴选力度，优化遴选条件，构建政府监管、机构自律、社会监督的质量监督体系，保障评价认定结果的科学性、公平性和权威性。

（十四）完善职业技能竞赛体系。广泛深入开展职业技能竞赛，完善以世界技能大赛为引领、全国职业技能大赛为龙头、全国行业和地方各级职业技能竞赛以及专项赛为主体、企业和院校职业技能比赛为基础的中国特色职业技能竞赛体系。依托现有资源，加强世界技能大赛综合训练中心、研究（研修）中心、集训基地等平台建设，推动世界技能大赛成果转化。定期举办全国职业技能大赛，推动省、市、县开展综合性竞赛活动。鼓励行业开展特色竞赛活动，举办乡村振兴职业技能大赛。举办世界职业院校技能大赛、全国职业院校技能大赛等职业学校技能竞赛。健全竞赛管理制度，推行“赛展演会”结合的办赛模式，建立政府、企业和社会多方参与的竞赛投入保障机制，加强竞赛专兼职队伍建设，提高竞赛科学化、规范化、专业化水平。完善并落实竞赛获奖选手表彰奖励、升学、职业技能等级晋升等政策。鼓励企业对竞赛获奖选手建立与岗位使用及薪酬待遇挂钩的长效激励机制。

五、建立高技能人才表彰激励机制

（十五）加大高技能人才表彰奖励力度。建立以国家表彰为引领、行业企业奖励为主体、社会奖励为补充的高技能人才表彰奖励体系。完善评选表彰中华技能大奖获得者和全国技术能手制度。国家级荣誉适当向高技能人才倾斜。加大高技能人才在全国劳动模范和先进工作者、国家科学技术奖等相关表彰中的评选力度，积极推荐高技能人才享受政府特殊津贴，对符合条件的高技能人才按规定授予五一劳动奖章、青年五四奖章、青年岗位能手、三八红旗手、巾帼建功标兵等荣誉，提高全社会对技能人才的认可认同。

（十六）健全高技能人才激励机制。加强对技能人才的政治引领和政治吸纳，注重做好党委（党组）联系服务高技能人才工作。将高技能人才纳入各地人才分类目录。注重依法依章程推荐高技能人才为人民代表大会代表候选人、政治协商会议委员人选、群团组织代表大会代表或委员会委员候选人。进一步提高高技能人才在职工代表大会中的比例，支持高技能人才参与企业管理。按照有关规定，选拔推荐优秀高技能人才到工会、共青团、妇联等群团组织挂职或兼职。建立高技能人才休假疗养制度，鼓励支持分级开展高技能人才休假疗养、研修交流和节日慰问等活动。

六、保障措施

（十七）强化组织领导。坚持党对高技能人才队伍建设的全面领导，确保正确政治方向。各级党委和政府要将高技能人才工作纳入本地区经济社会发展、人才队伍建设总体部署和考核范围。在本级人才工作领导小组统筹协调下，建立组织部门牵头抓总、人力资源社会保障部门组织实施、有关部门各司其职、行业企业和社会各方广泛参与的高技能人才工作机制。各地区各部门要大力宣传技能人才在经济社会发展中的作用和贡献，进一步营造重视、关心、尊重高技能人才的社会氛围，形成劳动光荣、技能宝贵、创造伟大的时代风尚。

（十八）加强政策支持。各级政府要统筹利用现有资金渠道，按规定支持高技能人才工作。企业要按规定足额提取和使用职工教育经费，60% 以上用于一线职工教育和培训。落实企业职工教育经费税前扣除政策，有条件的地方可探索建立省级统一的企业职工教育经费使用管理制度。各地要按规定发挥好有关教育经费等各类资金作用，支持职业教育发展。

（十九）加强技能人才基础工作。充分利用大数据、云计算等新一代信息技术，加强技能人才工作信息化建设。建立健全高技能人才库。加强高技能人才理论研究和成果转化。大力推进符合高技能人才培养需求的精品课程、教材和师资建设，开发高技能人才培养标准和一体化课程。加强国际交流合作，推动实施技能领域“走出去”、“引进来”合作项目，支持青年学生、毕业生参与青年国际实习交流计划，推进与各国在技能领域的交流互鉴。

（来源于新华社北京 2022 年 10 月 7 日电）

中共中央办公厅　国务院办公厅印发《关于深化现代职业教育体系建设改革的意见》

近日，中共中央办公厅、国务院办公厅印发了《关于深化现代职业教育体系建设改革的意见》，并发出通知，要求各地区各部门结合实际认真贯彻落实。

《关于深化现代职业教育体系建设改革的意见》全文如下。

为深入贯彻落实党中央关于职业教育工作的决策部署和习近平总书记有关重要指示批示精神，持续推进现代职业教育体系建设改革，优化职业教育类型定位，现提出如下意见。

一、总体要求

1. 指导思想。以习近平新时代中国特色社会主义思想为指导，深入贯彻党的二十大精神，坚持和加强党对职业教育工作的全面领导，把推动现代职业教育高质量发展摆在更加突出的位置，坚持服务学生全面发展和经济社会发展，以提升职业学校关键能力为基础，以深化产教融合为重点，以推动职普融通为关键，以科教融汇为新方向，充分调动各方面积极性，统筹职业教育、高等教育、继续教育协同创新，有序有效推进现代职业教育体系建设改革，切实提高职业教育的质量、适应性和吸引力，培养更多高素质技术技能人才、能工巧匠、大国工匠，为加快建设教育强国、科技强国、人才强国奠定坚实基础。

2. 改革方向。深化职业教育供给侧结构性改革，坚持以人为本、能力为重、质量为要、守正创新，建立健全多形式衔接、多通道成长、可持续发展的梯度职业教育和培训体系，推动职普协调发展、相互融通，让不同禀赋和需要的学生能够多次选择、多样化成才；坚持以教促产、以产助教、产教融合、产学合作，延伸教育链、服务产业链、支撑供应链、打造人才链、提升价值链，推动形成同市场需求相适应、同产业结构相匹配的现代职业教育结构和区域布局。构建央地互动、区域联动，政府、行业、企业、学校协同的发展机制，鼓励支持省（自治区、直辖市）和重点行业结合自身特点和优势，在现代职业教育体系建设改革上先行先试、率先突破、示范引领，形成制度供给充分、条件保障有力、产教深度融合的良好生态。

二、战略任务

3. 探索省域现代职业教育体系建设新模式。围绕深入实施区域协调发展战略、区域重大战略等和全面推进乡村振兴，国家主导推动、地方创新实施，选择有迫切需要、条件基础和改革探索意愿的省（自治区、直辖市），建立现代职业教育体系建设部省协同推进机制，在职业学校关键能力建设、产教融合、职普融通、投入机制、制度创新、国际交流合作等方面改革突破，制定支持职业教育的金融、财政、土地、信用、就业和收入分配等激励政策的具体举措，形成有利于职业教育发展的制度环境和生态，形成一批可复制、可推广的新经验新范式。

4. 打造市域产教联合体。省级政府以产业园区为基础，打造兼具人才培养、创新创业、促进产业经济高质量发展功能的市域产教联合体。成立政府、企业、学校、科研机构等多方参与的理事会，实行实体化运作，集聚资金、技术、人才、政策等要素，有效推动各类主体深度参与职业学校专业规划、人才培养规格确定、课程开发、师资队伍建设，共商培养方案、共组教学团队、共建教学资源，共同实施学业考核评价，推进教学改革，提升技术技能人才培养质量；搭建人才供需信息平台，推行产业规划和人才需求发布制度，引导职业学校紧贴市场和就业形势，完善职业教育专业动态调整机制，促进专业布局与当地产业结构紧密对接；建设共性技术服务平台，打通科研开发、技术创新、成果转移链条，为园区企业提供技术咨询与服务，促进中小企业技术创新、产品升级。

5. 打造行业产教融合共同体。优先选择新一代信息技术产业、高档数控机床和机器人、高端仪器、航空航天装备、船舶与海洋工程装备、先进轨道交通装备、能源电子、节能与新能源汽车、电力装备、农机装备、新材料、生物医药及高性能医疗器械等重点行业和重点领域，支持龙头企业和高水平高等学校、职业学校牵头，组建学校、科研机构、上下游企业等共同参与的跨区域产教融合共同体，汇聚产教资源，制定教学评价标准，开发专业核心课程与实践能力项目，研制推广教学装备；依据产业链分工对人才类型、层次、结构的要求，实行校企联合招生，开展委托培养、订单培养和学徒制培养，面向行业企业员工开展岗前培训、岗位培训和继续教育，为行业提供稳定的人力资源；建设技术创新中心，支撑高素质技术技能人才培养，服务行业企业技术改造、工艺改进、产品升级。

三、重点工作

6. 提升职业学校关键办学能力。优先在现代制造业、现代服务业、现代农业等专业领域，组织知名专家、业界精英和优秀教师，打造一批核心课程、优质教材、教师团队、实践项目，及时把新方法、新技术、新工艺、新标准引入教育教学实践。做大做强国家职业教育智慧教育平台，建设职业教育专业教学资源库、精品在线开放课程、虚拟仿真实训基地等重点项目，扩大优质资源共享，推动教育教学与评价方式变革。面向新业态、新职业、新岗位，广泛开展技术技能培训，服务全民终身学习和技能型社会建设。

7. 加强“双师型”教师队伍建设。加强师德师风建设，切实提升教师思想政治素质和职业道德水平。依托龙头企业和高水平高等学校建设一批国家级职业教育“双师型”教师培养培训基地，开发职业教育师资培养课程体系，开展定制化、个性化培养培训。实施职业学校教师学历提升行动，开展职业学校教师专业学位研究生定向培养。实施职业学校名师（名匠）名校长培养计划。设置灵活的用人机制，采取固定岗与流动岗相结合的方式，支持职业学校公开招聘行业企业业务骨干、优秀技术和管理人才任教；设立一批产业导师特聘岗，按规定聘请企业工程技术人员、高技能人才、管理人员、能工巧匠等，采取兼职任教、合作研究、参与项目等方式到校工作。

8. 建设开放型区域产教融合实践中心。对标产业发展前沿，建设集实践教学、社会培训、真实生产和技术服务功能为一体的开放型区域产教融合实践中心。以政府主导、多渠道筹措资金的方式，新建一批公共实践中心；通过政府购买服务、金融支持等方式，推动企业特别是中小企业、园区提高生产实践资源整合能力，支持一批企业实践中心；鼓励学校、企业以“校中厂”、“厂中校”的方式共建一批实践中心，服务职业学校学生实习实训，企业员工培训、产品中试、工艺改进、技术研发等。政府投入的保持公益属性，建在企业的按规定享受教育用地、公用事业费等优惠。

9. 拓宽学生成长成才通道。以中等职业学校为基础、高职专科为主体、职业本科为牵引，建设一批符合经济社会发展和技术技能人才培养需要的高水平职业学校和专业；探索发展综合高中，支持技工学校教育改革发展。支持优质中等职业学校与高等职业学校联合开展五年一贯制办学，开展中等职业教育与职业本科教育衔接培养。完善职教高考制度，健全“文化素质＋职业技能”考试招生办法，扩大应用型本科学校在职教高考中的招生规模，招生计划由各地在国家核定的年度招生规模中统筹安排。完善本科学校招收具有工作经历的职业学校毕业生的办法。根据职业学校学生特点，完善专升本考试办法和培养方式，支持高水平本科学校参与职业教育改革，推进职普融通、协调发展。

10. 创新国际交流与合作机制。持续办好世界职业技术教育发展大会和世界职业院校技能大赛，推动成立世界职业技术教育发展联盟。立足区域优势、发展战略、支柱产业和人才需求，打造职业教育国际合作平台。教随产出、产教同行，建设一批高水平国际化的职业学校，推出一批具有国际影响力的专业标准、课程标准，开发一批教学资源、教学设备。打造职业教育国际品牌，推进专业化、模块化发展，健全标准规范、创新运维机制；推广“中文＋职业技能”项目，服务国际产能合作和中国企业走出去，培养国际化人才和中资企业急需的本土技术技能人才，提升中国职业教育的国际影响力。

四、组织实施

11. 加强党的全面领导。坚持把党的领导贯彻到现代职业教育体系建设改革全过程各方面，全面贯彻党的教育方针，坚持社会主义办学方向，落实立德树人根本任务。各级党委和政府要将发展职业教育纳入本地区国民经济和社会发展规划，与促进就业创业和推动发展方式转变、产业结构调整、技术优化升级等整体部署、统筹实施，并作为考核下一级政府履行教育职责的重要内容。职业学校党组织要把抓好党建工作作为办学治校的基本功，落实公办职业学校党组织领导的校长负责制，增强民办职业学校党组织的政治功能和组织功能。深入推进习近平新时代中国特色社会主义思想进教材、进课堂、进学生头脑，牢牢把握学校意识形态工作领导权，把思想政治工作贯穿学校教育管理全过程，大力培育和践行社会主义核心价值观，健全德技并修、工学结合的育人机制，努力培养德智体美劳全面发展的社会主义建设者和接班人。

12. 建立组织协调机制。完善国务院职业教育工作部际联席会议制度，建设集聚教育、科技、产业、经济和社会领域知名专家学者和经营管理者的咨询组织，承担职业教育政策咨询、标准研制、项目论证等工作。教育部牵头建立统筹协调推进机制，会同相关部门推动行业企业积极参与。省级党委和政府制定人才需求、产业发展和政策支持“三张清单”，健全落实机制。支持地方建立职业教育与培训管理机构，整合相关职能，统筹职业教育改革发展。

13. 强化政策扶持。探索地方政府和社会力量支持职业教育发展投入新机制，吸引社会资本、产业资金投入，按照公益性原则，支持职业教育重大建设和改革项目。将符合条件的职业教育项目纳入地方政府专项债券、预算内投资等的支持范围。鼓励金融机构提供金融服务支持发展职业教育。探索建立基于专业大类的职业教育差异化生均拨款制度。地方政府可以参照同级同类公办学校生均经费等相关经费标准和支持政策，对非营利性民办职业学校给予适当补助。完善中等职业学校学生资助办法，建立符合中等职业学校多样化发展要求的成本分担机制。用人单位不得设置妨碍职业学校毕业生平等就业、公平竞争的报考、录用、聘用条件。支持地方深化收入分配制度改革，提高生产服务一线技术技能人才工资收入水平。

14. 营造良好氛围。及时总结各地推进现代职业教育体系建设改革的典型经验，做好有关宣传报道，营造全社会充分了解、积极支持、主动参与职业教育的良好氛围。办好职业教育活动周，利用“五一”国际劳动节、教师节等重要节日加大对职业教育的宣传力度，挖掘和宣传基层一线技术技能人才成长成才的典型事迹。树立结果导向的评价方向，对优秀的职业学校、校长、教师、学生和技术技能人才按照国家有关规定给予表彰奖励，弘扬劳动光荣、技能宝贵、创造伟大的时代风尚。

（来源于新华社北京 2022 年 12 月 21 日电）

第二篇

法律及行政法规

中华人民共和国工会法

（1992年4月3日第七届全国人民代表大会第五次会议通过　根据2001年10月27日第九届全国人民代表大会常务委员会第二十四次会议《关于修改〈中华人民共和国工会法〉的决定》第一次修正　根据2009年8月27日第十一届全国人民代表大会常务委员会第十次会议《关于修改部分法律的决定》第二次修正　根据2021年12月24日第十三届全国人民代表大会常务委员会第三十二次会议《关于修改〈中华人民共和国工会法〉的决定》第三次修正）

目　录

第一章　总　则

第一条　为保障工会在国家政治、经济和社会生活中的地位，确定工会的权利与义务，发挥工会在社会主义现代化建设事业中的作用，根据宪法，制定本法。

第二条　工会是中国共产党领导的职工自愿结合的工人阶级群众组织，是中国共产党联系职工群众的桥梁和纽带。

中华全国总工会及其各工会组织代表职工的利益，依法维护职工的合法权益。

第三条 在中国境内的企业、事业单位、机关、社会组织（以下统称用人单位）中以工资收入为主要生活来源的劳动者，不分民族、种族、性别、职业、宗教信仰、教育程度，都有依法参加和组织工会的权利。任何组织和个人不得阻挠和限制。

工会适应企业组织形式、职工队伍结构、劳动关系、就业形态等方面的发展变化，依法维护劳动者参加和组织工会的权利。

第四条 工会必须遵守和维护宪法，以宪法为根本的活动准则，以经济建设为中心，坚持社会主义道路，坚持人民民主专政，坚持中国共产党的领导，坚持马克思列宁主义、毛泽东思想、邓小平理论、“三个代表”重要思想、科学发展观、习近平新时代中国特色社会主义思想，坚持改革开放，保持和增强政治性、先进性、群众性，依照工会章程独立自主地开展工作。

工会会员全国代表大会制定或者修改《中国工会章程》，章程不得与宪法和法律相抵触。

国家保护工会的合法权益不受侵犯。

第五条 工会组织和教育职工依照宪法和法律的规定行使民主权利，发挥国家主人翁的作用，通过各种途径和形式，参与管理国家事务、管理经济和文化事业、管理社会事务；协助人民政府开展工作，维护工人阶级领导的、以工农联盟为基础的人民民主专政的社会主义国家政权。

第六条 维护职工合法权益、竭诚服务职工群众是工会的基本职责。工会在维护全国人民总体利益的同时，代表和维护职工的合法权益。

工会通过平等协商和集体合同制度等，推动健全劳动关系协调机制，维护职工劳动权益，构建和谐劳动关系。

工会依照法律规定通过职工代表大会或者其他形式，组织职工参与本单位的民主选举、民主协商、民主决策、民主管理和民主监督。

工会建立联系广泛、服务职工的工会工作体系，密切联系职工，听取和反映职工的意见和要求，关心职工的生活，帮助职工解决困难，全心全意为职工服务。

第七条 工会动员和组织职工积极参加经济建设，努力完成生产任务和工作任务。教育职工不断提高思想道德、技术业务和科学文化素质，建设有理想、有道德、有文化、有纪律的职工队伍。

第八条 工会推动产业工人队伍建设改革，提高产业工人队伍整体素质，发挥产业工人骨干作用，维护产业工人合法权益，保障产业工人主人翁地位，造就一支有理想守信念、懂技术会创新、敢担当讲奉献的宏大产业工人队伍。

第九条 中华全国总工会根据独立、平等、互相尊重、互不干涉内部事务的原则，加强同各国工会组织的友好合作关系。

第二章　工会组织

第十条　工会各级组织按照民主集中制原则建立。

各级工会委员会由会员大会或者会员代表大会民主选举产生。企业主要负责人的近亲属不得作为本企业基层工会委员会成员的人选。

各级工会委员会向同级会员大会或者会员代表大会负责并报告工作，接受其监督。

工会会员大会或者会员代表大会有权撤换或者罢免其所选举的代表或者工会委员会组成人员。

上级工会组织领导下级工会组织。

第十一条　用人单位有会员二十五人以上的，应当建立基层工会委员会；不足二十五人的，可以单独建立基层工会委员会，也可以由两个以上单位的会员联合建立基层工会委员会，也可以选举组织员一人，组织会员开展活动。女职工人数较多的，可以建立工会女职工委员会，在同级工会领导下开展工作；女职工人数较少的，可以在工会委员会中设女职工委员。

企业职工较多的乡镇、城市街道，可以建立基层工会的联合会。

县级以上地方建立地方各级总工会。

同一行业或者性质相近的几个行业，可以根据需要建立全国的或者地方的产业工会。

全国建立统一的中华全国总工会。

第十二条　基层工会、地方各级总工会、全国或者地方产业工会组织的建立，必须报上一级工会批准。

上级工会可以派员帮助和指导企业职工组建工会，任何单位和个人不得阻挠。

第十三条　任何组织和个人不得随意撤销、合并工会组织。

基层工会所在的用人单位终止或者被撤销，该工会组织相应撤销，并报告上一级工会。

依前款规定被撤销的工会，其会员的会籍可以继续保留，具体管理办法由中华全国总工会制定。

第十四条　职工二百人以上的企业、事业单位、社会组织的工会，可以设专职工会主席。工会专职工作人员的人数由工会与企业、事业单位、社会组织协商确定。

第十五条 中华全国总工会、地方总工会、产业工会具有社会团体法人资格。

基层工会组织具备民法典规定的法人条件的，依法取得社会团体法人资格。

第十六条 基层工会委员会每届任期三年或者五年。各级地方总工会委员会和产业工会委员会每届任期五年。

第十七条 基层工会委员会定期召开会员大会或者会员代表大会，讨论决定工会工作的重大问题。经基层工会委员会或者三分之一以上的工会会员提议，可以临时召开会员大会或者会员代表大会。

第十八条 工会主席、副主席任期未满时，不得随意调动其工作。因工作需要调动时，应当征得本级工会委员会和上一级工会的同意。

罢免工会主席、副主席必须召开会员大会或者会员代表大会讨论，非经会员大会全体会员或者会员代表大会全体代表过半数通过，不得罢免。

第十九条 基层工会专职主席、副主席或者委员自任职之日起，其劳动合同期限自动延长，延长期限相当于其任职期间；非专职主席、副主席或者委员自任职之日起，其尚未履行的劳动合同期限短于任期的，劳动合同期限自动延长至任期期满。但是，任职期间个人严重过失或者达到法定退休年龄的除外。

第三章　工会的权利和义务

第二十条 企业、事业单位、社会组织违反职工代表大会制度和其他民主管理制度，工会有权要求纠正，保障职工依法行使民主管理的权利。

法律、法规规定应当提交职工大会或者职工代表大会审议、通过、决定的事项，企业、事业单位、社会组织应当依法办理。

第二十一条 工会帮助、指导职工与企业、实行企业化管理的事业单位、社会组织签订劳动合同。

工会代表职工与企业、实行企业化管理的事业单位、社会组织进行平等协商，依法签订集体合同。集体合同草案应当提交职工代表大会或者全体职工讨论通过。

工会签订集体合同，上级工会应当给予支持和帮助。

企业、事业单位、社会组织违反集体合同，侵犯职工劳动权益的，工会可以依法要求企业、事业单位、社会组织予以改正并承担责任；因履行集体合同发生争议，经协商解决不成的，工会可以向劳动争议仲裁机构提请仲裁，仲裁机构不予受理或者对仲裁裁决不服的，可以向人民法院提起诉讼。

第二十二条　企业、事业单位、社会组织处分职工，工会认为不适当的，有权提出意见。

用人单位单方面解除职工劳动合同时，应当事先将理由通知工会，工会认为用人单位违反法律、法规和有关合同，要求重新研究处理时，用人单位应当研究工会的意见，并将处理结果书面通知工会。

职工认为用人单位侵犯其劳动权益而申请劳动争议仲裁或者向人民法院提起诉讼的，工会应当给予支持和帮助。

第二十三条　企业、事业单位、社会组织违反劳动法律法规规定，有下列侵犯职工劳动权益情形，工会应当代表职工与企业、事业单位、社会组织交涉，要求企业、事业单位、社会组织采取措施予以改正；企业、事业单位、社会组织应当予以研究处理，并向工会作出答复；企业、事业单位、社会组织拒不改正的，工会可以提请当地人民政府依法作出处理：

（一）克扣、拖欠职工工资的；

（二）不提供劳动安全卫生条件的；

（三）随意延长劳动时间的；

（四）侵犯女职工和未成年工特殊权益的；

（五）其他严重侵犯职工劳动权益的。

第二十四条　工会依照国家规定对新建、扩建企业和技术改造工程中的劳动条件和安全卫生设施与主体工程同时设计、同时施工、同时投产使用进行监督。对工会提出的意见，企业或者主管部门应当认真处理，并将处理结果书面通知工会。

第二十五条　工会发现企业违章指挥、强令工人冒险作业，或者生产过程中发现明显重大事故隐患和职业危害，有权提出解决的建议，企业应当及时研究答复；发现危及职工生命安全的情况时，工会有权向企业建议组织职工撤离危险现场，企业必须及时作出处理决定。

第二十六条　工会有权对企业、事业单位、社会组织侵犯职工合法权益的问题进行调查，有关单位应当予以协助。

第二十七条　职工因工伤亡事故和其他严重危害职工健康问题的调查处理，必须有工会参加。工会应当向有关部门提出处理意见，并有权要求追究直接负责的主管人员和有关责任人员的责任。对工会提出的意见，应当及时研究，给予答复。

第二十八条　企业、事业单位、社会组织发生停工、怠工事件，工会应当代表职工同企业、事业单位、社会组织或者有关方面协商，反映职工的意见和要求并提出解决意见。对于职工的合理要求，企业、事业单位、社会组织应当予以解决。工会协助企业、事业单位、社会组织做好工作，尽快恢复生产、工作秩序。

第二十九条 工会参加企业的劳动争议调解工作。

地方劳动争议仲裁组织应当有同级工会代表参加。

第三十条 县级以上各级总工会依法为所属工会和职工提供法律援助等法律服务。

第三十一条 工会协助用人单位办好职工集体福利事业，做好工资、劳动安全卫生和社会保险工作。

第三十二条 工会会同用人单位加强对职工的思想政治引领，教育职工以国家主人翁态度对待劳动，爱护国家和单位的财产；组织职工开展群众性的合理化建议、技术革新、劳动和技能竞赛活动，进行业余文化技术学习和职工培训，参加职业教育和文化体育活动，推进职业安全健康教育和劳动保护工作。

第三十三条 根据政府委托，工会与有关部门共同做好劳动模范和先进生产（工作）者的评选、表彰、培养和管理工作。

第三十四条 国家机关在组织起草或者修改直接涉及职工切身利益的法律、法规、规章时，应当听取工会意见。

县级以上各级人民政府制定国民经济和社会发展计划，对涉及职工利益的重大问题，应当听取同级工会的意见。

县级以上各级人民政府及其有关部门研究制定劳动就业、工资、劳动安全卫生、社会保险等涉及职工切身利益的政策、措施时，应当吸收同级工会参加研究，听取工会意见。

第三十五条 县级以上地方各级人民政府可以召开会议或者采取适当方式，向同级工会通报政府的重要的工作部署和与工会工作有关的行政措施，研究解决工会反映的职工群众的意见和要求。

各级人民政府劳动行政部门应当会同同级工会和企业方面代表，建立劳动关系三方协商机制，共同研究解决劳动关系方面的重大问题。

第四章 基层工会组织

第三十六条 国有企业职工代表大会是企业实行民主管理的基本形式，是职工行使民主管理权力的机构，依照法律规定行使职权。

国有企业的工会委员会是职工代表大会的工作机构，负责职工代表大会的日常工作，检查、督促职工代表大会决议的执行。

第三十七条 集体企业的工会委员会，应当支持和组织职工参加民主管理和民主监督，维护职工选举和罢免管理人员、决定经营管理的重大问题的权力。

第三十八条　本法第三十六条、第三十七条规定以外的其他企业、事业单位的工会委员会，依照法律规定组织职工采取与企业、事业单位相适应的形式，参与企业、事业单位民主管理。

第三十九条　企业、事业单位、社会组织研究经营管理和发展的重大问题应当听取工会的意见；召开会议讨论有关工资、福利、劳动安全卫生、工作时间、休息休假、女职工保护和社会保险等涉及职工切身利益的问题，必须有工会代表参加。

企业、事业单位、社会组织应当支持工会依法开展工作，工会应当支持企业、事业单位、社会组织依法行使经营管理权。

第四十条　公司的董事会、监事会中职工代表的产生，依照公司法有关规定执行。

第四十一条　基层工会委员会召开会议或者组织职工活动，应当在生产或者工作时间以外进行，需要占用生产或者工作时间的，应当事先征得企业、事业单位、社会组织的同意。

基层工会的非专职委员占用生产或者工作时间参加会议或者从事工会工作，每月不超过三个工作日，其工资照发，其他待遇不受影响。

第四十二条　用人单位工会委员会的专职工作人员的工资、奖励、补贴，由所在单位支付。社会保险和其他福利待遇等，享受本单位职工同等待遇。

第五章　工会的经费和财产

第四十三条　工会经费的来源：

（一）工会会员缴纳的会费；

（二）建立工会组织的用人单位按每月全部职工工资总额的百分之二向工会拨缴的经费；

（三）工会所属的企业、事业单位上缴的收入；

（四）人民政府的补助；

（五）其他收入。

前款第二项规定的企业、事业单位、社会组织拨缴的经费在税前列支。

工会经费主要用于为职工服务和工会活动。经费使用的具体办法由中华全国总工会制定。

第四十四条　企业、事业单位、社会组织无正当理由拖延或者拒不拨缴工会经费，基层工会或者上级工会可以向当地人民法院申请支付令；拒不执行支付令的，工会可以依法申请人民法院强制执行。

第四十五条 工会应当根据经费独立原则，建立预算、决算和经费审查监督制度。

各级工会建立经费审查委员会。

各级工会经费收支情况应当由同级工会经费审查委员会审查，并且定期向会员大会或者会员代表大会报告，接受监督。工会会员大会或者会员代表大会有权对经费使用情况提出意见。

工会经费的使用应当依法接受国家的监督。

第四十六条 各级人民政府和用人单位应当为工会办公和开展活动，提供必要的设施和活动场所等物质条件。

第四十七条 工会的财产、经费和国家拨给工会使用的不动产，任何组织和个人不得侵占、挪用和任意调拨。

第四十八条 工会所属的为职工服务的企业、事业单位，其隶属关系不得随意改变。

第四十九条 县级以上各级工会的离休、退休人员的待遇，与国家机关工作人员同等对待。

第六章 法律责任

第五十条 工会对违反本法规定侵犯其合法权益的，有权提请人民政府或者有关部门予以处理，或者向人民法院提起诉讼。

第五十一条 违反本法第三条、第十二条规定，阻挠职工依法参加和组织工会或者阻挠上级工会帮助、指导职工筹建工会的，由劳动行政部门责令其改正；拒不改正的，由劳动行政部门提请县级以上人民政府处理；以暴力、威胁等手段阻挠造成严重后果，构成犯罪的，依法追究刑事责任。

第五十二条 违反本法规定，对依法履行职责的工会工作人员无正当理由调动工作岗位，进行打击报复的，由劳动行政部门责令改正、恢复原工作；造成损失的，给予赔偿。

对依法履行职责的工会工作人员进行侮辱、诽谤或者进行人身伤害，构成犯罪的，依法追究刑事责任；尚未构成犯罪的，由公安机关依照治安管理处罚法的规定处罚。

第五十三条 违反本法规定，有下列情形之一的，由劳动行政部门责令恢复其工作，并补发被解除劳动合同期间应得的报酬，或者责令给予本人年收入二倍的赔偿：

（一）职工因参加工会活动而被解除劳动合同的；

（二）工会工作人员因履行本法规定的职责而被解除劳动合同的。

第五十四条　违反本法规定，有下列情形之一的，由县级以上人民政府责令改正，依法处理：

（一）妨碍工会组织职工通过职工代表大会和其他形式依法行使民主权利的；

（二）非法撤销、合并工会组织的；

（三）妨碍工会参加职工因工伤亡事故以及其他侵犯职工合法权益问题的调查处理的；

（四）无正当理由拒绝进行平等协商的。

第五十五条　违反本法第四十七条规定，侵占工会经费和财产拒不返还的，工会可以向人民法院提起诉讼，要求返还，并赔偿损失。

第五十六条　工会工作人员违反本法规定，损害职工或者工会权益的，由同级工会或者上级工会责令改正，或者予以处分；情节严重的，依照《中国工会章程》予以罢免；造成损失的，应当承担赔偿责任；构成犯罪的，依法追究刑事责任。

第七章　附　则

第五十七条　中华全国总工会会同有关国家机关制定机关工会实施本法的具体办法。

第五十八条　本法自公布之日起施行。1950 年 6 月 29 日中央人民政府颁布的《中华人民共和国工会法》同时废止。

中华人民共和国职业教育法

（1996年5月15日第八届全国人民代表大会常务委员会第十九次会议通过　2022年4月20日第十三届全国人民代表大会常务委员会第三十四次会议修订）

目　录

第一章　总　则

第一条　为了推动职业教育高质量发展，提高劳动者素质和技术技能水平，促进就业创业，建设教育强国、人力资源强国和技能型社会，推进社会主义现代化建设，根据宪法，制定本法。

第二条　本法所称职业教育，是指为了培养高素质技术技能人才，使受教育者具备从事某种职业或者实现职业发展所需要的职业道德、科学文化与专业知识、技术技能等职业综合素质和行动能力而实施的教育，包括职业学校教育和职业培训。

机关、事业单位对其工作人员实施的专门培训由法律、行政法规另行规定。

第三条　职业教育是与普通教育具有同等重要地位的教育类型，是国民教育体系和人力资源开发的重要组成部分，是培养多样化人才、传承技术技能、促进就业创业的重要途径。

国家大力发展职业教育，推进职业教育改革，提高职业教育质量，增强职业教育适应性，建立健全适应社会主义市场经济和社会发展需要、符合技术技能人才成长规律的职业教育制度体系，为全面建设社会主义现代化国家提供有力人才和技能支撑。

第四条　职业教育必须坚持中国共产党的领导，坚持社会主义办学方向，贯彻国家的教育方针，坚持立德树人、德技并修，坚持产教融合、校企合作，坚持面向市场、促进就业，坚持面向实践、强化能力，坚持面向人人、因材施教。

实施职业教育应当弘扬社会主义核心价值观，对受教育者进行思想政治教育和职业道德教育，培育劳模精神、劳动精神、工匠精神，传授科学文化与专业知识，培养技术技能，进行职业指导，全面提高受教育者的素质。

第五条　公民有依法接受职业教育的权利。

第六条　职业教育实行政府统筹、分级管理、地方为主、行业指导、校企合作、社会参与。

第七条　各级人民政府应当将发展职业教育纳入国民经济和社会发展规划，与促进就业创业和推动发展方式转变、产业结构调整、技术优化升级等整体部署、统筹实施。

第八条　国务院建立职业教育工作协调机制，统筹协调全国职业教育工作。

国务院教育行政部门负责职业教育工作的统筹规划、综合协调、宏观管理。国务院教育行政部门、人力资源社会保障行政部门和其他有关部门在国务院规定的职责范围内，分别负责有关的职业教育工作。

省、自治区、直辖市人民政府应当加强对本行政区域内职业教育工作的领导，明确设区的市、县级人民政府职业教育具体工作职责，统筹协调职业教育发展，组织开展督导评估。

县级以上地方人民政府有关部门应当加强沟通配合，共同推进职业教育工作。

第九条　国家鼓励发展多种层次和形式的职业教育，推进多元办学，支持社会力量广泛、平等参与职业教育。

国家发挥企业的重要办学主体作用，推动企业深度参与职业教育，鼓励企业举办高质量职业教育。

有关行业主管部门、工会和中华职业教育社等群团组织、行业组织、企业、事业单位等应当依法履行实施职业教育的义务，参与、支持或者开展职业教育。

第十条 国家采取措施，大力发展技工教育，全面提高产业工人素质。

国家采取措施，支持举办面向农村的职业教育，组织开展农业技能培训、返乡创业就业培训和职业技能培训，培养高素质乡村振兴人才。

国家采取措施，扶持革命老区、民族地区、边远地区、欠发达地区职业教育的发展。

国家采取措施，组织各类转岗、再就业、失业人员以及特殊人群等接受各种形式的职业教育，扶持残疾人职业教育的发展。

国家保障妇女平等接受职业教育的权利。

第十一条 实施职业教育应当根据经济社会发展需要，结合职业分类、职业标准、职业发展需求，制定教育标准或者培训方案，实行学历证书及其他学业证书、培训证书、职业资格证书和职业技能等级证书制度。

国家实行劳动者在就业前或者上岗前接受必要的职业教育的制度。

第十二条 国家采取措施，提高技术技能人才的社会地位和待遇，弘扬劳动光荣、技能宝贵、创造伟大的时代风尚。

国家对在职业教育工作中做出显著成绩的单位和个人按照有关规定给予表彰、奖励。

每年 5 月的第二周为职业教育活动周。

第十三条 国家鼓励职业教育领域的对外交流与合作，支持引进境外优质资源发展职业教育，鼓励有条件的职业教育机构赴境外办学，支持开展多种形式的职业教育学习成果互认。

第二章 职业教育体系

第十四条 国家建立健全适应经济社会发展需要，产教深度融合，职业学校教育和职业培训并重，职业教育与普通教育相互融通，不同层次职业教育有效贯通，服务全民终身学习的现代职业教育体系。

国家优化教育结构，科学配置教育资源，在义务教育后的不同阶段因地制宜、统筹推进职业教育与普通教育协调发展。

第十五条 职业学校教育分为中等职业学校教育、高等职业学校教育。

中等职业学校教育由高级中等教育层次的中等职业学校（含技工学校）实施。

高等职业学校教育由专科、本科及以上教育层次的高等职业学校和普通高等学校实施。根据高等职业学校设置制度规定，将符合条件的技师学院纳入高等职业学校序列。

其他学校、教育机构或者符合条件的企业、行业组织按照教育行政部门的统筹规划，可以实施相应层次的职业学校教育或者提供纳入人才培养方案的学分课程。

第十六条　职业培训包括就业前培训、在职培训、再就业培训及其他职业性培训，可以根据实际情况分级分类实施。

职业培训可以由相应的职业培训机构、职业学校实施。

其他学校或者教育机构以及企业、社会组织可以根据办学能力、社会需求，依法开展面向社会的、多种形式的职业培训。

第十七条　国家建立健全各级各类学校教育与职业培训学分、资历以及其他学习成果的认证、积累和转换机制，推进职业教育国家学分银行建设，促进职业教育与普通教育的学习成果融通、互认。

军队职业技能等级纳入国家职业资格认证和职业技能等级评价体系。

第十八条　残疾人职业教育除由残疾人教育机构实施外，各级各类职业学校和职业培训机构及其他教育机构应当按照国家有关规定接纳残疾学生，并加强无障碍环境建设，为残疾学生学习、生活提供必要的帮助和便利。

国家采取措施，支持残疾人教育机构、职业学校、职业培训机构及其他教育机构开展或者联合开展残疾人职业教育。

从事残疾人职业教育的特殊教育教师按照规定享受特殊教育津贴。

第十九条　县级以上人民政府教育行政部门应当鼓励和支持普通中小学、普通高等学校，根据实际需要增加职业教育相关教学内容，进行职业启蒙、职业认知、职业体验，开展职业规划指导、劳动教育，并组织、引导职业学校、职业培训机构、企业和行业组织等提供条件和支持。

第三章　职业教育的实施

第二十条　国务院教育行政部门会同有关部门根据经济社会发展需要和职业教育特点，组织制定、修订职业教育专业目录，完善职业教育教学等标准，宏观管理指导职业学校教材建设。

第二十一条　县级以上地方人民政府应当举办或者参与举办发挥骨干和示范作用的职业学校、职业培训机构，对社会力量依法举办的职业学校和职业培训机构给予指导和扶持。

国家根据产业布局和行业发展需要，采取措施，大力发展先进制造等产业需要的新兴专业，支持高水平职业学校、专业建设。

国家采取措施，加快培养托育、护理、康养、家政等方面技术技能人才。

第二十二条 县级人民政府可以根据县域经济社会发展的需要，设立职业教育中心学校，开展多种形式的职业教育，实施实用技术培训。

教育行政部门可以委托职业教育中心学校承担教育教学指导、教育质量评价、教师培训等职业教育公共管理和服务工作。

第二十三条 行业主管部门按照行业、产业人才需求加强对职业教育的指导，定期发布人才需求信息。

行业主管部门、工会和中华职业教育社等群团组织、行业组织可以根据需要，参与制定职业教育专业目录和相关职业教育标准，开展人才需求预测、职业生涯发展研究及信息咨询，培育供需匹配的产教融合服务组织，举办或者联合举办职业学校、职业培训机构，组织、协调、指导相关企业、事业单位、社会组织举办职业学校、职业培训机构。

第二十四条 企业应当根据本单位实际，有计划地对本单位的职工和准备招用的人员实施职业教育，并可以设置专职或者兼职实施职业教育的岗位。

企业应当按照国家有关规定实行培训上岗制度。企业招用的从事技术工种的劳动者，上岗前必须进行安全生产教育和技术培训；招用的从事涉及公共安全、人身健康、生命财产安全等特定职业（工种）的劳动者，必须经过培训并依法取得职业资格或者特种作业资格。

企业开展职业教育的情况应当纳入企业社会责任报告。

第二十五条 企业可以利用资本、技术、知识、设施、设备、场地和管理等要素，举办或者联合举办职业学校、职业培训机构。

第二十六条 国家鼓励、指导、支持企业和其他社会力量依法举办职业学校、职业培训机构。

地方各级人民政府采取购买服务，向学生提供助学贷款、奖助学金等措施，对企业和其他社会力量依法举办的职业学校和职业培训机构予以扶持；对其中的非营利性职业学校和职业培训机构还可以采取政府补贴、基金奖励、捐资激励等扶持措施，参照同级同类公办学校生均经费等相关经费标准和支持政策给予适当补助。

第二十七条 对深度参与产教融合、校企合作，在提升技术技能人才培养质量、促进就业中发挥重要主体作用的企业，按照规定给予奖励；对符合条件认定为产教融合型企业的，按照规定给予金融、财政、土地等支持，落实教育费附加、地方教育附加减免及其他税费优惠。

第二十八条 联合举办职业学校、职业培训机构的，举办者应当签订联合办学协议，约定各方权利义务。

地方各级人民政府及行业主管部门支持社会力量依法参与联合办学，举办多种形式的职业学校、职业培训机构。

行业主管部门、工会等群团组织、行业组织、企业、事业单位等委托学校、职业培训机构实施职业教育的，应当签订委托合同。

第二十九条　县级以上人民政府应当加强职业教育实习实训基地建设，组织行业主管部门、工会等群团组织、行业组织、企业等根据区域或者行业职业教育的需要建设高水平、专业化、开放共享的产教融合实习实训基地，为职业学校、职业培训机构开展实习实训和企业开展培训提供条件和支持。

第三十条　国家推行中国特色学徒制，引导企业按照岗位总量的一定比例设立学徒岗位，鼓励和支持有技术技能人才培养能力的企业特别是产教融合型企业与职业学校、职业培训机构开展合作，对新招用职工、在岗职工和转岗职工进行学徒培训，或者与职业学校联合招收学生，以工学结合的方式进行学徒培养。有关企业可以按照规定享受补贴。

企业与职业学校联合招收学生，以工学结合的方式进行学徒培养的，应当签订学徒培养协议。

第三十一条　国家鼓励行业组织、企业等参与职业教育专业教材开发，将新技术、新工艺、新理念纳入职业学校教材，并可以通过活页式教材等多种方式进行动态更新；支持运用信息技术和其他现代化教学方式，开发职业教育网络课程等学习资源，创新教学方式和学校管理方式，推动职业教育信息化建设与融合应用。

第三十二条　国家通过组织开展职业技能竞赛等活动，为技术技能人才提供展示技能、切磋技艺的平台，持续培养更多高素质技术技能人才、能工巧匠和大国工匠。

第四章　职业学校和职业培训机构

第三十三条　职业学校的设立，应当符合下列基本条件：

（一）有组织机构和章程；

（二）有合格的教师和管理人员；

（三）有与所实施职业教育相适应、符合规定标准和安全要求的教学及实习实训场所、设施、设备以及课程体系、教育教学资源等；

（四）有必备的办学资金和与办学规模相适应的稳定经费来源。

设立中等职业学校，由县级以上地方人民政府或者有关部门按照规定的权限审批；设立实施专科层次教育的高等职业学校，由省、自治区、直辖市人民政府审批，报国务院教育行政部门备案；设立实施本科及以上层次教育的高等职业学校，由国务院教育行政部门审批。

专科层次高等职业学校设置的培养高端技术技能人才的部分专业，符合产教深度融合、办学特色鲜明、培养质量较高等条件的，经国务院教育行政部门审批，可以实施本科层次的职业教育。

第三十四条 职业培训机构的设立，应当符合下列基本条件：

（一）有组织机构和管理制度；

（二）有与培训任务相适应的课程体系、教师或者其他授课人员、管理人员；

（三）有与培训任务相适应、符合安全要求的场所、设施、设备；

（四）有相应的经费。

职业培训机构的设立、变更和终止，按照国家有关规定执行。

第三十五条 公办职业学校实行中国共产党职业学校基层组织领导的校长负责制，中国共产党职业学校基层组织按照中国共产党章程和有关规定，全面领导学校工作，支持校长独立负责地行使职权。民办职业学校依法健全决策机制，强化学校的中国共产党基层组织政治功能，保证其在学校重大事项决策、监督、执行各环节有效发挥作用。

校长全面负责本学校教学、科学研究和其他行政管理工作。校长通过校长办公会或者校务会议行使职权，依法接受监督。

职业学校可以通过咨询、协商等多种形式，听取行业组织、企业、学校毕业生等方面代表的意见，发挥其参与学校建设、支持学校发展的作用。

第三十六条 职业学校应当依法办学，依据章程自主管理。

职业学校在办学中可以开展下列活动：

（一）根据产业需求，依法自主设置专业；

（二）基于职业教育标准制定人才培养方案，依法自主选用或者编写专业课程教材；

（三）根据培养技术技能人才的需要，自主设置学习制度，安排教学过程；

（四）在基本学制基础上，适当调整修业年限，实行弹性学习制度；

（五）依法自主选聘专业课教师。

第三十七条 国家建立符合职业教育特点的考试招生制度。

中等职业学校可以按照国家有关规定，在有关专业实行与高等职业学校教育的贯通招生和培养。

高等职业学校可以按照国家有关规定，采取文化素质与职业技能相结合的考核方式招收学生；对有突出贡献的技术技能人才，经考核合格，可以破格录取。

省级以上人民政府教育行政部门会同同级人民政府有关部门建立职业教育统一招生平台，汇总发布实施职业教育的学校及其专业设置、招生情况等信息，提供查询、报考等服务。

第三十八条　职业学校应当加强校风学风、师德师风建设，营造良好学习环境，保证教育教学质量。

第三十九条　职业学校应当建立健全就业创业促进机制，采取多种形式为学生提供职业规划、职业体验、求职指导等就业创业服务，增强学生就业创业能力。

第四十条　职业学校、职业培训机构实施职业教育应当注重产教融合，实行校企合作。

职业学校、职业培训机构可以通过与行业组织、企业、事业单位等共同举办职业教育机构、组建职业教育集团、开展订单培养等多种形式进行合作。

国家鼓励职业学校在招生就业、人才培养方案制定、师资队伍建设、专业规划、课程设置、教材开发、教学设计、教学实施、质量评价、科学研究、技术服务、科技成果转化以及技术技能创新平台、专业化技术转移机构、实习实训基地建设等方面，与相关行业组织、企业、事业单位等建立合作机制。开展合作的，应当签订协议，明确双方权利义务。

第四十一条　职业学校、职业培训机构开展校企合作、提供社会服务或者以实习实训为目的举办企业、开展经营活动取得的收入用于改善办学条件；收入的一定比例可以用于支付教师、企业专家、外聘人员和受教育者的劳动报酬，也可以作为绩效工资来源，符合国家规定的可以不受绩效工资总量限制。

职业学校、职业培训机构实施前款规定的活动，符合国家有关规定的，享受相关税费优惠政策。

第四十二条　职业学校按照规定的收费标准和办法，收取学费和其他必要费用；符合国家规定条件的，应当予以减免；不得以介绍工作、安排实习实训等名义违法收取费用。

职业培训机构、职业学校面向社会开展培训的，按照国家有关规定收取费用。

第四十三条　职业学校、职业培训机构应当建立健全教育质量评价制度，吸纳行业组织、企业等参与评价，并及时公开相关信息，接受教育督导和社会监督。

县级以上人民政府教育行政部门应当会同有关部门、行业组织建立符合职业教育特点的质量评价体系，组织或者委托行业组织、企业和第三方专业机构，对职业学校的办学质量进行评估，并将评估结果及时公开。

职业教育质量评价应当突出就业导向，把受教育者的职业道德、技术技能水平、就业质量作为重要指标，引导职业学校培养高素质技术技能人才。

有关部门应当按照各自职责，加强对职业学校、职业培训机构的监督管理。

第五章　职业教育的教师与受教育者

第四十四条　国家保障职业教育教师的权利，提高其专业素质与社会地位。

县级以上人民政府及其有关部门应当将职业教育教师的培养培训工作纳入教师队伍建设规划，保证职业教育教师队伍适应职业教育发展的需要。

第四十五条　国家建立健全职业教育教师培养培训体系。

各级人民政府应当采取措施，加强职业教育教师专业化培养培训，鼓励设立专门的职业教育师范院校，支持高等学校设立相关专业，培养职业教育教师；鼓励行业组织、企业共同参与职业教育教师培养培训。

产教融合型企业、规模以上企业应当安排一定比例的岗位，接纳职业学校、职业培训机构教师实践。

第四十六条　国家建立健全符合职业教育特点和发展要求的职业学校教师岗位设置和职务（职称）评聘制度。

职业学校的专业课教师（含实习指导教师）应当具有一定年限的相应工作经历或者实践经验，达到相应的技术技能水平。

具备条件的企业、事业单位经营管理和专业技术人员，以及其他有专业知识或者特殊技能的人员，经教育教学能力培训合格的，可以担任职业学校的专职或者兼职专业课教师；取得教师资格的，可以根据其技术职称聘任为相应的教师职务。取得职业学校专业课教师资格可以视情况降低学历要求。

第四十七条　国家鼓励职业学校聘请技能大师、劳动模范、能工巧匠、非物质文化遗产代表性传承人等高技能人才，通过担任专职或者兼职专业课教师、设立工作室等方式，参与人才培养、技术开发、技能传承等工作。

第四十八条　国家制定职业学校教职工配备基本标准。省、自治区、直辖市应当根据基本标准，制定本地区职业学校教职工配备标准。

县级以上地方人民政府应当根据教职工配备标准、办学规模等，确定公办职业学校教职工人员规模，其中一定比例可以用于支持职业学校面向社会公开招聘专业技术人员、技能人才担任专职或者兼职教师。

第四十九条　职业学校学生应当遵守法律、法规和学生行为规范，养成良好的职业道德、职业精神和行为习惯，努力学习，完成规定的学习任务，按照要求参加实习实训，掌握技术技能。

职业学校学生的合法权益，受法律保护。

第五十条　国家鼓励企业、事业单位安排实习岗位，接纳职业学校和职业培训机构的学生实习。接纳实习的单位应当保障学生在实习期间按照规定享受休息休假、获得劳动安全卫生保护、参加相关保险、接受职业技能指导等权利；对上岗实习的，应当签订实习协议，给予适当的劳动报酬。

职业学校和职业培训机构应当加强对实习实训学生的指导，加强安全生产教育，协商实习单位安排与学生所学专业相匹配的岗位，明确实习实训内容和标准，不得安排学生从事与所学专业无关的实习实训，不得违反相关规定通过人力资源服务机构、劳务派遣单位，或者通过非法从事人力资源服务、劳务派遣业务的单位或个人组织、安排、管理学生实习实训。

第五十一条　接受职业学校教育，达到相应学业要求，经学校考核合格的，取得相应的学业证书；接受职业培训，经职业培训机构或者职业学校考核合格的，取得相应的培训证书；经符合国家规定的专门机构考核合格的，取得相应的职业资格证书或者职业技能等级证书。

学业证书、培训证书、职业资格证书和职业技能等级证书，按照国家有关规定，作为受教育者从业的凭证。

接受职业培训取得的职业技能等级证书、培训证书等学习成果，经职业学校认定，可以转化为相应的学历教育学分；达到相应职业学校学业要求的，可以取得相应的学业证书。

接受高等职业学校教育，学业水平达到国家规定的学位标准的，可以依法申请相应学位。

第五十二条　国家建立对职业学校学生的奖励和资助制度，对特别优秀的学生进行奖励，对经济困难的学生提供资助，并向艰苦、特殊行业等专业学生适当倾斜。国家根据经济社会发展情况适时调整奖励和资助标准。

国家支持企业、事业单位、社会组织及公民个人按照国家有关规定设立职业教育奖学金、助学金，奖励优秀学生，资助经济困难的学生。

职业学校应当按照国家有关规定从事业收入或者学费收入中提取一定比例资金，用于奖励和资助学生。

省、自治区、直辖市人民政府有关部门应当完善职业学校资助资金管理制度，规范资助资金管理使用。

第五十三条 职业学校学生在升学、就业、职业发展等方面与同层次普通学校学生享有平等机会。

高等职业学校和实施职业教育的普通高等学校应当在招生计划中确定相应比例或者采取单独考试办法，专门招收职业学校毕业生。

各级人民政府应当创造公平就业环境。用人单位不得设置妨碍职业学校毕业生平等就业、公平竞争的报考、录用、聘用条件。机关、事业单位、国有企业在招录、招聘技术技能岗位人员时，应当明确技术技能要求，将技术技能水平作为录用、聘用的重要条件。事业单位公开招聘中有职业技能等级要求的岗位，可以适当降低学历要求。

第六章 职业教育的保障

第五十四条 国家优化教育经费支出结构，使职业教育经费投入与职业教育发展需求相适应，鼓励通过多种渠道依法筹集发展职业教育的资金。

第五十五条 各级人民政府应当按照事权和支出责任相适应的原则，根据职业教育办学规模、培养成本和办学质量等落实职业教育经费，并加强预算绩效管理，提高资金使用效益。

省、自治区、直辖市人民政府应当制定本地区职业学校生均经费标准或者公用经费标准。职业学校举办者应当按照生均经费标准或者公用经费标准按时、足额拨付经费，不断改善办学条件。不得以学费、社会服务收入冲抵生均拨款。

民办职业学校举办者应当参照同层次职业学校生均经费标准，通过多种渠道筹措经费。

财政专项安排、社会捐赠指定用于职业教育的经费，任何组织和个人不得挪用、克扣。

第五十六条 地方各级人民政府安排地方教育附加等方面的经费，应当将其中可用于职业教育的资金统筹使用；发挥失业保险基金作用，支持职工提升职业技能。

第五十七条 各级人民政府加大面向农村的职业教育投入，可以将农村科学技术开发、技术推广的经费适当用于农村职业培训。

第五十八条 企业应当根据国务院规定的标准，按照职工工资总额一定比例提取和使用职工教育经费。职工教育经费可以用于举办职业教育机构、对本单位的职工和准备招用人员进行职业教育等合理用途，其中用于企业一线职工职业教育的经费应当达到国家规定的比例。用人单位安排职工到职业学校或者职业培训机构接受职业教育的，应当在其接受职业教育期间依法支付工资，保障相关待遇。

企业设立具备生产与教学功能的产教融合实习实训基地所发生的费用，可以参照职业学校享受相应的用地、公用事业费等优惠。

第五十九条　国家鼓励金融机构通过提供金融服务支持发展职业教育。

第六十条　国家鼓励企业、事业单位、社会组织及公民个人对职业教育捐资助学，鼓励境外的组织和个人对职业教育提供资助和捐赠。提供的资助和捐赠，必须用于职业教育。

第六十一条　国家鼓励和支持开展职业教育的科学技术研究、教材和教学资源开发，推进职业教育资源跨区域、跨行业、跨部门共建共享。

国家逐步建立反映职业教育特点和功能的信息统计和管理体系。

县级以上人民政府及其有关部门应当建立健全职业教育服务和保障体系，组织、引导工会等群团组织、行业组织、企业、学校等开展职业教育研究、宣传推广、人才供需对接等活动。

第六十二条　新闻媒体和职业教育有关方面应当积极开展职业教育公益宣传，弘扬技术技能人才成长成才典型事迹，营造人人努力成才、人人皆可成才、人人尽展其才的良好社会氛围。

第七章　法律责任

第六十三条　在职业教育活动中违反《中华人民共和国教育法》、《中华人民共和国劳动法》等有关法律规定的，依照有关法律的规定给予处罚。

第六十四条　企业未依照本法规定对本单位的职工和准备招用的人员实施职业教育、提取和使用职工教育经费的，由有关部门责令改正；拒不改正的，由县级以上人民政府收取其应当承担的职工教育经费，用于职业教育。

第六十五条　职业学校、职业培训机构在职业教育活动中违反本法规定的，由教育行政部门或者其他有关部门责令改正；教育教学质量低下或者管理混乱，造成严重后果的，责令暂停招生、限期整顿；逾期不整顿或者经整顿仍达不到要求的，吊销办学许可证或者责令停止办学。

第六十六条　接纳职业学校和职业培训机构学生实习的单位违反本法规定，侵害学生休息休假、获得劳动安全卫生保护、参加相关保险、接受职业技能指导等权利的，依法承担相应的法律责任。

职业学校、职业培训机构违反本法规定，通过人力资源服务机构、劳务派遣单位或者非法从事人力资源服务、劳务派遣业务的单位或个人组织、安排、管理学生实习实训的，由教育行政部门、人力资源社会保障行政部门或者其他有关部门责令改正，没收违法所得，并处违法所得一倍以上五倍以下的罚款；违法所得不足一万元的，按一万元计算。

对前款规定的人力资源服务机构、劳务派遣单位或者非法从事人力资源服务、劳务派遣业务的单位或个人，由人力资源社会保障行政部门或者其他有关部门责令改正，没收违法所得，并处违法所得一倍以上五倍以下的罚款；违法所得不足一万元的，按一万元计算。

第六十七条 教育行政部门、人力资源社会保障行政部门或者其他有关部门的工作人员违反本法规定，滥用职权、玩忽职守、徇私舞弊的，依法给予处分；构成犯罪的，依法追究刑事责任。

第八章 附 则

第六十八条 境外的组织和个人在境内举办职业学校、职业培训机构，适用本法；法律、行政法规另有规定的，从其规定。

第六十九条 本法自 2022 年 5 月 1 日起施行。

人力资源市场暂行条例

（2018年5月2日国务院第7次常务会议通过 2018年6月29日中华人民共和国国务院令第700号公布 自2018年10月1日起施行）

第一章 总 则

第一条 为了规范人力资源市场活动，促进人力资源合理流动和优化配置，促进就业创业，根据《中华人民共和国就业促进法》和有关法律，制定本条例。

第二条 在中华人民共和国境内通过人力资源市场求职、招聘和开展人力资源服务，适用本条例。

法律、行政法规和国务院规定对求职、招聘和开展人力资源服务另有规定的，从其规定。

第三条 通过人力资源市场求职、招聘和开展人力资源服务，应当遵循合法、公平、诚实信用的原则。

第四条 国务院人力资源社会保障行政部门负责全国人力资源市场的统筹规划和综合管理工作。

县级以上地方人民政府人力资源社会保障行政部门负责本行政区域人力资源市场的管理工作。

县级以上人民政府发展改革、教育、公安、财政、商务、税务、市场监督管理等有关部门在各自职责范围内做好人力资源市场的管理工作。

第五条 国家加强人力资源服务标准化建设，发挥人力资源服务标准在行业引导、服务规范、市场监管等方面的作用。

第六条 人力资源服务行业协会应当依照法律、法规、规章及其章程的规定，制定行业自律规范，推进行业诚信建设，提高服务质量，对会员的人力资源服务活动进行指导、监督，依法维护会员合法权益，反映会员诉求，促进行业公平竞争。

第二章　人力资源市场培育

第七条　国家建立统一开放、竞争有序的人力资源市场体系，发挥市场在人力资源配置中的决定性作用，健全人力资源开发机制，激发人力资源创新创造创业活力，促进人力资源市场繁荣发展。

第八条　国家建立政府宏观调控、市场公平竞争、单位自主用人、个人自主择业、人力资源服务机构诚信服务的人力资源流动配置机制，促进人力资源自由有序流动。

第九条　县级以上人民政府应当将人力资源市场建设纳入国民经济和社会发展规划，运用区域、产业、土地等政策，推进人力资源市场建设，发展专业性、行业性人力资源市场，鼓励并规范高端人力资源服务等业态发展，提高人力资源服务业发展水平。

国家鼓励社会力量参与人力资源市场建设。

第十条　县级以上人民政府建立覆盖城乡和各行业的人力资源市场供求信息系统，完善市场信息发布制度，为求职、招聘提供服务。

第十一条　国家引导和促进人力资源在机关、企业、事业单位、社会组织之间以及不同地区之间合理流动。任何地方和单位不得违反国家规定在户籍、地域、身份等方面设置限制人力资源流动的条件。

第十二条　人力资源社会保障行政部门应当加强人力资源市场监管，维护市场秩序，保障公平竞争。

第十三条　国家鼓励开展平等、互利的人力资源国际合作与交流，充分开发利用国际国内人力资源。

第三章　人力资源服务机构

第十四条　本条例所称人力资源服务机构，包括公共人力资源服务机构和经营性人力资源服务机构。

公共人力资源服务机构，是指县级以上人民政府设立的公共就业和人才服务机构。

经营性人力资源服务机构，是指依法设立的从事人力资源服务经营活动的机构。

第十五条　公共人力资源服务机构提供下列服务，不得收费：

（一）人力资源供求、市场工资指导价位、职业培训等信息发布；

（二）职业介绍、职业指导和创业开业指导；
（三）就业创业和人才政策法规咨询；
（四）对就业困难人员实施就业援助；
（五）办理就业登记、失业登记等事务；
（六）办理高等学校、中等职业学校、技工学校毕业生接收手续；
（七）流动人员人事档案管理；
（八）县级以上人民政府确定的其他服务。

第十六条　公共人力资源服务机构应当加强信息化建设，不断提高服务质量和效率。

公共人力资源服务经费纳入政府预算。人力资源社会保障行政部门应当依法加强公共人力资源服务经费管理。

第十七条　国家通过政府购买服务等方式支持经营性人力资源服务机构提供公益性人力资源服务。

第十八条　经营性人力资源服务机构从事职业中介活动的，应当依法向人力资源社会保障行政部门申请行政许可，取得人力资源服务许可证。

经营性人力资源服务机构开展人力资源供求信息的收集和发布、就业和创业指导、人力资源管理咨询、人力资源测评、人力资源培训、承接人力资源服务外包等人力资源服务业务的，应当自开展业务之日起15日内向人力资源社会保障行政部门备案。

经营性人力资源服务机构从事劳务派遣业务的，执行国家有关劳务派遣的规定。

第十九条　人力资源社会保障行政部门应当自收到经营性人力资源服务机构从事职业中介活动的申请之日起20日内依法作出行政许可决定。符合条件的，颁发人力资源服务许可证；不符合条件的，作出不予批准的书面决定并说明理由。

第二十条　经营性人力资源服务机构设立分支机构的，应当自工商登记办理完毕之日起15日内，书面报告分支机构所在地人力资源社会保障行政部门。

第二十一条　经营性人力资源服务机构变更名称、住所、法定代表人或者终止经营活动的，应当自工商变更登记或者注销登记办理完毕之日起15日内，书面报告人力资源社会保障行政部门。

第二十二条　人力资源社会保障行政部门应当及时向社会公布取得行政许可或者经过备案的经营性人力资源服务机构名单及其变更、延续等情况。

第四章　人力资源市场活动规范

第二十三条　个人求职，应当如实提供本人基本信息以及与应聘岗位相关的知识、技能、工作经历等情况。

第二十四条　用人单位发布或者向人力资源服务机构提供的单位基本情况、招聘人数、招聘条件、工作内容、工作地点、基本劳动报酬等招聘信息，应当真实、合法，不得含有民族、种族、性别、宗教信仰等方面的歧视性内容。

用人单位自主招用人员，需要建立劳动关系的，应当依法与劳动者订立劳动合同，并按照国家有关规定办理社会保险等相关手续。

第二十五条　人力资源流动，应当遵守法律、法规对服务期、从业限制、保密等方面的规定。

第二十六条　人力资源服务机构接受用人单位委托招聘人员，应当要求用人单位提供招聘简章、营业执照或者有关部门批准设立的文件、经办人的身份证件、用人单位的委托证明，并对所提供材料的真实性、合法性进行审查。

第二十七条　人力资源服务机构接受用人单位委托招聘人员或者开展其他人力资源服务，不得采取欺诈、暴力、胁迫或者其他不正当手段，不得以招聘为名牟取不正当利益，不得介绍单位或者个人从事违法活动。

第二十八条　人力资源服务机构举办现场招聘会，应当制定组织实施办法、应急预案和安全保卫工作方案，核实参加招聘会的招聘单位及其招聘简章的真实性、合法性，提前将招聘会信息向社会公布，并对招聘中的各项活动进行管理。

举办大型现场招聘会，应当符合《大型群众性活动安全管理条例》等法律法规的规定。

第二十九条　人力资源服务机构发布人力资源供求信息，应当建立健全信息发布审查和投诉处理机制，确保发布的信息真实、合法、有效。

人力资源服务机构在业务活动中收集用人单位和个人信息的，不得泄露或者违法使用所知悉的商业秘密和个人信息。

第三十条　经营性人力资源服务机构接受用人单位委托提供人力资源服务外包的，不得改变用人单位与个人的劳动关系，不得与用人单位串通侵害个人的合法权益。

第三十一条　人力资源服务机构通过互联网提供人力资源服务的，应当遵守本条例和国家有关网络安全、互联网信息服务管理的规定。

第三十二条　经营性人力资源服务机构应当在服务场所明示下列事项，并接受人力资源社会保障行政部门和市场监督管理、价格等主管部门的监督检查：

（一）营业执照；

（二）服务项目；

（三）收费标准；

（四）监督机关和监督电话。

从事职业中介活动的，还应当在服务场所明示人力资源服务许可证。

第三十三条　人力资源服务机构应当加强内部制度建设，健全财务管理制度，建立服务台账，如实记录服务对象、服务过程、服务结果等信息。服务台账应当保存 2 年以上。

第五章　监督管理

第三十四条　人力资源社会保障行政部门对经营性人力资源服务机构实施监督检查，可以采取下列措施：

（一）进入被检查单位进行检查；

（二）询问有关人员，查阅服务台账等服务信息档案；

（三）要求被检查单位提供与检查事项相关的文件资料，并作出解释和说明；

（四）采取记录、录音、录像、照相或者复制等方式收集有关情况和资料；

（五）法律、法规规定的其他措施。

人力资源社会保障行政部门实施监督检查时，监督检查人员不得少于 2 人，应当出示执法证件，并对被检查单位的商业秘密予以保密。

对人力资源社会保障行政部门依法进行的监督检查，被检查单位应当配合，如实提供相关资料和信息，不得隐瞒、拒绝、阻碍。

第三十五条　人力资源社会保障行政部门采取随机抽取检查对象、随机选派执法人员的方式实施监督检查。

监督检查的情况应当及时向社会公布。其中，行政处罚、监督检查结果可以通过国家企业信用信息公示系统或者其他系统向社会公示。

第三十六条　经营性人力资源服务机构应当在规定期限内，向人力资源社会保障行政部门提交经营情况年度报告。人力资源社会保障行政部门可以依法公示或者引导经营性人力资源服务机构依法公示年度报告的有关内容。

人力资源社会保障行政部门应当加强与市场监督管理等部门的信息共享。

通过信息共享可以获取的信息，不得要求经营性人力资源服务机构重复提供。

第三十七条 人力资源社会保障行政部门应当加强人力资源市场诚信建设，把用人单位、个人和经营性人力资源服务机构的信用数据和失信情况等纳入市场诚信建设体系，建立守信激励和失信惩戒机制，实施信用分类监管。

第三十八条 人力资源社会保障行政部门应当按照国家有关规定，对公共人力资源服务机构进行监督管理。

第三十九条 在人力资源服务机构中，根据中国共产党章程及有关规定，建立党的组织并开展活动，加强对流动党员的教育监督和管理服务。人力资源服务机构应当为中国共产党组织的活动提供必要条件。

第四十条 人力资源社会保障行政部门应当畅通对用人单位和人力资源服务机构的举报投诉渠道，依法及时处理有关举报投诉。

第四十一条 公安机关应当依法查处人力资源市场的违法犯罪行为，人力资源社会保障行政部门予以配合。

第六章 法律责任

第四十二条 违反本条例第十八条第一款规定，未经许可擅自从事职业中介活动的，由人力资源社会保障行政部门予以关闭或者责令停止从事职业中介活动；有违法所得的，没收违法所得，并处1万元以上5万元以下的罚款。

违反本条例第十八条第二款规定，开展人力资源服务业务未备案，违反本条例第二十条、第二十一条规定，设立分支机构、办理变更或者注销登记未书面报告的，由人力资源社会保障行政部门责令改正；拒不改正的，处5000元以上1万元以下的罚款。

第四十三条 违反本条例第二十四条、第二十七条、第二十八条、第二十九条、第三十条、第三十一条规定，发布的招聘信息不真实、不合法，未依法开展人力资源服务业务的，由人力资源社会保障行政部门责令改正；有违法所得的，没收违法所得；拒不改正的，处1万元以上5万元以下的罚款；情节严重的，吊销人力资源服务许可证；给个人造成损害的，依法承担民事责任。违反其他法律、行政法规的，由有关主管部门依法给予处罚。

第四十四条 未按照本条例第三十二条规定明示有关事项，未按照本条例第三十三条规定建立健全内部制度或者保存服务台账，未按照本条例第三十六条规定提交经营情况年度报告的，由人力资源社会保障行政部门责令改正；拒不改正的，处5000元以上1万元以下的罚款。违反其他法律、行政法规的，由有关主管部门依法给予处罚。

第四十五条　公共人力资源服务机构违反本条例规定的，由上级主管机关责令改正；拒不改正的，对直接负责的主管人员和其他直接责任人员依法给予处分。

第四十六条　人力资源社会保障行政部门和有关主管部门及其工作人员有下列情形之一的，对直接负责的领导人员和其他直接责任人员依法给予处分：

（一）不依法作出行政许可决定；

（二）在办理行政许可或者备案、实施监督检查中，索取或者收受他人财物，或者谋取其他利益；

（三）不依法履行监督职责或者监督不力，造成严重后果；

（四）其他滥用职权、玩忽职守、徇私舞弊的情形。

第四十七条　违反本条例规定，构成违反治安管理行为的，依法给予治安管理处罚；构成犯罪的，依法追究刑事责任。

第七章　附　则

第四十八条　本条例自 2018 年 10 月 1 日起施行。

生产安全事故应急条例

（2018年12月5日国务院第33次常务会议通过　2019年2月17日中华人民共和国国务院令第708号公布　自2019年4月1日起施行）

第一章　总　则

第一条　为了规范生产安全事故应急工作，保障人民群众生命和财产安全，根据《中华人民共和国安全生产法》和《中华人民共和国突发事件应对法》，制定本条例。

第二条　本条例适用于生产安全事故应急工作；法律、行政法规另有规定的，适用其规定。

第三条　国务院统一领导全国的生产安全事故应急工作，县级以上地方人民政府统一领导本行政区域内的生产安全事故应急工作。生产安全事故应急工作涉及两个以上行政区域的，由有关行政区域共同的上一级人民政府负责，或者由各有关行政区域的上一级人民政府共同负责。

县级以上人民政府应急管理部门和其他对有关行业、领域的安全生产工作实施监督管理的部门（以下统称负有安全生产监督管理职责的部门）在各自职责范围内，做好有关行业、领域的生产安全事故应急工作。

县级以上人民政府应急管理部门指导、协调本级人民政府其他负有安全生产监督管理职责的部门和下级人民政府的生产安全事故应急工作。

乡、镇人民政府以及街道办事处等地方人民政府派出机关应当协助上级人民政府有关部门依法履行生产安全事故应急工作职责。

第四条　生产经营单位应当加强生产安全事故应急工作，建立、健全生产安全事故应急工作责任制，其主要负责人对本单位的生产安全事故应急工作全面负责。

第二章 应急准备

第五条 县级以上人民政府及其负有安全生产监督管理职责的部门和乡、镇人民政府以及街道办事处等地方人民政府派出机关，应当针对可能发生的生产安全事故的特点和危害，进行风险辨识和评估，制定相应的生产安全事故应急救援预案，并依法向社会公布。

生产经营单位应当针对本单位可能发生的生产安全事故的特点和危害，进行风险辨识和评估，制定相应的生产安全事故应急救援预案，并向本单位从业人员公布。

第六条 生产安全事故应急救援预案应当符合有关法律、法规、规章和标准的规定，具有科学性、针对性和可操作性，明确规定应急组织体系、职责分工以及应急救援程序和措施。

有下列情形之一的，生产安全事故应急救援预案制定单位应当及时修订相关预案：

（一）制定预案所依据的法律、法规、规章、标准发生重大变化；

（二）应急指挥机构及其职责发生调整；

（三）安全生产面临的风险发生重大变化；

（四）重要应急资源发生重大变化；

（五）在预案演练或者应急救援中发现需要修订预案的重大问题；

（六）其他应当修订的情形。

第七条 县级以上人民政府负有安全生产监督管理职责的部门应当将其制定的生产安全事故应急救援预案报送本级人民政府备案；易燃易爆物品、危险化学品等危险物品的生产、经营、储存、运输单位，矿山、金属冶炼、城市轨道交通运营、建筑施工单位，以及宾馆、商场、娱乐场所、旅游景区等人员密集场所经营单位，应当将其制定的生产安全事故应急救援预案按照国家有关规定报送县级以上人民政府负有安全生产监督管理职责的部门备案，并依法向社会公布。

第八条 县级以上地方人民政府以及县级以上人民政府负有安全生产监督管理职责的部门，乡、镇人民政府以及街道办事处等地方人民政府派出机关，应当至少每 2 年组织 1 次生产安全事故应急救援预案演练。

易燃易爆物品、危险化学品等危险物品的生产、经营、储存、运输单位，矿山、金属冶炼、城市轨道交通运营、建筑施工单位，以及宾馆、商场、娱乐场所、旅游景区等人员密集场所经营单位，应当至少每半年组织 1 次生产安全事故应急救援预案演练，并将演练情况报送所在地县级以上地方人民政府负有安全生产监督管理职责的部门。

县级以上地方人民政府负有安全生产监督管理职责的部门应当对本行政区域内前款规定的重点生产经营单位的生产安全事故应急救援预案演练进行抽查；发现演练不符合要求的，应当责令限期改正。

第九条 县级以上人民政府应当加强对生产安全事故应急救援队伍建设的统一规划、组织和指导。

县级以上人民政府负有安全生产监督管理职责的部门根据生产安全事故应急工作的实际需要，在重点行业、领域单独建立或者依托有条件的生产经营单位、社会组织共同建立应急救援队伍。

国家鼓励和支持生产经营单位和其他社会力量建立提供社会化应急救援服务的应急救援队伍。

第十条 易燃易爆物品、危险化学品等危险物品的生产、经营、储存、运输单位，矿山、金属冶炼、城市轨道交通运营、建筑施工单位，以及宾馆、商场、娱乐场所、旅游景区等人员密集场所经营单位，应当建立应急救援队伍；其中，小型企业或者微型企业等规模较小的生产经营单位，可以不建立应急救援队伍，但应当指定兼职的应急救援人员，并且可以与邻近的应急救援队伍签订应急救援协议。

工业园区、开发区等产业聚集区域内的生产经营单位，可以联合建立应急救援队伍。

第十一条 应急救援队伍的应急救援人员应当具备必要的专业知识、技能、身体素质和心理素质。

应急救援队伍建立单位或者兼职应急救援人员所在单位应当按照国家有关规定对应急救援人员进行培训；应急救援人员经培训合格后，方可参加应急救援工作。

应急救援队伍应当配备必要的应急救援装备和物资，并定期组织训练。

第十二条 生产经营单位应当及时将本单位应急救援队伍建立情况按照国家有关规定报送县级以上人民政府负有安全生产监督管理职责的部门，并依法向社会公布。

县级以上人民政府负有安全生产监督管理职责的部门应当定期将本行业、本领域的应急救援队伍建立情况报送本级人民政府，并依法向社会公布。

第十三条 县级以上地方人民政府应当根据本行政区域内可能发生的生产安全事故的特点和危害，储备必要的应急救援装备和物资，并及时更新和补充。

易燃易爆物品、危险化学品等危险物品的生产、经营、储存、运输单位，矿山、金属冶炼、城市轨道交通运营、建筑施工单位，以及宾馆、商场、娱乐场所、旅游景区等人员密集场所经营单位，应当根据本单位可能发生的生产安全事故的特点和危害，配备必要的灭火、排水、通风以及危险物品稀释、掩埋、收集等应急救援器材、设备和物资，并进行经常性维护、保养，保证正常运转。

第十四条　下列单位应当建立应急值班制度，配备应急值班人员：

（一）县级以上人民政府及其负有安全生产监督管理职责的部门；

（二）危险物品的生产、经营、储存、运输单位以及矿山、金属冶炼、城市轨道交通运营、建筑施工单位；

（三）应急救援队伍。

规模较大、危险性较高的易燃易爆物品、危险化学品等危险物品的生产、经营、储存、运输单位应当成立应急处置技术组，实行24小时应急值班。

第十五条　生产经营单位应当对从业人员进行应急教育和培训，保证从业人员具备必要的应急知识，掌握风险防范技能和事故应急措施。

第十六条　国务院负有安全生产监督管理职责的部门应当按照国家有关规定建立生产安全事故应急救援信息系统，并采取有效措施，实现数据互联互通、信息共享。

生产经营单位可以通过生产安全事故应急救援信息系统办理生产安全事故应急救援预案备案手续，报送应急救援预案演练情况和应急救援队伍建设情况；但依法需要保密的除外。

第三章　应急救援

第十七条　发生生产安全事故后，生产经营单位应当立即启动生产安全事故应急救援预案，采取下列一项或者多项应急救援措施，并按照国家有关规定报告事故情况：

（一）迅速控制危险源，组织抢救遇险人员；

（二）根据事故危害程度，组织现场人员撤离或者采取可能的应急措施后撤离；

（三）及时通知可能受到事故影响的单位和人员；

（四）采取必要措施，防止事故危害扩大和次生、衍生灾害发生；

（五）根据需要请求邻近的应急救援队伍参加救援，并向参加救援的应急救援队伍提供相关技术资料、信息和处置方法；

（六）维护事故现场秩序，保护事故现场和相关证据；

（七）法律、法规规定的其他应急救援措施。

第十八条 有关地方人民政府及其部门接到生产安全事故报告后，应当按照国家有关规定上报事故情况，启动相应的生产安全事故应急救援预案，并按照应急救援预案的规定采取下列一项或者多项应急救援措施：

（一）组织抢救遇险人员，救治受伤人员，研判事故发展趋势以及可能造成的危害；

（二）通知可能受到事故影响的单位和人员，隔离事故现场，划定警戒区域，疏散受到威胁的人员，实施交通管制；

（三）采取必要措施，防止事故危害扩大和次生、衍生灾害发生，避免或者减少事故对环境造成的危害；

（四）依法发布调用和征用应急资源的决定；

（五）依法向应急救援队伍下达救援命令；

（六）维护事故现场秩序，组织安抚遇险人员和遇险遇难人员亲属；

（七）依法发布有关事故情况和应急救援工作的信息；

（八）法律、法规规定的其他应急救援措施。

有关地方人民政府不能有效控制生产安全事故的，应当及时向上级人民政府报告。上级人民政府应当及时采取措施，统一指挥应急救援。

第十九条 应急救援队伍接到有关人民政府及其部门的救援命令或者签有应急救援协议的生产经营单位的救援请求后，应当立即参加生产安全事故应急救援。

应急救援队伍根据救援命令参加生产安全事故应急救援所耗费用，由事故责任单位承担；事故责任单位无力承担的，由有关人民政府协调解决。

第二十条 发生生产安全事故后，有关人民政府认为有必要的，可以设立由本级人民政府及其有关部门负责人、应急救援专家、应急救援队伍负责人、事故发生单位负责人等人员组成的应急救援现场指挥部，并指定现场指挥部总指挥。

第二十一条 现场指挥部实行总指挥负责制，按照本级人民政府的授权组织制定并实施生产安全事故现场应急救援方案，协调、指挥有关单位和个人参加现场应急救援。

参加生产安全事故现场应急救援的单位和个人应当服从现场指挥部的统一指挥。

第二十二条 在生产安全事故应急救援过程中，发现可能直接危及应急救援人员生命安全的紧急情况时，现场指挥部或者统一指挥应急救援的人民政府应当立即采取相应措施消除隐患，降低或者化解风险，必要时可以暂时撤离应急救援人员。

第二十三条　生产安全事故发生地人民政府应当为应急救援人员提供必需的后勤保障，并组织通信、交通运输、医疗卫生、气象、水文、地质、电力、供水等单位协助应急救援。

第二十四条　现场指挥部或者统一指挥生产安全事故应急救援的人民政府及其有关部门应当完整、准确地记录应急救援的重要事项，妥善保存相关原始资料和证据。

第二十五条　生产安全事故的威胁和危害得到控制或者消除后，有关人民政府应当决定停止执行依照本条例和有关法律、法规采取的全部或者部分应急救援措施。

第二十六条　有关人民政府及其部门根据生产安全事故应急救援需要依法调用和征用的财产，在使用完毕或者应急救援结束后，应当及时归还。财产被调用、征用或者调用、征用后毁损、灭失的，有关人民政府及其部门应当按照国家有关规定给予补偿。

第二十七条　按照国家有关规定成立的生产安全事故调查组应当对应急救援工作进行评估，并在事故调查报告中作出评估结论。

第二十八条　县级以上地方人民政府应当按照国家有关规定，对在生产安全事故应急救援中伤亡的人员及时给予救治和抚恤；符合烈士评定条件的，按照国家有关规定评定为烈士。

第四章　法律责任

第二十九条　地方各级人民政府和街道办事处等地方人民政府派出机关以及县级以上人民政府有关部门违反本条例规定的，由其上级行政机关责令改正；情节严重的，对直接负责的主管人员和其他直接责任人员依法给予处分。

第三十条　生产经营单位未制定生产安全事故应急救援预案、未定期组织应急救援预案演练、未对从业人员进行应急教育和培训，生产经营单位的主要负责人在本单位发生生产安全事故时不立即组织抢救的，由县级以上人民政府负有安全生产监督管理职责的部门依照《中华人民共和国安全生产法》有关规定追究法律责任。

第三十一条　生产经营单位未对应急救援器材、设备和物资进行经常性维护、保养，导致发生严重生产安全事故或者生产安全事故危害扩大，或者在本单位发生生产安全事故后未立即采取相应的应急救援措施，造成严重后果的，由县级以上人民政府负有安全生产监督管理职责的部门依照《中华人民共和国突发事件应对法》有关规定追究法律责任。

第三十二条　生产经营单位未将生产安全事故应急救援预案报送备案、未建立应急值班制度或者配备应急值班人员的，由县级以上人民政府负有安全生产监督管理职责的部门责令限期改正；逾期未改正的，处 3 万元以上 5 万元以下的罚款，对直接负责的主管人员和其他直接责任人员处 1 万元以上 2 万元以下的罚款。

第三十三条　违反本条例规定，构成违反治安管理行为的，由公安机关依法给予处罚；构成犯罪的，依法追究刑事责任。

第五章　附　则

第三十四条　储存、使用易燃易爆物品、危险化学品等危险物品的科研机构、学校、医院等单位的安全事故应急工作，参照本条例有关规定执行。

第三十五条　本条例自 2019 年 4 月 1 日起施行。

保障农民工工资支付条例

（2019 年 12 月 4 日国务院第 73 次常务会议通过　2019 年 12 月 30 日中华人民共和国国务院令第 724 号公布　自 2020 年 5 月 1 日起施行）

第一章　总　则

第一条　为了规范农民工工资支付行为，保障农民工按时足额获得工资，根据《中华人民共和国劳动法》及有关法律规定，制定本条例。

第二条　保障农民工工资支付，适用本条例。

本条例所称农民工，是指为用人单位提供劳动的农村居民。

本条例所称工资，是指农民工为用人单位提供劳动后应当获得的劳动报酬。

第三条　农民工有按时足额获得工资的权利。任何单位和个人不得拖欠农民工工资。

农民工应当遵守劳动纪律和职业道德，执行劳动安全卫生规程，完成劳动任务。

第四条　县级以上地方人民政府对本行政区域内保障农民工工资支付工作负责，建立保障农民工工资支付工作协调机制，加强监管能力建设，健全保障农民工工资支付工作目标责任制，并纳入对本级人民政府有关部门和下级人民政府进行考核和监督的内容。

乡镇人民政府、街道办事处应当加强对拖欠农民工工资矛盾的排查和调处工作，防范和化解矛盾，及时调解纠纷。

第五条　保障农民工工资支付，应当坚持市场主体负责、政府依法监管、社会协同监督，按照源头治理、预防为主、防治结合、标本兼治的要求，依法根治拖欠农民工工资问题。

第六条　用人单位实行农民工劳动用工实名制管理，与招用的农民工书面约定或者通过依法制定的规章制度规定工资支付标准、支付时间、支付方式等内容。

第七条 人力资源社会保障行政部门负责保障农民工工资支付工作的组织协调、管理指导和农民工工资支付情况的监督检查，查处有关拖欠农民工工资案件。

住房城乡建设、交通运输、水利等相关行业工程建设主管部门按照职责履行行业监管责任，督办因违法发包、转包、违法分包、挂靠、拖欠工程款等导致的拖欠农民工工资案件。

发展改革等部门按照职责负责政府投资项目的审批管理，依法审查政府投资项目的资金来源和筹措方式，按规定及时安排政府投资，加强社会信用体系建设，组织对拖欠农民工工资失信联合惩戒对象依法依规予以限制和惩戒。

财政部门负责政府投资资金的预算管理，根据经批准的预算按规定及时足额拨付政府投资资金。

公安机关负责及时受理、侦办涉嫌拒不支付劳动报酬刑事案件，依法处置因农民工工资拖欠引发的社会治安案件。

司法行政、自然资源、人民银行、审计、国有资产管理、税务、市场监管、金融监管等部门，按照职责做好与保障农民工工资支付相关的工作。

第八条 工会、共产主义青年团、妇女联合会、残疾人联合会等组织按照职责依法维护农民工获得工资的权利。

第九条 新闻媒体应当开展保障农民工工资支付法律法规政策的公益宣传和先进典型的报道，依法加强对拖欠农民工工资违法行为的舆论监督，引导用人单位增强依法用工、按时足额支付工资的法律意识，引导农民工依法维权。

第十条 被拖欠工资的农民工有权依法投诉，或者申请劳动争议调解仲裁和提起诉讼。

任何单位和个人对拖欠农民工工资的行为，有权向人力资源社会保障行政部门或者其他有关部门举报。

人力资源社会保障行政部门和其他有关部门应当公开举报投诉电话、网站等渠道，依法接受对拖欠农民工工资行为的举报、投诉。对于举报、投诉的处理实行首问负责制，属于本部门受理的，应当依法及时处理；不属于本部门受理的，应当及时转送相关部门，相关部门应当依法及时处理，并将处理结果告知举报、投诉人。

第二章 工资支付形式与周期

第十一条 农民工工资应当以货币形式，通过银行转账或者现金支付给农民工本人，不得以实物或者有价证券等其他形式替代。

第十二条　用人单位应当按照与农民工书面约定或者依法制定的规章制度规定的工资支付周期和具体支付日期足额支付工资。

第十三条　实行月、周、日、小时工资制的，按照月、周、日、小时为周期支付工资；实行计件工资制的，工资支付周期由双方依法约定。

第十四条　用人单位与农民工书面约定或者依法制定的规章制度规定的具体支付日期，可以在农民工提供劳动的当期或者次期。具体支付日期遇法定节假日或者休息日的，应当在法定节假日或者休息日前支付。

用人单位因不可抗力未能在支付日期支付工资的，应当在不可抗力消除后及时支付。

第十五条　用人单位应当按照工资支付周期编制书面工资支付台账，并至少保存3年。

书面工资支付台账应当包括用人单位名称，支付周期，支付日期，支付对象姓名、身份证号码、联系方式，工作时间，应发工资项目及数额，代扣、代缴、扣除项目和数额，实发工资数额，银行代发工资凭证或者农民工签字等内容。

用人单位向农民工支付工资时，应当提供农民工本人的工资清单。

第三章　工资清偿

第十六条　用人单位拖欠农民工工资的，应当依法予以清偿。

第十七条　不具备合法经营资格的单位招用农民工，农民工已经付出劳动而未获得工资的，依照有关法律规定执行。

第十八条　用工单位使用个人、不具备合法经营资格的单位或者未依法取得劳务派遣许可证的单位派遣的农民工，拖欠农民工工资的，由用工单位清偿，并可以依法进行追偿。

第十九条　用人单位将工作任务发包给个人或者不具备合法经营资格的单位，导致拖欠所招用农民工工资的，依照有关法律规定执行。

用人单位允许个人、不具备合法经营资格或者未取得相应资质的单位以用人单位的名义对外经营，导致拖欠所招用农民工工资的，由用人单位清偿，并可以依法进行追偿。

第二十条　合伙企业、个人独资企业、个体经济组织等用人单位拖欠农民工工资的，应当依法予以清偿；不清偿的，由出资人依法清偿。

第二十一条　用人单位合并或者分立时，应当在实施合并或者分立前依法清偿拖欠的农民工工资；经与农民工书面协商一致的，可以由合并或者分立后承继其权利和义务的用人单位清偿。

第二十二条 用人单位被依法吊销营业执照或者登记证书、被责令关闭、被撤销或者依法解散的，应当在申请注销登记前依法清偿拖欠的农民工工资。

未依据前款规定清偿农民工工资的用人单位主要出资人，应当在注册新用人单位前清偿拖欠的农民工工资。

第四章 工程建设领域特别规定

第二十三条 建设单位应当有满足施工所需要的资金安排。没有满足施工所需要的资金安排的，工程建设项目不得开工建设；依法需要办理施工许可证的，相关行业工程建设主管部门不予颁发施工许可证。

政府投资项目所需资金，应当按照国家有关规定落实到位，不得由施工单位垫资建设。

第二十四条 建设单位应当向施工单位提供工程款支付担保。

建设单位与施工总承包单位依法订立书面工程施工合同，应当约定工程款计量周期、工程款进度结算办法以及人工费用拨付周期，并按照保障农民工工资按时足额支付的要求约定人工费用。人工费用拨付周期不得超过 1 个月。

建设单位与施工总承包单位应当将工程施工合同保存备查。

第二十五条 施工总承包单位与分包单位依法订立书面分包合同，应当约定工程款计量周期、工程款进度结算办法。

第二十六条 施工总承包单位应当按照有关规定开设农民工工资专用账户，专项用于支付该工程建设项目农民工工资。

开设、使用农民工工资专用账户有关资料应当由施工总承包单位妥善保存备查。

第二十七条 金融机构应当优化农民工工资专用账户开设服务流程，做好农民工工资专用账户的日常管理工作；发现资金未按约定拨付等情况的，及时通知施工总承包单位，由施工总承包单位报告人力资源社会保障行政部门和相关行业工程建设主管部门，并纳入欠薪预警系统。

工程完工且未拖欠农民工工资的，施工总承包单位公示 30 日后，可以申请注销农民工工资专用账户，账户内余额归施工总承包单位所有。

第二十八条 施工总承包单位或者分包单位应当依法与所招用的农民工订立劳动合同并进行用工实名登记，具备条件的行业应当通过相应的管理服务信息平台进行用工实名登记、管理。未与施工总承包单位或者分包单位订立劳动合同并进行用工实名登记的人员，不得进入项目现场施工。

施工总承包单位应当在工程项目部配备劳资专管员，对分包单位劳动用工实施监督管理，掌握施工现场用工、考勤、工资支付等情况，审核分包单位编制的农民工工资支付表，分包单位应当予以配合。

施工总承包单位、分包单位应当建立用工管理台账，并保存至工程完工且工资全部结清后至少 3 年。

第二十九条　建设单位应当按照合同约定及时拨付工程款，并将人工费用及时足额拨付至农民工工资专用账户，加强对施工总承包单位按时足额支付农民工工资的监督。

因建设单位未按照合同约定及时拨付工程款导致农民工工资拖欠的，建设单位应当以未结清的工程款为限先行垫付被拖欠的农民工工资。

建设单位应当以项目为单位建立保障农民工工资支付协调机制和工资拖欠预防机制，督促施工总承包单位加强劳动用工管理，妥善处理与农民工工资支付相关的矛盾纠纷。发生农民工集体讨薪事件的，建设单位应当会同施工总承包单位及时处理，并向项目所在地人力资源社会保障行政部门和相关行业工程建设主管部门报告有关情况。

第三十条　分包单位对所招用农民工的实名制管理和工资支付负直接责任。

施工总承包单位对分包单位劳动用工和工资发放等情况进行监督。

分包单位拖欠农民工工资的，由施工总承包单位先行清偿，再依法进行追偿。

工程建设项目转包，拖欠农民工工资的，由施工总承包单位先行清偿，再依法进行追偿。

第三十一条　工程建设领域推行分包单位农民工工资委托施工总承包单位代发制度。

分包单位应当按月考核农民工工作量并编制工资支付表，经农民工本人签字确认后，与当月工程进度等情况一并交施工总承包单位。

施工总承包单位根据分包单位编制的工资支付表，通过农民工工资专用账户直接将工资支付到农民工本人的银行账户，并向分包单位提供代发工资凭证。

用于支付农民工工资的银行账户所绑定的农民工本人社会保障卡或者银行卡，用人单位或者其他人员不得以任何理由扣押或者变相扣押。

第三十二条　施工总承包单位应当按照有关规定存储工资保证金，专项用于支付为所承包工程提供劳动的农民工被拖欠的工资。

工资保证金实行差异化存储办法，对一定时期内未发生工资拖欠的单位实行减免措施，对发生工资拖欠的单位适当提高存储比例。工资保证金可以用金融机构保函替代。

工资保证金的存储比例、存储形式、减免措施等具体办法，由国务院人力资源社会保障行政部门会同有关部门制定。

第三十三条 除法律另有规定外，农民工工资专用账户资金和工资保证金不得因支付为本项目提供劳动的农民工工资之外的原因被查封、冻结或者划拨。

第三十四条 施工总承包单位应当在施工现场醒目位置设立维权信息告示牌，明示下列事项：

（一）建设单位、施工总承包单位及所在项目部、分包单位、相关行业工程建设主管部门、劳资专管员等基本信息；

（二）当地最低工资标准、工资支付日期等基本信息；

（三）相关行业工程建设主管部门和劳动保障监察投诉举报电话、劳动争议调解仲裁申请渠道、法律援助申请渠道、公共法律服务热线等信息。

第三十五条 建设单位与施工总承包单位或者承包单位与分包单位因工程数量、质量、造价等产生争议的，建设单位不得因争议不按照本条例第二十四条的规定拨付工程款中的人工费用，施工总承包单位也不得因争议不按照规定代发工资。

第三十六条 建设单位或者施工总承包单位将建设工程发包或者分包给个人或者不具备合法经营资格的单位，导致拖欠农民工工资的，由建设单位或者施工总承包单位清偿。

施工单位允许其他单位和个人以施工单位的名义对外承揽建设工程，导致拖欠农民工工资的，由施工单位清偿。

第三十七条 工程建设项目违反国土空间规划、工程建设等法律法规，导致拖欠农民工工资的，由建设单位清偿。

第五章 监督检查

第三十八条 县级以上地方人民政府应当建立农民工工资支付监控预警平台，实现人力资源社会保障、发展改革、司法行政、财政、住房城乡建设、交通运输、水利等部门的工程项目审批、资金落实、施工许可、劳动用工、工资支付等信息及时共享。

人力资源社会保障行政部门根据水电燃气供应、物业管理、信贷、税收等反映企业生产经营相关指标的变化情况，及时监控和预警工资支付隐患并做好防范工作，市场监管、金融监管、税务等部门应当予以配合。

第三十九条　人力资源社会保障行政部门、相关行业工程建设主管部门和其他有关部门应当按照职责，加强对用人单位与农民工签订劳动合同、工资支付以及工程建设项目实行农民工实名制管理、农民工工资专用账户管理、施工总承包单位代发工资、工资保证金存储、维权信息公示等情况的监督检查，预防和减少拖欠农民工工资行为的发生。

第四十条　人力资源社会保障行政部门在查处拖欠农民工工资案件时，需要依法查询相关单位金融账户和相关当事人拥有房产、车辆等情况的，应当经设区的市级以上地方人民政府人力资源社会保障行政部门负责人批准，有关金融机构和登记部门应当予以配合。

第四十一条　人力资源社会保障行政部门在查处拖欠农民工工资案件时，发生用人单位拒不配合调查、清偿责任主体及相关当事人无法联系等情形的，可以请求公安机关和其他有关部门协助处理。

人力资源社会保障行政部门发现拖欠农民工工资的违法行为涉嫌构成拒不支付劳动报酬罪的，应当按照有关规定及时移送公安机关审查并作出决定。

第四十二条　人力资源社会保障行政部门作出责令支付被拖欠的农民工工资的决定，相关单位不支付的，可以依法申请人民法院强制执行。

第四十三条　相关行业工程建设主管部门应当依法规范本领域建设市场秩序，对违法发包、转包、违法分包、挂靠等行为进行查处，并对导致拖欠农民工工资的违法行为及时予以制止、纠正。

第四十四条　财政部门、审计机关和相关行业工程建设主管部门按照职责，依法对政府投资项目建设单位按照工程施工合同约定向农民工工资专用账户拨付资金情况进行监督。

第四十五条　司法行政部门和法律援助机构应当将农民工列为法律援助的重点对象，并依法为请求支付工资的农民工提供便捷的法律援助。

公共法律服务相关机构应当积极参与相关诉讼、咨询、调解等活动，帮助解决拖欠农民工工资问题。

第四十六条　人力资源社会保障行政部门、相关行业工程建设主管部门和其他有关部门应当按照“谁执法谁普法”普法责任制的要求，通过以案释法等多种形式，加大对保障农民工工资支付相关法律法规的普及宣传。

第四十七条　人力资源社会保障行政部门应当建立用人单位及相关责任人劳动保障守法诚信档案，对用人单位开展守法诚信等级评价。

用人单位有严重拖欠农民工工资违法行为的，由人力资源社会保障行政部门向社会公布，必要时可以通过召开新闻发布会等形式向媒体公开曝光。

第四十八条　用人单位拖欠农民工工资，情节严重或者造成严重不良社会影响的，有关部门应当将该用人单位及其法定代表人或者主要负责人、直接负责的主管人员和其他直接责任人员列入拖欠农民工工资失信联合惩戒对象名单，在政府资金支持、政府采购、招投标、融资贷款、市场准入、税收优惠、评优评先、交通出行等方面依法依规予以限制。

拖欠农民工工资需要列入失信联合惩戒名单的具体情形，由国务院人力资源社会保障行政部门规定。

第四十九条 建设单位未依法提供工程款支付担保或者政府投资项目拖欠工程款，导致拖欠农民工工资的，县级以上地方人民政府应当限制其新建项目，并记入信用记录，纳入国家信用信息系统进行公示。

第五十条 农民工与用人单位就拖欠工资存在争议，用人单位应当提供依法由其保存的劳动合同、职工名册、工资支付台账和清单等材料；不提供的，依法承担不利后果。

第五十一条 工会依法维护农民工工资权益，对用人单位工资支付情况进行监督；发现拖欠农民工工资的，可以要求用人单位改正，拒不改正的，可以请求人力资源社会保障行政部门和其他有关部门依法处理。

第五十二条 单位或者个人编造虚假事实或者采取非法手段讨要农民工工资，或者以拖欠农民工工资为名讨要工程款的，依法予以处理。

第六章 法律责任

第五十三条 违反本条例规定拖欠农民工工资的，依照有关法律规定执行。

第五十四条 有下列情形之一的，由人力资源社会保障行政部门责令限期改正；逾期不改正的，对单位处2万元以上5万元以下的罚款，对法定代表人或者主要负责人、直接负责的主管人员和其他直接责任人员处1万元以上3万元以下的罚款：

（一）以实物、有价证券等形式代替货币支付农民工工资；

（二）未编制工资支付台账并依法保存，或者未向农民工提供工资清单；

（三）扣押或者变相扣押用于支付农民工工资的银行账户所绑定的农民工本人社会保障卡或者银行卡。

第五十五条 有下列情形之一的，由人力资源社会保障行政部门、相关行业工程建设主管部门按照职责责令限期改正；逾期不改正的，责令项目停工，并处5万元以上10万元以下的罚款；情节严重的，给予施工单位限制承接新工程、降低资质等级、吊销资质证书等处罚：

（一）施工总承包单位未按规定开设或者使用农民工工资专用账户；

（二）施工总承包单位未按规定存储工资保证金或者未提供金融机构保函；

（三）施工总承包单位、分包单位未实行劳动用工实名制管理。

第五十六条　有下列情形之一的，由人力资源社会保障行政部门、相关行业工程建设主管部门按照职责责令限期改正；逾期不改正的，处 5 万元以上 10 万元以下的罚款：

（一）分包单位未按月考核农民工工作量、编制工资支付表并经农民工本人签字确认；

（二）施工总承包单位未对分包单位劳动用工实施监督管理；

（三）分包单位未配合施工总承包单位对其劳动用工进行监督管理；

（四）施工总承包单位未实行施工现场维权信息公示制度。

第五十七条　有下列情形之一的，由人力资源社会保障行政部门、相关行业工程建设主管部门按照职责责令限期改正；逾期不改正的，责令项目停工，并处 5 万元以上 10 万元以下的罚款：

（一）建设单位未依法提供工程款支付担保；

（二）建设单位未按约定及时足额向农民工工资专用账户拨付工程款中的人工费用；

（三）建设单位或者施工总承包单位拒不提供或者无法提供工程施工合同、农民工工资专用账户有关资料。

第五十八条　不依法配合人力资源社会保障行政部门查询相关单位金融账户的，由金融监管部门责令改正；拒不改正的，处 2 万元以上 5 万元以下的罚款。

第五十九条　政府投资项目政府投资资金不到位拖欠农民工工资的，由人力资源社会保障行政部门报本级人民政府批准，责令限期足额拨付所拖欠的资金；逾期不拨付的，由上一级人民政府人力资源社会保障行政部门约谈直接责任部门和相关监管部门负责人，必要时进行通报，约谈地方人民政府负责人。情节严重的，对地方人民政府及其有关部门负责人、直接负责的主管人员和其他直接责任人员依法依规给予处分。

第六十条　政府投资项目建设单位未经批准立项建设、擅自扩大建设规模、擅自增加投资概算、未及时拨付工程款等导致拖欠农民工工资的，除依法承担责任外，由人力资源社会保障行政部门、其他有关部门按照职责约谈建设单位负责人，并作为其业绩考核、薪酬分配、评优评先、职务晋升等的重要依据。

第六十一条　对于建设资金不到位、违法违规开工建设的社会投资工程建设项目拖欠农民工工资的，由人力资源社会保障行政部门、其他有关部门按照职责依法对建设单位进行处罚；对建设单位负责人依法依规给予处分。相关部门工作人员未依法履行职责的，由有关机关依法依规给予处分。

第六十二条 县级以上地方人民政府人力资源社会保障、发展改革、财政、公安等部门和相关行业工程建设主管部门工作人员，在履行农民工工资支付监督管理职责过程中滥用职权、玩忽职守、徇私舞弊的，依法依规给予处分；构成犯罪的，依法追究刑事责任。

第七章 附 则

第六十三条 用人单位一时难以支付拖欠的农民工工资或者拖欠农民工工资逃匿的，县级以上地方人民政府可以动用应急周转金，先行垫付用人单位拖欠的农民工部分工资或者基本生活费。对已经垫付的应急周转金，应当依法向拖欠农民工工资的用人单位进行追偿。

第六十四条 本条例自 2020 年 5 月 1 日起施行。

第三篇

推进产业工人队伍建设改革协调小组文件

关于建立全国产业工会推进产业工人队伍建设改革作用发挥机制的意见

（产改字〔2021〕4号）

各全国产业工会：

《新时期产业工人队伍建设改革方案》印发以来，各全国产业工会高度重视，认真贯彻落实习近平总书记关于产业工人队伍建设改革的重要指示精神，按照全总党组、书记处部署要求，立足实际、凝心聚力、勇于实践，推动产业工人队伍建设改革走深走实，取得积极成效。当前，中国特色社会主义进入了新发展阶段，贯彻新发展理念、构建新发展格局、推动高质量发展对全国产业工会推进产业工人队伍建设改革提出了新的更高要求。为进一步发挥全国产业工会在推进产业工人队伍建设改革中的重要作用，推动改革向纵深发展、向基层延伸，现提出如下意见。

一、提高政治站位，着力强化推进产业工人队伍建设改革的责任担当。

推进产业工人队伍建设改革，是习近平总书记亲自谋划和部署的重大改革，是以习近平同志为核心的党中央着眼巩固党的执政基础、实施制造强国战略、全面提高产业工人素质作出的重大决策部署，是全面深化改革的重要内容。《新时期产业工人队伍建设改革方案》明确提出，要创新面向产业工人的工会工作，认真抓好各项政策措施的落实。这为产业工会工作创新发展提出了新要求、搭建了新舞台、带来了新契机。产业工会离产业工人最近、服务产业工人最直接，在推进产业工人队伍建设改革中具有独特的优势，能够发挥重要作用。要深入学习习近平总书记关于产业工人队伍建设改革的重要论述和党中央重大决策部署，进一步提高政治站位，强化责任担当，把推进产业工人队伍建设改革作为增强“四个意识”、坚定“四个自信”、做到“两个维护”的具体行动，作为新形势下推动产业工会工作创新发展的重要机遇，作为贯彻新发展理念、构建新发展格局、推动高质量发展的重要抓手，不断增强政治判断力、政治领悟力、政治执行力，以踏石留印、抓铁有痕的精神推动改革工作走深走实。

二、加强组织领导，切实形成推进产业工人队伍建设改革的强大合力。

产业工人队伍建设改革是一项系统工程，要注重加强组织领导和统筹协调，不断增强推进改革的工作合力和协同效应。一是把推进改革工作作为“一把手”工程，建立健全全国产业工会推进产业工人队伍建设改革领导机构，全委会主要负责同志负总责，成立推进改革工作专班，明确责任分工，并推动有条件的委员单位成立相应组织机构，构建上下联动、左右协调的组织领导网络。二是坚持系统观念，把推进产业工人队伍建设改革列入全委会和常委会的重要议事日程，对照《新时期产业工人队伍建设改革方案》，立足实际、统筹谋划、聚焦主责主业，认真研究制定本产业落实改革方案的具体意见，将中长期规划与年度工作安排相衔接，明确时间表、路线图，压实工作责任，真正把改革工作抓紧抓实。三是统筹各方力量，进一步健全产业工会联席（联系）会议制度，推动产业协调劳动关系三方机制建设，加强与对口政府部门、科研院校等沟通联系，积极争取地方总工会、地方产业工会、行业协会、企事业单位的支持，建立健全工作联动机制，整合资源手段，形成同频共振、强势推进的合力。

三、聚焦重点任务，不断推动产业工人队伍建设改革向纵深发展。

按照政治上保证、制度上落实、素质上提高、权益上维护的总体思路，聚焦产业工人思想引领、建功立业、素质提升、地位提高、队伍壮大等重点任务，集中力量、统筹兼顾、以点带面，以重点突破带动全局推进。一是在提升产业工人思想引领吸引力上下更大功夫。围绕爱党爱国爱社会主义主题，深入贯彻落实《关于加强和改进新时代产业工人队伍思想政治工作的意见》，开展以劳动创造幸福为主题的宣传教育，大力弘扬劳模精神、劳动精神、工匠精神，把解决思想问题与解决产业工人“急难愁盼”的实际问题结合起来，强化人文关怀，做到“五个坚决”，积极引导广大产业工人听党话、跟党走，让产业工人队伍成为维护工人阶级队伍团结统一和社会大局和谐稳定最坚实、最可信赖的力量。二是在增强产业工人建功立业实效性上展现新作为。以推动高质量发展为目标，广泛深入持久开展“建功‘十四五’、奋进新征程”主题劳动和技能竞赛，围绕国家重大战略、重大工程、重大项目、重点产业深化全国引领性劳动和技能竞赛，广泛开展“五小”等群众性创新活动，强化产业工人创新能力，有序扩大跨区域、跨行业、跨企业的劳模创新工作室联盟，为产业工人更好发挥作用搭建平台、提供舞台，团结动员本产业广大职工担当新使命、建功新时代。三是在攻克产业工人素质提升难点上久久为功。实施职业技能提升行动，推动落实终身职业技能培训制度和产教融合、校企合作、建立培养补偿机制，提升各类主体特别是企业开展岗位技能培训的积极性、主动性、创造性，实现产业、职业、专业与就业创业联动发展，构建线上线下融合的工会大规模组织开展职工职业技能培训的平台载体，畅通产业工人发展通道，培养本产业更多高素质技术技能人才、能工巧匠、大国工匠。四是在推动提高产业工人的政治、经济、社会地位上持续用力。落实《关于提高技术工人待遇的意见》和保证产业工人主人翁地位的制度安排，探索创新产业工人发展制度，完善产业工人劳动经济权益保障机制，推动解决产业工人的利益诉求和热点难点问题，让产业工人的获得感成色更足、幸福感更可持续、安全感更有保障。五是在进一步壮大产业工人队伍上取得新进展。建立高技能人才和高技能领军人才数据库，深化八大群体等新就业形态劳动者入会工作，巩固百人以上企业建会专项行动成果，推动落实农民工融入城市、稳定就业政策，加强“劳动者港湾”、爱心驿站等工会户外劳动者服务站点建设，做实工会“互联网 +”普惠性服务，不断增强工会的吸引力、凝聚力和号召力，建设产业工人可信赖可依靠的“职工之家”。

四、坚持多措并举，确保改革取得实效。

全国产业工会要发挥联系广泛、熟悉产业、直通基层的优势，在推动改革政策举措落实上下功夫。一是坚持典型引路、试点先行。要在认真总结近几年来改革工作的基础上，选树一批改革先进典型，发挥“头雁”效应，加强经验交流和成果分享，示范带动本产业改革不断取得新成效。积极推动改革试点工作，着眼新形势下产业工会工作的特点和实际，紧盯推进改革中的矛盾和瓶颈问题，发挥试点先行先试作用，逐步探索形成一批具有本产业特色、针对性操作性强、可复制可推广的经验做法，并推动上升为社会认可、企事业单位欢迎、职工叫好的政策制度。二是着力促进企业落实。充分发挥委员单位特别是常委会委员单位的作用，推动大中型企业特别是国有大中型企业当表率、作示范，并通过供应链传递落实责任，带动全产业不同所有制企业以及未建工会企业合力推进改革。借助普遍建立工会组织、普遍开展工资集体协商的机制，结合实际推广改革指导员制度，协调行业工会联合会，深入企业一线加强指导，进一步扩大覆盖面、落实到基层，打通改革的“最后一公里”。三是积极推动问题解决。坚持问题导向，深入开展调查研究，注意倾听产业工人的呼声，深入了解和掌握产业工人队伍建设中存在的深层次、普遍性问题，并采取切实有效的措施认真加以解决，切实增强产业工人的获得感。一些自身难以解决的问题，积极建言献策来推动问题的解决。四是加强宣传舆论工作。围绕落实习近平总书记关于推进产业工人队伍建设改革的重要指示精神，着力体现产业特色和实际，借助产业工会对口联系的报纸、刊物、电台、电视台、网站等载体及“两微一端”新媒体平台优势，开展丰富多彩、职工喜闻乐见的宣传活动，大力宣传本产业能工巧匠、“大国工匠”“最美职工”等先进典型，弘扬劳模精神、劳动精神、工匠精神，进一步彰显产业工人的经济、政治、文化、社会地位，营造尊重劳动、崇尚技能、鼓励创造的社会氛围，鼓励更多产业工人走技能成才、技能报国之路。

推进产业工人队伍建设改革协调小组
（中华全国总工会代章）
2021 年 6 月 18 日

关于建立推进产业工人队伍建设改革工作情况评价考核机制的意见

（产改字〔2022〕1号）

推进产业工人队伍建设改革协调小组各成员单位及参与单位，各省（区、市）、新疆生产建设兵团推进产业工人队伍建设改革领导机构：

中共中央、国务院印发《新时期产业工人队伍建设改革方案》（以下简称《改革方案》）以来，各地深入学习贯彻落实习近平总书记关于产业工人队伍建设改革的重要指示精神，推进产业工人队伍建设改革协调小组（以下简称协调小组）按照《改革方案》要求，立足实际、积极探索，采取有力措施推进改革，取得了重要的阶段性成果。为充分调动各省（区、市）推进改革的积极性主动性创造性，推动产业工人队伍建设改革向纵深发展，把各项改革任务落实落地，协调小组将对各省（区、市）推进产业工人队伍建设改革工作情况进行综合评价考核。现提出如下意见。

一、对改革工作进行评价考核的重要意义和总体要求

（一）重要意义。产业工人队伍建设改革是习近平总书记亲自谋划和部署的重大改革，是以习近平同志为核心的党中央着眼巩固党的执政基础、实施制造强国战略、全面提高产业工人素质作出的重大决策部署，是全面深化改革的重要内容。推进产业工人队伍建设改革，是一项全局性、系统性工程，需要绵绵用力、久久为功。各省（区、市）是产业工人队伍建设改革各项任务责任落实的关键所在，对改革政策举措能否真正落地见效起着决定性作用。开展推进产业工人队伍建设改革工作情况评价考核，对于各省（区、市）进一步提高站位、提高认识，充分激发内生动力，推动改革往实里抓、往细处做，形成各地比学赶帮超的生动局面，具有十分重要的意义。

（二）总体要求。以习近平新时代中国特色社会主义思想为指导，深入学习贯彻党的十九大和十九届历次全会精神，学习贯彻习近平总书记在庆祝中国共产党成立100周年大会、在2020年全国劳动模范和先进工作者表彰大会上

的重要讲话精神和习近平总书记关于产业工人队伍建设改革的重要指示精神，进一步增强责任感、使命感、紧迫感，聚焦思想引领、建功立业、素质提升、地位提高、队伍壮大等改革举措，以对各省（区、市）推进产业工人队伍建设改革工作情况进行评价考核为牵引，推动改革绩效不断提升，及时发现先进典型、补齐问题短板、突破难点堵点，努力把产业工人队伍建设改革工作提升到新水平。

二、评价考核工作的主要目标和基本原则

（三）主要目标。

1. 全面深入掌握《改革方案》贯彻落实情况。通过评价考核，全面掌握《改革方案》任务落实推进进度和取得的成效、改革配套政策举措落地情况，加强宣传引导，及时发现重点任务举措贯彻落实过程中的重点难点问题，并提出解决办法。

2. 推动重点任务有效落实。通过评价考核，推动各省（区、市）加大改革推进力度，确保《改革方案》所提出的 5 个方面 25 项举措有效落实，不断增强广大产业工人的获得感、幸福感、安全感。

3. 推进改革政策集成优化。通过评价考核，在推动相关政策措施落地落实的同时，及时发现存在的问题，为进一步完善政策措施提供参考，切实增强政策措施的针对性和实效性。

4. 增强工作指导的精准性。以评价考核结果为基础，为分类指导提供必要和可靠的依据，切实有针对性地加强对各省（区、市）改革的有力有效指导；根据考核结果进行相应的激励与监督，最大限度调动各级各有关方面推进改革的积极性主动性创造性。

（四）基本原则。

1. 坚持统一性。围绕《改革方案》的目标任务，综合各项举措，建立相对统一的评价考核体系，评价考核主要内容和指标体系保持相对稳定，确保横向和纵向可比。

2. 突出针对性。在主要指标保持相对稳定的基础上，突出重点举措和年度任务，根据年度要点的各项要求，科学合理、动态调整考核指标，切实增强考核的针对性，及时反映《改革方案》落实进展成效。

3. 注重差异性。根据各省（区、市）的不同特点，结合各自实际设定考核的指标及标准，兼顾共通性与特殊性。充分考虑各省（区、市）工作基础、发展水平及进步空间的差异性，科学合理确定标准，实现考核结果反映改革成效的同时体现努力程度。

4. 体现实效性。将产业工人的获得感作为评价改革成效的重要标准，将企业和社会各界对改革推进情况的满意度作为参考标准，合理设立主观感受指标及其权重。

5. 坚持定性与定量相结合。根据《改革方案》总体要求、主要举措和组织实施的各项要求，选取有代表性的指标，包括定性指标和定量指标，各指标内涵明确、方法科学、数据可得。

三、评价考核的主要内容和方式

（五）评价考核的主要内容。

1. 综合评价考核。紧扣产业工人队伍建设改革目标实现、改革举措落实、改革工作组织实施等情况，围绕组织领导、思想引领、素质提升、队伍壮大、地位提高、权益维护、社会评价等方面，建立评价考核指标体系。指标体系由 7 个一级指标、25 个二级指标和 88 个三级指标构成（见附件 1），各项指标按照一定的权重赋分值。其中，“组织领导”属于总体指标，主要考核各地加强组织领导、有力有序推进、做好宣传引导、切实加大工作力度抓落实等情况。“思想引领、素质提升、队伍壮大、地位提高、权益维护”属于绩效指标，主要考核各地改革五大重点任务落地落实，特别是改革举措在企业的到达率和贡献值等情况。“社会评价”属于满意度指标，主要考核企业、产业工人和社会各界对改革的满意度。

2. 关键绩效评价考核。以改革目标为牵引、以改革结果为导向，明确产业工人队伍建设改革关键绩效指标（见附件 2），为各地进一步贯彻落实《改革方案》，采取切实管用改革举措，推动改革各项任务落地见效明确努力方向。评价考核初期，关键绩效指标不计入考核分值，只作为抽查评估的重要参考；随着改革的不断深入，评价考核指标体系将逐步调整，最终与关键绩效指标趋于一致。

（六）评价考核的主要方式。评价考核每年开展一次，采取年度自评和抽查评估相结合的方式。

1. 年度自评。由各省（区、市）推进产业工人队伍建设改革组织领导机构根据党中央、国务院有关决策部署和《改革方案》以及年度要点明确的重点任务，按照评价考核指标体系有关内容，就改革以来推进产业工人队伍建设改革工作情况进行全面总结和评价，重点是上一年度的改革任务落实情况，并给出自评类别。2022 年，各省（区、市）在完成年度自评的同时，对指标体系和关键绩效指标中部分指标提出基础数值，具体要求另行通知。

2. 抽查评估。采取抽查的方式，由协调小组办公室组织协调小组成员单位和参与单位有关人员，并积极引进第三方机构参与，对各省（区、市）推进产业工人队伍建设改革工作情况进行全面评价考核。抽查范围由协调小组办公室提出，报协调小组会议审定，每年抽查比例不少于 30%，其中上一次考核等级为“较差”的地区，抽查比例不少于 60%。原则上同一省份不连续作为被抽查对象，自评类别与上年发生变化的，直接纳入被抽查范围。协调小组各成员单位也可以根据工作需要，制定评价方案报协调小组审批后，对某项重点任务进行专项评价考核。

（七）评价考核的类别及认定。对各省（区、市）评价考核类别，由高至低依次为优秀、良好、一般、差 4 个类别。初始类别由协调小组办公室根据各省（区、市）推进产业工人队伍建设改革组织领导机构上报的改革以来推进产业工人队伍建设改革工作情况总结，结合以往了解掌握的总体情况进行认定。2022 年起以各省（区、市）年度自评和抽查评估结果为依据，对评价类别进行动态调整。

（八）考核结果的运用。评价考核结果以《推进产业工人队伍建设改革协调小组专报》的形式进行通报，为协调小组分析研判、分类指导、督查督办提供依据。获得优秀等次的省（区、市）在全国五一劳动奖和工人先锋号推荐名额上予以适当倾斜。鼓励协调小组各成员单位和参与单位加大对获得优秀等次的省（区、市）相关工作的评优表彰力度。对于连续被评为一般和差的省（区、市），协调小组将对其进行批评、约谈，限期进行督查整改。

四、组织实施和有关工作要求

（九）加强组织领导。评价考核工作由协调小组统筹领导，协调小组办公室牵头组织实施，各成员单位和参与单位协调配合。各省（区、市）要明确评价考核工作的具体负责人，做好与协调小组办公室的沟通对接，保证工作顺利开展。各省（区、市）推进产业工人队伍建设改革工作组织领导机构要高度重视评价考核工作，按要求做好年度自评，并积极配合完成抽查评估等工作。各省（区、市）要积极推动把推进这项改革的成效纳入省（区、市）委、政府年度考核。

（十）坚持稳步推进。各省（区、市）推进产业工人队伍建设改革组织领导机构于每年 2 月底前完成上一年度的自评，并将自评报告和自评类别报协调小组办公室。协调小组办公室每年第一季度召开的办公室会议研究确定拟抽查考核的省（区、市）名单，报协调小组审批通过后，以协调小组办公室名义下发通知。原则上协调小组组织有关人员和第三方机构于 7 月底前完成上一年度的抽查评估。

（十一）提升考核水平。参与评价考核相关工作的人员，要严格执行有关纪律要求，切实做到公平、公正、实事求是。加强《改革方案》落实情况评价考核信息平台等基础能力建设，提高评价考核工作效率，为评价考核提供必要的经费和工作保障。健全统计调查制度，逐步完善相关监测网络和调查系统，提高指标数据的覆盖面、准确性和代表性。探索建立数据安全管理和质量控制机制，强化评价考核工作的过程管理，确保评价考核结果的全面性、客观性和科学性。

附件：1.《新时期产业工人队伍建设改革方案》落实情况评价考核指标体系

2. 产业工人队伍建设改革关键绩效指标。

推进产业工人队伍建设改革协调小组

（中华全国总工会代章）

2022 年 3 月 15 日

附件 1

《新时期产业工人队伍建设改革方案》落实情况评价考核指标体系

一级指标	二级指标	三级指标		指标具体内涵
一、组织领导	（一）顶层设计	1	纳入当地国民经济和社会发展规划	纳入当地国民经济和社会发展“十四五”规划
		2	产改专项规划	编制产改专项规划或工作方案等
		3	形成落实《改革方案》政策体系	出台涉及产改的地方性政策文件数量和关键性举措情况
	（二）党政重视	4	领导重视	省（区、市）党委主要负责同志高度重视，就产改工作主持召开专题会议研究、对产改工作作出指示批示等情况；省委分管领导同志亲自抓，推进落实情况；政府部门支持力度、协作配合、开展具体工作情况
		5	列入年度工作要点	列入省（区、市）委常委会工作要点、列入本省（区、市）年度工作要点、列入工会工作要点、列入相关部门工作要点
		6	列入督查考核	列为党委督察事项；计入省（区、市）综合绩效考核
	（三）协调推进	7	组织领导机构	作用发挥情况
		8	领导机构办公室	领导机构办公室力量配备，作用发挥情况
		9	协调工作机制	成员单位作用发挥情况，建立产改联席会议工作机制，领导机构协调会议、成员单位联络员会议、工作任务推进会等
		10	督促检查	开展年度工作评估或近年工作评估情况、检查督导情况

续表

一级指标	二级指标	三级指标		指标具体内涵
一、组织领导	（四）工作指导	11	机制建设	建立分类指导、发挥产业工会作用机制、企业主体作用等机制建设情况
		12	调查研究	开展产业工人队伍建设改革专题调研情况
		13	理论政策研究	建立专家智库，开展理论政策研究，形成研究成果、资料汇编、理论书籍等，在党校、行政学院、高校和职业院校开设相关课程
		14	产改工作推进会、现场会、经验交流会	数量、参会人数
		15	产改专题培训班、研修班	数量、培训人数
		16	打通最后一公里	发挥企业改革主体作用，部署推进企业改革、出台相关政策文件、加强分类指导等情况
		17	解决突出问题	围绕改革过程中的重点难点堵点问题采取创新性举措，解决现实问题情况
		18	省级试点	开展试点的总体考虑、试点对象确定、试点组织实施、试点取得成效等情况
		19	成果转化和经验推广	编发简报、专报、案例汇编等情况
	（五）经费保障	20	财政投入	省（区、市）财政单独列支专项经费用于职业教育、职业培训补贴的金额和占比，补贴对象数量和占比等；对经费使用情况开展绩效考评
		21	社会投入	落实完善鼓励企业、社会组织加大职业学校教育和职业培养投入的政策措施，落实企业职工教育经费，支持企业举办或参与举办职业教育等情况

续表

一级指标	二级指标	三级指标		指标具体内涵
一、组织领导	（五）经费保障	22	工会经费投入	工会产改专项经费预算安排和经费使用效益等情况
二、思想引领	（六）党建工作	23	党员比例	产业工人党员数量、年度增长率
		24	发展党员	在产业工人中发展党员指导性计划及完成情况，非公企业、社会组织、小微企业党员人数及增长率
		25	党建工作纳入企业年度考核比例	党建工作纳入企业年度考核比例，年度增长率
		26	基层党组织建设	学习教育常态化制度化、组织生活制度落实，车间班组党组织的战斗堡垒作用和工人党员的先锋模范作用，非公企业、社会组织、小微企业的基层党组织建设和覆盖情况
	（七）贯彻《关于加强和改进新时代产业工人队伍思想政治工作的意见》	27	建立健全贯彻落实协调机制	党委负责同志牵头主抓的产业工人队伍思想政治工作联席会议制度的建立、运行情况；贯彻落实《意见》的举措及成效
		28	产业工人思想状况调查	形成专题调研报告
		29	产业工人主题教育活动	内容、载体、效果
	（八）法治教育	30	法治宣传教育活动	内容、载体、效果
		31	法律援助等公益性活动	内容、载体、效果
	（九）职业精神和职业素养教育	32	“三个精神”阵地建设	发挥红色工运资源、劳模工匠人物资源等作用，推进“三个精神”阵地建设情况

续表

一级指标	二级指标	三级指标		指标具体内涵
二、思想引领	（九）职业精神和职业素养教育	33	“三个精神”阵地作用发挥	利用阵地开展活动、进行教育、激励引导等情况
		34	劳模工匠社会展示	组织劳模工匠进学校、进机关、进企业、进社区等活动情况，各地展示劳模工匠风采的举措
	（十）讴歌产业工人工作举措	35	优秀文艺作品创作展播	鼓励引导文艺工作者创作展现产业工人风采作品的政策环境；文艺作品创作数量、质量；展播形式、途径、数量、效果
		36	群众性文化活动举办等制度性安排	健全群众性文化活动的制度机制，活动组织、形式、范围、内容、效果
三、素质提升	（十一）综合素质	37	技能结构	高级工、技师、高级技师及工程师等的数量、增长率，占当地产业工人数量的比重
		38	产业工人学历	大专及以上学历占当地产业工人数量的比重、比重增长情况
		39	农民工技能培训	实施农民工学历和能力提升行动计划、职业技能提升计划和增加农民工受教育培训机会、通过培训提升技能等级等情况
		40	农民工学历	大专及以上学历农民工占当地产业工人数量的比重、比重增长情况，参加学历培训农民工占当地农民工数量的比重、比重增长情况
	（十二）工匠人才培养选树	41	劳模和工匠人才创新工作室，工匠学院	劳模和工匠人才创新工作室、工匠学院建设数量，年度增长率，创新工作室联盟发展情况，国家级、省级工匠学院命名挂牌情况，作用发挥情况
		42	工匠人才	大国工匠、省部级工匠数量，年度增长率，在岗人数和发挥作用情况

续表

一级指标	二级指标	三级指标		指标具体内涵
三、素质提升	（十三）技能提升	43	职业教育	落实职业教育制度、职业教育院校数量情况，产教融合企业试点、“双师型”职业教育师资队伍情况
		44	职业技能培训	参加职业技能培训人次，通过培训提升技能等级人次；参加职业技能培训农民工人次，通过培训提升技能等级人次；师徒结对数量
		45	创新技能评价方式	多元化评价方式，技能评价中技术工人创新能力、现场解决问题能力和业绩贡献的比重
		46	线上技能学习培训	搭建全省技能学习专有平台、综合性平台中设置技能学习专版，企业搭建技能学习平台占企业总数比重等
		47	技能竞赛	参加国家级竞赛人次、获奖人次；承办国家级竞赛情况等；省市年度技能竞赛开展总数，增长比率；通过竞赛提升技能等级人数
		48	国际交流合作和培训	开展国际交流活动、境外技能培训次数，参加活动人次
	（十四）技术创新	49	科技创新表彰奖项	产业工人获得国家科技进步奖、创新争先奖、省部级职工创新奖项等情况
		50	技能表彰奖项	产业工人获得中华技能大奖、全国技术能手情况，省部级技能奖项设立、获奖人员情况
		51	群众性技术创新活动	总结、命名、推广先进操作法，开展职工创新成果评选、展示
		52	获得专利授权	取得专利等知识产权情况
四、队伍壮大	（十五）产业工人规模	53	产业工人数量、年度增长率	当地产业工人数量基数，年度增长率

续表

一级指标	二级指标	三级指标		指标具体内涵
四、队伍壮大	（十五）产业工人规模	54	产业工人占比	产业工人占当地工人的比例，产业工人占当地就业总人数的比例
		55	制造业产业工人数量、年度增长率	当地制造业产业工人数量基数，年度增长率
		56	制造业产业工人占比	制造业产业工人占当地工人的比例
		57	技术工人主动离职率	当地技术工人主动离职率
	（十六）农民工融入城市	58	配套政策	研究出台促进农民工培养成稳定就业产业工人，公平保障其权益等基本公共服务方面配套政策
		59	农民工产业工人增长	数量、增长率
		60	公共就业服务体系建设情况	公共就业服务体系服务内容、服务功能拓展、职业指导、就业信息服务制度、服务农民工数量、产业工人流动等情况
五、地位提高	（十七）主人翁地位	61	“三代表三委员”数量和比例	产业工人在党的代表大会代表和委员会委员、人民代表大会代表、政协委员、群团组织代表大会代表和委员会委员的数量和比例提升情况
		62	群团组织兼挂职情况	产业工人在省、市、县总工会、共青团、妇联等群团组织挂职和兼职情况
	（十八）公司治理	63	工会组建率	工会组织建设和覆盖情况
		64	职工入会率	职工入会率，尤其是新业态就业人员，农民工、灵活就业人员入会率
		65	民主管理建制率	推进厂务公开等情况
		66	人力资源管理制度	改革企业人事管理和工人劳动管理的双轨管理体制，实行统一的人力资源管理制度情况

续表

一级指标	二级指标	三级指标		指标具体内涵
五、地位提高	（十八）公司治理	67	职代会作用发挥	企业在重大决策上听取产业工人意见，涉及产业工人切身利益的重大问题经职代会审议等情况
		68	企业工会主席配备	工会主席为企业领导班子成员的比例
		69	职工董事、监事作用发挥	职工董事、监事身份，参与公司治理等情况
	（十九）技能导向激励机制	70	收入分配机制	多劳多得、技高多得
		71	技术工人创新成果按要素参与分配制度	建立落实技术工人创新成果按要素参与分配制度情况
		72	创新补助资金	投入、使用、管理创新补助资金情况，创新补助资金激励作用发挥、促进创新成果产出数质量等情况
	（二十）表彰奖励	73	表彰奖励机制	建立企业和社会积极参与的产业工人表彰奖励制度机制情况
		74	产业工人在劳动模范和先进代表评选中的比例	产业工人在各级各类劳动模范和先进代表评选中的名额比例
六、权益维护	（二十一）劳动经济权益	75	健全向一线产业工人倾斜的分配制度	完善工资平等协商机制、正常增长机制、支付保障机制等情况
		76	推行“互联网+”普惠性服务情况	建设网上“职工之家”、实现网上维权帮扶、提供公共服务等
	（二十二）职业安全健康权益	77	安全生产、职业健康联席会议制度建设	建立安全生产、职业病防治联席会议制度并定期召开会议研究工作

续表

一级指标	二级指标	三级指标		指标具体内涵
六、权益维护	（二十二）职业安全健康权益	78	监督检查	开展专项检查，敦促企业落实主体责任，安全生产、职业健康、劳动条件等改善情况
		79	产业工人安全健康素质	产业工人安全生产和职业健康意识，自我防护能力水平等
	（二十三）产业工人发展空间	80	把高技能人才纳入党管人才总盘子统筹考虑	把高技能人才纳入党管人才总盘子统筹考虑情况
		81	职工教育经费提取情况	落实企业参与校企合作成本补偿，允许企业培训费用列入成本并按规定在税前扣除等政策情况
		82	技能人才发展通道	拓展技术工人职业技能等级，推动职业技能等级与专业技术职务衔接等情况
七、社会评价	（二十四）内部评价	83	产业工人满意度	普通职工、技术工人、劳动模范和工匠人才对本地改革推进情况评价
		84	企业满意度	企业管理者、企业工会干部对本地改革推进情况评价
		85	工作人员	本省（区、市）组织领导机构成员、办公室成员、工作人员推进和掌握改革情况
	（二十五）外部评价	86	协调小组及其办公室评价	向协调小组办公室报送信息及采用情况，在全面层面进行经验交流情况，被确定为全国试点项目情况
		87	省级改革办评价	向省级改革办报送信息及采用情况，省级改革办有关领导同志批示情况
		88	新闻媒体宣传	中央媒体报道推进产改工作、产改专项任务进展，省级主流新闻媒体报道推进产改工作、产改专项任务进展情况

附件 2

产业工人队伍建设改革关键绩效指标

一、提高产业工人政治地位

1. 发展党员。产业工人党员数量、年度增长率。

2. “三代表三委员”数量和比例。产业工人在党的代表大会代表和委员会委员、人民代表大会代表、政协委员、群团组织代表大会代表和委员会委员数量和比例提升情况。

3. 群团组织兼挂职。产业工人在省（区、市）、市、县总工会和共青团、妇联等群团组织挂职和兼职情况。

4. 职代会作用发挥。企业在重大决策上听取产业工人意见，涉及产业工人切身利益的重大问题经职代会审议等情况。

二、提高产业工人经济地位

5. 技能结构。高级工、技师、高级技师及工程师等的数量、增长率，占当地产业工人数量的比重。

6. 素质提升。产业工人通过各级各类技能培训、技能比赛提升技能等级情况，农民工技能提升等情况。产业工人学历提高情况，农民工学历提高等情况。

7. 技术工人收入水平。建立落实多劳多得、技高多得体系和技术工人创新成果按要素参与分配制度情况，建立工资正常增长机制、高技能领军人才年薪制和股权期权激励等情况。

8. 技术工人成长成才通道。创新多元化技能评价方式，拓展技术工人职业技能等级，推动职业技能等级与专业技术职务衔接等情况。

9. 技能表彰和创新激励。对技术工人取得专利等知识产权、获得省部级以上创新奖项、技能表彰奖项等给予物质激励情况。设立创新补助资金用于鼓励支持产业工人岗位创新情况。

三、提高产业工人社会地位

10. 制造业产业工人队伍稳定。制造业产业工人数量、平均年龄合理，收入增长率高于社会平均水平。

11. 高技能人才纳入党管人才总盘子。把高技能人才纳入党管人才总盘子统筹考虑情况。

12. 高技能领军人才社会待遇。设立高技能领军人才服务窗口、专门通道等，实施积分落户的城市根据需求放宽落户条件限制，出台解决高技能领军人才在住房、医疗、子女教育和就业等方面的优待政策情况。

13. 劳模和工匠人才创新工作室、工匠学院建设。国家级、省级工匠学院命名挂牌和作用发挥情况，为高技能领军人才搭建展示和交流平台等情况。

14. 农民工融入城市。建立完善农民工公共就业服务体系。公平保障农民工作为用人单位职工、城镇常住人口的权益等基本公共服务方面配套政策。

关于建立发挥企业推进产业工人队伍建设改革主体作用机制的意见

（产改字〔2022〕2号）

推进产业工人队伍建设改革协调小组各成员单位及参与单位，各省（区、市）、新疆生产建设兵团推进产业工人队伍建设改革领导机构：

推进产业工人队伍建设改革是一项系统工程，发挥企业主体作用是其中的关键环节。为贯彻落实《新时期产业工人队伍建设改革方案》，激发企业推进改革的内生动力，推动产业工人队伍建设改革政策举措落地落实，打通“最后一公里”，让改革成果更好惠及广大产业工人，现就建立发挥企业推进产业工人队伍建设改革主体作用机制提出如下意见。

一、总体要求

以习近平新时代中国特色社会主义思想为指导，全面贯彻党的十九大和十九届历次全会精神，深入学习贯彻习近平总书记关于产业工人队伍建设改革的重要指示精神，统筹发展和安全，立足新发展阶段，贯彻新发展理念，构建新发展格局，落实《新时期产业工人队伍建设改革方案》要求，按照政治上保证、制度上落实、素质上提高、权益上维护的总体思路，围绕思想引领、建功立业、素质提升、地位提高、队伍壮大等重点任务，强化企业落实改革政策举措的主体责任，造就一支有理想守信念、懂技术会创新、敢担当讲奉献的宏大产业工人队伍，为进一步巩固党的执政基础、实施制造强国战略、实现高质量发展提供强有力的人力支撑。

二、提高站位，充分认识企业在推进产业工人队伍建设改革中的主体作用

产业工人是工人阶级中发挥支撑作用的主体力量，是推动高质量发展、创造社会财富的中坚力量，是创新驱动发展的骨干力量，是实施制造强国战略的有生力量。企业是市场主体，也是用人主体，是产业工人集中就业的主要场

所。企业的高质量发展离不开高素质的产业工人队伍。发挥企业的主体作用，是推动产业工人队伍建设改革各项政策举措落地落实的关键所在。要引导企业进一步提高政治站位，充分认识推进产业工人队伍建设改革既是党和国家一项具有战略性、全局性的重大决策部署，又是企业高质量发展的迫切需要，企业是改革的执行者，也是改革的受益者，切实增强推进改革的思想自觉、政治自觉和行动自觉，紧密结合各自实际，把产业工人队伍建设改革抓紧抓实抓好，真正解决改革“最后一公里”问题。

三、聚焦重点，不断推动产业工人队伍建设改革工作向纵深拓展

要围绕推动产业工人队伍建设改革的重点任务，坚持以产业工人为本、注重实效，坚持问题导向、对症下药，坚持以点带面、重点突破，不断把改革引向深入。要在强化产业工人思想引领上下功夫。认真贯彻落实中办、国办印发的《关于加强和改进新时代产业工人队伍思想政治工作的意见》，加强理想信念教育，团结引领广大产业工人坚决拥护以习近平同志为核心的党中央，自觉践行社会主义核心价值观，坚定不移听党话、跟党走。强化职业精神和职业素养教育，大力弘扬劳模精神、劳动精神、工匠精神，培育健康文明、昂扬向上、全员参与的职工文化，引导产业工人爱岗敬业，强化契约精神，支持企业发展，构建与企业利益共同体、事业共同体、命运共同体。加强法治教育，提高产业工人法律素养、安全素养和诚信意识，引导产业工人依法理性有序表达利益诉求，坚决维护产业工人队伍团结统一和社会和谐稳定。要在增强产业工人建功立业实效性上下功夫。紧扣推动企业高质量发展，广泛深入持久开展劳动和技能竞赛，改进竞赛组织、运行、激励体制机制，进一步提高竞赛工作水平。以强化产业工人创新能力为着力点，组织产业工人踊跃参加岗位练兵、技术交流、技能培训、技术革新、技术协作、合理化建议、“五小”（小发明、小创造、小革新、小设计、小建议）等群众性创新活动。开展优秀技术成果交流活动，加大创新成果转化应用力度，有序扩大跨区域、跨行业、跨企业的劳模和工匠人才创新工作室联盟，为产业工人发挥作用搭建平台、提供舞台。要在提升产业工人素质上下功夫。积极引导产业工人树立终身学习的理念，实现学以养德、学以增智、学以致用。强化和落实企业培养产业工人的主体责任，结合企业生产经营、技术创新和安全生产需要，制定和落实本单位产业工人培训规划和培训制度，并将执行情况作为考核企业特别是国有企业负责人绩效的主要依据。落实产业工人培养、使用、评价、考核机制，引导更多产业工人走技能成才、技能报国之路。要在维护产业工人权益上下功夫。结合企业实际，认真贯彻落实中办、国办印发的《关于提高技术工人待遇的意见》，建立健全符

合技能人才特点的薪酬分配制度，实现技高者多得、多劳者多得，切实提高产业工人的经济地位。提高一线产业工人党员比例，坚持和完善职工董事制度、职工监事制度，健全以职工代表大会为基本形式的企事业单位民主管理制度，推动厂务公开、业务公开，加大对产业工人地位作用的宣传力度，进一步提升产业工人的政治地位和社会地位。及时纠正企业侵犯产业工人合法权益的行为，切实帮助产业工人解决最关心最直接最现实的利益问题，让广大产业工人共享改革发展成果。

四、多方发力，全面推进企业产业工人队伍建设改革工作取得实效

推进产业工人队伍建设改革涉及企业的方方面面，必须举企业全部之力加以推进。一是高度重视。企业负责人要从战略和全局的高度深刻认识推进产业工人队伍建设改革的重要性和紧迫性，充分认识企业在推进产业工人队伍建设改革中的职责使命，真正把推进产业工人队伍建设改革工作作为企业“一把手”工程，做到推进产业工人队伍建设改革工作与企业其他业务工作同谋划、同部署、同推进、同考核。二是加强领导。要结合企业生产经营实际和产业工人队伍状况实际，明确推进产业工人队伍建设改革的目标任务，确立“时间表”、“路线图”和责任分工，把改革工作一项一项落到实处、见到实效。三是强化保障。要在人财物等方面为产业工人队伍建设改革工作提供保障，积极创造条件。四是发挥企业工会重要作用。企业工会要在企业党组织统一领导下，积极发挥牵头抓总作用，加强统筹协调，调动企业各方的资源和力量，不断把改革引向深入。

五、分类指导，着力激发企业推进产业工人队伍建设改革的内生动力

各级产业工人队伍建设改革领导机构要深入了解本地区企业在推进产业工人队伍建设改革中的实际状况，充分考虑企业所处的地域、行业、规模、所有制等因素，对不同类型企业推进改革工作进行分类指导，确保改革取得实效。对于国有企业，要强化政治责任，指导其把产业工人队伍建设改革作为国企改革的一项重要内容，充分发挥国有企业政治优势，勇当先锋推进改革落实。推动国有企业特别是中央企业将产业工人队伍建设改革情况纳入党建工作责任制考核，强化中央企业在履行政治责任中走在前、作表率。要充分利用职工代表大会制度、职工董事制度、职工监事制度，鼓励产业工人代表有序参与公司治理，在共建共治共享中推动产业工人队伍建设改革在国有企业真正落实。对于非公有制企业，要强化社会责任，指导其充分认识推进产业工人队伍建设改革不仅惠及产业工人而且也有利于企业自身高质量发展，切实发挥机制灵活等优

势，真正把改革抓起来、抓出成效。要坚持激励、约束并举，强化非公有制企业参与改革的动力机制，积极探索将推进改革情况纳入全国五一劳动奖和全国工人先锋号、全国五一巾帼奖、全国和谐劳动关系创建示范企业、全国模范职工之家、全国厂务公开民主管理先进单位、提升职工生活品质试点单位等相关评选和荣誉表彰中，加大劳动保障监察力度，督促企业依法规范用工，积极履行社会责任。

六、强化领导，推动产业工人队伍建设改革政策举措在企业落地落实

能否打通“最后一公里”，让各项改革政策举措真正在企业落地落实，各级产业工人队伍建设改革领导机构的领导和指导十分重要。一要加强组织领导。要把推动产业工人队伍建设改革政策举措在企业落地落实放在突出位置来抓，针对本地区企业改革的实际状况，加强统筹谋划，建立推进企业改革工作责任制，逐级压紧压实责任，确保任务有分工、完成有时限、责任到个人。二要加强精准指导。建立完善各级推进改革协调（领导）小组成员单位联系企业制度，直接联系指导推动企业改革工作。积极推广改革指导员制度，指导企业吃透上级改革精神，把握改革要求，精心组织改革方案实施，通过改革切实增强产业工人的获得感。三要加强调查研究。围绕广大产业工人急难愁盼的问题，加强分析研判，深入企业一线和职工，扎实开展调研，倾听企业呼声和职工诉求，及时掌握企业产业工人队伍建设改革的进展及存在的困难和问题，为制定完善相关政策提供支持和依据，确保改革举措符合客观规律、契合产业工人利益。四要加强总结宣传。及时总结改革推进过程中的先进典型、经验成效，注重典型引路，发挥试点作用。加大宣传力度，引导各类企业主动投身改革，动员产业工人积极投身改革，在全社会营造关心、支持、推动改革的良好氛围。

推进产业工人队伍建设改革协调小组
（中华全国总工会代章）
2022年3月15日

关于建立健全推进产业工人队伍建设改革专题培训机制的意见

（产改字〔2022〕3号）

推进产业工人队伍建设改革协调小组各成员单位及参与单位，各省（区、市）、新疆生产建设兵团推进产业工人队伍建设改革领导机构：

为深入学习贯彻习近平总书记关于推进产业工人队伍建设改革的重要指示精神，落实党中央、国务院关于产业工人队伍建设改革的有关决策部署，根据推进产业工人队伍建设改革协调小组部署安排，现就建立健全产业工人队伍建设改革专题培训机制，提出如下意见。

建立健全推进产业工人队伍建设改革专题培训机制，是不断提高思想认识、加强理论学习、解决重点难点问题、提升工作质量水平的重要制度安排，对于保证推进产业工人队伍建设改革落地见效具有重要意义。落实专题培训机制，要根据产业工人队伍建设改革的问题导向、需求导向、实践导向，围绕推进产业工人思想引领、建功立业、素质提升、地位提高、队伍壮大等重点工作任务，以提高负责推进产业工人队伍建设改革工作的各级各类人员的专业能力建设为重点，坚持政治统领、服务大局，分级负责、精准培训，渠道广泛、规范有序，学以致用、强化运用的原则，为做好推进产业工人队伍建设改革工作提供素质支撑。

一、专题培训制度

开展分级分类培训，全总根据工作需要，会同有关部委举办专题研讨班或培训班，对推进产业工人队伍建设改革办公室有关同志以及改革试点单位负责同志进行培训。在县级以上总工会主体班次、部门班次中把产业工人队伍建设改革作为重要培训内容；开展送教到基层活动，根据实际需求，安排推进产业工人队伍建设改革相关课程。全总每年举办一期专题培训班，各省级推进产业工人队伍建设改革领导机构每年举办一期培训班并统筹推进本地区的培训工作，各全国产业工会根据系统特点加强培训，基层工会立足实际组织有针对性的应用培训。培训中注重学习相关政策文件、交流工作经验、开展工作研讨，邀请理论功底扎实、实践经验丰富的党政领导干部、知名专家学者授课。

二、师资队伍建设制度

各级工会及工会院校建立健全专职教师知识更新机制和实践锻炼制度，加强教师产业工人队伍建设改革专业素养提升和实践锻炼，每年有计划安排专职教师参与改革重点工作。强化教师对产业工人队伍建设改革的教学研究，组织教师开展理论攻关、集体备课，注重研究式教学，推动研究成果进课堂。建立教师调研制度，牢固树立按需培训理念，精准把握干部对于产业工人队伍建设改革培训的需求，把需求调研结果转化为干部培训内容。按照有关规定，选聘专家学者、劳动模范、大国工匠、技能人才等担任兼职教师，加强和改进兼职教师管理，不断增强培训的针对性有效性，提升培训质量。全总探索建立产业工人队伍建设改革培训师资库。

三、课程和教材开发制度

各级工会及工会院校在用好《新的使命和担当——〈新时期产业工人队伍建设改革方案〉解读》、《产业工人队伍建设改革试点案例汇编》等教材的同时，大力推进产业工人队伍建设改革课程、教材建设。深入学习理解习近平新时代中国特色社会主义思想，及时跟进学习习近平总书记关于产业工人队伍建设改革的最新重要指示精神，将其贯穿到课程和教材开发全过程。坚持理论与实际相结合，理论教学、研讨教学、案例教学相结合，持续优化课程设置、丰富课程资源，精心组织编写务实管用的特色教材，构建具有较强的时代性实用性创新性、符合实际需求的课程和教材体系。

四、培训阵地作用发挥制度

中国劳动关系学院发挥工会干部院校龙头作用，省级工会干部院校发挥工会干部培训主阵地主渠道作用，承担全国工会干部教育特色培训班的工会干部院校发挥示范引领作用，加强教学研究，精心设计推进产业工人队伍建设改革培训项目。积极推动产业工人队伍建设改革培训进党校（行政学院），依托高等院校和干部培训院校等开展专题培训。发挥网络优势，充分利用“学习强国”、“技能强国”学习平台，提高全国工会干部教育培训网覆盖面，各级工会网络平台适应本地区、本行业推进产业工人队伍建设改革需求开展网络专题培训。

五、培训组织领导制度

推进产业工人队伍建设改革协调小组设立培训组，主要负责制定专题培训计划，编报经费预算，抓好督促落实，统筹指导推进产业工人队伍建设改革专题培训工作。各级工会要明确推进产业工人队伍建设改革专题培训工作的责任部门、责任人，做到分工明确、责任到人。推进产业工人队伍建设改革专题培训负责部门年初制定培训计划并督促落实，主办单位、工会干部院校加强教学管理，严格师资把关和课程审核。把干部教育培训经费列入年度预算，保证专题培训工作需要。

各单位贯彻落实的好经验好做法，请及时报推进产业工人队伍建设改革协调小组办公室。

推进产业工人队伍建设改革协调小组

（中华全国总工会代章）

2022 年 3 月 15 日

关于建立健全推进产业工人队伍建设改革分类指导机制的意见

（产改字〔2022〕5号）

推进产业工人队伍建设改革协调小组各成员单位、参与单位，各省（区、市）、新疆生产建设兵团推进产业工人队伍建设改革组织领导机构：

根据中共中央、国务院《新时期产业工人队伍建设改革方案》（以下简称《改革方案》）关于加强分类指导的要求，为进一步深化产业工人队伍建设改革，提升改革质量和成效，让改革成果更好惠及广大产业工人，现就建立健全推进产业工人队伍建设改革分类指导机制，提出如下意见。

一、总体要求和目标原则

以习近平新时代中国特色社会主义思想为指导，深入学习贯彻党的二十大精神，全面学习贯彻习近平总书记关于工人阶级和工会工作的重要论述、关于产业工人队伍建设改革的重要指示精神特别是致首届大国工匠创新交流大会的贺信精神，贯彻落实《改革方案》、《关于提高技术工人待遇的意见》，坚持为了产业工人、依靠产业工人、造福产业工人，始终围绕产业工人特点和需求来谋划和推进改革，始终坚持问题导向、目标导向、结果导向，针对不同群体加强分类指导。

二、全面提高高技能领军人才待遇和保障水平

针对高技能领军人才，通过完善工资正常增长机制，拓宽收入渠道，加强作用发挥，强化评价使用激励，优化社会环境，全面提高其待遇和保障水平。

（一）提高高技能领军人才的政治待遇。将高技能领军人才纳入党管人才总盘子统筹考虑，纳入各级党委联系专家的范畴。增加产业工人在党的代表大会代表和委员会委员、人民代表大会代表、政协委员、群团组织代表大会代表和委员会委员中的比例，增加其在工青妇等群团组织中挂职和兼职比例。畅通高技能人才向专业技术岗位或管理岗位流动渠道。定期组织高技能领军人才参

加国情研修考察、疗休养、面向社会进行咨询服务等活动。

（二）提高高技能领军人才的经济待遇。引导企业工资分配向高技能领军人才倾斜，在科学评价高技能领军人才技能水平和业绩贡献基础上，探索实行年薪制、协议薪酬等，合理确定高技能领军人才薪酬水平，逐步实现高技能领军人才参照高级管理人员标准落实经济待遇。鼓励企业对高技能领军人才探索实行股权期权激励、技术创新成果入股、超额利润分享、项目分红、岗位分红、带徒津贴、年资（年功）工资等激励办法，提高高技能领军人才创新创造积极性。

（三）提高高技能领军人才的社会待遇。鼓励各地根据实际情况，出台解决高技能领军人才在住房、子女教育和就业等方面的优待政策。通过提供保障性租赁住房和发放房租补贴等方式，解决引进高技能领军人才的住房问题。实施积分落户的城市，重点考虑高技能领军人才落户需求并放宽落户条件限制。

（四）全面加强对高技能领军人才的服务保障。各地各有关部门根据需要设立高技能领军人才服务窗口、专门通道等，协调落实相关待遇政策。针对信息化、数字化、智能化与制造业深度融合的实际，加强技能开发和培训，培养复合型、融合型、多能型高技能领军人才。对高技能领军人才的配偶、子女有就业愿望但未就业的，积极提供职业指导和就业前培训，推荐就业岗位。对经济结构调整中出现困难的企业，保障企业的高技能领军人才稳定就业。推动建立健全地区间、企业间高技能领军人才流转交流补偿机制。

（五）发挥高技能领军人才在技术创新等方面的重要作用。鼓励高技能领军人才更多参与国家科研项目，开展科技攻关活动。加强产研结合，发挥高技能领军人才作用，促进生产与研发、技能与技术深度融合，解决现场关键核心难题。鼓励高技能领军人才参与工匠学院建设，领衔创建劳模和工匠人才创新工作室，发挥其在精神传承、技能培训、创新创效等方面的示范带动作用。支持高技能领军人才参与所在企业（地区、集团、行业组织）的职工教育培训，在制定人才发展规划、职称评审或技能等级认定、教学实践等工作中发挥骨干作用。支持高技能领军人才参评国家科技进步奖、全国创新争先奖、中国专利奖等奖项。支持高技能领军人才参加创新成果评选、展示和创业创新等活动，切实保障高技能领军人才的知识产权和技术创新成果转化权益。多渠道组织高技能领军人才参与国际大型工业展、国际发明展等海外交流活动。宣传高技能领军人才先进事迹，开展先进操作法总结、命名，推广绝招、绝技、绝活等。

三、完善技术工人培养、评价、使用、激励、保障机制

针对技术工人，通过加大培养培训力度，完善技术工人培养、评价、使

用、激励、保障等措施，优化社会环境、营造良好氛围，实现多劳者多得、技高者多得，激发技术工人的积极性、主动性、创造性。

（一）提高技术工人收入水平。引导企业建立基于岗位价值、能力素质、业绩贡献的技术工人工资分配制度，强化工资分配的技能价值激励导向。激励企业在工资结构中设置体现技术技能价值的工资单元，或根据职业技能等级设置单独的技能津贴，制定技能要素和创新成果按贡献参与分配的办法。支持企业与职工开展技术创新专项集体协商，签订集体合同。

（二）提高技术工人技能素质。指导地方统筹用好现有职业技能培训资金。地方各级人民政府安排地方教育附加等方面的经费，应当将其中可用于职业培训的资金统筹使用；发挥失业保险基金作用，支持职工提升技能。企业应依法依规按照职工工资总额一定比例提取和使用职工教育经费，其中用于企业一线职工教育培训经费应当达到国家规定的比例。鼓励支持企业开展职业技能培训、练兵比武等活动。充分利用工人文化宫、技能实训基地、工匠学院等，支持企业组织职工开展培训。制定地区、企业工匠培育计划。大力推行新型学徒制和现代学徒制，广泛开展师带徒等活动。建立健全培训、练兵、竞赛、晋级、奖励“五位一体”技能人才培养长效机制。

（三）提升技术工人的创新能力。加强源头培育，支持技术工人立足岗位参与创新攻关，深化重点攻关，提高创新项目质量。建立创新激励机制，明确奖励办法，对作出技术创新成果的技术工人予以奖励。搭建职工创新创效平台，提升职工创新成果转化率。积极营造创新文化，倡导人人创新、时时创新、处处创新的良好氛围。

（四）畅通技术工人职业发展通道。建立完善技术工人职业生涯成长规划。针对不同工作岗位，设置科学合理的发展路径，畅通技术工人成长成才通道。支持各地面向符合条件的技能人才招聘事业单位工作人员，重视从技能人才中培养选拔党政干部。落实关于打通岗位间横向贯通职业发展路径有关政策规定，推动技术工人在不同职业序列间横向无障碍流动。

（五）鼓励技术工人参与企业管理。提高技术工人在职工代表大会中的比例。建立完善职工诉求服务反馈体系，鼓励职工积极向管理层建言献策。加强对产业工人队伍建设改革政策的宣传贯彻和寻策问计，推动政策举措直达基层、问题需求直通部门。

四、推动农民工成为稳定就业的产业工人

针对农民工，通过保障农民工合法权益、提升农民工学历与能力、提升农民工技能水平等措施，将农民工培养成合格产业工人，提升农民工的政治经济

社会待遇，促进农民工融入城市稳定就业，平等享受城镇基本公共服务。

（一）维护农民工合法权益。指导和督促企业依法合规用工，在企业发展基础上合理提高农民工工资水平。落实《保障农民工工资支付条例》，确保农民工工资按时足额发放。规范缴纳社会保险，全面落实企业为农民工缴纳社会保险费用的责任。不断改善劳动条件，确保农民工的劳动安全和职业健康。支持企业和农民工开展集体协商，根据法律、法规、规章的规定，就劳动报酬、工作时间、休息休假、劳动安全卫生、保险福利等事项签订集体合同。加大劳动法律监督检查和违法处罚力度。加强劳动争议调解仲裁和法律援助。开展农民工困难帮扶，解决其后顾之忧。

（二）提升农民工技术技能素质。建立农民工转型发展机制，采取多种措施，努力将农民工培养成为高素质产业工人。推行“调查 + 培训 + 服务 + 就业”模式，大力开展促进农民工就业的技能培训和新职业新业态培训，针对农民工开展订单式培训、定向定岗培训。深入实施“求学圆梦”行动等农民工学历与职业技能提升计划。广泛开展岗位练兵、技能竞赛等活动，做到以赛促学、以赛代练，不断提升农民工技能素质。

（三）促进农民工融入城市、稳定就业。发布重点行业产业职业培训需求指导目录，帮助农民工找准参加技能培训方向。推动建立健全契合农民工特点的信息交流发布工作平台。搭建着眼远期产业工人规模的公共服务体系。积极主动为农民工办实事、解难题，组织开展体检、协助子女入学等普惠服务。

（四）规范劳务派遣用工。加强劳务派遣工的规范用工管理和监督执法。采取多种方式吸收劳务派遣工加入工会组织，在优秀劳务派遣工中培养和发展党员，提升党的组织和工作覆盖面。推进同工同酬，实现工资收入、福利等方面享受同等待遇。推动在危化行业、井下作业等高危领域和主营业务用工中逐步取消劳务派遣工；非主营业务岗位劳务派遣用工数量和用工比例要控制在法律法规限定水平内。搭建成长培育平台，将劳务派遣工纳入统一管理和培训，将优秀劳务派遣工纳编为正式员工。开展丰富多彩的文体活动，加强后勤保障，满足劳务派遣工文化生活需求。

五、加强组织实施

（一）加强组织领导，强化工作协同。充分发挥各级推进产业工人队伍建设改革组织领导机构各成员单位和参与单位的职能优势，加强部门协同、政策联动，形成工作合力。注重日常工作交流，及时总结推广好的经验做法。

（二）加强探索创新，强化示范引领。针对改革推进过程中的痛点、难点、堵点问题，深化试点工作。根据产业、行业特色，积极培育产（行）业示范企业，引领推进全产（行）业的改革工作。针对生产制造业和互联网企业等行业特点，探索创新差异化的改革路径。

（三）加强交流培训，强化宣传引导。选择工作先进地区或企业召开现场推进会，交流推广典型经验，组织现场观摩学习。举办推进产业工人队伍建设改革领导机构或办公室人员培训班。充分利用网络教育平台、微课堂、短视频等手段，全方位立体化宣传先进典型，营造全社会关心和支持产业工人队伍建设改革的良好氛围。

推进产业工人队伍建设改革协调小组

（中华全国总工会代章）

2022 年 10 月 24 日

第四篇

部委文件

国家发展改革委关于印发《公共实训基地建设中央预算内投资专项管理办法》的通知

（发改就业规〔2017〕1937 号）

各省、自治区、直辖市及计划单列市、新疆生产建设兵团、黑龙江省农垦总局发展改革委：

为贯彻落实《中国制造 2025》（国发〔2015〕28 号）、《“十三五”促进就业规划》（国发〔2017〕10 号），加快我国职业技能实训体系建设，进一步加强公共实训基地建设中央预算内投资专项管理，根据《中共中央 国务院关于深化投融资体制改革的意见》（中发〔2016〕18 号）、《国务院办公厅关于创新投资管理方式建立协同监管机制的若干意见》（国办发〔2015〕12 号）、《中央预算内投资补助和贴息项目管理办法》（中华人民共和国国家发展和改革委员会令第 45 号）、《中央预算内投资监督管理暂行办法》（发改投资〔2015〕525 号）等有关规定，特制定《公共实训基地建设中央预算内投资专项管理办法》，现印发你们，请遵照执行。2016 年发布的《公共实训基地建设专项管理办法（暂行）》（发改就业〔2016〕571 号）同时废止。

附件：公共实训基地建设中央预算内投资专项管理办法

国家发展改革委

2017 年 11 月 8 日

附件

公共实训基地建设中央预算内投资专项管理办法

第一章　总　则

第一条　为贯彻落实《中国制造 2025》（国发〔2015〕28 号）、《“十三五”促进就业规划》（国发〔2017〕10 号），加强我国职业技能实训体系建设，提高公共就业服务能力，根据《中共中央　国务院关于深化投融资体制改革的意见》（中发〔2016〕18号）、《国务院办公厅关于创新投资管理方式建立协同监管机制的若干意见》（国办发〔2015〕12号）、《中央预算内投资补助和贴息项目管理办法》（中华人民共和国国家发展和改革委员会令第45号）、《中央预算内投资监督管理暂行办法》（发改投资〔2015〕525号）等有关规定，制定本办法。

第二条　本办法所称公共实训基地，是指由政府主导建设、向城乡各类劳动者以及职业院校、职业培训机构、企业等提供技能训练、技能竞赛、技能鉴定、创业孵化、师资培训、课程研发等服务的公共性、公益性、示范性、综合性职业技能实训场所。

第三条　由国家发展改革委安排中央预算内投资支持开展建设的公共实训基地项目适用本办法。

第四条　专项实施目标是，在整合资源、统筹建设、错位发展、合理布局的基础上，建设一批开展中、高级技能培训、新技能开发和师资培训，示范性强、辐射面广的省级大型公共实训基地；建设一批促进区域经济发展和服务中高端产业发展需求的地市级综合型公共实训基地；建设一批服务当地主导产业的县级地方产业特色型公共实训基地。力争到2025年，形成覆盖全国、布局合理、定位明确、功能突出、信息互通、协调发展，能够基本满足产业发展需求的公共职业技能实训体系。

第二章　安排原则

第五条　统筹兼顾，协调发展。着眼全国、突出重点，坚持地区统筹、资源统筹、资金统筹。将公共实训基地建设与脱贫攻坚和精准扶贫结合起来，推动城乡一体发展、东部与中西部互动发展、贫困地区与发达地区协调发展。坚持新建、改扩建、购置相结合，中央通过专项安排补助投资支持地方开展项目建设，鼓励各地整合优化政府、院校、企业与社会组织等各类资源。鼓励各地统筹使用各渠道的培训资金，提高培训资金综合利用效率。鼓励各地利用PPP模式、共建共享等方式引导社会资本参与公共实训基地建设和运营管理。

第六条　突出特色，市场导向。综合考虑各地资源禀赋与产业发展特点，突出实训基地的区域性和地方特色，既立足当地人力资源实际又兼顾市场需求，既立足当前现实需要又兼顾长远持续发展，力求做到定位准确、特色突出、规模适度、务求实效。

第七条　公共开放，协作共享。充分发挥公共实训基地公共性与开放性，为各类社会群体提供广覆盖、多领域、可持续的职业技能培训。突出公共实训基地示范、辐射与带动作用，加强与其他类型培训机构的互动协作，实现资源共享。同时，紧紧围绕“互联网+”行动，通过信息化、网络化建设加强公共实训相关信息的监测分析，力争实现信息的互通共享，促进信息有效对接，不断提高劳动力流动能力和就业质量。

第八条　需求导向，示范引领。充分发挥公共实训基地建设对培养技能人才、带动就业创业、促进居民增收的作用，优先在技能劳动者供需缺口较大、返乡创业工作成效明显、城乡居民增收示范推进的地区支持开展项目建设，有效发挥中央投资的示范引领作用。

第三章　建设内容

第九条　公共实训基地建设应当以实用、安全、简朴和节约资源为原则。公共实训基地内部空间一般由实训场地、教研室、仓库、信息化设施以及必要的基本设施和辅助设施组成，实训场地一般采用框架式建筑结构，面积要满足培训要求。

第十条　公共实训基地项目应根据实际需要和有关技术标准合理确定建设规模。省级大型公共实训基地建筑面积一般不低于 15000 平方米，可承担 15 个以上职业（工种）技能训练；地市级综合型公共实训基地建筑面积一般不低于 8000 平方米，可承担 10 个以上职业（工种）技能训练；县级地方产业特色型公共实训基地建筑面积一般不低于 3000 平方米，可承担 8 个以上职业（工种）技能训练。

第四章　支持方式和标准

第十一条　中央投资以补助方式对符合条件的公共实训基地项目予以支持，主要用于公共实训基地中实训场所建设和实训设施投入。

第十二条　优先支持各地建设省级大型公共实训基地和地市级综合型公共实训基地。同时，对于国家级贫困县和东部地区常住人口超过 60 万、中部地区常住人口超过 40 万、西部地区（含享受西部政策的地区，下同）常住人口超过 20 万的县（区、市），支持建设县级地方产业特色型公共实训基地。新疆生产建设兵团、黑龙江省农垦总局项目安排，应统筹考虑实际培训需求、常住人口数量等情况，并参考以上原则。

第十三条　对东部地区补助比例不超过总投资（不含土地、红线外市政工程，下同）的40%，对中部地区的补助比例不超过总投资的60%，对西部地区的补助比例不超过总投资的80%，对国家级贫困县的补助比例不超过总投资的85%。同时，对每个项目中央补助资金设定上限。其中，省级大型公共实训基地项目的补助上限为9000万元，地市级综合型公共实训基地项目的补助上限为6000万元，县级地方产业特色型公共实训基地项目的补助上限为2000万元。国家另有规定的，执行相关规定。

第十四条 鼓励地方加大投资力度，中央预算内投资可根据项目建设周期和实际建设进度按年度分批下达，原则上不超过2年。

第五章 项目申报和资金安排

第十五条 申报项目必须已完成可行性研究报告批复、落实地方建设资金和项目用地、具备按时开工条件，项目业主单位应是项目法人。

第十六条 各地应依托国家重大建设项目库做好项目储备，编制公共实训基地建设项目三年滚动投资计划，不进入项目库、不纳入滚动计划的项目原则上不能申报中央预算内投资补助。

第十七条 申报中央预算内投资补助的公共实训基地建设项目，须通过投资项目在线审批监管平台获取项目统一代码并完成相关审批，由省级发展改革部门向国家发展改革委上报资金申请报告，并对项目进行先后排序。

资金申请报告中应包括项目单位基本情况、在线平台生成的项目代码、项目建设内容、总投资及资金来源、建设条件落实情况及工期安排等相关内容，并附项目可行性研究报告批复（原件）。同时，须按国家重大建设项目库要求，完整准确填报项目信息，形成电子数据一并上报。省级发展改革部门对申报材料的真实性、合法性、准确性严格把关。

第十八条 国家发展改革委对资金申请文件进行审核，综合考虑各省（区、市，含新疆生产建设兵团和黑龙江省农垦总局，下同）经济社会发展状况、地方资金配套能力、项目所在地人力资源供需情况及职业培训和技能人才队伍建设情况等因素，结合考虑人口因素、向中西部倾斜、集中力量办大事等原则，统筹下达中央预算内补助投资计划。

第六章 项目管理

第十九条 根据依法行政、简政放权、放管结合、优化服务的原则，公共实训基地项目由各地按照权限进行审批。各地发展改革部门会同人力资源社会保障等相关部门切实做好项目选点及各项前期工作，督促落实各级配套资金，并加强对项目建设的督促指导。

第二十条　项目建设应严格执行基本建设程序，切实落实项目法人责任制、工程建设监理制、项目招标投标制、工程合同管理制等要求。同时，按照政府信息公开有关规定，做好项目信息公开工作。

第二十一条　项目竣工后，相关单位应根据职责及时组织开展项目验收，并将验收结果按规定进行报备。

第二十二条　在项目运营管理中，要充分发挥项目的社会效益，鼓励项目单位建立培训台账，及时向当地发展改革、人力资源社会保障等相关部门报送项目使用情况，包括年培训人次、职业资格鉴定及培训后的就业和收入情况等。

第七章　项目监督检查

第二十三条　各地要落实日常监管直接责任单位及监管责任人的责任，按要求开展日常监管，按月通过重大建设项目库认真核实填报项目进度数据和信息。项目开工情况、投资完成情况、项目建设进度及每月调度执行情况，将作为安排下一步中央预算内投资的重要参考因素。对于项目数据填报更新不及时、项目数据严重失实、工程进度严重滞后、事中事后监管不力、项目建设存在问题的地区，将视情节轻重采取通报批评或扣减、收回、暂停安排中央预算内投资等措施。

第二十四条　各级发展改革部门和项目行业主管部门要切实加强项目建设事中事后监管。通过督促自查、实地调研抽查、专项稽察、网上监测、联合有关部门不定期检查等多种监管方式，实现项目监管的全覆盖。加快推进项目建设进度，确保中央预算内投资合规有效使用，更好更快地发挥中央预算内投资的带动效应。

第二十五条　项目单位应积极配合稽察或监督检查，如实提供与项目有关的文件资料和情况，不得销毁、隐匿、转移、篡改或无故拖延、拒绝提供有关文件资料。对提供虚假材料骗取补助资金，或转移、侵占、截留、挪用补助资金，或配套资金不落实、擅自改变建设内容和建设标准，或无正当理由未及时建设实施、竣工完成的，按照《中央预算内投资补助和贴息项目管理办法》（中华人民共和国国家发展和改革委员会令第45号）第五章的有关规定给予相应处罚，相关信息将纳入全国信用信息共享平台。存在违反国家法律法规行为的，依法追究责任。

第八章　附　则

第二十六条　各省（区、市）发展改革部门可参照本办法，制定当地公共实训基地建设专项管理办法实施细则。

第二十七条　本办法由国家发展改革委负责解释，自发布之日起施行。2016 年发布的《公共实训基地建设专项管理办法（暂行）》（发改就业〔2016〕571 号）同时废止。

国家发展改革委　教育部　科技部等十一部门关于提升公共职业技能培训基础能力的指导意见

（发改就业〔2018〕1433号）

各省、自治区、直辖市发展改革委、教育厅（委）、科技厅（委）、工业和信息化（中小企业）主管部门、财政厅（局）、人力资源社会保障厅（局）、农业（农牧、农村经济）厅（局、委）、审计厅（局）、工商局（市场监管部门）、银监局、总工会：

当前和今后一段时期，为推动高质量发展和建设现代化经济体系，迫切需要一支规模宏大的技能劳动者大军。近年来，职业技能培训尤其是公共实训机构提供的公共职业技能培训，在提升劳动者素质方面发挥了重要作用，但是从培训的数量和质量来看，还无法满足经济社会发展需要。为此，要深入贯彻落实习近平新时代中国特色社会主义思想和党的十九大精神，根据《国务院关于推行终身职业技能培训制度的意见》（国发〔2018〕11号）部署要求，加快提升我国公共职业技能培训基础能力，不断完善公共职业技能培训体系，大规模开展职业技能培训，为促进制造业高质量发展和经济转型升级提供技能人才支撑。现就有关工作提出如下意见。

一、主要目标

力争到2025年，形成覆盖全国、布局合理、定位明确、功能完善、信息联通、资源共享，能够基本满足实现高质量发展和建设现代化经济体系对技能人才需求的公共职业技能培训基础能力体系，实现培训渠道广泛、培训主体多元、培训信息联通、培训方式丰富、培训管理规范，有效对接职业技能培训供需，基本满足劳动者职业技能培训需要，努力培养造就规模宏大的高技能人才队伍和高素质劳动者。

二、加强公共职业技能培训基础平台建设

（一）推进公共职业技能培训基础平台建设。公共职业技能培训基础平台

以公共实训机构为主体，包括公共实训基地、职工职业技能实训基地、职业农民培育基地、创业孵化基地、高技能人才培训基地等。鼓励各地结合主体功能定位、区域产业分布和培训对象数量等实际情况，编制公共职业技能培训基础平台建设规划，构建层级合理、定位清楚、布局科学的建设体系。（国家发展改革委、人力资源社会保障部、农业农村部、全国总工会等按职责分工负责。列第一位者为牵头单位，下同）

三、提高培训就业信息共享能力

（二）积极构建培训和就业良性互动机制。加强职业技能培训与就业衔接，在公共职业技能培训基础平台上开展的培训内容，应与当地人力资源市场就业需求信息充分对接，按当地人力资源市场职业供求状况和产业发展需求设立培训项目。鼓励用人单位与公共职业技能培训基础平台开展定向培训、订单培训、岗前培训等多种形式合作，积极建立劳动用工和技能实训紧密结合、无缝对接的联动机制。加强劳动者职业指导和职业生涯规划，鼓励引导劳动者按市场需求状况和自身职业发展需求自主选择培训项目，提高劳动者进行技能实训后的就业质量，有效缓解人力资源市场供求结构性矛盾。（人力资源社会保障部、国家发展改革委、农业农村部、全国总工会等按职责分工负责）

（三）加强基层就业和社会保障服务平台信息共享。鼓励各地根据实际在基层就业和社会保障服务平台上综合经办就业、社会保险、劳动监察、调解仲裁等人力资源和社会保障公共服务业务。围绕"互联网 +"行动计划，通过信息化建设推动基层就业和社会保障服务设施实现信息互通共享，为劳动者提供统一高效的人力资源社会保障公共服务。（人力资源社会保障部、国家发展改革委等按职责分工负责）

四、创新数字职业技能培训体系

（四）完善数字职业技能培训顶层设计。加强数字化基础设施建设，分步试点、分类推进。推动建立数字职业培训标准体系，使接受培训的劳动者能够获得社会普遍认可，提高就业质量。（人力资源社会保障部、国家发展改革委、工业和信息化部、市场监管总局等按职责分工负责）

（五）积极打造数字职业技能培训公共服务平台。结合国家"金保工程"二期和全国产业工人网络学习平台等公共服务平台，依托各地公共职业技能培训基础平台，积极引导整合大企业、高等学校、职业院校、社会培训机构的数字职业培训资源，推动职业技能培训服务向移动智能终端、自助终端等延伸，提高职业技能培训便利度和可及性。推动虚拟现实（VR）、增强现实（AR）和人工智能（AI）等新技术在职业技能培训领域的应用。（人力资源社会保障部、国家发展改革委、教育部、科技部、工业和信息化部、农业农村部、全国总工会等按职责分工负责）

五、提高职业技能培训水平

（六）加强公共职业技能培训教学资源建设。紧跟新技术、新职业发展变化，建立职业分类动态调整机制，加快职业标准开发工作。建立国家基本职业培训包制度，促进职业技能培训规范化发展。紧密结合战略性新兴产业、先进制造业、现代服务业、现代农业等发展需求，发挥院校、行业企业作用，加强职业技能培训教材开发，积极开发数字培训课程，提高教材质量，丰富教材内容，规范教材使用。（人力资源社会保障部、教育部、工业和信息化部、农业农村部等按职责分工负责）

（七）加强公共职业技能培训师资队伍建设。依托有条件的大中型企业和职业院校开展师资技能提升培训，加快培养既能讲授专业知识又能传授操作技能的师资队伍。实行专兼职教师制度，建立和完善培训教师在职培训和到企业实践制度。（人力资源社会保障部、教育部等按职责分工负责）

六、构建多元化投入机制

（八）加强公共职业技能培训投入。中央投资继续对符合条件的公共实训基地建设项目予以补助，鼓励各地建立试点，积极探索多渠道融资，吸引各类社会资本参与公共实训基地建设。积极探索从技能人才队伍建设经费、企业职工教育统筹经费、社会捐助赞助等多种渠道筹措资金。指导各地落实好职业培训补贴、技能提升补贴等政策，充分发挥就业补助资金和失业保险基金支持职业技能培训的作用。加大政府购买职业技能培训服务力度。（国家发展改革委、财政部、人力资源社会保障部、银保监会等按职责分工负责）

（九）探索公共职业技能培训基础平台与企业合作。明确公共实训基地等公共职业技能培训基础平台的公益性属性，各地在建设时可按国家有关规定减免相关收费。企业人员参加职业技能培训，日常管理、基本耗材所需费用由平台承担，主要耗材、学员费用、实训指导教师费用由企业承担，相关单位可按规定申请职业培训补贴。（人力资源社会保障部、国家发展改革委、财政部等按职责分工负责）

（十）鼓励公共职业技能培训基础平台间资源共享。充分利用好政府、学校和企业的现有资源，鼓励公共职业技能培训基础平台间设备设施、教学师资、课程教材等培训资源共享。鼓励地方政府整合各渠道培训资金，在公共职

业技能培训基础平台统一购买职业技能培训服务。（人力资源社会保障部、国家发展改革委、教育部等按职责分工负责）

（十一）探索PPP模式。积极探索在职业技能培训领域运用PPP模式，吸引社会资本参与合作。科学制定风险分担机制，合理界定公共职业技能培训基础平台PPP项目中政府投资方与社会资本方的权利义务。（财政部、国家发展改革委等按职责分工负责）

七、组织实施

（十二）压实各级监管责任。各地方和相关部门要切实履行好项目建设管理责任，通过督促自查、实地调研抽查、专项稽察、网上监测、不定期检查等多种监管方式，实现“全覆盖、全过程、常态化”监管，加快推进项目建设进度，确保建设资金合规有效使用和发挥预期效果。地方开展项目建设要符合本地区财政承受能力和政府投资能力，不能造成地方政府隐性债务。（国家发展改革委、财政部、人力资源社会保障部、银保监会、审计署等按职责分工负责）

（十三）完善公共职业技能培训考核监督机制。进一步强化以就业为导向的公共职业技能培训成果验收标准和绩效考核标准，建立以培训合格率、就业创业成功率为重点的培训绩效评估体系，发挥工会监督作用，对培训机构、培训过程进行全方位监管。（人力资源社会保障部、国家发展改革委、全国总工会等按职责分工负责）

（十四）加强舆论宣传指导。加强开展公共职业技能培训基础能力建设的政策宣传，提升社会影响力和政策知晓度。积极开展展示交流，组织开展好区域间的合作交流。加强信息公开，及时发布各地建设动态，积极回应劳动者的培训需求，营造良好的社会氛围。（人力资源社会保障部、国家发展改革委、全国总工会等按职责分工负责）

国家发展改革委　教育部　科技部
工业和信息化部　财政部
人力资源社会保障部　农业农村部
审计署　市场监管总局
银保监会　全国总工会
2018年9月30日

国家发展改革委　教育部　人力资源社会保障部 国家开发银行关于印发加强实训基地建设组合投融资支持的实施方案的通知

（发改社会〔2018〕1464号）

各省、自治区、直辖市及计划单列市、新疆生产建设兵团发展改革委、教育厅（教委）、人力资源社会保障厅（局），国家开发银行各分行：

为贯彻落实党中央、国务院关于加快发展现代职业教育，推行终身职业技能培训制度的决策部署，抓实抓好实训基地建设这一技术技能人才培养的关键环节，加快建设实体经济、科技创新、现代金融、人力资源协同发展的产业体系，国家发展改革委、教育部、人力资源社会保障部、国家开发银行共同制定了《关于加强实训基地建设组合投融资支持的实施方案》，现印发给你们，请结合实际，认真贯彻执行。

附件：关于加强实训基地建设组合投融资支持的实施方案

国家发展改革委　教育部
人力资源社会保障部
国家开发银行
2018年10月10日

附件：

关于加强实训基地建设组合投融资支持的实施方案

实训基地建设是加强技术技能人才培养的关键环节。为贯彻落实党中央、国务院关于加快发展现代职业教育，推行终身职业技能培训制度的决策部署，深化产教融合、校企合作，加快建设实体经济、科技创新、现代金融、人力资源协同发展的产业体系，国家发展改革委、教育部、人力资源社会保障部、国家开发银行围绕加强实训基地建设组合投融资支持，制定本实施方案。

一、总体要求

坚持以习近平新时代中国特色社会主义思想为指导，深入贯彻落实党的十九大报告关于“完善职业教育和培训体系，深化产教融合、校企合作”的重要决策部署，紧扣实训基地特别是生产性实训基地建设关键环节，聚焦产教融合实训基地和公共实训基地两个重点，利用“补贷债”组合模式，坚持政策统筹、资源共建、开放共享，综合运用中央预算内投资、地方财政投入、开发性金融、债券融资和吸引社会资本等手段，多措并举拓宽投融资渠道，引导地方政府、行业企业与职业学校、高等学校全面加强合作，大力加强实训平台载体建设，切实提升技术技能人才实训能力。

二、建设任务

（一）产教融合实训基地（院校主导建设）。支持职业学校（含技工院校）加强支撑基本教学型技能实训基地建设；支持职业学校以 PPP（政府与社会资本合作）或校企合作模式建设生产性实训基地或兼具生产、教学功能的专业化实训基地；支持依托职业学校建设区域性、行业性开放实训中心，突出模块化实训特色，推动职业教育东西协作，服务脱贫攻坚和就业创业；支持应用型本科高校加强专业技术实习实训基地建设，依托实训基地向全社会劳动者提供多种形式的继续教育；支持职业学校建设世界技能大赛实训基地。

（二）产教融合实训基地（企业主导建设）。支持国有企业、民营企业联合职业学校、高等学校，面向产业转型升级急需的重大技术技能需求，加强校企合作，以企业为主导建设服务自身员工培训和职业学校、高等学校学生生产性实习的高水平、专业化实训基地。

（三）公共实训基地（政府主导建设）。支持地方政府主导建设、面向城乡各类劳动者以及职业学校、职业培训机构、企业等提供技能训练、技能竞赛、技能鉴定、创业孵化、师资培训、课程研发等服务的公共性、公益性、综合性的职业技能实训场所。

三、支持政策

（一）投资补助政策。国家发展改革委调整和优化投资结构，通过组织实施教育现代化推进工程等专项，加大中央预算内投资对实训基地建设项目支持力度。其中，支持职业教育和应用型本科建设的中央预算内投资应重点用于产教融合实训基地建设项目，具体办法按“十三五”教育现代化推进工程实施方案和中央预算内投资项目管理办法等有关规定执行；公共实训基地建设项目，按公共实训基地中央预算内投资专项管理办法等有关规定执行。建立中央预算内投资分配奖励机制，对项目带动性强、开工率高、建设成效明显的省份予以倾斜支持。结合开展产教融合建设试点，鼓励试点城市统筹规划，编制实施产教融合实训基地项目建设方案。建立部省共建试验区的省份，要将实训基地建设作为推进职业教育改革发展的重要任务。省级政府分解落实年度中央预算内投资计划，加大对试点城市的倾斜支持。鼓励制造业企业为新增先进产能和新上技术改造项目，配套建设产教融合实训基地，纳入相应政府投资项目支持范围。

（二）信贷融资政策。充分发挥开发性金融在重点领域、薄弱环节的金融支持引导作用，将支持实训基地建设作为深化产教融合的重点领域。鼓励各地方与国家开发银行加强机制合作，在确保合规、风险可控的前提下，通过构建校企股份制或混合所有制主体，创新结构化融资模式，统筹资源“以丰补歉”等方式，支持培育一批产教融合实训基地示范建设项目。国家发展改革委统筹安排国际金融组织、外国政府贷款支持的地方教育项目，优先安排产教融合实训基地建设项目。

（三）债券融资政策。落实《国家发展改革委办公厅关于印发〈社会领域产业专项债券发行指引〉的通知》（发改办财金〔2017〕1341 号），支持符合条件的发行人申请发行教育培训产业专项债券，重点用于实训基地建设项目。结合实训基地长周期投资回报特点，支持合理灵活设置债券期限、选择权及还本付息方式，鼓励发行可续期债券。鼓励发行人以第三方担保方式，或法律法规允许的出让、租赁建设用地抵质押担保方式为债券提供增信。在“加快和简化审核类”债券审核程序基础上，提供专项服务支持，进一步提高审核效率。

（四）配套政策。鼓励地方政府在职业教育支出中，向符合条件的实训基地购买技能培训服务，根据实训成本支出适度给予补助。对实训基地组织开展的职业技能培训，符合条件的，落实职业培训补贴政策。在确保国有资产安全前提下，支持符合条件的企业与职业学校深化产教融合，以股份制、混合所有制等方式创新产权制度，探索设立产权共有的实训基地（机构）。

四、组织实施

（一）建立部门协同工作机制。国家发展改革委、教育部、人力资源社会保障部、国家开发银行等建立工作协同机制，各负其责，加强对实训基地建设的政策指导、工作协调和监督检查。

（二）加强建设项目全过程管理。充分利用国家重大建设项目，做好三年滚动投资计划动态入库管理。各地要根据产业发展需求和财政实际承受能力，合理规划布局项目，避免政府隐性债务。省级发展改革部门要会同有关部门全面梳理掌握实训基地建设项目情况，做到开工一批，储备一批，谋划一批，滚动实施。要打造精品，树立典型，重点支持一批产业带动性强的示范项目。对于重大集中性投资项目，要紧密跟进，及时报国家发展改革委。通过开展自查抽查、实地调研、网上调度、项目评价等多种方式，实现项目建设常态化监管，确保建设质量和效益。

（三）加强舆论宣传引导。加强政策宣传，引导各地和企业优化投资结构，把实训基地建设作为夯实企业内生发展能力和产业核心竞争力的优先项目。加强各地信息交流共享，发掘地方首创经验，发挥示范带动作用，营造各方大力支持、积极参与实训基地建设的良好社会氛围。

国家发展改革委　教育部关于印发《建设产教融合型企业实施办法（试行）》的通知

（发改社会〔2019〕590号）

各省、自治区、直辖市及计划单列市、新疆生产建设兵团发展改革委、教育厅（教委、教育局），各中央企业：

经国务院职业教育工作部际联席会议审议通过，现将《建设产教融合型企业实施办法（试行）》印发给你们，请认真遵照执行。

国家发展改革委
教育部
2019年3月28日

建设产教融合型企业实施办法（试行）

第一章　总　则

第一条　为深入贯彻党的十九大和全国教育大会精神，完善职业教育和培训体系，深化产教融合、校企合作，充分发挥企业在技术技能人才培养和人力资源开发中的重要主体作用，根据《加快推进教育现代化实施方案（2018—2022年）》《国家职业教育改革实施方案》要求，制定本办法。

第二条　本办法规定的产教融合型企业是指深度参与产教融合、校企合作，在职业院校、高等学校办学和深化改革中发挥重要主体作用，行为规范、成效显著，创造较大社会价值，对提升技术技能人才培养质量，增强吸引力和竞争力，具有较强带动引领示范效应的企业。

第三条　建设产教融合型企业，按照政府引导、企业自愿、平等择优、先建后认、动态实施的基本原则开展。

第四条 国家发展改革委、教育部会同相关部门共同负责建设产教融合型企业工作的政策统筹、组织管理和监督实施。

国家发展改革委、教育部将建设产教融合型企业纳入深化产教融合改革的整体制度安排，在国家产教融合建设试点中统筹推进，提出产教融合型企业的建设培育条件、认证标准、评价办法，指导各地建立产教融合型企业建设信息服务平台和信息储备库，做好建设产教融合型企业的日常管理工作。

人力资源社会保障部、工业和信息化部、财政部、国务院国资委等相关部门根据职能职责，配合做好产教融合型企业建设的政策支持和推进实施工作。

省级（含计划单列市，下同）发展改革部门、教育行政部门共同负责区域内建设产教融合型企业的组织申报、复核确认、建设培育、认证评价和日常管理工作。

第二章 建设培育条件

第五条 在中国境内注册成立的企业，通过独资、合资、合作等方式，利用资本、技术、知识、设施、管理等要素，依法举办或参与举办职业教育、高等教育，在实训基地、学科专业、教学课程建设和技术研发等方面稳定开展校企合作，并具备以下条件之一。

1. 独立举办或作为重要举办者参与举办职业院校或高等学校；或者通过企业大学等形式，面向社会开展技术技能培训服务；或者参与组建行业性或区域性产教融合（职业教育）集团。

2. 承担现代学徒制和企业新型学徒制试点任务；或者近 3 年内接收职业院校或高等学校学生（含军队院校专业技术学员）开展每年 3 个月以上实习实训累计达 60 人以上。

3. 承担实施 1+X 证书（学历证书 + 职业技能等级证书）制度试点任务。

4. 与有关职业院校或高等学校开展有实质内容、具体项目的校企合作，通过订单班等形式共建 3 个以上学科专业点。

5. 以校企合作等方式共建产教融合实训基地，或者捐赠职业院校教学设施设备等，近 3 年内累计投入 100 万元以上。

6. 近 3 年内取得与合作职业院校共享的知识产权证明（发明专利、实用新型专利、软件著作权等）。

第六条 重点建设培育主动推进制造业转型升级的优质企业，以及现代农业、智能制造、高端装备、新一代信息技术、生物医药、节能环保、新能源、新材料以及研发设计、数字创意、现代交通运输、高效物流、融资租赁、工程咨询、检验检测认证、电子商务、服务外包等急需产业领域企业，以及养老、家政、托幼、健康等社会领域龙头企业。优先考虑紧密服务国家重大战略，技术技能人才需求旺盛，主动加大人力资本投资，发展潜力大，履行社会责任贡献突出的企业。主营业务为教育培训服务的企业原则上不纳入建设培育范围。

第七条　企业无重大环保、安全、质量事故，具有良好信用记录，无涉税等违法违规经营行为。

第三章　建设实施程序

第八条　产教融合型企业的建设实施由国家发展改革委、教育部会同相关部门结合开展国家产教融合建设试点统筹部署。

第九条　省级行政区域内的企业按照自愿申报、复核确认、建设培育、认证评价等程序开展产教融合型企业建设实施。

1. 自愿申报。省级发展改革、教育行政部门会同有关部门和有关城市人民政府，结合开展国家产教融合建设试点有关要求，组织辖区内符合建设培育条件的企业按照自愿申报并提交证明材料。省级发展改革、教育行政部门应建立产教融合型企业建设信息服务平台，实行网上申报、网上受理、网上办理。

2. 复核确认。省级发展改革、教育行政部门组织行业主管部门和行业组织等有关方面，对辖区内申报企业进行复核，符合条件的纳入建设培育范围，列入产教融合型企业建设信息储备库，向全社会公示。

3. 建设培育。国家发展改革委、教育部结合组织开展国家产教融合建设试点，指导各地开展产教融合型企业建设培育，鼓励支持企业多种方式参与举办教育，深度参与“引企入教”改革，推动学生到企业实习实训制度化、规范化，发挥企业办学重要主体作用，建立以企业为主体的协同创新和成果转化机制，提高企业职工在岗教育培训覆盖水平和质量。各地要有针对性地制定具体可操作的培育举措。建设培育企业要制订并向全社会公开发布产教融合、校企合作三年规划，并需经过至少 1 年的建设培育期。

4. 认证评价。在各地推进试点工作基础上，教育部、国家发展改革委研究制定产教融合型企业认证标准和评价办法，指导省级政府出台具体实施办法，建立产教融合型企业认证目录，对纳入产教融合型企业建设信息储备库的企业进行逐年、分批认证，并定期向全社会公布推介。支持开展产教融合型企业第三方评价。

第十条　中央企业、全国性特大型民营企业整体申报建设国家产教融合型企业，由国家发展改革委、教育部会同相关部门部署实施。上述企业的下属企业或分支机构建设产教融合型企业的，按照属地管理原则实施。

第四章　支持管理措施

第十一条　纳入产教融合型企业建设信息储备库的建设培育企业，省级政府要落实国家支持企业参与举办职业教育的各项优惠政策，实行定期跟踪、跟进服务、确保落地；结合开展产教融合建设试点，在项目审批、购买服务、金融支持、用地政策等方面对建设培育企业给予便利的支持。

第十二条　进入产教融合型企业认证目录的企业，给予“金融＋财政＋土地＋信用”的组合式激励，并按规定落实相关税收政策。激励政策与企业投资兴办职业教育、接收学生实习实训、接纳教师岗位实践、开展校企深度合作、建设产教融合实训基地等工作相挂钩，具体办法另行制定。

第十三条　进入产教融合型企业认证目录的企业，建立实施推进产教融合工作年报制度，报省级发展改革、教育行政部门备案，并按程序向全社会公示。

第十四条　进入产教融合型企业认证目录的企业，每 3 年由省级发展改革、教育行政部门对其进行资格复核，复核合格的继续确认其产教融合型企业资格，不合格的不再保留产教融合型企业资格。

第十五条　进入产教融合型企业认证目录的企业，有下列情况之一的，即取消其资格，且 5 年内不得再行申报。

1. 在申请认证、年度报告或考核过程中弄虚作假，故意提供虚假不实信息的。

2. 在资格期内发生重大环保、安全、质量事故，存在违法违规经营行为的。

3. 侵犯学生人身权利或其他合法权利的。

4. 列入失信联合惩戒对象名单的。

第五章　附　则

第十六条　本办法由国家发展改革委、教育部负责解释。

第十七条　本办法自发布之日起施行。

国家发展改革委 教育部 工业和信息化部 财政部 人力资源社会保障部 国务院国资委 关于印发国家产教融合建设试点实施方案的通知

（发改社会〔2019〕1558号）

各省、自治区、直辖市及计划单列市人民政府，国务院有关部委，有关中央高校和中央企业：

《国家产教融合建设试点实施方案》（以下简称《实施方案》）已经中央全面深化改革委员会第九次会议审议通过。经国务院同意，现将《实施方案》印发你们，请结合实际认真贯彻执行。

深化产教融合，促进教育链、人才链与产业链、创新链有机衔接，是推动教育优先发展、人才引领发展、产业创新发展、经济高质量发展相互贯通、相互协同、相互促进的战略性举措。开展国家产教融合建设试点，必须坚持问题导向、改革先行，充分发挥城市承载、行业聚合、企业主体作用。省级政府和试点城市要紧密围绕产教融合制度和模式创新，重点聚焦完善发展规划和资源布局、推进人才培养改革、降低制度性交易成本、创新重大平台载体建设、探索体制机制创新等任务，统筹开展试点，落实支持政策，加强组织实施，确保如期实现试点目标。

请试点建设首批国家产教融合型城市的有关省、自治区、直辖市和计划单列市于2019年11月20日前，按要求将推荐试点城市名单（省级政府推荐一个试点城市，直辖市推荐一个市辖区或国家级新区作为试点核心区，计划单列市整体纳入试点）附试点城市建设方案和改革问题清单、政策清单，报国家发展改革委、教育部。

为统筹做好第一、二批国家产教融合型城市建设试点工作衔接，尽快将改革向全国推开，各地可按《实施方案》要求，自行同步开展省域内试点城市建设培育工作，并认真做好省域内开展产教融合型行业、企业试点工作的组织实施和协调推进。

附件：1. 国家产教融合建设试点实施方案
2. 试点建设首批国家产教融合型城市的省、自治区、直辖市和计划单列市范围

国家发展改革委　教育部　工业和信息化部
财政部　人力资源社会保障部　国资委
2019 年 9 月 25 日

附件 1

国家产教融合建设试点实施方案

深化产教融合，促进教育链、人才链与产业链、创新链有机衔接，是推动教育优先发展、人才引领发展、产业创新发展、经济高质量发展相互贯通、相互协同、相互促进的战略性举措。为贯彻落实党中央、国务院关于深化产教融合改革部署，在全国统筹开展产教融合型城市、行业、企业建设试点，制定本实施方案。

一、总体要求

（一）指导思想。以习近平新时代中国特色社会主义思想为指导，全面贯彻党的十九大和十九届二中、三中全会精神，深入贯彻全国教育大会精神，坚持新发展理念，坚持发展是第一要务、人才是第一资源、创新是第一动力，把深化产教融合改革作为推进人力人才资源供给侧结构性改革的战略性任务，以制度创新为目标，平台建设为抓手，推动建立城市为节点、行业为支点、企业为重点的改革推进机制，促进教育和产业体系人才、智力、技术、资本、管理等资源要素集聚融合、优势互补，打造支撑高质量发展的新引擎。

（二）试点原则

统筹部署、协调推进。坚持政府主导，发挥市场作用，形成各方协同共进的工作格局。充分发挥城市综合承载改革功能，以城市试点为基础，突出城企校联动，统筹开展行业、企业试点。

优化布局、区域协作。根据国家区域发展战略和产业布局，综合考虑区域发展水平，重点支持有建设基础、改革意愿、带动效应的城市开展试点。承担试点任务的东部地区城市，要围绕打赢脱贫攻坚战，开展结对帮扶和对口支援，带动中西部地区发展。

问题导向、改革先行。集中力量破除体制障碍、领域界限、政策壁垒，下力气打通改革落地的“最后一公里”。下好改革“先手棋”，健全制度供给和体制机制，重点降低制度性交易成本，推动实现全要素深度融合。

有序推进、力求实效。坚持实事求是、扶优扶强，根据条件成熟程度，分期开展建设试点，不搞平衡照顾，防止形成政策洼地。坚持因地因业制宜，促进建设试点与经济结构调整、产业转型升级紧密结合，推动经济发展质量变革、效率变革、动力变革。

二、试点目标

通过 5 年左右的努力，试点布局建设 50 个左右产教融合型城市，在试点城市及其所在省域内打造形成一批区域特色鲜明的产教融合型行业，在全国建设培育 1 万家以上的产教融合型企业，建立产教融合型企业制度和组合式激励政策体系。

通过试点，在产教融合制度和模式创新上为全国提供可复制借鉴的经验，建立健全行业企业深度参与职业教育和高等教育校企合作育人、协同创新的体制机制，推动产业需求更好融入人才培养过程，构建服务支撑产业重大需求的技术技能人才和创新创业人才培养体系，形成教育和产业统筹融合、良性互动的发展格局，基本解决人才供需重大结构性矛盾，教育对经济发展和产业升级的服务贡献显著增强。

三、试点对象

国家产教融合建设试点对象包括：

（一）产教融合型城市。从 2019 年起，在部分省、自治区、直辖市以及计划单列市，试点建设首批 20 个左右产教融合型城市。适时启动第二批试点，将改革向全国推开。试点城市应具有较强的经济产业基础支撑和相对集聚的教育人才资源，具有推进改革的强烈意愿，推出扎实有效的改革举措，发挥先行示范引领作用，确保如期实现试点目标。除计划单列市外，试点城市由省级政府推荐，直辖市推荐市辖区或国家级新区作为试点核心区。面向区域协调发展战略，统筹试点城市布局，中西部地区确定试点城市要适当考虑欠发达地区实际需求。

（二）产教融合型行业。省级政府在推动试点城市全面深化产教融合改革基础上，依托区域优势主导产业或特色产业集群，推进重点行业、重点领域深化产教融合，强化行业主管部门和行业组织在产教融合改革中的协调推动和公共服务职能，打造一批引领产教融合改革的标杆行业。

（三）产教融合型企业。积极建设培育一批深度参与产教融合、校企合作，在职业院校（含技工院校）、高等学校办学和深化改革中发挥重要主体作用，在提升技术技能人才和创新创业人才培养质量上发挥示范引领作用的产教融合型企业。

四、试点任务

在深化产教融合改革中，充分发挥试点城市承载、试点行业聚合、试点企业主体作用，结合深化国家职业教育改革，重点聚焦以下方面先行先试。

（一）完善产教融合发展规划和资源布局。健全产教融合与经济社会发展同步联动规划机制。在城市规划建设、产业园区开发、重大项目布局中，充分考虑教育和人力资源开发需求，将产教融合发展作为基础性要求融入相关政策，同步提出可操作的支持方式、配套措施和项目安排。有条件的地方要以新发展理念规划建设产教融合园区。大力调整优化职业教育布局，推进资源向产业和人口集聚区集中。开展东部对口西部、城市支援农村的职业教育扶贫，推动农村贫困地区学生到城市优质职业院校就学。

（二）推进产教融合校企合作人才培养改革。将培育工匠精神作为中小学劳动教育的重要内容。以生产性实训为关键环节，探索职业教育人才培养新模式。发挥企业重要主体作用，深度开展校企协同育人改革，推进职业院校人才培养与企业联盟、与行业联合、同园区联结，在技术类专业全面推行现代学徒制和企业新型学徒制。重点推动企业通过校企合作等方式构建规范化的技术课程、实习实训和技能评价标准体系，提升承担专业技能教学和实习实训能力，提高企业职工教育培训覆盖水平和质量，推动技术技能人才企业实训制度化。推动大企业参与职业教育和专业学位研究生教育办学，明显提高规模以上工业企业参与校企合作比例。健全需求导向的人才培养结构动态调整机制，建立紧密对接产业链、服务创新链的学科专业体系。推动高等学校和企业面向产业技术重大需求开展人才培养和协同创新，提高应用型人才培养比重。

（三）降低校企双方合作的制度性交易成本。重点解决校企合作信息不对称、对接合作不顺畅、评价导向不一致等突出问题。探索建设区域性产教融合信息服务平台，促进校企各类需求精准对接。常态化、制度化组织各类产教对接活动，推动院校向企业购买技术课程和实训教学服务，建立产业导师特设岗位，推动院校专任教师到企业定期实践锻炼制度化，促进校企人才双向交流。推进行业龙头企业牵头，联合职业院校、高等学校组建实体化运作的产教融合集团（联盟），搭建行业科研创新、成果转化、信息对接、教育服务平台，聚合带动各类中小企业参与。探索校企共建产教融合科技园区、众创空间、中试基地，面向小微企业开放服务。建设校企合作示范项目库。

（四）创新产教融合重大平台载体建设。创新实训基地建设和运行模式，试点城市要按照统筹布局规划、校企共建共享原则建设一批具有辐射引领作用的高水平、专业化产教融合实训基地。产教融合实训基地要更多依托企业建设，优先满足现代农业、先进制造业、战略性新兴产业以及家政、养老、健康、旅游、托育等社会服务产业人才需求。面向高质量发展的若干重点领域，推动“双一流”建设等高校、地方政府、行业企业共建产教融合创新平台，协同开展关键核心技术人才培养、科技创新和学科专业建设，打通基础研究、应用开发、成果转移和产业化链条。

（五）探索产教融合深度发展体制机制创新。健全以企业为重要主导、高校为重要支撑、产业关键核心技术攻关为中心任务的高等教育产教融合创新机制。完善现代学校和企业治理制度，积极推动双方资源、人员、技术、管理、文化全方位融合。围绕生产性实训、技术研发、检验检测关键环节，推动校企依法合资、合作设立实体化机构，实现市场化、专业化运作。

各地可在指导开展城市试点基础上，结合实际对省域内推开产教融合型行业、企业试点的具体任务做出规定，制定建设培育产教融合型企业的具体措施。省级政府要统筹资源配置，将承担试点任务、推进改革成效作为项目布局和投资安排的重要因素，积极加大投入，形成激励试点的政策导向和改革推力。开展国家产教融合型企业建设试点的中央企业、全国性特大型民营企业，组织实施工作由国家发展改革委、教育部会同有关部门负责。

五、试点支持政策

（一）落实组合投融资和财政等政策激励。中央预算内投资支持试点城市自主规划建设产教融合实训基地，优先布局建设产教融合创新平台，对建设成效明显的省份和试点城市予以动态奖励。完善政府投资、企业投资、债券融资、开发性金融等组合投融资和产业投资基金支持，对重大项目跟进协调服务，吸引企业等社会力量参与建设。以购买服务、委托管理、合作共建等方式，支持企业参与职业院校办学或举办职业院校。试点企业兴办职业教育符合条件的投资，按规定投资额 30% 的比例抵免当年应缴教育费附加和地方教育附加。试点企业深化产教融合取得显著成效的，按规定纳入产教融合型企业认证目录，并给予“金融 + 财政 + 土地 + 信用”的组合式激励。全面落实社会力量举办教育可适用的各项财税、投资、金融、用地、价格优惠政策，形成清单向全社会发布。

（二）强化产业和教育政策牵引。鼓励制造业企业为新增先进产能和新上技术改造项目配套建设实训设施，加快培养产业技术技能人才。允许符合条件的试点企业在岗职工以工学交替等方式接受高等职业教育，支持有条件的企业校企共招、联合培养专业学位研究生。以完善“双一流”建设评价为先导，探索建立体现产教融合发展导向的教育评价体系，支持各类院校积极服务、深度融入区域和产业发展，推进产教融合创新。对成效明显的地方和高校在招生计划安排、建设项目投资、学位（专业）点设置等方面予以倾斜支持。

六、试点组织实施

（一）加强组织领导。国家发展改革委、教育部、人力资源社会保障部、财政部、工业和信息化部、国务院国资委等负责国家产教融合建设试点的政策统筹、协调推进。省级政府及相关部门做好区域内建设试点组织实施工作。试点城市要坚持党委领导、政府主导，落实主体责任，将试点任务分解到位、落实到事、责任到人。

（二）健全协调机制。省级政府和试点城市要建立工作协调机制，定期研究工作、及时解决问题。省级人才工作领导小组将深化产教融合改革纳入推进人才发展体制机制改革考核评价重要内容。试点城市要编制改革问题清单、政策清单，逐一落实。

（三）强化总结推广。试点城市通过深化改革探索出的经验办法，特别是建设产教融合型企业有效措施，应及时向省级政府有关部门报送，在省域内复制推广。具有重大示范效应的改革举措，由国家发展改革委、教育部等按程序报批，在全国复制推广。

附件 2

试点建设首批国家产教融合型城市的省、自治区、直辖市和计划单列市范围

省、自治区、直辖市：天津市、河北省、辽宁省、上海市、江苏省、浙江省、安徽省、福建省、江西省、山东省、河南省、湖北省、湖南省、广东省、广西壮族自治区、四川省、陕西省、新疆维吾尔自治区。

计划单列市：宁波市、青岛市、深圳市。

国家发展改革委　市场监管总局关于新时代服务业高质量发展的指导意见

（发改产业〔2019〕1602 号）

国务院有关部门，各省、自治区、直辖市及计划单列市、新疆生产建设兵团发展改革委、市场监管局：

为深入贯彻党的十九大精神，落实《中共中央、国务院关于推动高质量发展的意见》要求，促进我国服务业高质量发展，国家发展改革委、市场监管总局制定《关于新时代服务业高质量发展的指导意见》。指导意见突出宏观统筹，围绕制约服务业高质量发展的薄弱环节和共性问题部署任务，分行业高质量发展由行业主管部门部署实施。

一、总体思路

（一）指导思想。

以习近平新时代中国特色社会主义思想为指导，全面贯彻党的十九大和十九届二中、三中全会精神，统筹推进“五位一体”总体布局，协调推进“四个全面”战略布局，坚定践行新发展理念，深化服务业供给侧结构性改革，支持传统服务行业改造升级，大力培育服务业新产业、新业态、新模式，加快发展现代服务业，着力提高服务效率和服务品质，持续推进服务领域改革开放，努力构建优质高效、布局优化、竞争力强的服务产业新体系，不断满足产业转型升级需求和人民美好生活需要，为实现经济高质量发展提供重要支撑。

（二）主要原则。

以人为本，优化供给。坚持以人民为中心的发展思想，更多更好满足多层次多样化服务需求，不断增强人民的获得感、幸福感、安全感。优先补足基本公共服务短板，着力增强非基本公共服务市场化供给能力，实现服务付费可得、价格合理、优质安全，以高质量的服务供给催生创造新的服务需求。

市场导向，品牌引领。顺应产业转型升级新趋势，充分发挥市场配置资源的决定性作用，更好发挥政府作用，在公平竞争中提升服务业竞争力。坚持质量至上、标准规范，树立服务品牌意识，发挥品牌对服务业高质量发展的引领带动作用，着力塑造中国服务品牌新形象。

创新驱动，跨界融合。贯彻创新驱动发展战略，推动服务技术、理念、业态和模式创新，增强服务经济发展新动能。促进服务业与农业、制造业及服务业不同领域间的融合发展，形成有利于提升中国制造核心竞争力的服务能力和服务模式，发挥中国服务与中国制造组合效应。

深化改革，扩大开放。深化服务领域改革，破除制约服务业高质量发展的体制机制障碍，优化政策体系和发展环境，最大限度激发发展活力和潜力。推动服务业在更大范围、更宽领域、更深层次扩大开放，深度参与国际分工合作，鼓励服务业企业在全球范围内配置资源、开拓市场。

（三）总体目标。

到 2025 年，服务业增加值规模不断扩大，占 GDP 比重稳步提升，吸纳就业能力持续加强。服务业标准化、规模化、品牌化、网络化和智能化水平显著提升，生产性服务业效率和专业化水平显著提高，生活性服务业满足人民消费新需求能力显著增强，现代服务业和先进制造业深度融合，公共服务领域改革不断深入。服务业发展环境进一步改善，对外开放领域和范围进一步扩大，支撑经济发展、民生改善、社会进步的功能进一步增强，功能突出、错位发展、网络健全的服务业高质量发展新格局初步形成。

二、重点任务

（一）推动服务创新。

加强技术创新和应用，打造一批面向服务领域的关键共性技术平台，推动人工智能、云计算、大数据等新一代信息技术在服务领域深度应用，提升服务业数字化、智能化发展水平，引导传统服务业企业改造升级，增强个性化、多样化、柔性化服务能力。鼓励业态和模式创新，推动智慧物流、服务外包、医养结合、远程医疗、远程教育等新业态加快发展，引导平台经济、共享经济、体验经济等新模式有序发展，鼓励更多社会主体围绕服务业高质量发展开展创新创业创造。推动数据流动和利用的监管立法，健全知识产权侵权惩罚性赔偿制度，建设国家知识产权服务业集聚发展区。

（二）深化产业融合。

加快发展农村服务业，引导农业生产向生产、服务一体化转型，探索建立农业社会化服务综合平台，推动线上线下有机结合；支持利用农村自然生态、历史遗产、地域人文、乡村美食等资源，发展乡村旅游、健康养老、科普教育、文化创意、农村电商等业态，推动农业“接二连三”。打造工业互联网平台，推动制造业龙头企业技术研发、工业设计、采购分销、生产控制、营运管理、售后服务等环节向专业化、高端化跃升；大力发展服务型制造，鼓励有条件的制造业企业向一体化服务总集成总承包商转变；开展先进制造业与现代服务业融合发展试点。以大型服务平台为基础，以大数据和信息技术为支撑，推动生产、服务、消费深度融合；引导各地服务业集聚区升级发展，丰富服务功能，提升产业能级；推进港口、产业、城市融合发展；深入开展服务业综合改革试点。

（三）拓展服务消费。

补齐服务消费短板，激活幸福产业潜在服务消费需求，全面放开养老服务市场，在扩大试点基础上全面建立长期护理保险制度；简化社会办医审批流程，鼓励有实力的社会机构提供以先进医疗技术为特色的医疗服务；加快建立远程医疗服务体系，推动优质资源下沉扩容；支持社会力量兴办托育服务机构。打造中高端服务消费载体，吸引健康体检、整形美容等高端服务消费回流。推动信息服务消费升级、步行街改造提升，支持有条件的地方建设新兴消费体验中心，开展多样化消费体验活动。鼓励企业围绕汽车、家电等产品更新换代和消费升级，完善维修售后等配套服务体系。着力挖掘农村电子商务和旅游消费潜力，优化农村消费市场环境。完善消费者保护机制，打造一批放心企业、放心网站、放心商圈和放心景区。

（四）优化空间布局。

围绕京津冀协同发展、粤港澳大湾区建设、推进海南全面深化改革开放、长江三角洲区域一体化发展等国家战略，建设国际型、国家级的现代服务经济中心，形成服务业高质量发展新高地。推动城市群和都市圈公共服务均等化和要素市场一体化，构建城市群和都市圈服务网络，促进服务业联动发展和协同创新，形成区域服务业发展新枢纽。强化中小城市服务功能，打造一批服务业特色小镇，形成服务周边、带动农村的新支点。完善海洋服务基础设施，积极发展海洋物流、海洋旅游、海洋信息服务、海洋工程咨询、涉海金融、涉海商务等，构建具有国际竞争力的海洋服务体系。

（五）提升就业能力。

大力发展人力资源服务业，培育专业化、国际化人力资源服务机构，加快人力资源服务产业园建设，鼓励发展招聘、人力资源服务外包和管理咨询、高级人才寻访等业态。支持企业和社会力量兴办职业教育，鼓励发展股份制、混合所有制等多元化职业教育集团（联盟），完善职业教育和培训体系。鼓励普通高等学校、职业院校增设服务业相关专业，对接线上线下教育资源，推动开展产教融合型城市和企业建设试点。围绕家政服务、养老服务、托育服务、健康养生、医疗护理等民生领域服务需求，提升从业人员职业技能，增强服务供需对接能力。

（六）建设服务标准。

瞄准国际标准，推动国际国内服务标准接轨，鼓励社会团体和企业制定高于国家标准或行业标准的团体标准、企业标准。完善商贸旅游、社区服务、物业服务、健康服务、养老服务、休闲娱乐、教育培训、体育健身、家政服务、保安服务等传统服务领域标准，加快电子商务、供应链管理、节能环保、知识产权服务、商务服务、检测认证服务、婴幼儿托育服务、信息技术服务等新兴服务领域标准研制。开展服务标准、服务认证示范，推动企业服务标准自我声明公开和监督制度全面实施。

（七）塑造服务品牌。

支持行业协会、第三方机构和地方政府开展服务品牌培育和塑造工作，树立行业标杆和服务典范，选择产业基础良好、市场化程度较高的行业，率先组织培育一批具有国际竞争力的中国服务品牌和具有地方特色的区域服务品牌。研究建立服务品牌培育和评价标准体系，引导服务业企业树立品牌意识，运用品牌培育的标准，健全品牌营运管理体系。加强服务品牌保护力度，依法依规查处侵权假冒服务品牌行为。开展中国服务品牌宣传、推广活动，以“一带一路”建设为重点，推动中国服务走出去。

（八）改进公共服务。

紧密围绕城乡居民优质便利生活需求，统筹规划公园绿地、无障碍通道、公共交通、停车场地、社区卫生中心、村卫生室、村级综合文化服务中心等基础设施建设，合理布局社区养老、托育中心、便利店、洗衣房、售后维修、物流快递等便民服务设施，提升各类公共文化、体育场馆免费或低收费开放服务水平。制定完整社区建设标准，明确社区各类服务设施配置标准和建设要求。推进政务服务“一网通办”、现场办理“最多跑一次”，提高政府服务群众、服务企业水平和能力。加快政务信息系统整合，建立全国统一、多级互联的数据共享交换平台体系。在保障信息安全前提下，建立健全税务、市场监管、社保、海关、医疗机构等领域的信息查询系统，提高标准化、便利化、规范化水平。建立政务服务“好差评”制度，提高柔性化治理、精细化服务水平。

（九）健全质量监管。

推动服务业企业采用先进质量管理模式方法，公开服务质量信息，实施服务质量承诺，开展第三方认证。制定服务质量监测技术指南等规范，加快构建模型统一、方法一致、结果可比的服务质量监测体系。加强服务质量监测评价技术机构布局建设，服务质量监测评价能力和范围基本覆盖到主要服务行业和公共服务领域，定期通报监测结果，督促引导社会各方提高服务质量水平。加快服务质量监管立法，建立健全服务质量监管协同处置机制，及时依法调查处理重大服务质量安全事件，不断完善服务质量治理体系。

（十）扩大对外开放。

稳步扩大金融业开放，加快电信、教育、医疗、文化等领域开放进程，赋予自贸试验区更大改革自主权。积极引进全球优质服务资源，增强服务业领域国际交流与合作，以“一带一路”建设为重点，引导有条件的企业在全球范围配置资源、拓展市场，推动服务业和制造业协同走出去。大力发展服务贸易，巩固提升旅游、建筑、运输等传统服务贸易，拓展中医药等中国特色服务贸易，培育文化创意、数字服务、信息通讯、现代金融、广告服务等新兴服务贸易，扩大研发设计、节能环保、质量管理等高技术服务进出口。

三、政策保障

（一）优化营商环境。

深化服务业“放管服”改革，进一步压缩企业开办时间和服务商标注册周期。深化企业简易注销改革，试点进一步压缩公告时间和拓展适用范围。取消企业名称预先核准，开展扩大企业名称自主申报改革试点。推动“非禁即入”普遍落实，全面实施市场准入负面清单制度。制定加快放宽服务业市场准入的意见。坚决查处垄断协议、滥用市场支配地位和滥用行政权力排除限制竞争的行为。对服务业新产业、新业态、新模式，坚持包容审慎监管原则，在质量监控、消费维权、税收征管等方面实施线上线下一体化管理。推进服务市场信用体系建设，建立市场主体信用记录，健全对失信主体的惩戒机制。探索建立涉及民生安全的重点服务领域从业人员守信联合激励和失信联合惩戒制度，完善服务消费领域信用信息共享共用机制。加强服务环境综合治理，强化服务业价格监管，及时查处消费侵权等问题。

（二）加大融资支持。

进一步完善有关金融政策，引导金融机构在风险可控、商业可持续的前提下创新机制和产品，按照市场化、商业化原则拓展企业融资渠道。鼓励金融机构积极运用互联网技术，打通企业融资“最后一公里”，更好地满足中小企业融资需求。探索通过新技术、新模式，进一步优化中小企业银行账户服务。发展动产融资，依托现有交易市场，合规开展轻资产交易，缓解中小服务业企业融资难题。引导创业投资加大对中小服务业企业的融资支持，支持符合条件的技术先进型服务业企业上市融资，支持科技型企业利用资本市场做大做强。

（三）强化人才支撑。

鼓励服务业从业人员参加职业技能鉴定（或职业技能等级认定、专项职业能力考核），对通过初次职业技能鉴定并取得职业资格证书（或职业技能登记证书、专项职业能力证书）的，按规定给予一次性职业技能鉴定补贴。进一步畅通非公经济组织人员和自由职业者职称申报渠道。实施更加开放的人才引进政策，加大对海外高端服务业人才的引进力度，改革完善人才培养、使用、评价机制。运用股权激励递延纳税等政策，鼓励服务业企业采用股权激励等中长期激励方式引留人才。完善灵活就业人员社会保险政策。

（四）保障用地需求。

优化土地供应调控机制，保障服务业高质量发展用地需求。适应服务业新产业、新业态、新模式特点，创新用地供给方式。实施"退二进三""退低进高"，对提高自有工业用地容积率用于自营生产性服务业的工业企业，依法按新用途办理相关手续。加强历史建筑的活化利用，有效发挥历史建筑服务功能。

（五）落实财税和价格政策。

落实支持服务业发展的税收优惠政策，做好政策宣传和纳税辅导，确保企业充分享受政策红利。加大政府购买服务力度，扩大购买范围，优化政府购买服务指导性目录，加强购买服务绩效评价。降低一般工商业电价，全面落实工商用电同价政策，推动地方落实国家鼓励类服务业用水与工业同价；在实行峰谷电价的地区，有条件的地方可以开展商业用户选择执行行业平均电价或峰谷分时电价试点。落实社区养老服务机构税费减免、资金支持、水电气热价格优惠等扶持政策。

（六）建立健全统计制度。

健全服务业统计调查制度，建立健全生产性、生活性服务业统计分类，完善统计分类标准和指标体系，提高统计数据及时性和精准度。逐步建立生产性、生活性服务业统计信息定期发布制度，建立健全服务业重点领域统计信息在部门间的共享机制，逐步形成年度、季度信息发布机制。

各地区、各有关部门要强化主体责任，形成工作合力，认真落实指导意见各项任务要求。各地方要加强组织领导，结合实际抓好贯彻落实，切实推动本地区服务业高质量发展，及时向有关部门报告进展情况。各有关部门要按照职责分工，细化制定配套政策，加强对地方工作的督导，推动指导意见有效落实。要充分发挥服务业发展部际联席会议制度作用，细化实化工作任务和完成时限，适时开展服务业高质量发展评估工作，加强对指导意见实施的督促检查，扎实推动服务业高质量发展取得实效。

国家发展改革委
市场监管总局
2019 年 10 月 2 日

国家发展改革委 市场监管总局 中央网信办 工业和信息化部 人力资源社会保障部 农业农村部 商务部 人民银行 税务总局 关于推动平台经济规范健康持续发展的若干意见

（发改高技〔2021〕1872号）

各省、自治区、直辖市、新疆生产建设兵团有关部门：

平台经济是以互联网平台为主要载体，以数据为关键生产要素，以新一代信息技术为核心驱动力、以网络信息基础设施为重要支撑的新型经济形态。近年来我国平台经济快速发展，在经济社会发展全局中的地位和作用日益突显。要坚持以习近平新时代中国特色社会主义思想为指导，全面贯彻党的十九大和十九届历次全会精神，深入落实党中央、国务院决策部署，立足新发展阶段、贯彻新发展理念、构建新发展格局，推动高质量发展，从构筑国家竞争新优势的战略高度出发，坚持发展和规范并重，坚持“两个毫不动摇”，遵循市场规律，着眼长远、兼顾当前，补齐短板、强化弱项，适应平台经济发展规律，建立健全规则制度，优化平台经济发展环境。为进一步推动平台经济规范健康持续发展，现提出以下意见。

一、健全完善规则制度

（一）完善治理规则。

修订《反垄断法》，完善数据安全法、个人信息保护法配套规则。制定出台禁止网络不正当竞争行为的规定。细化平台企业数据处理规则。制定出台平台经济领域价格行为规则，推动行业有序健康发展。完善金融领域监管规则体系，坚持金融活动全部纳入金融监管，金融业务必须持牌经营。

（二）健全制度规范。

厘清平台责任边界，强化超大型互联网平台责任。建立平台合规管理制度，对平台合规形成有效的外部监督、评价体系。加大平台经济相关国家标准研制力度。建立互联网平台信息公示制度，增强平台经营透明度，强化信用约束和社会监督。建立健全平台经济公平竞争监管制度。完善跨境数据流动“分级分类 + 负面清单”监管制度，探索制定互联网信息服务算法安全制度。

（三）推动协同治理。

强化部门协同，坚持“线上线下一体化监管”原则，负有监管职能的各行业主管部门在负责线下监管的同时，承担相应线上监管的职责，实现审批、主管与监管权责统一。推动各监管部门间抽查检验鉴定结果互认，避免重复抽查、检测，探索建立案件会商和联合执法、联合惩戒机制，实现事前事中事后全链条监管。推动行业自律，督促平台企业依法合规经营，鼓励行业协会牵头制定团体标准、行业自律公约。加强社会监督，探索公众和第三方专业机构共同参与的监督机制，推动提升平台企业合规经营情况的公开度和透明度。

二、提升监管能力和水平

（四）完善竞争监管执法。

对人民群众反映强烈的重点行业和领域，加强全链条竞争监管执法。依法查处平台经济领域垄断和不正当竞争等行为。严格依法查处平台经济领域垄断协议、滥用市场支配地位和违法实施经营者集中行为。强化平台广告导向监管，对重点领域广告加强监管。重点规制以减配降质产品误导消费者、平台未对销售商品的市场准入资质资格实施审查等问题，对存在缺陷的消费品落实线上经营者产品召回相关义务。加大对出行领域平台企业非法营运行为的打击力度。强化平台企业涉税信息报送等税收协助义务，加强平台企业税收监管，依法查处虚开发票、逃税等涉税违法行为。强化对平台押金、预付费、保证金等费用的管理和监督。

（五）加强金融领域监管。

强化支付领域监管，断开支付工具与其他金融产品的不当连接，依法治理支付过程中的排他或“二选一”行为，对滥用非银行支付服务相关市场支配地位的行为加强监管，研究出台非银行支付机构条例。规范平台数据使用，从严监管征信业务，确保依法持牌合规经营。落实金融控股公司监管制度，严格审查股东资质，加强穿透式监管，强化全面风险管理和关联交易管理。严格规范平台企业投资入股金融机构和地方金融组织，督促平台企业及其控股、参股金融机构严格落实资本金和杠杆率要求。完善金融消费者保护机制，加强营销行为监管，确保披露信息真实、准确，不得劝诱超前消费。

（六）探索数据和算法安全监管。

切实贯彻收集、使用个人信息的合法、正当、必要原则，严厉打击平台企业超范围收集个人信息、超权限调用个人信息等违法行为。从严管控非必要采集数据行为，依法依规打击黑市数据交易、大数据杀熟等数据滥用行为。在严格保护算法等商业秘密的前提下，支持第三方机构开展算法评估，引导平台企业提升算法透明度与可解释性，促进算法公平。严肃查处利用算法进行信息内容造假、传播负面有害信息和低俗劣质内容、流量劫持以及虚假注册账号等违法违规行为。推动平台企业深入落实网络安全等级保护制度，探索开展数据安全风险态势监测通报，建立应急处置机制。国家机关在执法活动中应依法调取、使用个人信息，保护数据安全。

（七）改进提高监管技术和手段。

强化数字化监管支撑，建立违法线索线上发现、流转、调查处理等非接触式监管机制，提升监测预警、线上执法、信息公示等监管能力，支持条件成熟的地区开展数字化监管试点创新。加强和改进信用监管，强化平台经济领域严重违法失信名单管理。发挥行业协会作用，引导互联网企业间加强对严重违法失信名单等相关信用评价互通、互联、互认，推动平台企业对网络经营者违法行为实施联防联控。

三、优化发展环境

（八）降低平台经济参与者经营成本。

持续推进平台经济相关市场主体登记注册便利化、规范化，支持省级人民政府按照相关要求，统筹开展住所与经营场所分离登记试点。进一步清理和规范各地于法无据、擅自扩权的平台经济准入等规章制度。完善互联网市场准入禁止许可目录。引导平台企业合理确定支付结算、平台佣金等服务费用，给予优质小微商户一定的流量扶持。平台服务收费应质价相符、公平合理，应与平台内经营者平等协商、充分沟通，不得损害公平竞争秩序。

（九）建立有序开放的平台生态。

推动平台企业间合作，构建兼容开放的生态圈，激发平台企业活力，培育平台经济发展新动能。倡导公平竞争、包容发展、开放创新，平台应依法依规有序推进生态开放，按照统一规则公平对外提供服务，不得恶意不兼容，或设置不合理的程序要求。平台运营者不得利用数据、流量、技术、市场、资本优势，限制其他平台和应用独立运行。推动制定云平台间系统迁移和互联互通标准，加快业务和数据互联互通。

（十）加强新就业形态劳动者权益保障。

落实网约配送员、网约车驾驶员等新就业形态劳动者权益保障相关政策措施。完善新就业形态劳动者与平台企业、用工合作企业之间的劳动关系认定标准，探索明确不完全符合确立劳动关系情形的认定标准，合理确定企业与劳动者的权利义务。引导平台企业加强与新就业形态劳动者之间的协商，合理制定订单分配、计件单价、抽成比例等直接涉及劳动者权益的制度和算法规则，并公开发布，保证制度规则公开透明。健全最低工资和支付保障制度，保障新就业形态劳动者获得合理劳动报酬。开展平台灵活就业人员职业伤害保障试点，探索用工企业购买商业保险等机制。实施全民参保计划，促进新就业形态劳动者参加社会保险。加强对新就业形态劳动者的安全意识、法律意识培训。

四、增强创新发展能力

（十一）支持平台加强技术创新。

引导平台企业进一步发挥平台的市场和数据优势，积极开展科技创新，提升核心竞争力。鼓励平台企业不断提高研发投入强度，加快人工智能、云计算、区块链、操作系统、处理器等领域的技术研发突破。鼓励平台企业加快数字化绿色化融合技术创新研发和应用，助推构建零碳产业链和供应链。营造良好技术创新政策环境，进一步健全适应平台企业创新发展的知识产权保护制度。支持有实力的龙头企业或平台企业牵头组建创新联合体，围绕工业互联网底层架构、工业软件根技术、人工智能开放创新、公共算法集、区块链底层技术等领域，推进关键软件技术攻关。

（十二）提升全球化发展水平。

支持平台企业推动数字产品与服务“走出去”，增强国际化发展能力，提升国际竞争力。积极参与跨境数据流动、数字经济税收等相关国际规则制定，参与反垄断、反不正当竞争国际协调，充分发挥自由贸易试验区、自由贸易港先行先试作用，推动构建互利共赢的国际经贸规则，为平台企业国际化发展营造良好环境。培育知识产权、商事协调、法律顾问等专业化中介服务，试点探索便捷的司法协调、投资保护和救济机制，强化海外知识产权风险预警、维权援助、纠纷调解等工作机制，保护我国平台企业和经营者在海外的合法权益。鼓励平台企业发展跨境电商，积极推动海外仓建设，提升数字化、智能化、便利化水平，推动中小企业依托跨境电商平台拓展国际市场。积极推动境外经贸合作区建设，培育仓储、物流、支付、通关、结汇等跨境电商产业链和生态圈。

（十三）鼓励平台企业开展模式创新。

鼓励平台企业在依法依规前提下，充分利用技术、人才、资金、渠道、数据等方面优势，发挥创新引领的关键作用，推动“互联网 +”向更大范围、更深层次、更高效率方向发展。鼓励基于平台的要素融合创新，加强行业数据采集、分析挖掘、综合利用，试点推进重点行业数据要素市场化进程，发挥数据要素对土地、劳动、资本等其他生产要素的放大、叠加、倍增作用。试点探索“所有权与使用权分离”的资源共享新模式，盘活云平台、开发工具、车间厂房等方面闲置资源，培育共享经济新业态。鼓励平台企业开展创新业务众包，更多向中小企业开放和共享资源。

五、赋能经济转型发展

（十四）赋能制造业转型升级。

支持平台企业依托市场、数据优势，赋能生产制造环节，发展按需生产、以销定产、个性化定制等新型制造模式。鼓励平台企业加强与行业龙头企业合作，提升企业一体化数字化生产运营能力，推进供应链数字化、智能化升级，带动传统行业整体数字化转型。探索推动平台企业与产业集群合作，补齐区域产业转型发展短板，推动提升区域产业竞争力。引导平台企业积极参与工业互联网创新发展工程，开展关键技术攻关、公共平台培育，推动构建多层次、系统化的工业互联网平台体系。深入实施普惠性“上云用数赋智”行动，支持中小企业从数据上云逐步向管理上云、业务上云升级。实施中小企业数字化赋能专项行动，鼓励推广传统产业数字化、绿色化、智能化优秀实践。

（十五）推动农业数字化转型。

鼓励平台企业创新发展智慧农业，推动种植业、畜牧业、渔业等领域数字化，提升农业生产、加工、销售、物流等产业链各环节数字化水平，健全农产品质量追溯体系，以品牌化、可追溯化助力实现农产品优质优价。规范平台企业农产品和农资交易行为，采购、销售的农产品、农兽药残留不得超标，不采购、销售质量不合格农资，切实保障产品质量安全，支持有机认证农产品采购、销售。引导平台企业在农村布局，加快农村电子商务发展，推进“互联网+”农产品出村进城。进一步引导平台经济赋能“三农”发展，加快推动农村信用信息体系建设，以数字化手段创新金融支持农业农村方式，培育全面推进乡村振兴新动能。

（十六）提升平台消费创造能力。

鼓励平台企业拓展“互联网+”消费场景，提供高质量产品和服务，促进智能家居、虚拟现实、超高清视频终端等智能产品普及应用，发展智能导购、智能补货、虚拟化体验等新兴零售方式，推动远程医疗、网上办公、知识分享等应用。引导平台企业开展品牌消费、品质消费等网上促销活动，培育消费新增长点。鼓励平台企业助力优化公共服务，提升医疗、社保、就业等服务领域的普惠化、便捷化、个性化水平。鼓励平台企业提供无障碍服务，增强老年人、残疾人等特殊群体享受智能化产品和服务的便捷性。引导平台企业开展数字帮扶，促进数字技术和数字素养提升。

六、保障措施

（十七）加强统筹协调。

充分依托已有机制，强化部门协同、央地联动，加强对平台经济领域重大问题的协同研判。加强监管行动、政策的统筹协调，充分听取各方意见，尤其是行政相对人意见，避免影响、中断平台企业正常经营活动，防范政策叠加导致非预期风险。强化中央统筹、省负总责、地方落实属地管理责任，坚持责任划分、评估考评与追责问责有机统一。

（十八）强化政策保障。

鼓励创业投资、股权投资（基金）等加大投入科技创新领域，支持企业科技创新。鼓励依托各类高等学校、职业院校和研究机构加强对数字经济高端人才、实用人才的培养。加强全民数字技能教育和培训。各地要积极推进平台经济发展，健全推进平台经济发展的政策体系，及时研究解决平台经济发展中的重大问题。

（十九）开展试点探索。

依托国家数字经济创新发展试验区、全面创新改革试验区、国家智能社会治理实验基地、全国网络市场监管与服务示范区、国家电子商务示范基地、自由贸易试验区、自由贸易港等，探索建立适应平台经济发展的监管模式，构建与平台经济创新发展相适应的制度环境。

国家发展改革委　市场监管总局　中央网信办
工业和信息化部　人力资源社会保障部
农业农村部　商务部　人民银行　税务总局
2021 年 12 月 24 日

国家发展改革委办公厅　教育部办公厅
关于印发试点建设培育国家产教融合型
企业工作方案的通知

（发改办社会〔2019〕964号）

各省、自治区、直辖市及计划单列市发展改革委、教育厅（教委），国务院有关部委办公厅，有关中央企业：

按照《国家产教融合建设试点实施方案》和《建设产教融合型企业实施办法（试行）》要求，国家发展改革委、教育部会同工业和信息化部、财政部、人力资源社会保障部、国务院国资委共同研究制定了《试点建设培育国家产教融合型企业工作方案》，现印发你们，请结合实际，认真抓好落实。

国家发展改革委办公厅

教育部办公厅

2019年10月12日

试点建设培育国家产教融合型企业工作方案

为贯彻落实党中央、国务院关于深化产教融合改革，支持大企业举办高质量职业教育的决策部署，稳妥有序开展国家产教融合型企业试点建设培育工作，制定本工作方案。

一、试点目标任务

聚焦经济高质量发展的关键领域，发挥大企业深化产教融合改革示范引领作用，力争到2022年，以中央企业和全国性特大型民营企业为重点，建设培育若干国家产教融合型企业（首批拟建设培育20家左右），努力使其成为引领推动所在行业领域深化产教融合改革的领军企业，在全国带动建设培育数以万计的制造业转型升级优质企业、急需紧缺产业领域重点企业以及养老、家政、托幼、健康等社会领域龙头企业的产教融合型企业。

二、试点重点领域

重点围绕现代农业、高端装备、智能制造、新一代信息技术、汽车船舶、航空航天、钢铁冶金、能源交通、节能环保、建筑装配、高端软件、普惠金融、社会民生等领域，建设培育国家产教融合型企业。根据试点开展情况，扎实有序拓展试点重点领域范围。

三、试点工作机制

试点建设培育国家产教融合型企业，坚持政府引导、企业自愿、平等择优、先建后认、动态实施基本原则，按照自愿申报、复核确认、建设培育、认证评价等程序开展国家产教融合型企业建设实施。

国家发展改革委、教育部会同有关部门建立工作协调机制，共同负责建设培育国家产教融合型企业的政策统筹、组织管理和监督实施工作，将建设国家产教融合型企业纳入国家产教融合建设试点统筹推进。

四、主要工作任务

（一）明确试点建设培育基本条件。国家发展改革委、教育部在深入调查研究和广泛征求意见基础上，商有关部门提出试点建设培育的企业重点行业领域，结合《建设产教融合型企业实施办法（试行）》的有关规定，明确试点建设培育国家产教融合型企业基本条件。国家发展改革委、教育部结合试点开展情况，可适时对基本条件作出调整。（国家发展改革委、教育部负责）

（二）建立公开多元信息征集通道。坚持社会公开征集、有关部门和地方推荐相结合。国家发展改革委、教育部共同向社会公开发布征集建设产教融合型企业的通知，指导有试点意愿、符合基本条件的企业按要求填报申报表并提供相关支撑材料。国务院国资委、全国工商联以及财政部、工业和信息化部、人力资源社会保障部、农业农村部、商务部、交通运输部、住房和城乡建设部、国家能源局等部门以及省级发展改革、教育行政部门可按规定向国家发展改革委、教育部推荐相应行业和地区试点企业，并根据职能职责，协同做好相关政策支持和推进实施工作。全国性特大型民营企业参与试点的由所在地省级发展改革、教育行政部门推荐并负责对其申报信息进行核实。有关部门和地方推荐的企业申报信息应由推荐单位负责核实。（国家发展改革委、教育部负责，有关部门参加）

（三）委托开展第三方咨询评议。教育部、国家发展改革委、财政部、人力资源社会保障部、工业和信息化部、国务院国资委等推荐专家组建国家产教融合型企业建设咨询专家组，对照相关条件和标准，按要求对申报企业信息进行复核评议，提出试点建设培育企业数量、范围以及认证标准和评价办法等决策咨询建议。教育部负责组织专家组开展日常工作。（教育部牵头，有关部门参加）

（四）按程序报批开展建设培育。试点建设培育企业建议名单由国家发展改革委、教育部报请国务院职业教育工作部际联席会议审议通过后，按程序向社会公示。公示无异议的，纳入国家产教融合型企业建设信息储备库，按规定开展建设培育工作。（国家发展改革委、教育部负责）

五、其他相关工作

为落实放管服改革要求，简化工作程序，国家发展改革委、教育部建立国家产教融合型企业建设信息服务平台。企业通过平台认真据实填报有关情况。经核查存在弄虚作假，故意提供虚假不实信息的企业，5 年内取消建设培育申报资格。建设培育成绩突出且符合相关要求的企业，可按规定整体纳入国家产教融合型企业认证目录，给予“金融＋财政＋土地＋信用”组合式激励。

附件：1. 试点建设培育国家产教融合型企业基本条件

2. 企业经营财务指标参考标准

附件 1

试点建设培育国家产教融合型企业基本条件

（2019 年版）

中央企业和全国性特大型民营企业整体申报建设培育国家产教融合型企业的，需符合国家发展改革委、教育部印发的《建设产教融合型企业实施办法（试行）》中规定的产教融合型企业建设培育条件，还应符合以下 4 项基本条件。

1. 中央企业应纳入国务院国资委代表国务院履行出资人职责的国家出资企业名录，或中央直接管理的其他企业。民营企业（含外商投资企业）主要经营财务指标应处于行业或区域领先地位（附后）。企业应有引领相关领域深化产教融合，推动建设全国性产教融合型行业的愿景、基础和能力，力争成为国家产教融合领军企业。

2. 企业在岗职工总数 5 万人以上，近三年年均吸纳新增就业人数达 1000 人以上。以重点领域关键核心技术研发为主业的中央企业在岗职工总数 2 万人以上，近三年年均吸纳新增就业人数达 500 人以上。

3. 足额提取职工教育经费，上一年度职工教育经费 1 亿元以上，近 3 年内开展在岗职工培训累计 1 万人次以上。

4. 企业应建立一线技术人员或管理研发人员到职业院校或高等学校兼职制度，或者依托企业建设“双师型”教师培养培训基地。

申请试点建设培育国家产教融合型企业，需至少具备以下可选基本条件的 2 项。

1. 直接作为举办者独立举办 1 家以上职业院校（含技工院校，下同）或高等学校，年招收全日制学生共 1500 人以上，全日制在校生共 4000 人以上。

2. 建设完善标准化、规范化的实习实训设施，开展现代学徒制、企业新型学徒制或 1+X 证书制度试点，近 3 年内接收职业院校或高等学校学生（含军队院校专业技术学员）开展每年 3 个月以上实习实训累计达 3000 人以上。

3. 通过校企共建企业大学、职工继续教育基地等，面向社会开展技术技能培训服务，年对外开展培训覆盖 5 万人次以上。

4. 校企合作共建产教融合实训基地、产教融合创新平台等国家规划布局的产教融合重大项目，近 3 年内累计建设投资和基本运行费用支出达 1 亿元以上。

5. 企业近 3 年与职业院校、高等学校开展有实际内容、具体项目的校企合作经费支出（不含捐赠设备以及实训基地建设运行费用）超过 3000 万元以上。

6. 企业属于集团企业的，其下属成员单位（含全资子公司、控股子公司）3 家以上纳入省级政府产教融合型企业重点建设培育范围。

7. 牵头设立实体化运作的行业性产教融合集团（联盟），设立负责推进产教融合相应工作机构并配备专门人员力量。

企业应深度参与职业教育国家教学标准开发，深度参与院校专业人才培养方案制定实施、课程教材开发，广泛接纳教师岗位实践。

企业举办民办学校，学校办学主干专业等与企业实际主要业务关系不直接或不密切的，或企业以民办学校学费为其主要收入来源的，可按照主营业务为教育培训服务，原则上不纳入试点建设培育范围。

附件2

企业经营财务指标参考标准

序号	国民经济行业分类	资产总额（亿元）	营业收入（亿元）	资产负债率
第一类	农林渔牧业；批发和零售业；住宿和餐饮业；租赁和商业服务业；科学研究和技术服务业；居民服务、修理和其他服务业；教育；卫生和社会工作；文化、体育和娱乐业。	>1000	>1000	不超过所在行业资产负债率重点监管线；未明确重点监管线的，原则上资产负债率不得超过85%
第二类	交通运输、仓储和邮政业；水利、环境和公共设施管理业；电力、热力、燃气及水生产和供应业；综合。	>1000	>1000	
第三类	采矿业；制造业；信息传输、软件和信息技术服务业。	>1200	>800	
第四类	建筑业；房地产业。	>1500	>300	

注：

1. 资产总额、营业收入可按照企业最近一年经审计财务数据或最近三年经审计财务数据的平均数计算。申报企业原则上应同时满足该两项指标，其中，第一类企业满足资产总额或营业收入指标其一即可。
2. 资产负债率按照企业最近一年经审计财务数据计算。资产负债率重点监管线按照《中共中央办公厅　国务院办公厅关于加强国有企业资产负债约束的指导意见》要求，由相关部门确定。
3. 区域领先的优质企业，由各省、自治区、直辖市或计划单列市发展改革部门根据区域经济发展情况并参照以上标准从严择优推荐。
4. 国家结合经济社会发展，适时调整优质企业经营财务指标参考标准。

国家发展改革委办公厅　人力资源社会保障部办公厅　工业和信息化部办公厅　全国总工会办公厅　关于应对新型冠状病毒感染肺炎疫情　支持鼓励劳动者参与线上职业技能培训的通知

（发改办就业〔2020〕100 号）

各省、自治区、直辖市及新疆生产建设兵团发展改革委、人力资源社会保障厅（局）、工业和信息化（中小企业）主管部门、总工会：

党中央、国务院高度重视新型冠状病毒感染肺炎疫情防控和重点群体就业工作。线上职业技能培训，既是提升劳动者职业技能水平的重要途径，也是减少疫情期间人员聚集的有效方式。为坚决贯彻党中央、国务院决策部署，助力打赢疫情防控阻击战，进一步提升劳动者素质和技能水平，国家发展改革委、人力资源社会保障部、工业和信息化部、全国总工会决定加大力度支持鼓励广大劳动者参与线上职业技能培训。现就有关事项通知如下。

一、免费开放线上职业技能培训资源。疫情期间，依托“工业和信息化技术技能人才网上学习平台”（www.tech-skills.org.cn）、“技能强国 - 全国产业工人技能学习平台”（PC 端：skills.kjcxchina.com，移动端：skills.kjcxchina.com/m）、“学习强国”技能频道、“中国职业培训在线”（px.class.com.cn）、“中国国家人事人才培训网”（www.chinanet.gov.cn）等线上职业技能培训平台，对劳动者实行重点课程免费开放。对湖北等疫情高发重点地区进一步加大线上职业技能培训资源开放力度，扩大课程免费范围。加大对延迟返岗农民工等重点群体参与线上职业技能培训政策支持力度。加大覆盖主要行业、工种的职业技能培训课程资源供给，积极引导鼓励大企业、普通高校、职业院校（含技工院校）、社会培训机构等在疫情期间免费开放线上职业技能培训资源，免费开放培训资源的单位名单和链接将在国家发展改革委、人力资源社会保障部、工业和信息化部、全国总工会等部门和单位网站予以公布。鼓励企业结合自身实际需求在疫情期间依托各类线上职业技能培训平台对拟录用员工开展岗前培训，做好在岗职工技能提升培训。

二、提升线上职业技能培训资源质量。充分利用门户网站、移动APP、微信小程序等多种渠道，提高线上职业技能培训的可及性。优化线上职业技能培训注册流程和用户界面，提升线上职业技能培训的便利度。充分利用移动互联网技术，推动技能培训服务向移动智能终端、自助终端等延伸。及时更新完善线上职业技能培训内容，加大优质课程开发力度。将传染病防控常识等健康教育内容嵌入线上职业技能培训课程，提升劳动者健康素养。鼓励有条件的地方和单位将世界技能大赛获奖者、中华技能大奖获得者、全国技术能手、省级以上劳模工匠、省级以上青年岗位能手标兵等优秀技能人才纳入线上培训师资库，开展线上视频直播授课。加强线上职业技能培训平台在线支持服务功能，完善用户评价反馈机制，合理设置线上职业技能培训的授课、作业、练习、评价等功能模块，提升培训效果。

三、完善线上职业技能培训配套服务。依托线上职业技能培训平台在疫情期间开展大国工匠、世界技能大赛获奖者风采展示等活动，提高线上职业技能培训的吸引力。基础电信企业对在疫情期间参加线上职业技能培训予以优惠。做好疫情期间线上职业技能培训与公共就业服务平台的衔接，加强与各地人力资源市场就业需求信息对接，鼓励企业依托线上职业技能培训平台开展网络招聘，提高劳动者培训后的就业质量。通过信息化手段实现对学员学习情况和培训效果的全程跟踪管理，做好培训后评估。综合运用大数据画像等新技术新方法，指导参加线上职业技能培训的劳动者合理规划培训后就业方向。

四、加大线上职业技能培训扶持力度。加大对线上职业技能培训平台建设支持力度。建立劳动者线上职业技能培训台账，做好培训积分管理。加强职业技能培训线上线下融合，疫情结束后一年内，劳动者可依据线上培训学时、学分等培训成果，在公共实训基地等线下培训场所优先参加职业技能实训。鼓励有条件的地方将线上职业技能培训学分纳入“学分银行”，依据培训学分为劳动者在有关职业资格认证考试中提供加分、免试等优惠待遇。鼓励线上职业技能培训平台间加强教学师资、课程教材、学员信息等培训资源共享。支持湖北等疫情高发地区合理整合用于职业技能培训的各项补贴资金，依据学时记录、在线培训证书等对参加线上职业技能培训的劳动者发放技能培训补贴。

五、积极开展宣传动员。加强疫情期间开展线上职业技能培训的政策宣传，在中国公共招聘网、各省份公共就业服务信息平台等网络平台显著位置以及各地、各部门官方微信公众号，推送线上职业技能培训相关链接，提升社会影响力和政策知晓度。鼓励有条件的地方和单位在疫情期间投放线上职业技能培训公益性广告。鼓励各地及时发布线上职业技能培训有关信息，积极回应劳动者的培训诉求，营造良好社会氛围。

六、强化组织实施。各地区、各部门要深入贯彻习近平总书记重要指示精神，坚决落实党中央、国务院关于应对疫情的重大决策部署，充分认识疫情期间开展线上职业技能培训的重要性和紧迫性，切实强化组织领导，明确相关部门职责，保障培训参与度和培训效果。各级工会组织应充分发挥组织动员优势，引导更多劳动者积极参加线上职业技能培训。各级发展改革、人力资源社会保障、工业和信息化、工会等部门和单位要充分做好劳动者培训需求和培训课程供给的对接，切实提升培训质量和效果。

国家发展改革委办公厅
人力资源社会保障部办公厅
工业和信息化部办公厅
全国总工会办公厅
2020 年 2 月 5 日

国家发展改革委办公厅　教育部办公厅
关于印发产教融合型企业和产教融合
试点城市名单的通知

（发改办社会〔2021〕573号）

国务院有关部委办公厅，各省、自治区、直辖市及计划单列市发展改革委、教育厅（教委），有关中央企业：

为贯彻落实党中央、国务院关于深化产教融合的决策部署，根据《国家产教融合建设试点实施方案》（发改社会〔2019〕1558号），经国务院职业教育工作部际联席会议审议通过，现将《国家产教融合型企业名单》《国家产教融合试点城市名单》印发给你们，并就有关事项通知如下：

一、国家产教融合型企业和国家产教融合试点城市，要认真落实《国家产教融合建设试点实施方案》要求，切实深化产教融合，促进教育链、人才链与产业链、创新链深度融合、有机衔接。

二、国家产教融合型企业和国家产教融合试点城市，按规定享受产教融合领域相关投融资和财税等组合式激励政策。

三、各地发展改革和教育部门要发挥国家产教融合型企业和国家产教融合试点城市的示范引领作用，建立城市为节点、行业为支点、企业为重点的改革新路径新机制，重点聚焦完善发展规划和资源布局、推进人才培养改革、降低制度性交易成本、创新重大平台载体建设、探索体制机制创新等任务，统筹开展试点，落实支持政策，加强组织实施，确保如期实现试点目标。

四、各地发展改革和教育部门要指导和组织本地区国家产教融合型企业和国家产教融合试点城市，优化完善、深入落实产教融合整体工作方案，进一步细化工作任务，推动落实到位。组织企业和城市发布产教融合年度报告，及时公布工作经验、典型案例、取得成效等，切实发挥产教融合引领作用。

五、各地发展改革和教育部门要加强经验总结推广，成熟的经验及时上升为政策和制度，复制推广到本地区。产教融合年度工作进展，以及推进产教融合过程遇到的重大问题和具有示范效应的重大举措，应及时按程序向国家发展改革委、教育部等部门报告。

六、国家发展改革委、教育部将会同相关部门加强政策统筹、协调推进和督促检查，适时组织开展实施情况评估。

国家发展改革委办公厅　教育部办公厅

2021 年 7 月 16 日

附件：

《国家产教融合型企业名单》

《国家产教融合试点城市名单》

附件

国家产教融合型企业名单

序号	所在地区	企业名称
1	北　京	中国核工业集团有限公司
2	北　京	中国航天科工集团有限公司
3	北　京	国家电网有限公司
4	北　京	中国电子信息产业集团有限公司
5	北　京	中国机械工业集团有限公司
6	北　京	中国铝业集团有限公司
7	北　京	中国中化控股有限责任公司
8	北　京	中国化学工程集团有限公司
9	北　京	中国中车集团有限公司
10	北　京	中国铁路工程集团有限公司
11	北　京	中国能源建设集团有限公司
12	北　京	中国邮政集团有限公司
13	北　京	中国工商银行股份有限公司
14	北　京	中国建设银行股份有限公司
15	北　京	中国光大集团股份公司
16	北　京	联想集团

续表

序号	所在地区	企业名称
17	北　京	北京京邦达贸易有限公司
18	北　京	神州数码（中国）有限公司
19	天　津	天津汽车模具股份有限公司
20	天　津	天津天堰科技股份有限公司
21	河　北	石药控股集团有限公司
22	山　西	山西易通环能科技集团有限公司
23	内蒙古	兴泰建设集团有限公司
24	辽　宁	鞍钢集团有限公司
25	辽　宁	东软集团股份有限公司
26	辽　宁	广汇汽车服务集团股份公司
27	吉　林	吉林省通用机械（集团）有限责任公司
28	上　海	中国船舶集团有限公司
29	上　海	中国宝武钢铁集团有限公司
30	上　海	中国远洋海运集团有限公司
31	上　海	中国商用飞机有限责任公司
32	上　海	上海喜马拉雅科技有限公司
33	上　海	上海复旦微电子集团股份有限公司
34	江　苏	亨通集团有限公司
35	江　苏	九如城养老产业投资有限公司
36	浙　江	浙江吉利控股集团有限公司
37	浙　江	万向集团公司
38	浙　江	浙江华海药业股份有限公司
39	浙　江	公牛集团股份有限公司
40	安　徽	科大讯飞股份有限公司
41	福　建	新大陆数字技术股份有限公司
42	江　西	景德镇皇窑陶瓷有限公司
43	山　东	山东京博控股集团有限公司
44	山　东	歌尔股份有限公司

续表

序号	所在地区	企业名称
45	山 东	海尔集团公司
46	山 东	青岛明月海藻集团有限公司
47	河 南	郑州宇通客车股份有限公司
48	湖 北	武汉华星光电技术有限公司
49	湖 南	三一集团有限公司
50	广 东	中国南方电网有限责任公司
51	广 东	中国南方航空集团有限公司
52	广 东	中国广核集团有限公司
53	广 东	广州白云电器设备股份有限公司
54	广 东	广州数控设备有限公司
55	广 东	腾讯科技（深圳）有限公司
56	广 西	广西博世科环保科技股份有限公司
57	海 南	海南罗牛山食品集团有限公司
58	重 庆	重庆小康工业集团股份有限公司
59	四 川	四川科伦药业股份有限公司
60	贵 州	贵州通源集团
61	甘 肃	甘肃飞翔建设集团有限公司
62	宁 夏	共享装备股份有限公司
63	新 疆	特变电工股份有限公司

国家产教融合试点城市名单

一、天津市津南区

二、河北省唐山市

三、辽宁省沈阳市

四、中国（上海）自由贸易区临港新片区

五、江苏省常州市

六、浙江省杭州市

七、浙江省宁波市

八、安徽省合肥市
九、福建省泉州市
十、江西省景德镇市
十一、山东省济南市
十二、山东省青岛市
十三、河南省郑州市
十四、湖北省襄阳市
十五、湖南省长株潭城市群
十六、广东省广州市
十七、广东省深圳市
十八、广西壮族自治区柳州市
十九、四川省宜宾市
二十、陕西省咸阳市
二十一、新疆维吾尔自治区巴音郭楞蒙古自治州

教育部　国家发展改革委　工业和信息化部　财政部　人力资源社会保障部　国家税务总局关于印发《职业学校校企合作促进办法》的通知

（教职成〔2018〕1号）

各省、自治区、直辖市教育厅（教委）、发展改革委、工业和信息化厅（经济信息化委）、财政厅（局）、人力资源社会保障厅（局）、国家税务局、地方税务局，新疆生产建设兵团教育局、发展改革委、工信委、财政局、人力资源社会保障局，有关单位：

产教融合、校企合作是职业教育的基本办学模式，是办好职业教育的关键所在。为深入贯彻落实党的十九大精神，落实《国务院关于加快发展现代职业教育的决定》要求，完善职业教育和培训体系，深化产教融合、校企合作，教育部会同国家发展改革委、工业和信息化部、财政部、人力资源社会保障部、国家税务总局制定了《职业学校校企合作促进办法》（以下简称《办法》）。现将《办法》印发给你们，请结合本地区、本部门实际情况贯彻落实。

教育部　国家发展改革委
工业和信息化部　财政部
人力资源社会保障部　国家税务总局
2018年2月5日

职业学校校企合作促进办法

第一章　总　则

第一条　为促进、规范、保障职业学校校企合作，发挥企业在实施职业教育中的重要办学主体作用，推动形成产教融合、校企合作、工学结合、知行合一的共同育人机制，建设知识型、技能型、创新型劳动者大军，完善现代职业教育制度，根据《教育法》《劳动法》《职业教育法》等有关法律法规，制定本办法。

第二条 本办法所称校企合作是指职业学校和企业通过共同育人、合作研究、共建机构、共享资源等方式实施的合作活动。

第三条 校企合作实行校企主导、政府推动、行业指导、学校企业双主体实施的合作机制。国务院相关部门和地方各级人民政府应当建立健全校企合作的促进支持政策、服务平台和保障机制。

第四条 开展校企合作应当坚持育人为本，贯彻国家教育方针，致力培养高素质劳动者和技术技能人才；坚持依法实施，遵守国家法律法规和合作协议，保障合作各方的合法权益；坚持平等自愿，调动校企双方积极性，实现共同发展。

第五条 国务院教育行政部门负责职业学校校企合作工作的综合协调和宏观管理，会同有关部门做好相关工作。

县级以上地方人民政府教育行政部门负责本行政区域内校企合作工作的统筹协调、规划指导、综合管理和服务保障；会同其他有关部门根据本办法以及地方人民政府确定的职责分工，做好本地校企合作有关工作。

行业主管部门和行业组织应当统筹、指导和推动本行业的校企合作。

第二章　合作形式

第六条 职业学校应当根据自身特点和人才培养需要，主动与具备条件的企业开展合作，积极为企业提供所需的课程、师资等资源。

企业应当依法履行实施职业教育的义务，利用资本、技术、知识、设施、设备和管理等要素参与校企合作，促进人力资源开发。

第七条 职业学校和企业可以结合实际在人才培养、技术创新、就业创业、社会服务、文化传承等方面，开展以下合作：

（一）根据就业市场需求，合作设置专业、研发专业标准，开发课程体系、教学标准以及教材、教学辅助产品，开展专业建设；

（二）合作制定人才培养或职工培训方案，实现人员互相兼职，相互为学生实习实训、教师实践、学生就业创业、员工培训、企业技术和产品研发、成果转移转化等提供支持；

（三）根据企业工作岗位需求，开展学徒制合作，联合招收学员，按照工学结合模式，实行校企双主体育人；

（四）以多种形式合作办学，合作创建并共同管理教学和科研机构，建设实习实训基地、技术工艺和产品开发中心及学生创新创业、员工培训、技能鉴定等机构；

（五）合作研发岗位规范、质量标准等；

（六）组织开展技能竞赛、产教融合型企业建设试点、优秀企业文化传承和社会服务等活动；

（七）法律法规未禁止的其他合作方式和内容。

第八条　职业学校应当制定校企合作规划，建立适应开展校企合作的教育教学组织方式和管理制度，明确相关机构和人员，改革教学内容和方式方法、健全质量评价制度，为合作企业的人力资源开发和技术升级提供支持与服务；增强服务企业特别是中小微企业的技术和产品研发的能力。

第九条　职业学校和企业开展合作，应当通过平等协商签订合作协议。合作协议应当明确规定合作的目标任务、内容形式、权利义务等必要事项，并根据合作的内容，合理确定协议履行期限，其中企业接收实习生的，合作期限应当不低于 3 年。

第十条　鼓励有条件的企业举办或者参与举办职业学校，设置学生实习、学徒培养、教师实践岗位；鼓励规模以上企业在职业学校设置职工培训和继续教育机构。企业职工培训和继续教育的学习成果，可以依照有关规定和办法与职业学校教育实现互认和衔接。

企业开展校企合作的情况应当纳入企业社会责任报告。

第十一条　职业学校主管部门应当会同有关部门、行业组织，鼓励和支持职业学校与相关企业以组建职业教育集团等方式，建立长期、稳定合作关系。

职业教育集团应当以章程或者多方协议等方式，约定集团成员之间合作的方式、内容以及权利义务关系等事项。

第十二条　职业学校和企业应建立校企合作的过程管理和绩效评价制度，定期对合作成效进行总结，共同解决合作中的问题，不断提高合作水平，拓展合作领域。

第三章　促进措施

第十三条　鼓励东部地区的职业学校、企业与中西部地区的职业学校、企业开展跨区校企合作，带动贫困地区、民族地区和革命老区职业教育的发展。

第十四条　地方人民政府有关部门在制定产业发展规划、产业激励政策、脱贫攻坚规划时，应当将促进企业参与校企合作、培养技术技能人才作为重要内容，加强指导、支持和服务。

第十五条 教育、人力资源社会保障部门应当会同有关部门，建立产教融合信息服务平台，指导、协助职业学校与相关企业建立合作关系。

行业主管部门和行业组织应当充分发挥作用，根据行业特点和发展需要，组织和指导企业提出校企合作意向或者规划，参与校企合作绩效评价，并提供相应支持和服务，推进校企合作。

鼓励有关部门、行业、企业共同建设互联互通的校企合作信息化平台，引导各类社会主体参与平台发展、实现信息共享。

第十六条 教育行政部门应当把校企合作作为衡量职业学校办学水平的基本指标，在院校设置、专业审批、招生计划、教学评价、教师配备、项目支持、学校评价、人员考核等方面提出相应要求；对校企合作设置的适应就业市场需求的新专业，应当予以支持；应当鼓励和支持职业学校与企业合作开设专业，制定专业标准、培养方案等。

第十七条 职业学校应当吸纳合作关系紧密、稳定的企业代表加入理事会（董事会），参与学校重大事项的审议。

职业学校设置专业，制定培养方案、课程标准等，应当充分听取合作企业的意见。

第十八条 鼓励职业学校与企业合作开展学徒制培养。开展学徒制培养的学校，在招生专业、名额等方面应当听取企业意见。有技术技能人才培养能力和需求的企业，可以与职业学校合作设立学徒岗位，联合招收学员，共同确定培养方案，以工学结合方式进行培养。

教育行政部门、人力资源社会保障部门应当在招生计划安排、学籍管理等方面予以倾斜和支持。

第十九条 国家发展改革委、教育部会同人力资源社会保障部、工业和信息化部、财政部等部门建立工作协调机制，鼓励省级人民政府开展产教融合型企业建设试点，对深度参与校企合作，行为规范、成效显著、具有较大影响力的企业，按照国家有关规定予以表彰和相应政策支持。各级工业和信息化行政部门应当把企业参与校企合作的情况，作为服务型制造示范企业及其他有关示范企业评选的重要指标。

第二十条 鼓励各地通过政府和社会资本合作、购买服务等形式支持校企合作。鼓励各地采取竞争性方式选择社会资本，建设或者支持企业、学校建设公共性实习实训、创新创业基地、研发实践课程、教学资源等公共服务项目。按规定落实财税用地等政策，积极支持职业教育发展和企业参与办学。

鼓励金融机构依法依规审慎授信管理，为校企合作提供相关信贷和融资支持。

第二十一条　企业因接收学生实习所实际发生的与取得收入有关的合理支出，以及企业发生的职工教育经费支出，依法在计算应纳税所得额时扣除。

第二十二条　县级以上地方人民政府对校企合作成效显著的企业，可以按规定给予相应的优惠政策；应当鼓励职业学校通过场地、设备租赁等方式与企业共建生产型实训基地，并按规定给予相应的政策优惠。

第二十三条　各级人民政府教育、人力资源社会保障等部门应当采取措施，促进职业学校与企业人才的合理流动、有效配置。

职业学校可在教职工总额中安排一定比例或者通过流动岗位等形式，用于面向社会和企业聘用经营管理人员、专业技术人员、高技能人才等担任兼职教师。

第二十四条　开展校企合作企业中的经营管理人员、专业技术人员、高技能人才，具备职业学校相应岗位任职条件，经过职业学校认定和聘任，可担任专兼职教师，并享受相关待遇。上述企业人员在校企合作中取得的教育教学成果，可视同相应的技术或科研成果，按规定予以奖励。

职业学校应当将参与校企合作作为教师业绩考核的内容，具有相关企业或生产经营管理一线工作经历的专业教师在评聘和晋升职务（职称）、评优表彰等方面，同等条件下优先对待。

第二十五条　经所在学校或企业同意，职业学校教师和管理人员、企业经营管理和技术人员根据合作协议，分别到企业、职业学校兼职的，可根据有关规定和双方约定确定薪酬。

职业学校及教师、学生拥有知识产权的技术开发、产品设计等成果，可依法依规在企业作价入股。职业学校和企业对合作开发的专利及产品，根据双方协议，享有使用、处置和收益管理的自主权。

第二十六条　职业学校与企业就学生参加跟岗实习、顶岗实习和学徒培养达成合作协议的，应当签订学校、企业、学生三方协议，并明确学校与企业在保障学生合法权益方面的责任。

企业应当依法依规保障顶岗实习学生或者学徒的基本劳动权益，并按照有关规定及时足额支付报酬。任何单位和个人不得克扣。

第二十七条　推动建立学生实习强制保险制度。职业学校和实习单位应根据有关规定，为实习学生投保实习责任保险。职业学校、企业应当在协议中约定为实习学生投保实习责任保险的义务与责任，健全学生权益保障和风险分担机制。

第四章　监督检查

第二十八条　各级人民政府教育督导委员会负责对职业学校、政府落实校企合作职责的情况进行专项督导，定期发布督导报告。

第二十九条　各级教育、人力资源社会保障部门应当将校企合作情况作为职业学校办学业绩和水平评价、工作目标考核的重要内容。

各级人民政府教育行政部门会同相关部门以及行业组织，加强对企业开展校企合作的监督、指导，推广效益明显的模式和做法，推进企业诚信体系建设，做好管理和服务。

第三十条　职业学校、企业在合作过程中不得损害学生、教师、企业员工等的合法权益；违反相关法律法规规定的，由相关主管部门责令整改，并依法追究相关单位和人员责任。

第三十一条　职业学校、企业骗取和套取政府资金的，有关主管部门应当责令限期退还，并依法依规追究单位及其主要负责人、直接负责人的责任；构成犯罪的，依法追究刑事责任。

第五章　附　则

第三十二条　本办法所称的职业学校，是指依法设立的中等职业学校（包括普通中等专业学校、成人中等专业学校、职业高中学校、技工学校）和高等职业学校。

本办法所称的企业，指在各级工商行政管理部门登记注册的各类企业。

第三十三条　其他层次类型的高等学校开展校企合作，职业学校与机关、事业单位、社会团体等机构开展合作，可参照本办法执行。

第三十四条　本办法自 2018 年 3 月 1 日起施行。

教育部　财政部关于实施中国特色高水平高职学校和专业建设计划的意见

（教职成〔2019〕5号）

各省、自治区、直辖市教育厅（教委）、财政厅（局），新疆生产建设兵团教育局、财政局：

为深入贯彻落实全国教育大会精神，落实《国家职业教育改革实施方案》，集中力量建设一批引领改革、支撑发展、中国特色、世界水平的高职学校和专业群，带动职业教育持续深化改革，强化内涵建设，实现高质量发展，现就实施中国特色高水平高职学校和专业建设计划（以下简称“双高计划”）提出如下意见。

一、总体要求

（一）指导思想

以习近平新时代中国特色社会主义思想为指导，牢固树立新发展理念，服务建设现代化经济体系和更高质量更充分就业需要，扎根中国、放眼世界、面向未来，强力推进产教融合、校企合作，聚焦高端产业和产业高端，重点支持一批优质高职学校和专业群率先发展，引领职业教育服务国家战略、融入区域发展、促进产业升级，为建设教育强国、人才强国作出重要贡献。

（二）基本原则

——坚持中国特色。扎根中国大地，全面贯彻党的教育方针，坚定社会主义办学方向，完善职业教育和培训体系，健全德技并修、工学结合的育人机制，服务新时代经济高质量发展，为中国产业走向全球产业中高端提供高素质技术技能人才支撑。

——坚持产教融合。创新高等职业教育与产业融合发展的运行模式，精准对接区域人才需求，提升高职学校服务产业转型升级的能力，推动高职学校和行业企业形成命运共同体，为加快建设现代产业体系，增强产业核心竞争力提供有力支撑。

——坚持扶优扶强。质量为先、以点带面，兼顾区域和产业布局，支持基础条件优良、改革成效突出、办学特色鲜明的高职学校和专业群率先发展，积累可复制、可借鉴的改革经验和模式，发挥示范引领作用。

——坚持持续推进。按周期、分阶段推进建设，实行动态管理、过程监测、有进有出、优胜劣汰，完善持续支持高水平高职学校和专业群建设的机制，实现高质量发展。

——坚持省级统筹。发挥地方支持职业教育改革发展的积极性和主动性，加大资金和政策保障力度。中央财政以奖补的形式通过相关转移支付给予引导支持。多渠道扩大资源供给，构建政府行业企业学校协同推进职业教育发展新机制。

（三）总体目标

围绕办好新时代职业教育的新要求，集中力量建设 50 所左右高水平高职学校和 150 个左右高水平专业群，打造技术技能人才培养高地和技术技能创新服务平台，支撑国家重点产业、区域支柱产业发展，引领新时代职业教育实现高质量发展。

到 2022 年，列入计划的高职学校和专业群办学水平、服务能力、国际影响显著提升，为职业教育改革发展和培养千万计的高素质技术技能人才发挥示范引领作用，使职业教育成为支撑国家战略和地方经济社会发展的重要力量。形成一批有效支撑职业教育高质量发展的政策、制度、标准。

到 2035 年，一批高职学校和专业群达到国际先进水平，引领职业教育实现现代化，为促进经济社会发展和提高国家竞争力提供优质人才资源支撑。职业教育高质量发展的政策、制度、标准体系更加成熟完善，形成中国特色职业教育发展模式。

二、改革发展任务

（四）加强党的建设

深入推进习近平新时代中国特色社会主义思想进教材进课堂进头脑，大力开展理想信念教育和社会主义核心价值观教育，构建全员全过程全方位育人的思想政治工作格局，实现职业技能和职业精神培养高度融合。落实党委领导下的校长负责制，充分发挥党组织在学校的领导核心和政治核心作用，牢牢把握意识形态主动权，引导广大师生树牢“四个意识”、坚定“四个自信”、坚决做到“两个维护”。加强基层党组织建设，将党的建设与学校事业发展同部署、同落实、同考评，有效发挥基层党组织战斗堡垒作用和共产党员先锋模范作用，带动学校工会、共青团等群团组织和学生会组织建设，为学校改革发展提供坚强组织保证。

（五）打造技术技能人才培养高地

落实立德树人根本任务，将社会主义核心价值观教育贯穿技术技能人才培养全过程。坚持工学结合、知行合一，加强学生认知能力、合作能力、创新能力和职业能力培养。加强劳动教育，以劳树德、以劳增智、以劳强体、以劳育美。培育和传承工匠精神，引导学生养成严谨专注、敬业专业、精益求精和追求卓越的品质。深化复合型技术技能人才培养培训模式改革，率先开展“学历证书＋若干职业技能等级证书”制度试点。在全面提高质量的基础上，着力培养一批产业急需、技艺高超的高素质技术技能人才。

（六）打造技术技能创新服务平台

对接科技发展趋势，以技术技能积累为纽带，建设集人才培养、团队建设、技术服务于一体，资源共享、机制灵活、产出高效的人才培养与技术创新平台，促进创新成果与核心技术产业化，重点服务企业特别是中小微企业的技术研发和产品升级。加强与地方政府、产业园区、行业深度合作，建设兼具科技攻关、智库咨询、英才培养、创新创业功能，体现学校特色的产教融合平台，服务区域发展和产业转型升级。进一步提高专业群集聚度和配套供给服务能力，与行业领先企业深度合作，建设兼具产品研发、工艺开发、技术推广、大师培育功能的技术技能平台，服务重点行业和支柱产业发展。

（七）打造高水平专业群

面向区域或行业重点产业，依托优势特色专业，健全对接产业、动态调整、自我完善的专业群建设发展机制，促进专业资源整合和结构优化，发挥专业群的集聚效应和服务功能，实现人才培养供给侧和产业需求侧结构要素全方位融合。校企共同研制科学规范、国际可借鉴的人才培养方案和课程标准，将新技术、新工艺、新规范等产业先进元素纳入教学标准和教学内容，建设开放共享的专业群课程教学资源和实践教学基地。组建高水平、结构化教师教学创新团队，探索教师分工协作的模块化教学模式，深化教材与教法改革，推动课堂革命。建立健全多方协同的专业群可持续发展保障机制。

（八）打造高水平双师队伍

以“四有”标准打造数量充足、专兼结合、结构合理的高水平双师队伍。培育引进一批行业有权威、国际有影响的专业群建设带头人，着力培养一批能够改进企业产品工艺、解决生产技术难题的骨干教师，合力培育一批具有绝技绝艺的技术技能大师。聘请行业企业领军人才、大师名匠兼职任教。建立健全教师职前培养、入职培训和在职研修体系。建设教师发展中心，提升教师教学和科研能力，促进教师职业发展。创新教师评价机制，建立以业绩贡献和能力水平为导向、以目标管理和目标考核为重点的绩效工资动态调整机制，实现多劳多得、优绩优酬。

（九）提升校企合作水平

与行业领先企业在人才培养、技术创新、社会服务、就业创业、文化传承等方面深度合作，形成校企命运共同体。把握全球产业发展、国内产业升级的新机遇，主动参与供需对接和流程再造，推动专业建设与产业发展相适应，实质推进协同育人。施行校企联合培养、双主体育人的中国特色现代学徒制。推行面向企业真实生产环境的任务式培养模式。牵头组建职业教育集团，推进实体化运作，实现资源共建共享。吸引企业联合建设产业学院和企业工作室、实验室、创新基地、实践基地。

（十）提升服务发展水平

培养适应高端产业和产业高端需要的高素质技术技能人才，服务中国产业走向全球产业中高端。以应用技术解决生产生活中的实际问题，切实提高生产效率、产品质量和服务品质。加强新产品开发和技术成果的推广转化，推动中小企业的技术研发和产品升级，促进民族传统工艺、民间技艺传承创新。面向脱贫攻坚主战场，积极吸引贫困地区学生到“双高计划”学校就学。服务乡村振兴战略，广泛开展面向农业农村的职业教育和培训。面向区域经济社会发展急需紧缺领域，大力开展高技能人才培训。积极主动开展职工继续教育，拓展社区教育和终身学习服务。

（十一）提升学校治理水平

健全内部治理体系，完善以章程为核心的现代职业学校制度体系，形成学校自主管理、自我约束的体制机制，推进治理能力现代化。健全学校、行业、企业、社区等共同参与的学校理事会或董事会，发挥咨询、协商、议事和监督作用。设立校级学术委员会，统筹行使学术事务的决策、审议、评定和咨询等职权。设立校级专业建设委员会和教材选用委员会，指导和促进专业建设和教学改革。发挥教职工代表大会作用，审议学校重大问题。优化内部治理结构，扩大二级院系管理自主权，发展跨专业教学组织。

（十二）提升信息化水平

加快智慧校园建设，促进信息技术和智能技术深度融入教育教学和管理服务全过程，改进教学、优化管理、提升绩效。消除信息孤岛，保证信息安全，综合运用大数据、人工智能等手段推进学校管理方式变革，提升管理效能和水平。以“信息技术＋”升级传统专业，及时发展数字经济催生的新兴专业。适应“互联网＋职业教育”需求，推进数字资源、优秀师资、教育数据共建共享，助力教育服务供给模式升级。提升师生信息素养，建设智慧课堂和虚拟工厂，广泛应用线上线下混合教学，促进自主、泛在、个性化学习。

（十三）提升国际化水平

加强与职业教育发达国家的交流合作，引进优质职业教育资源，参与制订职业教育国际标准。开发国际通用的专业标准和课程体系，推出一批具有国际影响的高质量专业标准、课程标准、教学资源，打造中国职业教育国际品牌。积极参与"一带一路"建设和国际产能合作，培养国际化技术技能人才，促进中外人文交流。探索援助发展中国家职业教育的渠道和模式。开展国际职业教育服务，承接"走出去"中资企业海外员工教育培训，建设一批鲁班工坊，推动技术技能人才本土化。

三、组织实施

（十四）建立协同推进机制

国家有关部门负责宏观布局、统筹协调、经费管理等顶层设计，围绕经济社会发展和国家战略需要，适时调整建设重点，成立项目建设咨询专家委员会，为重大政策、总体方案、审核立项、监督评价等提供咨询和支撑。各地要加强政策支持和经费保障，动员各方力量支持项目建设，对接区域经济社会发展需求，构建以"双高计划"学校为引领，区域内高职学校协调发展的格局。"双高计划"学校要深化改革创新，聚焦建设任务，科学编制建设方案和任务书，健全责任机制，扎实推进建设，确保工作成效。

（十五）加强项目实施管理

"双高计划"每五年一个支持周期，2019年启动第一轮建设。制定项目遴选管理办法，明确遴选条件和程序，公开申请、公平竞争、公正认定。项目遴选坚持质量为先、改革导向，以学校、专业的客观发展水平为基础，对职业教育发展环境好、重点工作推进有力、改革成效明显的省（区、市）予以倾斜支持。制定项目绩效评价办法，建立信息采集与绩效管理系统，实行年度评价项目建设绩效，中期调整项目经费支持额度；依据周期绩效评价结果，调整项目建设单位。发挥第三方评价作用，定期跟踪评价。建立信息公开公示网络平台，接受社会监督。

（十六）健全多元投入机制

各地新增教育经费向职业教育倾斜，在完善高职生均拨款制度、逐步提高生均拨款水平的基础上，对"双高计划"学校给予重点支持，中央财政通过现代职业教育质量提升计划专项资金对"双高计划"给予奖补支持，发挥引导作用。有关部门和行业企业以共建、共培等方式积极参与项目建设。项目学校以服务求发展，积极筹集社会资源，增强自我造血功能。

（十七）优化改革发展环境

各地要结合区域功能、产业特点探索差别化的职业教育发展路径，建立健全产教对接机制，促进人才培养与产业需求有机衔接。加大“双高计划”学校的支持力度，在领导班子、核定教师编制、高级教师岗位比例、绩效工资总量等方面按规定给予政策倾斜。深入推进“放管服”改革，在专业设置、内设机构及岗位设置、进人用人、经费使用管理上进一步扩大学校办学自主权。建立健全改革创新容错纠错机制，鼓励“双高计划”学校大胆试、大胆闯，激发和保护干部队伍敢于担当、干事创业的积极性、主动性、创造性。

教育部　财政部

2019 年 3 月 29 日

教育部　国家发展改革委　财政部　市场监管总局印发《关于在院校实施“学历证书＋若干职业技能等级证书”制度试点方案》的通知

（教职成〔2019〕6号）

各省、自治区、直辖市教育厅（教委）、发展改革委、财政厅（局）、市场监管局，新疆生产建设兵团教育局、发展改革委、财政局、市场监管局，有关单位：

为深入贯彻党的十九大精神，按照全国教育大会部署和落实《国家职业教育改革实施方案》（简称“职教20条”）要求，教育部会同国家发展改革委、财政部、市场监管总局制定了《关于在院校实施“学历证书＋若干职业技能等级证书”制度试点方案》（以下简称《方案》），启动“学历证书＋若干职业技能等级证书”（简称1+X证书）制度试点工作。现将《方案》印发给你们，请结合本地区、本部门实际情况组织实施。

教育部　国家发展改革委
财政部　市场监管总局
2019年4月4日

关于在院校实施“学历证书＋若干职业技能等级证书”制度试点方案

按照国务院印发的《国家职业教育改革实施方案》（简称“职教20条”）要求，经国务院职业教育工作部际联席会议研究通过，现就在院校实施“学历证书＋若干职业技能等级证书”制度试点，制定以下工作方案。

一、总体要求

（一）指导思想和基本原则

以习近平新时代中国特色社会主义思想为指导，深入贯彻落实全国教育大会部署，完善职业教育和培训体系，按照高质量发展要求，坚持以学生为中心，深化复合型技术技能人才培养培训模式和评价模式改革，提高人才培养质量，畅通技术技能人才成长通道，拓展就业创业本领。

坚持政府引导、社会参与，育训结合、保障质量，管好两端、规范中间，试点先行、稳步推进的原则。加强政府统筹规划、政策支持、监督指导，引导社会力量积极参与职业教育与培训。落实职业院校学历教育和培训并举并重的法定职责，坚持学历教育与职业培训相结合，促进书证融通。严把证书标准和人才质量两个关口，规范培养培训过程。从试点做起，用改革的办法稳步推进，总结经验、完善机制、防控风险。

（二）目标任务

自 2019 年开始，重点围绕服务国家需要、市场需求、学生就业能力提升，从 10 个左右领域做起，启动 1+X 证书制度试点工作。落实“放管服”改革要求，以社会化机制招募职业教育培训评价组织（以下简称培训评价组织），开发若干职业技能等级标准和证书。有关院校将 1+X 证书制度试点与专业建设、课程建设、教师队伍建设等紧密结合，推进“1”和“X”的有机衔接，提升职业教育质量和学生就业能力。通过试点，深化教师、教材、教法“三教”改革；促进校企合作；建好用好实训基地；探索建设职业教育国家“学分银行”，构建国家资历框架。

二、试点内容

（一）培育培训评价组织

培训评价组织作为职业技能等级证书及标准的建设主体，对证书质量、声誉负总责，主要职责包括标准开发、教材和学习资源开发、考核站点建设、考核颁证等，并协助试点院校实施证书培训。按照在已成熟的品牌中遴选一批、在成长中的品牌中培育一批、在有关评价证书缺失的领域中规划准备一批的原则，面向实施职业技能水平评价相关工作的社会评价组织，以社会化机制公开招募并择优遴选参与试点。试点本着严格控制数量，扶优、扶大、扶强的原则逐步推开。地方有关部门、行业组织要热心支持培训评价组织建设和发展，不得违规收取或变相收取任何费用。

（二）开发职业技能等级证书

职业技能等级证书以社会需求、企业岗位（群）需求和职业技能等级标准为依据，对学习者职业技能进行综合评价，如实反映学习者职业技术能力，证书分为初级、中级、高级。培训评价组织按照相关规范，联合行业、企业和院校等，依据国家职业标准，借鉴国际国内先进标准，体现新技术、新工艺、新规范、新要求等，开发有关职业技能等级标准。国务院教育行政部门根据国家标准化工作要求设立有关技术组织，做好职业教育与培训标准化工作的顶层设计，创新标准建设机制，编制标准化工作指南，指导职业技能等级标准开发。试点实践中充分发挥培训评价组织的作用，鼓励其不断开发更科学、更符合社会实际需要的职业技能等级标准和证书。

（三）融入专业人才培养

院校是 1+X 证书制度试点的实施主体。中等职业学校、高等职业学校可结合初级、中级、高级职业技能等级开展培训评价工作，本科层次职业教育试点学校、应用型本科高校及国家开放大学可根据专业实际情况选择。试点院校要根据职业技能等级标准和专业教学标准要求，将证书培训内容有机融入专业人才培养方案，优化课程设置和教学内容，统筹教学组织与实施，深化教学方式方法改革，提高人才培养的灵活性、适应性、针对性。试点院校可以通过培训、评价使学生获得职业技能等级证书，也可探索将相关专业课程考试与职业技能等级考核统筹安排，同步考试（评价），获得学历证书相应学分和职业技能等级证书。深化校企合作，坚持工学结合，充分利用院校和企业场所、资源，与评价组织协同实施教学、培训。加强对有关领域校企合作项目与试点工作的统筹。

（四）实施高质量职业培训

试点院校要结合职业技能等级证书培训要求和相关专业建设，改善实训条件，盘活教学资源，提高培训能力，积极开展高质量培训。根据社会、市场和学生技能考证需要，对专业课程未涵盖的内容或需要特别强化的实训，组织开展专门培训。试点院校在面向本校学生开展培训的同时，积极为社会成员提供培训服务。社会成员自主选择证书类别、等级，在试点院校内、外进行培训。新入校园证书必须通过遴选渠道，已取消的职业资格证书不得再引入。教育行政部门、院校要建立健全进入院校内的各类证书的质量保障机制，杜绝乱培训、滥发证，保障学生权益，有关工作另行安排。

（五）严格职业技能等级考核与证书发放

培训评价组织负责职业技能等级考核与证书发放。考核内容要反映典型岗位（群）所需的职业素养、专业知识和职业技能，体现社会、市场、企业和学生个人发展需求。考核方式要灵活多样，强化对完成典型工作任务能力的考核。考核站点一般应设在符合条件的试点院校。要严格考核纪律，加强过程管理，推进考核工作科学化、标准化、规范化。要建立健全考核安全、保密制度，强化保障条件，加强考点（考场）和保密标准化建设。通过考核的学生和社会人员取得相应等级的职业技能等级证书。

（六）探索建立职业教育国家“学分银行”

国务院教育行政部门探索建立职业教育“学分银行”制度，研制相关规范，建设信息系统，对学历证书和职业技能等级证书所体现的学习成果进行登记和存储，计入个人学习账号，尝试学习成果的认定、积累与转换。学生和社会成员在按规定程序进入试点院校接受相关专业学历教育时，可按规定兑换学分，免修相应课程或模块，促进学历证书与职业技能等级证书互通。研究探索构建符合国情的国家资历框架。

（七）建立健全监督、管理与服务机制

建立职业技能等级证书和培训评价组织监督、管理与服务机制。建设培训评价组织遴选专家库和招募遴选管理办法。本着公正公平公开的原则进行公示公告。建立监督管理制度，教育行政部门和职业教育指导咨询委员会要加强对职业技能等级证书有关工作的指导，定期开展“双随机、一公开”的抽查和监督。对培训评价组织行为和院校培训质量进行监测和评估。培训评价组织的行为同时接受学校、社会、学生、家长等的监督评价。院校和学生自主选择 X 证书，同时加强引导，避免出现片面的“考证热”。

三、试点范围及进度安排

（一）试点范围

面向现代农业、先进制造业、现代服务业、战略性新兴产业等 20 个技能人才紧缺领域，率先从 10 个左右职业技能领域做起。省级教育行政部门根据有关要求对符合条件的申报院校进行备案。试点院校以高等职业学校、中等职业学校（不含技工学校）为主，本科层次职业教育试点学校、应用型本科高校及国家开放大学等积极参与，省级及以上示范（骨干、优质）高等职业学校和“中国特色高水平高职学校和专业建设计划”入选学校要发挥带头作用。

（二）进度安排

2019 年首批启动五个领域试点，已确定的五个培训评价组织对接试点院校，并启动有关信息化平台建设；陆续启动其他领域试点工作。2020 年下半年，做好试点工作阶段性总结，研究部署下一步工作。

四、组织实施

（一）明确组织分工

国务院教育行政部门负责做好 1+X 证书制度试点工作的整体规划、部署和宏观指导，对院校职业技能等级证书的实施工作负监督管理职责。国务院市场监督管理部门（国家标准化管理委员会）负责协调指导职业教育与培训标准化建设。各省级教育行政部门主要负责指导本区域 1+X 证书制度试点工作，会同省级有关部门研究制定支持激励教师参与试点工作的有关政策，将参与职业技能等级证书培训与考核相关工作列入教师和教学管理人员工作量范畴，帮助协调解决试点中出现的新情况、新问题。省级有关职能部门负责研究确定证书培训考核收费管理相关政策。试点院校党委要加强对试点工作的领导，按有关规定加大资源统筹调配力度。

（二）强化基础条件保障

各省（区、市）在政策、资金和项目等方面向参与实施试点的院校倾斜，支持学校教学实训资源与培训考核资源共建共享，推动学校建好用好学校自办、学校间联办、与企业合办、政府开办等各种类型的实训基地。要吸引社会投资进入职业教育培训领域。通过政府和社会资本合作（PPP 模式）等方式，积极支持社会资本参与实训基地建设和运营。产教融合实训基地和产教融合型企业要积极参与实施培训。

（三）加强师资队伍建设

各省（区、市）和试点院校要加强专兼结合的师资队伍建设，打造能够满足教学与培训需求的教学创新团队，促进教育培训质量全面提升。要将职业技能等级证书有关师资培训纳入职业院校教师素质提高计划项目。培训评价组织要组建来自行业企业、院校和研究机构的高素质专家队伍，面向试点院校定期开展师资培训和交流，提高教师实施教学、培训和考核评价能力。

（四）建立健全投入机制

中央财政建立奖补机制，通过相关转移支付对各省 1+X 证书制度试点工作予以奖补。各省（区、市）要加大资金投入，重点支持深化职业教育教学改革、加强技术技能人才培养培训等方面，并通过政府购买服务等方式支持开展职业技能等级证书培训和考核工作。参加职业技能等级证书考核的建档立卡等家庭经济困难学生免除有关考核费用。凡未纳入 1+X 证书制度试点范围的培训、评价、认证等，不享受试点有关经费支持。

（五）加强信息化管理与服务

建设 1+X 证书信息管理服务平台，开发集政策发布、过程监管、证书查询、监督评价等功能的权威性信息系统。参与1+X证书制度试点的学生，获取的职业技能等级证书都将进入服务平台，与职业教育国家学分银行个人学习账户系统对接，记录学分，并提供网络公开查询等社会化服务，便于用人单位识别和学生就业。运用大数据、云计算、移动互联网、人工智能等信息技术，提升证书考核、培训及管理水平，充分利用新技术平台，开展在线服务，提升学习者体验。

教育部关于深入学习贯彻《国家职业教育改革实施方案》的通知

（教职成〔2019〕11号）

各省、自治区、直辖市教育厅（教委），各计划单列市教育局，新疆生产建设兵团教育局，有关单位：

国务院印发《国家职业教育改革实施方案》（以下简称“职教20条”），把奋力办好新时代职业教育细化为具体行动。为做好“职教20条”的学习宣传和贯彻落实，推动职业教育大改革大发展，现就有关事项通知如下。

一、深刻领会“职教20条”主要内涵和精神实质

党的十八大以来，以习近平同志为核心的党中央把职业教育摆在了前所未有的突出位置。李克强总理就深化职业教育改革作出重要批示，提出明确要求。“职教20条”明确职业教育和普通教育是两种不同的教育类型，具有同等重要地位。教育战线要切实把思想和行动统一到党中央、国务院决策部署上来，推动职业教育改革不断深化。

（一）以习近平总书记关于教育的重要论述为根本遵循

要以习近平总书记关于教育的重要论述武装头脑、指导实践、推动工作，落实好高度重视、加快发展的工作方针，把职业教育摆在经济社会发展和教育改革中更加突出的位置；落实好服务发展、促进就业的办学方向，对接科技发展趋势和市场需求，推动校企形成命运共同体；落实好建设中国特色职业教育体系的工作目标，健全德技并修、工学结合的育人机制，努力培养数以亿计的高素质劳动者和技术技能人才，努力完善职业教育和培训体系，努力让每个人都有人生出彩的机会。

（二）为全面建成社会主义现代化强国提供有力支撑

我国正处于决胜全面建成小康社会和建成社会主义现代化强国的历史交汇期。2035中长期目标和2050远景目标对职业教育提出了新的更高要求。加快发展现代职业教育，既有利于缓解当前就业压力，也是解决高技能人才短缺的

战略之举。职业教育要主动适应供给侧结构性改革需要，加强技术技能积累，努力站在服务国家战略最前沿，为建设现代产业体系提供支撑。要强化人才的有效供给和适度超前储备，为社会成员就业创业、在岗提升提供保障。要以现代职业教育的大改革大发展，加快培养国家发展急需的各类技术技能人才，让更多青年凭借一技之长实现人生价值，让三百六十行人才荟萃、繁星璀璨。

（三）把职业教育摆在更加突出的重要位置

我国教育总体已进入世界中上行列，正是加快推进教育现代化的关键阶段。没有职业教育现代化也就没有教育现代化。深化职业教育改革，可以为其他教育改革探索经验，有效分解高考压力，为学生提供多样化成长成才路径。要下大力气抓好改革，力争经过 5—10 年的努力，促进教育链、人才链、产业链有机衔接，大幅提升新时代职业教育现代化水平。

二、逐项推进“职教 20 条”重点任务的改革攻坚

“职教 20 条”坚持目标导向和问题导向，针对长期以来“单纯的学历教育”或“简单的技能教学”两个倾向，提出了一系列解决长期制约职业教育发展的体制机制难题的政策措施。职业教育战线要以深化改革和狠抓落实为重点，逐项落实“职教 20 条”提出的各项任务。

（一）完善现代职业教育体系

要提高中等职业教育发展水平，保持高中阶段教育职普比大体相当，设立中等职业教育国家奖学金，完善中职生均拨款、免学费和国家助学金政策，为打赢脱贫攻坚战作贡献。要推进高等职业教育高质量发展，改革高职院校办学体制，提高办学质量，建设一批引领改革、支撑发展、中国特色、世界水平的高等职业学校和骨干专业（群）。要扩大高素质技术技能人才培养培训规模，扩大高职院校奖助学金覆盖面、提高补助标准，鼓励更多中等职业学校和普通高中毕业生、退役军人、下岗职工、农民工等接受高等职业教育，2019 年大规模扩招 100 万人。要完善高层次应用型人才培养体系，推动具备条件的普通本科高校向应用型转变，开展本科层次职业教育试点，探索长学制培养高端技术技能人才。要面向在校学生和社会成员广泛开展职业培训，积极承接职业技能提升行动，引导行业企业深度参与。要鼓励职业院校联合中小学开展劳动和职业启蒙教育。

（二）提升技术技能人才培养质量

要将标准化建设作为统领职业教育发展的突破口，狠抓教师、教材、教法，建立健全学校设置、师资队伍、教学教材、信息化建设、安全设施等办学标准，促进校企“双元”育人，提升受教育者的职业适应能力和可持续发展能

力。要落实立德树人根本任务，深化专业、课程、教材改革，提升实习实训水平，努力实现职业技能和职业精神培养高度融合。要多措并举打造“双师型”教师队伍，加强职业技术师范院校和专业建设，探索组建高水平、结构化教师教学创新团队，组织选派骨干教师海外研修，推动校企人员双向流动。要建立职业教育质量评价体系，严把教学标准和毕业学生质量标准两个关口，狠抓制度、标准、规范落实。

（三）实施好 1+X 证书制度试点工作

要主动适应新科技革命和产业变革对高素质复合型技术技能人才的需求，从 2019 年开始，在职业院校、应用型本科高校等启动“学历证书 + 若干职业技能等级证书”制度试点（简称 1+X 证书制度试点）。要加强规范引导，尽快制订工作方案和具体管理办法，培育一批优质的培训评价组织，做好职业院校内职业技能等级证书的实施、管理、监督和考核。要突出重点领域，在先进制造业、现代服务业等技术技能人才紧缺领域抓紧启动试点，源源不断为各行各业培养亿万高素质的产业生力军。要结合 1+X 证书制度试点，探索建设“学分银行”，探索构建符合国情的国家资历框架，有序开展学历证书和职业技能等级证书所体现的学习成果的认定、积累和转换，加快学历证书和职业技能等级证书互通衔接，为技术技能人才持续成长拓宽通道。

（四）完善有利于职业教育发展的相关配套政策

要支持企业和社会力量兴办职业教育，会同有关部门制定落实产教融合型企业认证和组合式激励政策，鼓励有条件的企业特别是大型企业举办高质量职业教育。要建设一批示范性职业教育集团（联盟），建设一批高水平职业教育实训基地。要建立民办职业教育负面清单制度，鼓励发展股份制、混合所有制等职业院校和各类培训机构。要完善“文化素质 + 职业技能”的考试招生办法，为学生接受高等职业教育提供多种入学方式和学习方式。要在中央财政大幅增加对职业教育投入的同时，督促地方落实职业教育经费投入机制，加强地方财政支持力度，新增教育经费要向职业教育倾斜。

（五）厚植各方支持职业教育的良好环境

要加强党对职业教育工作的全面领导，充分发挥党组织在职业院校的领导核心和政治核心作用，将党建工作与学校事业发展同部署、同落实、同考评。要牵头落实好国务院职业教育工作部际联席会议制度各项职责，做好职业教育工作的统筹规划、综合协调、宏观管理，形成政策合力。要组建国家职业教育指导咨询委员会，为职业教育改革提供重大政策咨询。要持续办好职业教育活动周等活动，多渠道总结提炼和宣传推介优秀案例，讲好职教故事，培育和传承好工匠精神。

三、扎实做好全面深化职业教育改革组织实施工作

教育战线要把学习贯彻落实“职教20条”精神，作为当前和今后一个时期教育工作的重要任务，按照全国深化职业教育改革电视电话会议要求，周密部署、统一安排、逐项落实、压实责任，确保新时代职业教育改革发展各项任务落到实处。

（一）加强学习宣传

各地教育行政部门要制订学习宣传和贯彻落实方案，按照“职教20条”逐项分解，确定任务分工，并及时向本地党委和政府汇报，列入党委和政府专题研究和重点部署的工作内容，推动地方全面加强对职业教育工作的领导，研究提出本地区职业教育改革发展思路、战略和重点工作，提出深化改革、开展试点等的具体方案。各地要迅速掀起宣传研究“职教20条”精神的热潮，教育行政部门要在地方主流媒体和各种新兴媒体主动发声，主要负责人、分管负责人要撰写专题文章、主动解读宣讲，职业院校、行业企业、研究机构等开展学习交流、课题研究和宣传解读。要组织职业院校广大干部和师生员工通过多种方式深入学习领会，形成思想共识。要联系地方主流媒体广泛宣传职业教育方针政策、经验做法、成果贡献等，营造有利于改革发展的良好氛围。

（二）抓好重点任务

各省级教育行政部门要抓紧推动分省签订部省落实职业教育改革发展备忘录。要组织实施好重点项目，体现改革导向，抓好中国特色高水平高职学校和专业建设计划、高水平实训基地建设、产教融合建设试点、薄弱学校改善基本办学条件、应用型本科高校转型、本科层次职业教育试点、1+X证书制度试点、职业培训、课程和教材建设、“双师型”教师队伍建设、“数字校园”建设、示范性职业教育集团（联盟）建设、“鲁班工坊”项目等。要注意提炼总结，形成一批可复制、可推广的典型经验，不断完善国家顶层设计与地方实践协同推进的工作机制。

（三）强化实施考核

各级教育行政部门要切实负起统筹规划、综合协调和宏观管理职业教育的责任，推动区域职业教育发展。要完善地方职业教育工作联席会议制度，加强与发展改革、工业和信息化、财政、人力资源社会保障、农业农村、国资、扶贫、税务等有关单位联系，形成工作合力。要建立健全地方职业教育指导咨询机构，最大限度凝聚各方共识。要加强督促检查，压紧压实责任，并每半年向我部汇报进展情况。我部将会同有关单位，通过国务院大督查、教育督导等方式，对各地职业教育改革发展情况进行督查，督查结果将作为对地方政府工作

考核的重要依据上报国务院，对真抓实干的地方进行重点激励。

各地学习贯彻情况、落实方案，请于 2019 年 6 月底前报我部，我部汇总后向国务院报告。

教育部

2019 年 5 月 6 日

教育部　国家发展改革委　财政部
人力资源社会保障部　农业农村部　退役军人部
关于印发《高职扩招专项工作实施方案》的通知

（教职成〔2019〕12号）

各省、自治区、直辖市教育厅（教委）、发展改革委、财政厅（局）、人力资源社会保障厅（局）、农业农村（农牧）厅（局、委）、退役军人事务厅（局），新疆生产建设兵团教育局、发展改革委、财政局、人力资源社会保障局、农业农村局、退役军人事务局：

《高职扩招专项工作实施方案》已经国务院同意，现印发给你们，请结合实际认真贯彻执行。

教育部　国家发展改革委　财政部

人力资源社会保障部　农业农村部　退役军人部

2019年5月6日

高职扩招专项工作实施方案

为贯彻落实2019年《政府工作报告》关于高职大规模扩招100万人的有关要求，全面深化职业教育改革，统筹做好计划安排、考试组织、招生录取、教育教学、就业服务及政策保障工作，确保稳定有序、高质量完成扩招工作任务，特制定本方案。

一、指导思想

坚持以习近平新时代中国特色社会主义思想为指导，全面加强党的领导，深入贯彻党的教育方针，认真落实党中央、国务院决策部署和《国家职业教育改革实施方案》，适应产业升级和经济结构调整对技术技能人才越来越紧迫的需求，把发展高等职业教育作为缓解当前就业压力、解决高技能人才短缺的战略之举，坚持中央统筹、地方主责、系统化推进、质量型扩招，以现代职业教育的大改革大发展，加快培养国家发展急需的各类技术技能人才，让更多青年凭借一技之长实现人生价值，让三百六十行人才荟萃、繁星璀璨。

二、工作原则

（一）统一认识。深刻认识高职扩招专项工作是党中央、国务院的重大决策部署，是职业教育的重大发展机遇，对教育改革和经济社会发展具有重大影响，要切实把思想和行动统一到党中央、国务院的决策部署上来。

（二）明确方向。坚持面向市场、服务发展、促进就业的办学方向，统筹招生、培养、就业各个环节，服务建设现代化经济体系和实现更高质量更充分就业需要。

（三）质量为先。引导各地科学研判职业教育发展水平，合理承担扩招任务，加大总量性、结构性政策供给，强化资源配置，提升培养能力，确保质量型扩招。

（四）系统推进。中央和地方两级联动，突出地方为主，加强指导督导，强化协调配合，营造良好氛围，综合施策、提升效率，确保高质量完成目标任务。

三、主要任务

（一）扩大招生计划。加强中央统筹，综合考虑各地生源情况、办学条件、经济支撑等因素，合理确定 2019 年各省份高职扩招计划安排。各地要科学分配扩招计划，重点布局在优质高职院校，区域经济建设急需、社会民生领域紧缺和就业率高的专业，以及贫困地区特别是连片特困地区。引导各地加强区域协作，加大东部地区院校向中西部地区的招生计划投放力度。针对退役军人、下岗失业人员、农民工、新型职业农民等群体单列计划，一部分面向退役军人，一部分面向下岗失业人员、农民工和新型职业农民。高职院校要加强与现有独立设置的特殊教育机构合作，加大残疾学生培养力度，让更多残疾人接受适合的高等职业教育。在学前教育、护理、家政、养老、健康服务、现代服务业等领域，扩大中高职贯通培养招生规模。统筹普通教育、职业教育和继续教育，为各类群体提供灵活多样的升学和培养模式。

（二）做好高职扩招的补报名工作。在 2019 年高考前组织一次参加高职扩招专项考试的补报名工作，主要面向普通高中毕业生、中职（含中专、技工学校、职业高中）毕业生、退役军人、下岗失业人员、农民工和新型职业农民等报考高职院校的群体。于10月份面向2019年退役的军人再增加一次补报名。各省份原有高考报名条件保持不变，已经参加高考报名的考生，不再参加此次报名。联合开展补报名宣传动员和考生资格审核，教育部门负责高中、中职应届毕业生的宣传动员，会同公安部门审核考生户籍、学籍信息；退役军人事务部门负责退役军人宣传动员，审核退役军人身份；人力资源社会保障部门、农业农村部门分别负责下岗失业人员和农民工、新型职业农民宣传动员及身份界定工作。取消高职招收中职毕业生比例限制，允许符合高考报名条件的往届中职毕业生参加高职院校单独考试招生。

（三）做好高职扩招专项考试工作。各地根据工作实际合理安排考试时间，可在高考前，也可在高考后。针对不同群体特点和受教育状况，改革完善考试形式和内容，以高职院校单独考试为主。对于中职毕业生，可采取现行的“文化素质+职业技能”考试方式，文化素质使用各省份或各校组织的文化考试成绩，职业技能使用各省份或各校组织的职业适应性测试成绩或职业技能测试成绩。对于退役军人、下岗失业人员、农民工和新型职业农民，可免予文化素质考试，由各校组织与报考专业相关的职业适应性测试或职业技能测试。对于符合免试条件的技能拔尖人才，由高职院校予以免试录取。鼓励有条件的省份，对取得相关职业技能等级证书的考生，报考相关专业可免予职业技能测试。鼓励高职院校通过联合考试或成绩互认等方式，减轻考生考试负担。前期已在其他考试中被高职院校录取的考生，不再参加本次高职扩招专项考试。

（四）做好招生录取工作。加强考试招生监督管理，严格执行高校考试招生政策规定。针对不同群体考生特点，严格人才选拔标准，严肃考试招生工作纪律，严厉打击虚假宣传、有偿招生、买卖生源等违规行为。各地综合考虑计划安排、专业培养要求和考生成绩，分类确定录取标准，确保有升学意愿且达到基本培养要求的考生能被录取；根据考试招生时间安排确定新生入学时间，10月份以前录取的新生，可在2019年秋季入学，10月份以后录取的新生，可在2020年春季入学。

（五）做好分类教育管理工作。按照“标准不降、模式多元、学制灵活”原则，提高人才培养的针对性、适应性和实效性。贯彻实施职业教育国家教学标准体系，针对应届与非应届、就业与未就业、不同年龄段等生源多样化特点，分类编制专业人才培养方案，采取弹性学制和灵活多元教学模式，对退役军人、下岗失业人员、农民工和新型职业农民等群体可单独编班。鼓励有机组合师资、教学实训、食宿等资源，提高优质职业教育资源使用效率，用优质校拉动一般校，整体提升办学水平。加强教学常规管理，适应不同生源、不同学习时间、不同学习方式，创新教学组织和考核评价。针对不同生源的从业经历、技术技能基础和学习需求，创新实习管理方式，开展灵活多样的实践教学。加快学历证书和职业技能等级证书互通衔接，有序开展学习成果的认定、积累和转换，积极引导新增生源参与1+X证书制度试点，鼓励高校学生积极取得多类职业技能等级证书，拓展就业创业本领。对退役军人、下岗失业人员、农民工和新型职业农民等已积累的学习成果（含技术技能），探索通过水平测试等方式进行学历教育学分认定。

（六）推动教师教材教法改革。落实立德树人根本任务，坚持全员全过程全方位育人，注重坚守专业精神、职业精神和工匠精神，培养德智体美劳全面发展的社会主义建设者和接班人。加强高职院校教师队伍建设，通过资源整合挖潜一批、专项培训培育一批、校企合作解决一批、“银龄讲学”补充一批、社会力量兼职一批，加快补充急需的专业教师。开发适用于不同生源类型的新型活页式、工作手册式等教材，适应“互联网＋职业教育”发展需求，建好用好职业教育专业教学资源库，促进优质资源共建共享。创新技术技能人才培养培训模式，针对不同生源分类施教、因材施教，普及推广项目教学、案例教学、情景教学、工作过程导向教学，广泛应用线上线下混合教学，促进自主泛在个性化学习。

（七）做好就业服务。推动职业院校毕业生在落户、就业、参加机关事业单位招聘、职称评审、职级晋升等方面与普通高校毕业生享受同等待遇。各地要结合就业形势和生源类型特点，加强就业指导和就业服务，强化职业生涯发展教育，帮助学生合理调整就业期望，找准职业定位。人力资源社会保障、农业农村、退役军人事务等部门要按照职责分别对退役军人、下岗失业人员、农民工和新型职业农民提供有针对性的就业服务。

（八）加大财政投入。中央财政加大对高职院校扩招的支持力度，引导地方政府落实生均拨款制度、奖助学金提标扩面政策等，加强办学条件薄弱公办高职院校改造，加大政府购买高职教育服务力度。完善和落实相关奖助学金、学费减免等资助政策，退役军人学费资助按高职院校实际收取学费金额执行，每生每年最高不超过8000元，超出部分自行负担；按规定给予退役军人学生助学金资助，其他奖助政策按现行规定执行。下岗失业人员、农民工、新型职业农民考入高职院校，按照现行规定享受资助政策。

四、组织实施

（一）在国务院领导下，各有关部门切实履行职责，积极主动作为，加强协同联动，抓紧研究制定配套文件，形成工作合力。国务院教育督导委员会办公室组织督查组，实地到31个省（区、市）和新疆生产建设兵团对各地扩招组织实施情况进行事中督查，并将各地落实情况作为年度省级人民政府履行教育职责督导评价的重要内容。

（二）各地要高度重视，切实履行主体责任，严明工作纪律，狠抓工作落实，坚决防止和克服形式主义、官僚主义，确保扩招任务落地见效。要结合实际制定本地高职扩招工作实施方案，将高职扩招专项工作任务作为落实《国家职业教育改革实施方案》的重要内容，加大政策供给和经费保障，优化资源配置，有质量地扩大高素质技术技能人才培养规模。要加强资金监管，建立常态督查机制，对资金使用中出现的虚报套取骗取、挤占挪用、贪污侵吞资助资金等违法违规违纪行为，依法依规坚决严肃查处。

（三）各有关部门和各地要加大高职扩招相关政策的宣传力度，及时回应社会关切，解疑释惑、凝聚共识，营造良好社会氛围。各地要加强对高职扩招专项工作的领导，充分发挥高职院校党委的领导核心作用，为扩招工作提供坚强组织保证。各高职院校要深化办学体制、培养模式、资源配置等方面改革，充分释放扩招政策效应，保证人才培养质量。

教育部关于职业院校专业人才培养方案制订与实施工作的指导意见

（教职成〔2019〕13 号）

各省、自治区、直辖市教育厅（教委），各计划单列市教育局，新疆生产建设兵团教育局：

专业人才培养方案是职业院校落实党和国家关于技术技能人才培养总体要求，组织开展教学活动、安排教学任务的规范性文件，是实施专业人才培养和开展质量评价的基本依据。党的十八大以来，职业教育教学改革不断深化，具有中国特色的国家教学标准体系框架不断完善，职业院校积极对接国家教学标准，优化专业人才培养方案，创新人才培养模式，办学水平和培养质量不断提高。但在实际工作中还一定程度存在着专业人才培养方案概念不够清晰、制订程序不够规范、内容更新不够及时、监督机制不够健全等问题。为落实《国家职业教育改革实施方案》，推进国家教学标准落地实施，提升职业教育质量，现就职业院校专业人才培养方案制订与实施工作提出如下意见。

一、总体要求

（一）指导思想

以习近平新时代中国特色社会主义思想为指导，深入贯彻党的十九大精神，按照全国教育大会部署，落实立德树人根本任务，坚持面向市场、服务发展、促进就业的办学方向，健全德技并修、工学结合育人机制，构建德智体美劳全面发展的人才培养体系，突出职业教育的类型特点，深化产教融合、校企合作，推进教师、教材、教法改革，规范人才培养全过程，加快培养复合型技术技能人才。

（二）基本原则

—— 坚持育人为本，促进全面发展。全面推动习近平新时代中国特色社会主义思想进教材进课堂进头脑，积极培育和践行社会主义核心价值观。传授基础知识与培养专业能力并重，强化学生职业素养养成和专业技术积累，将专业精神、职业精神和工匠精神融入人才培养全过程。

—— 坚持标准引领，确保科学规范。以职业教育国家教学标准为基本遵循，贯彻落实党和国家在课程设置、教学内容等方面的基本要求，强化专业人才培养方案的科学性、适应性和可操作性。

——坚持遵循规律，体现培养特色。遵循职业教育、技术技能人才成长和学生身心发展规律，处理好公共基础课程与专业课程、理论教学与实践教学、学历证书与各类职业培训证书之间的关系，整体设计教学活动。

—— 坚持完善机制，推动持续改进。紧跟产业发展趋势和行业人才需求，建立健全行业企业、第三方评价机构等多方参与的专业人才培养方案动态调整机制，强化教师参与教学和课程改革的效果评价与激励，做好人才培养质量评价与反馈。

二、主要内容及要求

专业人才培养方案应当体现专业教学标准规定的各要素和人才培养的主要环节要求，包括专业名称及代码、入学要求、修业年限、职业面向、培养目标与培养规格、课程设置、学时安排、教学进程总体安排、实施保障、毕业要求等内容，并附教学进程安排表等。学校可根据区域经济社会发展需求、办学特色和专业实际制订专业人才培养方案，但须满足以下基本要求。

（一）明确培养目标。依据国家有关规定、公共基础课程标准和专业教学标准，结合学校办学层次和办学定位，科学合理确定专业培养目标，明确学生的知识、能力和素质要求，保证培养规格。要注重学用相长、知行合一，着力培养学生的创新精神和实践能力，增强学生的职业适应能力和可持续发展能力。

坚持把立德树人作为根本任务，不断加强学校思想政治工作，持续深化“三全育人”综合改革，把立德树人融入思想道德教育、文化知识教育、技术技能培养、社会实践教育各环节，推动思想政治工作体系贯穿教学体系、教材体系、管理体系，切实提升思想政治工作质量。

（二）规范课程设置。课程设置分为公共基础课程和专业（技能）课程两类。

1. 严格按照国家有关规定开齐开足公共基础课程。中等职业学校应当将思想政治、语文、历史、数学、外语（英语等）、信息技术、体育与健康、艺术等列为公共基础必修课程，并将物理、化学、中华优秀传统文化、职业素养等课程列为必修课或限定选修课。高等职业学校应当将思想政治理论课、体育、军事课、心理健康教育等课程列为公共基础必修课程，并将马克思主义理论类课程、党史国史、中华优秀传统文化、职业发展与就业指导、创新创业教育、信息技术、语文、数学、外语、健康教育、美育课程、职业素养等列为必修课或限定选修课。

全面推动习近平新时代中国特色社会主义思想进课程，中等职业学校统一实施中等职业学校思想政治课程标准，高等职业学校按规定统一使用马克思主义理论研究和建设工程思政课、专业课教材。结合实习实训强化劳动教育，明确劳动教育时间，弘扬劳动精神、劳模精神，教育引导学生崇尚劳动、尊重劳动。推动中华优秀传统文化融入教育教学，加强革命文化和社会主义先进文化教育。深化体育、美育教学改革，促进学生身心健康，提高学生审美和人文素养。

根据有关文件规定开设关于国家安全教育、节能减排、绿色环保、金融知识、社会责任、人口资源、海洋科学、管理等人文素养、科学素养方面的选修课程、拓展课程或专题讲座（活动），并将有关知识融入到专业教学和社会实践中。学校还应当组织开展劳动实践、创新创业实践、志愿服务及其他社会公益活动。

2. 科学设置专业（技能）课程。专业（技能）课程设置要与培养目标相适应，课程内容要紧密联系生产劳动实际和社会实践，突出应用性和实践性，注重学生职业能力和职业精神的培养。一般按照相应职业岗位（群）的能力要求，确定6—8门专业核心课程和若干门专业课程。

（三）合理安排学时。三年制中职、高职每学年安排40周教学活动。三年制中职总学时数不低于3000，公共基础课程学时一般占总学时的1/3；三年制高职总学时数不低于2500，鼓励学生自主学习，公共基础课程学时应当不少于总学时的1/4。中、高职选修课教学时数占总学时的比例均应当不少于10%。一般以16—18学时计为1个学分。鼓励将学生取得的行业企业认可度高的有关职业技能等级证书或已掌握的有关技术技能，按一定规则折算为学历教育相应学分。

（四）强化实践环节。加强实践性教学，实践性教学学时原则上占总学时数50%以上。要积极推行认知实习、跟岗实习、顶岗实习等多种实习方式，强化以育人为目标的实习实训考核评价。学生顶岗实习时间一般为6个月，可根据专业实际，集中或分阶段安排。推动职业院校建好用好各类实训基地，强化学生实习实训。统筹推进文化育人、实践育人、活动育人，广泛开展各类社会实践活动。

（五）严格毕业要求。根据国家有关规定、专业培养目标和培养规格，结合学校办学实际，进一步细化、明确学生毕业要求。严把毕业出口关，确保学生毕业时完成规定的学时学分和教学环节，结合专业实际组织毕业考试（考核），保证毕业要求的达成度，坚决杜绝“清考”行为。

（六）促进书证融通。鼓励学校积极参与实施 1+X 证书制度试点，将职业技能等级标准有关内容及要求有机融入专业课程教学，优化专业人才培养方案。同步参与职业教育国家“学分银行”试点，探索建立有关工作机制，对学历证书和职业技能等级证书所体现的学习成果进行登记和存储，计入个人学习账号，尝试学习成果的认定、积累与转换。

（七）加强分类指导。鼓励学校结合实际，制订体现不同学校和不同专业类别特点的专业人才培养方案。对退役军人、下岗职工、农民工和新型职业农民等群体单独编班，在标准不降的前提下，单独编制专业人才培养方案，实行弹性学习时间和多元教学模式。实行中高职贯通培养的专业，结合实际情况灵活制订相应的人才培养方案。

三、制订程序

（一）规划与设计。学校应当根据本意见要求，统筹规划，制定专业人才培养方案制（修）订的具体工作方案。成立由行业企业专家、教科研人员、一线教师和学生（毕业生）代表组成的专业建设委员会，共同做好专业人才培养方案制（修）订工作。

（二）调研与分析。各专业建设委员会要做好行业企业调研、毕业生跟踪调研和在校生学情调研，分析产业发展趋势和行业企业人才需求，明确本专业面向的职业岗位（群）所需要的知识、能力、素质，形成专业人才培养调研报告。

（三）起草与审定。结合实际落实专业教学标准，准确定位专业人才培养目标与培养规格，合理构建课程体系、安排教学进程，明确教学内容、教学方法、教学资源、教学条件保障等要求。学校组织由行业企业、教研机构、校内外一线教师和学生代表等参加的论证会，对专业人才培养方案进行论证后，提交校级党组织会议审定。

（四）发布与更新。审定通过的专业人才培养方案，学校按程序发布执行，报上级教育行政部门备案，并通过学校网站等主动向社会公开，接受全社会监督。学校应建立健全专业人才培养方案实施情况的评价、反馈与改进机制，根据经济社会发展需求、技术发展趋势和教育教学改革实际，及时优化调整。

四、实施要求

（一）全面加强党的领导。加强党的领导是做好职业院校专业人才培养方案制订与实施工作的根本保证。职业院校在地方党委领导下，坚持以习近平新时代中国特色社会主义思想为指导，切实加强对专业人才培养方案制订与实施工作的领导。职业院校校级党组织会议和校长办公会要定期研究，书记、校长及分管负责人要经常性研究专业人才培养方案制订与实施。职业院校党组织负责人、校长是专业人才培养方案制订与实施的第一责任人，要把主要精力放到教育教学工作上来。

（二）强化课程思政。积极构建“思政课程＋课程思政”大格局，推进全员全过程全方位“三全育人”，实现思想政治教育与技术技能培养的有机统一。结合职业院校学生特点，创新思政课程教学模式。强化专业课教师立德树人意识，结合不同专业人才培养特点和专业能力素质要求，梳理每一门课程蕴含的思想政治教育元素，发挥专业课程承载的思想政治教育功能，推动专业课教学与思想政治理论课教学紧密结合、同向同行。

（三）组织开发专业课程标准和教案。要根据专业人才培养方案总体要求，制（修）订专业课程标准，明确课程目标，优化课程内容，规范教学过程，及时将新技术、新工艺、新规范纳入课程标准和教学内容。要指导教师准确把握课程教学要求，规范编写、严格执行教案，做好课程总体设计，按程序选用教材，合理运用各类教学资源，做好教学组织实施。

（四）深化教师、教材、教法改革。建设符合项目式、模块化教学需要的教学创新团队，不断优化教师能力结构。健全教材选用制度，选用体现新技术、新工艺、新规范等的高质量教材，引入典型生产案例。总结推广现代学徒制试点经验，普及项目教学、案例教学、情境教学、模块化教学等教学方式，广泛运用启发式、探究式、讨论式、参与式等教学方法，推广翻转课堂、混合式教学、理实一体教学等新型教学模式，推动课堂教学革命。加强课堂教学管理，规范教学秩序，打造优质课堂。

（五）推进信息技术与教学有机融合。适应“互联网＋职业教育”新要求，全面提升教师信息技术应用能力，推动大数据、人工智能、虚拟现实等现代信息技术在教育教学中的广泛应用，积极推动教师角色的转变和教育理念、教学观念、教学内容、教学方法以及教学评价等方面的改革。加快建设智能化教学支持环境，建设能够满足多样化需求的课程资源，创新服务供给模式，服务学生终身学习。

（六）改进学习过程管理与评价。严格落实培养目标和培养规格要求，加大过程考核、实践技能考核成绩在课程总成绩中的比重。严格考试纪律，健全多元化考核评价体系，完善学生学习过程监测、评价与反馈机制，引导学生自我管理、主动学习，提高学习效率。强化实习、实训、毕业设计（论文）等实践性教学环节的全过程管理与考核评价。

五、监督与指导

国务院教育行政部门负责定期修订发布中职、高职专业目录，制订发布职业教育国家教学标准，宏观指导专业人才培养方案制订与实施工作。省级教育行政部门要结合区域实际进一步提出指导意见或具体要求，推动国家教学标准落地实施；要建立抽查制度，对本地区职业院校专业人才培养方案制订、公开和实施情况进行定期检查评价，并公布检查结果。市级教育行政部门负责指导、检查、监督本地区中等职业学校专业人才培养方案制订与实施工作，并做好备案和汇总。充分发挥地方职业教育教研机构的研究咨询作用，组织开展有关交流研讨活动，指导和参与本地区职业院校专业人才培养方案制订工作。鼓励产教融合型企业、产教融合实训基地等参与专业人才培养方案的制订和实施，发挥行业、企业、家长等的作用，形成多元监督机制。

《教育部关于制定中等职业学校教学计划的原则意见》（教职成〔2009〕2号）、《关于制订高职高专教育专业教学计划的原则意见》（教高〔2000〕2号）自本意见印发之日起停止执行。

教育部

2019年6月5日

教育部　财政部关于印发《中国特色高水平高职学校和专业建设计划绩效管理暂行办法》的通知

（教职成〔2020〕8号）

各省、自治区、直辖市教育厅（教委）、财政厅（局），新疆生产建设兵团教育局、财政局：

根据《教育部 财政部关于实施中国特色高水平高职学校和专业建设计划的意见》（教职成〔2019〕5号），教育部、财政部研究制定了《中国特色高水平高职学校和专业建设计划绩效管理暂行办法》，现印发你们，请遵照执行。

教育部　财政部

2020年12月21日

中国特色高水平高职学校和专业建设计划绩效管理暂行办法

第一条　为规范和加强中国特色高水平高职学校和专业建设计划（简称“双高计划”）绩效管理，明确责任，提高资金配置效益和使用效率，确保绩效目标如期实现，根据《中共中央 国务院关于全面实施预算绩效管理的意见》、《现代职业教育质量提升计划资金管理办法》（财教〔2019〕258号）、《教育部 财政部关于实施中国特色高水平高职学校和专业建设计划的意见》（教职成〔2019〕5号）等有关规定，制定本办法。

第二条　“双高计划”绩效管理（简称绩效管理）是指“双高计划”建设学校（简称学校）、中央及省级教育部门和财政部门组织实施绩效目标管理，依据设定的绩效目标实施过程监控，开展绩效评价并加强评价结果应用的管理过程。

第三条 绩效目标是“双高计划”在实施期内预期达到的产出和效果。绩效目标着重对接国家战略，响应改革任务部署，紧盯“引领”、强化“支撑”、凸显“高”、彰显“强”、体现“特”，展示在国家形成“一批有效的职业教育高质量发展政策、制度、标准”方面的贡献度，通过“双高计划”有关系统填报与备案。绩效目标应做到科学合理、细化量化、可衡量可评价、体现项目核心成果。

第四条 绩效评价是指学校、中央及省级教育部门和财政部门，对建设成效进行客观、公正的测量、分析和评判。绩效评价按评价主体分为学校绩效自评和部门绩效评价，评价工作应当做到职责明确、相互衔接、科学公正、公开透明。

第五条 学校自评包括年度、中期及实施期结束后自评。学校对自评结果的客观性、真实性负责，学校法人代表是第一责任人。学校应当结合各自实际，设定绩效目标，对绩效目标实现情况进行全方位、全过程的自我评价。对绩效自评发现的绩效目标落实中存在的问题，应及时纠正、调整，确保绩效目标如期完成。学校应当在次年初，依据《双高学校建设数据采集表》（见附件1）、《高水平专业（群）建设数据采集表》（见附件2）的指标框架，结合学校“双高计划”建设方案，进一步细化本校指标，通过系统如实填报当年度进展数据。学校中期及实施期结束后，在规定时间内完成自评，通过系统向省级主管部门提交《双高学校绩效自评报告》（见附件3），有选择地填写《基于“双高绩效目标实现贡献度”信息采集表》（见附件4）、《基于“高水平学校和专业群社会认可度”信息采集表》（见附件5）、《基于“地方政府（含举办方）重视程度”信息采集表》（见附件6）。选择性采集的信息主要供教育部门和财政部门了解建设成效、调整相关政策、进行绩效评价做参考。

第六条 省（自治区、直辖市）、计划单列市和新疆生产建设兵团教育行政部门会同同级财政部门负责本地学校绩效管理工作，指导学校科学设定项目（含年度）绩效目标；加强审核，批复下达绩效目标，并报教育部和财政部备案；审核学校自评结果，对省内学校自评结果负责。

第七条 教育部、财政部结合国家职业教育改革阶段任务，确定“双高计划”总体目标，组织专家或委托第三方机构在学校自评的基础上，开展中期及实施期结束后绩效评价。

第八条 出现以下情形的，停止“双高计划”建设，退出计划。

1. 违背立德树人根本任务，学校在思想政治工作上出现重大问题的。

2. 偏离国家“双高计划”总体目标、社会贡献度显现较弱或学校建设任务没有如期完成、目标实现未达预期。

第九条　出现以下情形的，限期整改，并在绩效评价结果中予以反映。

1. 擅自调整批复的建设方案和任务书内容，降低学校建设目标，减少建设任务。

2. 项目经费使用不符合国家财务制度规定。

3. 其他违反国家法律法规和本办法规定的行为。

第十条　教育部、财政部评价结果是完善相关政策、调整中央财政奖补资金、本周期验收以及下一周期遴选的重要依据。学校在实施期出现重大问题，经整改仍无改善的，退出“双高计划”。退出“双高计划”的学校不得再次申请。

第十一条　学校要主动接受教育、财政、纪检、监察等部门的监督检查，依法接受外部审计部门的监督，发现问题应当及时制定整改措施并落实。

第十二条　本办法自印发之日起施行，由教育部、财政部负责解释和修订。

附件：1. 双高学校建设数据采集表

2. 高水平专业（群）建设数据采集表

3. 双高学校绩效自评报告（参考提纲）

4. 基于“双高绩效目标实现贡献度”信息采集表

5. 基于“高水平学校和专业群社会认可度”信息采集表

6. 基于“地方政府（含举办方）重视程度”信息采集表

附件 1

双高学校建设数据采集表

<table>
<tr><td colspan="3">项目建设学校全称</td><td colspan="4"></td><td colspan="3">类别（双高建设基础）</td><td></td></tr>
<tr><td colspan="3">专业群（1）名称</td><td colspan="4"></td><td colspan="3">专业群（2）名称</td><td></td></tr>
<tr><td rowspan="14">项目资金（元）</td><td colspan="2" rowspan="2">具体事项</td><td colspan="8">分年度数</td></tr>
<tr><td>2019年度</td><td colspan="2">2020年度</td><td colspan="2">2021年度</td><td colspan="2">2022年度</td><td>2023年度</td></tr>
<tr><td rowspan="6">预算安排情况</td><td>合计</td><td></td><td colspan="2"></td><td colspan="2"></td><td colspan="2"></td><td></td></tr>
<tr><td>中央财政投入资金</td><td></td><td colspan="2"></td><td colspan="2"></td><td colspan="2"></td><td></td></tr>
<tr><td>地方各级财政投入资金</td><td></td><td colspan="2"></td><td colspan="2"></td><td colspan="2"></td><td></td></tr>
<tr><td>举办方投入资金</td><td></td><td colspan="2"></td><td colspan="2"></td><td colspan="2"></td><td></td></tr>
<tr><td>行业企业支持资金</td><td></td><td colspan="2"></td><td colspan="2"></td><td colspan="2"></td><td></td></tr>
<tr><td>学校自筹资金</td><td></td><td colspan="2"></td><td colspan="2"></td><td colspan="2"></td><td></td></tr>
<tr><td rowspan="6">资金使用情况</td><td>合计</td><td></td><td colspan="2"></td><td colspan="2"></td><td colspan="2"></td><td></td></tr>
<tr><td>中央财政投入资金</td><td></td><td colspan="2"></td><td colspan="2"></td><td colspan="2"></td><td></td></tr>
<tr><td>地方各级财政投入资金</td><td></td><td colspan="2"></td><td colspan="2"></td><td colspan="2"></td><td></td></tr>
<tr><td>举办方投入资金</td><td></td><td colspan="2"></td><td colspan="2"></td><td colspan="2"></td><td></td></tr>
<tr><td>行业企业支持资金</td><td></td><td colspan="2"></td><td colspan="2"></td><td colspan="2"></td><td></td></tr>
<tr><td>学校自筹资金</td><td></td><td colspan="2"></td><td colspan="2"></td><td colspan="2"></td><td></td></tr>
<tr><td rowspan="5">绩效指标</td><td rowspan="2">一级指标</td><td rowspan="2">二级指标</td><td colspan="2" rowspan="2">三级指标</td><td colspan="4">目标值（累计数）</td><td colspan="2" rowspan="2">实现值（累计数）</td></tr>
<tr><td colspan="2">实施期满</td><td colspan="2">阶段性</td></tr>
<tr><td rowspan="3">1.产出指标</td><td rowspan="3">1.1数量指标</td><td colspan="2">1.1.1 打造技术技能人才培养高地</td><td colspan="2">——</td><td colspan="2">——</td><td colspan="2">——</td></tr>
<tr><td colspan="2">……</td><td colspan="2"></td><td colspan="2"></td><td colspan="2"></td></tr>
<tr><td colspan="2">1.1.2 打造技术技能创新服务平台</td><td colspan="2">——</td><td colspan="2">——</td><td colspan="2">——</td></tr>
</table>

续表

绩效指标	一级指标	二级指标	三级指标	目标值（累计数）		实现值（累计数）
				实施期满	阶段性	
绩效指标	1. 产出指标	1.1 数量指标	……			
			1.1.3 打造高水平专业群	——	——	——
			……			
			1.1.4 打造高水平双师队伍	——	——	——
			……			
			1.1.5 提升校企合作水平	——	——	——
			……			
			1.1.6 提升服务发展水平	——	——	——
			……			
			1.1.7 提升学校治理水平	——	——	——
			……			
			1.1.8 提升信息化水平	——	——	——
			……			
			1.1.9 提升国际化水平	——	——	——
			……			
		1.2 质量指标	1.2.1 打造技术技能人才培养高地	——	——	——
			……			
			1.2.2 打造技术技能创新服务平台	——	——	——
			……			
			1.2.3 打造高水平专业群	——	——	——
			……			
			1.2.4 打造高水平双师队伍	——	——	——

续表

	一级指标	二级指标	三级指标	目标值（累计数）		实现值（累计数）
				实施期满	阶段性	
绩效指标	1.产出指标	1.2质量指标	……			
			1.2.5 提升校企合作水平	——	——	——
			……			
			1.2.6 提升服务发展水平	——	——	——
			……			
			1.2.7 提升学校治理水平	——	——	——
			……			
			1.2.8 提升信息化水平	——	——	——
			……			
			1.2.9 提升国际化水平	——	——	——
			……			
		1.3时效指标	1.3.1 任务完成进度（%）			
			……			
	2.效益指标	2.1社会效益指标	2.1.1 引领职业教育改革发展和人才培养的贡献度	——	——	——
			……			
			2.1.2 支撑国家战略和区域经济社会发展的贡献度	——	——	——
			……			
			2.1.3 推动形成一批国家层面有效支撑职业教育高质量发展的政策、制度、标准的贡献度	——	——	——
			……			

续表

<table>
<tr><th rowspan="2"></th><th rowspan="2">一级指标</th><th rowspan="2">二级指标</th><th rowspan="2">三级指标</th><th colspan="2">目标值（累计数）</th><th rowspan="2">实现值（累计数）</th></tr>
<tr><th>实施期满</th><th>阶段性</th></tr>
<tr><td rowspan="7">绩效指标</td><td rowspan="2">2. 效益指标</td><td rowspan="2">2.2 可持续影响指标</td><td>2.2.1 项目标志性成果可持续影响的时间（年/项）</td><td></td><td></td><td></td></tr>
<tr><td>……</td><td></td><td></td><td></td></tr>
<tr><td rowspan="5">3. 满意度指标</td><td rowspan="5">3.1 服务对象满意度指标</td><td>3.1.1 在校生满意度（%）</td><td></td><td></td><td></td></tr>
<tr><td>3.1.2 毕业生满意度（%）</td><td></td><td></td><td></td></tr>
<tr><td>3.1.3 教职工满意度（%）</td><td></td><td></td><td></td></tr>
<tr><td>3.1.4 用人单位满意度（%）</td><td></td><td></td><td></td></tr>
<tr><td>3.1.5 家长满意度（%）</td><td></td><td></td><td></td></tr>
<tr><td>其他需要特别说明的问题</td><td colspan="6"></td></tr>
</table>

备注： 1. 中央财政投入资金是指现代职业教育质量提升计划资金中，按照分类分档支持标准安排的奖补资金。

2. 地方各级财政投入资金是指地方各级财政部门安排的用于支持“双高计划”的投入。

3. 举办方投入资金仅指非政府举办的职业院校举办方投入的用于支持“双高计划”的投入。

4. 行业企业支持资金是指行业企业投入的用于“双高计划”的社会资金。学校可用于“双高计划”建设的“以服务求发展”筹集的社会资金是行业企业支持资金的组成部分。

5. 可用于“双高计划”建设的学校事业收入、其他收入是学校自筹资金的主要来源。财政按照生均拨款制度安排的日常运转经费不列入其中。

6. “双高计划”学校需要提供 5 个左右反映十大建设任务的案例，原则上每个案例字数不少于 500 字。

附件 2

高水平专业（群）建设数据采集表

<table>
<tr><td>项目建设学校全称</td><td colspan="3"></td><td colspan="2">专业群名称</td><td></td></tr>
<tr><td rowspan="24">绩效指标</td><td rowspan="2">一级指标</td><td rowspan="2">二级指标</td><td rowspan="2">三级指标</td><td colspan="2">目标值（累计数）</td><td rowspan="2">实现值（累计数）</td></tr>
<tr><td>实施期满</td><td>阶段性</td></tr>
<tr><td rowspan="21">1. 产出指标</td><td rowspan="16">1.1 数量指标</td><td>1.1.1 人才培养模式创新</td><td>——</td><td>——</td><td>——</td></tr>
<tr><td>……</td><td></td><td></td><td></td></tr>
<tr><td>1.1.2 课程教学资源建设</td><td>——</td><td>——</td><td>——</td></tr>
<tr><td>……</td><td></td><td></td><td></td></tr>
<tr><td>1.1.3 教材与教法改革</td><td>——</td><td>——</td><td>——</td></tr>
<tr><td>……</td><td></td><td></td><td></td></tr>
<tr><td>1.1.4 教师教学创新团队</td><td>——</td><td>——</td><td>——</td></tr>
<tr><td>……</td><td></td><td></td><td></td></tr>
<tr><td>1.1.5 实践教学基地</td><td>——</td><td>——</td><td>——</td></tr>
<tr><td>……</td><td></td><td></td><td></td></tr>
<tr><td>1.1.6 技术技能平台</td><td>——</td><td>——</td><td>——</td></tr>
<tr><td>……</td><td></td><td></td><td></td></tr>
<tr><td>1.1.7 社会服务</td><td>——</td><td>——</td><td>——</td></tr>
<tr><td>……</td><td></td><td></td><td></td></tr>
<tr><td>1.1.8 国际交流与合作</td><td>——</td><td>——</td><td>——</td></tr>
<tr><td>……</td><td></td><td></td><td></td></tr>
<tr><td rowspan="5">1.2 质量指标</td><td>1.2.1 人才培养模式创新</td><td>——</td><td>——</td><td>——</td></tr>
<tr><td>……</td><td></td><td></td><td></td></tr>
<tr><td>1.2.2 课程教学资源建设</td><td>——</td><td>——</td><td>——</td></tr>
<tr><td>……</td><td></td><td></td><td></td></tr>
<tr><td>1.2.3 教材与教法改革</td><td>——</td><td>——</td><td>——</td></tr>
</table>

续表

	一级指标	二级指标	三级指标	目标值（累计数）		实现值（累计数）
				实施期满	阶段性	
绩效指标	1. 产出指标	1.2 质量指标	……			
			1.2.4 教师教学创新团队	——	——	——
			……			
			1.2.5 实践教学基地	——	——	——
			……			
			1.2.6 技术技能平台	——	——	——
			……			
			1.2.7 社会服务	——	——	——
			……			
			1.2.8 国际交流与合作	——	——	——
			……			
		1.3 时效指标	1.3.1 任务完成进度（%）			
			……			
	2. 效益指标	2.1 社会效益指标	2.1.1 引领职业教育改革发展和人才培养的贡献度	——	——	——
			……			
			2.1.2 支撑国家战略和区域经济社会发展的贡献度	——	——	——
			……			
			2.1.3 国家形成一批有效支撑职业教育高质量发展的政策、制度、标准的贡献度	——	——	——
			……			

续表

<table>
<tr><td rowspan="2"></td><td rowspan="2">一级指标</td><td rowspan="2">二级指标</td><td rowspan="2">三级指标</td><td colspan="2">目标值（累计数）</td><td rowspan="2">实现值（累计数）</td></tr>
<tr><td>实施期满</td><td>阶段性</td></tr>
<tr><td rowspan="7">绩效指标</td><td rowspan="2">2. 效益指标</td><td rowspan="2">2.2 可持续影响指标</td><td>2.2.1 项目标志性成果可持续影响的时间（年/项）</td><td></td><td></td><td></td></tr>
<tr><td>……</td><td></td><td></td><td></td></tr>
<tr><td rowspan="5">3. 满意度指标</td><td rowspan="5">3.1 服务对象满意度指标</td><td>3.1.1 在校生满意度（%）</td><td></td><td></td><td></td></tr>
<tr><td>3.1.2 毕业生满意度（%）</td><td></td><td></td><td></td></tr>
<tr><td>3.1.3 教职工满意度（%）</td><td></td><td></td><td></td></tr>
<tr><td>3.1.4 用人单位满意度（%）</td><td></td><td></td><td></td></tr>
<tr><td>3.1.5 家长满意度（%）</td><td></td><td></td><td></td></tr>
<tr><td>其他需要特别说明的问题</td><td colspan="6"></td></tr>
</table>

备注：1.“双高计划”专业群需要提供 5 个左右反映专业群九大建设任务的案例，每个案例字数不少于 500 字。

附件 3

双高学校绩效自评报告

（参考提纲）

一、双高学校绩效目标实现程度及效果

（一）总体目标的实现程度及效果

（二）阶段性目标的实现程度及效果（可选项）

二、建设任务进度及绩效指标的完成情况

（一）学校层面

（二）专业（群）层面

三、项目预算执行情况

（一）预算执行情况

（二）未如期执行的原因分析与说明（可选项）

四、实现双高学校绩效目标采取措施（含改进措施）的有效性（附相关佐证材料）

五、对双高绩效目标实现的贡献度和社会认可度有关情况的说明（可选项。附标志性成果及其社会评价等有关说明）

（一）双高绩效目标实现的贡献度

1. 引领职业教育改革发展和人才培养方面

2. 支撑国家战略和地方经济社会发展方面

3. 国家在形成一批有效支撑职业教育高质量发展的政策、制度、标准方面

（二）社会认可度

1. 学生家长认可度

2. 行业企业认可度

3. 业内影响力

4. 国际影响力

六、经验与做法、未完成或偏离绩效目标的原因以及发现的问题（可选项）

七、改进措施及有关工作建议（可选项）

八、其他需要特别说明的有关事宜与有关建议（可选项）

附件 4　　　　（非必填项）

基于“双高绩效目标实现贡献度”信息采集表

<table>
<tr><td>项目建设学校全称</td><td colspan="2"></td><td>类别（双高建设基础）</td><td></td></tr>
<tr><td>专业群（1）名称</td><td colspan="2"></td><td>专业群（2）名称</td><td></td></tr>
<tr><td colspan="5">维度 1：引领职业教育改革发展和人才培养方面</td></tr>
<tr><td colspan="2">标志性成果（1–1）名称</td><td colspan="3"></td></tr>
<tr><td colspan="2">绩效目标设定中有无对应的三级指标</td><td colspan="3">□有（请详细填写下列绩效目标设定情况）
□无</td></tr>
<tr><td colspan="2">绩效目标的设定</td><td colspan="2">指标编码及名称</td><td>指标值</td></tr>
<tr><td rowspan="5">对应的三级指标</td><td>数量指标</td><td colspan="2"></td><td></td></tr>
<tr><td>质量指标（可加行）</td><td colspan="2"></td><td></td></tr>
<tr><td>社会效益指标（可加行）</td><td colspan="2"></td><td></td></tr>
<tr><td>可持续影响指标（可加行）</td><td colspan="2"></td><td></td></tr>
<tr><td>……</td><td colspan="2"></td><td></td></tr>
<tr><td>标志性成果简介</td><td colspan="4">（不超过 1000 字）</td></tr>
<tr><td>社会评价佐证材料目录</td><td colspan="4"></td></tr>
<tr><td colspan="5">维度 2：支撑国家战略和地方经济社会发展方面</td></tr>
<tr><td colspan="2">标志性成果（2–1）名称</td><td colspan="3"></td></tr>
<tr><td colspan="2">绩效目标设定中有无对应的三级指标</td><td colspan="3">□有（请详细填写下列绩效目标设定情况）
□无</td></tr>
<tr><td colspan="2">绩效目标的设定</td><td colspan="2">指标编码及名称</td><td>指标值</td></tr>
</table>

续表

对应的三级指标	数量指标		
	质量指标（可加行）		
	社会效益指标（可加行）		
	可持续影响指标（可加行）		
	……		
标志性成果简介	（不超过 1000 字）		
社会评价佐证材料目录			
维度 3：推动形成一批国家层面有效支撑职业教育高质量发展的政策、制度、标准方面			
标志性成果（3–1）名称			
绩效目标设定中有无对应的三级指标		□有（请详细填写下列绩效目标设定情况）□无	
绩效目标的设定		指标编码及名称	指标值
对应的三级指标	数量指标		
	质量指标（可加行）		
	社会效益指标（可加行）		
	可持续影响指标（可加行）		
	……		
标志性成果简介	（不超过 1000 字）		
社会评价佐证材料目录			

附件5 **（非必填项）**

基于“高水平学校和专业群社会认可度”信息采集表

<table>
<tr><td colspan="2">项目建设学校全称</td><td></td><td>类别（双高建设基础）</td><td></td></tr>
<tr><td colspan="2">专业群（1）名称</td><td></td><td>专业群（2）名称</td><td></td></tr>
<tr><td colspan="5">维度1：学生家长认可度</td></tr>
<tr><td colspan="3">视角（1–1）</td><td colspan="2"></td></tr>
<tr><td colspan="3">绩效目标设定中有无对应的三级指标</td><td colspan="2">□有（请详细填写下列绩效目标设定情况）
□无</td></tr>
<tr><td colspan="3">绩效目标的设定</td><td>指标编码及名称</td><td>指标值</td></tr>
<tr><td rowspan="3">对应的三级指标</td><td colspan="2">质量指标（可加行）</td><td></td><td></td></tr>
<tr><td colspan="2">社会效益指标（可加行）</td><td></td><td></td></tr>
<tr><td colspan="2">……</td><td></td><td></td></tr>
<tr><td>情况说明</td><td colspan="4">（不超过500字）</td></tr>
<tr><td>佐证材料目录</td><td colspan="4"></td></tr>
<tr><td colspan="5">维度2：行业企业认可度</td></tr>
<tr><td colspan="3">视角（2–1）</td><td colspan="2"></td></tr>
<tr><td colspan="3">绩效目标设定中有无对应的三级指标</td><td colspan="2">□有（请详细填写下列绩效目标设定情况）
□无</td></tr>
<tr><td colspan="3">绩效目标的设定</td><td>指标编码及名称</td><td>指标值</td></tr>
<tr><td rowspan="3">对应的三级指标</td><td colspan="2">质量指标（可加行）</td><td></td><td></td></tr>
<tr><td colspan="2">社会效益指标（可加行）</td><td></td><td></td></tr>
<tr><td colspan="2">……</td><td></td><td></td></tr>
<tr><td>情况说明</td><td colspan="4">（不超过500字）</td></tr>
</table>

续表

<table>
<tr><td>佐证材料目录</td><td colspan="3"></td></tr>
<tr><td colspan="4">维度 3：业内影响力</td></tr>
<tr><td colspan="2">视角（3–1）</td><td colspan="2"></td></tr>
<tr><td colspan="2">绩效目标设定中有无对应的三级指标</td><td colspan="2">□有（请详细填写下列绩效目标设定情况）
□无</td></tr>
<tr><td colspan="2">绩效目标的设定</td><td>指标编码及名称</td><td>指标值</td></tr>
<tr><td rowspan="3">对应的三级指标</td><td>质量指标（可加行）</td><td></td><td></td></tr>
<tr><td>社会效益指标（可加行）</td><td></td><td></td></tr>
<tr><td>……</td><td></td><td></td></tr>
<tr><td>情况说明</td><td colspan="3">（不超过 500 字）</td></tr>
<tr><td>佐证材料目录</td><td colspan="3"></td></tr>
<tr><td colspan="4">维度 4：国际影响力</td></tr>
<tr><td colspan="2">视角（4–1）</td><td colspan="2"></td></tr>
<tr><td colspan="2">绩效目标设定中有无对应的三级指标</td><td colspan="2">□有（请详细填写下列绩效目标设定情况）
□无</td></tr>
<tr><td colspan="2">绩效目标的设定</td><td>指标编码及名称</td><td>指标值设定</td></tr>
<tr><td rowspan="3">对应的三级指标</td><td>质量指标（可加行）</td><td></td><td></td></tr>
<tr><td>社会效益指标（可加行）</td><td></td><td></td></tr>
<tr><td>……</td><td></td><td></td></tr>
<tr><td>情况说明</td><td colspan="3">（不超过 500 字）</td></tr>
<tr><td>佐证材料目录</td><td colspan="3"></td></tr>
</table>

附件6 （非必填项）

基于“地方政府（含举办方）重视程度”信息采集表

<table>
<tr><td colspan="2">项目建设学校全称</td><td colspan="2"></td></tr>
<tr><td colspan="4">维度 1：地方性政策制度</td></tr>
<tr><td colspan="2">视角（1–1）</td><td colspan="2"></td></tr>
<tr><td colspan="2">绩效目标设定中有无对应的三级指标</td><td colspan="2">□有（请详细填写下列绩效目标设定情况）
□无</td></tr>
<tr><td colspan="2">绩效目标的设定</td><td>指标编码及名称</td><td>指标值</td></tr>
<tr><td rowspan="3">对应的三级指标</td><td>质量指标（可加行）</td><td></td><td></td></tr>
<tr><td>社会效益指标（可加行）</td><td></td><td></td></tr>
<tr><td>……</td><td></td><td></td></tr>
<tr><td>情况说明</td><td colspan="3">（不超过 500 字）</td></tr>
<tr><td>佐证材料目录</td><td colspan="3"></td></tr>
<tr><td colspan="4">维度 2：地方政府主要领导联系学校机制的建立与运行</td></tr>
<tr><td colspan="2">视角（2–1）</td><td colspan="2"></td></tr>
<tr><td colspan="2">绩效目标中有无对应的三级指标</td><td colspan="2">□有（请详细填写下列绩效目标设定情况）
□无</td></tr>
<tr><td colspan="2">绩效目标的设定</td><td>指标编码及名称</td><td>指标值</td></tr>
<tr><td rowspan="3">对应的三级指标</td><td>质量指标（可加行）</td><td></td><td></td></tr>
<tr><td>社会效益指标（可加行）</td><td></td><td></td></tr>
<tr><td>……</td><td></td><td></td></tr>
<tr><td>情况说明</td><td colspan="3">（不超过 500 字）</td></tr>
<tr><td>佐证材料目录</td><td colspan="3"></td></tr>
</table>

续表

<table>
<tr><th colspan="4">维度 3：地方政府主导共建的技术技能人才培养及创新与服务平台</th></tr>
<tr><td colspan="2">视角（3–1）</td><td colspan="2"></td></tr>
<tr><td colspan="2">绩效目标设定中有无对应的三级指标</td><td colspan="2">□有（请详细填写下列绩效目标设定情况）
□无</td></tr>
<tr><td colspan="2">绩效目标的设定</td><td>指标编码及名称</td><td>指标值</td></tr>
<tr><td rowspan="3">对应的三级指标</td><td>质量指标（可加行）</td><td></td><td></td></tr>
<tr><td>社会效益指标（可加行）</td><td></td><td></td></tr>
<tr><td>……</td><td></td><td></td></tr>
<tr><td>情况说明</td><td colspan="3">（不超过 500 字）</td></tr>
<tr><td>佐证材料目录</td><td colspan="3"></td></tr>
<tr><th colspan="4">维度 4：人财物的投入</th></tr>
<tr><td colspan="2">视角（4–1）</td><td colspan="2"></td></tr>
<tr><td colspan="2">绩效目标设定中有无对应的三级指标</td><td colspan="2">□有（请详细填写下列绩效目标设定情况）
□无</td></tr>
<tr><td colspan="2">绩效目标的设定</td><td>指标编码及名称</td><td>指标值设定</td></tr>
<tr><td rowspan="3">对应的三级指标</td><td>质量指标（可加行）</td><td></td><td></td></tr>
<tr><td>社会效益指标（可加行）</td><td></td><td></td></tr>
<tr><td>……</td><td></td><td></td></tr>
<tr><td>情况说明</td><td colspan="3">（不超过 500 字）</td></tr>
<tr><td>佐证材料目录</td><td colspan="3"></td></tr>
</table>

教育部　国家发展改革委　财政部　人力资源社会保障部关于印发《深化新时代职业教育“双师型”教师队伍建设改革实施方案》的通知

（教师〔2019〕6号）

各省、自治区、直辖市教育厅（教委）、发展改革委、财政厅（局）、人力资源社会保障厅（局），新疆生产建设兵团教育局、发展改革委、财政局、人力资源社会保障局：

现将《深化新时代职业教育“双师型”教师队伍建设改革实施方案》印发给你们，请结合实际认真贯彻执行。

教育部　国家发展改革委
财政部　人力资源社会保障部
2019年8月30日

深化新时代职业教育“双师型”教师队伍建设改革实施方案

教师队伍是发展职业教育的第一资源，是支撑新时代国家职业教育改革的关键力量。建设高素质“双师型”教师队伍（含技工院校“一体化”教师，下同）是加快推进职业教育现代化的基础性工作。改革开放以来特别是党的十八大以来，职业教育教师培养培训体系基本建成，教师管理制度逐步健全，教师地位待遇稳步提高，教师素质能力显著提升，为职业教育改革发展提供了有力的人才保障和智力支撑。但是，与新时代国家职业教育改革的新要求相比，职业教育教师队伍还存在着数量不足、来源单一、校企双向流动不畅、结构性矛盾突出、管理体制机制不灵活、专业化水平偏低的问题，尤其是同时具备理论教学和实践教学能力的“双师型”教师和教学团队短缺，已成为制约职业教育改革发展的瓶颈。为贯彻落实《中共中央 国务院关于全面深化新时代教师队伍建设改革的意见》和《国家职业教育改革实施方案》，深化职业院校教师队伍建设改革，培养造就高素质“双师型”教师队伍，特制定《深化新时代职业教育“双师型”教师队伍建设改革实施方案》。

总体要求与目标：坚持以习近平新时代中国特色社会主义思想为指导，贯彻落实习近平总书记关于教育工作的重要论述，把教师队伍建设作为基础性工作来抓，支撑职业教育改革发展，落实立德树人根本任务，加强师德师风建设，突出“双师型”教师个体成长和“双师型”教学团队建设相结合，提高教师教育教学能力和专业实践能力，优化专兼职教师队伍结构，大力提升职业院校“双师型”教师队伍建设水平，为实现我国职业教育现代化、培养大批高素质技术技能人才提供有力的师资保障。

经过 5—10 年时间，构建政府统筹管理、行业企业和院校深度融合的教师队伍建设机制，健全中等和高等职业教育教师培养培训体系，打通校企人员双向流动渠道，“双师型”教师和教学团队数量充足，双师结构明显改善。建立具有鲜明特色的“双师型”教师资格准入、聘用考核制度，教师职业发展通道畅通，待遇和保障机制更加完善，职业教育教师吸引力明显增强，基本建成一支师德高尚、技艺精湛、专兼结合、充满活力的高素质“双师型”教师队伍。

具体目标：到 2022 年，职业院校“双师型”教师占专业课教师的比例超过一半，建设 100 家校企合作的“双师型”教师培养培训基地和 100 个国家级企业实践基地，选派一大批专业带头人和骨干教师出国研修访学，建成 360 个国家级职业教育教师教学创新团队，教师按照国家职业标准和教学标准开展教学、培训和评价的能力全面提升，教师分工协作进行模块化教学的模式全面实施，有力保障 1+X 证书制度试点工作，辐射带动各地各校“双师型”教师队伍建设，为全面提高复合型技术技能人才培养质量提供强有力的师资支撑。

一、建设分层分类的教师专业标准体系

教师标准是对教师素养的基本要求。没有标准就没有质量。适应以智能制造技术为核心的产业转型升级需要，促进教育链、人才链与产业链、创新链有效衔接。建立中等和高等职业教育层次分明，覆盖公共课、专业课、实践课等各类课程的教师专业标准体系。修订《中等职业学校教师专业标准（试行）》和《中等职业学校校长专业标准》，研制高等职业学校、应用型本科高校的教师专业标准。通过健全标准体系，规范教师培养培训、资格准入、招聘聘用、职称评聘、考核评价、薪酬分配等环节，推动教师聘用管理过程科学化。引进

第三方职教师资质量评价机构，不断完善职业教育教师评价标准体系，提高教师队伍专业化水平。

二、推进以双师素质为导向的新教师准入制度改革

完善职业教育教师资格考试制度，在国家教师资格考试中，强化专业教学和实践要求，按照专业大类（类）制定考试大纲、建设试题库、开展笔试和结构化面试。建立高层次、高技能人才以直接考察方式公开招聘的机制。加大职业院校选人用人自主权。聚焦专业教师双师素质构成，强化新教师入职教育，结合新教师实际情况，探索建立新教师为期 1 年的教育见习与为期 3 年的企业实践制度，严格见习期考核与选留环节。自 2019 年起，除持有相关领域职业技能等级证书的毕业生外，职业院校、应用型本科高校相关专业教师原则上从具有 3 年以上企业工作经历并具有高职以上学历的人员中公开招聘；自 2020 年起，除“双师型”职业技术师范专业毕业生外，基本不再从未具备 3 年以上行业企业工作经历的应届毕业生中招聘，特殊高技能人才（含具有高级工以上职业资格或职业技能等级人员）可适当放宽学历要求。

三、构建以职业技术师范院校为主体、产教融合的多元培养培训格局

优化结构布局，加强职业技术师范院校和高校职业技术教育（师范）学院建设，支持高水平工科大学举办职业技术师范教育，开展在职教师的双师素质培训进修。实施职业技术师范类专业认证。建设 100 家校企合作的“双师型”教师培养培训基地和 100 个国家级企业实践基地，明确资质条件、建设任务、支持重点、成果评价。校企共建职业技术师范专业能力实训中心，办好一批一流职业技术师范院校和一流职业技术师范专业。健全普通高等学校与地方政府、职业院校、行业企业联合培养教师机制，发挥行业企业在培养“双师型”教师中的重要作用。鼓励高校以职业院校毕业生和企业技术人员为重点培养职业教育教师，完善师范生公费教育、师范院校接收职业院校毕业生培养、企业技术人员学历教育等多种培养形式。加强职业教育学科教学论师资队伍建设。支持高校扩大职业技术教育领域教育硕士专业学位研究生招生规模，探索本科与硕士教育阶段整体设计、分段考核、有机衔接的人才培养模式，推进职业技术教育领域博士研究生培养，推动高校联合行业企业培养高层次“双师型”教师。

四、完善“固定岗 + 流动岗”的教师资源配置新机制

在现有编制总量内，盘活编制存量，优化编制结构，向“双师型”教师队

伍倾斜。推进地方研究制定职业院校人员配备规范，促进教师规模、质量、结构适应职业教育改革发展需要。根据职业院校、应用型本科高校及其专业特点，优化岗位设置结构，适当提高中、高级岗位设置比例。优化教师岗位分类，落实教师从教专业大类（类）和具体专业归属，明确教师发展定位。建立健全职业院校自主聘任兼职教师的办法。设置一定比例的特聘岗位，畅通高层次技术技能人才兼职从教渠道，规范兼职教师管理。实施现代产业导师特聘岗位计划，建设标准统一、序列完整、专兼结合的实践导师队伍，推动形成“固定岗 + 流动岗”、双师结构与双师素质兼顾的专业教学团队。

五、建设“国家工匠之师”引领的高层次人才队伍

实施职业院校教师素质提高计划，分级打造师德高尚、技艺精湛、育人水平高超的教学名师、专业带头人、青年骨干教师等高层次人才队伍。通过跟岗访学、顶岗实践等方式，重点培训数以万计的青年骨干教师。加强专业带头人领军能力培养，为职业院校教师教学创新团队培育一大批首席专家。建立国家杰出职业教育专家库及其联系机制。建设 1000 个国家级“双师型”名师工作室和 1000 个国家级教师技艺技能传承创新平台。面向战略性新兴产业和先进制造业人才需要，打造一批覆盖重点专业领域的“国家工匠之师”。在国家级教学成果奖、教学名师等评选表彰中，向“双师型”教师倾斜。

六、创建高水平结构化教师教学创新团队

2019—2021 年，服务职业教育高质量发展和 1+X 证书制度改革需要，面向中等职业学校、高等职业学校和应用型本科高校，聚焦战略性重点产业领域和民生紧缺领域专业，分年度、分批次、分专业遴选建设 360 个国家级职业教育教师教学创新团队，全面提升教师开展教学、培训和评价的能力以及团队协作能力，为提高复合型技术技能人才培养培训质量提供强有力的师资保证。优化结构，统筹利用现有资源，实施职业院校教师教学创新团队境外培训计划，组织教学创新团队骨干教师分批次、成建制赴德国等国家研修访学，学习国际“双元制”职业教育先进经验，每年选派 1000 人，经过 3—5 年的连续培养，打造高素质“双师型”教师教学创新团队。各地各校对接本区域重点专业集群，促进教学过程、教学内容、教学模式改革创新，实施团队合作的教学组织新方式、行动导向的模块化教学新模式，建设省级、校级教师教学创新团队。

七、聚焦 1+X 证书制度开展教师全员培训

全面落实教师 5 年一周期的全员轮训制度，对接 1+X 证书制度试点和职

业教育教学改革需求，探索适应职业技能培训要求的教师分级培训模式，培育一批具备职业技能等级证书培训能力的教师。把国家职业标准、国家教学标准、1+X 证书制度和相关标准等纳入教师培训的必修模块。发挥教师教学创新团队在实施 1+X 证书制度试点中的示范引领作用。全面提升教师信息化教学能力，促进信息技术与教育教学融合创新发展。健全完善职业教育师资培养培训体系，推进“双师型”教师培养培训基地在教师培养培训、团队建设、科研教研、资源开发等方面提供支撑和服务。支持高水平学校和大中型企业共建“双师型”培训者队伍，认定 300 个“双师型”教师培养培训示范单位。

八、建立校企人员双向交流协作共同体

加大政府统筹，依托职教园区、职教集团、产教融合型企业等建立校企人员双向交流协作共同体。建立校企人员双向流动相互兼职常态运行机制。发挥央企、国企、大型民企的示范带头作用，在企业设置访问工程师、教师企业实践流动站、技能大师工作室。在标准要求、岗位设置、遴选聘任、专业发展、考核管理等方面综合施策，健全高技能人才到职业学校从教制度，聘请一大批企事业单位高技能人才、能工巧匠、非物质文化遗产传承人等到学校兼职任教。鼓励校企共建教师发展中心，在教师和员工培训、课程开发、实践教学、技术成果转化等方面开展深度合作，推动教师立足行业企业，开展科学研究，服务企业技术升级和产品研发。完善教师定期到企业实践制度，推进职业院校、应用型本科高校专业课教师每年至少累计 1 个月以多种形式参与企业实践或实训基地实训。联合行业组织，遴选、建设教师企业实践基地和兼职教师资源库。

九、深化突出“双师型”导向的教师考核评价改革

建立职业院校、行业企业、培训评价组织多元参与的“双师型”教师评价考核体系。将师德师风、工匠精神、技术技能和教育教学实绩作为职称评聘的主要依据。落实教师职业行为准则，建立师德考核负面清单制度，严格执行师德考核一票否决。引入社会评价机制，建立教师个人信用记录和违反师德行为联合惩戒机制。深化教师职称制度改革，破除“唯文凭、唯论文、唯帽子、唯身份、唯奖项”的顽瘴痼疾。推动各地结合实际，制定“双师型”教师认定标准，将体现技能水平和专业教学能力的双师素质纳入教师考核评价体系。继续办好全国职业院校技能大赛教学能力比赛，将行动导向的模块化课程设置、项目式教学实施能力作为重要指标。试点开展专业课教师技术技能和教学能力分级考核，并作为教师聘期考核、岗位等级晋升考核、绩效分配考核的重要参考。完善考核评价的正确导向，强化考评结果运用和激励作用。

十、落实权益保障和激励机制提升社会地位

在职业院校教育教学、科学研究、社会服务等过程中，全面落实和依法保障教师的管理学生权、报酬待遇权、参与管理权、进修培训权。强化教师教育教学、继续教育、技术技能传承与创新等工作内容，制定职业教育教师减负政策，适当减少专任教师事务性工作。依法保障教师对学生实施教育、管理的权利。职业院校、应用型本科高校校企合作、技术服务、社会培训、自办企业等所得收入，可按一定比例作为绩效工资来源；教师依法取得的科技成果转化奖励收入不纳入绩效工资，不纳入单位工资总额基数。各地要结合职业院校承担扩招任务、职业培训的实际情况，核增绩效工资总量。教师外出参加培训的学时（学分）应核定工作量，作为绩效工资分配的参考因素。按规定保障中等职业学校教师待遇。

十一、加强党对教师队伍建设的全面领导

充分发挥各级党组织的领导和把关定向作用，充分发挥教师党支部的战斗堡垒作用，加强对教师党员的教育管理监督和组织宣传，充分发挥党员教师的先锋模范作用。实施教师党支部书记“双带头人”培育工程，配齐建强思想政治和党务工作队伍。着力提升教师思想政治素质，用习近平新时代中国特色社会主义思想武装头脑，坚持不懈培育和弘扬社会主义核心价值观，争做“四有”好老师，全心全意做学生锤炼品格、学习知识、创新思维、奉献祖国的引路人。健全德技并修、工学结合的育人机制，构建“思政课程”与“课程思政”大格局，全面推进“三全育人”，实现思想政治教育与技术技能培养融合统一。落实立德树人根本任务，挖掘师德典型、讲好师德故事，大力宣传职业教育中的“时代楷模”和“最美教师”，弘扬职业精神、工匠精神、劳模精神。

十二、强化教师队伍建设改革的保障措施

加强组织领导，将教师队伍建设摆在重要议事日程，建立工作联动机制，推动解决教师队伍建设改革的重大问题。深化“放管服”改革，提高职业院校和各类办学主体的积极性、主动性，引导广大教师积极参与，推动教师队伍建设与深化职业教育改革有机结合。将教师队伍建设作为中国特色高水平高职学校和专业建设计划投入的支持重点，现代职业教育质量提升计划进一步向教师队伍建设倾斜。鼓励各地结合实际，适时提高职业技术师范专业生均拨款标准，提升师范教育保障水平。加强督导评估，将职业教育教师队伍建设情况作为政府履行教育职责评价和职业院校办学水平评估的重要内容。

教育部 财政部关于实施职业院校教师素质提高计划（2021—2025年）的通知

（教师函〔2021〕6号）

各省、自治区、直辖市教育厅（教委）、财政厅（局），新疆生产建设兵团教育局、财政局：

为深入贯彻习近平总书记关于教育的重要论述和全国职业教育大会精神，落实《中共中央 国务院关于全面深化新时代教师队伍建设改革的意见》《国家职业教育改革实施方案》《国民经济和社会发展第十四个五年规划和2035年远景目标纲要》，加强职业院校高素质“双师型”教师队伍建设，促进职业教育高质量发展，教育部、财政部决定联合实施职业院校教师素质提高计划（2021—2025年）（以下简称“计划”），现将有关事项通知如下。

一、总体要求

（一）指导思想

以习近平新时代中国特色社会主义思想为指导，贯彻党的十九大和十九届二中、三中、四中、五中全会精神，牢固树立新发展理念，落实立德树人根本任务，深化产教融合、校企合作，突出“双师型”教师个体成长和“双师型”教学团队建设相结合，兼顾公共基础课程教师队伍建设，着力提升教师思想政治素质和师德素养，提高教师教育教学能力，努力造就一支师德高尚、技艺精湛、专兼结合、充满活力的高素质“双师型”教师队伍，推动职业教育高质量发展。

（二）主要目标

发挥示范引领作用，带动地方健全完善职业院校教师培训体系和全员培训制度，打造高水平、高层次的技术技能人才培养队伍。创新培训方式，重点支持骨干教师、专业带头人、名师名校长和培训者等的能力素质提升。教师按照国家职业标准和教学标准开展教育教学、培训和评价的能力全面提高，分工协作进行模块化教学的模式全面实施，“双师型”教师和教学团队数量基本充足，校企共建一批“双师型”教师培养培训基地，现代职业教育师资培训体系基本健全。

（三）实施原则

1. 服务大局，突出重点。服务国家经济社会发展、技术变革和产业优化升级需要，落实职业教育高质量发展和深化新时代教师队伍建设改革的总体要求，重点支撑职业教育教师、教材、教法改革（“三教改革”）和 1+X 证书制度改革。

2. 深化改革，提质增效。全面推进教师培训关键环节改革，优化培训内容，鼓励各地根据地方特色产业发展需求设置创新项目。改进培训形式，探索成果转化机制，持续强化返岗实践运用成效。

3. 分层分类，精准施策。根据职业院校教师专业发展不同阶段需求，教师、管理者和培训者不同群体需要，精准分析培训需求，科学制订培训方案，加强过程管理与诊断改进。

4. 分级实施，示范引领。坚持和完善国家示范引领、省级统筹实施、市县联动保障、校本特色研修的四级培训体系，建立健全管理制度和考核评价机制，提升培训质量与效益。

二、重点任务

（一）优化完善教师培训内容

1. 落实立德树人根本任务。以习近平新时代中国特色社会主义思想特别是习近平总书记关于职业教育的重要指示批示铸魂育人。推进理想信念教育常态化，将思想政治和师德师风纳入教师培训必修内容。全面推进课程思政建设，切实增强教师课程思政意识和能力，使各类课程与思政课程同向同行，寓价值观引导于知识传授和能力培养之中。加强党史、新中国史、改革开放史、社会主义发展史教育，大力弘扬职业精神、工匠精神、劳模精神。

2. 对接新标准更新知识技能。对接新专业目录、新专业内涵，适应职业教育教学改革需求、特别是复合型技术技能人才培养培训模式改革需求，把职业标准、专业教学标准、职业技能等级证书标准、行业企业先进技术等纳入教师培训必修模块，提升教师落实育训并举的能力。

3. 强化提升教育教学能力。推进教师的理念转变、知识更新、技能提升，提高教师参与研制专业人才培养方案的能力、组织参与结构化模块式教学的能力、运用现代教育理论和方法开展教育教学的能力。加强职业教育心理学、德育与班主任工作、现代教育技术等方面内容培训。全面提升教师信息化教学能力、教材开发能力，促进信息技术与教育教学融合创新发展。

（二）健全教师精准培训机制

4. 创新教师培训形式。精准分析不同发展阶段、不同类型教师专业发展需求，综合采取线下混合研修、在线培训、结对学习、跟岗研修、顶岗研修、访学研修、返岗实践等灵活多样的研修方式，为教师量身打造培训方案，建立适应职业技能培训要求的教师分级培训模式。

5. 健全校企合作机制。强化教师到行业企业深度实践，注重提升“双师”素养。推进专业课教师每年至少累计 1 个月以多种形式参与企业实践或实训基地实训。建立校企人员双向流动、相互兼职常态运行机制。完善政府、行业企业、学校、社会等多方参与的教师培养培训机制。探索跨区域联合组织实施培训，推动东西部结对帮扶、区域间资源共享、经验交流。

（三）健全教师发展支持体系

6. 打造高水平教师培训基地。支持高水平学校和大中型企业共建“双师型”教师培养培训基地、企业实践基地，充分发挥引领作用，辐射区域内学校和企业，提升校企合作育人水平。认定一批“双师型”教师培养培训示范基地。鼓励校企共建教师发展中心，在教师和员工培训、课程教材开发、实践教学、学术成果转化等方面开展深度合作。

7. 锻造高素质专业化培训者团队。加大培训者团队培训力度，提升培训队伍的项目管理能力和组织实施能力。聘请技术能手、职教专家和行业企业高水平人员参与教师培训工作，打造一支能够适应职业教育改革需要、指导教师专业发展的培训专家队伍。培训基地要加强相应的课程资源和师资力量的投入，组建专业化培训团队。

8. 推进培训资源共建共享。开发一批教师培训优势特色专业和优质课程资源。建立对接产业、实时更新、动态调整的产业导师资源库。完善现有信息管理平台，鼓励有条件的地方建设培训资源平台，推动培训基地、企业实践基地等的优质培训资源共建共享。

（四）强化日常管理和考核

9. 强化监督管理。各省级教育部门要依托相关管理机构，利用信息化等手段，对培训工作进行全程管理。成立职业院校教师培训专家工作组，定期组织开展质量监测、视导调研和跟踪问效。“十四五”期间，教育部将组织专家对各省份“计划”执行情况开展视导。

10. 健全考核评价机制。各省级教育部门要积极完善政府、行业、企业、职业院校等共同参与的质量评价机制，支持第三方机构开展评估，采取专家实地调研、现场指导、网络监测评估、学员匿名评估、第三方评估等方式，对各机构项目实施过程及成效进行考核，考核结果作为经费分配、任务调整的重要参考。

三、保障措施

（一）加强顶层设计，强化统筹规划

教育部负责“计划”的顶层设计、总体规划、年度任务部署和绩效评价，优化工作推进相关制度。各省级教育部门要加强对本地区“计划”的组织实施，建立健全工作推进机制，加快执行进度，每年根据事业发展和培训需求，制定本地区年度实施方案，加强监督检查、跟踪问效。

（二）建优培训体系，强化分工协作

健全完善国家示范引领、省级统筹实施、市县联动保障、校本特色研修的四级培训体系。中央财政投入主要用于骨干教师、专业带头人、名师名校长、培训者的示范性培训等，省、市、县和学校在国家的示范引领下，重点支持开展对新入职教师、青年教师等的培训和校企合作，强化校本研修，实现职业院校教师培训全员覆盖。

（三）优化投入结构，严格使用管理

各地要加强职业教育教师队伍建设资金使用管理，确保经费按时拨付。经费投入要进一步突出改革导向。各省级教育部门、培训机构要参照国家关于培训经费管理的相关规定及《现代职业教育质量提升计划资金管理办法》等文件，结合本省实际制定相关资金管理办法，严格界定经费开支范围，规范拨付流程，加强经费使用监管，提高经费使用效益。

各省级教育部门要制定本省职业院校教师素质提高计划“十四五”实施规划并报教育部备案。同时，每年12月底前制定次年实施方案并报教育部备案。

附件：职业院校教师素质提高计划指导方案

教育部　财政部

2021年7月29日

附件

职业院校教师素质提高计划指导方案

一、“三教”改革研修

1. 课程实施能力提升。面向职业院校专业骨干教师，采取集中研修、岗位辅导等形式，分阶段开展研修。研修内容主要包括职业教育国家教学标准体系、课程思政实施、人才培养方案和教案编写与实施、新型活页式与工作手册式教材编写与使用、模块化教学模式研究与实施、实训实习教学组织与实施、教学诊断与改进的实施、教学质量评价等。

2. 信息技术应用能力提升。面向职业院校骨干教师，采取集中研修、项目实操等形式，分阶段开展研修。研修内容主要包括职业教育信息化制度标准、数字化教学资源开发制作应用、在线教学组织实施和平台使用、混合式教学组织实施、VR（虚拟现实）、AR（增强现实）、MR（混合现实）、AI（人工智能）等新一代信息技术应用、教学管理信息化应用。

3. 1+X 证书制度种子教师培训。遴选 1+X 证书制度试点院校专业带头人、骨干教师，采取联合研发、合作培训、岗位实践等方式，分阶段开展研修。研修内容主要包括职业（专业）技能，职业技能等级标准、专业教学标准与人才培养方案改革，职业技能等级证书与专业课程融合，模块化教学方式方法，职业技能等级考核与培养课程考核评价等。

4. 公共基础课教学能力提升。面向职业院校公共基础课，特别是中职学校思想政治、语文、历史专任教师和高职学校思想政治理论课专职教师，采取线上线下相结合的混合研修、专题研修和德育研学等形式，分阶段开展培训。内容主要包括中职思想政治、语文和历史三科统编教材编写思路、课程内容和教学方法；新时代思想政治理论课教学改革与质量评价；中职数学等 7 门公共基础课，高职英语、信息技术等公共基础课教学能力提升；教案、教学案例开发设计等。

5. 访学研修。遴选骨干教师或专业带头人到国家职教师资培养培训基地、“双高计划”建设单位等优质学校、学术和科研机构及国内外高水平大学进行访学，采取结对学习、联合教研、专项指导、顶岗研修等方式，分阶段开展研修。研修内容主要包括人才培养方案研制、专业升级与数字化改造、课程开发与建设、名师工作室建设、教学能力大赛、技能大赛、教科研方法等。

二、名师名校长培育

6. 名校长（书记）培育。遴选职业院校校长（书记）参加培训，通过集中研修、跟岗研修、考察交流、在线研讨、返岗实践等方式进行培育，内容主要包括党中央、国务院关于职业教育和教师工作的重要政策、国际职业教育先进理念和实践、区域职业教育现代化、职业院校治理、职业院校人才培养模式改革、1+X 证书制度、“三教”改革组织领导与实施、校企合作深化、教育教学成果培育、信息化建设管理和应用等。

7. 名师（名匠）团队培育。遴选职业院校具有较大影响力的教学名师或具有绝招绝技的技能大师（专兼职）组建“双师型”名师（名匠）工作室或技艺技能传承创新平台，通过定期团队研修、项目研究、行动学习等方式，进行为期 3 年的分阶段研修。“双师型”名师（名匠）工作室研修内容主要包括模块化课程建设与组织实施、教学资源研发、教学能力和教科研能力提升等；技艺技能传承创新平台研修内容主要包括技术技能传承、积累与开发应用、传统（民族）技艺传承、实习实训资源开发、创新创业教育经验交流等。

8. 培训者团队建设。面向全国职教师资培养培训基地和省级师资培训基地骨干培训教师、培训管理人员，组建专业教学团队、培训管理团队。通过集中面授、网络研修、课题研究相结合的方式进行分阶段研修。研修内容主要包括培训基地建设、需求分析方法、模块化培训课程设计、绩效考核评估等。

三、校企双向交流

9. 教师企业实践。选派职业院校青年教师到国家级教师企业实践基地开展产学研训一体化岗位实践，采用教师企业实践流动站顶岗、参与研发项目、兼职任职等方式，开展企业跟岗实践，可分阶段进行。内容主要包括了解企业的生产组织方式、工艺流程、产业发展趋势等基本情况，熟悉企业相关岗位职责、操作规范、技能要求、用人标准、管理制度、企业文化等，学习所教专业在生产实践中应用的新知识、新技术、新工艺、新材料、新设备、新标准等。

10. 产业导师特聘。支持职业院校设立一批产业导师特聘岗，聘请企业工程技术人员、高技能人才、管理人员、能工巧匠等到学校工作。采取兼职任教、合作研究、参与项目等方式。工作内容主要包括承担教学工作，参与学校专业建设、课程建设，参与“双师型”名师工作室建设、校本研修、产学研合作研究等。

教育部办公厅关于开展职业教育校企深度合作项目建设工作的通知

（教职成厅函〔2018〕55号）

各省、自治区、直辖市教育厅（教委），新疆生产建设兵团教育局，各行业职业教育教学指导委员会，有关单位：

为贯彻全国教育大会精神，落实《国务院办公厅关于深化产教融合的若干意见》和教育部等六部门《职业学校校企合作促进办法》，深化产教融合、校企合作，进一步转变政府职能，建立健全"行政搭建平台，校企自愿合作，行业指导监督"的校企合作项目建设机制，培育产教融合型企业，提高人才培养质量，更好地服务国家战略和区域经济社会发展，支撑企业提质增效，决定开展职业教育校企深度合作项目建设工作。现就有关事项通知如下：

一、目的意义

顺应新一轮科技革命和产业变革，重点围绕现代农业、先进制造业、现代服务业和战略性新兴产业等，通过项目建设，推动一批行业龙头企业、高成长性企业设立校企深度合作项目，与一大批优质职业院校强强联手、互利共赢，在人才培养方案制订、实训基地建设、教学模式改革、职业培训等方面实现"深度合作"，推动职业院校进一步面向市场办学，促进新技术、新标准、新规范及时融入教学，提升专业内涵；提升企业美誉度、解决企业自身及业务相关企业用人需求，推广先进企业标准和企业文化，为产业升级储备人才；发挥龙头企业的引领示范作用，带动更多企业借鉴合作模式、深化校企合作。

二、工作流程

（一）项目汇聚

1. 意向企业根据本《通知》要求，研究提出合作项目建设方案（参考体例框架详见附件）、项目履行承诺书，并提供已开展的校企合作典型案例等作为支撑材料，一并提交有关行业职业教育教学指导委员会（以下简称行指委）。

2. 行指委常年面向企业接收合作项目意向，组织专家论证、遴选，对基础较好的项目指导完善方案内容，按照程序定期报送教育部职业教育与成人教育司（以下简称职成司）。

3. 职成司汇总形成项目库，每年定期研究确定发布校企深度合作项目清单和项目方案。

（二）学校申请

1. 省级教育行政部门组织区域内职业院校自主申报。

2. 职业院校根据项目方案，结合自身需求，自愿向有关企业提出参加校企合作项目的申请，并按要求提供有关材料。

3. 企业遴选合作学校，并在项目方案框架下细化形成校企合作内容，在行指委指导下，适时组织召开项目说明会，对合作内容及各方责权利做详细说明。

4. 校企双方充分沟通并达成一致后，自愿签署校企合作协议。行指委以适当形式公布项目学校名单，报教育部职成司备案，并抄送有关省级教育行政部门。

（三）项目实施

1. 合作各方依据协议实施项目，做好过程管理，记录实施情况。

2. 有关行指委做好对项目实施的监督指导，推动合作各方履行合作协议，并将有关工作情况纳入行指委年度工作总结。

3. 省级教育行政部门应把校企合作情况纳入对学校办学的有关督导范围，指导深化校企合作。

4. 企业应将开展校企合作纳入企业有关总体工作安排。

5. 参与合作项目的职业院校应积极交流经验做法，共同研究项目实施中的共性问题，会同企业共同解决。

（四）项目评价

1. 合作各方做好项目阶段性自评，及时报相关行指委。

2. 项目实施周期结束，合作各方组织验收自评，将各方签字确认的自评材料报行指委汇总。在此基础上，有关行指委组织专家对项目实施情况进行验收评价，评价结果报教育部职成司并面向社会公布。

三、合作企业及项目设置基本条件

（一）行业龙头企业、高成长性企业（性质不限），具有行业内领先的产品、服务、技术技能、研发及应用体系，能够提供第三方权威机构关于企业竞争力、先进性等方面的证明材料。

（二）有志于支持和参与职业教育改革发展，有长期参与校企合作的规划，设有人才发展相关机构并有专人负责合作项目。

（三）参与有关国家标准、行业标准、团体标准等制订的企业，以及具有先进企业标准的企业优先，与职业院校开展集团化办学或有一定合作基础的企业优先。

（四）运营状况与发展前景良好，具有强烈的社会责任感、良好的社会美誉度、完善的劳动保障条件和优秀的企业文化。

（五）项目设置应围绕行业先进技术技能，具有前瞻性，立足行业紧缺人才需求。

四、项目内容要求

企业应发挥自身优势，根据以下内容要求研究确定若干合作重点领域，设计合作项目，注意突出特色。项目应符合技术技能人才培养规律，周期一般不少于3年。

（一）协同制订专业人才培养方案，引入行业企业成熟的新技术、新工艺、新规范，优化课程体系，合作开发教学资源。

（二）合作开展订单培养、现代学徒制培养等。

（三）共建共享实习实训基地，将企业真实生产项目或典型生产案例引入校园，创设真实职业环境等。

（四）企业技术人员到学校兼职任教或提供技术指导服务，学校教师到企业实践，企业为学生实习实训及就业提供岗位或就业指导服务。

（五）合作开发技术技能标准及岗位规范，共建技术工艺和产品研发中心等产学研一体化机构，开展技术和产品研发、成果转移转化、技术服务等。

（六）依托职业院校建设职工继续教育基地，实施员工培训。

（七）协同开展职业素养教育，引入先进产业文化、企业文化。

（八）服务“一带一路”建设和国际产能合作，协同中国企业和中国产品“走出去”。

（九）不违反法律法规的其他合作内容。

五、工作要求

（一）教育部不直接受理企业项目申报，不与企业直接签署合作协议或推介合作项目。

（二）行指委在项目方案遴选过程中要注意坚持原则，严把项目质量，宁缺毋滥。教育部行指委工作办公室具体负责做好项目汇总。

（三）合作项目不得涉及需学校配套采购指定企业产品的内容。合作项目涉及的有关必备实训设备等，如学校既有条件不足，应依据国家和地方规定的采购程序和要求购置。项目申报和实施工作的各环节，申报主体不得与教育部有关司局和有关行指委及行指委工作办公室有经济利益输送，行指委不得向企业收取任何费用。

（四）对捆绑销售产品、不履行协议或夸大宣传的企业，一经查实，将发布公告提示职业院校慎重与之合作，并禁止参与职业教育领域其他有关工作项目。

（五）鼓励地方教育行政部门参照有关做法，结合区域实际，推动区域内有关校企深度合作项目，为学校搭建合作平台，鼓励职业院校与其他企业多种形式的自主对接与合作，并对项目实施成效显著的职业院校给予激励。

校企深度合作项目实施成效好的企业，在认定产教融合型企业中优先考虑，并将积极推动有关行业部门（行业组织）对行为规范、合作深入、示范效应好的校企合作项目企业以多种形式给予激励、宣传。

附件：职业教育校企深度合作项目建设方案（参考体例框架）

教育部办公厅

2018 年 10 月 19 日

附件

职业教育校企深度合作项目建设方案

（参考体例框架）

一、项目名称

二、合作企业

三、指导机构

相关行业职业教育教学指导委员会

四、总体设计

1. 合作的主要领域，任务目标，预期成果等。

2. 拟合作学校数量，覆盖的主要专业，企业总体支持情况，项目建设周期等。

五、项目内容

逐项列举合作内容及企业将用于校企合作的软硬件支撑、服务等。

六、项目实施与管理

项目实施与管理过程中的有关程序、机制、保障等。

七、合作学校遴选条件

对申请参与合作项目的职业院校在软硬件条件等方面提出要求。对合作学校提交申请的时限、材料等方面的要求。

八、其他

教育部办公厅关于全面推进现代学徒制工作的通知

（教职成厅函〔2019〕12号）

各省、自治区、直辖市教育厅（教委），新疆生产建设兵团教育局：

为深入贯彻全国教育大会精神，落实《国家职业教育改革实施方案》，按照《教育部2019年工作要点》部署，现就“总结现代学徒制试点经验，全面推广现代学徒制”有关工作通知如下。

一、目标要求

以习近平新时代中国特色社会主义思想为指导，全面贯彻党的教育方针，落实立德树人根本任务，深化产教融合、校企合作，健全德技并修、工学结合的育人机制和多方参与的质量评价机制，深入推进教师、教材、教法改革，总结现代学徒制试点成功经验和典型案例，在国家重大战略和区域支柱产业等相关专业，全面推广政府引导、行业参与、社会支持、企业和职业学校双主体育人的中国特色现代学徒制。

二、工作重点

各地要明确全面推广现代学徒制的目标任务和工作举措，引导行业、企业和学校积极开展学徒培养，落实好以下重点任务。

（一）招生招工一体化。校企共同制订和实施招生招工方案，规范招生录取和企业用工程序，推进招生招工同步、先招工后招生、先招生后招工，明确学徒的企业员工和职业学校学生双重身份，保障学徒的合法权益。

（二）标准体系建设。按照专业设置与产业需求对接、课程内容与职业标准对接、教学过程与生产过程对接的要求，校企共同研制高水平的现代学徒制专业教学标准、课程标准、实训条件建设标准等相关标准，做好落地实施工作。在开展现代学徒制的专业率先实施“学历证书＋若干职业技能等级证书”制度试点。

（三）双导师团队建设。推广学校教师和企业师傅共同承担教育教学任务的双导师制度，校企分别设立兼职教师岗位和学徒指导岗位，完善双导师选拔、培养、考核、激励等办法，加大学校与企业之间人员互聘共用、双向挂职锻炼、横向联合技术研发和专业建设的力度，打造专兼结合的双导师团队。

（四）教学资源建设。充分利用生产性实习实训基地、技能大师工作室、工程技术研究中心、协同创新中心等，发挥校企双方的场所、设备、人员优势，共同开发一批新型活页式、工作手册式教材并配套信息化资源，及时吸纳新技术、新工艺、新规范和典型生产案例，形成共建共享的教学资源体系。

（五）培养模式改革。坚持德技并修、工学结合、知行合一，按照企业生产和学徒工作生活实际，实施弹性学习时间和学分制管理，育训结合、工学交替、在岗培养，积极探索三天在企业、两天在学校的“3+2”培养模式，着力培养学生的专业精神、职业精神和工匠精神，提升学生的职业道德、职业技能和就业创业能力。

（六）管理机制建设。健全与现代学徒制相适应的教学管理与运行机制。校企协同制订现代学徒制专业人才培养方案，并由学校党委会审定。校企共同分担人才培养成本，完善教学运行与质量监控体系，规范人才培养全过程。

三、组织实施

（一）加强组织领导。各地要把现代学徒制工作与贯彻落实《国家职业教育改革实施方案》统筹推进，加大政策保障和投入力度，完善政府、行业、企业、职业学校等共同参与的学徒培养质量评价机制，将现代学徒制实施情况作为省级、校级质量年度报告的重要内容。

（二）完成试点任务。各地要加强对现代学徒制试点单位的指导，通过查资料、看现场等多种形式审查试点工作进展情况，按要求做好年检和验收工作，确保高质量完成试点任务。我部将委托全国现代学徒制工作专家指导委员会对各地和试点单位报送的年检和验收材料进行复核，并根据实际需要组织实地检查，适时反馈年检意见、公布验收结果。有关年检和验收工作安排另行通知。

（三）推广典型经验。各地要加强现代学徒制宣传和推广工作，指定专门网站公开本地支持政策、成功经验。通过验收的试点单位，须持续推进现代学徒制工作，全面总结推广工作经验，在单位网站设立专栏，及时发布试点成果，充分发挥示范作用。

教育部办公厅

2019 年 5 月 14 日

教育部办公厅　国家发展改革委办公厅　民政部办公厅　商务部办公厅　国家卫生健康委办公厅　国家中医药局办公室　全国妇联办公厅关于教育支持社会服务产业发展　提高紧缺人才培养培训质量的意见

（教职成厅〔2019〕3号）

各省、自治区、直辖市教育厅（教委）、发展改革委、民政厅（局）、商务厅（局、委）、卫生健康委、中医药管理局、妇联，新疆生产建设兵团教育局、发展改革委、民政局、商务局、卫生健康委、妇联：

社会服务产业是涉及亿万群众福祉的民生事业和具有巨大发展潜力的朝阳产业，大力发展社会服务产业对更好满足人民群众日益增长的美好生活需要、高水平全面建成小康社会具有重要意义。为贯彻党中央、国务院关于促进家政服务业提质扩容、推进养老服务发展、促进婴幼儿照护服务发展等的决策部署，落实《国家职业教育改革实施方案》等，加快推进社会服务产业人力资源供给侧结构性改革，教育部、国家发展改革委、民政部、商务部、国家卫生健康委、国家中医药局、全国妇联办公厅就教育支持社会服务产业发展，提高家政、养老、育幼等领域紧缺人才培养培训质量提出如下意见。

一、总体要求

（一）指导思想

以习近平新时代中国特色社会主义思想为指导，全面贯彻党的十九大精神，落实全国教育大会精神，坚持以人民为中心，贯彻党的教育方针，主动适应家政服务业与养老、育幼、物业、快递等融合发展新模式，居家为基础、社区为依托、机构为补充、医养相结合的养老服务体系建设新要求，家政电商、“互联网＋家政”“物业＋养老服务”“互联网＋养老”等新业态，不断满足城乡社区居民多样化、个性化、中高端新需求，以社区为重点依托，聚焦专业人才供给，拓展社会服务产业发展空间，以职业教育为重点抓手，提高教育对社会服务产业提质扩容的支撑能力，加快建立健全家政、养老、育幼等紧缺领域人才培养培训体系，扩大人才培养规模，全面提高人才培养质量，支撑服务产业发展，增强广大人民群众的获得感、幸福感和安全感。

（二）基本原则

政府主导，协调发展。加强统筹规划，将社会服务产业紧缺领域人才培养培训工作与学科专业调整，招生、培养、就业联动机制建设，教育脱贫攻坚等同步设计，优先部署，促进协调发展。

对接需求，分类施策。针对行业发展不同领域、不同模式、不同业态对人才的差异化需求，以服务家政服务、健康管理、养老照护、母婴照护等一线高素质技术技能人才为重点，兼顾考虑储备社会服务新业态急需人才，分层分类推进培养培训。

育训结合，统筹推进。坚持学历教育与职业培训并举并重，统筹推进专业设置、课程体系建设、师资队伍建设、学生资助、实习实训基地建设等人才培养培训各环节，提高专业人才供给规模和质量。

（三）工作目标

到 2022 年，教育支持社会服务产业发展的能力有效增强，紧缺领域相关学科专业体系进一步完善，结构进一步优化，布局进一步拓展，培养培训规模显著扩大，内涵进一步提升，教师教材教法改革、产教融合校企合作不断深化，为社会服务产业紧缺领域培养和输送一大批层次结构合理、类型齐全、具有较高职业素养和专业能力的高素质人才。

二、任务措施

1. 完善学科专业布局。健全专业随产业发展的动态调整机制，调整优化学科专业目录，及时增设相关领域本专科专业。以面向社区居民的家政服务、养老服务、中医药健康服务、托育托幼等紧缺领域为重点，对接管理、经营、服务、供应链等岗位需求，合理确定中职、高职、本科、研究生等不同类型、层次学历教育相关专业和职业培训的人才培养目标、规格。在一流本科专业建设“双万计划”、中国特色高水平高职学校和专业建设计划等项目实施过程中，向家政、养老、育幼等相关领域专业倾斜。

2. 重点扩大技术技能人才培养规模。鼓励引导有条件的职业院校积极增设护理（老年护理方向、中医护理方向）、家政服务与管理、老年服务与管理、智能养老服务、健康管理、中医养生保健、中医营养与食疗、助产、幼儿发展与健康管理、幼儿保育、学前教育、康复治疗技术、中医康复技术、康复辅助器具技术、康养休闲旅游服务、健身指导与管理等社会服务产业相关专业点。鼓励院校根据医养结合、安宁疗护、心理慰藉、家庭理财、收纳管理、服饰搭配和衣物管理、室内适老化设计、社区服务网点规划设计等产业发展新岗位、新需求，灵活设置专业方向。每个省份要有若干所职业院校开设家政服务、养老服务类专业，引导围绕社会服务产业链打造特色专业群。扩大中高职贯通培养招生专业和规模。引导应用型本科高校、本科层次职业教育试点院校开设相关专业，加快培养高端家政服务人才，养老机构、家政机构、大型康养综合体经营管理等急需人才。

3. 加快培养适应新业态、新模式需要的复合型创新人才。鼓励引导普通本科高校主动适应社会服务产业发展需要，设置家政学、中医康复学、中医养生学、老年医学、康复治疗学、心理学、护理学和社会工作等相关专业。原则上每个省份至少有1所本科高校开设家政服务、养老服务、托育服务相关专业。鼓励普通本科高校电子信息类、机械类、材料类等专业，高职院校电子信息大类、装备制造大类等专业增设相关课程，加快培养家庭服务机器人、健康监测、家用智能监控等健康养老、家政服务领域智能设施设备的研发制造人才，促进人工智能技术、虚拟现实（VR）技术、智能硬件、新材料等在社会服务业深度应用。在普通本科高校金融学类、高职院校财经商贸大类专业中增设相关课程，不断满足养老金融创新急需人才。鼓励有条件的普通高校探索辅修专业或双学士学位等培养模式，加快培养社会服务产业相关领域管理和培训人才。

4. 积极培养高层次管理和研发人才。加强社会服务业相关学科基础科研。支持高校通过自设家政学等二级学科，开展相关产业政策研究和人才培养。促进相关交叉学科专业发展，服务以专业设备、专用工具、智能产品研发制造为支持的家政服务产业集群建设。鼓励和支持有条件的高校在相关学科领域招收培养研究生，为企业和职业院校等输送业务骨干和高层次教学科研人员。

5. 支持从业人员学历提升。鼓励符合条件的家政服务、养老服务企业、养老服务机构管理人员报考攻读专业学位硕士研究生。支持社会服务产业从业人员通过多种渠道接受职业教育，提升学历。开放大学要充分发挥办学优势，加快信息化学习资源和平台建设，探索建立面向社会服务产业从业人员的现代远程教育教学及支持服务模式。

6. 鼓励院校广泛开展职业培训。推动职业院校联合相关企业，促进企业职工岗位技术技能水平提升。支持职业院校发挥资源优势，重点为困难企业转岗职工、去产能分流职工和贫困劳动力等就业重点人群从事社会服务产业提供职业培训，承担“雨露计划”“巾帼家政服务培训”“家政培训提升行动”等培训任务。鼓励职业院校联合行业企业共同开展市场化社会培训。

7. 健全教学标准体系。发挥标准在人才培养培训质量提升中的基础性作用。按照专业设置与产业需求对接、课程内容与职业标准对接、教学过程与生产过程对接的要求，持续更新并推进社会服务产业领域职业院校专业教学标准、顶岗实习标准、实训教学条件建设标准等的建设和实施。推进有关本科专业类教学质量标准实施。指导院校贯彻落实国家教学标准，按照有关要求科学制订和实施人才培养方案，保障人才培养质量。

8. 建设高质量课程教材资源。注重强化职业道德、职业素养、安全意识、法治教育，有关专业课程重点向老年服务与管理、病患护理、母婴照料等领域倾斜，适度拓展心理学、医学、营养学、沟通技巧等基础知识。在国家规划教材建设中，加大社会服务产业紧缺领域相关专业教材建设支持力度，遴选 200 种校企双元开发的优质教材，倡导新型活页式、工作手册式教材。鼓励有关院校引入企业真实项目和案例，开发或引入多种形式的数字化教学资源，在职业教育专业教学资源库建设中向相关专业倾斜，做好老年服务与管理、学前教育专业教学资源库的更新和使用工作。

9. 开展 1+X 证书制度试点。积极招募、推动职业教育培训评价组织联合社会服务产业优质企业、职业院校共同研制家政服务、养老服务、母婴照护等紧缺领域职业技能等级标准和证书，开发教材和学习资源。支持院校学生在获得学历证书的同时，积极取得紧缺领域相关职业技能等级证书，提高就业创业本领，促进高质量就业。在家政服务、养老服务、托育服务等领域率先开展 1+X 证书制度试点，同步探索建设职业教育国家学分银行。

10. 推动校企深度合作。鼓励社会力量举办家政服务类、养老服务类职业院校，或与职业院校以股份制、混合所有制等形式共建产业学院，合作开设相关专业，规范并加快培养专门人才。将社会服务产业紧缺领域列为校企合作重点领域，优先支持建设产教融合创新项目、职业教育校企深度合作项目等。全国建设培育 100 家以上产教融合型家政企业，发挥家政服务业提质扩容“领跑者”行动示范企业和普惠养老重点企业的示范引领作用，推动 50 家优质企业与 200 所有关院校组建职业教育集团等，共建产业学院、大师工作室、协同创新平台、实习实训基地，实行现代学徒制、“订单培养”等培养模式，协同创新服务项目或开展技术研发，支持和鼓励企业承接教师实践锻炼和学生见习实习，深度参与紧缺领域人才培养培训。

11. 鼓励学生创新创业。鼓励院校围绕“互联网 + 家政”“互联网 + 养老”“互联网 + 健康服务”等，建设众创空间，指导学生开展自主创新和创业活动，做好创业项目的跟踪、指导和孵化服务，引导有条件的学生积极投入社会服务产业相关领域创业。支持鼓励相关专业学生参加中国“互联网 +”大学生创新创业大赛。在全国职业院校技能大赛中论证设置相关特色赛项。相关院校要根据毕业生特点，加强职业指导和就业创业服务。组织相关专业学生到养老服务等公益属性较强的社会服务机构和城乡社区、家庭等开展社会实践活动。

12. 打造“双师型”教师队伍。在职业院校实行高层次、高技能人才以直接考察的方式公开招聘，建立健全职业院校自主聘任兼职教师的办法。新增相关专业课教师原则上应从具备家政、养老服务、社区服务等工作经历人员中引入和选聘。优先支持社会服务相关专业领域符合项目式、模块化教学需要的职业教育教师教学创新团队。在职业院校教师素质提高计划中对相关专业予以重点推进。在“双师型”教师培养培训基地建设中向社会服务相关专业倾斜。依托职业院校、应用型本科高校等，加强职业技能培训师资队伍建设，支持紧缺领域人才培训。

13. 广泛开展国际交流与合作。积极引入国（境）外相关领域职业标准、课程标准和技术标准，组织 30 所左右院校和企业引进国际先进课程设计和教学管理体系，结合我国国情和实际，开发本土化培养培训标准、方案、专业课程和教材。定期组织选派职业院校专业骨干教师赴国外研修访学。积极开展有关国际交流研讨活动。

三、实施保障

（一）加强部门协同

国务院教育行政部门在社会服务领域人才培养培训工作发挥牵头作用。有关行业主管部门、群团组织推动开展相关领域人才需求预测，指导专业设置和人才培养，引导行业优质企业积极参与产教融合、校企合作。省级教育行政部门要结合实际，高度重视社会服务产业紧缺人才培养培训工作，加强与省级有关部门的工作协同，健全工作机制。

（二）加大政策支持

各地教育行政部门要在政策、资金和项目等方面向积极开展社会服务产业紧缺领域人才培养培训的院校倾斜，会同有关部门落实好国家奖学金向家政、养老等社会急需专业倾斜的政策，吸引学生就读相关专业，保障相关专业家庭经济困难学生按照规定享受各类奖助政策，确保应助尽助。优先支持有关院校积极参与“家政服务业提质扩容‘领跑者’行动”等项目，促进社会服务产业高质量发展。支持建设若干集实践教学、社会培训、企业真实生产和社会技术服务于一体的高水平专业化产教融合实训基地。

（三）加强研究咨询

加强行业职业教育教学指导委员会等专家组织建设，提高行业指导能力，充分发挥专家组织的研究、咨询、指导、服务作用。设立一批社会服务产业紧缺领域教育研究项目，开展专题研究，为加快社会服务业人才培养提供理论支撑与智力支持。

（四）营造良好氛围

加强对社会服务产业新模式新业态、示范企业、特色院校、成长成才典型等的宣传，引导全社会和学生家长认识社会服务产业新定位、新理念、新职业，吸引相关专业毕业生对口就业，增强职业归属感、荣誉感。

（五）做好总结评价

各有关部门结合工作职责，将该意见相关任务落实情况于每年年底前及时总结，并提供教育部职业教育与成人教育司。省级教育行政部门要对本行政区域内有关专业设置、人才培养培训现状做全面摸底，研究设立有关工作项目，引导有关院校落实该意见各项任务，将社会服务产业领域相关专业设置、人才培养培训情况作为对有关院校绩效考核、质量评价的重要指标，支持第三方开展评估。

教育部办公厅　国家发展改革委办公厅　民政部办公厅
商务部办公厅　国家卫生健康委办公厅
国家中医药局办公室　全国妇联办公厅
2019年9月5日

教育部办公厅　人力资源社会保障部办公厅 国家发展改革委办公厅等十四部门关于印发《职业院校全面开展职业培训　促进就业创业行动计划》的通知

（教职成厅〔2019〕5号）

各省、自治区、直辖市教育厅（教委）、人力资源社会保障厅（局）、发展改革委、工业和信息化主管部门、财政厅（局）、住房城乡建设厅（委）、农业农村（农牧）厅（局、委）、退役军人事务厅（局）、国资委、扶贫办、总工会、团委、妇联、残联，新疆生产建设兵团教育局、人力资源社会保障局、发展改革委、工业和信息化委、财务局、住房城乡建设局、农业农村局、退役军人事务局、国资委、扶贫办、工会、团委、妇联、残联，行业职业教育教学指导委员会，有关单位：

为贯彻落实《国家职业教育改革实施方案》《国务院办公厅关于印发职业技能提升行动方案（2019—2021年）的通知》要求，教育部等十四部门研究制定了《职业院校全面开展职业培训 促进就业创业行动计划》。现印发给你们，请结合实际，加强协同配合，认真贯彻执行。

教育部办公厅　人力资源社会保障部办公厅　国家发展改革委办公厅
工业和信息化部办公厅　财政部办公厅　住房城乡建设部办公厅
农业农村部办公厅　退役军人部办公厅　国务院国资委办公厅
国务院扶贫办综合司　全国总工会办公厅　共青团中央办公厅
全国妇联办公厅　中国残联办公厅
2019年10月16日

职业院校全面开展职业培训
促进就业创业行动计划

实施学历教育与培训并举是职业院校（含技工院校，下同）的法定职责。职业院校面向全体劳动者广泛开展职业培训，既有利于支持和促进就业创业，也有利于学校提升人才培养质量和办学能力，是深化职业教育改革发展的重要内容。当前，职业院校开展学历教育和培训“一条腿长一条腿短”的现象普遍存在，面向社会开展培训还存在学校和教师的主动性不高、课程及资源不足、针对性和适用性不够、教师实践教学能力不强等问题，仍然是职业教育发展的薄弱环节。为深入贯彻全国教育大会精神，落实《国家职业教育改革实施方案》《国务院办公厅关于印发职业技能提升行动方案（2019—2021年）的通知》要求，推动职业院校全面开展职业培训，提高劳动者素质和职业技能水平，提升职业教育服务发展、促进就业创业能力，特制定本行动计划。

一、总体要求

（一）指导思想。以习近平新时代中国特色社会主义思想为指导，全面贯彻党的十九大精神，认真落实党中央、国务院决策部署，充分发挥职业教育资源优势，以健全政行企校多方协同的培训机制为突破口，增强院校和教师主动性，调动参训人员积极性，面向全体劳动者特别是重点人群及技术技能人才紧缺领域开展大规模、高质量的职业培训，加快形成学历教育与培训并举并重的办学格局，为实现更高质量和更充分就业提供有力支持。

（二）基本原则。坚持注重实效，促进就业。围绕服务稳定和扩大就业，紧贴区域、行业企业和个人发展的实际需求，保障培训的针对性和实用性。坚持扩大规模，提升质量。支持职业院校敞开校门，面向社会广泛开展培训，推动学历教育与培训相互融合、相互促进。坚持统筹资源，协同推进。加强部门之间统筹协同、产教之间融合联动，形成共同推进职业培训工作合力。坚持完善机制，激发动力。健全培训激励和保障制度，创造更加规范和更有吸引力的培训环境。

（三）行动目标。到2022年，职业院校面向社会广泛开展职业培训，培训理念更加先进，培训层次更加完善，培训课程资源更加丰富，培训类型与形式更加多样；政府引导、行业参与、校企合作的多方协同培训机制基本建立，培训能力和服务就业创业能力显著增强；职业院校成为开展职业培训的重要阵地，学历教育与培训并举并重的职业教育办学格局基本形成。具体目标：

1. 职业院校年承担补贴性培训达到较大规模；开展各类职业培训年均达到

5000 万人次以上。

2. 重点培育一批校企深度合作共建的高水平实训基地、创业孵化器和企业大学。

3. 建设一大批面向重点人群、学习内容和形式灵活多样的培训资源库，开发遴选一大批重点领域的典型培训项目，培养一大批能够同时承担学历教育和培训任务的教师，适应“双岗”需要的教师占专业课教师总数 60%。

二、行动措施

（一）广泛开展企业职工技能培训。推动职业院校联合行业企业面向人工智能、大数据、云计算、物联网、工业互联网、建筑新技术应用、智能建筑、智慧城市等领域，大力开展新技术技能培训。通过开展现代学徒制、职业技能竞赛、在线学习等方式，促进企业职工岗位技术技能水平提升。鼓励职业院校联合行业组织、大型企业组建职工培训集团，发挥各方资源优势，共同开展补贴性培训、中小微企业职工培训和市场化社会培训。支持职业院校与企业合作共建企业大学、职工培训中心、继续教育基地。结合学校专业优势，以岗位技术规范为标准，以技术和知识更新调整为重点，加大对困难企业职工转岗转业培训力度。支持职业院校服务中国企业“走出去”，积极开展涉外培训。

（二）积极开展面向重点人群的就业创业培训。鼓励职业院校积极开发面向高校毕业生、退役军人、农民工、去产能分流职工、建档立卡贫困劳动力、残疾人等重点人群的就业创业培训项目。支持职业院校承担春潮行动、雨露计划、求学圆梦计划等政府组织的和工青妇等群团组织开展的培训任务。支持职业院校与行业企业合作开设大学生、退役军人就业技能训练班，开展先进制造业、战略性新兴产业、现代服务业及人才紧缺领域的技术技能培训。加强适应残疾人特点的民间工艺、医疗按摩等领域培训。鼓励涉农职业院校送培训下乡，把技术技能送到田间地头和养殖农牧场，深入开展技能扶贫，服务脱贫攻坚和乡村振兴，大力培育高素质农民和农村实用人才。支持职业院校开发具有专业特色的创业课程，建设创业孵化器，对自谋职业和具有创业意向的参训人员进行创业意识、创业知识、创业能力等方面的培训。

（三）大力开展失业人员再就业培训。支持职业院校对接当地人力资源社会保障部门及工青妇等群团组织，面向长期失业青年、农村留守妇女、大龄失业人员等，开发周期短、需求大、易就业的培训项目。职业院校要大力开展家政、养老、护工、育婴、电商、快递、手工等领域初级技能培训，使失业人员掌握一技之长。支持职业院校承担巾帼家政服务培训任务。要突出帮、教、扶等特点，积极联系合作企业，择优推荐工作，提供培训就业一体化服务，努力实现培训即招工、培训即就业。

（四）做好职业指导和就业服务。职业院校要引导参训人员增强市场就业意识，帮助其树立正确的职业观、择业观和创业观。加强就业有关法律法规、职业道德、职业素养、求职技巧等方面的教育。对农村和边远地区、少数民族地区的大龄参训人员，要增加普通话、常用现代化设施（工具、软件）运用等基本技能方面的培训。职业院校要密切与人力资源服务机构、行业企业的合作，共同开展招聘会、就业创业指导、政策宣传等多样化就业服务，为参训人员提供有效的就业信息。

（五）推进培训资源建设和模式改革。职业院校要深入开展培训需求调研，提升培训项目设计开发能力，增强培训项目设计的针对性。积极会同行业企业建设一批培训资源开发中心，面向重点人群、新技术、新领域等开发一批重点培训项目，共同研究制订培训方案、培训标准、课程标准等，开发分级分类的培训课程资源包。积极开发微课、慕课、VR（虚拟现实技术）等数字化培训资源，完善专业教学资源库，进一步扩大优质资源覆盖面。要加强大数据技术的应用，多渠道整合培训资源，鼓励共建共享。突出“短平快”等特点，探索推行“互联网+培训”模式，通过智慧课堂、移动APP（应用程序）、线上线下相结合等，开展碎片化、灵活性、实时性培训。鼓励职业院校通过“企业学区”“移动教室”“大篷车”“小马扎”等方式，把培训送到车间和群众家门口。

（六）加强培训师资队伍建设。落实好职业院校教师定期到企业实践制度，鼓励教师参与企业培训、技术研发等活动，提升实践教学能力。充分利用学校实习实训基地、产教融合型企业等，对专业教师进行针对性培训，培养一大批适应“双岗”需要的教师，使教师能驾驭学校、企业“两个讲台”。健全职业院校自主聘任企业兼职教师制度。鼓励职业院校聘请劳动模范、能工巧匠、企业技术人才、高技能人才等担任兼职教师，承担培训任务。完善教师工作绩效考核办法，将培训服务课时量和培训成效等作为教师工作绩效考核的重要内容。

（七）支持多方合作共建培训实训基地。支持职业院校在现有实训基地基础上，建设一批标准化培训实训基地。产教融合型企业要加大对培训实训基地建设支持力度，并积极承担各类培训项目。按照培训项目与产业需求对接、培训内容与职业标准（评价规范）对接、培训过程与生产过程对接的要求，支持校企合作建设一批集实践教学、社会培训、真实生产和技术服务于一体的高水平就业创业实训基地。各地教育行政部门、人力资源社会保障部门要推动当地公共实训基地面向职业院校和城乡各类劳动者提供技能训练、技能鉴定、创业孵化、师资培训等服务。

（八）完善职业院校开展培训的激励政策。支持职业院校开展补贴性培训。推动职业院校培训量计算标准化、规范化，可按一定比例折算成全日制学生培养工作量，与绩效工资总量增长挂钩。各级人力资源社会保障、财政部门要充分考虑职业院校承担培训任务情况，合理核定绩效工资总量和水平。对承担任务较重的职业院校，在原总量基础上及时核增所需绩效工资总量。指导职业院校按规定的程序和办法搞活内部分配，在内部分配时向承担培训任务的一线教师倾斜。允许职业院校将一定比例的培训收入纳入学校公用经费。鼓励支持职业院校按同类专业（群）组建培训联合体，互聘教师开展培训。

（九）健全参训人员的支持鼓励政策。全面落实职业培训补贴、生活费补贴政策，确保符合条件的参训人员应享尽享。加快推进“学历证书 + 若干职业技能等级证书”（简称 1+X 证书）制度试点工作，鼓励参训人员获取职业技能等级证书和职业资格证书。依托职业教育国家“学分银行”试点，对职业技能等级证书等所体现的培训成果进行登记和储存，计入个人学习账号，为学习成果认定、积累与转换奠定基础。鼓励符合条件的参训人员接受学历教育，培训成果按规定兑换学分，免修相应课程。职业院校要实施精准培训，切实提高参训人员的就业创业能力，帮助其用好就业创业支持政策。

（十）建立培训评价与考核机制。以参训人员的技术技能水平、就业创业能力和质量等为核心，建立培训绩效考核体系。将面向社会开展培训情况作为职业院校办学能力考核评价的重要指标和职业教育项目安排的重要依据。各地要结合实际对落实本行动计划积极主动、面向社会开展培训成效明显的职业院校，在安排职业教育财政补助及有关基础设施建设资金、遴选相关试点项目方面，给予倾斜支持。完善职业院校培训工作标准体系和管理制度，对职业院校开展培训工作进行评估和督导，落实督导报告、公报、约谈、限期整改、奖惩等制度。

三、行动要求

（一）加强组织领导。各地教育、人力资源社会保障、发展改革、工业和信息化、财政、住房城乡建设、农业农村、退役军人、国资委、扶贫、工会、共青团、妇联、残联等部门要加强沟通协作，积极支持职业院校承担本部门（行业）及相关领域的培训项目，共同帮助职业院校协调解决开展培训工作中遇到的实际困难和问题。各地教育行政部门、职业院校要高度重视培训工作，切实将职业培训摆在与学历教育同等重要的地位。职业院校要把开展培训工作作为一把手工程，成立专门负责培训的机构，配备专人负责。开展 1+X 证书制度试点的院校要发挥示范引领作用，主动承担有关培训任务。

（二）强化实施管理。各地要根据本行动计划内容，结合实际制定好落实方案、年度计划，逐级分解任务、明确目标、落实责任，确定时间表和任务书。各地教育行政部门要会同有关部门加强对本地区职业院校开展培训工作的日常指导、检查与跟踪。各行业职业教育教学指导委员会要推动行业部门、行业组织引导和督促相关企业参与行动计划的实施。建立行动计划进展情况上报制度，各地要分行业领域、分培训对象做好培训数据整理汇总工作，定期将本地区职业院校开展培训工作进展情况报送教育部。教育部将汇总整理各地落实方案和年度计划、进展情况，组织编制职业院校开展职业培训情况年度报告，定期向社会发布，同时做好监督管理、检查指导工作。

（三）注重宣传引导。各地和各职业院校要加大对培训工作的宣传力度，通过职业教育活动周、全民终身学习活动周等，面向城乡各类劳动者加大对培训有关政策、项目的宣传力度，帮助企业、劳动者了解熟悉政策，用足用好政策。要积极运用各种媒体，广泛宣传介绍职业院校开展的各类培训项目，特别要加强对重点人群的宣传。要扎实做好职业院校开展职业培训的经验和典型的总结推广工作。

教育部办公厅　国家发展改革委办公厅财政部办公厅关于推进 1+X 证书制度试点工作的指导意见

（教职成厅函〔2019〕19 号）

各省、自治区、直辖市教育厅（教委）、发展改革委、财政厅（局），新疆生产建设兵团教育局、发展改革委、财政局，有关单位：

为贯彻《国务院关于印发国家职业教育改革实施方案的通知》（国发〔2019〕4 号），实施好《教育部等四部门印发〈关于在院校实施“学历证书＋若干职业技能等级证书”制度试点方案〉的通知》（教职成〔2019〕6 号），积极稳妥推进 1+X 证书制度试点工作，现就试点有关工作提出以下指导意见。

一、健全协同推进机制

（一）健全工作机构

各省级教育行政部门要切实把 1+X 证书制度试点工作作为深化职业教育改革、提高人才培养质量、拓展就业本领的重要抓手，加大统筹推进力度。在省级教研机构或区域牵头职业院校或专家组织等，建立试点工作指导协调机构，明确专人与各职业教育培训评价组织（简称培训评价组织）对接，对应协调不同证书的实施工作，指导本省（区、市）试点院校开展有关工作，协调解决有关困难问题，配合省级教育行政部门整体推进本省（区、市）试点工作。试点院校建立由主要负责人牵头的工作机构，统筹推进本校试点工作，并明确具体工作联系人，对接本省（区、市）试点工作指导协调机构。

（二）加强沟通对接

培训评价组织要加强与省级教育行政部门或省级试点工作指导协调机构的联系，在有关省域内组织开展标准宣贯、师资培训、考核等试点相关工作，以及大范围涉及有关省域内院校参与的会议、活动时，应提前与省级教育行政部门沟通并备案。省级教育行政部门组织开展与试点有关的研讨会、师资培训等，应积极邀请有关培训评价组织参与，有关培训评价组织应主动配合参加。

（三）实行工作动态定期报送制度

各省级教育行政部门、试点院校、培训评价组织要认真落实好试点工作动态定期报送制度，及时、准确报送工作进展，总结工作经验，汇聚典型案例，反映有关困难问题，提出政策建议等。通过职业技能等级证书信息管理服务平台填报系统，对试点院校及参与学生规模进行动态管理。

二、保障有序开展有关师资培训

（一）依托有关师资项目做好 1+X 证书制度试点师资培训

各省级教育行政部门要将职业技能等级证书有关师资培训纳入职业院校教师素质提高计划项目，对接陆续发布的职业技能等级证书和标准，结合 2019 年项目实施，统筹各方资源，及时调整培训计划、培训内容，积极开展 1+X 证书制度试点师资培训工作。从 2020 年起，发挥国家和地方教育行政部门师资培训项目的主渠道作用，将 1+X 证书制度试点师资培训纳入职业院校教师相关培训规划中。结合教师教学创新团队、“国家工匠之师”创新团队境外培训计划等项目，发挥引领作用，培育“种子”师资。培训评价组织要主动配合、优先保障国家和地方教育行政部门组织的 1+X 证书制度试点师资培训项目，积极参与培训方案设计和组织实施，根据各地实际需要委派授课专家，专家相关费用应严格执行国家和地方有关标准。

（二）规范培训评价组织有关师资培训行为

培训评价组织开展的 1+X 证书制度试点有关培训、研讨等，是国家和地方有关师资培训项目的有益补充。培训评价组织要坚持公益性原则，把社会效益放在首位，依法依规制订有关培训方案及收费标准，并提前公示公告，接受各方监督，试点院校结合实际自愿参加。不得以任何理由强制教师参加收费性培训。面向院校的师资培训和考评员培训有关收费标准参考国家和地方关于教师培训的规定，结合实际合理确定，不得另立名目额外收取培训师、考评员考核认证等其他费用。有关培训应采取线上线下相结合的方式，主要依托职业院校开展，充分利用职业院校现有资源，动员社会力量支持，精打细算，节约开支。培训评价组织要做好规划和管理，加强培训团队建设，严格培训师资质审核，来自行业企业的专家比例不少于 40%，切实保障培训质量。

（三）鼓励教师积极承担证书培训任务

地方教育行政部门要加强与当地有关部门的沟通协作，支持职业院校用好本校组织实施职业技能等级证书培训的资源，参与职业技能提升行动，积极承担补贴性培训，扩大面向职工、就业重点群体和贫困劳动力的培训规模。培训评价组织在参与实施院校内 1+X 证书制度试点的同时，自主面向社会人员开展职业技能等级评价。试点院校可将教师额外承担的职业技能等级证书培训工作量，按一定比例折算成全日制学生培养工作量，纳入绩效工资分配因素范围；在内部绩效工资分配时向承担证书培训任务的一线教师倾斜。试点院校间可按证书类别组建培训联合体，互聘教师开展培训。

（四）建设并及时提供高质量培训资源

1+X 证书制度试点是职业教育教学模式改革和评价模式改革的重要举措，面向学生开展的 X 证书培训，要与推进教师、教材、教法改革结合起来，由学校统筹用好有关资源和项目，结合教学组织实施。培训评价组织要整合优质资源，持续优化职业技能等级证书标准，按有关规定开发、完善职业技能等级证书培训教材，教材应由具备资质的出版单位正式出版，征订工作通过正规渠道开展，保障学生培训用书。要及时提供并适时更新案例库、习题库等线上配套资源，广泛免费共享，满足试点院校工作需要，确需有偿提供的，应本着公益性原则，严格控制成本，不得额外增加学生负担。

三、规范考核颁证

（一）完善考核评价体系

培训评价组织应建立模拟考核平台，发布考核方案，为院校学生参与考核提供支撑服务。培训评价组织提出对考核站点的有关条件要求并向社会公布，试点院校对照条件自主申报，培训评价组织与省级教育行政部门充分沟通，结合区域实际，协商确定考核站点，并在省级教育行政部门及有关平台备案。考核站点设置应综合考虑省内有关院校和专业布局，逐步覆盖更多试点院校，原则上有试点院校的地级市至少设置一个相关证书考核站点，为学生就近参加考核提供便利。

各地要统筹利用各种类型的实训基地，支持考核站点建设。培训评价组织要加强自身管理，不得以培训、考核、授牌等任何名义直接或变相要求试点院校购置指定品牌的设备设施、软件系统、课程资源及相关服务。

（二）加强证书考核成本核算

培训评价组织要坚持公益性原则，对职业技能等级证书的考核成本进行核算。试点期间，教育部委托有关机构组织论证提出参与试点的职业技能等级证书考核成本上限，并向社会公示。培训评价组织结合区域实际，与省级教育行政部门、试点院校具体协商确定考核费用标准。试点院校可统筹财政拨款、学费及其他事业收入等办学经费分担培训考核费用，保障试点学生至少参与一个职业技能等级证书的考核。要严格按照国家有关规定，规范使用相关经费。承担考核站点任务的试点院校，应统筹用好学校场地、设备、耗材、人员等资源，降低考核颁证费用。

（三）做好证书信息公开服务和学习成果积累

培训评价组织要对接职业技能等级证书信息管理服务平台，及时发布有关信息。职业技能等级证书信息在证书颁发后 7 个工作日内录入平台，提供查询、验证等服务。要对接职业教育国家学分银行，在有关职业技能等级证书公布后的 1 个月内，提出所体现学习成果的学分记录建议方案，推进学习成果积累。

四、完善财政支持方式

各地要按照财政部、教育部有关要求，切实履行投入主体责任，加大地方财政投入，统筹用好中央奖补资金，积极筹措社会资源，积极支持开展 1+X 证书制度试点工作。各省级教育、财政部门要结合试点实际统筹安排省级有关职教专项经费向试点工作倾斜，健全考核机制，完善分配因素，及时将有关资金拨付至试点院校。

各试点院校要及时与培训评价组织对接，根据证书考核需要调整完善学校专业人才培养方案，统筹好现有教学资源，在厉行节约的基础上合理安排财政资金、社会资源和自有资金，开展好 1+X 证书制度试点工作。要健全内部控制机制，不得截留挪用财政资金，确保资金使用规范有效。

五、严格监督管理

（一）健全制度约束

参与试点工作的培训评价组织，应与教育部委托的有关机构签署协议，明确公益性、先进性、合规性、退出机制等方面约束条款和违约责任。

（二）规范宣传引导

培训评价组织发布的有关通知、公告、宣传口径，要规范行文，文责自负，确保内容真实，不做虚假宣传、夸大宣传，不擅自标注“教育部指导”“职成司指导”“指定”等字样。

（三）建立健全监督机制

国家层面针对每个试点证书在 10 个左右试点院校设立监测点，监督培训评价组织履行协议的情况，及时发现、分析和研究试点工作各环节有关问题，各地可参照执行。培训评价组织、试点院校积极开展绩效自评，接受省级有关部门及其委托的第三方开展的评价。教育部将通过职业技能等级证书信息管理服务平台，及时关注并回应社会各方有关监督评价意见。

（四）建立退出机制

培训评价组织凡出现以下情形之一的，经相关部门调查核实，教育部将取消参与试点资格，退出试点工作：考核工作组织实施不力，在考核过程中存在严重违反考核纪律、弄虚作假的；违反有关规定进行高收费或另立名目乱收费，不按要求及时整改的；借试点工作谋取不正当利益的，如向学校捆绑销售仪器设备、实训软件等；不按要求及时更新有关职业技能等级标准、教材、考核题库的；针对通过证书信息管理服务平台等渠道反映集中的其他问题，不按要求及时整改的；存在其他违纪违规情况的。

试点院校出现以下情况之一的，省级教育行政部门取消参与试点资格：推进试点工作不力、进展缓慢，连续三周不填报周报的；证书培训、考核等工作管理不严的；试点工作经费使用不规范的；强制或变相强制学生参加培训或考核的；存在其他违纪违规情况的。

试点过程中，各地要及时总结经验，宣传典型案例，研究解决存在的困难问题，对有关政策措施提出调整优化建议。试点期后有关部门继续完善相关制度设计。

教育部办公厅　国家发展改革委办公厅
财政部办公厅
2019 年 11 月 9 日

教育部办公厅　工业和信息化部办公厅关于印发《现代产业学院建设指南（试行）》的通知

（教高厅函〔2020〕16号）

各省、自治区、直辖市教育厅（教委）、工业和信息化主管部门，新疆生产建设兵团教育局、工业和信息化局，有关部门（单位）教育司（局），部属各高等学校、部省合建各高等学校：

为贯彻国家有关战略要求，落实《国务院办公厅关于深化产教融合的若干意见》（国办发〔2017〕95号）和《教育部 工业和信息化部 中国工程院关于加快建设发展新工科 实施卓越工程师教育培养计划2.0的意见》（教高〔2018〕3号）等文件精神，推进现代产业学院建设工作，教育部、工业和信息化部研究制定了《现代产业学院建设指南（试行）》，现印发给你们，请结合本地、本单位实际，认真遵照执行。

教育部办公厅　工业和信息化部办公厅

2020年7月30日

现代产业学院建设指南（试行）

培养适应和引领现代产业发展的高素质应用型、复合型、创新型人才，是高等教育支撑经济高质量发展的必然要求，是推动高校分类发展、特色发展的重要举措。为扎实推进新工科建设再深化、再拓展、再突破、再出发，协调推进新工科与新农科、新医科、新文科融合发展，全面提高人才培养能力，经研究，决定在特色鲜明、与产业紧密联系的高校建设若干与地方政府、行业企业等多主体共建共管共享的现代产业学院。

一、指导思想

以习近平新时代中国特色社会主义思想为指导，深入贯彻党的十九大和十九届二中、三中、四中全会精神，贯彻落实全国教育大会精神和《中国教育现代化 2035》，以立德树人为根本任务，以学生发展为中心，突破传统路径依赖，充分发挥产业优势，发挥企业重要教育主体作用，深化产教融合，推动高校探索现代产业学院建设模式，建强优势特色专业，完善人才培养协同机制，造就大批产业需要的高素质应用型、复合型、创新型人才，为提高产业竞争力和汇聚发展新动能提供人才支持和智力支撑。

二、建设目标

经过四年左右时间，以区域产业发展急需为牵引，面向行业特色鲜明、与产业联系紧密的高校，重点是应用型高校，建设一批现代产业学院。在此基础上，引导高校瞄准与地方经济社会发展的结合点，不断优化专业结构、增强办学活力，探索产业链、创新链、教育链有效衔接机制，建立新型信息、人才、技术与物质资源共享机制，完善产教融合协同育人机制，创新企业兼职教师评聘机制，构建高等教育与产业集群联动发展机制，打造一批融人才培养、科学研究、技术创新、企业服务、学生创业等功能于一体的示范性人才培养实体，为应用型高校建设提供可复制、可推广的新模式。

三、建设原则

坚持育人为本。以立德树人为根本任务，以提高人才培养能力为核心，推动学校人才培养供给侧与产业需求侧紧密对接，培养符合产业高质量发展和创新需求的高素质人才。

坚持产业为要。依托优势学院专业，科学定位人才培养目标，构建紧密对接产业链、创新链的专业体系，切实增强人才对经济高质量发展的适应性。突出高校科技创新和人才集聚优势，强化“产学研用”体系化设计，增强服务产业发展的支撑作用，推动经济转型升级、培育经济发展新动能。

坚持产教融合。将人才培养、教师专业化发展、实训实习实践、学生创新创业、企业服务科技创新功能有机结合，促进产教融合、科教融合，打造集产、学、研、转、创、用于一体，互补、互利、互动、多赢的实体性人才培养创新平台。

坚持创新发展。创新管理方式，充分发挥高校与地方政府、行业协会、企业机构等双方或多方办学主体作用，加强区域产业、教育、科技资源的统筹和部门之间的协调，推进共同建设、共同管理、共享资源，探索“校企联合”“校园联合”等多种合作办学模式，实现现代产业学院可持续、内涵式创新发展。

四、建设任务

（一）创新人才培养模式

面向产业转型发展和区域经济社会需求，以强化学生职业胜任力和持续发展能力为目标，以提高学生实践和创新能力为重点，深化产教深度融合、校企合作，创新人才培养方案、课程体系、方式方法、保障机制等。鼓励打破常规对课程体系进行大胆革新，探索构建符合人才培养定位的课程新体系和专业建设新标准。推进“引企入教”，推进启发式、探究式等教学方法改革和合作式、任务式、项目式、企业实操教学等培养模式综合改革，促进课程内容与技术发展衔接、教学过程与生产过程对接、人才培养与产业需求融合。协调推进多主体之间开放合作，整合多主体创新要素和资源，凝练产教深度融合、多方协同育人的应用型人才培养模式。

（二）提升专业建设质量

围绕国家和地方确定的重点发展领域，着力推进新工科与新农科、新医科、新文科融合发展，深化专业内涵建设，主动调整专业结构，着力打造特色优势专业，推动专业集群式发展。紧密对接产业链，实现多专业交叉复合，支撑同一产业链的若干关联专业快速发展；依据行业和产业发展前沿趋势，推动建设一批应用型本科新专业，探索本科专业创新发展的建设路径；推进与企业合作成立专业建设指导委员会，引入行业标准和企业资源积极开展国际实质等效的专业认证，促进专业认证与创业就业资格协调联动，提高专业建设标准化、国际化水平。

（三）开发校企合作课程

引导行业企业深度参与教材编制和课程建设，设计课程体系、优化课程结构。加快课程教学内容迭代，关注行业创新链条的动态发展，推动课程内容与行业标准、生产流程、项目开发等产业需求科学对接，建设一批高质量校企合作课程、教材和工程案例集。以行业企业技术革新项目为依托，紧密结合产业实际创新教学内容、方法、手段，增加综合型、设计性实践教学比重，把行业企业的真实项目、产品设计等作为毕业设计和课程设计等实践环节的选题来源。依据专业特点，使用真实生产线等环境开展浸润式实景、实操、实地教学，着力提升学生的动手实践能力，有效提高学生对产业的认知程度和解决复杂问题的能力。

（四）打造实习实训基地

基于行业企业的产品、技术和生产流程，创新多主体间的合作模式，构建基于产业发展和创新需求的实践教学和实训实习环境。统筹各类实践教学资源，充分利用科技产业园、行业龙头企业等优质资源，构建功能集约、开放共享、高效运行的专业类或跨专业类实践教学平台。通过引进企业研发平台、生产基地，建设一批兼具生产、教学、研发、创新创业功能的校企一体、产学研用协同的大型实验、实训实习基地。

（五）建设高水平教师队伍

依托现代产业学院，探索校企人才双向流动机制，设置灵活的人事制度，建立选聘行业协会、企业业务骨干、优秀技术和管理人才到高校任教的有效路径。探索实施产业教师（导师）特设岗位计划，完善产业兼职教师引进、认证与使用机制。加强教师培训，共建一批教师企业实践岗位，开展师资交流、研讨、培训等业务，将现代产业学院建设成“双师双能型”教师培养培训基地。开展校企导师联合授课、联合指导，推进教师激励制度探索，打造高水平教学团队。

（六）搭建产学研服务平台

鼓励高校和企业整合双方资源，建设联合实验室（研发中心），发挥学校人才与专业综合性优势，围绕产业技术创新关键问题开展协同创新，实现高校知识溢出直接服务区域经济社会发展，推动应用科学研究成果的转化和应用，促进产业转型升级。强化校企联合开展技术攻关、产品研发、成果转化、项目孵化等工作，共同完成教学科研任务，共享研究成果，产出一批科技创新成果，提升产业创新发展竞争力。大力推动科教融合，将研究成果及时引入教学过程，促进科研与人才培养积极互动，发挥产学研合作示范影响，提升服务产业能力。

（七）完善管理体制机制

强化高校、地方政府、行业协会、企业机构等多元主体协同，形成共建共管的组织架构，探索理事会、管委会等治理模式，赋予现代产业学院改革所需的人权、事权、财权，建设科学高效、保障有力的制度体系。充分考虑区域、行业、产业特点，结合高校自身禀赋特征，优化创新资源配置模式，增强“自我造血”能力，打造高校产教融合的示范区，实现教育链、创新链、产业链的深度融合。

五、建设立项

教育部、工业和信息化部根据国家经济社会发展需求，加强顶层设计和统筹协调，规划现代产业学院建设布局，指导和组织开展现代产业学院立项建设和评估。

（一）申请条件

现代产业学院应已具备或近期可以达到以下基础条件：

1. 人才培养主要专业与区域产业发展具有高度契合性，相关专业已经列入“国家级一流专业”建设范围，具有相对优势；

2. 相关产业列入区域发展整体规划；参与的企业主体参考产教融合型企业相关要求，在区域产业链条中居主要地位，或在区域产业集群中居关键地位；

3. 具有相对稳定的高水平教学团队；

4. 相关企业主体参与的兼职教师人员，中、高级专业技术职务的人员数量不低于高校专职教师的数量；

5. 加强产教融合，实践教学学时不低于专业人才培养方案总学时的 30%；

6. 具有相对丰富的教学资源；

7. 初步形成理念先进、顺畅运行的管理体系；

8. 学校能够提供相对集中、面积充足的物理空间，每年提供稳定的经费支持，用于人员聘任、日常运行；

9. 学校给予发展所需政策扶持。

（二）立项程序

1. 依托高校根据现代产业学院总体定位、建设思路，紧密结合实际，在充分论证基础上开展建设，搭建基础团队，明确体制机制。

2. 具备条件的高校经上级主管部门同意后向教育部提出申请。同时，申请单位通过所在地省级工业和信息化主管部门向工业和信息化部报备。

3. 教育部、工业和信息化部组织专家进行论证，重点考察人才培养模式、建设基础、政策支持和保障条件等，按照“分区论证、试点先行、分批启动”的原则进行培育建设。

4. 教育部、工业和信息化部将统筹各类资源，对现代产业学院建设予以政策支持和资源倾斜，加大对毕业生的就业指导和服务力度，推动稳定发展。

教育部办公厅关于印发《“十四五”职业教育规划教材建设实施方案》的通知

（教职成厅〔2021〕3号）

各省、自治区、直辖市教育厅（教委），新疆生产建设兵团教育局，部属各高等学校，有关直属单位：

为深入贯彻全国职业教育大会和全国教材工作会议精神，加强“十四五”职业教育规划教材建设，在国家教材委员会统筹领导下，我部制定了《“十四五”职业教育规划教材建设实施方案》。现印发给你们，请结合实际，认真贯彻执行。

教育部办公厅

2021年12月3日

“十四五”职业教育规划教材建设实施方案

为深入贯彻全国职业教育大会和全国教材工作会议精神，落实《关于推动现代职业教育高质量发展的意见》《全国大中小学教材建设规划（2019—2022年）》和《职业院校教材管理办法》有关部署，做好“十四五”职业教育规划教材建设工作，以规划教材为引领，建设中国特色高质量职业教育教材体系，制定本方案。

一、总体要求

“十四五”职业教育规划教材建设要深入贯彻落实习近平总书记关于职业教育工作和教材工作的重要指示批示精神，全面贯彻党的教育方针，落实立德树人根本任务，强化教材建设国家事权，突显职业教育类型特色，坚持“统分结合、质量为先、分级规划、动态更新”原则，完善国家和省级职业教育教材规划建设机制。

“十四五”期间，分批建设1万种左右职业教育国家规划教材，指导建设一大批省级规划教材，加大对基础、核心课程教材的统筹力度，突出权威性、前沿性、原创性教材建设，打造培根铸魂、启智增慧，适应时代要求的精品教材，以规划教材为引领，高起点、高标准建设中国特色高质量职业教育教材体系。

二、重点建设领域

规划教材建设要突出重点，加强公共基础课程和重点专业领域教材建设，补足紧缺领域教材，增强教材适用性、科学性、先进性。

（一）统筹建设意识形态属性强的课程教材。推进习近平新时代中国特色社会主义思想进教材进课堂进头脑，巩固马克思主义在意识形态领域的指导地位，加强社会主义核心价值观教育，加强中华优秀传统文化、革命文化和社会主义先进文化教育，落实党的领导、劳动教育、总体国家安全观教育等要求，促进学生德技并修。统一编写使用中等职业学校思想政治、语文、历史教材，用好《习近平新时代中国特色社会主义思想学生读本》。继续做好高等职业学校（含高职本科，下同）统一使用统编教材工作。重点在部分公共基础课程和财经商贸、文化艺术、教育体育、新闻出版、广播影视、公安司法、公共管理与服务等专业大类相关专业领域，推进职业教育领域新时代马克思主义理论研究和建设工程教育部重点教材建设。

（二）规范建设公共基础课程教材。完善基于课程标准的职业院校公共基础课程教材编写机制。依据中等职业学校公共基础课程方案和课程标准，统一规划中等职业学校数学、英语、信息技术、艺术、体育与健康、物理、化学教材的编写和选用工作，每门课程教材不超过5种。健全高等职业学校公共基础课程标准，统一规划高等职业学校公共基础课程教材编写和选用工作。通过组织编写、遴选等方式，加强职业院校中华优秀传统文化、劳动教育、职业素养、国家安全教育等方面教材（读本）供给，加强价值引导、提升核心素养，为学生终身发展奠基。

（三）开发服务国家战略和民生需求紧缺领域专业教材。围绕国家重大战略，紧密对接产业升级和技术变革趋势，服务职业教育专业升级和数字化改造，优先规划建设先进制造、新能源、新材料、现代农业、新一代信息技术、生物技术、人工智能等产业领域需要的专业课程教材。服务民生领域急需紧缺行业发展，加快建设学前、托育、护理、康养、家政等领域专业课程教材。改造更新钢铁冶金、化工医药、建筑工程、轻纺、机械制造、会计等领域专业课程教材。推动编写一批适应国家对外开放需要的专业课程教材。

（四）支持建设新兴专业和薄弱专业教材。重点支持《职业教育专业目录（2021年）》中新增和内涵升级明显的专业课程教材。加强长学制专业相应课程教材建设，促进中高职衔接教材、高职专科和高职本科衔接教材建设。遴选建设一批高职本科教材。支持布点较少专业课程教材建设。支持非通用语种外语教材，艺术类、体育类职业教育教材，特殊职业教育教材等的建设。

（五）加快建设新形态教材。适应结构化、模块化专业课程教学和教材出版要求，重点推动相关专业核心课程以真实生产项目、典型工作任务、案例等为载体组织教学单元。结合专业教学改革实际，分批次组织院校和行业企业、教科研机构、出版单位等联合开发不少于1000种深入浅出、图文并茂、形式多样的活页式、工作手册式等新形态教材。开展“岗课赛证”融通教材建设，结合订单培养、学徒制、1+X证书制度等，将岗位技能要求、职业技能竞赛、职业技能等级证书标准有关内容有机融入教材。推动教材配套资源和数字教材建设，探索纸质教材的数字化改造，形成更多可听、可视、可练、可互动的数字化教材。建设一批编排方式科学、配套资源丰富、呈现形式灵活、信息技术应用适当的融媒体教材。

三、规划教材编写要求

规划教材编写应遵循教材建设规律和职业教育教学规律、技术技能人才成长规律，紧扣产业升级和数字化改造，满足技术技能人才需求变化，依据职业教育国家教学标准体系，对接职业标准和岗位（群）能力要求。

（一）坚持正确的政治方向和价值导向。坚持马克思主义指导地位，将马克思主义立场、观点、方法贯穿教材始终，体现党的理论创新最新成果特别是习近平新时代中国特色社会主义思想，体现中国和中华民族风格，体现人类文化知识积累和创新成果，全面落实课程思政要求，弘扬劳动光荣、技能宝贵、创造伟大的时代风尚。

（二）遵循职业教育教学规律和人才成长规律。符合学生认知特点，体现先进职业教育理念，鼓励专业课程教材以真实生产项目、典型工作任务等为载体，体现产业发展的新技术、新工艺、新规范、新标准，反映人才培养模式改革方向，将知识、能力和正确价值观的培养有机结合，适应专业建设、课程建设、教学模式与方法改革创新等方面的需要，满足项目学习、案例学习、模块化学习等不同学习方式要求，有效激发学生学习兴趣和创新潜能。

（三）配强编写人员队伍。鼓励职业院校与高水平大学、科研机构、龙头企业联合开发教材。鼓励具有高级职称的专业带头人或资深专家领衔编写教材，支持中青年骨干教师参与教材建设。教材编写和审核专家应具有较高专业水平，无违法违纪记录或师德师风问题。职业教育国家规划教材建设实行主编负责制，主编对教材编写质量负总责。

（四）科学合理编排教材内容。教材内容设计逻辑严谨、梯度明晰，文字表述规范准确流畅，图文并茂、生动活泼、形式新颖；名称、术语、图表规范，编校、装帧、印装质量等符合国家有关技术质量标准和规范；符合国家有关著作权等方面的规定，未发生明显的编校质量问题。

四、编写选用和退出机制

按照《职业院校教材管理办法》等规定，严格规划教材编写、选用、退出机制。

（一）规范资质管理。坚持“凡编必审”，支持建设一批职业教育国家规划教材高水平出版机构。出版机构须持续提升教材使用培训、配套资源更新等专业服务水平，定期开展著作权等自查，加强教材盗版盗印专项治理。

（二）严格试教试用制度。新编教材和根据课程标准修订的教材，须进行试教试用，在真实教学情境下对教材进行全面检验。试教试用的范围原则上应覆盖不同类型的地区和学校。试教试用单位要组织专题研讨，提交试教试用报告，提出修改建议。编写单位要根据试教试用情况对教材进行修改完善。

（三）严格教材选用管理。坚持“凡选必审”，职业院校须建立校级教材选用委员会，规范教材选用程序与要求，指导校内选择易教利学的优质教材。落实教材选用备案制度，职业院校选用教材情况每学年报学校主管部门备案，并汇总至省级教育行政部门。

（四）健全教材更新和调整机制。规划教材严格落实每三年修订一次、每年动态更新内容的要求，并定期报送修订更新情况。对于连续三年不更新、编者被发现存在师德师风问题、出现重大负面影响事件、教材推广发行行为不规范等情形的，退出规划教材目录，并按有关规定严肃追责问责。符合三年一修订要求和“十四五”职业教育国家规划教材遴选标准的“十三五”职业教育国家规划教材按程序复核通过后纳入“十四五”职业教育国家规划教材。获得首届全国教材建设奖全国优秀教材（职业教育类）的，原则上直接纳入“十四五”职业教育国家规划教材。充分发挥国家教材目录导向作用，加大国家统编教材、全国教材建设奖优秀教材的推广力度，加大规划教材选用比例，形成高质量教材有效普及、劣质教材加速淘汰的调整机制。

（五）健全教材评价督查机制。将教材工作作为教育督导和学校评估的重要内容，加强对各类教材特别是境外教材、教辅、课外读物、校本教材的监管，优化教材跟踪调查、抽查制度。国家、省两级抽查教材的比例合计不低于

50% 并公布抽检结果，淘汰不合格的教材并建立责任倒查机制，推进教材更新使用。完善教材评价制度，支持专业机构对教材进行第三方评议。在教材选用、管理等方面存在严重问题的，按照相关规定严肃处理。

五、工作机制

（一）加强统筹领导。在国家教材委员会统筹领导下，教育部统一组织国家规划教材建设。教育部职业教育与成人教育司具体组织实施职业教育非统编国家规划教材建设，发布职业教育国家规划教材目录。有关行业部门、行业组织、行指委、教指委要发挥行业指导作用，在教育部统一领导下，积极参与职业教育教材建设。

（二）落实地方责任。省级教育行政部门围绕本区域经济社会发展对技术技能人才需求，结合区域职业教育特色，组织省级规划教材建设并发布省级规划教材目录。各地要充分论证、科学规划、严格把关，避免低水平重复建设，健全职业教育省级规划教材目录制度，做好省级规划教材与国家规划教材的衔接。

（三）做好教材出版。出版单位应牢固树立精品意识，着力建设研编一体的高水平编辑队伍，健全教材策划、编写、编辑、印制、发行各环节质量保障体系，发挥试教试用和意见反馈机制作用，严格执行多审多校、印前审读制度，坚持微利定价原则，及时组织修订再版，发行确保课前到书。

六、条件保障

（一）加强党对教材建设的全面领导。把党的全面领导落实到教材建设各个环节，把好为党育人、为国育才的重要关口，使规划教材领域成为坚持党的领导的坚强阵地。学校党组织要严格落实教材建设意识形态工作责任制，切实履行主体责任，高度重视教材建设的组织实施、重点任务研究部署和督促落实。所申报教材的编写人员、责任编辑人员、审核人员应符合《职业院校教材管理办法》有关规定，并提供所在单位党组织政审意见。主编须提供所在单位一级党组织政审意见。

（二）加强政策和经费支持。各地教育行政部门要加大对职业教育教材工作的支持，在课题研究、评优评先、职称评定、职务（岗位）晋升等方面予以倾斜。按规定将教材建设相关经费纳入预算。鼓励多渠道筹措教材建设经费。建立完善职业院校教师参与规划教材编审工作纳入学校绩效考核的制度。

（三）加强教材研究和平台建设。国家统筹建立职业院校教材建设研究基地，推动建立一批国家级和省级职业教材研究基地。国家和省级职业教育教研机构应发挥专业优势，深入开展教材建设重大理论和实践问题研究。定期组织开展教材研究成果交流，推动研究成果及时转化。完善职业教育教材信息服务平台，及时发布教材编写、出版、选用及评价信息。建设教材研究资源库和专题数据库，收集国内外教材和教材研究成果。

（四）加大教材培训和交流。完善国家、省两级规划教材编写和使用培训体系，对参与国家规划教材编审的相关人员进行培训；结合各级教师培训项目和其他教研活动，组织开展规划教材使用培训，不断提高教师用好教材的能力。组织开展全国教材建设奖全国优秀教材（职业教育类）宣传推广工作。加强教材国际交流合作，根据实际需要适当引进急需短缺的境外高水平教材并加强审核把关。拓展深化与“一带一路”国家的教材合作，为培养国际化高素质技术技能人才提供有力支撑。

工业和信息化部关于加快培育共享制造新模式新业态　促进制造业高质量发展的指导意见

（工信部产业〔2019〕226号）

各省、自治区、直辖市及计划单列市、新疆生产建设兵团工业和信息化主管部门：

共享制造是共享经济在生产制造领域的应用创新，是围绕生产制造各环节，运用共享理念将分散、闲置的生产资源集聚起来，弹性匹配、动态共享给需求方的新模式新业态。发展共享制造，是顺应新一代信息技术与制造业融合发展趋势、培育壮大新动能的必然要求，是优化资源配置、提升产出效率、促进制造业高质量发展的重要举措。近年来，我国共享制造发展迅速，应用领域不断拓展，产能对接、协同生产、共享工厂等新模式新业态竞相涌现，但总体仍处于起步阶段，面临共享意愿不足、发展生态不完善、数字化基础较薄弱等问题。为贯彻落实党中央、国务院关于在共享经济领域培育新增长点、形成新动能的决策部署，进一步推动共享经济在生产制造领域的创新应用，加快培育共享制造新模式新业态，促进制造业高质量发展，现提出以下意见。

一、总体要求

（一）指导思想

以习近平新时代中国特色社会主义思想为指导，全面贯彻党的十九大和十九届二中、三中全会精神，坚持新发展理念，坚持推进高质量发展，坚持以供给侧结构性改革为主线，积极培育发展共享制造平台，深化创新应用，推进制造、创新、服务等资源共享，加强示范引领和政策支持，完善共享制造发展环境，发展共享制造新模式新业态，充分激发创新活力、挖掘发展潜力、释放转型动力，推动制造业高质量发展。

（二）基本原则

市场主导、政府引导。坚持以市场为导向，充分发挥企业主体作用，强化产业链上下游协作，丰富平台应用。政府重在加强宣传推广，推动完善信用标准体系，优化服务，积极营造良好环境，支持引导共享制造创新发展。

创新驱动、示范引领。通过模式创新、技术创新、服务创新和管理创新，发挥新一代信息技术的支撑作用，加快培育共享制造新模式新业态，推动产业组织创新，提升全要素生产率。组织实施共享制造示范活动，鼓励优秀企业先行先试，以点带面，总结形成可复制、可推广的典型经验。

平台牵引、集群带动。充分发挥共享制造平台的牵引作用，创新资源配置方式，提高供给质量，缩短生产周期，赋能中小企业创新发展。依托产业集群的空间集聚优势和产业生态优势，加快共享制造落地和规模化发展，带动产业集群转型升级。

因业施策、分步实施。深刻把握共享制造在不同行业领域的应用特点，坚持问题导向，加强引导，精准施策，分阶段、分步骤推动共享制造在各区域、各行业、各环节的深化应用，促进共享制造全面发展。

（三）发展方向

加快形成以制造能力共享为重点，以创新能力、服务能力共享为支撑的协同发展格局。

制造能力共享。聚焦加工制造能力的共享创新，重点发展汇聚生产设备、专用工具、生产线等制造资源的共享平台，发展多工厂协同的共享制造服务，发展集聚中小企业共性制造需求的共享工厂，发展以租代售、按需使用的设备共享服务。

创新能力共享。围绕中小企业、创业企业灵活多样且低成本的创新需求，发展汇聚社会多元化智力资源的产品设计与开发能力共享，扩展科研仪器设备与实验能力共享。

服务能力共享。围绕物流仓储、产品检测、设备维护、验货验厂、供应链管理、数据存储与分析等企业普遍存在的共性服务需求，整合海量社会服务资源，探索发展集约化、智能化、个性化的服务能力共享。

（四）主要目标

到 2022 年，形成 20 家创新能力强、行业影响大的共享制造示范平台，资源集约化水平进一步提升，制造资源配置不断优化，共享制造模式认可度得到显著提高。推动支持 50 项发展前景好、带动作用强的共享制造示范项目，共享制造在产业集群的应用进一步深化，集群内生产组织效率明显提高。支撑共享制造发展的信用、标准等配套体系逐步健全，共性技术研发取得一定突破，数字化发展基础不断夯实，共享制造协同发展生态初步形成。

到 2025 年，共享制造发展迈上新台阶，示范引领作用全面显现，共享制造模式广泛应用，生态体系趋于完善，资源数字化水平显著提升，成为制造业高质量发展的重要驱动力量。

二、主要任务

（一）培育发展共享制造平台

积极推进平台建设。在产业基础条件好、共享制造起步早的地区和行业，加快形成一批专业化共享制造平台，推动重点区域、重点行业分散制造资源的有效汇聚与广泛共享。鼓励有条件的企业探索建设跨区域、综合性共享制造平台。引导企业通过联合建设、战略投资等方式推动平台整合，提升制造资源的集聚水平。

鼓励平台创新应用。支持平台企业围绕制造资源的在线发布、订单匹配、生产管理、支付保障、信用评价等，探索融合行业特点的创新服务。推动平台企业深度整合多样化制造资源，发展“平台接单、按工序分解、多工厂协同”的共享制造模式。

推动平台演进升级。支持平台企业积极应用云计算、大数据、物联网、人工智能等技术，发展智能报价、智能匹配、智能排产、智能监测等功能，不断提升共享制造全流程的智能化水平。引导平台企业与技术提供商合作，强化平台开发与应用能力。鼓励工业互联网平台面向特定行业、特定区域整合开放各类资源，发展共享制造服务。

（二）依托产业集群发展共享制造

探索建设共享工厂。鼓励各类企业围绕产业集群的共性制造环节，建设共享工厂，集中配置通用性强、购置成本高的生产设备，依托线上平台打造分时、计件、按价值计价等灵活服务模式，满足产业集群的共性制造需求。

支持发展公共技术中心。围绕产业集群急需的共性技术研发、产品质量检测等服务，支持建设一批公共技术服务平台，强化产学研合作，为集群内企业提供便捷、低价、高效、多元的技术研发、成果转化、质量管理、创业孵化等公共服务。

积极推动服务能力共享。引导产业集群内企业通过共享物流、仓储、采销、人力等方式，聚焦核心能力建设，提升企业竞争力。鼓励信息通信企业深入产业集群，结合行业特点，发展数据储存、分析、监测等共性服务，积极推动工业大数据创新应用。

（三）完善共享制造发展生态

创新资源共享机制。鼓励大型企业创新机制，释放闲置资源，推动研发设计、制造能力、物流仓储、专业人才等重点领域开放共享，增加有效供给。推动高等院校、科研院所构建科学有效的利益分配机制与资源调配机制，推动科研仪器设备与实验能力开放共享。创新激励机制，引导利益相关方积极开放生产设备的数据接口，推进数据共享。完善资源共享过程中的知识产权保护机制。

推动信用体系建设。鼓励平台企业针对共享制造应用场景和模式特点，综合利用大数据监测、用户双向评价、第三方认证等手段，构建平台供需双方分级分类信用评价体系，提供企业征信查询、企业质量保证能力认证、企业履约能力评价等服务。

优化完善标准体系。聚焦非标产品标准化、生产流程标准化等领域，鼓励平台企业优化产品标准体系，明确产品属性和生产工艺要求。加快制定共享制造团体标准，推动制造资源的可度量、可交易、可评估。针对共享制造多主体协作、虚拟化制造等运作特点，创新质量管理认证体系。

（四）夯实共享制造发展的数字化基础

提升企业数字化水平。培育发展一批数字化解决方案提供商，结合行业特点和发展阶段，鼓励开发和推广成本低、周期短、适用面广的数字化解决方案。加快推进中小企业上云，推动计算机辅助设计、制造执行系统、产品全生命周期管理等工业软件普及应用，引导广大中小企业加快实现生产过程的数字化。

推动新型基础设施建设。加强 5G、人工智能、工业互联网、物联网等新型基础设施建设，扩大高速率、大容量、低延时网络覆盖范围，鼓励制造企业通过内网改造升级实现人、机、物互联，为共享制造提供信息网络支撑。

强化安全保障体系。围绕应用程序、平台、数据、网络、控制和设备安全，统筹推进安全技术研发和手段建设，建立健全数据分级分类保护制度，强化共享制造企业的公共网络安全意识，打造共享制造安全保障体系。

三、保障措施

（一）加强组织推进。指导成立共享制造产业联盟，聚集生产制造和互联网领域的骨干企业及相关研究机构，搭建合作与促进平台，建立平台企业资源库；推动平台企业等积极开展国际合作，更深更广融入全球供给体系；加强对共享制造平台运行的监测；充分发挥联盟、行业协会等各方的作用，组织开展标准研制、应用推广、信用评价、认证评估及重大问题研究，通过发布报告、行业交流、召开共享制造发展大会和推进会等方式，加强宣传引导和支撑保障，助力共享制造创新发展。

（二）推动示范引领。在服务型制造示范遴选活动中，面向基础条件好和需求迫切的地区、行业，遴选一批示范带动作用强、可复制可推广的共享制造示范平台和项目，及时跟踪、总结、评估示范过程中的新情况、新问题和新经验，加强典型经验交流和推广，进一步推动共享制造在不同行业的深度应用和创新发展。支持共享制造企业积极申报全国企业管理现代化创新成果。鼓励有条件的地方先行先试，开展共享制造试点，及时跟踪、总结经验，培育共享制造优秀供应商，形成共享制造产业生态供给资源池。

（三）强化政策支持。支持和引导各类市场主体积极探索共享制造新模式新业态。积极利用现有资金渠道，支持共性技术研究与开发，开展共享制造平台建设与升级、技术应用创新、制造资源采集系统开发、共享工厂建设等。深化产融合作，引导和推动金融机构为共享制造技术、业务和应用创新提供金融服务。鼓励有条件的地方制定出台支持共享制造创新发展的政策措施。

（四）加强人才培养。支持大学、科研机构、高职院校等加强互联网领域与制造业领域的复合型人才队伍培养。鼓励企业积极与高校创新合作模式，共建实训基地，积极开展互动式人才培养。依托重点企业、行业协会、产业联盟开展共享制造领域急需紧缺人才培养培训，鼓励社会培训机构加强面向重点行业关键岗位专业人才培训。

工业和信息化部

2019 年 10 月 22 日

工业和信息化部 国家发展和改革委员会 教育部 财政部 人力资源和社会保障部 文化和旅游部 国务院国有资产监督管理委员会 国家文物局 关于印发《推进工业文化发展实施方案（2021—2025年）》的通知

（工信部联政法〔2021〕54号）

各省、自治区、直辖市、计划单列市及新疆生产建设兵团工业和信息化、发展改革、教育、财政、人力资源社会保障、文化和旅游、国资、文物主管部门，各有关单位：

现将《推进工业文化发展实施方案（2021—2025年）》印发给你们，请结合实际认真贯彻实施。

附件：推进工业文化发展实施方案（2021—2025年）

工业和信息化部　国家发展和改革委员会
教育部　财政部　人力资源和社会保障部
文化和旅游部　国务院国有资产监督管理委员会
国家文物局
2021年5月11日

附件

推进工业文化发展实施方案（2021—2025年）

为深入贯彻习近平总书记关于建设社会主义文化强国的重要讲话精神，落实党中央、国务院关于实施中华优秀传统文化传承发展工程的意见等文件部署，更好发挥工业文化在推进制造强国和网络强国建设中的支撑作用，制定本方案。

一、总体要求

（一）指导思想。

以习近平新时代中国特色社会主义思想为指导，全面贯彻党的十九大和十九届二中、三中、四中、五中全会精神，坚持新发展理念，以深化供给侧结构性改革为主线，坚持以社会主义核心价值观引领文化建设，把工业文化建设作为推动制造业高质量发展的重要内容，完善工业文化发展体系，强化承载重要文化的工业遗产的保护利用，弘扬中国工业精神，促进文化与产业融合发展，丰富中国制造的文化内涵，培育工业文化的新业态新模式，不断增强国家文化软实力和中华文化影响力。

（二）基本原则。

政策引领。发挥政府在方向引导、政策支持、试点示范等方面的积极作用，统筹整合资源，加强分类分级指导，明确发展路径。

需求导向。以满足产业发展需求为出发点和落脚点，探索工业文化软实力支撑制造业高质量发展的有效路径，发挥市场主体作用，加强市场推广应用，激发工业文化活力。

协同推进。建立健全部门协同工作机制，加强统筹协调，形成工作合力。发挥地方和行业组织作用，形成各类主体共同推进的工作格局。

融合发展。发挥工业文化赋能产业发展的作用，提高设计创新、质量品牌、管理服务等文化要素驱动能力，促进企业提质增效、产业转型升级。

（三）主要目标。

通过五年努力，工业文化支撑体系基本完善，理论研究与应用实践进一步深入，工业文化新载体更为丰富，初步形成分级分类的工业遗产保护利用体系和分行业分区域的工业博物馆体系；打造一批具有工业文化特色的旅游示范基地和精品路线，建立一批工业文化教育实践基地，传承弘扬工业精神；推动工业文化在服务全民爱国主义教育，满足并引领人民群众文化需要，增强人民精神力量等方面发挥积极作用，推动形成工业文化繁荣发展的新局面。

二、重点任务

（四）弘扬工业文化价值内涵。

深入挖掘工业文化内涵，以社会主义核心价值观和爱国主义教育为引领，弘扬企业家精神、创新精神、工匠精神、劳模精神、诚信精神等，与时俱进、集成创新，阐释工业文化当代价值，提升中国特色工业软实力，为制造业高质量发展提供强大精神动力。深化工业文化基础研究，丰富和完善工业文化理论体系，加强研究成果转化应用，夯实工业文化发展基础。（工业和信息化部牵头，国家发展改革委、教育部、人力资源社会保障部、文化和旅游部、国资委、国家文物局参与）

（五）促进工业文化与产业融合发展。

加强工业文化助推行业发展的路径模式研究，支持行业协会等各类机构开展工业文化赋能产业发展专项活动，利用新模式、新业态，实施文化+产品系列行动，充分挖掘文化要素对品牌建设、品质提升、提质增效的潜力，提升产业、企业和产品竞争力。加强企业文化建设，引导企业将工业文化融入创新管理的各环节。有效保护利用工业的遗存遗迹、标识标记、风情风貌，打造文化地标，延续城市文脉，以文化振兴带动城市振兴。（工业和信息化部牵头，国家发展改革委、文化和旅游部、国家文物局、国资委参与）

（六）推动工业旅游创新发展。

建立健全并积极推广工业旅游相关标准和规范，支持各地依托当地工业遗产和老旧厂房、工业博物馆、现代工厂等工业文化特色资源，打造各类工业旅游项目，创建一批工业旅游示范基地。开发工业旅游创意产品，打造一批沉浸式工业文化体验产品和项目，推出工业旅游精品线路，构建工业旅游目的地。支持文旅装备协同创新发展，拓展文化消费新空间。指导相关社会组织和活动平台建设。（文化和旅游部、工业和信息化部牵头，国家发展改革委、国家文物局、国资委参与）

（七）开展工业文化教育实践。

发挥工业文化研学教育功能，鼓励各地利用工业遗产、老旧厂房等设施培育一批工业文化研学实践基地（营地）。创新工业文化研学课程设计，开展工业科普教育，培养科学兴趣，掌握工业技能。（工业和信息化部牵头，教育部、文化和旅游部、国家文物局、国资委参与）

推进工业文化进校园，加强普通高等学校和职业学校的相关专业、学科建设，支持开展理论研究和教学实践，将工业文化有机融入精品课程，推动工业文化学科体系建设（教育部、工业和信息化部牵头，国资委参与）。鼓励大国工匠、工程师、企业家进讲堂，围绕工业道路、工业创造、工业精神等方面，传承弘扬优秀工业文化。（工业和信息化部牵头，教育部、国资委参与）

（八）提高工业遗产保护利用水平。

持续开展国家工业遗产认定，发布国家工业遗产名单，鼓励地方因地制宜开展省、市级工业遗产调查、评估、认定，形成分级保护利用体系。修订《国家工业遗产管理暂行办法》，开展工业遗产保护立法研究。（工业和信息化部牵

头，国家发展改革委、国家文物局、国资委参与）

积极推动将符合条件的工业遗产纳入文物保护体系，价值突出的推荐申报世界文化遗产。推动制定保护准则和指南，建立工业遗产保护与修复的工艺过程规范和效果评价标准，促进关键技术研发应用。（工业和信息化部、国家文物局牵头）

统筹工业遗产保护利用与城市转型发展，将老工业城市工业遗产纳入老工业城市更新改造政策支持范围，结合地方资源特色和历史传承，将工业遗产融入城市发展格局，保持功能协调、风格统一。（国家发展改革委牵头，工业和信息化部、文化和旅游部、国家文物局、国资委参与）

构建工业遗产保护利用项目库。鼓励利用工业遗产和老旧厂房资源，建设工业遗址公园、工业博物馆，打造工业文化产业园区、特色街区、创新创业基地、文化和旅游消费场所，培育工业旅游、工业设计、工艺美术、文化创意等新业态、新模式，不断提高活化利用水平。（工业和信息化部牵头，国家发展改革委、文化和旅游部、国家文物局、国资委参与）

（九）完善工业博物馆体系。

发挥工业博物馆展示历史、展现当下、展望未来的作用，探索建设国家级行业博物馆、国家（网上）数字工业博物馆，支持各地建设具有地域特色的城市工业博物馆，鼓励企业建设博物馆或工业展馆、纪念馆。支持运用新一代信息技术打造数字化、可视化、互动化、智能化新型工业博物馆。（工业和信息化部、国家文物局牵头，国家发展改革委、国资委参与）

探索建立工业博物馆联合认证、共建共管机制，发布工业博物馆名录，鼓励参加博物馆评估定级，引导文物系统富裕资源在运营管理、充实藏品、保护修复、开放服务等方面支持工业博物馆规范发展。创建一批工业博物馆，实施工业博物馆品牌培育提升行动，强化工业博物馆专业化建设，提升管理与服务水平，形成具有示范性和影响力的工业博物馆文化品牌。（工业和信息化部、国家文物局牵头）

鼓励利用和共享馆藏资源，开发教育、文创、娱乐、科普产品，举办各类工业文化主题展览、科普教育、文创体验和研学实践活动。（国家文物局、工业和信息化部牵头，教育部、文化和旅游部参与）

（十）加大传播与交流。

鼓励创作工业题材的文化作品，通过工业影视作品、工业文学作品征集活动、高峰论坛等方式，宣传工业故事、典型人物，弘扬中国工业精神，践行社会主义核心价值观。支持媒体开设工业频道和专栏，传播工业声音。通过国家工业遗产发布、现场经验交流、新媒体宣传等多种方式和渠道，做好工业遗产

保护利用项目宣传推介。（工业和信息化部牵头，文化和旅游部、国家发展改革委、国资委、国家文物局、相关行业协会参与）

依托“一带一路”建设，加强文化交流和多层次文明对话，推动国际工业文化交流合作，促进工业文化走出去，塑造和传播新时代中国工业形象。（工业和信息化部牵头，文化和旅游部、国家文物局、国家发展改革委、国资委、相关行业协会参与）

（十一）健全工业文化发展体系。

发挥规划和政策引导作用，统筹加强工业文化建设。完善基础制度和标准体系。加强各类工业文化资源统筹利用，促进工业文化资源数字化，推动工业文化产业数字化建设，鼓励数字技术在工业文化企业、体验产品和项目建设中的应用。加快发展新型文化业态、消费模式，丰富工业文化载体，扩大优质工业文化产品供给，满足人民群众文化需求。（教育部、工业和信息化部、文化和旅游部、国资委、国家文物局按职责分工负责）

三、保障措施

（十二）拓宽资金支持渠道。

加强产融合作，发挥试点示范作用，建立详实完备的工业文化企业数据库，为项目合作提供优质、精准的信息和服务。用好中央预算内投资等投资政策，鼓励社会资本设立文化产业发展基金，推动工业文化重大项目建设。鼓励地方积极完善支持政策，开展工业旅游、工业研学、产融合作、工业遗产和老旧厂房保护利用等试点示范。（国家发展改革委、工业和信息化部、教育部、财政部、文化和旅游部、国资委、国家文物局按职责分工负责）

（十三）健全人才保障体系。

结合制造业与教育融合发展工程的实施，深化产教融合校企合作，强化人才培养培训，培养更多高技能人才和大国工匠。围绕工业文化学术研究、教育培训、经营管理、宣传推广等领域，打造一批领军人才。加强专业人才队伍建设，培育一批工业遗产、工业博物馆、工业旅游以及其他工业文化新业态等方面专业人才。鼓励设立工业文化智库。（工业和信息化部、教育部、人力资源社会保障部、文化和旅游部、国家文物局、国资委按职责分工负责）

（十四）发挥中介机构作用。

充分发挥行业协会和各类社会组织作用。支持行业组织研究制定标准规范，开展工业文化资源调查，建立资源库，加强工业文化产业的市场监测和经济运行分析，发布研究报告；引导工业文化的研究应用与推广，宣贯相关政策，指导企业开展文化建设、管理创新、国际交流等工作。支持高校、高职院校、企事业单位和地方建立专业化程度高、业务能力强的工业文化相关机构，打造一批工业文化领域公共服务平台，充分调动社会力量参与工业文化建设，营造共商共建共享的良好氛围。（相关行业协会等中介组织负责）

四、组织实施

（十五）加强统筹协调。

各部门加强统筹协调，发挥职能作用，做好业务指导，在资源整合、要素供给、项目实施、人才保障、环境营造、宣传教育等方面提供支持，加强制度、政策、标准的协调对接，形成工作合力，确保各项工作取得实效。（工业和信息化部牵头，国家发展改革委、财政部、教育部、人力资源社会保障部、文化和旅游部、国家文物局、国资委参与）

（十六）抓好细化落实。

各地要建立和完善推动工业文化发展的工作机制，结合本地实际，研究制定本地区“十四五”期间推动工业文化发展的实施细则方案，明确目标任务，合力推进实施一批重点项目、重点工程。持续开展工业文化资源调查、评估和认定，健全资源数据库，丰富省市级名录。认真总结成功案例和经验做法，加强宣传推广，为工业文化发展营造良好社会环境。（各地工业和信息化主管部门牵头、相关部门参与）

工业和信息化部办公厅　人力资源社会保障部办公厅关于印发工业通信业职业技能提升行动计划实施方案的通知

（工信厅联人函〔2020〕130号）

各省、自治区、直辖市及计划单列市、新疆生产建设兵团工业和信息化主管部门、人力资源社会保障厅（局），各省、自治区、直辖市通信管理局，有关单位：

现将《工业通信业职业技能提升行动计划实施方案》印发给你们，请结合实际认真贯彻落实。

工业和信息化部办公厅
人力资源社会保障部办公厅
2020年6月9日

工业通信业职业技能提升行动计划实施方案

为深入贯彻习近平总书记关于统筹推进疫情防控和经济社会发展工作的重要指示精神，落实党中央、国务院关于全面推动企业复工复产、做好“六稳”工作、落实“六保”任务等决策部署，扎实推进职业技能提升行动，支撑工业通信业高质量发展，根据《国务院办公厅关于印发职业技能提升行动方案（2019—2021年）的通知》（国办发〔2019〕24号）要求，工业和信息化部、人力资源社会保障部决定在2020年至2021年实施工业通信业职业技能提升行动计划。有关事项通知如下。

一、行动目标

将职业技能提升行动作为推动工业通信业高质量发展的重要举措，坚持需求导向、问题导向、结果导向，坚持产业、人才发展深度融合，适应新技术、新产业、新模式、新职业发展要求，突出“高精尖缺”，面向新一代信息通信技术、集成电路、人工智能、智能制造、工业互联网、数控机床和智能机器人、航空航天装备、智能网联汽车、网络和数据安全、新材料、生物医药及高端医疗装备等制造强国、网络强国建设重点领域，打造一批技能培训标杆企业，集聚一批面向工业通信业的优秀培训服务机构和网络培训平台，培育建设一批基础条件好、竞争力强的先进制造业实训基地，遴选推广一批产业发展急需、行业特色鲜明的培训项目、课程和教材，形成一批可复制可推广的新技能培训经验做法，2 年内开展各类职业技能培训 50 万人次以上，为制造强国、网络强国建设提供坚强技能人才保障。

二、重点任务

（一）强化企业培训主体作用。企业要适应高质量发展要求，制定并实施职工培训规划和年度计划，开展适岗培训、安全技能培训、岗位技能提升培训、转岗转业培训、脱产培训，广泛发动职工参加岗位练兵、技能竞赛、在线学习和通用职业素质等综合性培训，参加初级工、中级工、高级工、技师、高级技师培训，人力资源社会保障部门按规定给予职业培训补贴或参保职工技能提升补贴。鼓励企业特别是行业龙头骨干企业建设企业大学、职工培训中心、网络学习平台等培训载体。支持将产业链协同复工复产重点企业、“四基”企业、单项冠军企业、专精特新“小巨人”企业、国家技术创新示范企业、制造业创新中心、新材料重点平台承担企业等各类行业重点扶持企业纳入各地补贴培训重点企业范围，打造一批技能培训标杆企业，鼓励面向中小微企业开展培训服务，推动大中小企业协同复工复产。支持企业加大对贫困劳动力和贫困家庭子女职业技能培训支持力度。

（二）创新培训内容和形式。大力弘扬劳模精神、工匠精神，强化职业素质培养，将职业道德、法律意识、安全环保等内容贯穿职业培训全过程。加强传染病防控常识等健康知识培训。注重培养创新实践能力，重点提升创新设计、工艺创新、装备技术改造能力，提高工业机器人、智能生产线操作维护能力。增强信息技术应用能力，加大人工智能、智能制造、工业互联网、云计算、大数据、网络安全等新技术新技能培训力度。加强全员质量素质培训。加强知识产权培训，提高职工知识产权意识和专职人员知识产权管理水平。全面推行以“招工即招生、入企即入校、企校双师联合培养”为主要内容的企业新型学徒制，提升培训针对性、有效性。大力支持采取项目制培训、互联网 + 职业技能培训等方式，因地制宜开展培训。倡导工学一体，突出重点领域，结合技术改造、关键核心技术攻关等重点工程项目，分类分步推进新技能培训试点。支持企业特别是中小微企业面向新吸纳劳动者开展以工代训，并按规定给予企业职业培训补贴。

（三）大力扶持培训服务机构和网络培训平台发展。紧扣工业通信业高质量发展需求，面向职业院校、技工院校、培训机构、行业协会等，通过发布白名单、基础电信企业给予优惠支持等方式，培育发展一批行业特色鲜明、竞争力强、示范带动效果好的培训服务机构和网络培训平台。鼓励各地工业和信息化主管部门、通信管理局、行业协会等组织行业企业与培训服务机构、网络培训平台开展对接活动，深化产教融合、校企合作。加强线上线下融合，指导和支持工业和信息化技术技能人才网上学习平台、中国职业培训在线、中国国家人事人才培训网等网络培训平台加强自身建设，提供优质学习资源，丰富和完善实名认证、学时记录、在线培训证书发放等功能。积极发挥国家中小企业公共服务示范平台等各类优质服务机构作用，引导帮助中小企业特别是贫困地区小微企业开展职工培训。

（四）强化技能提升培训基础能力建设。按照培训项目与产业需求对接、培训内容与职业标准（评价规范）对接、培训过程与生产过程对接的要求，在符合条件的开发区、行业企业、职业院校等主体中，培育建设一批基础条件好、示范引领作用强的先进制造业实训基地，开展技能培训、人才评价、竞赛交流、师资培训等工作，深化产教融合、校企合作。聚焦制造强国、网络强国建设重点领域，加强公共实训基地、高技能人才培训基地、技能大师工作室等重点项目建设。遴选推广一批产业发展急需、行业特色鲜明的培训项目，支持开发一批先进制造业技能培训精品教材。加快技能培训师资库、精品课程库建设。

（五）加强产业技能人才需求预测。建设运营产业人才大数据平台，利用大数据获取、分析和挖掘等关键技术，整合国家统计数据、行业统计数据、大型招聘平台数据、教育与就业数据等数据资源，服务重点行业、领域技能人才需求预测。以职业岗位（工种）为基础，依托行业协会等组织，开展重点行业技能人才需求预测，摸清技能人才底数，定期发布需求预测报告、重点行业紧缺人才需求目录，促进技能人才合理有序流动，鼓励和引导技能人才服务贫困地区、革命老区和边疆地区。加强部门对接，广泛凝聚共识，强化需求预测成果在培训项目开发、精品课程研发、评价规范制定等各环节运用。

（六）推动技能培训与使用评价激励有机衔接。深化技能人才评价制度改革，进一步落实打通高技能人才与工程技术人才职业发展通道相关政策。支持和鼓励符合条件的行业协会按规定申报社会培训评价组织，制定行业企业评价规范，开展职业技能等级认定工作。支持重点企业开展企业技能人才自主评价，畅通技能人才职业发展通道，引导技能人才凭技能提升待遇。鼓励企业建立健全首席技师制度，充分发挥高技能领军人才在企业生产管理、技术改造、项目攻关和人才培养上的带动作用。鼓励和支持各地开展形式多样的技能竞赛活动，2020 年重点办好全国工业互联网安全技术技能大赛，适时举办全国工业和信息化技术技能大赛，营造技能成才、技能报国的浓厚社会氛围。

三、组织实施

（七）强化组织领导。各地工业和信息化主管部门、通信管理局要高度重视职业技能提升工作，将其作为推动本区域工业通信业高质量发展的重要任务。按职责分别会同本地人力资源社会保障部门建立定期协商机制，研究制定本地区工业、通信业职业技能提升行动实施方案，积极支持企业开展技能提升培训项目，共同帮助企业协调解决培训工作中的实际困难和问题。

（八）健全工作体系。各地工业和信息化主管部门、通信管理局要建立人事（培训）部门、业务主管部门密切协同工作机制，配齐配强人才工作队伍，分行业推进技能提升培训。发挥行业协会和人才服务机构在推动供需对接、行业评价规范建设等方面的作用。依托工业和信息化技术技能人才网上学习平台等载体，加强技能培训实名制管理平台建设，及时向人力资源社会保障部门推送补贴性培训人员信息。

（九）落实资金补贴政策。将工业通信业职业技能提升专项行动计划中相关内容纳入职业技能提升行动，细化有关资金补贴条件和具体标准。支持各地工业和信息化主管部门、通信管理局联合本地人力资源社会保障部门，将符合条件的工业通信业培训服务机构、行业特色培训项目纳入人力资源社会保障部门统一目录清单管理。鼓励有条件的地方通过现有渠道安排资金，对实训基地建设、培训教材开发、师资培训、数字资源建设等给予支持。

（十）强化监督管理。建立进展情况上报制度，各地工业和信息化主管部门、通信管理局要会同人力资源社会保障主管部门，定期将本方案实施情况上报工业和信息化部、人力资源社会保障部。工业和信息化部将汇总整理各地落实方案和进展情况，组织编制典型经验案例集，推广先进经验做法。采用“双随机、一公开”监管模式，加强行业内标准制定、培训评价等活动监督管理，对不合规的培训项目不予补贴，对套取、骗取资金的单位和个人依法严肃处理。

财政部　税务总局关于企业职工教育经费税前扣除政策的通知

（财税〔2018〕51号）

各省、自治区、直辖市、计划单列市财政厅（局）、国家税务局、地方税务局，新疆生产建设兵团财政局：

为鼓励企业加大职工教育投入，现就企业职工教育经费税前扣除政策通知如下：

一、企业发生的职工教育经费支出，不超过工资薪金总额8%的部分，准予在计算企业所得税应纳税所得额时扣除；超过部分，准予在以后纳税年度结转扣除。

二、本通知自2018年1月1日起执行。

财政部　税务总局

2018年5月7日

财政部　科技部　国资委关于扩大国有科技型企业股权和分红激励暂行办法实施范围等有关事项的通知

（财资〔2018〕54号）

党中央有关部门，国务院各部委、各直属机构，各省、自治区、直辖市、计划单列市财政厅（局）、科技厅（委、局）、国资委，新疆生产建设兵团财政局、科技局、国资委，各中央管理企业：

为加快实施创新驱动发展战略，推动国有科技型企业建立健全激励分配机制，进一步增强技术和管理人员的获得感，经国务院同意，现就扩大《国有科技型企业股权和分红激励暂行办法》实施范围等有关事项通知如下：

一、将国有科技型中小企业、国有控股上市公司所出资的各级未上市科技子企业、转制院所企业投资的科技企业纳入激励实施范围。

上述企业纳入实施范围后，《财政部 科技部 国资委关于印发〈国有科技型企业股权和分红激励暂行办法〉的通知》（财资〔2016〕4号，以下简称《激励办法》）第二条相应调整为：本办法所称国有科技型企业，是指中国境内具有公司法人资格的国有及国有控股未上市科技企业（含全国中小企业股份转让系统挂牌的国有企业、国有控股上市公司所出资的各级未上市科技子企业），具体包括：

（一）国家认定的高新技术企业。

（二）转制院所企业及所投资的科技企业。

（三）高等院校和科研院所投资的科技企业。

（四）纳入科技部“全国科技型中小企业信息库”的企业。

（五）国家和省级认定的科技服务机构。

二、对于国家认定的高新技术企业不再设定研发费用和研发人员指标条件。将《激励办法》第六条第（二）款调整为“（二）对于本办法第二条中的（二）、（三）、（四）类企业，近3年研发费用占当年企业营业收入均在3%以上，激励方案制定的上一年度企业研发人员占职工总数10%以上。成立不满3年的企业，以实际经营年限计算”。将《激励办法》第六条第（三）款调整为“（三）对于本办法第二条中的（五）类企业，近3年科技服务性收入不低于当年企业营业收入的60%”。

三、本通知自印发之日起执行。

财政部　科技部　国资委

2018年9月18日

财政部　教育部关于印发《现代职业教育质量提升计划资金管理办法》的通知

（财教〔2021〕270号）

各省、自治区、直辖市、计划单列市财政厅（局）、教育厅（局、教委），新疆生产建设兵团财政局、教育局：

为规范和加强现代职业教育质量提升计划资金管理，提高资金使用效益，我们对《现代职业教育质量提升计划资金管理办法》进行了修订，现印发给你们，请遵照执行。

附件：现代职业教育质量提升计划资金管理办法

财政部　教育部

2021年11月9日

附件

现代职业教育质量提升计划资金管理办法

第一条　为规范和加强现代职业教育质量提升计划资金管理，提高资金使用效益，根据国家预算管理有关规定，制定本办法。

第二条　本办法所称现代职业教育质量提升计划资金（以下称提升计划资金），是指中央财政用于落实党中央、国务院有关要求、支持职业教育改革发展的共同财政事权转移支付资金。实施期限根据教育领域中央与地方财政事权和支出责任划分改革方案、职业教育改革发展等政策进行调整。

第三条　提升计划资金管理遵循“中央引导、省级统筹，奖补结合、突出重点，规范透明、责任清晰，注重绩效、强化监管”的原则。

第四条　提升计划资金用于支持增强职业教育适应性，推进职业教育改革发展，加快构建现代职业教育体系。具体支持内容和方式，由财政部、教育部根据党中央、国务院有关要求、相关规划以及年度重点工作等研究确定。2022—2025年提升计划资金重点支持：

（一）支持各地落实高等职业学校（含职业本科学校，下同）生均拨款制度，并鼓励各地探索建立基于专业大类的差异化生均拨款制度，逐步提高生均拨款水平，改善办学条件；支持推进高等职业学校提质培优、产教融合、校企合作，推行“学历证书+若干职业技能等级证书”制度；支持各地开展中国特色高水平高职学校和专业建设等。

（二）支持各地落实中等职业学校生均拨款制度，并鼓励各地探索建立基于专业大类的差异化生均拨款制度，明确拨款标准并逐步提高生均拨款水平；支持各地在优化布局结构的基础上，改扩建中等职业学校校舍、实验实训场地以及其他附属设施，配置图书和教学仪器设备等；支持推进中等职业学校提质培优、产教融合、校企合作，推行“学历证书+若干职业技能等级证书”制度等。

（三）支持各地实施职业院校教师素质提高计划，加强“双师型”专任教师和“学历证书+若干职业技能等级证书”制度师资培养培训，提高教师教育教学水平；支持职业院校设立兼职教师岗位，优化教师队伍人员结构等。

第五条　教育部负责审核地方提出的本区域绩效目标等相关材料和数据，提供资金测算需要的基础数据，并对提供的基础数据的真实性、准确性、及时性负责。财政部根据预算管理相关规定，会同教育部研究确定各省份提升计划资金预算金额，审核提升计划资金的整体绩效目标。

省级财政、教育部门明确省级及省以下各级财政、教育部门在基础数据审核、资金安排、使用管理、绩效管理等方面的责任，切实加强资金管理。

地方各级财政、教育部门应当对上报影响资金分配结果的相关数据和信息的真实性、准确性、及时性负责。

第六条　提升计划资金采取因素法分配，包括高等职业学校奖补、中等职业学校奖补和职业院校教师素质提高计划奖补共三部分。财政部会同教育部综合考虑各地工作进展和改革成效、绩效评价等情况，研究确定绩效调节系数，对资金分配情况进行适当调节。

提升计划资金具体分配公式为：某省份提升计划资金=（高等职业学校奖补+中等职业学校奖补+职业院校教师素质提高计划奖补）×绩效调节系数

第七条　高等职业学校奖补资金包括拨款标准奖补和改革绩效奖补两部分。

对各省份以2021年为基期继续给予拨款标准奖补，并从2022年起逐步降低拨款标准奖补规模，用于进一步加大改革绩效奖补力度。改革绩效奖补分配因素包括基础因素和管理创新因素。其中：基础因素（权重 80%）主要考虑学生数等高等职业教育事业发展情况、生均拨款水平等地方投入情况、巩固拓展脱贫攻坚成果同乡村振兴有效衔接情况等子因素。管理创新因素（权重 20%）主要考虑落实党中央、国务院要求推动高等职业教育改革创新等子因素。

某省份高等职业学校奖补 = 该省份拨款标准奖补 +（该省份改革绩效奖补基础因素 / Σ有关省份改革绩效奖补基础因素 × 权重 + 该省份改革绩效奖补管理创新因素 / Σ有关省份改革绩效奖补管理创新因素 × 权重）× 改革绩效奖补年度资金预算

第八条　中等职业学校奖补资金分配因素包括：区域因素、基础因素和管理创新因素。奖补资金规模按中等职业教育区域发展水平等情况确定区域因素权重后，再按其他因素分配到相关省份。其中：基础因素（权重 80%）主要考虑学生数等中等职业教育事业发展情况、生均拨款水平等地方投入情况、巩固拓展脱贫攻坚成果同乡村振兴有效衔接情况等子因素。管理创新因素（权重 20%）主要考虑落实党中央、国务院要求推动中等职业教育改革创新等子因素。

某省份中等职业学校奖补 =（该省份基础因素 / Σ该省份所在区域基础因素 × 权重 + 该省份管理创新因素 / Σ该省份所在区域管理创新因素 × 权重）× 中等职业学校奖补年度资金预算 × 该省份所在区域因素权重

第九条　职业院校教师素质提高计划奖补资金分配因素包括基础因素和投入因素。其中：基础因素（权重 80%）主要考虑职业院校教师队伍建设情况等子因素。投入因素（权重 20%）主要考虑地方努力程度等子因素。

某省份职业院校教师素质提高计划奖补 =（该省份基础因素 / Σ各省份基础因素 × 权重 + 该省份投入因素 / Σ各省份投入因素 × 权重）× 职业院校教师素质提高计划奖补年度资金预算

第十条　对预算管理体制特殊的地方，提升计划资金预算数由财政部会同教育部根据财力可能，统筹考虑职业院校学校数、教师数等客观数据和职业教育发展需要等因素综合核定。

第十一条　各因素主要通过相关统计数据、资料等获得。落实党中央、国务院要求推动职业教育改革创新等子因素，由财政部、教育部确定。

第十二条　省级财政、教育部门应当于每年 2 月底前向财政部、教育部报送当年提升计划资金申报材料，并抄送财政部当地监管局。逾期不提交的，相应扣减相关分配因素得分。申报材料主要包括：

（一）上年度工作总结，主要包括上年度提升计划资金使用情况、年度绩效目标完成情况、地方财政投入情况、主要管理措施、落实党中央国务院要求推动职业教育改革创新情况、问题分析及对策。

（二）当年工作计划，主要包括当年职业教育工作目标、提升计划资金区域绩效目标表、重点任务特别是落实党中央、国务院要求推动职业教育改革创新情况和资金安排计划，绩效指标要指向明确、细化量化、合理可行、相应匹配。

第十三条 财政部于每年全国人民代表大会批准中央预算后三十日内，会同教育部正式下达提升计划资金预算，并按规定做好预算公开。每年 10 月 31 日前，提前下达下一年度提升计划资金预计数。省级财政部门在收到提升计划资金预算后，应当会同教育部门在三十日内按照预算级次合理分配、及时下达提升计划资金预算和绩效目标，并抄送财政部当地监管局。

第十四条 提升计划资金支付执行国库集中支付制度。涉及政府采购的，按照政府采购法律法规和有关制度执行。属于基本建设的项目，落实相关建设标准和要求，严禁超标准建设和豪华建设，并确保工程质量。年度未支出的提升计划资金，按照财政部结转结余资金管理有关规定执行。

第十五条 省级财政、教育部门在分配提升计划资金时，应当结合本地区年度重点工作和本级预算安排，加大省级统筹力度，注重提高投入效益，防止项目过于分散，并向边远、民族、脱贫地区以及主要经济带等区域经济重点发展地区倾斜，结合实际向现代农业、先进制造业、现代服务业、战略性新兴产业等国家或地方急需特需专业，民族文化传承与创新方面的专业倾斜，支持办好面向农村的职业教育。应当做好与发展改革部门安排基本建设项目等资金的统筹，防止资金、项目安排重复交叉。

第十六条 地方各级财政、教育部门应当落实新增教育经费向职业教育倾斜的要求，健全多渠道筹集职业教育经费的体制，综合运用各类政策手段，兼顾财政承受能力和政府债务风险防控要求，筹集更多资金用于职业教育发展。

第十七条 地方各级财政、教育部门应当按照全面实施预算绩效管理的要求，建立健全预算绩效管理机制，按规定科学合理设定绩效目标，对照绩效目标做好绩效监控、绩效评价，强化评价结果运用，做好绩效信息公开，提高资金配置效率和使用效益。财政部、教育部根据工作需要适时组织开展提升计划资金绩效评价，将评价结果作为预算安排、完善政策、改进管理的重要依据。

第十八条 职业院校应当健全预算管理制度，细化预算编制，严格预算执行；规范学校财务管理，加强国有资产管理，完善内部经费管理办法，健全内部控制制度，确保资金使用安全、规范和高效。

第十九条 提升计划资金应当按照规定安排使用，建立“谁使用、谁负责”的责任机制。严禁将提升计划资金用于平衡预算、偿还债务、支付利息、对外投资等支出，不得从提升计划资金中提取工作经费或管理经费。财政部各地监管局应当按照工作职责和财政部要求，对提升计划资金实施监管。

第二十条　各级财政、教育部门及其工作人员在提升计划资金分配和使用过程中存在违反本办法规定，以及其他滥用职权、玩忽职守、徇私舞弊等违法违规行为的，依法责令改正，对负有责任的领导人员和直接责任人员依法给予处分；涉嫌犯罪的，依法移送有关机关处理。

第二十一条　申报使用提升计划资金的部门、单位及个人在资金申报、使用过程中存在违法违规行为的，依照《中华人民共和国预算法》及其实施条例、《财政违法行为处罚处分条例》等国家有关规定追究相应责任；涉嫌犯罪的，依法移送有关机关处理。

第二十二条　本办法由财政部、教育部负责解释。各省级财政、教育部门可根据本办法，结合各地实际，制定具体管理办法，并抄送财政部当地监管局。

第二十三条　本办法自 2022 年 1 月 1 日起施行。《财政部 教育部关于印发〈现代职业教育质量提升计划资金管理办法〉的通知》（财教〔2019〕258 号）同时废止。

人力资源社会保障部　财政部关于失业保险支持参保职工提升职业技能有关问题的通知

（人社部发〔2017〕40号）

各省、自治区、直辖市及新疆生产建设兵团人力资源社会保障厅（局）、财政（财务）厅（局）：

为贯彻落实《国务院关于做好当前和今后一段时期就业创业工作的意见》（国发〔2017〕28号）关于“依法参加失业保险3年以上、当年取得职业资格证书或职业技能等级证书的企业职工，可申请参保职工技能提升补贴，所需资金按规定从失业保险基金中列支”的要求，提升参加失业保险职工的职业技能，发挥失业保险促进就业作用，现就有关问题通知如下：

一、申领条件

同时符合以下条件的企业职工，可申领技能提升补贴：

（一）依法参加失业保险，累计缴纳失业保险费36个月（含36个月）以上的。

（二）自2017年1月1日起取得初级（五级）、中级（四级）、高级（三级）职业资格证书或职业技能等级证书的。

二、审核程序

（一）职工应在职业资格证书或职业技能等级证书核发之日起12个月内，到本人失业保险参保地失业保险经办机构，申领技能提升补贴。

（二）失业保险经办机构通过职业资格证书或职业技能等级证书联网查询、与失业保险参保信息比对等方式进行审核。

（三）失业保险经办机构按照规定程序对申请审核通过后，应直接将补贴资金发放至申请人本人的个人银行账户或社会保障卡。

技能提升补贴申请、审核的具体程序和操作办法，由各省级人力资源社会保障部门、财政部门根据本地实际，本着方便、快捷、安全、审慎的原则制定，并主动向社会公开。

三、补贴标准

技能提升补贴的标准由省级人力资源社会保障部门、财政部门根据本地失业保险基金运行情况、职业技能培训、鉴定收费标准等因素综合确定，并适时调整。

补贴标准应根据取得职业资格证书或职业技能等级证书有所区别。职工取得初级（五级）职业资格证书或职业技能等级证书的，补贴标准一般不超过1000元；职工取得中级（四级）职业资格证书或职业技能等级证书的，补贴标准一般不超过1500元；职工取得高级（三级）职业资格证书或职业技能等级证书的，补贴标准一般不超过2000元。

各省（自治区、直辖市）可根据本地产业发展方向和人力资源市场需求，研究制定本地区紧缺急需的职业（工种）目录。技能提升补贴标准可向地区紧缺急需职业（工种）予以倾斜。

同一职业（工种）同一等级只能申请并享受一次技能提升补贴。

四、资金使用

在失业保险基金科目中设立技能提升补贴科目，所需资金从失业保险基金技能提升补贴科目中列支。

各省（自治区、直辖市）要将技能提升补贴支出纳入失业保险基金预算管理，规范运作，切实保证基金有效使用和安全运行。要重点关注基金支付能力相对较弱的统筹地区，发挥省级调剂金的作用，确保每个地区符合条件的职工都能享受到政策。

五、工作要求

（一）加强组织领导。失业保险基金用于参保职工技能提升补贴，有利于引导职工提高职业技能水平和职业转换能力，从源头上减少失业、稳定就业；有利于弘扬工匠精神，推动我国由人力资源大国向人力资源强国迈进，为我国产业转型升级提供强有力的人才支撑。各级人力资源社会保障部门、财政部门要高度重视，将其作为失业保险预防失业、稳定就业的重要举措，精心组织、狠抓落实。要尽快制定实施办法，在6月30日前报人力资源社会保障部、财政部备案。

（二）提高审核效率。以“规范、安全、便捷”为原则，整合利用现有资源，将受理、审核、发放、监督等工作纳入信息化管理，简化申报材料，优化审核流程，强化信息共享，完善服务标准，创新服务模式，提高经办服务质量。有条件的地区，可以运用电子政务手段，探索实行技能提升补贴网络在线申请、审核。

（三）强化监督管理。职业技能鉴定机构要严格鉴定标准，严把证书发放质量。失业保险经办机构要建立与职业技能鉴定机构的信息共享、沟通协调机制，通过信息比对有效甄别证书的真实性，严防冒领、骗取补贴。制订补贴资金的审核、公示、拨付、监督等制度，严格财务管理和资金监管，防范廉洁风险。公示补贴发放情况，畅通投诉举报渠道，发挥社会监督作用。对违法违规行为，按规定追究相关责任。

（四）加大宣传力度。设计编印通俗易懂的宣传材料，深入企业、街道、社区，开展形式多样的政策解读和集中宣传活动；在失业保险经办机构、职业技能鉴定机构、人力资源市场等场所，悬挂、张贴、发放宣传材料；运用广播电视、报纸期刊、微博微信等渠道宣传申领条件、申请办法、受理部门、办理时限。通过广泛宣传，使参保职工了解政策内容，熟悉办理程序，知晓办事场所，更方便更快捷地享受政策。

本《通知》自印发之日起开始施行。各地在政策执行中遇到的重大问题应及时向人力资源社会保障部、财政部报告。人力资源社会保障部、财政部适时组织开展政策绩效评估，根据实际调整完善政策。

人力资源社会保障部

财政部

2017 年 5 月 15 日

人力资源社会保障部　国务院国资委
关于深入推进技工院校与国有企业
开展校企合作的若干意见

（人社部发〔2018〕62号）

各省、自治区、直辖市及新疆生产建设兵团人力资源社会保障厅（局）、国有资产监督管理部门，各中央企业：

技工教育是国民教育体系和人力资源开发的重要组成部分，承担着为经济社会发展培养高素质技能人才的重要任务。近年来，技工院校已经成为综合性的技工教育培训基地、高技能人才培养的重要阵地、与企业联系紧密的办学实体，形成了鲜明的办学特色和独特的技能人才培养优势。为深入贯彻落实党的十九大精神和《新时期产业工人队伍建设改革方案》、《国务院办公厅关于深化产教融合的若干意见》（国办发〔2017〕95号）等文件要求，进一步深化产教融合、校企合作，切实提高技工院校人才培养质量，加强国有企业技能人才队伍建设，现就深入推进技工院校与国有企业开展校企合作提出以下意见。

一、总体要求

（一）指导思想

全面贯彻党的十九大精神，以习近平新时代中国特色社会主义思想为指导，紧紧围绕统筹推进“五位一体”总体布局和“四个全面”战略布局，实施就业优先战略和人才强国战略，根据经济转型升级、产业结构优化需要和劳动者就业创业需求，大力发展校企双制、工学一体的技工教育，充分发挥国有企业重要主体作用，促进人才培养供给侧和产业需求侧全方位对接，为增强企业核心竞争力，建设知识型、技能型、创新型劳动者大军提供有力支撑。

（二）基本原则

统筹协调，共同推进。将校企合作作为技工院校基本办学制度，作为国有企业人力资源开发的重要途径，进一步完善校企合作制度，创新校企合作内容，形成人社部门、国有资产监督管理部门、国有企业、技工院校共同推进的工作格局。

服务需求，优化结构。针对国有企业发展需求，优化技工院校结构，壮大优质技工教育资源，鼓励企业直接举办或参与举办同企业主业发展密切相关、产教融合的技工院校。结合推进国有企业改革，支持有条件的国有企业继续办好做强技工院校。

校企双制，工学一体。充分调动校企双方的积极性、主动性和创造性，构建共同招生招工、校企双制培养的长效合作机制。完善技工院校专业设置，深化一体化课程教学改革，提升人才培养质量，增加高技能人才供给，提高技工院校人才培养能力。

（三）主要任务

鼓励国有企业（含国有上市企业，下同）参与同企业主业发展密切相关、产教融合的技工院校办学，深化校企合作制度，全面推行校企协同育人。推动形成办学规模适合市场需求，专业结构适应产业发展，校企融合贯穿办学过程，教学改革实现工学结合，实习实训与工作岗位紧密衔接，技能人才培养层次规模与经济社会发展更加匹配，社会服务功能更加健全的现代技工教育体系。持续完善国有企业技能人才培养培训制度，加快建设数量充足、素质优良、结构合理的企业技能人才队伍，形成初级、中级、高级技能劳动者队伍梯次发展和比例结构基本合理的格局，使技能人才规模、结构、素质更好地满足产业结构优化升级和国有企业发展需求。

二、深入推进校企合作办学

（四）完善校企合作办学制度。各级人社部门要发挥联系企业的职能优势，搭建校企合作平台，促进院校人才培养与企业用人需求紧密结合。指导技工院校推进专业设置与产业需求对接，课程内容与职业标准对接，教学过程与工作过程对接。促进校企共同招生招工、共商专业规划、共议课程开发、共组师资队伍、共创培养模式、共建实习基地、共搭管理平台、共评培养质量，形成“人才共有、过程共管、成果共享、责任共担”的校企合作办学制度，实现企业得人才、职工学生得技能、技工院校得发展的多赢目标。

（五）强化技工院校与国有企业合作关系。要建立人社部门、国有资产监督管理部门、国有企业、技工院校合作机制，形成校企利益共同体。鼓励校企双方以组建技工教育集团、校企股份制合作、自主经营生产、租赁承包、企中办校、校中办企等多种方式开展合作。鼓励国有企业直接举办或通过参股、入股等多种方式参与举办同企业主业发展密切相关、产教融合的技工院校。鼓励技工院校通过与国有企业合作开设订单、定向、冠名班等方式扩大招生规模。指导技工院校全面推广一体化课程教学改革，切实提高学生适应企业岗位工作要求的能力。鼓励技工院校和国有企业开展跨区域校企合作，带动贫困地区、民族地区和革命老区技工教育的发展。

（六）加强技工院校与国有企业人才的双向流动。要认真执行《职业学校教师企业实践规定》（教师〔2016〕3号），制定本地区技工院校教师企业实践工作管理办法，出台鼓励支持政策，多措并举推动技工院校教师到国有企业实践工作。鼓励技工院校教师同时成为企业培训师，探索建立技工院校教师和企业培训师资源共建共享机制。技工院校应将参与校企合作作为教师业绩考核的内容，具有相关企业或生产经营管理一线工作经历的专业教师在评聘和晋升职务（职称）、评优表彰等方面，同等条件下优先对待。技工院校可在教职工总额中安排一定比例或者通过流动岗位等形式，用于面向社会和企业聘用经营管理人员、专业技术人员、高技能人才等担任兼职教师。开展校企合作企业中的经营管理人员、专业技术人员、高技能人才，具备技工院校相应岗位任职条件，经过技工院校认定和聘任，可担任专兼职教师，并享受相关待遇。经所在学校或企业同意，技工院校教师和管理人员、企业经营管理人员和技术人员根据合作协议，分别到企业、技工院校兼职的，可根据有关规定和双方约定确定薪酬。

三、推动国有企业办技工院校改革

（七）切实做好国有企业办技工院校改革工作。继续发挥国有企业重要办学主体作用，对与企业主业发展密切相关、产教融合且确需保留的企业办技工院校，可由国有企业集团公司或国有资本投资运营公司进行资源优化整合，积极探索集中运营、专业化管理。支持运营能力强、管理水平高的国有企业跨集团进行资源整合。鼓励国有企业多元主体组建技工教育集团，优质技工院校可通过兼并、托管、合作办学等形式，整合办学资源。探索多种方式，引入实力强、信誉高、专业化的社会资本参与国有企业办技工院校重组改制。经协商一致，对地方政府同意接收的国有企业办技工院校在移交地方管理时，各级人力资源社会保障部门要按照《关于国有企业办教育医疗机构深化改革的指导意见》（国资发改革〔2017〕134号）规定主动接管。对运营困难、缺乏竞争优势的国有企业办技工院校，可以关闭撤销，及时办理注销手续并做好学生转学等后续工作。

（八）营造国有企业参与技工教育良好政策环境。国有企业要根据经费来源、企业发展需要和承受能力，合理确定企业办技工教育方式。继续举办技工院校的国有企业，应充分发挥办学主体责任，依法筹措办学经费，参照当地生均拨款制度逐步建立健全长效投入机制，保障学校教育教学活动正常开展，现有公共财政经费继续按原有渠道落实。进一步落实和完善支持国有企业办技工院校的政策措施。各级人民政府可以采取财政补贴、以奖代补、购买服务等方式给予适当支持，促进国有企业办技工院校，为企业和社会培养合格人才，具体办法由各省级人社部门会同相关部门研究制定，所需资金由各省统筹解决。移交地方管理的国有企业办技工院校，由各地按照现行有关投入机制等政策规定筹集办学经费。探索国有企业支持技工院校发展的多种方式，国有企业可通过订单班、冠名班、定向委培、学徒制培养、职工教育培训基地、捐赠等多种方式，积极支持技工教育。

（九）持续完善国有企业办技工院校管理制度。保留的企业办技工院校要依法注册登记，取得法人资格，按照相应的财务制度实行独立核算。国有企业集团公司要完善所办技工院校考核机制，重点考核成本控制、营运效率、毕业生就业率和社会认可度等，建立相应的经营业绩考核和薪酬分配制度。

四、大力加强技工院校服务企业能力

（十）着力提升技工院校服务企业技能人才培养培训能力。鼓励和支持技工院校通过设立弹性学制等形式，满足企业职工通过技工教育或职业培训获得技能提升和职业发展的需求。鼓励和支持技工院校面向技能人才开展理论进修、知识更新和职业技能提升服务，开设技师研修班，开展技能大师交流研讨，积极参与技能人才评价和职业技能竞赛等活动。指导校企双方积极参与以“招工即招生、入企即入校、企校双师共同培养”为主要内容的企业新型学徒制实施工作，鼓励企业与技工院校共同合作积极开展学徒培训，大规模开展企业职工技能培训。引导技工院校面向企业发展急需紧缺职业（工种），大力开展高技能人才培训，增加高技能人才供给。

（十一）推动校企培训资源共享，积极开展生产性实习实训。鼓励引企驻校、引校进企、校企一体等方式，吸引优势国有企业与学校共建共享生产性实训基地、高技能人才培训基地、技能大师工作室、技能竞赛集训基地等。支持各地依托技工院校建设行业或区域性实训基地，带动各类企业参与校企合作。贯彻落实《职业学校学生实习管理规定》（教职成〔2016〕3号），健全学生到企业实习实训制度。通过探索购买服务、落实税收政策等方式，鼓励国有企业直接接收学生实习实训。推进实习实训规范化，保障学生享有获得合理报酬的合法权益。

（十二）创新教育培训服务供给，积极参与学习型企业建设。鼓励技工院校、国有企业联合开发优质技工教育资源，大力发展“互联网+教育培训”模式。探索构建基于互联网虚拟大学或虚拟学习社区。支持有条件的社会组织整合校企资源，开发立体化、可选择的产业技术课程和职业培训包。鼓励技工院校与国有企业共同组织开展基于工作场所的学习活动，积极为企业提供知识讲座、课程资源开发、技术辅导等服务，以多种形式参与企业大学等国有企业培训机构的建设。鼓励技工院校的院系与企业车间、班组结对子，建立校企合作的学习团队，通过多种教育培训服务供给，为职工提供终身技能发展服务。

五、切实做好组织实施工作

（十三）加强组织领导。各级人力资源社会保障部门和国有资产监督管理部门要加强沟通协作，共同帮助技工院校和国有企业解决校企合作过程中遇到的实际困难和问题。

（十四）完善投入保障机制。要指导国有企业依法履行职工教育培训责任，按规定足额提取职工教育培训经费并合理使用，其中用于一线职工教育培训的比例不低于60%。对实施校企合作的国有企业、技工院校和接受技工教育、职业培训的人员，符合国家职业培训补贴政策和职业教育资助政策的，按规定给予补贴和资助。

（十五）营造良好社会环境。要创新宣传方式，充分运用各类新闻媒体，采取群众喜闻乐见的形式，通过集中宣传与日常宣传相结合的方式，深入持久地开展校企合作宣传活动。要强化典型示范，突出导向作用，大力宣传各地加强技工院校校企合作的政策措施，大力宣传国有企业、技工院校的特色做法和先进工作经验，努力营造全社会关心和支持技工院校发展和技能人才培养的良好氛围。要利用五一国际劳动节、世界青年技能日、技工院校开学第一课等时间节点，组织国有企业的高技能领军人才在技工院校开展技能成才宣讲活动，鼓励更多青年走技能成才之路。

人力资源社会保障部　国务院国资委

2018年9月24日

人力资源社会保障部　财政部关于全面推行企业新型学徒制的意见

（人社部发〔2018〕66号）

各省、自治区、直辖市及新疆生产建设兵团人力资源社会保障厅（局）、财政厅（局）：

为贯彻落实党的十九大精神，加快建设知识型、技能型、创新型劳动者大军，按照中共中央、国务院《新时期产业工人队伍建设改革方案》、《关于推行终身职业技能培训制度的意见》（国发〔2018〕11号）有关要求和全国教育大会有关精神，现就全面推行企业新型学徒制提出如下意见：

一、指导思想和目标任务

（一）指导思想。以习近平新时代中国特色社会主义思想为指导，全面贯彻党的十九大和十九届二中、三中全会精神，认真落实党中央、国务院决策部署，以服务就业和经济社会发展为宗旨，适应培育壮大新动能、产业转型升级和现代企业发展需要，大力推进技能人才培养工作，深化产教融合、校企合作，创新中国特色技能人才培养模式，面向各类企业全面推行企业新型学徒制，扩大技能人才培养规模，为促进劳动者更高质量就业，实现经济高质量发展提供有力人才支撑。

（二）目标任务。按照政府引导、企业为主、院校参与的原则，在企业（含拥有技能人才的其他用人单位，下同）全面推行以“招工即招生、入企即入校、企校双师联合培养”为主要内容的企业新型学徒制，进一步发挥企业主体作用，通过企校合作、工学交替方式，组织企业技能岗位新招用和转岗等人员参加企业新型学徒培训，促进企业技能人才培养，壮大发展产业工人队伍。从今年起到2020年底，努力形成政府激励推动、企业加大投入、培训机构积极参与、劳动者踊跃参加的职业技能培训新格局，力争培训50万以上企业新型学徒（以下简称“学徒”）。2021年起，继续加大工作力度，力争年培训学徒50万人左右。

二、企业新型学徒制的主要内容

（三）培养对象和培养模式。学徒培训以与企业签订一年以上劳动合同的技能岗位新招用和转岗等人员为培养对象。企业可结合生产实际自主确定培养对象，采取“企校双制、工学一体”的培养模式，即由企业与技工院校、职业院校、职业培训机构、企业培训中心等教育培训机构（以下简称“培训机构”）采取企校双师带徒、工学交替培养等模式共同培养学徒。

（四）培养主体职责。学徒培养的主要职责由所在企业承担。企业应与学徒签订培养协议，明确培训目标、培训内容与期限、质量考核标准等内容。企业委托培训机构承担学徒的部分培训任务，应与培训机构签订合作协议，明确培训的方式、内容、期限、费用、双方责任等具体内容，保证学徒在企业工作的同时，能够到培训机构参加系统的、有针对性的专业知识学习和相关技能训练。培训机构与企业签订合作协议后，对学徒进行非全日制学籍注册，加强在校学习管理。

（五）培养目标和主要方式。学徒培养目标以符合企业岗位需求的中、高级技术工人为主，培养期限为1—2年，特殊情况可延长到3年。培养内容主要包括专业知识、操作技能、安全生产规范和职业素养，特别是工匠精神的培育。要以企业为主导确定具体培养任务，由企业与培训机构分别承担。在企业主要通过企业导师带徒方式，在培训机构主要采取工学一体化教学培训方式。积极应用“互联网+”、职业培训包等培训模式。学徒培训期满，可参加职业技能鉴定或结业（毕业）考核，合格者取得相应职业资格证书（或职业技能等级证书、专项职业能力证书、培训合格证书、毕业证书，下同）。鼓励支持有条件的企业自主对学徒进行技能评价。

三、健全政策制度

（六）建立企校双师联合培养制度。企业应选拔优秀高技能人才担任学徒的企业导师。企业导师要着重指导学徒进行岗位技能操作训练，帮助学徒逐步掌握并不断提升技能水平和职业素养，使之能够达到职业技能标准和岗位要求，具备从事相应技能岗位工作的能力。培训机构应为学徒安排具备相应专业知识和操作技能水平的指导教师，负责承担学徒的学校教学任务，强化理论知识学习，做好与企业实践技能的衔接。

（七）学徒培养实行弹性学制和学分制。承担学徒培训任务的培训机构，要结合企业生产和学徒工作生活实际，采取弹性学制，实行学分制管理。鼓励和支持学徒利用业余时间分阶段完成学业。要建立和完善适合弹性学制和学分制的教学质量评价体系和考核制度。

（八）健全企业对学徒培训的投入机制。学徒在学习培训期间，企业应当按照劳动合同法的规定支付工资，且工资不得低于企业所在地最低工资标准。企业按照与培训机构签订的合作协议约定，向培训机构支付学徒培训费用，所需资金从企业职工教育经费中列支；符合有关政策规定的，由政府提供职业培训和职业技能鉴定补贴。承担带徒任务的企业导师享受导师带徒津贴，津贴标准由企业确定，津贴由企业承担。企业对学徒开展在岗培训、业务研修等企业内部发生的费用，符合有关政策规定的，可从企业职工教育经费中列支。

（九）完善财政补贴政策。人力资源社会保障部门会同财政部门对开展学徒培训的企业按规定给予职业培训补贴，补贴资金从就业补助资金列支。补贴标准由各省（区、市）人力资源社会保障部门会同省级财政部门确定，学徒每人每年的补贴标准原则上不低于4000元，并根据经济发展、培训成本、物价指数等情况逐步提高。企业在开展学徒培训前将有关材料报当地人力资源社会保障部门备案，经人力资源社会保障部门审核后列入学徒培训计划，财政部门按规定向企业预支不超过50%的补贴资金，培训任务完成后及时拨付其余补贴资金。对参加学徒培训的就业困难人员和毕业年度高校毕业生，按规定落实社保补贴政策。

四、加大组织实施力度

（十）加强组织领导。各级人力资源社会保障部门、财政部门要进一步提高认识，增强责任感和紧迫感，把推行企业新型学徒制作为推行终身职业技能培训制度、加强技能人才队伍建设的重要工作内容，制定工作方案，认真组织实施。要建立人力资源社会保障部门牵头，财政等有关部门密切配合、协同推进的工作机制，加强组织领导，全面推动实施。

（十一）规范组织实施。各省级人力资源社会保障部门、财政部门要制定具体实施办法，实行学徒培训备案审核制度，简化工作流程，探索政策创新。中央企业学徒培训按属地管理原则纳入当地工作范畴，享受当地政策，各级人力资源社会保障部门要主动对接属地中央企业，做好服务保障工作。各省、市、县人力资源社会保障部门要加大工作力度，加强工作力量，做好对各类企业特别是中小微企业学徒培训的管理服务工作，建立与相关企业的联系制度，做好工作指导。

（十二）建立培训质量评估监管机制。对学徒培训实施目录清单管理，制定企业目录、培训机构目录，及时向社会公开并实行动态调整。结合国家“金保工程”二期，建立基于互联网的职业培训公共服务和监管平台，积极推行网上备案审核制度，实现信息联通共享。实施学徒培训实名制信息管理，指导企业建立培训台账，详细记录参训人员的姓名、年龄、性别、身份证号、学历、培训职业（工种）、学校班次、培训时间、考核成绩、技能等级和联系方式等，以备查验。对培训机构和培训过程、培训结果要加强监管，实时监控，严格考核验收。

企业组织学徒培训要向人力资源社会保障部门报送如下备案材料：培训计划、学徒名册、劳动合同复印件等有关材料。完成全部培训任务后企业申请其余补贴资金时需备案以下材料：职业资格证书编号或复印件、不低于 10 次的培训视频资料、培训机构出具的行政事业性收费票据（或税务发票）等符合财务管理规定的凭证。

（十三）提高服务能力。要切实做好学徒培训经费保障工作，及时足额拨付补贴资金。健全资金管理制度，提高资金使用效益，确保资金使用安全。有条件的地方可安排工作经费，对学徒培训教材开发、师资建设、管理人员培训、管理平台开发等基础工作给予支持。支持承担学徒培训任务工作的培训机构提升培训基础能力。职业技能鉴定机构要提供便捷高效的鉴定服务，相关部门按规定落实职业技能鉴定补贴。

（十四）加强宣传动员。广泛动员企业、培训机构和劳动者积极参与学徒培训，扩大企业新型学徒制影响力和覆盖面。强化典型示范，突出导向作用，大力宣传推行企业新型学徒制的典型经验和良好成效。创新宣传方式，充分运用各类新闻媒体，采取灵活多样的形式，做好推广动员工作，努力营造全社会关心尊重技能人才、重视支持职业技能培训工作的良好社会氛围。

请各省（区、市）及新疆生产建设兵团人力资源社会保障部门、财政部门在每年年底前将企业新型学徒制工作开展情况报送人力资源社会保障部、财政部。

人力资源社会保障部

财政部

2018 年 10 月 12 日

人力资源社会保障部关于在工程技术领域实现高技能人才与工程技术人才职业发展贯通的意见（试行）

（人社部发〔2018〕74号）

各省、自治区、直辖市及新疆生产建设兵团人力资源社会保障厅（局），国务院各部委、各直属机构人事劳动保障工作机构，中央企业等人事劳动保障工作机构：

为拓宽人才发展空间，促进人才合理流动，提高技术技能人才待遇和地位，根据党中央、国务院《新时期产业工人队伍建设改革方案》《关于深化职称制度改革的意见》等有关要求，现就在工程技术领域实现高技能人才与工程技术人才职业发展贯通提出如下意见。

一、总体要求

（一）指导思想。

全面贯彻党的十九大和十九届二中、三中全会精神，坚持以习近平新时代中国特色社会主义思想为指导，牢固树立和贯彻落实新发展理念，深入实施人才强国战略，坚决破除束缚人才发展的思想观念和体制机制障碍，最大限度激发各类人才创新创造创业活力，努力形成人人渴望成才、人人努力成才、人人皆可成才、人人尽展其才的良好局面，加快建设知识型、技能型、创新型劳动者大军，为实现“两个一百年”奋斗目标和中华民族伟大复兴中国梦提供坚实人才保障。

（二）基本原则。

1. 坚持遵循规律。适应人才融合发展趋势，遵循社会主义市场经济规律和人才成长规律，建立高技能人才与专业技术人才职业发展通道，促进两类人才深度融合。

2. 坚持问题导向。针对束缚人才发展的思想观念和体制机制问题，打破职业技能评价与专业技术职称评审界限，改变人才发展独木桥、天花板现象，搭建人才成长立交桥。

3. 坚持科学评价。破除身份、学历、资历等障碍，突出品德、能力、业绩评价导向，建立体现两类人才特点的评价机制，让各类人才价值得到充分尊重和体现。两类人才贯通条件大体平衡，适当向高技能人才倾斜。

4. 坚持以用为本。围绕用好用活两类人才，发挥用人主体作用，建立评价与培养使用激励相联系的机制，营造有利于人才成长和发挥作用的制度环境。

二、主要内容

（一）支持工程技术领域高技能人才参评工程系列专业技术职称。

1. 明确参评范围。参加工程系列专业技术职称评审的高技能人才，应为在工程技术领域生产一线岗位，从事技术技能工作，具有高超技艺和精湛技能，能够进行创造性劳动，并作出贡献的技能劳动者。

2. 严格评审条件。高技能人才参加工程系列专业技术职称评审应具备以下基本条件：符合国家规定的工程技术人才职称评价基本标准条件；遵守单位规章制度和生产操作规程；具有高级工以上职业资格或职业技能等级，在现工作岗位上近 3 年年度考核合格。

技工院校中级工班、高级工班、预备技师（技师）班毕业，可分别按相当于中专、大专、本科学历申报评审相应专业职称。

获得高级工职业资格或职业技能等级后从事技术技能工作满 2 年，可申报评审相应专业助理工程师；获得技师职业资格或职业技能等级后从事技术技能工作满 3 年，可申报评审相应专业工程师；获得高级技师职业资格或职业技能等级后从事技术技能工作满 4 年，可申报评审相应专业高级工程师。

3. 突出高技能人才工作特点。高技能人才职称评审应充分体现其职业特点，坚持把职业道德放在评审的首位，引导技能人才爱岗敬业，弘扬工匠精神。要以职业能力和工作业绩评定为重点，注重评价高技能人才执行操作规程、解决生产难题、完成工作任务、参与技术改造革新、传技带徒等方面的能力和贡献，把技能技艺、工作实绩、生产效率、产品质量、技术和专利发明、科研成果、技能竞赛成绩等作为评价条件。改变唯身份、唯论文等倾向，不得将身份、论文等作为高技能人才职称评审的限制性条件。要通过职称评审，评价选拔一批技能精湛、专业知识扎实的工程技术人才，鼓励和支持他们在更宽广的领域钻研业务，解决工程技术难题，促进工程理论知识与技术技能的深度融合。

4. 注重向高技能领军人才倾斜。对长期坚守生产一线且在工程技术岗位从事技术技能工作、具有高超技艺技能和一流业绩水平、为经济发展和国家重大战略实施作出突出贡献的高技能人才，包括获得中华技能大奖、全国技术能手等荣誉，担任国家级技能大师工作室负责人，享受省级以上政府特殊津贴，或各省（自治区、直辖市）人民政府认定的高技能领军人才，可破格申报专业技术职称评审。

（二）鼓励专业技术人才参加职业技能评价。

1. 首次参加职业技能评价（含职业技能鉴定和职业技能等级认定，下同）。专业技术人才在技能岗位工作，可按有关规定申请参加与现岗位相对应职业（工种）的职业技能评价。取得助理工程师、工程师、高级工程师职称，其累计工作年限达到申报条件的，可分别申请参加与现岗位相对应职业（工种）的高级工、技师、高级技师职业技能评价，合格后取得相应职业资格证书或职业技能等级证书。

2. 参加晋级评价。专业技术人才在取得现从事职业（工种）职业资格或职业技能等级 1 年后，可按累计工作年限申报现从事职业（工种）晋级评价。助理工程师在取得现从事职业（工种）高级工 1 年后，其累计工作年限达到技师申报条件的，可申报技师考评；工程师在取得现从事职业（工种）技师 1 年后，其累计工作年限达到高级技师申报条件的，可申报高级技师考评。

3. 注重技能考核。对参加职业技能评价的专业技术人才，应注重技能考核。对具有所申报职业（专业）或相关职业（专业）毕业证书的，可免于理论知识考试。

（三）建立评价与培养使用激励相联系的工作机制。

落实中共中央办公厅、国务院办公厅《关于提高技术工人待遇的意见》要求，鼓励用人单位对在聘的高级工、技师、高级技师在学习进修、岗位聘任、职务职级晋升等方面，比照相应层级工程技术人员享受同等待遇。

三、组织实施

在工程技术领域实现高技能人才与工程技术人才职业发展贯通，促进技能人才与专业技术人才融合发展，是贯彻落实党中央、国务院人才强国战略部署的重要举措，各级人力资源社会保障部门要加强统筹管理，各部门和各有关单位要高度重视，加强领导，精心组织。要健全完善制度，制定具体实施方案，对评价条件、评价程序、评价办法和配套政策等作出具体规定。要严格评价标准，规范评价程序，不得随意降低评价标准条件，不得擅自扩大评价范围。要坚持试点先行，及时总结经验，逐步推开。要完善监管机制，加强指导监督，及时妥善处理工作中遇到的各种新情况新问题。要加强舆论引导，搞好政策解读，引导广大技能人才和专业技术人才积极参与和支持贯通工作，促进人才流动和发展。

人力资源社会保障部

2018年11月25日

人力资源社会保障部　工业和信息化部关于深化工程技术人才职称制度改革的指导意见

（人社部发〔2019〕16号）

各省、自治区、直辖市及新疆生产建设兵团人力资源社会保障厅（局）、工业和信息化主管部门，中央和国家机关各部委、各直属机构人事部门，各中央企业人事部门：

工程技术人才是建设创新型国家和世界科技强国的重要力量。深化工程技术人才职称制度改革，对于提高我国原始创新能力、实现关键核心技术突破、促进产业结构优化升级具有重要意义。为贯彻落实中共中央办公厅、国务院办公厅印发的《关于深化职称制度改革的意见》，现就深化工程技术人才职称制度改革提出如下指导意见。

一、总体要求

（一）指导思想

以习近平新时代中国特色社会主义思想为指导，全面贯彻落实党的十九大和十九届二中、三中全会精神，认真落实党中央、国务院决策部署，坚定实施人才强国战略、制造强国战略和创新驱动发展战略，遵循工程技术人才成长规律，健全符合工程技术人才职业特点的职称制度，激发工程技术人才创新潜能，培养造就素质优良、结构合理、充满活力的工程技术人才队伍，为提升我国自主创新能力、加快建设创新型国家和世界科技强国提供人才支撑。

（二）基本原则

1. 坚持服务发展。围绕经济发展方式转变、产业结构调整要求，发挥人才评价“指挥棒”和风向标作用，激发工程技术人才创新创造活力，提升关键领域核心技术攻关能力，推动经济高质量发展。

2. 坚持遵循规律。遵循工程技术人才成长规律和不同发展阶段职业特点，建立科学分类、合理多元的评价体系，强化责任意识、弘扬科学精神，减少急功近利、浮夸张扬，营造潜心研究、追求卓越的制度环境。

3. 坚持科学评价。以职业分类为基础，以品德、能力、业绩为导向，分类制定评价标准，破除唯学历、唯资历、唯论文、唯奖项倾向，突出技术性、实践性和创新性，鼓励工程技术人才多出原创性高水平成果。

4. 坚持开放创新。立足我国工程技术人才队伍建设实际，充分借鉴国外人才评价创新做法，积极推动工程技术人才国际交流与合作，提高工程技术人才的专业化、职业化、国际化水平。

二、主要内容

通过健全制度体系、完善评价标准、创新评价机制、与人才培养使用相衔接、加强事中事后监管、优化公共服务等措施，形成设置合理、覆盖全面、评价科学、管理规范的工程技术人才职称制度。

（一）健全制度体系

1. 增设正高级工程师，高级职称分设副高级和正高级，初级职称分设员级和助理级。员级、助理级、中级、副高级和正高级职称名称依次为技术员、助理工程师、工程师、高级工程师和正高级工程师。

2. 建立专业设置动态调整机制。各地、各有关部门可围绕国家重大战略任务和未来产业发展方向，聚焦新技术、新工艺、新装备、新材料等战略性新兴产业，对工程系列相关评审专业进行动态调整，促进专业设置与国家战略需求和产业发展同步。

3. 实现职称制度与职业资格制度有效衔接。工程技术领域实行职业资格考试的专业，不再开展相应层级的职称评审。工程技术人才取得的工程领域职业资格，可对应相应层级的职称，并可作为申报高一级职称的条件。职业资格分级设置的，其初级（二级）、中级（一级）、高级分别对应职称的初级、中级、高级，未分级设置的一般对应中级职称，国家另有规定的除外。

4. 打通高技能人才与工程技术人才职业发展通道。按照两类人才贯通条件大体平衡、适当向高技能人才倾斜的原则，搭建高技能人才与工程技术人才成长立交桥。在工程技术领域生产一线岗位，从事技术技能工作的高技能人才，具有高级工以上职业资格或职业技能等级，符合工程技术人才职称评价基本标准条件，可参加工程系列职称评审。专业技术人才参加职业技能评价，可免于理论知识考试，注重技能水平考核，合格后取得相应技能人员职业资格证书或职业技能等级证书。

5. 工程技术人才各层级职称分别与事业单位专业技术岗位等级相对应。正高级对应专业技术岗位一至四级，副高级对应专业技术岗位五至七级，中级对应专业技术岗位八至十级，助理级对应专业技术岗位十一至十二级，员级对应专业技术岗位十三级。

（二）完善评价标准

1. 坚持德才兼备、以德为先。坚持把品德放在工程技术人才评价的首位，重点考察工程技术人才的职业道德。用人单位可通过个人述职、考核测评、民意调查等方式综合考察工程技术人才的职业操守和从业行为。对剽窃他人技术成果或伪造试验数据等学术不端行为，实行“一票否决制”，并向社会公开。对通过弄虚作假、暗箱操作等违纪违规行为取得的职称，一律予以撤销。

2. 突出评价能力和业绩。适应工程技术专业化、标准化程度高的特点，分专业领域完善工程技术人才评价标准。通用性强、适用范围广的专业评价标准由国家统一发布。重点评价工程技术人才发明创造、技术推广应用、工程项目设计、工艺流程标准开发、产品质量提升、科技成果转化等方面的能力，引导工程技术人才解决工程技术难题、实现现代工程技术突破。着力解决工程技术领域评价标准过于学术化问题，专利成果、技术报告、软课题研究报告、规划设计方案、施工或调试报告、工程试验报告、标准规范制定、行业工法等均可作为业绩成果。科学对待论文、论著等研究成果，科学引文索引、核心期刊论文发表数量、论文引用榜单和影响因子排名等仅作为评价参考，重大原创性研究成果可“一票决定”。外语和计算机应用能力不作统一要求，由用人单位或评审机构根据需要自主确定。

3. 实行国家标准、地区标准和单位标准相结合。人力资源社会保障部会同工业和信息化部等有关行业主管部门研究制定《工程技术人才职称评价基本标准条件》（附后）。各地区可根据本地区经济社会发展情况，制定地区标准。具有自主评审权的用人单位可结合本单位实际，制定单位标准。地区标准和单位标准不得低于国家标准。支持龙头企业、行业协会学会等参与制定评价标准。

（三）创新评价机制

1. 改进评价方式。建立以同行专家评议为基础的业内评价机制，注重社会和业内认可。综合采用考试、评审、考核认定、个人述职、面试答辩、实践操作、业绩展示等多种评价方式，提高职称评价的针对性和科学性。为涉密领域工程技术人才开辟特殊通道，采取特殊评价办法。对在艰苦边远地区和基层一线工作的工程技术人才，可以采取“定向评价、定向使用”的方式，重点考察其实际工作业绩，适当放宽学历、科研能力要求。

2. 畅通评价渠道。非公有制领域工程技术人才一般按照属地原则申报职称评审。各地人力资源社会保障部门和有关行业主管部门要通过驻厂设点、建立代办机构、入驻办事大厅等方式建立兜底机制，确保非公有制领域工程技术人才平等参与职称评审。要积极依托具备条件的行业协会、专业学会、公共人才服务机构等，为非公有制经济组织、社会组织和新兴职业领域工程技术人才提供职称评价服务。

3. 建立绿色通道。鼓励工程技术人才围绕国家重大战略和社会需求，潜心研究、攻坚克难，提高关键环节和重点领域创新能力。在信息、制造、能源、材料等领域突破关键核心技术、作出重大贡献的工程技术人才，可直接申报评审正高级工程师职称。对引进的海外高层次人才和急需紧缺人才，进一步打破条条框框的限制，引入国际同行评价，建立职称评审绿色通道。

（四）与人才培养使用相衔接

1. 促进职称制度与人才培养制度有效衔接。推动工程技术人才职称制度与工程类专业学位研究生教育有效衔接，获得工程类专业学位的工程技术人才，可提前 1 年参加相应专业职称评审，探索在相应职业资格考试中缩短工作年限要求或免试部分考试科目。结合工程技术领域人才需求和职业标准，提高工程教育质量，加快重点行业、重要专业人才培养。强化协同育人理念，充分发挥企业等用人单位的重要作用，通过校企合作办学等方式，促进评价标准与培养标准深度融合。工程技术人才应按规定参加继续教育，不断提高创新能力和专业水平。

2. 实现职称制度与用人制度有效衔接。全面实行岗位管理、工程技术人才素质与岗位职责密切相关的事业单位，一般应在岗位结构比例内开展职称评审，聘用具有相应职称的工程技术人才到相应岗位。不实行事业单位岗位管理的用人单位，可根据工作需要，择优聘任具有相应职称的工程技术人才从事相关岗位工作。健全考核制度，加强聘后管理，在岗位聘用中实现人员能上能下。

（五）加强事中事后监管

1. 建立健全各级职称评审委员会。坚持职称评审委员会核准备案制度，完善职称评审委员会工作程序和评审规则。加强职称评审委员会评价能力建设，建立评审专家动态管理机制，注重遴选能力业绩突出、声望较高的同行专家和活跃在生产一线的工程技术人才担任评委。严肃评审工作纪律，对违反评审纪律的评审专家，应及时取消评审专家资格，列入“黑名单”。各省（自治区、直辖市）、国务院有关部门、中央企业可按规定成立工程系列高级职称评审委员会。国务院有关部门和中央企业成立的高级职称评审委员会报人力资源社会保障部核准备案，其他高级职称评审委员会报省级人力资源社会保障部门核准备案。

2. 下放职称评审权限。科学界定、合理下放职称评审权限，逐步将工程系列高级职称评审权下放到工程技术人才密集、技术水平高的大型企业、事业单位。自主评审单位组建的高级职称评审委员会应当按照管理权限报省级以上人力资源社会保障部门核准备案。自主评审结果报相应人力资源社会保障部门备案。各级人力资源社会保障部门要做好职称评审结果的统计和查询验证工作。

3. 转变监督管理方式。要建立职称评审随机抽查、巡查制度，加强对职称评审全过程的监督管理，强化单位自律和外部监督。畅通意见反映渠道，对群众反映或舆情反映较强烈的问题，有针对性地进行专项核查，及时妥善处理。因评审工作把关不严、程序不规范，造成投诉较多、争议较大的，要责令限期整改；对整改无明显改善或逾期不予整改的，暂停其评审工作直至收回评审权，并追究责任。

（六）优化公共服务

1. 健全公共服务体系。推行个人诚信承诺制度，精减申报材料，减少证明事项，优化审核、评审程序，减轻工程技术人才评审负担。加强项目评审、人才评价和机构评估等相关业务统筹，加大申报材料和业绩成果信息共享，实行材料一次报送、一表多用。加快推进职称评审信息化建设，探索实行网上申报、网上评审、网上查询验证。

2. 加强工程师资格国际互认。按照《华盛顿协议》框架规则，在健全完善工程教育专业认证基础上，在条件成熟的工程技术领域探索开展工程师资格国际互认。以国际工程联盟（IEA）、国际咨询工程师联合会（FIDIC）等国际组织为平台，主动参与国际工程师评价标准制定，加强工程技术人才国际交流。

三、组织实施

（一）提高认识，加强领导。职称制度改革涉及广大工程技术人才的切身利益，各地区、各有关部门要充分认识改革的重要性、复杂性、敏感性，加强组织领导，狠抓工作落实，确保各项改革措施落到实处。各级人力资源社会保障部门会同工业和信息化等有关行业主管部门，具体负责工程技术人才职称制度改革的政策制定、组织实施和监督检查工作。各有关部门要密切配合，相互协调，确保改革各项工作顺利推进。

（二）精心组织，稳慎实施。各地区、各有关部门要根据本指导意见，紧密结合实际，抓紧制定具体实施方案和配套办法。在推进改革过程中，要深入开展调查研究，细化工作措施，完善工作预案，确保改革顺利进行。国家增设正高级工程师之前，各地自行试点评审的工程系列正高级职称，要按有关规定通过一定程序进行确认。在改革中要认真总结经验，及时解决改革中出现的新情况、新问题，妥善处理改革、发展和稳定的关系。

（三）加强宣传，营造环境。各地区、各有关部门要加强宣传引导，搞好政策解读，充分调动工程技术人才的积极性，引导工程技术人才积极支持和参与工程技术人才职称制度改革，营造有利于工程技术人才职称制度改革的良好氛围。

本指导意见适用于机械、材料、冶金、电气、电子、信息通信、仪器仪表、能源动力、广播电视、控制工程、计算机、自动化、建设、土木、水利、测绘、气象、化工、地质、矿业、石油与天然气、纺织、轻工、交通运输、船舶与海洋、航空宇航、兵器、核工程、林业工程、城乡规划、风景园林、环境、生物、食品、安全、质量、计量、标准化等领域的工程技术人才。

附件：工程技术人才职称评价基本标准条件

人力资源社会保障部　工业和信息化部

2019 年 2 月 1 日

附件

工程技术人才职称评价基本标准条件

一、遵守中华人民共和国宪法和法律法规。

二、具有良好的职业道德、敬业精神，作风端正。

三、热爱本职工作，认真履行岗位职责。

四、按照要求参加继续教育。

五、法律法规规定需取得职业资格的，应具备相应职业资格。

六、工程技术人才申报各层级职称，除必须达到上述基本条件外，还应分别具备以下条件：

（一）技术员

1. 熟悉本专业的基础理论知识和专业技术知识。

2. 具有完成一般技术辅助性工作的实际能力。

3. 具备大学本科学历或学士学位；或具备大学专科、中等职业学校毕业学历，在工程技术岗位上见习 1 年期满，经考察合格。技工院校毕业生按国家有关规定申报。

（二）助理工程师

1. 掌握本专业的基础理论知识和专业技术知识。

2. 具有独立完成一般性技术工作的实际能力，能处理本专业范围内一般性技术难题。

3. 具有指导技术员工作的能力。

4. 具备硕士学位或第二学士学位；或具备大学本科学历或学士学位，在工程技术岗位见习1年期满，经考察合格；或具备大学专科学历，取得技术员职称后，从事技术工作满2年；或具备中等职业学校毕业学历，取得技术员职称后，从事技术工作满4年。技工院校毕业生按国家有关规定申报。

（三）工程师

1. 熟练掌握并能够灵活运用本专业基础理论知识和专业技术知识，熟悉本专业技术标准和规程，了解本专业新技术、新工艺、新设备、新材料的现状和发展趋势，取得有实用价值的技术成果。

2. 具有独立承担较复杂工程项目的工作能力，能解决本专业范围内较复杂的工程问题。

3. 具有一定的技术研究能力，能够撰写为解决复杂技术问题的研究成果或技术报告。

4. 具有指导助理工程师工作的能力。

5. 具备博士学位；或具备硕士学位或第二学士学位，取得助理工程师职称后，从事技术工作满2年；或具备大学本科学历或学士学位，取得助理工程师职称后，从事技术工作满4年；或具备大学专科学历，取得助理工程师职称后，从事技术工作满4年。技工院校毕业生按国家有关规定申报。

（四）高级工程师

1. 系统掌握专业基础理论知识和专业技术知识，具有跟踪本专业科技发展前沿水平的能力，熟练运用本专业技术标准和规程，在相关领域取得重要成果。

2. 长期从事本专业工作，业绩突出，能够独立主持和建设重大工程项目，能够解决复杂工程问题，取得了较高的经济效益和社会效益。

3. 取得工程师职称后，业绩、成果要求符合下列条件之一：

（1）主持或承担研制开发的新产品、新材料、新设备、新工艺等已投入生产，可比性技术经济指标处于国内较高水平；

（2）作为主要发明人，获得具有较高经济和社会效益的发明专利；

（3）参与的重点项目技术报告，经同行专家评议具有较高技术水平，技术论证有深度，调研、设计、测试数据齐全、准确；

（4）发表的本领域研究成果，受到同行专家认可；

（5）作为主要参编者，参与完成省部级以上行业技术标准或技术规范的编写。

4. 在指导、培养中青年学术技术骨干方面发挥重要作用，能够指导工程师或研究生的工作和学习。

5. 具备博士学位，取得工程师职称后，从事技术工作满 2 年；或具备硕士学位，或第二学士学位，或大学本科学历，或学士学位，取得工程师职称后，从事技术工作满 5 年。技工院校毕业生按国家有关规定申报。

6. 不具备前项规定的学历、年限要求，业绩突出、作出重要贡献的，可由 2 名本专业或相近专业正高级工程师推荐破格申报，具体办法由各地、各有关部门和单位另行制定。

（五）正高级工程师

1. 具有全面系统的专业理论和实践功底，科研水平、学术造诣或科学实践能力强，全面掌握本专业国内外前沿发展动态，具有引领本专业科技发展前沿水平的能力，取得重大理论研究成果和关键技术突破，或在相关领域取得创新性研究成果，推动了本专业发展。

2. 长期从事本专业工作，业绩突出，能够主持完成本专业领域重大项目，能够解决重大技术问题或掌握关键核心技术，取得了显著的经济效益和社会效益。

3. 在本专业领域具有较高的知名度和影响力，在突破关键核心技术和自主创新方面作出突出贡献，发挥了较强的引领和示范作用。

4. 取得高级工程师职称后，业绩、成果要求符合下列条件之一：

（1）主持研制开发的新产品、新材料、新设备、新工艺等已投入生产，可比性技术经济指标处于国内领先水平；

（2）作为第一发明人，获得具有显著经济和社会效益的发明专利；

（3）承担的重点项目技术报告，经同行专家评议具有国内领先水平，技术论证有深度，调研、设计、测试数据齐全、准确；

（4）发表的本领域研究成果，经同行专家评议具有较高学术价值；

（5）作为第一起草人，主持完成省部级以上行业技术标准或技术规范的编写。

5. 在指导、培养中青年学术技术骨干方面作出突出贡献，能够有效指导高级工程师或研究生的工作和学习。

6. 一般应具备大学本科及以上学历或学士以上学位，取得高级工程师职称后，从事技术工作满 5 年。技工院校毕业生按国家有关规定申报。

人力资源社会保障部　最高人民法院 中华全国总工会　中华全国工商业联合会 中国企业联合会/中国企业家协会 关于实施"护薪"行动全力做好拖欠农民工工资争议处理工作的通知

（人社部发〔2019〕80号）

各省、自治区、直辖市人力资源社会保障厅（局）、高级人民法院、总工会、工商业联合会、企业联合会/企业家协会，新疆生产建设兵团人力资源社会保障局、新疆维吾尔自治区高级人民法院生产建设兵团分院、工会、工商业联合会、企业联合会/企业家协会：

为根治拖欠农民工工资问题，切实解决劳动争议处理过程中调解结案难、调查取证难、裁审衔接难等问题，完善协商、调解、仲裁、诉讼相互协调、有序衔接的多元处理机制，依法保障农民工劳动报酬权益，决定实施"护薪"行动。现就有关事项通知如下：

一、进一步做好拖欠农民工工资争议预防协商工作

（一）加强拖欠农民工工资争议预防工作。创新发展"枫桥经验"，加大农民工工资支付法律法规宣传力度，增强用人单位法治意识和农民工依法维权意识。推动用人单位加强对农民工的人文关怀，做好农民工心理疏导工作。指导企业与农民工建立多种形式的对话沟通机制。推行劳动争议仲裁建议书、司法建议书制度，积极引导用人单位依法履行按时足额支付农民工工资义务。

（二）引导用人单位与农民工通过协商解决争议。指导用人单位完善协商规则，积极探索建立内部申诉和协商回应制度。对出现拖欠农民工工资争议的用人单位，积极引导争议双方当事人开展协商，达成和解。工会组织要切实发挥在争议协商中的作用，有效维护农民工合法权益。

二、进一步加强拖欠农民工工资争议调解工作

（一）充分发挥基层劳动争议调解组织作用。积极引导农民工通过调解方式解决争议。指导企业劳动争议调解委员会、乡镇（街道）和工会、行业商（协）会设立的劳动争议调解组织积极参与拖欠农民工工资争议调解工作。根据案件实际情况，提出灵活有效的调解意见，引导当事人选择一次性支付、分期支付等调解方案。加强乡镇（街道）劳动争议调解组织的队伍建设和基础保障，充分发挥其在劳动争议调解中的主渠道作用。

（二）加强调解与仲裁、诉讼衔接。建立健全劳动争议调解组织与劳动人事争议仲裁委员会（以下简称仲裁委员会）信息互通机制。调解成功的案件，调解组织要结合实际引导当事人进行仲裁审查确认。符合受理条件的，仲裁委员会要当场受理，并自受理之日起三个工作日内完成审查工作；调解不成的案件，调解组织要及时引导当事人进入仲裁程序，可探索建立代收仲裁申请制度。依法落实支付令规定，农民工与用人单位因支付拖欠工资达成调解协议，用人单位在协议约定期限内不履行的，农民工可持调解协议书依法向人民法院申请支付令，人民法院要依法发出支付令。

（三）妥善调处拖欠农民工工资重大集体劳动争议。各地人力资源社会保障部门要制订拖欠农民工工资重大集体劳动争议处理应急工作预案，明确应急措施、程序和保障等基本要求。发生拖欠农民工工资集体劳动争议时，人力资源社会保障部门要会同工会、企业代表组织及时介入，主动约谈用人单位，依法促成和解或调解解决。要吸收擅长处理劳动争议的律师、专家学者等社会力量参与调解。

三、进一步提高拖欠农民工工资争议仲裁质效

（一）集中办结超审限拖欠农民工工资争议仲裁案件。各地人力资源社会保障部门要制订工作方案，组织辖区内仲裁委员会对 2019 年 7 月 31 日以前超审限未办结的拖欠农民工工资争议案件进行全面摸底排查，组织精干力量采取优先调解、优先开庭、优先裁决等措施加快办理。要通过倒排时间表、记账销号等方式加强督查督办，在保证办案质量的前提下，于 2019 年 9 月 30 日前全部办结，基本杜绝拖欠农民工工资争议案件超审限现象。各地要在 10 月 15 日前，将仲裁机构处理超审限拖欠农民工工资争议案件情况统计表报送人力资源社会保障部调解仲裁管理司。

（二）畅通拖欠农民工工资争议仲裁“绿色通道”。仲裁委员会要对拖欠农民工工资争议实行全程优先处理，对符合立案条件的，当天申请，当天立案，

并在三个工作日内将仲裁庭组成人员、答辩、举证、开庭等事项一次性通知当事人。加强庭前调解，可设置专门庭前调解机构、配备专门调解人员，立案时同步开展调解。落实简易处理规定，对简单小额案件实行速裁制，有条件的地区可设置专门速裁庭。仲裁庭可通过经与被申请人协商同意缩短或者取消答辩期、采用简便方式送达有关仲裁文书等措施，将审限缩短至三十日内。

（三）增强拖欠农民工工资争议仲裁处理效果。对农民工因客观原因不能自行收集的证据，仲裁委员会可根据农民工的申请依法主动予以收集。对同时涉及拖欠工资和其他仲裁请求的案件，可引导农民工就工资请求先行调解，依法发挥终局裁决、先行裁决、先予执行等制度效能，提高拖欠农民工工资争议案件仲裁终结率。严格落实集体劳动争议仲裁处理的组庭、送达等规定，稳妥处理拖欠农民工工资重大集体劳动争议。对涉及劳动者人数较多、涉及金额较大、社会影响较广的案件，仲裁机构负责人要挂牌督办。

（四）加强拖欠农民工工资争议仲裁与诉讼衔接。人力资源社会保障部门要会同人民法院共同研究拖欠农民工工资争议处理的重点问题，形成类案指导口径，统一裁审法律适用标准。人民法院在审理拖欠农民工工资争议案件中，对仲裁庭已依法质询、质证的证据，除当事人有相反证据足以推翻的以外，可不再予以当庭质证；当事人在仲裁程序中已自认的事实，在审理中又予以否认的，人民法院一般不予支持；对当事人在仲裁程序中未依法提交或拒不提交的证据，除该证据与案件基本事实有关，人民法院可不予采纳。有条件的地区，仲裁委员会与人民法院可根据案件仲裁和审理需要，建立相互协助查证制度，以便及时调取、查证相关证据材料。积极推动和落实仲裁委员会与人民法院之间的案件保全、执行联动等裁审衔接工作机制建设，确定专人负责，做好案件材料传递、信息互通等工作。

四、进一步强化拖欠农民工工资争议案件审判执行工作

（一）完善拖欠农民工工资争议案件审理机制。各级人民法院要畅通立案“绿色通道”，及时审查受理拖欠农民工工资争议案件。农民工以用人单位的工资欠条为证据直接向人民法院起诉，诉讼请求不涉及劳动关系其他争议的，可视为拖欠劳动报酬纠纷，按照普通民事案件受理。审理中，根据诚实信用、公平原则合理分配举证责任，对符合法定条件的，人民法院要主动依职权调查。要积极运用和解、调解等方式，充分发挥简易程序和小额速裁机制及时、简便、快捷的功能，降低诉讼成本、提高诉讼效率、减少矛盾冲突、切实维护农民工的合法权益。同时，对符合先予执行法定条件的，要及时裁定先予执行。

（二）加大拖欠农民工工资争议案件执行力度。各级人民法院要将拖欠农

民工工资争议案件作为重点民生案件纳入速执程序，优先安排人力、物力，用足、用尽执行措施。要规范裁审执行程序衔接，积极会同各级人力资源社会保障部门，进一步强化拖欠农民工工资争议案件仲裁裁决书、调解书的执行力度。对被执行人确无履行能力、农民工确有生活困难的，要根据当地司法救助规定，及时给予执行救助。

（三）落实拖欠农民工工资争议案件保全规定。切实落实最高人民法院有关办理财产保全案件的司法解释规定，对农民工追索工资案件申请财产保全的，一般不应要求担保；对当事人没有提出申请，但存在因用人单位转移、隐匿财产等可能导致仲裁裁决、判决等难以执行的，人民法院可依职权采取保全措施；对农民工在仲裁阶段提出财产保全申请的，人民法院要依法快速审查并及时作出裁定。

五、工作要求

（一）提高政治站位。做好拖欠农民工工资争议处理工作，关系到人民群众的切身利益，关系到社会和谐稳定，是实现社会公平正义的必然要求。要坚持人民立场，坚持人民主体地位，始终把人民放在心中最高的位置，深刻认识做好拖欠农民工工资争议处理工作的极端重要性和紧迫性，将其作为树牢“四个意识”、做到“两个维护”的重要检验和一项重大政治任务来抓，进一步压紧压实责任，强化组织保障，持续依法推进，确保政治效果、法律效果与社会效果相统一。要区分情况、分类指导，对用人单位法治意识不强的，加强教育引导；对因经营困难导致拖欠农民工工资的，要将稳就业、稳企业与根治拖欠农民工工资问题有效结合；对因政府部门或国有企业拖欠工程款引发拖欠农民工工资争议的，要协调有关部门推动问题解决。

（二）加强预警监测。深入研判拖欠农民工工资争议处理的工作形势，密切关注宏观经济环境变化、新业态新模式发展等对拖欠农民工工资争议处理工作的影响，主动采取应对措施，加强风险防控。拖欠农民工工资争议多发高发地区的乡镇（街道）劳动争议调解组织要对企业进行动态监测，定期开展预警排查，存在引发群体性事件风险的，要及时向所在县（市、区）人力资源社会保障部门报告，积极采取措施防范化解。

（三）健全协同机制。根据劳动争议仲裁、劳动保障监察职责特点和优势，按照有利于及时有效维护农民工合法权益原则，引导农民工依法理性选择维权方式。仲裁机构要与劳动保障监察机构加强协调配合，完善信息共享、事实互认、情况会商、协调处置等联动工作机制，有条件的地区可实行一站受理、首问负责、分类处理等制度。进一步加强人力资源社会保障部门、人民法院、工会、企业代表组织间的沟通协调，形成齐抓共管、各负其责、互动有力的工作局面，适时对辖区内相关部门的职能发挥、工作机制落实等情况开展监督检查。

（四）做好便民服务。要积极推行流动仲裁、巡回审判等改革举措，方便农民工就近就地维权。加强“互联网 + 调解仲裁”服务平台建设，发挥人民法院互联网诉讼服务优势，加强线上线下服务对接，更好为农民工提供“零跑腿”、“网上办”等服务。进一步加强调解仲裁行风建设，加快建设现代化诉讼服务体系，不断创新服务方式、提高服务水平，为农民工提供更加公开透明、高效便捷的维权服务。

（五）加强宣传引导。加强正面宣传和舆论引导，重点宣传拖欠农民工工资争议处理工作经验做法，特别是做好典型案例宣传，发挥“处理一案、警示一片”作用，为做好拖欠农民工工资争议处理工作营造良好的舆论氛围。

人力资源社会保障部
最高人民法院
中华全国总工会
中华全国工商业联合会
中国企业联合会 / 中国企业家协会
2019 年 7 月 26 日

人力资源社会保障部关于改革完善技能人才评价制度的意见

（人社部发〔2019〕90号）

各省、自治区、直辖市及新疆生产建设兵团人力资源社会保障厅（局），国务院各部委、各直属机构人事劳动保障工作机构，中央军委办公厅秘书局，有关行业组织、中央企业等人事劳动保障工作机构：

建立科学的技能人才评价制度，对于加强职业技能培训，提高劳动者素质，促进劳动者就业创业，激励引导技能人才成长成才具有重要作用。为贯彻落实《关于分类推进人才评价机制改革的指导意见》等文件精神，根据国务院推进“放管服”改革要求，现就改革完善技能人才评价制度提出如下意见。

一、总体要求

（一）指导思想。全面贯彻党的十九大和十九届二中、三中全会精神，以习近平新时代中国特色社会主义思想为指导，认真落实党中央、国务院决策部署，紧紧围绕统筹推进“五位一体”总体布局和协调推进“四个全面”战略布局，牢固树立新发展理念，深入实施人才强国战略、创新驱动发展战略和就业优先战略，加大“放管服”改革力度，加快政府职能转变，深化职业资格制度改革，建立职业技能等级制度，健全完善技能人才评价体系，形成科学化、社会化、多元化的技能人才评价机制，为实施职业技能提升行动，建设知识型、技能型、创新型劳动者大军做好支持服务。

（二）基本原则。

——坚持深化改革。围绕“放管服”改革部署要求，深化技能人才评价机制改革，进一步简政放权，推动政府职能转变，形成适应经济社会发展和技能人才发展需要的评价制度。

——坚持多元评价。完善国家职业资格目录，实行清单式管理，建立职业技能等级制度并做好与职业资格制度的衔接，规范专项职业能力考核，实行多元化技能评价。

——坚持科学公正。科学制定评价标准，注重职业道德，体现工匠精神，突出职业能力导向，强化工作业绩和贡献，推动评价工作科学、客观、公正进行。

——坚持以用为本。推动人才评价与使用激励紧密结合，引导技能人才培养培训，畅通技能人才发展通道，促进提高技能人才待遇水平和社会地位。

（三）主要目标。发挥政府、用人单位、社会组织等多元主体作用，建立健全以职业资格评价、职业技能等级认定和专项职业能力考核等为主要内容的技能人才评价制度，完善宏观管理、标准构建、组织实施、质量监管、服务保障等工作体系，形成有利于技能人才成长和发挥作用的制度环境，促进优秀技能人才脱颖而出，为经济高质量发展提供支撑。

二、改革技能人才评价制度

（四）深化技能人员职业资格制度改革。巩固职业资格改革成果，完善国家职业资格目录。对准入类职业资格，继续保留在国家职业资格目录内。对关系公共利益或涉及国家安全、公共安全、人身健康、生命财产安全的水平评价类职业资格，要依法依规转为准入类职业资格。对与国家安全、公共安全、人身健康、生命财产安全关系不密切的水平评价类职业资格，要逐步调整退出目录，对其中社会通用性强、专业性强、技术技能要求高的职业（工种），可根据经济社会发展需要，实行职业技能等级认定。

（五）建立职业技能等级制度。建立并推行职业技能等级制度，由用人单位和社会培训评价组织按照有关规定开展职业技能等级认定。符合条件的用人单位可结合实际面向本单位职工自主开展，符合条件的用人单位按规定面向本单位以外人员提供职业技能等级认定服务。符合条件的社会培训评价组织可根据市场和就业需要，面向全体劳动者开展。职业技能等级认定要坚持客观、公正、科学、规范的原则，认定结果要经得起市场检验、为社会广泛认可。

（六）规范专项职业能力考核。根据脱贫攻坚、乡村振兴、农村转移劳动力培训等工作需要，开展专项职业能力考核工作。要结合新兴产业发展、地方特色产业需要和就业创业需求，选择市场需求大、可就业创业的最小技能单元（模块）进行专项职业能力考核，作为技能人才评价的重要补充。

三、健全技能人才评价标准

（七）建立健全评价标准。国家确定职业分类，依据职业分类，建立由国家职业技能标准、行业企业评价规范、专项职业能力考核规范等构成的多层次、相互衔接的职业标准体系，作为开展技能人才评价的依据。职业资格评价要依据国家职业技能标准组织开展；职业技能等级认定要依据国家职业技能标准或行业企业评价规范组织开展；专项职业能力考核要依据经备案的考核规范组织开展。推动成熟的行业企业评价规范和专项职业能力考核规范上升为国家职业技能标准。

（八）完善标准开发机制。国家职业技能标准由人力资源社会保障部会同有关行业部门组织制定并颁布。行业企业评价规范由行业组织和用人单位参照《国家职业技能标准编制技术规程》开发。专项职业能力考核规范按照有关规定组织开发。

（九）合理确定技能等级。按照国家职业技能标准和行业企业评价规范设置的职业技能等级，一般分为初级工、中级工、高级工、技师和高级技师五个等级。企业可根据需要，在相应的职业技能等级内划分层次，或在高级技师之上设立特级技师、首席技师等，拓宽技能人才职业发展空间。

四、完善评价内容和方式

（十）突出品德、能力和业绩评价。坚持把品德作为技能人才评价的首要内容，全面考察技能人才的工匠精神、职业道德、职业操守和从业行为，强化社会责任。坚持以能力、业绩、贡献为导向，注重考核岗位工作绩效，强化生产服务成果、创新成果和实际贡献。

（十一）实行分类评价。用人单位和社会培训评价组织要根据不同类型技能人才的工作特点，实行差别化技能评价。在统一的评价标准体系框架基础上，对技术技能型人才的评价，要突出实际操作能力和解决关键生产技术难题要求，并根据需要增加新知识、新技术、新方法等方面的要求。对知识技能型人才的评价，要围绕高新技术发展需要，突出掌握运用理论知识指导生产实践、创造性开展工作要求。对复合技能型人才的评价，应根据产业结构调整和科技进步发展，突出掌握多项技能、从事多工种多岗位复杂工作要求。

（十二）创新评价方式。用人单位和社会培训评价组织可结合实际，按规定综合运用理论知识考试、技能操作考核、业绩评审、竞赛选拔、企校合作等多种鉴定考评方式，克服唯学历、唯职称、唯论文倾向，提高评价的针对性和有效性。用人单位、技工院校坚持就业导向，自主开展职业技能等级认定，或委托社会培训评价组织进行职业技能等级认定。

五、加强监督管理服务

（十三）实行目录管理。建立技能人才评价工作目录管理制度并实行动态调整。动态发布新职业信息和国家职业技能标准。职业资格及实施机构由国家职业资格目录规定。职业技能等级认定工作实行目录管理，向社会公开。中央企业由人力资源社会保障部进行遴选，纳入职业技能等级认定目录，所属子公司、分公司等分支机构由所在地省级人力资源社会保障部门给予工作支持、兑现相应待遇并进行监管；其他用人单位由所在地省级人力资源社会保障部门进行遴选，纳入属地管理。社会培训评价组织由人力资源社会保障部进行遴选，纳入职业技能等级认定目录。

（十四）规范证书发放管理。职业资格证书按规定颁发。职业技能等级证书由用人单位和社会培训评价组织颁发，由人力资源社会保障部制定编码规则，规范证书（或电子证书）样式。按规定发放的职业资格证书和职业技能等级证书纳入人才统计和认定范围，作为落实有关人才政策的依据。

（十五）完善监督管理措施。各地要做好本地区技能人才评价工作的综合管理，通过现场督查、同行监督和社会监督，采取“双随机、一公开”和“互联网+监管”等方式，加强对用人单位和社会培训评价组织及其评价活动的监督管理。建立职业技能等级认定工作质量监控体系，健全用人单位和社会培训评价组织评估机制，定期组织评估，评估结果向社会公开。

（十六）加快政府职能转变。加大技能人才评价工作改革力度，进一步明确政府、市场、用人单位、社会组织等在人才评价中的职能定位，建立权责清晰、管理科学、协调高效的人才评价管理体制。改进政府人才评价宏观管理、政策法规制定、公共服务、监督保障等工作。推进人力资源社会保障部门所属职业技能鉴定中心职能调整，逐步退出具体认定工作，转向加强质量监督、提供公共服务等工作。鼓励支持社会组织、市场机构以及企业、院校等作为社会培训评价组织，提供技能评价服务。

各地区各部门要充分认识技能人才评价制度改革的重要性，将技能人才评价制度改革纳入重要议事日程，加强组织领导，结合实际制定具体办法并指导实施。要做好与职业资格相关政策的衔接过渡，稳慎有序推进改革。各地区各部门各有关方面要加强政策解读和舆论引导，积极回应社会关切，形成全社会关心支持参与技能人才评价制度改革的良好氛围。

人力资源社会保障部

2019年8月19日

人力资源社会保障部　司法部　财政部关于进一步加强劳动人事争议调解仲裁法律援助工作的意见

（人社部发〔2020〕52号）

各省、自治区、直辖市及新疆生产建设兵团人力资源社会保障厅（局）、司法厅（局）、财政厅（局）：

加强劳动人事争议调解仲裁法律援助工作（以下简称调解仲裁法律援助工作），保障符合条件的劳动者特别是贫困农民工及时获得法律援助服务，对于维护劳动者合法权益、确保法律正确实施、促进社会公平正义具有重要意义。近年来，一些地方主动采取措施加强调解仲裁法律援助工作，取得了良好效果。但与人民群众日益增长的法律援助需求相比，调解仲裁法律援助工作还存在协作机制有待健全、保障机制不够完善等问题。为认真落实中央关于全面推进依法治国的重大战略部署，统筹推进疫情防控与经济社会发展，加快处理各类涉疫情劳动人事争议，进一步满足人民群众特别是贫困劳动者对调解仲裁法律援助工作的需要，根据中央关于完善法律援助制度的有关精神和《法律援助条例》相关规定，现就进一步加强调解仲裁法律援助工作提出如下意见。

一、建立健全调解仲裁法律援助协作机制。人力资源社会保障行政部门、劳动人事争议仲裁院（以下简称仲裁院）和司法行政机关、法律援助机构要建立完善调解仲裁法律援助协作工作机制，切实加强调解仲裁法律援助工作。人力资源社会保障行政部门和仲裁院要充分发挥处理劳动人事争议的专业优势，司法行政机关和法律援助机构要加强法律援助业务指导，提升规范化服务水平。仲裁院可以引导当事人通过拨打“12348”公共法律服务热线或登录法律服务网等方式进行法律咨询，帮助符合法律援助条件的农民工和困难职工申请法律援助；法律援助机构要在仲裁院公示法律援助机构办公地址、法律援助申请材料和工作流程等信息。有条件的地方，司法行政机关可以根据工作需要在当地仲裁院设立法律援助工作站，或在当地公共法律服务中心设立调解仲裁法律援助窗口。人力资源社会保障部门要为设立在当地仲裁院的法律援助工作站提供工作场所，配备办公设备、服务设施等。财政部门要完善调解仲裁法律援助经费保障机制，省级财政要提供经费支持，市、县级财政要将法律援助经费纳入同级财政预算，根据地方财力和办案量合理安排经费，适当提高法律援助补贴标准并及时支付。

二、扩大调解仲裁法律援助范围。在法律援助对象上，司法行政机关要综合考虑当地法律援助资源供给状况、困难群众法律援助需求等因素，推动法律援助逐步覆盖低收入劳动者，重点做好农民工、工伤职工和孕期、产期、哺乳期（以下简称“三期”）女职工的调解仲裁法律援助工作。在法律援助事项上，司法行政机关要在《法律援助条例》规定的请求支付劳动报酬、给予社会保险待遇等事项基础上，推动有条件的地方将经济补偿、赔偿金等涉及劳动保障事项纳入法律援助补充事项范围。在仲裁院设立法律援助工作站的，工作站可以配合仲裁院开展法律知识宣讲、以案释法等活动，引导劳动者依法维权。

三、规范调解仲裁法律援助程序。加强调解仲裁法律援助工作标准化规范化建设，建立健全调解仲裁法律援助工作机制。在仲裁院设立法律援助工作站的，对来访咨询，工作站接待人员应当登记受援人基本信息和联系方式，全面了解案件事实和受援人法律诉求，对咨询事项符合法律援助条件的，应当告知其申请法律援助的条件和程序，指导其申请法律援助；对咨询事项不属于法律援助的，应当为受援人提出法律建议；对咨询事项不属于法律问题或者与法律援助无关的，告知受援人应咨询的部门或渠道。

四、健全便民服务机制。简化审查程序，对建档立卡贫困劳动者和申请支付劳动报酬、工伤赔偿的农民工，免予经济困难审查。开辟法律援助“绿色通道”，对农民工、工伤职工、“三期”女职工等重点服务对象申请法律援助的，加快办理进度，有条件的当日受理、当日转交。对情况紧急的集体劳动争议案件，可以先行提供法律援助，事后补交申请材料、补办相关手续。

五、加强组织领导。各地要将开展调解仲裁法律援助工作作为完善劳动人事争议多元处理机制的重要工作来抓，将其纳入当地为民办实事清单。人力资源社会保障部门与司法行政部门要加强沟通协调和工作对接，形成工作合力。要建立健全联席会议、工作信息通报机制，定期交流工作情况，总结推广经验做法，共同研究解决工作中遇到的问题。要加强监督管理，对调解仲裁法律援助工作站履行职责、服务质量、工作绩效、规范化建设等加强指导监管。鼓励和支持社会力量通过多种方式依法有序参与调解仲裁法律援助工作。

人力资源社会保障部

司法部　财政部

2020 年 6 月 22 日

人力资源社会保障部关于进一步加强高技能人才与专业技术人才职业发展贯通的实施意见

（人社部发〔2020〕96号）

各省、自治区、直辖市及新疆生产建设兵团人力资源社会保障厅（局），中央和国家机关各部委、各直属机构人事部门，各中央企业人事部门：

为打通高技能人才与专业技术人才职业发展通道，加强创新型、应用型、技能型人才培养，在总结工程技术领域试点工作基础上，现就进一步加强高技能人才与专业技术人才职业发展贯通提出如下实施意见。

一、总体要求

（一）指导思想

以习近平新时代中国特色社会主义思想为指导，全面贯彻党的十九大和十九届二中、三中、四中、五中全会精神，牢固树立新发展理念，破除束缚人才发展的体制机制障碍，大力弘扬劳模精神、劳动精神、工匠精神，探索建立理论与实践相结合、技术与技能相促进的人才评价使用激励机制，激发高技能人才创新活力，为实施制造强国战略和推动高质量发展提供有力人才支撑。

（二）基本原则

1. 坚持突出重点。适应技术技能人才融合发展趋势，以高技能人才为重点，打破专业技术职称评审与职业技能评价界限，创新技术技能导向的评价机制，拓宽技术技能人才发展通道，促进两类人才融合发展。

2. 坚持问题导向。聚焦人才职业发展中"独木桥"、"天花板"问题，推进职称制度与职业资格、职业技能等级制度有效衔接，支持高技能人才参加职称评审和职业资格考试，鼓励专业技术人才参加职业技能评价，搭建两类人才成长立交桥。

3. 坚持科学评价。进一步破除唯论文、唯学历、唯资历、唯奖项倾向，强化技术技能贡献，突出工作业绩，保持两类人才评价标准大体平衡，适当向高技能人才倾斜，让各类人才价值得到充分尊重和体现。

4. 坚持以用为本。立足实际工作岗位需要，充分发挥用人单位主体作用，促进人才评价与培养使用激励等措施相互衔接，着力提高技能人才待遇水平，营造有利于人才成长和发挥作用的制度环境。

二、主要措施

（一）扩大贯通领域。

以支持高技能人才参加工程系列职称评审为工作重点，将贯通领域扩大为工程、农业、工艺美术、文物博物、实验技术、艺术、体育、技工院校教师等职称系列。支持高技能人才取得经济、会计、统计、审计、翻译、出版、通信、计算机技术与软件等专业技术人员职业资格。各地区、各有关部门可在职业分类基础上，根据实际情况研究制定新兴职业、新兴领域贯通办法，明确高技能人才参加职称评审的专业对应关系。

（二）完善高技能人才职称评价标准。

1. 淡化学历要求。对两类人才贯通的职称系列，具备高级工以上职业资格或职业技能等级的技能人才，均可参加职称评审，不将学历、论文、外语、计算机等作为高技能人才参加职称评审的限制性条件。按照国家有关规定取得高级工职业资格或职业技能等级后从事技术技能工作满 2 年，可申报评审相应专业助理级职称；取得技师职业资格或职业技能等级后从事技术技能工作满 3 年，可申报评审相应专业中级职称；取得高级技师职业资格或职业技能等级后从事技术技能工作满 4 年，可申报评审相应专业副高级职称。高技能人才参加职称评审应在现工作岗位上近 3 年年度考核合格。

2. 强化技能贡献。高技能人才参加职称评审突出职业能力和工作业绩，注重评价科技成果转化应用、执行操作规程、解决生产难题、参与技术改造革新、工艺改进、传技带徒等方面的能力和贡献。技能竞赛获奖情况、行业工法、操作法、完成项目、技术报告、经验总结、行业标准等创新性成果均可作为职称评审的重要内容。

3. 建立绿色通道。对为国家经济发展和重大战略实施作出突出贡献，具有绝招、绝技、绝活，并长期坚守在生产服务一线岗位工作的高技能领军人才，采取特殊评价办法，建立职称评审绿色通道。获得中华技能大奖、全国技术能手，担任国家级技能大师工作室带头人，享受省级以上政府特殊津贴的高技能人才，或各省（区、市）人民政府认定的“高精尖缺”高技能人才，可直接申报评审正高级或副高级职称。各地区、各有关单位可结合实际情况制定具体办法。

（三）创新高技能人才职称评价机制。

综合采用理论知识考试、技能操作考核、业绩评审、面试答辩、竞赛选拔等多种方式评价高技能人才。支持有条件的地区和单位对高技能人才单独分组、单独评审。支持高技能人才密集、技术实力较强、内部管理规范的规模以上企业自主开展高技能人才职称评审。积极吸纳优秀高技能人才参加相关职称评审委员会、专家库，参与制定评价标准。

（四）鼓励专业技术人才参加职业技能评价。

符合职业技能评价条件的专业技术人才，可按有关规定申请参加相应职业（工种）的职业技能评价。专业技术人才取得助理级、中级、副高级职称，累计工作年限达到申报条件的，可分别申请参加与现岗位相对应职业（工种）的高级工、技师、高级技师职业技能评价。取得职业资格或职业技能等级 1 年后，可按累计工作年限申报相应职业（工种）晋级评价。专业技术人才参加职业技能评价，注重操作技能考核。具有所申报职业相关专业毕业证书的，可免于理论知识考试。具有相应职业（工种）技能等级水平的优秀人才可直接申报该职业（工种）的职业技能等级评价。用人单位可根据国家职业技能标准和行业企业评价规范，结合本单位实际，制定本单位专业技术人才参加职业技能评价的标准条件。

（五）加强评价制度与用人制度衔接。

高技能人才依据技术技能水平自愿参加职称评审，鼓励取得职称的高技能人才坚守在生产服务一线。探索建立企业内部技能岗位等级与管理、技术岗位序列相互比照，专业技术岗位、经营管理岗位、技能岗位互相衔接机制。各类企业对在聘的高级工、技师、高级技师在学习进修、岗位聘任、职务职级晋升、评优评奖、科研项目申报等方面，比照相应层级专业技术人员享受同等待遇。鼓励用人单位研究制定高技能领军人才职业发展规划，实行高技能领军人才年薪制、股权期权激励，设立高技能领军人才特聘岗位津贴、带徒津贴等，按实际贡献给予高技能人才绩效奖励，切实提高高技能人才待遇水平。

三、有关要求

（一）加强组织领导。建立高技能人才与专业技术人才职业发展通道是提高技能人才待遇和地位的重要举措，是进一步巩固党的执政基础的重要举措。各级人力资源社会保障部门要高度重视，加强领导，聚焦关键问题，形成工作合力，结合实际抓好高技能人才职称评审工作。

（二）强化监督指导。各级人力资源社会保障部门要把两类人才职业发展贯通作为加强高技能人才队伍建设的重要任务来抓，采取切实管用的措施，加大工作力度，指导各地、各有关单位有序开展工作，确保各项政策措施取得实效。

（三）加强宣传引导。各地区、各有关单位要加强宣传引导，做好政策解读，提高用人单位积极性，引导两类人才积极参与。大力宣传两类人才贯通的典型经验，强化引领和示范作用，营造良好氛围。

本意见自印发之日起施行。

人力资源社会保障部

2020 年 12 月 28 日

人力资源社会保障部 财政部 国务院国资委 中华全国总工会 全国工商联关于印发《关于全面推行中国特色企业新型学徒制加强技能人才培养的指导意见》的通知

（人社部发〔2021〕39号）

各省、自治区、直辖市及新疆生产建设兵团人力资源社会保障厅（局）、财政厅（局）、国资委、总工会、工商联：

现将《关于全面推行中国特色企业新型学徒制 加强技能人才培养的指导意见》印发给你们，请结合本地工作实际，认真贯彻执行。

人力资源社会保障部 财政部
国务院国资委 中华全国总工会
全国工商联
2021年6月8日

关于全面推行中国特色企业新型学徒制加强技能人才培养的指导意见

为贯彻落实党的十九届五中全会精神，加强新时代技能人才培养，现就全面推行中国特色企业新型学徒制提出以下指导意见。

一、指导思想

以习近平新时代中国特色社会主义思想为指导，全面贯彻党的十九大和十九届二中、三中、四中、五中全会精神，深入贯彻落实《新时期产业工人队伍建设改革方案》，以高质量发展为引领，以深化企业改革、加大技能人才培养为宗旨，以满足培育壮大发展新动能、促进产业转型升级和提高企业竞争力为根本，以产教融合、校企合作为重要手段，持续实施职业技能提升行动，面向企业全面推行新型学徒制培训，创新中国特色技能人才培养模式，进一步扩大技能人才培养规模，为实现高质量发展提供有力的人才和技能支撑。

二、基本原则

——坚持需求导向。坚持以满足高质量发展、适应产业变革、技术变革、组织变革和企业技术创新需求为目标，瞄准企业人力资源价值提升需求，面向企业技能岗位员工开展企业新型学徒制培训，满足人岗匹配和技能人才队伍梯次发展需要。

——坚持终身培训。进一步健全终身职业技能培训制度，支持企业职工在职业生涯发展的不同阶段通过多种方式，灵活接受职业技能培训，不断提高职工岗位技能，畅通技能人才职业发展通道。

——坚持校企政联动。在充分发挥企业培训主体作用和院校教育培训优势的基础上，各地人力资源社会保障部门要加强组织管理和协调服务，有序高效开展企业新型学徒制培养工作。

——坚持以用为本。充分利用企业新型学徒制培养成果，积极为企业新型学徒提升技能、干事创业提供机会和条件。鼓励企业新型学徒参与技术革新、技术攻关，在技能岗位发挥关键作用。

三、目标任务

按照政府引导、企业为主、院校参与的原则，在企业全面推行新型学徒制培训，进一步发挥各类企业主体作用，通过企校合作、工学交替方式，组织企业技能岗位新入职、转岗员工参加企业新型学徒制培训，力争使企业技能岗位新入职员工都有机会接受高质量岗前职业技能培训；力争使企业技能岗位转岗员工都有机会接受转岗转业就业储备性技能培训，达到“转岗即能顶岗”。以企业新型学徒制培训为引领，促进企业技能人才培养，不断提升企业技术创新能力和企业竞争力。

四、主要内容

（一）培养对象和培养模式。以至少签订 1 年以上劳动合同的技能岗位新招用和转岗等人员为主要培养对象，企业可结合生产实际自主确定培养对象。发挥企业培养主体作用，培养和评价“双结合”，企业实训基地和院校培训基地“双基地”，企业导师和院校导师“双导师”培养模式，大型企业可依托本企业培训中心等采取“师带徒”的方式，开展企业新型学徒制培养工作。

（二）培养目标和主要方式。学徒培养目标以符合企业岗位需求的中级工、高级工及技师、高级技师为主。培养期限为1—2年，特殊情况可延长到3年。各类企业特别是规模以上企业可结合实际需求和学徒职业发展、技能提升意愿，采用举办培训班、集训班等形式，采取弹性学制和学分制等管理手段，按照“一班一方案”开展学徒培训。中小微企业培训人员较少的情况，可由地方工商联及所属商会，会同当地人力资源社会保障部门根据培训职业，统一协调和集中多个中小微企业人员开展培训。

（三）培养内容。根据产业转型升级和高质量发展要求，紧扣制造强国、质量强国、数字中国建设之急需和企业未来技能需求，依据国家职业技能标准和行业、企业培训评价规范开展相应职业（工种）培训，积极应用“互联网+”、职业培训包等培训模式。加大企业生产岗位技能、数字技能、绿色技能、安全生产技能和职业道德、职业素养、工匠精神、质量意识、法律常识、创业创新、健康卫生等方面培训力度。

（四）培养主体职责。企业新型学徒培养的主要职责由所在企业承担。企业应与学徒签订培养协议，明确培训目标、培训内容与期限、质量考核标准等内容。同一批次同类职业（工种）可签订集体培养协议。企业委托培训机构承担学徒的部分培训任务，应与培训机构签订合作协议，明确培训的方式、内容、期限、费用、双方责任等具体内容，保证学徒在企业工作的同时，能够到培训机构参加系统的、有针对性的专业知识学习和相关技能训练。

五、激励机制

（一）完善经费补贴政策。对开展学徒培训的企业按规定给予职业培训补贴，补贴资金从职业技能提升行动专账资金或就业补助资金列支。补贴标准由各市（地）以上人力资源社会保障部门会同财政部门确定，学徒每人每年的补贴标准原则上5000元以上，补贴期限按照实际培训期限（不超过备案期限）计算，可结合经济发展、培训成本、物价指数等情况定期调整。企业在开展学徒培训前将有关材料报所在地人力资源社会保障部门备案，备案材料应包括培训计划、学徒名册、劳动合同复印件及其他相关材料（具体清单由所在地人力资源社会保障部门自行制定），经审核后列入学徒培训计划，并按规定向企业预支补贴资金。培训任务完成后，应向所在地人力资源社会保障部门及时提交职业资格证书（或职业技能等级证书、培训合格证书、毕业证书）编号或证书复印件、培训视频材料、培训机构出具的行政事业性收费票据（或税务发票）等符合财务管理规定的凭证，由相关部门按照符合补贴申领条件的人员数量，及时拨付其余补贴资金。企业可按照学徒社保缴纳地或就业所在地申领职业培训补贴。

（二）健全企业保障机制。学徒在学习培训期间，企业应当按照劳动合同法的规定支付工资，且工资不得低于企业所在地最低工资标准。企业按照与培训机构签订的合作协议约定，向培训机构支付学徒培训费用，所需资金从企业职工教育经费列支；符合有关政策规定的，由政府提供职业培训和职业技能鉴定补贴。承担带徒任务的企业导师享受导师带徒津贴，津贴标准由企业确定，津贴由企业承担。企业对学徒开展在岗培训、业务研修等企业内部发生的费用，符合有关政策规定的，可从企业职工教育经费中列支。

（三）建立奖励激励机制。充分发挥中华技能大奖获得者、全国技术能手、劳动模范、大国工匠等技能人才传帮带优势，充分利用技能大师（专家）工作室、劳模和工匠人才创新工作室等技能人才培养阵地，鼓励“名师带高徒”“师徒结对子”，激发师徒主动性和积极性。鼓励企业建立学徒奖学金、师带徒津贴（授课费、课时费），制定职业技术技能等级认定优惠政策，畅通企业间流通渠道。

六、保障措施

（一）加强组织领导。各级人力资源社会保障部门、财政部门、国资监管部门、工会以及工商联要进一步提高认识，增强责任感和紧迫感，把全面推行企业新型学徒制培训作为实施职业技能提升行动、加强高技能人才培养的重要内容，认真组织实施。要建立密切配合、协同推进的工作机制，加强组织领导，全面推动实施。国资监管部门、工商联要以重点行业、重要领域和规模以上企业为着力点，大力推行企业新型学徒制培训。

（二）协调推动实施。企业按属地管理原则纳入当地工作范畴，享受当地政策。各级人力资源社会保障部门要建立与企业的联系制度，做好工作指导。要主动对接属地中央企业，做好资金、政策的落实以及服务保障工作。要加大工作力度，加强工作力量，做好对各类企业特别是中小微企业新型学徒培训的管理服务工作。各企业要加强组织实施，建立人事（劳资）部门牵头，生产、安全、财务、工会等有关部门密切配合、协同推进的工作机制，制定工作方案，认真规划、扎实组织、全面推动。各技工院校要积极参加企业新型学徒培养工作，并将其作为校企合作的重要内容。

（三）加强考核评价。鼓励企业职工人人持证，推动企业全面自主开展技能人才评价，并将参加新型学徒制培训的人员纳入其中。指导企业将学徒技能评价融入日常企业生产活动过程中，灵活运用过程化考核、模块化考核和业绩评审、直接认定等多种方式，对学徒进行职业技能等级认定，加大学徒高级工、技师、高级技师评价工作。加大社会培训评价机构和行业组织的征集遴选力度，注重发挥工商联所属商会作用，大力推行社会化职业技能等级认定。

（四）加强宣传动员。广泛动员企业、院校、培训机构和职工积极参与学徒制培训，扩大企业新型学徒制影响力和覆盖面。强化典型示范，突出导向作用，大力宣传推行企业新型学徒制的典型经验和良好成效，努力营造全社会关心尊重技能人才、重视支持企业职工培训工作的良好社会氛围。

人力资源社会保障部关于印发技工教育“十四五”规划的通知

（人社部发〔2021〕86号）

各省、自治区、直辖市及新疆生产建设兵团人力资源社会保障厅（局）：

为深入贯彻习近平总书记关于大力发展技工教育的重要指示精神，落实中共中央办公厅、国务院办公厅印发的《关于推动现代职业教育高质量发展的意见》，推进技工教育高质量发展，根据《人力资源和社会保障事业发展“十四五”规划》要求，我部组织制定了《技工教育“十四五”规划》。现印发给你们，请结合实际，认真贯彻执行。

人力资源社会保障部

2021年11月5日

技工教育“十四五”规划

大力发展技工教育，扩大高技能人才培养规模，提高人才培养质量，对加快构建技能型社会、促进更加充分更高质量就业、推动经济高质量发展具有重要作用。本规划深入贯彻习近平总书记关于大力发展技工教育的重要指示精神，落实中共中央办公厅、国务院办公厅印发的《关于推动现代职业教育高质量发展的意见》，提出“十四五”期间技工教育发展的总体要求，明确主要目标和重点任务，是推动技工教育高质量发展的指导文件。

一、发展环境

党中央、国务院高度重视技能人才工作，要求大力发展技工教育，办好技工院校。“十三五”时期，各级人力资源社会保障部门深入贯彻党中央、国务院决策部署，坚持改革创新，攻坚克难，推动技工教育发展。技工院校高技能人才培养和职业技能培训规模逐步扩大。截至2020年底，全国有技工院校

2423 所（其中技师学院 496 所），在校生 395.5 万人，每年面向社会开展职业培训超过 400 万人次。脱贫攻坚期间，全国技工院校累计招收建档立卡贫困家庭子女超 36 万人。技工教育办学质量及社会影响力不断提升。

“十四五”时期，我国将开启全面建设社会主义现代化国家新征程，党和国家高度重视技工教育，经济社会发展对高素质技能人才具有广泛需求，为技工教育发展提供了良好机遇和广阔空间。与此同时，技工教育仍面临困难挑战。技能人才培养规模和质量需要进一步加强，发展不平衡问题比较突出。技工教育必须围绕国家重大战略部署，瞄准科技革命、产业变革和促进就业需求，从已有条件和自身特点出发，科学规划，深化改革，创新发展，加快技能人才培养，满足高质量发展需求。

二、总体要求

（一）指导思想

以习近平新时代中国特色社会主义思想为指导，深入贯彻党的十九大及十九届二中、三中、四中、五中全会精神，落实党中央、国务院决策部署，坚持党的领导，坚持正确办学方向，坚持立德树人，以促进就业创业、服务企业行业、服务经济高质量发展为目标，深化技工院校改革，推进办学模式创新，加强高技能人才和能工巧匠培养，注重德技并修、多元办学、校企合作、提质培优，实现创新发展，建设现代技术工人培养体系，培养德智体美劳全面发展的社会主义建设者和接班人，为全面建设社会主义现代化国家提供高素质技能人才支撑。

（二）主要目标

到 2025 年，基本形成技工教育体系更加完善、布局更加合理、特色更加突出、技能人才培养规模和质量更加契合经济社会发展需要的良好局面。技工院校发展成为开展学制教育和职业培训服务技能人才成长的重要平台、现代职业教育体系的重要组成、构建技能型社会建设的重要依托。技工教育办学模式更加成型，专业设置、课程开发和教材建设更加符合企业需求，人才培养质量稳步提升，毕业生就业率稳定在较高水平，面向社会开展学制教育、职业培训、公共实训、技能评价、竞赛集训、就业服务、创业孵化等技能人才全方位服务。技工教育吸引力和人才培养质量显著提高，服务实施新时代人才强国战略的功能进一步增强。

专栏 1:“十四五”时期主要指标

指标	2025 年
1. 在校生规模(万人)	>360
2. 毕业生就业率(%)	>97
3. 培养培训高技能人才(万人)	>[200]
4. 面向企业职工和就业重点群体开展职业技能培训(万人次)	>[2000]

注:[ ] 内为五年累计数。

三、推进全面落实立德树人根本任务

(三)加强党的全面领导

以习近平新时代中国特色社会主义思想为指导,以习近平总书记关于技能人才的重要指示武装头脑、指导实践、推动工作。加强技工院校党组织建设,促进学校各级党组织组织力全面提升。充分发挥党组织在技工院校的领导核心和政治核心作用,牢牢把握学校意识形态工作领导权,将党建工作与学校事业发展同部署、同落实、同考评。依靠工会、共青团、妇联、关工委、社区以及相关社会团体,与院校所在地的党政机关、企事业单位、部队等建立紧密联系,协同推进加强学校党建工作,以高质量党建引领学校发展。

(四)加强思想政治教育

坚持为党育人为国育才,把立德树人作为检验学校一切工作的根本标准。提高思想政治理论课质量和实效,深入推进习近平新时代中国特色社会主义思想进教材、进课堂、进头脑。将思想政治理论课作为立德树人关键课程,同时加强其他课程思想政治建设,实现思想政治教育、知识传授、技能培养融合统一。开齐开足开好思想政治理论课,引导学生树立正确的世界观、人生观、价值观。做好思想政治、语文、历史三科统编教材使用。加强技工院校思想政治理论课师资队伍建设,遴选 30 个左右技工教育思想政治理论课师资研修基地。深入推进法治、国家安全、生态文明和国防教育。

(五)突出综合素质和通用能力培养

弘扬劳模精神、劳动精神和工匠精神,把劳动教育纳入公共课必修课程,加强学生劳动实践和实习实训。将劳动素养纳入学生综合素质评价体系,把劳动素养评价结果作为评优评先的重要参考。以实习实训课为主要载体开展劳动教育,其中劳模精神、劳动精神、工匠精神专题教育不少于每学年 16 学时。鼓励院校与企业等社会团体合作,共建共享劳动教育实践基地。按照国家课程方案和课程标准，开足开齐体育、美育课程，规范开展心理健康教育和服务。

四、切实提高高技能人才培养能力

（六）完善技工院校高技能人才培养体系

加强规划引导，推动形成技师学院、高级技工学校、技工学校梯次发展、有序衔接、布局合理的技工教育体系。技师学院是优化技工教育结构和培育大国工匠、能工巧匠的重要载体，重点培养技师、预备技师、高级工等高技能人才。高级技工学校主要承担高级工、中级工培养任务，技工学校主要承担中级工培养任务。修订技工院校设置标准，完善晋级和退出机制。落实技工院校实施学制教育和职业培训并举的法定职责，组织开展第二轮职业训练院建设试点，拓展评价鉴定、职业技能等级认定、公共实训、技能竞赛、师资研修、就业服务等功能，为技能人才成长提供全方位多层次服务。

专栏 2：优质技工院校建设计划

1. 以技师学院为重点，在全国遴选 300 所左右优质技工院校、500 个左右优质专业，发挥优质院校和优质专业示范引领和辐射带动作用，打造技工教育特色品牌。

2. 支持依托优质技工院校建设国家级、省市级高技能人才培训基地、公共实训基地、世界技能大赛集训基地，承办国家级、省级技能大师工作室带头人交流活动，举办区域或行业高技能人才研修交流活动。

3. 引导优质技工院校积极参与教育强国推进工程，建设高水平、专业化产教融合实训基地，中央预算内投资按规定予以支持。

（七）巩固招生规模

面向应往届初高中毕业生、企业职工等各类群体组织开展招生工作。积极推进技工院校纳入职业教育统一招生平台，多举措多渠道扩大技工院校招收高中毕业生、退役军人、脱贫家庭新成长劳动力和农村转移劳动力。组织有技能提升需求的未就业高校毕业生就读技工院校。鼓励各地发挥基层就业服务站作用，广泛利用网站、微信等各种渠道资源，做好招生宣传，进行生源摸底，抓好报名动员组织等工作。坚持线上招生和线下招生多措并举，发挥多种招生渠道优势。规范招生秩序，定期清理并对外公开招生资质。将技工院校年度招生工作纳入人力资源和社会保障事业发展计划，加大组织落实和调度工作力度。

（八）全面开展职业技能培训

组织技工院校全方位参与职业技能提升行动各类培训计划，承担培训任务，开展补贴性培训和市场化社会培训，不断扩大培训规模，提升培训质量，按规定落实培训补贴。引导技工院校普遍设立企业培训工作站，开展职业培训包示范培训和订单定岗定向培训企业职工技能提升。突出高技能实训特色，重点围绕高精尖缺职业（工种），面向企业职工和高校毕业生等就业重点群体提供高端技能培训。加强新兴产业、智能制造、现代服务业等领域职业技能培训。针对承担职业培训任务较重的技工院校，在原总量基础上及时核增所需绩效工资总量。允许技工院校将一定比例的培训收入纳入学校公用经费，教师培训工作量可按一定比例折算成全日制学生培养工作量。完善技工院校绩效工资分配激励机制，进一步落实单位内部分配自主权。

（九）实施企业新型学徒培养计划

大力开展中国特色企业新型学徒制培训，面向企业职工开放技工院校一年以上非全日制学籍注册通道。依托校企深度合作的技师学院，联合产业龙头企业、行业头部企业建设产业学院。探索推行弹性学制，通过工学交替、校企双师联合培养高级工、预备技师和技师。依托技工院校创建或与企业共建技能大师工作室、组织技师研修交流、校企联合开展科技攻关和技术革新项目等方式合作培养培训高技能人才。聚焦新产业、新技术、新职业发展方向，开展企业技师培养培训。

（十）推进职业技能等级认定工作

在技工院校全面推行职业技能评价，支持帮助学生获取职业资格证书或职业技能等级证书。支持技工院校依托合作企业为学生提供职业技能等级认定服务。经人力资源社会保障部门备案，将具备条件的技工院校培育为社会培训评价机构，面向各类就业群体提供培训评价服务，按规定颁发职业技能等级证书。支持技工院校学生通过参加各级各类职业技能竞赛，获得职业技能等级证书。

五、大力加强校企合作

（十一）支持企业等各方面力量举办技工教育

发挥市场机制作用，鼓励社会各方面力量兴办技工教育。发挥龙头企业、大型企业重要办学主体作用，积极推动企业和优质技工院校多元主体组建技工教育集团。对于确需移交的行业、企业办技工院校，各级人力资源社会保障部门要积极创造条件做好接管工作。大力支持民办技工院校发展，鼓励各类办学主体通过独资、合资、合作等多种形式举办民办技工院校。探索发展股份制、混合所有制技工院校。推动技工院校在企业设立实习实训基地、企业在技工院校建设培训基地。

（十二）持续拓展校企合作形式和内容

主动吸纳行业企业深度参与技工院校专业规划、课程设置、教材开发、教学实施，合作共建新专业、开发新课程、开展订单培养。搭建校企合作平台，促进院校人才培养与企业用人需求紧密结合。指导技工院校推进专业设置与产业需求对接，课程内容与职业标准对接，教学过程与工作过程对接。促进校企共同招生招工、共商专业规划、共议课程开发、共组师资队伍、共创培养模式、共建实习基地、共搭管理平台、共评培养质量，形成“人才共有、过程共管、成果共享、责任共担”的校企合作办学制度。

（十三）推动校企合作服务职工技能提升

鼓励引企驻校、引校进企、校企一体等方式，带动各类企业参与校企合作。鼓励技工院校与企业联合开发优质教育资源，推动发展“互联网＋教育培训”模式。鼓励技工院校与企业共同组织开展基于工作场所的学习活动，积极为企业提供知识讲座、课程资源开发、技术辅导等服务，以多种形式参与企业培训机构的建设。支持企业接收学生实习实训，引导企业按岗位总量的一定比例设立学徒岗位。鼓励技工院校的院系与企业车间、班组结对子，建立校企合作的学习团队，通过多种教育培训服务供给，为职工提供终身技能提升服务。

专栏3：校企合作引领计划

1. 积极探索组建区域性、行业性等多类型技工教育联盟，打造100个左右技工教育联盟（集团）。

2. 编制技工院校校企合作指南，推广汇编典型案例和优秀经验。结合职业技能竞赛等交流活动搭建校企合作对接平台。

3. 支持集团化办学、引企入校、企业办学等多种校企合作模式，加强对参与举办技工教育的大中型企业的服务指导，支持打造产教融合型企业。

4. 把校企合作成效作为评价技工院校办学质量的重要内容，纳入技工院校评价体系，对校企合作成效显著的院校在相关项目建设方面予以倾斜和支持。

六、推进技工教育高质量协调发展

（十四）优化区域发展布局

优化区域资源配置，推动部省共建，持续深化技工教育东西部协作。引导支持产业和人口集中度较高地区建好办好技师学院，结合实际，在地级城市及经济发达县市建好技工院校。实施国家乡村振兴重点帮扶地区职业技能提升工程，聚焦国家乡村振兴重点帮扶地区，综合考虑大型特大型易地扶贫搬迁安置区技能培训需求，支持提升一批技工院校和职业培训机构，培育一批劳务技能品牌，培养一批高技能人才，办好全国乡村振兴技能大赛，更好发挥对培训的引领带动作用。健全人社领域常态化帮扶机制，加大东西部职业技能开发对口协作力度，对西藏、南疆四地州等地技工院校予以重点帮扶。

专栏4：技工教育援助帮扶计划

1. 聚焦国家乡村振兴重点帮扶地区，综合考虑大型特大型易地扶贫搬迁安置区技能培训需求，支持生源数量较充足、具备发展技工教育条件地区，依托现有资源，新建、改（扩）建100个左右技工院校和职业培训机构。

2. 加强对口帮扶，统筹推动西藏建立起1+6技工教育体系（即西藏技师学院+6个地市技工院校或分校、教学点）。

3. 以南疆四地州为重点，加大技工教育对口援疆力度，在“一县一技校”基础上，持续提升办学实力，实现“一校一特色专业”。

（十五）加强专业建设、课程开发、教学教研和理论研究

加强专业建设和教学改革，完善修订技工院校专业目录并实行动态调整。支持和引导各地技工院校建设一批符合国家战略需要、与当地主导产业发展相匹配的特色专业。紧密对接产业升级和技术变革趋势，优先发展先进制造、新能源、新材料、现代农业、现代信息技术、生物技术、人工智能等产业需要的一批新兴专业，加快建设护理、康养、家政等一批人才紧缺的专业，改造升级钢铁冶金、化工医药、建筑工程、轻纺制造等一批传统专业，撤并淘汰供给过剩、就业率低、职业岗位消失的专业，鼓励学校开设更多紧缺的、符合市场需求的专业，形成紧密对接产业链、创新链的专业体系。构建以国家技能人才培养标准、公共课课程标准、大类通用专业课课程标准、专业课程规范及专业教学标准等组成的技工教育教学标准体系。加快技能人才培养标准和一体化课程规范开发。充分发挥各级教研机构作用，加强教研机构建设，加大研究工作力度，加强课程开发。做好技工教育理论研究，及时总结技工教育办学规律和人才培养模式。组织优秀教研成果展示交流活动，汇编推广技工教育优秀教研科研成果。

（十六）加强教材管理和开发

强化教材建设国家事权，贯彻党和国家教材工作总体要求和《职业院校教材管理办法》，落实《技工院校教材管理工作实施细则》。推进技能人才培养标

准、专业教学标准和教材建设紧密结合，丰富教材品种和形式、提高质量。实施教材开发更新和使用推进计划，重点做好一体化教材和世赛成果转化教材开发。认真执行部颁教学标准，完善规划教材目录，加强教材宣传和使用情况检查督导。

（十七）深化就业创业服务

加强技工院校与公共就业和人力资源服务机构、用人单位合作，共同组织开展招聘会、就业创业指导等多样化服务。按规定落实在就业、参加机关企事业单位招聘等方面与普通学校毕业生同等对待的要求。完善全国技工院校毕业证书查询系统，推动与有关部门间信息互联互认。推动技工院校毕业生按规定享受就业创业、参军入伍等相关政策，中级工班、高级工班、预备技师（技师）班毕业生按规定分别按照中专、大专、本科学历落实职称评审、事业单位公开招聘等有关政策。加强创业创新培训师资培养，推动技工院校创业创新培训。鼓励各地支持有条件的技工院校建立创业孵化基地等创业服务载体。定期举办全国技工院校学生创业创新大赛，鼓励技工院校师生积极参与中国创翼等各类创业创新大赛。

（十八）强化一体化师资队伍建设

推进技工院校教师职称制度改革，把师德师风作为评价教师队伍素质的第一标准并贯穿教师管理全过程。会同有关部门制定一体化教师标准，完善教师招聘、专业技术职务评聘和绩效考核标准。技工院校可在教职工总额中安排一定比例或者通过流动岗位等形式，用于面向社会和企业聘用高技能人才等担任兼职教师。技工院校公开招聘生产实习指导教师时，岗位所需条件可设置为专科毕业生或技工院校高级工班毕业生、大学本科毕业生或预备技师（技师）班毕业生。对优秀高技能人才，可按照国家有关规定直接通过考察的方式公开招聘到技工院校与所获技能奖项相关的岗位任教。

专栏5：技工教育质量提升计划

1. 组建全国技工教育和职业培训教学指导委员会，开发大类通用专业课课程标准和主体专业课程规范。加大技工院校公共课课程改革创新力度，扩大通用职业素质课程实验范围。开发遴选技能人才培养标准和课程规范，推进工学一体化教学改革。

2. 推进优质教材和数字资源共建共享，加大新专业、新职业教材开发力度，规范教材编写、审核和使用管理。推动世界技能大赛标准和成果转化。开发、遴选1500种左右技工教育规划教材。

3. 建设全国统一的技工教育数字资源服务平台，加快技工教育网建设与发展，促进共建共享。遴选100所左右技工教育数字化资源建设与应用优秀院校。

4.实施一体化师资专项培训计划，扩大技工院校网络师资研修覆盖范围，分级打造师德高尚、技艺精湛、育人水平高超的教学名师、专业带头人、青年骨干教师等高层次人才队伍。遴选50个左右一体化师资研修基地，构建技工院校师资研修平台。定期举办全国技工院校教师职业能力大赛。

（十九）规范各项基础管理工作

修订技工院校学生学籍管理办法，实行全日制和非全日制学籍分类注册管理的制度并加强监督管理。调整改版技工院校毕业证书，将中级工班、高级工班、预备技师（技师）班等信息在毕业证书上予以明确体现，为毕业生各项政策待遇落实提供支持。鼓励有条件的地区探索弹性学制、学分制管理，支持学生积极参加社会实践、创业创新、竞赛活动。健全学校招生管理、教学管理、实习管理等内部管理制度。建立完善技工院校学生资助管理工作体系，健全学生资助管理机构，提高规范化管理水平。加强学生心理素质教育，积极推进校园文化建设和网络安全管理。加强安全教育宣传，完善联防联控和安全应急管理机制。完善学生实习管理制度，进一步规范学生实习管理工作。积极探索实习生参加工伤保险办法，加快发展学生实习实训责任保险和人身意外伤害保险，严禁向学生违规收取实习实训费用，加强学生实习权益保障。

七、保障措施

（二十）加强组织领导

各级人力资源社会保障部门要认真贯彻落实党中央、国务院部署要求，高度重视本规划的组织实施。要依据本规划，结合实际条件，细化具体任务目标和推进措施，有序推进规划落实。充分依托人才工作领导小组、就业工作领导小组、职业教育联席会议等工作领导机制，协调加大技工教育整体领导支持力度，确保完成本地区规划任务。

（二十一）密切协调合作

各地要从产业发展、经济社会建设的总体要求出发，将技工教育发展纳入本地区“十四五”经济社会发展的总体规划，统一筹划，合理布局，协调实施。要加强与发改、财政、教育等部门及行业企业的协调配合，整合各类相关社会资源，调动各方面积极性，形成社会合力，共同推进技工教育改革发展。

（二十二）优化发展环境

认真贯彻《中华人民共和国职业教育法》，切实落实《关于提高技术工人待遇的意见》，畅通高技能人才与专业技术人才职业发展通道。强化工资收入分配的技能价值激励导向。挖掘宣传基层和一线技能人才成长成才，通过辛勤劳动过上幸福美好生活的典型事迹，深入开展世界青年技能日、职业教育活动周、“技能中国行”等主题宣传，弘扬劳动光荣、技能宝贵、创造伟大的时代风尚和精益求精的敬业风气。

（二十三）落实监督指导

各级人力资源社会保障部门要强化主体责任，层层压实责任，完善规划实施情况监测、评估和绩效考核机制，实行动态跟踪指导，定期组织检查评估。定期总结规划实施工作，推广先进经验，认真研究规划实施过程中出现的情况和问题，调整完善政策措施，抓好任务落实。

人力资源社会保障部　国家发展改革委　财政部　商务部　市场监管总局关于推进新时代人力资源服务业高质量发展的意见

（人社部发〔2021〕89号）

各省、自治区、直辖市及新疆生产建设兵团人力资源社会保障厅（局）、发展改革委、财政厅（局）、商务主管部门、市场监管局（厅、委）：

人力资源服务业是为经济社会发展提供人力资源流动配置服务的现代服务业重要门类，对促进社会化就业、更好发挥我国人力资源优势、服务经济社会发展具有重要意义。党的十八大以来，我国人力资源服务业发展取得明显成效，但在总量规模、服务功能、服务质量、专业化程度、国际竞争力等方面，还存在发展不平衡不充分、总体水平不高等问题。为加快推进人力资源服务业高质量发展，提出以下意见。

一、总体要求

（一）指导思想。以习近平新时代中国特色社会主义思想为指导，深入贯彻党的十九大和十九届二中、三中、四中、五中全会精神，立足新发展阶段，贯彻新发展理念，服务构建新发展格局，围绕实施就业优先战略、人才强国战略、乡村振兴战略，以促进就业为根本，进一步提高人力资源服务水平；以提高人力资源要素配置效率为导向，推动行业向专业化和价值链高端延伸；以培育壮大人力资源服务力量为抓手，进一步形成发展新动能；以建设高标准人力资源市场体系为目标，打造多层次、多元化的人力资源市场格局。加快构建中国特色的人力资源服务产业体系，为提高我国经济综合竞争力、持续改善民生、促进高质量发展提供有力支撑。

（二）基本原则

坚持促进就业、服务人才。发挥人力资源服务业匹配供需、专业高效的独特优势，有效破解就业结构性矛盾，提高劳动者职业素质，促进人才顺畅流动、优化配置。

坚持市场主导、政府推动。发挥市场在人力资源配置中的决定性作用，更好发挥政府作用，健全人力资源市场体系，破除妨碍人力资源服务业高质量发展的体制机制障碍。

坚持完善政策、优化服务。健全完善人力资源服务业发展政策体系，持续提升人力资源服务能力，实现公共服务有效保障、市场化服务优质高效，更好满足日益增长的人力资源服务需求。

坚持加强规范、创新发展。统筹行业发展和规范管理，激发市场活力，维护市场秩序，健全行业正向激励和优胜劣汰机制，注重防范和化解风险，健全统一规范、竞争有序的市场格局。

（三）发展目标

——行业规模不断扩大。到2025年，行业营业收入突破2.5万亿元，人力资源服务机构达到5万家，从业人员数量达到110万。培育50家骨干龙头企业。国家级人力资源服务产业园达到30家左右。

——服务能力持续增强。人力资源服务产品更优、质量更高。匹配人力资源供给与需求的效率更高。公共服务与经营性服务相互补充、并行发展。行业整体竞争力和全球资源配置能力明显增强。

——发展水平显著提升。人力资源服务专业化、标准化、规范化、数字化、国际化水平明显提升。功能完善、布局合理的行业发展格局基本形成。

——市场环境日益优化。人力资源服务业政策法规体系、诚信服务体系、服务标准体系健全完善。市场监管更加有力。对外开放合作领域不断拓展。营商环境进一步优化。

二、重点任务

（四）大力提升人力资源服务水平，进一步推动创新发展。以市场需求为导向，推动人力资源服务管理创新、技术创新、服务创新、产品创新。重点发展猎头服务，完善通过猎头机构开展市场化引才机制。鼓励发展人力资源管理咨询、人才测评等高人力资本、高技术、高附加值业态。实施“互联网＋人力资源服务”行动，创新应用大数据、人工智能、区块链等新兴信息技术，推动招聘、培训、人力资源服务外包、劳务派遣等业态提质增效。支持人力资源服务机构向现代服务业相关细分行业拓展经营范围，探索开展与互联网、教育、医疗等行业的跨界合作。加强知识产权保护，提升人力资源服务领域知识产权创造、运用、管理和服务水平。支持人力资源服务龙头企业做强做优。加快培育一批聚焦主业、专精特新的中小型人力资源服务企业。

（五）不断强化人力资源支撑经济高质量发展作用，进一步推动协同发展。深化人力资源供给侧结构性改革，构建人力资源与实体经济、科技创新、现代金融协同发展的产业体系，持续为新型工业化、信息化、城镇化、农业现代化培养和输送人才。推动人力资源服务机构深度融入制造业产业链，围绕制造产业基础高级化、产业链现代化提供精准专业服务。鼓励人力资源服务机构在依法合规、风险可控、商业可持续前提下创新资本运营模式。实施人力资源服务业助力乡村振兴计划，统筹城乡人力资源流动配置，为劳务品牌建设添力，促进乡村人才振兴。围绕重点群体、重点行业，实施人力资源服务行业促就业计划，向劳动者提供终身职业培训和就业服务。推动公共人力资源服务与经营性人力资源服务相互促进、协同发展。深化人力资源服务领域东西部协作。

（六）健全完善高水平人力资源服务产业园体系，进一步推动集聚发展。围绕国家区域重大战略，依托中心城市，在国家级新区、高新技术产业开发区、经济技术开发区等产业聚集区域，继续培育建设一批国家级人力资源服务产业园。支持有条件的地方建设省、市级人力资源服务产业园。发展专业性、行业性人力资源市场，统筹推进各类劳动力市场、人才市场、零工市场建设。鼓励人力资源服务机构等参与产业园运营管理，探索符合市场规律、适应发展需要、运转灵活高效的运营管理模式。拓宽产业园功能，支持在符合条件的园区内建设公共实训基地。鼓励各级人力资源服务产业园搭建交流对接、合作发展平台。

（七）着力促进人力资源服务助力共建“一带一路”，进一步推动开放发展。扩大人力资源服务领域对外开放，深度融入全球人才链、产业链、创新链。加强国际交流合作，积极引进国际先进人力资源服务企业、技术和管理模式。开展“一带一路”人力资源服务行动，鼓励有条件的人力资源服务机构在共建“一带一路”国家设立分支机构，构建全球服务网络。在“一带一路”国际合作高峰论坛框架下，推动举办人力资源服务业国际合作论坛。加快发展人力资源服务贸易，探索建设国家人力资源服务出口基地。积极参与人力资源领域全球治理，在国际规则、国际标准制定中体现中国智慧和主张。

（八）抓紧建设高标准人力资源市场体系，进一步推动规范发展。健全人力资源市场管理法规，落实“双随机、一公开”、年度报告公示等事中事后监管措施。开展高标准人力资源市场体系建设行动，强化市场管理和劳动保障监察行政执法，清理整顿人力资源市场秩序，整治非法劳务中介。规范发展网络招聘等人力资源服务，规范劳务派遣、人力资源服务外包、在线培训等人力资源服务。以加强劳动者的社会保障为重点，着力解决劳务派遣和劳务外包中的保障缺失和不足问题，维护劳动者合法权益。建立健全人力资源数据安全管理制度，探索实行人力资源数据分类管理和风险评估，防止数据泄露和滥用。加强人力资源市场监测预测和风险预警。健全人力资源服务机构信用评价标准，加强行业信用监管。

三、政策措施

（九）实行财政支持政策。鼓励地方统筹利用现有资金渠道支持人力资源服务业发展。鼓励人力资源服务机构有序承接政府转移的人才引进、人才流动、人才服务等项目，按规定享受补贴。吸纳重点群体就业的人力资源服务机构，按规定享受社会保险补贴。经营性人力资源服务机构为重点群体提供就业创业服务的，按规定享受就业创业服务补助；开展就业见习的，按规定给予就业见习补贴。具有培训资质的人力资源服务机构开展职业技能培训，符合职业技能培训补贴相关条件的，按规定纳入补贴类培训范围。

（十）落实税收优惠政策。落实支持人力资源服务业发展的税收优惠政策，做好政策宣传和纳税辅导。人力资源服务机构符合现行政策规定条件的，可享受小微企业财税优惠等政策。鼓励人力资源服务机构参评高新技术企业，符合相关标准被认定为高新技术企业的，可按规定享受相关税收优惠政策。

（十一）拓宽投融资渠道。推动人力资源服务机构通过上市、发行集合信托以及公司债、企业债、中小企业私募债等公司信用类债券进行融资。鼓励股权投资基金、创业投资企业投资人力资源服务业，支持银行等金融机构开展投贷联动。鼓励社会资本以独资、合资、收购、参股、联营等方式进入人力资源服务领域。

（十二）完善政府购买服务。加大政府购买人力资源服务力度，将人力资源服务纳入政府购买服务指导性目录，明确政府购买人力资源服务种类、性质和内容，及时进行动态调整。鼓励通过购买专业化人力资源服务引进急需紧缺人才、促进农村劳动力转移就业、服务乡村振兴以及其他公益性服务事项。健全政府购买人力资源服务制度机制，加强合规审查和监督检查评估，提高财政资金使用效率。

（十三）夯实发展基础。深化“放管服”改革，优化营商环境。落实国家产业指导政策，鼓励各地将人力资源服务业纳入重点产业指导目录。鼓励各地利用国家重大项目库加大人力资源服务业高质量发展项目储备。开展人力资源服务品牌价值提升行动，发展一批能够展示中国人力资源服务形象的品牌，支持人力资源服务机构参选本地区服务业重点企业名录和高新技术企业名录。加强人力资源服务标准化建设，持续完善人力资源服务国家标准体系，加大标准宣贯和实施推广力度。完善统计调查制度，优化统计分类标准和指标体系。持续办好全国人力资源服务业发展大会，鼓励举办创新创业大赛等活动，打造行业展示交流、对接洽谈平台。

（十四）加强人才保障。加大人力资源服务行业领军人才培养力度，开展高级经营管理人员研修培训，打造高水平领军人才队伍和创新团队。健全人力资源管理专业职称评审制度。依托现有资源，建设一批人力资源服务培训基地和实训基地，加快行业骨干人才和基础人才培养培训。建设人力资源服务行业智库，加强战略性、理论性、基础性研究。加强人力资源服务行业社会组织建设，发挥助推行业发展、促进行业自律作用。

各地、各有关部门要高度重视发展人力资源服务业，加强科学谋划，落实投入政策，完善工作机制，推进任务落实。各级人力资源社会保障部门要会同有关部门结合实际制定贯彻落实的具体政策措施，加强跟踪指导，及时总结经验做法，形成推动人力资源服务业高质量发展的工作格局。

人力资源社会保障部　国家发展改革委
财政部　商务部　市场监管总局
2021 年 11 月 8 日

人力资源社会保障部 教育部 发展改革委 财政部关于印发“十四五”职业技能培训规划的通知

（人社部发〔2021〕102号）

各省、自治区、直辖市人民政府，国务院各部委、各直属机构：

《“十四五”职业技能培训规划》已经国务院同意，现印发给你们，请认真贯彻执行。

人力资源社会保障部

教育部 发展改革委 财政部

2021年12月15日

“十四五”职业技能培训规划

开展大规模职业技能培训，是提升劳动者就业创业能力、缓解结构性就业矛盾、促进扩大就业的重要举措，是推动高质量发展的重要支撑。本规划依据《中华人民共和国国民经济和社会发展第十四个五年规划和2035年远景目标纲要》编制，提出了“十四五”时期加强职业技能培训工作的指导思想、基本原则、主要目标、重点任务和保障措施，是推动职业技能培训高质量发展的工作指引。

一、规划背景

“十三五”时期，坚持以人民为中心的发展思想，职业技能培训大规模开展。2019年，国务院决定从失业保险基金结余中拿出1000亿元组织实施职业技能提升行动，面向企业职工、就业重点群体和贫困劳动力组织实施职业技能培训。五年来，全国共组织开展补贴性职业技能培训近1亿人次；其中，培训企业职工超过3000万人次，农民工超过4000万人次，贫困劳动力超过900万人次。全国技能人才总量超过2亿人，高技能人才超过5000万人，均比“十二五”期末有较大幅度增长。技能人才总量扩大，结构逐步优化，就业质量不断提升。

“十四五”时期，我国开启全面建设社会主义现代化国家、向第二个百年奋斗目标进军新征程。党中央、国务院部署建设技能型社会，实施就业优先战略和技能提升行动，健全终身职业技能培训制度，为职业技能培训发展提供了根本保证。我国已进入高质量发展阶段，实施新时代人才强国战略，推进制造强国、质量强国建设，发展实体经济，亟需加强创新型、应用型、技能型人才培养，壮大高技能人才队伍，为职业技能培训发展创造广阔空间。新一轮科技革命和产业变革突飞猛进，就业新增长点、新就业形态不断发展，劳动者参加培训提升人力资本和专业技能的内在动力逐渐增强。

但也要看到，“十四五”时期职业技能培训面临新的挑战。产业转型升级、技术进步对劳动者技能素质提出了更高要求，人才培养培训不适应市场需求的现象进一步加剧。“就业难”与“招工难”并存，高校毕业生等重点群体和农村转移劳动力就业创业能力与用人需求存在差距。职业技能培训难以适应数字技术、人工智能发展要求，培训基础能力薄弱，针对性有效性需要进一步提高，支持服务体系亟需完善，尊重技能尊重劳动的社会氛围有待进一步优化。职业技能培训的规模质量与建设技能型社会需求仍有差距，必须深刻认识职业技能培训工作的短板和不足，全面分析面临的困难和挑战，坚持问题导向，加大工作力度，发动全社会力量，共同推动职业技能培训高质量发展，建设规模宏大、质量过硬、结构合理的技能劳动者队伍。

二、总体要求

（一）指导思想。

高举中国特色社会主义伟大旗帜，以习近平新时代中国特色社会主义思想为指导，深入贯彻党的十九大和十九届二中、三中、四中、五中、六中全会精神，认真落实党中央、国务院决策部署，立足新发展阶段，完整、准确、全面贯彻新发展理念，构建新发展格局，推动高质量发展，以深化供给侧结构性改革为主线，以改革创新为动力，推进技能型社会建设，全面实施技能中国行动，进一步健全完善劳动者终身职业技能培训制度，充分发挥市场在资源配置中的决定性作用，配合实施国家重大战略、区域协调发展战略，加大职业技能培训力度，吸引更多劳动者技能就业技能成才，为全面建设社会主义现代化国家提供有力的人才和技能支撑。

（二）基本原则。

——坚持立德树人、德技并修。大力弘扬和培育劳模精神、劳动精神、工匠精神，坚持工学结合、知行合一、德技并修，聚焦劳动者技能素质提升，注重培养劳动者的职业道德和技能素养。

——坚持就业导向、提质扩容。牢固树立职业技能培训为就业服务的理念，不断提升培训质量，扩大培训规模，为劳动者储备就业技能，促进就业创业，提高工作能力。

——坚持共建共享、协同发力。加强对职业技能培训资源的统筹利用，发挥公共实训基地和职业院校（含技工院校，下同）等功能作用，鼓励支持龙头企业、社会资源依法参与职业技能培训，推动共建共享，形成工作合力。

——坚持市场引导、政府支持。构建以企业为主体、职业院校为基础、政府推动与社会支持相结合的职业技能培训体系，引导劳动者根据社会需要和个人需求积极参与职业技能培训。

（三）主要目标。

到 2025 年，要实现以下目标：

——终身职业技能培训制度更加完善。深入实施职业技能提升行动，形成贯穿劳动者学习工作终身，覆盖劳动者职业生涯全程，适应就业创业和人才成长需要以及经济社会发展需求的终身职业技能培训制度，推进终身职业技能培训组织实施。

——共建共享职业技能培训体系更加健全。健全职业技能培训共建共享机制，持续推动公共职业技能培训扩容提质，优化公共职业技能培训资源供给。加大政府、企业、社会等各类培训资源优化整合力度，提高培训供给能力，提升职业技能培训的精准性和实效性。

——创新型、应用型、技能型人才队伍不断发展壮大。稳步扩大培训规模，持续提升培训质量，技能劳动者队伍结构不断优化，就业创业能力明显提高，高技能人才不断涌现。破除学历、身份等限制，技能人才成长通道更加顺畅，多元化评价方式不断完善，技能等级与薪酬分配的联系更加密切，职业技能竞赛引领和推动技能成才的作用更加显著。

——职业技能培训服务更加有效。培训与就业的衔接更加紧密，形成个人投入、企业支持、政府补贴共同投入的机制，鼓励社会资本投入，形成职业技能培训多元供给体系，市场引导和政府补贴的职业技能培训共同推进，职业技能培训公共服务力度更大、效率更高。

专栏 1：“十四五”时期职业技能培训主要指标

主要指标	2021—2025 年目标	属性
开展补贴性职业技能培训（人次）	≥ 7500 万	预期性

续表

主要指标	2021—2025 年目标	属性
其中：农民工参加职业技能培训（人次）	≥ 3000 万	预期性
新增取得职业资格证书或职业技能等级证书（人次）	≥ 4000 万	预期性
其中：新增高技能人才（取得高级工及以上职业资格证书或职业技能等级证书）（人次）	≥ 800 万	预期性
新建公共实训基地（个）	200	预期性

三、健全完善终身职业技能培训体系

（四）深入实施职业技能提升行动。

健全终身职业技能培训制度，深入实施职业技能提升行动和重点群体专项职业培训计划，广泛开展新业态新模式从业人员技能培训，有效提高培训质量。制定出台加强新时代技能人才队伍建设政策措施，着力完善培养、使用、评价、激励机制，持续增强技能人才发展动力和创新创造活力。以企业自主培训、市场化培训为主要供给，以政府补贴培训为有益补充，以行业企业、公共实训基地、普通高校、职业院校、职业技能培训机构等为主要载体，以就业技能培训、岗位技能提升培训和创业培训为主要形式，构建资源充足、布局合理、结构优化、载体多元的培训组织实施体系，持续大规模开展职业技能培训。探索“互联网 +”、“智能 +”培训新形态，推动培训方式变革创新。

（五）大力开展企业职工岗位技能提升培训。

充分发挥企业培训主体作用，推动企业建立健全职工技能培训机制，支持各类企业广泛开展职工岗位技能提升培训，突出高技能人才培训、产业紧缺人才培训、安全技能提升培训、转岗转业培训、通用职业素质和数字技能普及性培训等，支持开展订单式、定向式及项目制培训。发挥行业协会、龙头企业和培训机构作用，引导帮助中小微企业开展职工培训。鼓励企业与参训职工协商调整工作及培训时间，依法保障职工参训期间的工资福利待遇。落实培训经费税前扣除政策。深化高危行业领域安全技能提升行动，按规定开展危险化学品、矿山等高危行业企业从业人员和各类特种作业人员安全技能培训。

（六）强化重点群体就业技能培训。

实施青年专项技能培训计划。以高校和职业院校毕业年度毕业生和其他青年群体为培训对象，以提升就业创业能力为核心，开展青年职业技能培训，增强青年群体适应产业发展、岗位需求和基层就业的能力。实施青年学徒培养计划，通过企校双师带徒、工学交替，培养适合企业发展和岗位需要的高技能人才。对城乡未继续升学的初高中毕业生开展劳动预备制培训。大力开展青年创业培训、新职业培训、技能提升培训。

实施退役军人培训计划。结合退役军人实际和就业愿望，推行适应性培训，强化思想政治引领，引导合理就业预期。开展职业技能培训，推动各地对接共享优质教育培训资源，逐步实现退役军人跨省异地培训。依托高校、职业院校、社会培训机构、创业孵化基地等现有资源挂牌建立退役军人就业创业园地，发挥示范作用。

实施农村转移劳动力等职业技能提升计划。面向农村转移劳动力、返乡农民工、脱贫劳动力，开展职业技能培训和安全知识培训。以输出地为主，组织当地农民工和返乡入乡农民工开展就业创业培训，促进其就近就业创业。以输入地为主，大力开展促进农民工就业的技能培训和新职业新业态培训，提升其就业能力。要注重对准备外出就业青年农民工的职业指导和培训工作，依托职业院校和职业技能培训机构等为其提供有针对性的培训服务，促进其职业技能提升。积极推进乡村建设所需的农业农村本地人才技能培训，培养一批农业农村高技能人才和乡村工匠。强化高素质农民先进实用技术技能培训，推进各类现代农业技术培训和其它涉农技术培训，提升农业农村产业发展能力和新型农业经营主体经营管理能力。

做好其他群体就业技能培训工作。做好妇女职业技能培训，组织适合女性就业的育婴、家政等急需紧缺职业培训和编织、手工制作等专项技能培训。结合失业人员特点，提供有针对性的就业创业指导、就业技能培训等就业服务，提升转岗就业技能和创业能力。做好长江流域禁捕退捕渔民职业技能培训。对服刑人员、强制隔离戒毒人员和社区矫正对象，开展以回归社会为目的的就业技能培训。

开展技能帮扶工作。对符合条件的脱贫家庭（含监测帮扶对象家庭）、困难职工家庭、社会救助对象和残疾人，重点依托职业院校，实施技能帮扶千校行动、雨露计划、残疾人职业技能提升计划。

（七）加强创业培训和新业态新模式从业人员技能培训。

深入实施创业培训“马兰花计划”。实现创业阶段全覆盖，组织准备创业和创业初期的人员参加创业意识、创办企业、网络创业、创业（模拟）实训、企业经营发展等培训，提升参训人员的项目选择、市场评估、创业计划等能力。实施农村创业创新带头人培育行动，加强专业人员队伍建设，为返乡入乡创业创新人员提供培训指导服务。适应平台经济、共享经济发展，广泛开展数字技能、媒体运营、电子商务等新业态新模式从业人员技能培训。

四、提升职业技能培训供给能力

（八）加大公共职业技能培训供给。

健全培训资源共建共享机制，实施职业技能培训场地、设备共建共享行动。开展县域职业技能培训场地、设备共建共享试点，完善企业、职业院校、培训机构等利用公共实训基地开展技能实训有关制度，逐步形成覆盖全国的公共职业技能培训和创业实训网络。支持公共职业培训机构按市场和产业发展需求设立培训项目。聚焦服务农民工等就业重点群体、推动制造业高质量发展、增加短期实用性职业技能培训供给，优先在巩固拓展脱贫攻坚成果任务重、劳动力资源相对丰富、返乡入乡创业就业工作成效明显的地区，利用中央预算内投资重点支持建设一批公共实训基地。实施国家乡村振兴重点帮扶地区职业技能提升工程，增加职业技能培训公共资源供给，开展送培下乡、送培上门，加大对乡村振兴重点帮扶县技能人才智力支持，增强其内生发展能力。

专栏2　职业技能培训场地、设备共建共享行动

1. 实施公共实训基地建设项目。优化公共实训基地区域布局，通过中央预算内投资支持新建一批公共实训基地，遴选培育一批为残疾人等特殊群体服务的实习实训机构。

2. 推动公共实训基地场地、设备共建共享。强化公共实训基地的公共性、公益性、开放性、综合性，做好公共实训基地与院校、企业实训基地的有效衔接。支持各地以公共实训基地为平台，统筹整合运用院校、行业协会、企业及其他社会组织的培训资源，提高培训资源的综合利用效率和使用质量。支持危化企业集中的地区依托公共实训基地建立或改扩建安全技能实训基地，开展从业人员安全技能实操实训。力争到“十四五”期末，每个化工园区都有配套服务的化工安全技能实训基地。

3. 开展县域职业技能培训场地、设备共建共享。优化县域职业技能培训资源供给，推动县域层面各类职业技能培训资源统筹融合，选取部分县级行政区开展试点，赋予其更多职业技能培训资源整合使用的自主权。

4. 促进农民工职业技能培训场地、设备共建共享。制定农民工职业技能培训场地、设备共建共享实施方案，结合农民工就业意愿和需求，为其提供职业技能培训服务，注重提高培训的精准性和实效性。

5. 实施高技能人才培训基地、技能大师工作室建设项目。依托职业院校、企业等建设一批国家级高技能人才培训基地和技能大师工作室。加强制造业和现代服务业高技能人才培养培训、研修交流。

专栏 3　国家乡村振兴重点帮扶地区职业技能提升工程

1. 建设一批技工院校。支持生源数量较充足、具备发展技工教育条件的国家乡村振兴重点帮扶县，通过优化布局结构等方式，建好技工院校。健全人力资源社会保障领域常态化帮扶机制，加大东西部职业技能开发对口协作力度，对西藏、南疆四地州等地技工院校予以重点帮扶。

2. 设立一批高技能人才培训基地和技能大师工作室。落实高技能人才培训基地建设支持政策，支持在国家乡村振兴重点帮扶地区分层分级设立一批高技能人才培训基地。根据地区产业发展需要，支持在国家乡村振兴重点帮扶地区分层分级设立一批技能大师工作室，发挥带徒传技、技能攻关、技能推广等带动作用。

3. 举办乡村振兴职业技能大赛。每两年举办一届全国乡村振兴职业技能大赛。引导支持国家乡村振兴重点帮扶县，结合当地特色产业发展状况，举办具有地方特色的职业技能竞赛。

（九）鼓励企业建设职业技能培训基地。

鼓励各类企业特别是规模以上企业建立职工培训中心、网络学习平台、职业院校，开展职工培训。积极建设培育一批产训结合型企业，鼓励企业设立高技能人才培训基地和技能大师工作室，企业应通过职工教育经费提供相应的资金支持，政府按规定通过就业补助资金给予补助。

（十）推进院校开展职业技能培训工作。

突出职业技术（技工）教育类型特色，深入推进改革创新，扩大技术技能人才培训规模。大力发展技工教育，支持技师学院建设。充分发挥职业院校培训资源优势，提升培训规范化、专业化水平。实施院校职业技能培训行动，动员和支持各类职业院校积极开展职业培训，推行“学历证书＋职业技能等级证书”制度，积极为毕业年度学生提供职业技能培训服务并纳入职业培训补贴范畴。符合条件的职业院校可按规定承担政府补贴的职业技能培训任务。支持职业院校强化校企合作，为学生提供全方位技能培训服务。

专栏 4　院校职业技能培训行动

1. 为毕业生提供职业指导专项服务。组建专业化就业创业导师队伍，围绕人力资源市场需求和新职业发展动向，推出线上线下课程，为毕业年度学生提供职业规划、职业体验、求职指导服务。

2.提升毕业生就业能力。创造条件为毕业年度学生开设中短期技能培训班，技能培训内容要适应新职业、新技能和新就业形态的变化，对接人力资源市场、企业和学生需求，因材施教，特色办班。

3.提升毕业生创业能力。面向有创业意愿和培训需求的毕业年度学生，开展有针对性的创业培训，加强创业意识教育、创业项目指导和网络创业等培训。

（十一）支持民办培训机构和线上培训平台规范发展。

依法鼓励支持民办职业培训机构规范发展。通过优化审批服务等方式，支持社会资源提供民办职业培训服务。强化对民办培训机构办学质量的督导，建立行业自律机制。鼓励各地依托企业、高等学校、职业院校、社会培训机构的数字职业技能培训资源，推进培训资源库开发应用，支持职业技能线上培训平台建设。加速推进规范化管理，形成线上培训平台审核、评价与退出机制，探索开展“互联网＋职业技能培训”，按规定将相关线上培训平台及数字资源纳入当地培训机构目录。

五、提高职业技能培训质量

（十二）大力弘扬劳模精神、劳动精神、工匠精神。

加强职业素质和职业道德培育，研究编制职业素质纲要。坚持工学结合、知行合一、德技并修。结合世界技能大赛、全国技能大赛、职业教育活动周、世界青年技能日等重大赛事、活动，广泛开展宣传。依托博物馆、文化宫、青少年宫等场所，推动设立技能角、技能园地等技能展示、技能互动、职业体验区域，引导全社会关注技能、学习技能，投身技能报国，营造劳动光荣的社会风尚和精益求精的敬业风气。

（十三）增强职业技能培训的针对性有效性。

探索中国特色学徒制。全面推行企业新型学徒制和现代学徒制。依托各类企业，组织企业技能岗位新招用员工、转岗员工和在职职工参加学徒培训，通过企业、院校培养中高级技能人才。在危险化学品、矿山等高危行业企业，对风险偏高的技能操作型岗位新招录员工大力推行学徒制。健全与现代学徒制相适应的教学管理与运行机制，校企共订人才培养方案，共担培养成本。

加大高技能人才培养力度。加强先进制造业、战略性新兴产业、现代服务业、建筑业以及现代农业等产业高技能人才培养。加大技师、高级技师、特级技师研修培训，组织实施高技能领军人才和产业紧缺人才培训。对企业关键岗位的高技能人才，开展新知识、新技术、新工艺等方面培训。

加大能工巧匠培养力度。加强专项职业能力开发，组织同业交流，做好关键技能和绝招绝技传承。通过举办手工技能大赛，挖掘培养乡村手工业者、传统艺人、传统建设修缮技艺传承人和工匠。鼓励传统技艺传承人走进当地中小学校，开展手工技艺传承人教育。积极推进乡村建设工匠等本土人才技能培训，培养一批高素质乡村建设人才。创建特色劳务品牌、“一村一品”示范村镇，加强技能培训、示范引导、品牌培育。鼓励各地根据本地区产业发展需要，培育一批服务乡村振兴的能工巧匠。

加强急需紧缺人才培养。建立技术工人需求动态监测分析体系，做好急需紧缺技术工种目录编制发布工作。对接技能密集型产业，引导培训资源向市场急需、企业生产必需等环节集中，重点开展急需紧缺职业（工种）培训。大力培养先进制造业技术工人，着力开展现代服务业职业技能培训。

（十四）高质量推动产训结合。

开展产训结合建设试点行动，促进产业链和职业技能培训链有效衔接。立足促进区域经济发展，服务产业发展需求和企业生产需要，开展产训结合城市和企业试点，促进企业生产和培训有效衔接。鼓励行业龙头企业、大型企业建设职工培训中心，面向产业链上下游中小微企业职工开展培训，提升全产业链职业技能培训质量和效益。

专栏5　产训结合建设试点行动

1. 产训结合试点城市。在主导产业突出、基础条件较好的城市开展产训结合试点，为当地产业发展提供高质量技能人才培训和就业服务。试点城市应具有较强的经济产业基础和相对丰富的技能培训资源，能够推出切实有效的改革举措，发挥先行引领带动作用。

2. 产训结合试点企业。在行业龙头骨干企业中开展试点，积极发挥企业在职业技能培训中的主体作用，促进企业生产实训与公共职业技能培训有效衔接。

3. 产训结合试点公共职业技能培训平台。充分发挥各类公共培训机构（包括公共实训基地）的培训功能，建设一批高质量、服务大规模开展职业技能培训的公共职业技能培训平台。

（十五）加强全民数字技能培训。

适应数字经济发展，加快培养全民数字技能，实现信息服务全覆盖。加大人工智能、云计算、大数据、数字营销等新技术培训力度。引导企业加强数字工作场所的职工技能培训。

专栏 6　数字技能提升行动

1. 加强数字技能相关标准建设。修订职业分类大典，对数字技能类职业进行标注。积极开发数字技能类新职业，制定数字技能类职业的职业标准和评价规范。

2. 编制数字技能相关职业国家基本职业培训包。发布培训标准和课程方案，加大数字技能相关职业技能培训教材开发力度，组织开发面向全体劳动者的数字技能通用素质培训教材。

3. 推进数字技能类人才评价工作。推进数字技能相关职业技能等级认定工作。引入数字技术，创新评价方式。

4. 开展数字技能类职业技能竞赛。各地各行业在举办职业技能竞赛时，设立与数字技能相关赛项，全面推动数字技能提升。

5. 提升数字技能培训基础能力建设。统筹利用现有资源，培育一批具有数字技能培养优势的高技能人才培训基地和技能大师工作室。遴选培育一批数字技能培训优质职业院校。打造一批功能突出、资源共享的区域性数字技能公共实训基地，全面提升数字技能实训能力。

六、加强职业技能培训标准化建设

（十六）建立健全职业培训工作多元化、多层次标准框架体系。

健全符合我国国情的现代职业分类体系，完善职业分类动态调整机制。组织修订《中华人民共和国职业分类大典》，探索利用数字化技术开展职业分类。围绕新经济、新模式、新业态和急需紧缺职业，加快新职业发布及国家职业标准开发，动态修订完善国家职业标准。建立健全由职业标准、评价规范、专项职业能力考核规范等构成的多层次、相互衔接、国际可比的职业标准体系。

（十七）加强职业培训教材与数字资源建设。

贯彻国家教材工作总体要求，落实职业培训教材管理工作有关规定，以国家职业标准、职业培训课程规范为依据，建立完善适应新时代技能人才培训需求的高质量职业培训教材与数字资源体系。定期完善职业培训教材与数字资源建设规划目录，鼓励符合规定条件的单位积极参与规划教材编写与数字资源开发。强化劳模精神、劳动精神、工匠精神、职业道德、法律意识、质量意识、安全环保等通用职业素质培训教材精品化开发，加强职业培训教材开发更新，加快开发新兴产业、新技术、新职业、数字技能职业培训教材，加速推进职业培训数字资源建设。组织有关专家或第三方机构加强教材与数字资源审核，加强教材与数字资源使用情况检查督导。

（十八）加强师资队伍建设。

实施培训教师素质提升计划，把师德师风作为评价师资队伍素质的第一标准并贯穿教师管理全过程。建立和完善培训教师在职培训和到企业实践制度，开展师资技能提升培训，持续开展师资专项培训计划。加快培养既能讲授专业知识又能传授操作技能的一体化师资队伍，鼓励行业组织、企业共同参与职业教育教师培养和培训。实行专兼职教师制度，从企业高技能人才与技能劳动者中着力培养、充实职业技能培训师资和能承担培训任务的人员，完善培训教师和有关人员执教执训履历档案。建立公共职业技能培训师资库，支持将高技能领军人才、世界技能大赛和全国技能竞赛优秀选手纳入师资库。建立创业培训师资库，持续组织全国“马兰花创业培训”讲师大赛。鼓励优秀创业培训师资等成立创业指导工作室。

专栏7　职业技能培训标准化建设工程

1. 职业标准开发。结合科技发展、技术更新，制定或修订颁布250个国家职业标准。

2. 职业培训包开发应用。由相关部门推荐专业人员，通过国家职业培训包专家委员会工作机制，修订完善和组织开发一批培训需求量大的国家基本职业培训包。在全国范围内培育一批职业培训包应用培训机构。

3. 职业技能培训师资研修。依托企业、职业院校、公共实训基地、社会培训机构等建设一批职业技能培训师资研修中心和企业实践基地，组织师资培训和研修交流活动。

（十九）推动职业技能培训信息化建设。

构建与终身职业技能培训制度相适应的信息化服务体系，加强信息化建设。依托金保工程，加快推进职业技能培训实名制管理工作，建立以社会保障卡为载体的劳动者终身职业技能培训电子档案。依托社会保障卡持卡人员基础信息库和全国社会保障卡服务平台，实现培训对象实名认证，探索通过社会保障卡缴纳职业技能培训费和领取补贴费。统筹利用现有资源，提升全国职业技能鉴定等级认定考务管理和技能人才评价信息服务水平。

七、完善技能人才职业发展通道

（二十）拓宽技术工人职业发展通道。

促进技术工人成长，完善职业发展通道，形成纵向有阶梯、横向可贯通的人才发展路径。鼓励企业设立首席技师、特级技师等，提升技术工人职业发展空间。扩大技能人才与专业技术人才职业发展贯通领域，推动融合发展。畅通非公有制经济组织、社会组织和自由职业人员技能等级认定渠道。探索建立技能学分，与国家学分银行互联互通。研究探索职业技能等级证书与学历证书间的学习成果认定、积累和转换机制。

（二十一）完善技能人才评价体系。

健全以职业能力为导向、以工作业绩为重点、注重工匠精神培育和职业道德养成的技能人才评价体系。建立与国家职业资格制度相衔接、与终身职业技能培训制度相适应的职业技能等级制度。健全以职业资格评价、职业技能等级认定和专项职业能力考核等为主要内容的技能人才评价制度。全面推行企业技能人才自主评价，并将评价结果与技能人才使用、待遇挂钩。加大社会培训评价组织的征集遴选力度，大力推行社会化职业技能等级认定，加强技术支持和工作指导。加强对行业组织开展职业技能等级认定的支持和指导。鼓励地方紧密结合乡村振兴、特色产业和非物质文化遗产传承项目等，组织开发专项职业能力考核项目。有序开展新职业培训评价试点工作。推动技能人才评价提质扩面。

（二十二）提高技能人才待遇水平。

大力提高技术工人待遇，推动技能人才薪酬分配指引落地落企，引导企业建立健全符合技能人才特点的工资分配制度。指导企业对技能人才建立以岗位价值、能力素质、业绩贡献等为参考的岗位绩效工资制，合理评价技能要素贡献。推动企业建立工资正常增长机制，探索技能激励机制。定期发布工资价位，指导企业合理确定技能劳动者的工资水平。做好职业院校毕业生参加事业单位公开招聘工作，切实维护、保障职业院校毕业生参加机关企事业单位招聘的合法权益和平等竞争机会。推动高技能人才纳入城市直接落户范围，其配偶、子女按有关规定享受公共就业、教育、住房等保障服务。

（二十三）加强高技能人才表彰奖励。

完善以国家奖励为导向、用人单位奖励为主体的技能人才表彰奖励体系。加大对高技能人才在各级各类表彰中的倾斜力度。做好中华技能大奖和全国技术能手评选表彰工作。组织开展高技能领军人才技能研修交流和节日慰问活动。按照国家有关规定，对培育、使用技能人才成效突出的职业院校、职业技能培训机构和企业进行表彰。

（二十四）广泛开展职业技能竞赛活动。

完善以世界技能大赛为引领、中华人民共和国职业技能大赛为龙头、全国行业职业技能竞赛和地方各级职业技能竞赛为主体、企业和院校职业技能竞赛为基础的具有中国特色的职业技能竞赛体系。完善职业技能竞赛管理办法，通过以赛代训引领职业技能培训发展。做好世界技能大赛参赛和筹办工作，依托院校、企业等资源，培育世界技能大赛综合训练中心、世界技能大赛中国研究（研修）中心和世界技能大赛中国集训基地。指导上海建设世界技能博物馆。定期举办全国技能大赛。加强职业技能竞赛工作队伍建设，提高竞赛工作信息化管理水平，开展相关理论研究和成果转化。

八、完善规划落实机制

（二十五）加强统筹规划和组织领导。

各地要切实承担主体责任，做好本地区职业技能培训发展与本规划的衔接和组织实施，确保规划重点任务和行动落到实处。及时总结工作进展情况，按照国家有关规定对作出突出贡献的集体和个人进行表彰。加强组织协调，形成省级统筹、部门参与、市县实施的工作格局。人力资源社会保障、教育、发展改革、财政、工业和信息化、民政、住房城乡建设、农业农村、退役军人、应急、乡村振兴、残联等部门和单位要发挥各自职能作用，加大职业技能培训资源统筹、共享力度，形成工作合力，提升职业技能培训效果。

（二十六）加大职业技能培训投入力度。

多方筹集资金，做好职业技能培训资金保障。健全市场化投入机制，鼓励社会资本投入。加强中央预算内投资对公共实训基地建设等的支持。对购买用于培训的相关设备，可按规定享受现行税收优惠政策。统筹利用就业补助资金、失业保险基金和已有职业培训资金（含职业技能提升行动专账结余资金），按规定对符合条件的参训人员给予职业培训补贴、技能提升补贴和生活费补贴。建立培训补贴标准动态评估调整机制，适时调整补贴标准。高危行业企业要在职工教育培训经费和安全生产费用预算中足额安排安全技能培训资金，用于从业人员安全技能培训。有条件的地区可结合实际情况安排经费，对职业技能培训教材建设、职业培训包开发应用、师资和管理人员培训、教学改革以及职业技能培训公共服务平台建设运行等基础工作给予支持，对培训组织动员工作进行奖补。

（二十七）加强管理服务和监管。

健全职业技能培训综合管理服务和督导评估体系，加强对职业技能培训工作的绩效评估和信息公开，对培训机构、培训项目、培训资金等进行规范管理。运用“双随机、一公开”等方式对培训组织实施和资金管理使用进行全过程监管。推进“制度 + 科技”、“人防 + 技防”体系建设，大力推进“互联网 + 监管”，优化业务流程和工作模式。引入第三方机构强化社会监督。加大对违法违规行为的查处力度，并依法依规严惩。

（二十八）推动职业技能培训国际合作。

加强国际合作，推动与各国在职业技能领域交流互鉴。完善国际区域培训交流机制和对话平台。聚焦世界科技前沿和国内紧缺技能，引进高水平师资、课程、教材等资源。探索“中文 + 职业技能”的国际化发展模式，推动职业教育走出去。支持职业院校青年学生、毕业生参加青年实习生交流计划。支持职业院校探索与其他国家院校开展合作办学，师生交流互访。积极举办“一带一路”国际技能大赛等，推动对外技能合作交流，充分展示中国技能发展成就。

（二十九）营造良好发展氛围。

充分利用报刊、广播、电视、门户网站、政务微博、政务微信、手机客户端等平台和载体，大力宣传加强职业技能培训工作的方针政策，大力推广技能人才培养典型经验，不断强化“劳动光荣、技能宝贵、创造伟大”的社会导向，营造有利于技能人才成长成才的社会环境。

人力资源社会保障部关于健全完善新时代技能人才职业技能等级制度的意见（试行）

（人社部发〔2022〕14 号）

各省、自治区、直辖市及新疆生产建设兵团人力资源社会保障厅（局），国务院各部委、各直属机构人事劳动保障工作机构，中央军委政治工作部兵员和文职人员局，有关行业组织、企业人事劳动保障工作机构：

为贯彻落实习近平总书记关于产业工人队伍建设和技能人才工作的一系列重要指示精神，根据中共中央、国务院关于新时期产业工人队伍建设改革、加强和改进新时代人才工作等有关文件要求，现就健全完善新时代技能人才职业技能等级制度提出如下意见。

一、总体要求

（一）指导思想

以习近平新时代中国特色社会主义思想为指导，全面贯彻党的十九大和十九届历次全会以及中央人才工作会议精神，健全技能人才培养、使用、评价、激励制度，畅通技能人才职业发展通道，提高待遇水平，增强荣誉感获得感幸福感，吸引更多劳动者走技能成才、技能报国之路，缓解技能人才短缺问题，充分发挥技能人才在经济社会高质量发展中的重要作用，为全面建设社会主义现代化国家提供有力的人才和技能支撑。

（二）基本原则

——坚持能力为本。围绕经济社会发展对技能人才的需求，充分发挥评价“指挥棒”作用，引导各级各类职业技能培训机构培训方向，激发技能人才参加职业技能培训的内生动力。

——坚持科学评价。遵循技能人才成长规律，以品德、能力、业绩、贡献为导向，完善职业标准，创新评价方式，规范评价流程，坚持考评结合、逐级认定，客观公正评价。优秀的可越级考评。

——坚持效果导向。聚焦技能人才职业发展中的“天花板”问题，完善职业技能等级（岗位）设置体系，畅通技能人才职业发展通道，延伸拓展其成长进步阶梯，推动形成人人学技能、有技能、长技能、比技能的技能型社会。

——坚持岗位使用。围绕用好用活人才，完善促进技能人才发展的政策措施，营造有利于技能人才成长和发挥作用的制度环境，让更多技能人才立足岗位，钻研技能，执着专注，实现岗位成才。

（三）目标任务

“十四五”期末，在以技能人员为主体的规模以上企业和其他用人单位（以下简称用人单位）中，全面推行职业技能等级认定，普遍建立与国家职业资格制度相衔接、与终身职业技能培训制度相适应，并与使用相结合、与待遇相匹配的新时代技能人才职业技能等级制度。涌现一大批高技能领军人才、大国工匠、能工巧匠，高端带动作用不断增强，引领集聚效应不断扩展，培养造就一支数量充足、结构合理、等级清晰、素质优良的产业工人队伍。

二、健全职业技能等级制度体系

（四）全面推行职业技能等级制度。实行技能人才职业技能等级制度，由用人单位和社会培训评价组织（以下简称社评组织）按照有关规定实施职业技能等级认定，使有技能等级晋升需求的人员均有机会得到技能评价。对关系公共利益或涉及国家安全、公共安全、人身健康、生命财产安全的职业（工种），纳入国家职业资格目录，依法实行职业资格准入，并做好与职业技能等级认定的衔接。

（五）健全技能岗位等级设置。企业根据技术技能发展水平等情况，结合实际，在现有职业技能等级设置的基础上适当增加或调整技能等级。对设有高级技师的职业（工种），可在其上增设特级技师和首席技师技术职务（岗位），在初级工之下补设学徒工，形成由学徒工、初级工、中级工、高级工、技师、高级技师、特级技师、首席技师构成的职业技能等级（岗位）序列。行业企业根据自身特点，考虑历史沿用、约定俗成等因素，对上述技能等级名称可使用不同称谓，并明确其与相应技能等级的对应关系。

（六）完善职业标准体系。建立健全由职业标准、评价规范、专项职业能力考核规范等构成的多层次、相互衔接、国际可比的职业标准体系。以满足人力资源管理需要和职业教育培训、技能评价需要为目标，按照职业标准编制技术规程确定的原则和要求开发职业标准或评价规范，并将职业道德、职业操守和劳模精神、劳动精神、工匠精神等要求纳入其中。对国家确定的职业（工种），各省（区、市）和部门（行业）可依托行业组织、龙头企业和院校等开发职业标准或评价规范。

（七）促进职业发展贯通。以职业分类为基础，统筹规划职业技能等级制度、职称制度、职业资格制度框架，并建立境外职业资格证书认可清单制度，避免交叉重复设置和评价，降低社会用人成本。鼓励专业技术人才参加职业技能评价。探索在数字经济领域促进技术技能人才融合发展。

三、完善职业技能等级认定机制

（八）实行分类考核评价。用人单位和社评组织要根据不同类型技能人才的工作特点，实行分类评价。在统一的职业标准体系框架基础上，对技术技能型人才的评价，要突出实际操作能力和解决关键生产技术难题等要求。对知识技能型人才的评价，要突出掌握运用理论知识指导生产实践、创造性开展工作等要求。对复合技能型人才的评价，要突出掌握多项技能、从事多工种多岗位复杂工作等要求。

（九）采取不同考核评价方式。学徒工的转正定级考核，由用人单位在其跟随师傅学习期满和试用期满后，依据本单位有关要求进行。参加中国特色企业新型学徒制的学员按照培养目标进行考核定级。初级工、中级工、高级工、技师、高级技师等级考核是技能考核评价的主体，由用人单位和社评组织按照职业标准和有关规定进行。鼓励支持采取以赛代评方式，依据职业标准举办的职业技能竞赛按照有关规定对获得优秀等次的选手晋升相应职业技能等级。

首席技师、特级技师是在高技能人才中设置的高级技术职务（岗位），一般应在有高级技师的职业（工种）领域中设立，通过评聘的方式进行，实行岗位聘任制。要稳妥有序开展特级技师、首席技师评聘工作，不搞高级技师普遍晋升。对本意见印发前已开展高级技师以上评审工作的，按照本意见有关要求进行复核确认。

特级技师评聘工作要在工程技术领域先行试点的基础上逐步扩大范围，由省级及以上人力资源社会保障部门指导用人单位制定实施方案，对评审标准、程序、办法和配套措施等作出具体规定。用人单位按照制定方案、组织评审、公示核准、任职聘用等程序组织实施。

首席技师原则上从特级技师中产生。首席技师是在技术技能领域作出重大贡献，或本地区、本行业企业公认具有高超技能、精湛技艺的高技能人才。首席技师评聘工作要在特级技师评聘的基础上先行试点、逐步推开，由省级及以上人力资源社会保障部门、国务院有关行业主管部门指导用人单位实施，采取基层推荐、地方或行业评审、公示核准、用人单位聘任等程序进行。

（十）支持用人单位自主开展职业技能等级认定。用人单位结合生产经营特点和实际需要，按照有关规定自主开展技能人才评价。鼓励用人单位在职业技能等级认定工作初期，广泛开展定级考评，根据岗位条件、职工日常表现、工作业绩等，按照有关规定认定职工相应职业技能等级。用人单位可将职业技能等级认定与岗位练兵、技术比武、技术攻关、揭榜领题等相结合。打破学历、资历、年龄、比例等限制，对技艺高超、业绩突出的一线职工，按照规定直接认定其相应技能等级。被派遣劳动者可在用工单位进行职业技能等级认定。

（十一）推行社会化职业技能等级认定。按照统筹规划、合理布局、严格条件、择优遴选、动态调整的原则，面向社会公开征集遴选社评组织。社评组织根据市场需求和劳动者就业创业需要，依据有关规定，按照客观、公正、科学、规范的原则，面向劳动者开展职业技能等级认定。

（十二）指导技工院校全面开展职业技能等级认定。促进技工院校教学与企业用人需求紧密结合，推行工学一体化技能人才培养模式，加强专业设置与产业需求对接、课程内容与职业标准对接、教学过程与工作过程对接，积极为学生提供职业技能等级认定服务。同时，支持技工院校依托合作企业为学生提供职业技能等级认定服务。加大将技工院校培育为社评组织力度，面向各类就业群体提供职业技能等级认定服务。

四、促进职业技能等级认定结果与培养使用待遇相结合

（十三）充分发挥技能评价对提高培养培训质量的导向作用。要将职业技能等级认定作为引导职业技能培训方向、检验培训质量的重要手段。依据职业标准组织开展各等级职业技能培训，突出能力导向，强化高技能人才培训，促进职业技能培训与职业技能等级认定有机衔接。推动建立并形成贯穿劳动者学习工作终身、覆盖劳动者职业生涯全程的职业技能培训制度。

（十四）促进职业技能等级认定结果与岗位使用有效衔接。建立评价与使用相结合的机制，评以适用、以用促评。用人单位结合用人需求，根据职业技能等级认定结果合理安排使用技能人才，实现职业技能等级认定结果与技能人才使用相衔接。实行聘期管理制度，健全日常和动态考核制度，在岗位聘用中实现人员能上能下。

（十五）建立与职业技能等级（岗位）序列相匹配的岗位绩效工资制。推动《技能人才薪酬分配指引》落实落地，强化工资收入分配的技能价值激励导向。引导用人单位建立基于岗位价值、能力素质、业绩贡献的工资分配制度，将职业技能等级作为技能人才工资分配的重要参考，突出技能人才实际贡献，通过在工资结构中设置体现技术技能价值的工资单元，或根据职业技能等级设置单独的技能津贴等方式，合理确定技能人才工资水平，实现多劳者多得、技高者多得。

（十六）健全高技能人才激励机制。引导用人单位工资分配向高技能人才倾斜，高技能人才人均工资增幅不低于本单位相应层级专业技术人员和管理人员人均工资增幅。对优秀的高技能人才，可探索实行协议工资、项目工资、年薪制、专项特殊奖励、股权期权激励、技术创新成果入股、岗位分红等激励办法。对在聘的高级工、技师、高级技师在学习进修、岗位聘任、职务职级晋升、评优评奖、科研项目申报等方面，比照相应层级专业技术人员享受同等待遇。聘用到特级技师岗位的人员，比照正高级职称人员享受同等待遇。首席技师薪酬待遇可参照本单位高级管理人员标准确定或根据实际确定，不低于特级技师薪酬待遇。机关事业单位工勤（工勤技能）人员的职业技能等级（岗位）设置和薪酬待遇按照有关规定执行。

五、加强服务监管

（十七）加强组织领导。健全完善职业技能等级制度关系广大技能人才的切身利益，涉及面广，政治性、政策性和技术性都非常强。各级人力资源社会保障部门要充分认识实施职业技能等级制度的重要意义，要从提升技能人才社会地位、巩固党的执政基础、实现人民共同富裕的高度，切实加强组织领导，统筹规划，周密部署，精心组织。要做好推动落实、服务保障、监督检查以及宣传引导等工作。

（十八）健全公共服务体系。按照全覆盖、可及性、便利性的要求，建立健全技能人才评价服务体系。做好评价机构备案服务，公布机构目录并实行动态调整。严格、规范证书（或电子证书）管理。建立完善信息化服务管理系统，面向社会提供技能人才评价机构和证书查询验证服务。加强跨区域职业技能等级认定结果互认，探索职业技能等级认定结果国际互认。

（十九）加强质量督导和监管。建立健全质量监管体系，实现事前事中事后全链条全领域监管。各地要按照属地管理原则，做好技能人才评价工作的综合管理。加强质量督导，采取“双随机、一公开”和“互联网＋监管”等方式，加强对用人单位和社评组织及其评价活动的监督管理和指导。健全评价质量评估机制，及时向社会公开评估结果。用人单位和社评组织要落实评价质量管理主体责任，接受同行监督和社会监督。

附件：职业技能等级（岗位）要求

人力资源社会保障部

2022年3月18日

附件

职业技能等级（岗位）要求

序号	级别名称	基本要求	实施机构
1	学徒工	能够基本完成本职业某一方面的主要工作。	用人单位
2	初级工	能够运用基本技能独立完成本职业的常规工作。	用人单位和社评组织
3	中级工	能够熟练运用基本技能独立完成本职业的常规工作；在特定情况下，能够运用专门技能完成技术较为复杂的工作；能够与他人合作。	
4	高级工	能够熟练运用基本技能和专门技能完成本职业较为复杂的工作，包括完成部分非常规性的工作；能够独立处理工作中出现的问题；能够指导和培训初、中级工。	
5	技师	能够熟练运用专门技能和特殊技能完成本职业复杂的、非常规性的工作；掌握本职业的关键技术技能，能够独立处理和解决技术或工艺难题；在技术技能方面有创新；能够指导和培训初、中、高级工；具有一定的技术管理能力。	
6	高级技师	能够熟练运用专门技能和特殊技能在本职业的各个领域完成复杂的、非常规性工作；熟练掌握本职业的关键技术技能，能够独立处理和解决高难度的技术问题或工艺难题；在技术攻关和工艺革新方面有创新；能够组织开展技术改造、技术革新活动；能够组织开展系统的专业技术培训；具有技术管理能力。	
7	特级技师	在生产科研一线从事技术技能工作、业绩贡献突出的“企业高技能领军人才”。能够熟练运用专门技能和特殊技能在本职业的各个领域完成复杂的、非常规性工作；精通本职业及相关职业的重要理论原理及关键技术技能，能够独立处理和解决高难度的技术问题或工艺难题；承担传授技艺的任务，在技能人才梯队培养上作出突出贡献。	省级及以上人力资源社会保障部门指导用人单位实施

续表

序号	级别名称	基本要求	实施机构
8	首席技师	在技术技能领域作出重大贡献，或在本地区、本行业企业具有公认的高超技能、精湛技艺的“地方或行业企业高技能领军人才”。为地方、行业企业高技能人才队伍建设作出突出贡献；为国家重大技术攻关、成果转化、技术创新、发明等作出突出贡献，在地方、行业企业的技术进步与发展中发挥关键作用，专业水平在地方、行业企业具有很高认可度和影响力。	省级及以上人力资源社会保障部门、国务院有关行业主管部门指导用人单位实施

注：

1. 行业企业可结合实际对上述要求进行修订完善。
2. 上述职业技能等级证书样式和编码按照有关规定确定。证书编码第 16 位为大写英文字母或阿拉伯数字，其中“X”表示“学徒工”，“T”表示“特级技师”，“S”表示“首席技师”，“5、4、3、2、1”分别表示“初级工、中级工、高级工、技师、高级技师”。

人力资源社会保障部　工业和信息化部　国务院国资委关于印发《制造业技能根基工程实施方案》的通知

（人社部发〔2022〕33号）

各省、自治区、直辖市及新疆生产建设兵团人力资源社会保障厅（局）、工业和信息化主管部门、国资委：

为深入贯彻习近平总书记关于技能人才工作重要指示精神，实施新修订的《中华人民共和国职业教育法》，全面落实《“十四五”职业技能培训规划》，加快培养制造业高质量发展急需的高素质技能人才，人力资源社会保障部、工业和信息化部、国务院国资委联合制定了《制造业技能根基工程实施方案》。现印发给你们，请结合实际贯彻执行。

人力资源社会保障部
工业和信息化部
国务院国资委
2022年6月2日

制造业技能根基工程实施方案

为深入贯彻习近平总书记关于技能人才工作重要指示精神，实施新修订的《中华人民共和国职业教育法》，全面落实《“十四五”职业技能培训规划》，加快培养制造业高质量发展急需的高素质技能人才，特制定本方案。

一、工作背景

制造业是国民经济的主体，是科技创新的主战场，是立国之本、兴国之器、强国之基。技能人才是支撑中国制造、中国创造的重要力量，是联接技术创新与生产实践最核心最基础的劳动要素。党中央、国务院高度重视制造业技能人才工作，适应制造强国、质量强国建设，推行终身职业技能培训制度，组织实施高技能人才振兴计划和职业技能提升行动，大规模培养技能人才。

当前，我国进入新发展阶段，新一轮科技革命和产业变革深入发展，制造业高质量发展急需一大批爱岗敬业、掌握精湛技能的高素质技能人才、能工巧匠、大国工匠。但技能人才培养培训、评价激励制度和发展使用环境有待优化，技能就业、技能成才对劳动者特别是青年吸引力不强，迫切需要把制造业技能人才培养放在更加突出的位置，健全多层次培养体系，加大制造业技能人才培养工作力度。

二、总体要求

（一）加强思想政治引领。突出技能人才思想政治引领，加强理想信念教育，强化质量意识培育，大力弘扬劳模精神、劳动精神、工匠精神，引导制造业广大职工和技能劳动者勤学苦练、深入钻研，勇于创新、敢为人先，不断提高技术技能水平，为推动高质量发展、实施制造强国战略、全面建设社会主义现代化国家贡献智慧和力量。

（二）明确任务目标。2022 年至 2025 年，聚焦制造业重点领域建立一批国家技能根基工程培训基地，加大制造业高新技术、数字技能和急需紧缺职业工种政府补贴培训支持力度，全面推进制造业企业技能人才培养评价工作，促进制造业技能人才“人人持证”，优化使用发展环境和激励机制配套支撑，打造数量充足、结构合理、素质优良、充满活力的制造业技能人才队伍。

三、主要任务

（三）遴选建设国家技能根基工程培训基地。重点依托国家制造业高质量发展试验区、国家先进制造业集群等遴选制造业龙头企业、单项冠军企业、专精特新“小巨人”企业和优质技工院校，建设国家技能根基工程培训基地，重点开展高技能人才特别是技师、高级技师、特级技师、首席技师培训研修，形成规模化培训示范效应。支持其面向产业链上下游中小微企业职工提供培训服务，促进制造业技术迭代和质量升级。推动技工院校与先进制造业企业合作共建，推行工学一体化技能人才培养模式，探索组建一批聚焦制造、突出创新、效益显著的技工教育联盟（集团），提高制造业技能人才培养针对性和有效性。

（四）制定制造业政府补贴职业技能培训目录。完善制造业职业分类，动态发布新技术应用和自主技术创新应用产生的新职业，加快制定国家职业技能标准。坚持市场引导和政府补贴职业技能培训共同推进，各地要制定公布制造业政府补贴职业技能培训目录，并动态征集和调整优质培训项目，加大对制造业技能人才培养的支持力度。各地可突出“高精尖缺”导向，结合新一代信息技术和自主信息技术产业、高端工业母机和机器人、航空航天装备、船舶与海洋工程装备、关键软件、数字技能等领域以及工业和信息化职业技能提升培训指导目录，优先将其中适合当地制造业技能人才培养需要的相关职业工种纳入政府补贴职业技能培训目录，并适当提高补贴标准。鼓励实施“揭榜挂帅”机制开展项目制培训。

（五）在制造业企业全面推行中国特色企业新型学徒制。引导制造业企业按照岗位总量的一定比例设立学徒岗位，通过企校双师带徒、工学结合模式对新招用职工、在岗职工和转岗职工进行学徒培训。聚焦企业生产重点领域、关键环节，通过名师带高徒、师徒结对子、建立技能大师工作室等形式，培养高质量企业新型学徒，不断提升学徒关键核心工艺水平和技术创新能力。支持企业建立学徒奖学金、师带徒津贴等，激发师徒积极性和主动性。

（六）加强制造业高技能领军人才选拔评聘。支持制造业企业全面推行职业技能等级制度，推动符合条件的规模以上制造业企业全部备案纳入培训评价机构目录，健全八级技能岗位等级设置，自主开展职业技能等级认定。以工业“六基”、“卡脖子”关键核心技术等领域为重点，选拔一批技能高超、业绩突出的高技能领军人才聘任首席技师、特级技师等高级技术职务（岗位）。符合条件的，优先推荐入选制造业人才支持计划、享受政府特殊津贴，优先参评中华技能大奖、全国技术能手等评选表彰项目。

（七）全面推进制造业工学一体化技能人才培养模式。对接制造业产业链、创新链发展，大力建设先进制造业等产业需要的新兴专业和优质专业，开发优质教学资源包，推进工学一体化制造业技能人才培养模式。依托技工教育和职业培训教学指导委员会建立国家基本职业培训包专家委员会，加强一体化教材和培训资源建设。鼓励各地结合制造业企业岗位需求开发培训计划，探索建立全国制造业职业技能培训资源、职业资格证书、职业技能等级证书和专项职业能力证书信息共享机制。

（八）大力开展制造业品牌职业技能竞赛。以全国技能大赛为引领，以行业职业技能竞赛为重点，聚焦人工智能、工业机器人、机械制造、新能源汽车等重点领域职业工种，打造一批制造业职业技能竞赛品牌。支持各地积极开展制造业职业技能竞赛，有条件的地方可探索开展制造业领域职业技能竞赛月活动，促进更多优秀高技能人才脱颖而出。

四、实施保障

（九）加强组织领导。各地要将实施制造业技能根基工程作为重要任务，协调纳入区域经济社会发展总体规划。要建立人力资源社会保障、工业和信息化、国资等部门共同参与的工作机制，加大组织推动力度，在政策、项目和资金上对技能根基工程予以重点支持。要抓紧安排部署，充分宣传动员，加强统筹协调，积极组织动员行业协会、企业、技工院校共同实施。各级国资部门要指导国有企业强化责任担当，率先启动实施。

（十）强化政策保障。各地要统筹兼顾，突出重点，加大就业补助资金、职业技能提升行动专账资金、失业保险基金、企业职工教育经费、人才队伍建设经费等统筹力度，支持制造业技能人才培养培训工作。企业要依法履行职工教育培训主体责任，按照《关于企业职工教育经费税前扣除政策的通知》（财税〔2018〕51 号）和《关于企业职工教育经费提取与使用管理的意见》（财建〔2006〕317 号）等规定，足额提取职工教育经费，其中 60% 以上用于一线职工的教育和培训。

（十一）优化激励措施。要引导企业根据《技能人才薪酬分配指引》（人社厅发〔2021〕7 号），突出对技能要素和技能创新攻关的激励导向，建立体现技能人才岗位价值、能力素质和业绩贡献的薪酬分配制度。对一线生产技术岗位，企业可结合实际设置技能津贴、带徒津贴、专项特殊津贴等。对核心技术岗位、关键工序和急需紧缺技能人才，可实行协议工资、项目工资、年薪制等薪资分配形式。在重点工程、重大项目、关键环节中，探索推行“工程师 + 高技能领军人才”的团队合作模式，推动科技创新研发与生产实践紧密融合。要建立健全柔性流动机制，鼓励掌握核心生产工艺的高技能人才通过兼职、服务、项目合作等方式更好发挥引领带动和辐射效应，稳定并壮大制造业技能人才队伍。

人力资源社会保障部办公厅关于实施失业保险支持技能提升“展翅行动”的通知

（人社厅发〔2018〕36号）

各省、自治区、直辖市及新疆生产建设兵团人力资源社会保障厅（局）：

为进一步贯彻落实《国务院关于做好当前和今后一段时期就业创业工作的意见》（国发〔2017〕28号）、《人力资源社会保障部 财政部关于失业保险支持参保职工提升职业技能有关问题的通知》（人社部发〔2017〕40号）精神，推动各地深入实施失业保险支持技能提升补贴政策，充分发挥政策效应，助力推行终身职业技能培训制度，我部决定从2018年起在全国实施失业保险支持技能提升“展翅行动”。现就有关问题通知如下：

一、总体要求

（一）指导思想

全面贯彻党的十九大精神，坚持以习近平新时代中国特色社会主义思想为指导，落实党中央、国务院关于完善失业保险制度的部署要求，更加积极地发挥失业保险防失业促就业功能作用，激励和引导广大参保职工提高职业技能，增强就业稳定性，从源头上减少失业，助力维护就业局势稳定，助力建设一支知识型、技能型、创新型劳动者大军，为经济社会发展提供有力人才支撑。

（二）目标任务

通过“展翅行动”，推动各地积极主动、全面规范地落实失业保险技能提升补贴政策，力争使符合条件的参保职工都能享受到技能提升补贴。

（三）基本原则

1. 坚持资源整合，业务协同。加快推进部门内部及部门间的统筹协调，实现业务数据有机对接，信息资源互联共享，打破部门分割，贯通信息孤岛。

2. 坚持便捷服务，流程再造。加快推进经办服务从线下向线上拓展，推动业务流程优化再造，提升信息化应用水平，利用“互联网+”思维，打造专业、个性、主动的服务体系。

3. 坚持舆论引导，精准宣传。持续营造良好社会环境和舆论氛围，增强“展翅行动”品牌效应，提高政策推送精准度，力争做到参保职工人人知晓、人人参与。

4. 坚持制度约束，科学防范。把加强基金监管放在更加突出的位置，强化审核管控，完善内控制度，补齐监管短板，确保基金安全。

二、工作措施

（一）全面落实政策。各省（自治区、直辖市）人力资源社会保障部门要在实践中加强对所辖地区的分类指导，全力推动失业保险技能提升补贴政策惠及更多参保职工。对尚未公布具体操作办法的，要督促研究制定，做好跟踪了解；对申领门槛高、手续复杂的，要抓紧简化程序、优化流程；对与现行政策有冲突和重叠的，要尽快沟通协调，明确政策边界；对因基金支付能力不足影响政策落实的，要合理运用省级调剂金加大投入，确保顺利实施；对因地制宜进行政策创新和拓展的，要及时总结经验、推广典型，充分发挥示范引领作用。

（二）摸清基础数据。各级人力资源社会保障部门要加强业务协同和信息共享，全面掌握本地区职工参保、证书发放、补贴申领等情况，将符合政策享受条件的参保职工全部纳入服务范围，确保做到底数清、台账明、覆盖全。要建立健全部门间信息比对共享机制，职业技能鉴定机构要做好本地区技能人员职业资格证书和职业技能等级证书的数据上传、维护管理、信息共享等工作，确保数据安全、真实、完整；社会保险经办机构要利用信息化手段，及时筛选出符合补贴申领条件的企业职工，并提供主动服务；信息化综合管理机构要发挥信息化支撑作用，在信息共享、数据比对等过程中提供支持，着力做好业务系统的功能改造，并做好系统运行保障工作。各部门间要做好沟通协调，确保工作台账定期更新，服务对象清晰明确。

（三）广泛宣传动员。各级人力资源社会保障部门要持续开展主题突出、内容丰富、形式多样的宣传报道，通过广大群众喜闻乐见、通俗易懂的方式，将失业保险技能提升补贴政策讲清讲透。要进一步营造“崇尚技能”的社会氛围，通过树立一批参保职工技能成才的先进典型，持续扩大“展翅行动”社会影响力，着力打造失业保险服务品牌。要提高宣传工作精准化、精细化水平，重点围绕符合政策享受条件的参保职工，利用 12333 等现有服务渠道，进行“点对点、一对一”的政策推送，使其普遍知晓并积极参与；要深入工业园区、大型重点企业、工厂片区，通过集中宣讲、现场办理、设立专人专岗等形式，面对面讲政策、举例子、算细账，为用人单位和职工解疑释惑，开辟补贴申领

“绿色通道”；有条件的地区可以通过举办启动仪式、制作宣传片和公益广告等方式进一步加大宣传力度。

（四）优化服务流程。各级人力资源社会保障部门要深入落实“放管服”改革要求，努力消除“中梗阻”，切实简化补贴申领程序，提升经办服务质量。要提高办事效率，落实首问责任制、一次性告知、多部门并联并审等制度，推行“一网通办”和“一次办结”，让申报更简捷、服务更贴心。要推动“网路”变“主路”，降低办事成本，逐步实现补贴申领网上受理、网上办理、网上反馈，并提供办理进度和办理结果网上实时查询服务。暂不具备线上办理条件的地区，也要通过多种方式提供全程在线咨询服务，及时解答群众疑问，实现线上线下服务有机衔接。要简化申报材料，凡是能通过与其他部门信息共享互认获取的，不得要求申请人重复提供。要制定培训计划，加强对业务经办人员的政策培训，使群众不论到哪个机构都能享受同等的、高质量的经办服务。

（五）加强基金监管。各级人力资源社会保障部门要把防控基金风险放到更加重要的位置，牢牢守住不发生基金案件的底线。要建立权责清晰的审核审批流程，持续加强事中审查和事后稽核，在身份和证书核验、信息公示、补贴直发等关键环节设置风险监测点，定期对操作记录进行查验。要加强信息公开，畅通投诉举报渠道，对资金使用情况进行跟踪监督。要加强对失信行为的追查问责，建立用人单位和职工诚信档案，从严追责、从重惩处，打击和震慑各类骗取套取补贴行为。要未雨绸缪，对于政策实施过程中出现的苗头性、倾向性基金风险问题，要及时上报。

（六）夯实实名系统。各省（自治区、直辖市）人力资源社会保障部门要积极推广使用“参保职工技能提升补贴实名制信息采集系统”（登录地址 http://jnts.mohrss），逐步实现跨地区、跨部门、跨层级的信息查询和校验比对，为防止重复领取、骗取补贴提供技术手段，为强化统计分析、加强形势研判、完善政策措施提供可靠数据支撑。

三、组织实施

（一）提高认识，加强领导。各级人力资源社会保障部门要高度重视，将实施“展翅行动”作为人才强国战略的重要举措，作为发挥失业保险防失业促就业功能作用的重要抓手。各省、自治区、直辖市人力资源社会保障厅（局）要抓总部署，加强组织领导，制定具体实施方案，明确任务分工、推进步骤、宣传策略、督查调度、评估奖惩、基金监管等措施。要适时通报各统筹地区技能提升补贴工作进展，将“展翅行动”实施效果作为失业保险工作重要考核指标，上下联动，齐抓共管，扎实推进。

（二）信息汇总，及时报送。各省、自治区、直辖市人力资源社会保障厅（局）要确立专门联络人员，于每季度季末的次月 7 日前将上月失业保险技能提升补贴申领发放情况通过“参保职工技能提升补贴实名制信息采集系统”上报，并于每年 1 月 31 日前向部失业保险司报送上年度“展翅行动”实施情况，包括工作进展、存在问题和下一步工作打算。对“展翅行动”推进过程中取得的工作成效、经验做法、政策创新等情况，各地要及时以信息简报、专题报道等形式报送部失业保险司，部里将及时予以宣传推广。

人力资源社会保障部办公厅

2018 年 4 月 22 日

人力资源社会保障部办公厅关于技工院校公开招聘有关事项的通知

（人社厅发〔2019〕95号）

各省、自治区、直辖市及新疆生产建设兵团人力资源社会保障厅（局）：

为深入贯彻落实习近平总书记对技能人才工作重要指示精神，按照《中共中央 国务院关于印发〈新时期产业工人队伍建设改革方案〉的通知》和《国务院关于印发国家职业教育改革实施方案的通知》要求，大力发展技工教育，切实加强技工院校教师队伍建设，根据《事业单位人事管理条例》和《事业单位公开招聘人员暂行规定》等有关政策法规，现就技工院校公开招聘工作有关事项通知如下。

一、在设置技工院校公开招聘岗位条件时，专业名称除按照《人力资源社会保障部关于事业单位公开招聘岗位条件设置有关问题的通知》确定外，也可参照《全国技工院校专业目录（2018年修订）》确定，并在公开招聘公告中明确相应的专业参考目录。

二、技工院校公开招聘生产实习指导教师时，岗位条件可设置为相应专业专科毕业生或技工院校高级工班毕业生，大学本科毕业生或预备技师（技师）班毕业生。

三、对获得中华技能大奖、全国技术能手荣誉称号或省级技能大奖、技术能手荣誉称号，享受国务院或省政府特殊津贴、国家级或省级技能大师工作室带头人、获得省部级以上劳动模范表彰的高技能人才以及世界技能大赛国家集训选手和中国技能大赛优秀选手（国家级一类大赛前20名，国家级二类竞赛前15名；省级一类大赛前5名，省级二类大赛前3名），可按国家有关规定直接通过考察的方式公开招聘到技工院校与所获技能奖项相关的岗位任教。

各省（区、市）人力资源社会保障厅（局）要高度重视技工院校公开招聘工作，按照本通知要求抓好贯彻落实，扩大技工院校选人用人视野，建设高素质技工院校教师队伍。

人力资源社会保障部办公厅

2019年9月29日

人力资源社会保障部办公厅关于支持企业大力开展技能人才评价工作的通知

（人社厅发〔2020〕104 号）

各省、自治区、直辖市及新疆生产建设兵团人力资源社会保障厅（局），国务院有关部委、直属机构人事劳动保障工作机构，有关行业组织、企业人事劳动保障工作机构：

为深入贯彻习近平总书记关于健全技能人才培养、使用、评价、激励制度的重要指示精神，深化技能人才评价制度改革，现就做好支持企业大力开展技能人才评价工作有关事项通知如下。

一、支持企业自主开展技能人才评价。按照党中央、国务院“放管服”改革要求，加快政府职能转变，充分发挥市场在资源配置中的决定性作用，激发市场主体活力，向用人主体放权，按照“谁用人、谁评价、谁发证、谁负责”的原则，支持各级各类企业自主开展技能人才评价工作，发放职业技能等级证书，推动建立以市场为导向、以企业等用人单位为主体、以职业技能等级认定为主要方式的技能人才评价制度。解决水平评价类技能人员职业资格退出国家职业资格目录后技能人才评价载体缺失、评价工作急需跟进等问题，不断优化政策，畅通技能人才发展通道，努力形成人人渴望成才、人人努力成才、人人皆可成才、人人尽展其才的良好局面。

二、企业自主确定评价范围。符合条件、经备案的企业可面向本企业职工（含劳务派遣、劳务外包等各类用工人员）组织开展职业技能水平评价工作，实施职业技能等级认定，并将人才评价与培养、使用、待遇有机结合。企业可结合生产经营主业，依据国家职业分类大典和新发布的职业（工种），自主确定评价职业（工种）范围。对职业分类大典未列入但企业生产经营中实际存在的技能岗位，可按照相邻相近原则对应到职业分类大典内职业（工种）实施评价。支持企业参与新职业开发工作，推动较为成熟的技能岗位纳入国家职业分类体系。

三、企业自主设置职业技能等级。企业可以国家职业技能标准设置的五级（初级工）、四级（中级工）、三级（高级工）、二级（技师）和一级（高级技师）为基础，自主设置职业技能岗位等级，形成具有自身特色的评价等级结构，建立技能人才成长通道。企业可设置学徒工、特级技师、首席技师等岗位等级，并明确其与国家职业技能标准相应技能等级之间的对应关系；企业还可在技能等级内细分层级。

四、依托企业开发评价标准规范。适应产业发展和技术变革需求，发挥企业技术优势开发职业技能标准或评价规范，建立科学合理、符合生产实际的评价标准体系。企业可根据相应的国家职业技能标准，结合企业工种（岗位）特殊要求，对职业功能、工作内容、技能要求和申报条件等进行适当调整，原则上不低于国家职业技能标准要求。无相应国家职业技能标准的，企业可参照《国家职业技能标准编制技术规程》，自主开发制定企业评价规范。支持较为成熟和影响较大的企业评价规范，按程序申报国家职业技能标准。

五、企业自主运用评价方法。建立以职业能力为导向、以工作业绩为重点、注重工匠精神和职业道德养成的技能人才评价体系。坚持把品德作为评价的首要内容，重点考察劳动者执行操作规程、进行安全生产、解决生产问题和完成工作任务的能力，并注重考核岗位工作绩效，强化生产服务结果、创新成果和实际贡献。要把技能人才评价工作融入日常生产经营活动过程中，灵活运用过程化考核、模块化考核和业绩评审、直接认定等多种方式。探索利用现代信息技术，创新技能评价方式。

六、积极开展职业技能竞赛评价。发挥以赛促训、以赛促评作用，将职业技能竞赛作为技能人才评价的重要方式之一，促进评价工作公开公平公正。鼓励企业按照国家职业技能标准和行业企业评价规范要求，大力开展职业技能竞赛、岗位练兵、技术比武等活动，并将竞赛结果与职业技能等级认定相衔接。支持企业职工参加各级各类职业技能竞赛，对在职业技能竞赛中取得优异成绩的人员，可按规定晋升相应职业技能等级。

七、贯通企业技能人才职业发展。适应人才融合发展趋势，建立职业技能等级认定与专业技术职称评审贯通机制，破除身份、学历、资历等障碍，搭建企业人才成长立交桥。落实在工程技术领域实现高技能人才与工程技术人才职业发展贯通的意见要求，逐步扩大贯通领域，能扩尽扩，能融尽融。

八、提升企业评价服务能力。加强企业评价基础能力建设，发挥已有职业技能鉴定技术优势和组织优势，依托设在企业的职业技能鉴定所站、高技能人才培训基地和技能大师工作室等组织开展评价工作。鼓励备案企业申请为社会培训评价组织，为其它中小企业和社会人员提供人才评价服务。深化产教融合、企校合作，支持企业为院校学生提供人才评价服务，引导院校科学合理设置专业和课程。

九、加强质量督导和服务保障工作。各级人力资源社会保障部门要按照属地原则，加强对本地区企业技能人才评价工作的指导服务和质量督导。要健全工作机制，优化服务流程，简化程序，采取上门服务、现场集中办理、网上申报、告知承诺、网络核验等方式，做好企业技能人才评价工作的备案、质量管理和技术支持服务工作。加强跨地区协作，企业所在地人力资源社会保障部门要加强与企业子公司所在地人力资源社会保障部门的沟通衔接，建立信息互通、结果互认机制。企业按规定颁发的职业技能等级证书，纳入各级人力资源社会保障部门建设的证书查询系统，向社会公开。人力资源社会保障部门要将取得职业技能等级证书的人员纳入人才统计范围，并按规定落实相应人才政策。

各地人力资源社会保障部门在工作中遇到的突出问题，请及时向我部反映。

人力资源社会保障部办公厅

2020 年 11 月 7 日

人力资源社会保障部办公厅关于印发《技能人才薪酬分配指引》的通知

（人社厅发〔2021〕7号）

各省、自治区、直辖市及新疆生产建设兵团人力资源社会保障厅（局）：

为更好服务中国制造、中国创造，深入实施人才强国、创新驱动发展战略，推动企业建立健全符合技能人才特点的工资分配制度，激励广大青年走技能成才、技能报国之路，我部组织编写了《技能人才薪酬分配指引》，现印发给你们，供指导企业时参考。

各地区要高度重视提高技能人才工资待遇，加强对企业工资分配的指导和服务，抓好宣传培训，推广典型经验，结合本地实际，加强示范引领，推动培养造就一支高素质技能人才队伍。

人力资源社会保障部办公厅

2021年1月26日

技能人才薪酬分配指引

第一章　总　则

第一条　为健全技能人才培养、使用、评价、激励制度，推动企业建立多职级的技能人才职业发展通道，建立以体现技能价值为导向的技能人才薪酬分配制度，大力提高技能人才职业荣誉感和经济待遇，不断发展壮大技能人才队伍，为中国制造和中国创造提供重要人才支撑，结合企业薪酬分配理论实践和技能人才特点，特制定本指引。

第二条　本指引旨在为企业提供技能人才薪酬分配可供参考的方式方法。企业可结合实际，借鉴本指引，不断建立健全适应本企业发展需要的技能人才薪酬分配体系。

第三条　本指引所称技能人才，是指在生产或服务一线从事技能操作的人员。

第四条　技能人才薪酬分配应遵循以下原则：

（一）坚持按劳分配和按要素贡献参与分配。体现多劳者多得、技高者多得的价值分配导向，合理评价技能要素贡献。

（二）坚持职业发展设计与薪酬分配相配套。充分考虑企业的组织架构、职位体系、定岗定编、岗位评价、薪酬分配、绩效管理等相互联系、相互制约的实际，使技能人才薪酬分配与职业发展通道相衔接。

（三）坚持统筹处理好工资分配关系。参考岗位测评结果、市场标杆岗位的薪酬价位，综合考虑企业内部操作技能、专业技术和经营管理等类别实际，统筹确定技能操作岗位和企业内部其他类别岗位之间薪酬分配关系。

第二章　技能人才职业发展通道设计

第五条　本指引所称技能人才职业发展通道，是在企业岗位体系的基础上，形成横向按工作性质、内容等划分不同技能序列，纵向按技能人才专业知识、技术技能、资历经验、工作业绩等因素划分层级的有机系统，既体现技能人才个人能力，又反映岗位差别。

第六条　技能人才职业发展通道一般应与企业的经营管理类、专业技术类职业发展通道并行设置，层级互相对照。企业可根据发展需要，贯通工程技术领域操作技能与工程技术序列融合发展的路径，并逐步拓宽贯通领域，扩大贯通规模。对制造业的技能人才，可以设置基本生产技能操作、辅助生产技能操作等细分类别，纵向设置多个职级（详见附表1）。其他行业企业可结合实际参照设置。

纵向成长通道一般应基于不同类别岗位的重要程度、复杂程度等因素，并考虑不同类别岗位人员的职业发展规律作出差别化安排。纵向成长通道具体层级设置数量可根据企业发展战略、主体业务、员工队伍状况等实际进行调整。

企业内部不同类别之间对应关系，技能操作类的正常成长通道最高可与部门正职/分厂厂长/分支机构正职等中层正职相当，高精尖的高技能领军人才可与企业高层管理岗相当。对企业技能操作中的基本生产技能操作工种、辅助生产技能操作工种和熟练服务工种等，一般应设置差别化成长通道。同时，在满足任职资格条件基础上，不同职业发展通道可以相互贯通。

第七条　为实现职业发展通道有效运转，需定责权，即对具体职位在工作职责、管理权限等方面作出统一规范和界定。定责权，主要是解决好职业发展通道和企业内部管理岗位之间的关系问题，总的原则是以事定责、按责配权，实现权责利的统一。职责权限的划分根据相关业务流程，通过编制岗位说明书等方式进行明确，并结合实际动态调整。

处于高职级的技能人才对本领域业务工作负有组织制订（修订）标准、指导落实、监控、审查、结果判定等职责和权限；同时，需承担本业务领域难度较大、创新性的工作任务，并负有编制培训教材、培训授课、平时指导等培训指导职责。

第八条 职业发展通道有效运转需定数量，即根据企业战略和相应的人力资源规划，参考企业所在业务领域专业细分结果，结合企业对各职位的需求以及人员结构情况，制定各职级的职数标准和比例结构。

设置职位数量的规则，一般采取两头放开、中间择优的方式安排。高层职级一般按资格条件管理，不设具体职位数量，成熟一个聘任一个，宁缺毋滥；基层职级一般不设职数，符合条件即可正常晋升；中间层级可按照细分专业数量设置职数，也可以按照一定比例进行安排。

第九条 职业发展通道有效运转需定资格，即根据履行职位职责的要求，对职位任职人员所应具备的学历、资历、能力、经验、业绩等多维度任职条件作出统一规范和界定。职位任职资格标准可将经人社部门公布的技能人才评价机构评价的职业技能等级作为重要参考，并明确相互间对应关系。

结合人才成长规律，职业发展通道一般可按三个阶段设置，形成全职业周期的成长发展通道。新进技能人才在第一个十年中，每 2 至 3 年晋升一个职级，在基层岗位职位上正常成长；第二个十年中，在中间层级岗位职位上择优晋升发展；第三个十年中，在高层级岗位职位上逐步成长为专家权威。同时，对具有特殊技能和突出贡献的高技能人才应有破格晋升的制度安排。

随着新生代劳动者成长预期的变化，以及不同类型企业的技能操作难度有差异，对技能人才的成长年限安排以及相应的任职资格标准可有所不同。

第十条 职业发展通道有效运转需定考评，即明确各类人员进入所在职级通道的考评办法，根据考评结果组织聘任，实现能上能下。

第十一条 职业发展通道有效运转需定待遇，即对进入职业发展通道的技能人才，可对新职级职位按照岗位进行管理，职位职级变化时执行岗变薪变规则。各职级人员聘任到位后，按相应岗位工资标准执行，根据绩效考核结果发放绩效工资。

第十二条 职业发展通道有效运转需动态管理，即对职位职数标准、任职人员配置以及职位体系框架的动态管理。

其中，职位职级聘任应有任期规定，高职级职位的任期可比低职级长。任期期满重新进行评聘。在职位职数规定范围内，对任期评聘成绩优秀并达到上一职级任职资格的可予以晋升，考评合格的可保留原职级，考评不合格的可降低职级。

第三章　技能人才薪酬分配制度设计

第一节　工资结构设计

第十三条　按照为岗位付酬、为能力付酬、为绩效付酬的付酬因素，技能人才工资结构可由体现岗位价值的岗位工资单元、体现能力差别的能力工资单元和体现绩效贡献的绩效工资单元等组成。

第十四条　为稳定职工队伍，保障职工基本生活，企业可结合实际增加设置体现保障基本生活的基础工资单元和体现员工历史贡献积累的年功工资单元。

第十五条　在各工资单元功能不重复体现的原则下，为补偿技能人才在特定环境或承担特定任务的额外付出，可设置相应的津贴单元，包括体现夜班工作条件下额外劳动付出的夜班津贴、体现高温噪音污染等艰苦环境条件下额外劳动付出的作业环境津贴、体现技能人才技能水平的技能津贴、体现技能人才班组长额外劳动付出的班组长津贴、体现技能人才师傅带徒弟额外劳动付出的带徒津贴等。根据需要，还可设置鼓励多学技能、向复合型人才发展的多能津贴或通岗津贴等。

第十六条　企业根据需要可以合并、减少或增加相关工资单元。例如，能力工资单元可以采用设置技能人才特殊岗位津贴的形式体现，也可以采用将职级通道直接纳入岗位工资单元进行体现；年功工资单元可在岗位工资单元中设置一岗多薪、一岗多档，岗级体现不同岗位的价值度，档次用于体现同一岗位上不同员工的岗位任职时间、业绩贡献、年度正常增长等因素。

第二节　岗位工资单元设计

第十七条　岗位工资等级应以岗位评价结果为基础。岗位评价是实现不同岗位之间价值可比，体现企业薪酬分配内部公平的重要基础工作。

岗位评价一般有四种方法：一是排序法，将企业全部岗位视为一个系列，根据各个岗位对组织的贡献度和作用度不同，对岗位次序进行排列的一种方法，一般适用于工作性质单一、岗位较少的企业。二是分类套级法，将企业全部岗位分为若干系列、每个系列分为若干级别，分类别对岗位次序进行排列的一种方法。三是因素比较法，事先确定测评要素和若干主要岗位（或称标杆岗位），将每一个主要岗位的每个影响因素分别加以排序或评价。其他岗位按影响因素与已测评标杆岗位各因素测评结果分别进行比较，进而确定岗位的价值等级。四是要素计分法，根据预先规定的衡量标准，对岗位的主要影响因素逐一进行评比、估量，由此得出各个岗位的量值。

第十八条 企业采用要素计分法对技能操作类岗位进行岗位评价，通常考虑岗位对上岗人员技能水平要求的高低，岗位工作量及质量责任的轻重，体力或脑力劳动强度的大小和岗位工作条件的好差等进行评价。在此基础上，要遵循战略导向原则，从突出企业关键重要岗位的角度选择评价要素，确定评价要素权重。

第十九条 企业在评价要素的选择、评价权重的设置、评价过程的组织等方面应贯彻公正、公开原则，得到员工认可。第一步是初评，企业内各二级单位评价确定本单位内部技能操作岗位纵向岗位关系；第二步进行复测，在各单位初评结果中筛选出标杆岗位，选取熟悉技能操作类岗位职责情况、公信力高的岗位评价代表进行复测，确定不同单位之间技能操作类岗位的等级关系。

第二十条 岗位工资可采取一岗一薪、岗变薪变，也可采取一岗多薪、宽带薪酬形式。一岗多薪、宽带薪酬指的是在每个岗位等级内设多个工资档次，以体现同岗级人员不同能力、资历和不同业绩贡献的差别。一岗多薪、宽带薪酬既能体现员工的岗位价值，又能体现员工的能力素质，还可以兼顾到员工薪资的正常晋升，这一做法在实践中被较多企业选择。

实行一岗多薪、宽带薪酬的企业，技能人才可通过晋档实现工资正常增长。其中，档次晋升调整可与技能人才年度绩效考核结果挂钩，合格及以上的技能人才每年可在本岗级上晋升 1 档，少部分优秀的可晋升 2 档，个别贡献突出的还可以奖励更多晋档，极少数表现不合格的可不晋升或降档。

第二十一条 岗位工资采用一岗多薪、宽带薪酬，具体晋档条件有三种表现形式。一是条件规定形式，即明确晋档应当达到的规定条件。晋档条件有一个以上的，各条件要素需有互补性规定。针对技能操作类岗位，可设置学历与工作年限的互补条件，较长工作年限可在一定程度上弥补学历的不足。二是综合系数表现形式，即按各个晋档要素之间相对关系，将晋档条件转换为系数分数。综合系数表现形式直接实现了各个晋档要素的综合互补。晋档综合系数的确定首先依据不同职级岗位任职资格的要求来确定起步档次的条件。其次，需要将各个条件之间的相对价值进行比较，确定系数标准值，实现各个条件之间的平衡互补。三是特殊贡献表现形式。可将技能人才参加一定层级技能大赛获奖情况、技术攻关和创新等贡献情况，作为晋档或跨档条件。

第二十二条　岗位工资标准的设计，一般参考以下三个因素：一是岗位价值度评估分数。企业可参考技能操作类岗位价值度评估分数之间的倍数关系，确定不同技能操作岗位工资标准之间差别。二是人力资源市场价位情况。企业可参考人力资源市场类似岗位工资价位的绝对水平，确定技能操作类岗位工资标准；或参考市场上相应典型岗位的薪酬比例关系，优化调整相应技能操作类岗位工资标准。三是企业内部标杆技能操作类岗位之间的历史分配关系。企业可结合市场工资价位，重新评估内部技能操作岗位间的分配关系，如果体现岗位价值度的工资标准与市场比差距过小，可以调整优化，适当拉开差距。

第二十三条　岗位工资标准的设计，一般按以下步骤进行：一是首先确定内部关键点岗位（最高岗位、最低岗位、主体标杆岗位等）工资标准之间的比例关系。二是按照一定规律确定每个关键点之间不同层级的岗位工资标准关系，一般可以用等差数列关系确定（差别相对较小），也可以用等比数列确定（差别相对较大）。三是结合技能操作类内部层级因素适当调整。跨职级的差距可适当拉大，同一职级内部差距可适当缩小。经过验证，模拟测算调整，通过比较工资标准高低是否与预先设定的目标一致，最终确定岗位工资标准。

第二十四条　岗位工资标准的表现形式，一般有两种：一是以工资水平绝对值的形式表现；二是以岗位工资系数值（或薪点数）的形式表现。对不同的工资单元可以采用不同的工资标准表现形式。对于效益波动比较大的企业，岗位工资、绩效工资可采取具体的系数或薪点标准。基数值或薪点值可结合企业效益情况、工资总额承受能力、市场价位变动情况等相应确定。

第三节　绩效工资单元设计

第二十五条　绩效工资单元是体现员工实际业绩差别的工资单元，根据绩效考核结果浮动发放，对发挥工资的激励功能具有重要作用。企业可按照绩效工资总量考核发放、授权二次分配、加强监控指导的管理原则，建立绩效工资与企业效益情况（影响工资总额变动）、本部门绩效考核结果（影响本部门绩效工资额度变动）、本人绩效考核结果（影响本人实际绩效所得）联动的分配机制。年度绩效考核除影响绩效工资外，还可与岗位调整、培训、职级升降挂钩。

第二十六条　绩效考核周期的确定需综合考虑行业特点、岗位特征、考评可操作性等因素。技能人才绩效显现时间相对于管理人员、专业技术人员一般较短，可按月为主计发绩效工资。

第二十七条　绩效考核可根据技能人才的工作性质和岗位特征，采取分类考核办法。例如，主要以个人计件计酬的岗位，可以按月设立基础任务量，超过基础任务量部分可分档设立不同计件单价，根据任务完成情况核定绩效工资。

对于以班组、车间为单元集体作业的基本生产技能岗位人员，可参照上述办法将团队绩效工资总额分配到班组、车间，再由班组长、车间主任根据规定程序，按照个人工作量和个人绩效进行合理分配。

对于辅助生产技能岗位人员，可依据其支持服务的基本生产技能岗位人员月绩效工资平均值的一定比例（比如70%至95%），作为人均绩效工资分配额度，以此为基础计算辅助生产技能岗位人员绩效工资总量，再按照绩效工资系数、组织和个人绩效考核的结果进行分配。

第四节　专项津贴单元设计

第二十八条　专项津贴是对特殊条件下的额外劳动付出的补偿。针对技能人才的劳动特点，制造型企业可结合实际需求，可设置夜班津贴、作业环境津贴、技能津贴、班组长津贴、师带徒津贴等。

第二十九条　夜班津贴是对劳动者在夜晚工作额外付出的补偿，主要适用于基本生产技能岗位人员。夜班劳动对于劳动者的体力、精力、心理压力等带来较大影响。实践中，部分“四班三运转”岗位人员的月度夜班津贴水平一般占月度应发工资收入的15%至20%。企业可结合职工薪酬收入水平、当地经济社会发展实际，合理确定夜班津贴的标准水平。

第三十条　作业环境津贴是对劳动者在井下、高空、高温、低温、物理粉尘辐射、化工有毒有害等环境下作业额外付出的补偿，主要适用于技能操作类人员。企业可结合实际，根据作业环境的艰苦程度划分出不同档次，设置差别化的作业环境津贴。

第三十一条　技能等级除作为职业发展通道的晋升条件外，考虑到高技能人才整体仍然短缺的实际，企业可以设置技能津贴，对于取得高级工、技师、高级技师，并在相关技能操作类岗位工作的技能人才，发放一定额度的技能津贴，鼓励技能人才学技术、长本领。取得相应技能等级资质的技能人才，聘任到较高技能操作职级上，除适用技能津贴外，还可同时执行相应发展通道职级的工资标准。技能津贴可同样适用于“双师”（工程师、技师）型技能人才。

第三十二条　班组一般是企业管理的最基层单元，班组长在基础管理、分配任务、考勤考绩等方面均有较多的付出。对于非专职脱产人员担任班组长的，可设置班组长津贴。班组长津贴标准可采取两种方式进行安排：一是按照班组管理幅度，按照具体人数确定适用津贴标准。可在基本标准基础上，每增加1名技能人才，相应增加津贴标准。二是按照班组类别和难度大小，设置不同的档次标准。但对于班组长工资待遇已在岗位工资等级或者档次体现的，可不再重复设置班组长津贴。

第三十三条　师带徒津贴是对师傅培养培训徒弟额外劳动付出的补偿。对于签订带徒协议、明确师傅徒弟权利义务的，可向师傅支付一定额度带徒津贴。协议期满根据考核结果可另行给予奖励。徒弟在技能大赛等获奖的，也可额外对师傅进行奖励，建立徒弟成才、师傅受益的联动机制。企业通过推行“传帮带”“师带徒”“老带新”等多种措施，不仅可以促进整体生产效率的提升，而且能够帮助企业在长期内形成较为稳定的技能人才梯队，积蓄技能人才资源。师带徒，通过企业实践培训提高，针对性强，效果好，应大力推行。

第三十四条　津贴设置应坚持不重复体现原则。本节所提到的夜班津贴、作业环境津贴、技能津贴、班组长津贴、师带徒津贴等各类津贴，如在岗位评价要素或者职级成长通道任职资格条件中已有充分体现的，应本着不重复的原则不再单独设置。

第五节　技能人才与其他人才工资分配关系设计

第三十五条　企业可参考岗位测评结果确定技能人才岗位和其他类别岗位之间薪酬分配关系。如果不同类别岗位测评采用的要素和参评专家不同，则测评分数之间的相互关系不宜简单对应，应选择不同系列的典型岗位进行跨类别岗位测评以确定对应关系。

第三十六条　企业可参考市场标杆岗位之间的薪酬分配关系确定对应关系。如将市场上某技能操作岗位与某管理岗位等薪酬水平的对应关系，作为确定不同类别岗位分配关系的参考。同时，标杆岗位中市场招聘的薪酬价位，可以作为确定技能操作岗位和其他类别岗位起点薪酬分配关系的参考。

第三十七条　技能人才特别是高技能人才，其人力资本是个人努力和长期操作经验的累积结果，在薪酬标准上应体现其人力资本及技能要素贡献。对掌握关键操作技能、代表专业技能较高水平、能够组织技改攻关项目的，其薪酬水平可达到工程技术类人员的较高薪酬水平，或者相当于中层管理岗位薪酬水平，行业佼佼者薪酬待遇可与工程技术类高层级专家级别和企业高层管理岗的薪酬水平相当。

第四章　高技能领军人才薪酬待遇制度设计

第三十八条　高技能领军人才包括获得全国劳动模范、全国五一劳动奖章、中华技能大奖、全国技术能手等荣誉以及享受省级以上政府特殊津贴的人员，或各省（自治区、直辖市）政府认定的“高精尖缺”高技能人才。高技能领军人才是技能人才队伍中的关键少数，应提高其薪酬待遇，鼓励参照高级管理人员标准落实经济待遇。

第三十九条 年薪制是以年度为单位，依据生产经营规模和经营业绩，确定并支付薪酬的分配方式。年薪制一般适用于公司经营班子成员以及承担财务损益责任的分子公司负责人。

高技能领军人才可探索实行年薪制，应把握以下三个方面：一是合理界定适用范围。年薪制适用范围较小，一般适用于承担经营风险、业绩显现周期较长且需建立有效激励约束机制的人员。高技能领军人才具有稀缺性，贡献价值度高，可将其纳入年薪制适用范围。二是明确薪酬结构。一般由基本年薪和绩效年薪为主的薪酬构成，基本年薪占比相对较小、按月发放，绩效年薪占比相对较大、按年发放，体现业绩导向。三是建立相应的激励和约束机制。高技能领军人才应建立体现高技能领军人才特点、体现短期和长期贡献的业绩考核办法，如将关键任务攻关、技能人才队伍培养等作为年度或任期绩效考核目标，业绩考核结果与薪酬挂钩，实现业绩升、薪酬升，业绩降、薪酬降，体现责任、风险和利益的统一。

第四十条 协议薪酬制是企业和劳动者双方协商谈判确定薪酬的分配方式，主要适用于人力资源市场稀缺的核心关键岗位人才或企业重点吸引和留用的紧缺急需人才。

企业要处理好薪酬内部公平性和外部竞争性的平衡。在此基础上，对高技能领军人才实行协议薪酬，应把握以下三个方面：一是合理确定适用范围。一般而言，协议薪酬主要适用于面向社会公开招聘实行市场化管理的高技能领军人才。二是实行任期聘任制。实行协议薪酬制的高技能领军人才，可按任期聘任，按合同规定条件予以续聘或解聘。三是事先约定绩效考核要求。对实行协议薪酬制的高技能领军人才，既协商薪酬也应协商绩效要求，应签订《绩效目标责任书》，确定考评周期内的绩效目标和激励约束规则。同时，实行协议薪酬制人员，薪酬待遇按协议约定执行，一般不再适用企业主体薪酬制度中的岗位工资、绩效奖金、津补贴等分配方式。

第四十一条 专项特殊奖励是对作出重大贡献的部门和个人的专项奖励。

实行专项特殊奖励，应把握以下三个方面：一是专项特殊奖励不仅适用于高技能领军人才，也适用于包括技能人才在内的所有员工。二是对在正常绩效激励中未体现的特殊贡献，均可适用特殊奖励。其中，包括为企业生产效率提高、工作任务完成、新品试制、技改攻关等做出的巨大贡献，或为社会作出突出贡献，或为企业取得重大社会荣誉等（比如技能大赛获得名次）。三是专项特殊奖励属于非常规激励。为避免滥发或不发，应制定较为规范的企业内部专项特殊奖励管理办法。

第四十二条　结合实际探索对技能人才特别是高技能领军人才实行股权激励（包括业绩股票、股票期权、虚拟股票、股票增值权、限制性股票、员工持股等形式）、超额利润分享、项目跟投、项目分红或岗位分红等中长期激励方式。中长期激励应符合国家相关规定。

第四十三条　超额利润分享以超过企业目标利润的部分作为基数，科学合理地设计提取规则，主要适用于企业中的关键核心人才。

应把握以下三个方面：一是将技能人才特别是高技能领军人才纳入实施范围，引导企业构建“目标一致、责任共担、成果共享”的发展共同体。二是明确激励总量的确定规则。激励总量可以本年度超目标净利润增量（或减亏额）为基数，按一定比例计提，并与企业综合绩效系数挂钩调节。其中，净利润目标一般可分为基本目标、激励目标和挑战目标，计提比例可根据净利润实际达成情况按不同比例分段提取。三是明确激励额度分配办法。员工个人激励额度一般可依据激励对象的岗位系数和个人绩效考核结果系数综合确定。其中，个人岗位系数应体现所在岗位职位的正常激励水平，个人绩效考核结果系数应根据实际绩效设置，既关注岗位职位，也关注实际贡献。

第四十四条　岗位分红以企业经营收益为标的，主要适用于对企业重要岗位人员实施激励。对高技能领军人才实施岗位分红的，企业应建立规范的内部财务管理制度和员工绩效考核评价制度，评估高技能领军人才在企业的重要性和贡献，明确实施岗位分红的企业业绩和个人业绩条件。同时，处理好岗位分红所得与薪酬所得的关系，合理确定分红标准。

第五章　附　则

第四十五条　各地人力资源社会保障部门应结合本地实际，加强宣传培训，可分行业或分职业类别进一步细化相关内容，发布典型案例，强化示范引领。创新企业工资宏观调控指导方式，推动企业建立健全技能人才薪酬分配体系，不断提高对本地区企业技能人才薪酬分配的指导实效。

附表

附案例（略）

附表

附表1：某大型研发制造企业技能人才职业发展通道框架示例表

<table>
<tr><th rowspan="2">职位层级</th><th rowspan="2">职位等级/岗位职位工资级别</th><th colspan="3">生产操作类</th></tr>
<tr><th>基本生产技能操作工种</th><th>辅助生产技能操作工种</th><th>熟练操作服务工种</th></tr>
<tr><td rowspan="4">高层</td><td>1</td><td rowspan="4" colspan="3">“高精尖缺”高技能领军人才等</td></tr>
<tr><td>2</td></tr>
<tr><td>3</td></tr>
<tr><td>4</td></tr>
<tr><td rowspan="4">中层</td><td>5</td><td>首席技能专家</td><td rowspan="2"></td><td rowspan="7"></td></tr>
<tr><td>6</td><td>特级技能专家</td></tr>
<tr><td>7</td><td>高级技能专家</td><td>高级技能专家</td></tr>
<tr><td>8</td><td>一级技能操作师</td><td>一级技能操作师</td></tr>
<tr><td rowspan="7">基层</td><td>9</td><td>二级技能操作师</td><td>二级技能操作师</td></tr>
<tr><td>10</td><td>三级技能操作师</td><td>三级技能操作师</td></tr>
<tr><td>11</td><td>四级技能操作师</td><td>四级技能操作师</td></tr>
<tr><td>12</td><td>一级操作工</td><td>一级操作工</td><td>一级操作工</td></tr>
<tr><td>13</td><td>二级操作工</td><td>二级操作工</td><td>二级操作工</td></tr>
<tr><td>14</td><td>三级操作工</td><td>三级操作工</td><td>三级操作工</td></tr>
<tr><td>15</td><td>见习工</td><td>见习工</td><td>见习工</td></tr>
</table>

附表 2：某企业技能人才工资结构安排示例表[1]

工资单元示例					技能人才针对性津贴示例				
岗位工资单元	能力工资单元	绩效工资单元	基础工资单元	年功工资单元	夜班津贴	作业环境津贴	技能津贴	班组长津贴	师带徒津贴

附表 3：某制造企业技能操作岗位评价要素示例表

要素	要素权重	子因素		子因素权重及分数
		序号	子因素名称	
A. 岗位劳动技能要素	24%	1	技能水平要求	5%、50 分
		2	工作经验要求	7%、70 分
		3	岗位难度要求	12%、120 分
B. 岗位工作责任要素	28%	4	产量责任	8%、80 分
		5	工作质量责任	10%、100 分
		6	安全环保责任	10%、100 分
C. 岗位工作负荷要素	30%	7	体力劳动强度	8%、80 分
		8	脑力劳动强度	10%、100 分
		9	工作均衡和饱满性	12%、120 分
D. 岗位工作条件要素	6%	10	岗位工作条件	6%、60 分
E. 岗位人心流向要素	12%	11	岗位人心流向	12%、120 分
总分	1000 分			

1　表中标注虚框的工资单元，实践中也可以有其他体现方式。

附表4：某企业技能人才岗位工资标准宽带薪酬示意表

职位等级名称	级差	档差	1档	2档	3档	4档	5档	6档	7档	8档	9档	10档	11档	12档	13档	14档	15档
首席技能专家																	
特级技能操作专家																	
高级技能操作专家																	
……																	
二级技能操作师																	
三级技能操作师一类																	
……																	
……																	
二级操作工一类																	
二级操作工二类																	
……																	

续表

职位等级名称	级差	档差	1档	2档	3档	4档	5档	6档	7档	8档	9档	10档	11档	12档	13档	14档	15档
三级操作工岗位评价一类																	
三级操作工岗位评价二类																	
三级操作工岗位评价三类																	

备注：阴影部分是下一层级岗位工资标准与上一层级岗位第一档次标准基本重合位置的示意。

附表 5：某企业晋档系数定分标准示例表

<table>
<tr><th>要素</th><th colspan="7">晋档系数定分标准</th></tr>
<tr><td rowspan="2">学历</td><td>非本专业技校、高中及以下</td><td>本专业技校毕业</td><td>本专业中专毕业</td><td>大学专科毕业（含大学本科肄业）</td><td>大学本科毕业</td><td>本科双学士</td><td>硕士研究生</td></tr>
<tr><td>0</td><td>1 分</td><td>2 分</td><td>3 分</td><td>6 分</td><td>8 分</td><td>10 分</td></tr>
<tr><td rowspan="2">技能等级</td><td>初级工及以下</td><td>中级工</td><td>高级工</td><td colspan="2">操作技师</td><td colspan="2">高级操作技师</td></tr>
<tr><td>0</td><td>1 分</td><td>3 分</td><td colspan="2">7 分</td><td colspan="2">12 分</td></tr>
<tr><td rowspan="2">绩效考核加分</td><td colspan="3">不合格</td><td colspan="2">合格</td><td>良好</td><td>优秀</td></tr>
<tr><td colspan="3">-3</td><td colspan="2">0</td><td>2</td><td>4</td></tr>
<tr><td>员工工作年限加分</td><td colspan="7">绩效考核“合格”及以上的每一年增加 1 分</td></tr>
<tr><td>重要成果单列加分</td><td colspan="7">技术创新成果、技能大赛获奖等，单列加分</td></tr>
</table>

人力资源社会保障部办公厅关于加强新职业培训工作的通知

（人社厅发〔2021〕28号）

各省、自治区、直辖市及新疆生产建设兵团人力资源社会保障厅（局），中共海南省委人才发展局，国务院有关部委、直属机构人事劳动保障工作机构，有关行业协会、企业、事业单位人事劳动保障工作机构：

党的十九届五中全会提出，发展战略性新兴产业，推动互联网、大数据、人工智能等同各产业深度融合，推动先进制造业集群发展，构建一批各具特色、优势互补、结构合理的战略性新兴产业增长引擎。近年来，随着新技术、新产业、新业态、新模式的不断产生和发展，新职业不断涌现，我部会同有关部门分批向社会发布了新职业信息。为加快培养大批高素质劳动者和技术技能人才，改善新职业人才供给质量结构，支持战略性新兴产业发展，推动数字经济与实体经济深度融合，现就加强新职业培训工作有关事项通知如下：

一、加快新职业标准开发。组织制定新职业标准，同时面向社会广泛征集新职业标准或评价规范。对于征集到的新职业标准或评价规范，经我部组织评估论证后，及时上升为国家职业标准。有条件的省（自治区、直辖市）和部门（行业）可依托本地区、本部门（行业）的龙头企业、行业组织和院校等开发职业标准或评价规范，经我部审定后，作为国家职业标准予以颁布。探索职业标准开发新模式，增强国家职业标准的灵活性和适应性。

二、组织开展新职业培训。根据区域经济社会发展需要，适应市场需求，坚持就业导向，突出能力建设，大力开展新职业培训特别是数字经济领域人才培养。鼓励培训机构依据国家职业标准，采取多种形式开展培训。对于数字技术技能类职业，探索引入现代化手段和方式开展培训。组织举办新职业领域的专家论坛、专题研修等，广泛组织开展新职业技能竞赛活动，充分发挥以赛促学、以赛促训作用。结合新经济、新产业、新职业发展，建立职业与教育培训专业（项目）对应指引，修订技工院校专业目录，完善专业技术人才继续教育专业科目内容，增设与新职业对应的新专业（项目），加强新职业人才培养。

三、加强新职业培训基础建设。加快新职业培训大纲、培训教材、教学课程、职业培训包等基础资源开发，引导社会力量积极参与。加强新职业培训师资队伍建设，鼓励龙头企业、行业组织和院校中从事与新职业相关工作的人员参加师资培训。支持培训机构配套软硬件，改善教学环境。鼓励各类机构开发新职业实训设施设备等资源，服务新职业人才培养培训。

四、有序开展新职业评价。按照有关规定，组织新职业评价机构的征集遴选，积极稳妥推行社会化评价。经备案的评价机构根据职业特点，探索多元化评价方式。创新评价服务模式，探索“互联网 + 人才评价”的新模式，对于数字技术技能类职业可探索采用在线评价认定模式。对评价认定合格的人员，由评价机构按照有关规定制作并颁发证书（或电子证书）。获证人员信息纳入人才统计范围。

五、强化政策待遇落实。坚持以用为本，建立健全培养与使用相结合、评价与激励相联系的人才发展机制。各地人力资源社会保障部门要将新职业培训评价项目纳入本地职业技能提升行动“两目录一系统”，按规定落实职业技能培训补贴和职业技能鉴定补贴等政策。取得高级专业技术等级证书的，可作为申报高级职称的重要参考条件；取得中级、初级专业技术等级证书的，可纳入相应中级、初级职称直接认定范围。落实高技能人才与专业技术人才职业发展贯通相关政策，各类用人单位对在聘的高级工、技师、高级技师在学习进修、岗位聘任、职务职级晋升、评优评奖、科研项目申报等方面，比照相应层级专业技术人员享受同等待遇。

各地区、各有关部门要高度重视新职业培训工作，加强组织领导和沟通协调。加大宣传力度，做好政策解读，大力宣传典型经验和做法。加强工作指导和监督检查，强化引领和示范作用，营造良好社会氛围。

人力资源社会保障部办公厅

2021 年 4 月 30 日

人力资源社会保障部办公厅关于开展特级技师评聘试点工作的通知

（人社厅发〔2021〕66号）

各省、自治区、直辖市及新疆生产建设兵团人力资源社会保障厅（局），国务院有关部门、有关中央企业人事劳动保障工作机构：

为加强高技能人才队伍建设，拓展技能人才职业发展通道，根据《中共中央办公厅 国务院办公厅印发〈关于提高技术工人待遇的意见〉的通知》和《人力资源社会保障部关于改革完善技能人才评价制度的意见》（人社部发〔2019〕90号）等有关文件精神，现就开展特级技师评聘试点工作有关事项通知如下：

一、总体要求

以习近平新时代中国特色社会主义思想为指导，全面贯彻党的十九大和十九届二中、三中、四中、五中全会精神，认真落实习近平总书记对技能人才工作的重要指示精神，健全技能人才培养、使用、评价、激励制度，充分发挥高素质技术技能人才、能工巧匠、大国工匠在我国经济社会高质量发展中的重要作用，畅通技能人才职业发展通道，提高其社会地位和待遇水平，为健全完善职业技能等级制度奠定基础。

二、试点范围

（一）企业范围。经省级及以上人社部门备案开展职业技能等级认定的企业。其中，备案的中央企业分公司、子公司由中央企业统筹确定。

（二）职业（工种）范围。企业可选择与本企业专业技术人才实现职业发展贯通的工程技术类等职业（工种）先行试点。

三、岗位条件

特级技师是在高技能人才中设置的高级技术职务（岗位），应为企业生产科研一线从事技术技能工作并具备相应条件的优秀高技能人才。

（一）基本条件

1. 模范遵守国家法律法规和企业规章制度，具备良好的职业道德和工匠精神，爱岗敬业、甘于奉献，公认度高；

2. 具有高级技师职业资格或职业技能等级，并在高级技师岗位工作满 5 年且仍从事本职业（工种）工作；

3. 职业技能水平高、业绩贡献突出并在某一生产工作领域具有独特先进的操作技术方法，或在开发应用先进科学技术成果并将其转化为现实生产力方面、在技术革新和技术改造中创造效益并作出突出贡献，或在带徒传技等方面业绩突出；

4. 具有适应工作岗位需要的身体条件。

（二）具备基本条件并符合下列条件之一者优先考虑：

1. 中华技能大奖获得者；

2. 享受国务院颁发的政府特殊津贴人员；

3. 全国技术能手；

4. 国家级技能大师工作室带头人或获得省部级、中央企业及以上技能大师类称号者。

四、评审办法

遵循客观、公正、科学、规范的原则，按照以下步骤组织开展评审工作。

（一）制定方案。企业按照本通知要求结合实际制定工作方案，明确评审职业（工种）范围、评审条件、评审方式、组织形式、时间安排等，并向全体职工公开。

（二）组织评审。对符合资格条件者，原则上由企业考评机构自主组织或委托行业组织评审，提出特级技师建议人选名单。

（三）公示核准。建议人选名单须在企业内进行公示，公示期不少于 5 个工作日。经公示无异议的，由企业确定特级技师人员名单并颁发证书。证书样式和编码分别按照附件 1 和附件 2 要求确定，证书编码中第 16 位为大写英文字母 T。

（四）任职聘用。企业应与特级技师签订聘任协议，明确双方责任、权利、义务等。同时，企业按有关要求和程序，及时按规定上传特级技师数据信息，纳入全国职业技能等级证书查询系统。

五、相关政策

（一）企业应为特级技师设立技能大师工作室等工作平台，为其开展技术技能革新、工艺流程改进、解决重大技术难题等提供条件，充分发挥其在技术攻关、发明创造以及带徒传技等方面的作用。企业应根据实际，吸纳特级技师参与科研攻关、重大项目招投标技术评审等工作。

（二）聘用到特级技师岗位的人员，可比照本企业正高级职称人员享受相关待遇。可结合实际情况，按规定享受疗休养（休假）以及落户、购（租）住房、医疗保障、子女教育等方面的政策。

六、工作要求

（一）加强组织领导。请各地区、各有关部门和单位于9月底前将试点申请（含企业名单）报我部备案后组织开展试点，今年内完成试点工作。各地也可结合实际，选择本地龙头企业、大型企业等组织开展试点。试点企业所在地人社部门要加强统筹协调，认真组织实施，及时提供咨询、备案、数据信息管理等各项服务工作。

（二）健全评审制度。各地区、各有关部门要指导开展特级技师评审的企业，坚持以用为本，科学制定实施方案，合理确定结构比例，对评审标准、评审程序、评审办法和配套措施作出具体规定，精心组织实施，自觉接受本企业职工监督。

（三）确保评审质量。设立特级技师，不是高级技师的普遍晋升，要从严掌握，稳妥开展，确保质量。对本通知印发前已开展特级技师评审工作的，可按本通知有关要求进行复核确认。要切实发挥特级技师作用，落实相关待遇政策。

（四）加强监督管理。各地区、各有关部门和单位要加强对特级技师评审工作的监督管理，建立退出机制。对申请人或申报单位弄虚作假的，应取消其参加本年度评审资格，五年内不得申请或参与特级技师评审申报工作。

附件：1. 特级技师证书参考样式

2. 特级技师证书编码规则

人力资源社会保障部办公厅

2021年9月2日

附件 1

特级技师证书参考样式

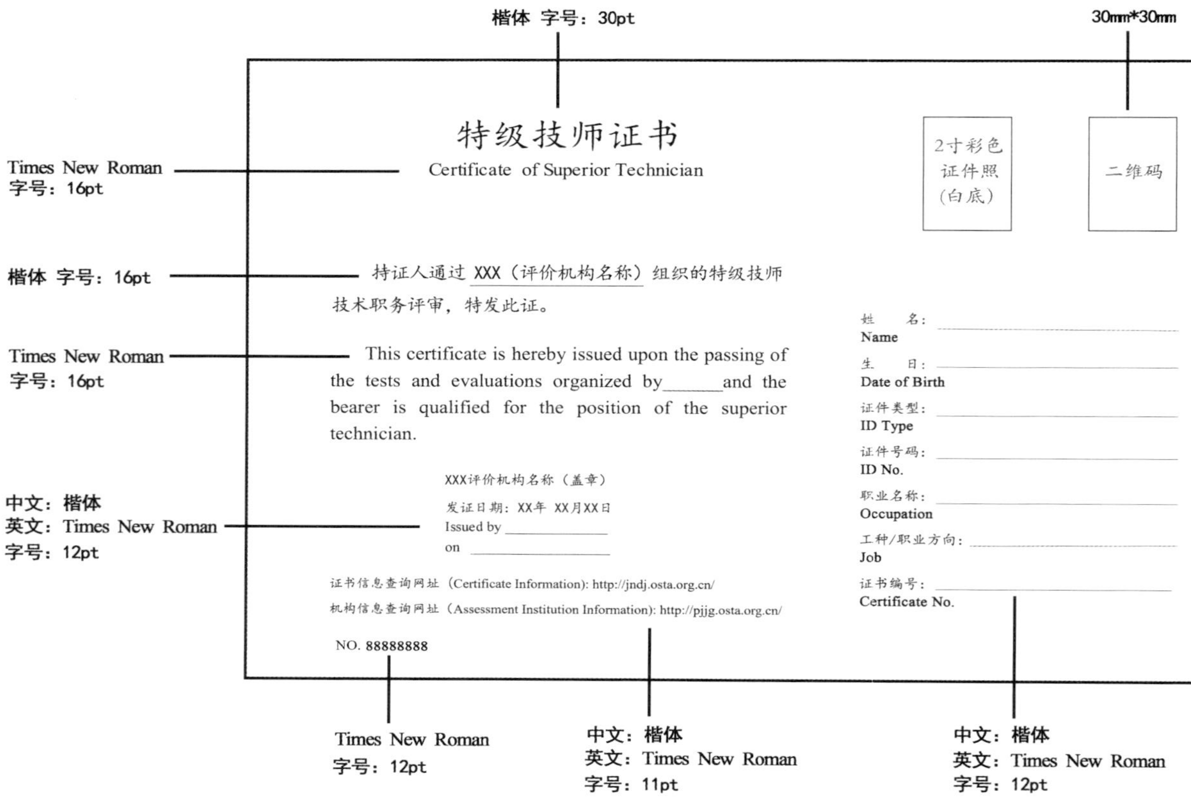

附件 2

特级技师证书编码规则

特级技师证书编码由 2 位大写英文字母和 20 位阿拉伯数字组成，主要包括 7 个部分：1. 评价机构类别代码；2. 评价机构代码；3. 评价机构（站点[1]）所在地省级代码；4. 评价机构（站点）序列码；5. 证书核发年份代码；6. 职业技能等级代码；7. 证书序列码。其中，第 1—4 部分由人力资源社会保障部门赋码，第 5—7 部分由评价机构赋码。具体表现形式见下表。

表　证书编码构成

序号	1	2	3	4	5	6	7	8	9	10	11	12	13	14	15	16	17	18	19	20	21	22
说明	评价机构类别代码	评价机构代码				评价机构（站点）所在地省级代码		评价机构（站点）序列码						证书核发年份代码		职业技能等级代码“T”	证书序列码					
来源	人力资源社会保障部门确定													评价机构确定								

1　注：指在人力资源社会保障部备案的中央企业子公司、分公司和社会培训评价组织的考核站点。

应急管理部　人力资源和社会保障部　教育部　财政部　国家煤矿安全监察局关于高危行业领域安全技能提升行动计划的实施意见

（应急〔2019〕107号）

各省、自治区、直辖市及新疆生产建设兵团应急管理厅（局）、人力资源和社会保障厅（局）、教育厅（局）、财政厅（局）、煤矿安全培训主管部门，各省级煤矿安全监察局，有关中央企业，各有关单位：

按照《国务院办公厅关于印发职业技能提升行动方案（2019—2021年）的通知》（国办发〔2019〕24号）要求，为认真实施高危行业领域安全技能提升行动计划，现提出以下意见。

一、目标任务

从现在开始至2021年底，重点在化工危险化学品、煤矿、非煤矿山、金属冶炼、烟花爆竹等高危行业企业（以下简称高危企业）实施安全技能提升行动计划，推动从业人员安全技能水平大幅度提升。

——高危企业在岗和新招录从业人员100%培训考核合格后上岗；特种作业人员100%持证上岗；高危企业班组长普遍接受安全技能提升培训，其中取得职业资格证书或职业技能等级证书或接受相关专业中职及以上学历教育的人员比例提高20个百分点以上；化工危险化学品、煤矿、金属非金属地下矿山、金属冶炼、石油天然气开采企业从业人员中取得职业资格证书或职业技能等级证书的比例达到30%以上。

——遴选培育50个以上具有辐射引领作用的安全技能实训和特种作业人员实操考试示范基地、50个以上安全生产教育培训示范职业院校（含技工院校，下同）、100家以上安全生产产教融合型企业；安全技能培训基础进一步夯实，培训供给能力和质量大幅度提升。

——安全技能培训制度机制更加完善，以企业为主体、各类机构积极参与、劳动者踊跃参加、部门协调配合、政府激励推动的高危行业领域安全技能培训格局初步形成。

二、有针对性地开展安全技能提升培训

（一）开展在岗员工安全技能提升培训。高危企业是安全技能提升培训的责任主体，企业主要负责人要组织制定并推动实施安全技能提升培训计划。培训计划要覆盖全员，将被派遣劳动者、外包施工队伍人员纳入统一管理和培训。要围绕提升职工基本技能水平和操作规程执行、岗位风险管控、安全隐患排查及初始应急处置的能力，构建针对性培训课程体系和考核标准。要分岗位对全体员工考核一遍，考核不合格的，按照新上岗人员培训标准离岗培训，考核合格后再上岗。企业要制定计划，2021 年底前安排 10% 以上的重点岗位职工完成职业技能晋级培训，取得职业资格证书或职业技能等级证书后，按照有关规定给予职业培训补贴或参保职工技能提升补贴。

（二）严把新上岗员工安全技能培训关。高危企业新上岗人员安全生产与工伤预防培训不得少于 72 学时，考核合格后方可上岗；要建立健全并严格落实师带徒制度，出徒后方可独立上岗。要加大从职业院校招收新员工力度，逐步提高从业人员中高中阶段及以上文化程度的招收比例。工作岗位调整或离岗 3 个月以上重新上岗的人员要接受针对性安全培训，考核合格方可重新上岗。人力资源社会保障、教育、财政部门要会同应急管理、煤矿安监部门在危险化学品“两重点一重大”装置操作、矿山井下作业、石油天然气钻井作业、油气管道带压开孔、金属冶炼煤气作业等风险偏高的技能操作型岗位新招录员工中，推行企业新型学徒制，实行“入企即入校”企校合作培养培训，按规定给予职业培训补贴。

（三）实施班组长安全技能提升专项培训。各省级应急管理、煤矿安全培训主管部门要统筹制定总体方案，明确目标进度、培训内容、考核形式、实施主体、保障措施等，2021 年底前将高危企业班组长轮训一遍。实行企业内安全培训、职业技能培训等学习成果互认。各级应急管理、煤矿安全培训主管部门要会同教育、人力资源社会保障部门搭建校企合作平台，推动职业院校设置安全管理相关专业，通过“文化素质 + 职业技能”等多种方式面向高危班组长招生，由校企共研培养方案，根据企业生产特点灵活安排学习，推行面向真实生产环境的任务式培养模式，实施“学历证书 + 若干职业技能等级证书制度”试点。对于符合条件人员，按规定给予职业培训补贴。

（四）强化特种作业人员安全技能培训考试。各企业要依法明确从事特种作业岗位的人员，新任用或招录特种作业人员要参加专门的安全技能培训，考

试合格后持证上岗。严格危险化学品和新申请煤矿安全作业的特种作业人员须具备高中阶段及以上文化程度，严格特种作业人员理论和实际操作培训课时要求，不具备实际操作条件的机构不得承担培训任务，鼓励企业建立特种作业人员培训考试点。应急管理部门、煤矿安全培训主管部门要组织实施特种作业实操考点创优提升计划，取消以问答代替实际操作的培训和考试方式。结合培训内容、培训时长、考核结果、物价水平等因素，确定特种作业人员安全技能培训补贴。

（五）将安全生产知识贯穿各类人员职业培训全过程。人力资源社会保障部门要把安全生产与工伤预防内容编入各类人员职业技能标准和培训教材，明确培训课时要求，考核评价中涉及安全生产的关键技能不合格的，则技能考核成绩不及格。教育、人力资源社会保障部门要在职业院校相关专业教学标准中增加安全生产知识，作为必修内容。应急管理部门要提供专家、内容资源等支持，会同人力资源社会保障和教育部门组织编制培训大纲和有关教材。

三、提高安全技能培训供给质量

（一）重点提升企业安全技能培训能力。鼓励有能力的企业设立职工培训中心、编制课程体系、建立考核标准和题库，自主组织安全技能培训考核；其他不具备能力的企业要委托有能力的企业或机构，提供长期、量身定制的培训考核服务。强化规划布局和经费投入，支持在高危企业集中的地区新建或提升改造一批具有辐射引领作用的高水平安全生产和技能实训基地，其中 2021 年底前实现省级以上化工园区都有具备实训条件的专业机构、其他化工园区都有自建共建或委托具备实训条件的专业机构提供安全技能培训服务。应急管理、煤矿安全培训主管部门要遴选一批安全技能培训示范企业，推荐纳入产教融合型企业，按规定给予政策激励。

（二）推动职业院校开展安全技能培训。应急管理、人力资源社会保障和教育部门要联合遴选公布一批安全技能提升培训能力和意愿较强的示范职业院校，引导强化高危行业安全技能培训供给，开展化工危险化学品产业工人培养试点。应急管理部门要会同有关部门经常举办高危行业产教融合对接洽谈活动，推动一批化工园区与职业院校建立产教联盟，推动一批职业院校在高危企业设立分校区，推动一批高危企业依托职业院校设置职工培训机构、实训基地。应急管理部门、煤矿安全培训主管部门要共建一批安全生产特色职业院校，支持职业院校申报特种作业人员考试点。鼓励社会培训机构开展安全技能提升培训，落实同等支持政策。

（三）建设安全生产网络平台和机制。应急管理部门要引导各类力量参与，建设企业安全生产网络学院和高危行业分院，建立完善课程超市和自主选学机制。建立高危行业安全技能学习培训学分银行制度，有序开展学习成果的认定、积累、转换，制定线上学习课时按比例计入培训总课时的标准，逐步实现理论知识更新再培训以线上培训为主。探索为每位高危企业从业人员建立安全技能培训学习个人终身账号和档案，存储个人学习、培训、从业等信息，一人一档、终身有效，使培训和考核过程可追溯。推动现代模拟实训考试技术应用，防止过度虚拟化。

（四）强化专兼职师资队伍建设。高危企业要建立健全内部培训师选拔、考核和退出机制，大力推动管理、技术人员和能工巧匠上讲台，并给予授课技巧培训和基本课件、通用案例等支持，逐步实现企业在岗培训以企业内训师承担为主。省级以上应急管理部门要公开遴选、择优公布若干区域性、专业性安全技能培训师资研修基地。各培训机构要制定师资培养培训计划，并组织教师每年到企业实践或调研，提高授课针对性和感染力。

（五）规范培训考核标准体系。应急管理部门、煤矿安全培训主管部门要发挥标准在安全技能培训中的基础性作用，加快构建培训机构标准、实训条件标准体系。推广结构化、模块化的矩阵培训方法和职业培训包制度，提升培训规范性、系统性。按照看得懂、记得住、用得上原则，开发分层次、分专业、分岗位的教材体系，倡导使用新型活页式、工作手册式教材，鼓励企业编写企业内部培训教材。建设安全生产数字资源库，推动安全培训课件、事故案例、电子教材等资源共建共享。

四、强化保障措施

（一）强化组织领导保障。各省级应急管理部门要会同人力资源社会保障、教育、财政、煤矿安全培训主管部门研究制定本地区高危行业领域安全技能提升行动计划实施方案。要建立工作抽查评估和情况通报机制，将方案实施情况纳入对下级政府安全生产和消防综合考核内容，作为安全生产标准化达标评审必要条件。发挥行业协会在促进校企合作对接、培训考试标准建设等方面的作用。注重总结经验、推广典型，层层培育示范企业、示范院校、示范基地。强化政策解读和宣传，适时举办全国性安全技能竞赛，营造良好工作氛围。

（二）落实职业培训补贴政策。要将高危行业领域安全技能提升行动计划中相关内容纳入职业技能提升行动，细化有关资金补贴条件和具体标准。高危企业要在职工教育培训经费和安全生产费用预算中配套安排安全技能培训资金，用于一般从业人员安全技能培训；落实企业职工教育经费税前扣除限额提高至工资薪金总额 8% 的税收政策。依法从工伤保险基金提取工伤预防费用于工伤预防的宣传培训。推动安全生产责任险保险机构为参保企业提供安全技能培训服务。通过现有渠道安排资金，对安全技能实训基地建设、培训教材开发、师资培训、数字资源建设等给予支持。省级应急管理部门、煤矿安全培训主管部门要会同人力资源社会保障部门建立完善安全技能培训机构管理制度，将符合条件的安全技能培训机构名单，纳入人力资源社会保障部门统一目录清单管理；要建立安全技能培训实名制管理平台，及时向人力资源社会保障部门推送补贴性培训人员信息，减少企业及个人报送纸质材料，提高审核拨付补贴资金工作效率。

（三）加大执法检查力度。各级应急管理部门、煤矿安监部门要把企业安全培训纳入年度执法计划，规范安全培训执法程序和方法，将抽查企业培训计划、持证情况、抽考安全生产常识作为培训执法重要内容，发现应持证未持证或未经培训就上岗的人员，依法责令企业限期改正并予以处罚。发现不按统一的培训大纲组织教学培训、不按统一题库进行考试等行为的安全培训和考试机构，要依法严肃处理。

应急管理部
人力资源和社会保障部
教育部　财政部
国家煤矿安全监察局
2019 年 10 月 28 日

中央企业工资总额管理办法

（2018 年 12 月 27 日国务院国有资产监督管理委员会令第 39 号公布　自 2019 年 1 月 1 日起施行）

第一章　总　则

第一条　为建立健全与劳动力市场基本适应、与企业经济效益和劳动生产率挂钩的工资决定和正常增长机制，增强企业活力和竞争力，促进企业实现高质量发展，推动国有资本做强做优做大，根据《中华人民共和国企业国有资产法》、《企业国有资产监督管理暂行条例》、《中共中央　国务院关于深化国有企业改革的指导意见》、《国务院关于改革国有企业工资决定机制的意见》和国家有关收入分配政策规定，制定本办法。

第二条　本办法所称中央企业是指国务院国有资产监督管理委员会（以下简称国资委）履行出资人职责的企业。

第三条　本办法所称工资总额，是指由企业在一个会计年度内直接支付给与本企业建立劳动关系的全部职工的劳动报酬总额，包括工资、奖金、津贴、补贴、加班加点工资、特殊情况下支付的工资等。

第四条　中央企业工资总额实行预算管理。企业每年度围绕发展战略，按照国家工资收入分配宏观政策要求，依据生产经营目标、经济效益情况和人力资源管理要求，对工资总额的确定、发放和职工工资水平的调整，作出预算安排，并且进行有效控制和监督。

第五条　工资总额管理应当遵循以下原则：

（一）坚持市场化改革方向。实行与社会主义市场经济相适应的企业工资分配制度，发挥市场在资源配置中的决定性作用，逐步实现中央企业职工工资水平与劳动力市场价位相适应。

（二）坚持效益导向原则。按照质量第一、效益优先的要求，职工工资水平的确定以及增长应当与企业经济效益和劳动生产率的提高相联系，切实实现职工工资能增能减，充分调动职工创效主动性和积极性，不断优化人工成本投入产出效率，持续增强企业活力。

（三）坚持分级管理。完善出资人依法调控与企业自主分配相结合的中央企业工资总额分级管理体制，国资委以管资本为主调控中央企业工资分配总体水平，企业依法依规自主决定内部薪酬分配。

（四）坚持分类管理。根据中央企业功能定位、行业特点，分类实行差异化的工资总额管理方式和决定机制，引导中央企业落实国有资产保值增值责任，发挥在国民经济和社会发展中的骨干作用。

第二章　工资总额分级管理

第六条　国资委依据有关法律法规履行出资人职责，制定中央企业工资总额管理制度，根据企业功能定位、公司治理、人力资源管理市场化程度等情况，对企业工资总额预算实行备案制或者核准制管理。

第七条　实行工资总额预算备案制管理的中央企业，根据国资委管理制度和调控要求，结合实际制定本企业工资总额管理办法，报经国资委同意后，依照办法科学编制职工年度工资总额预算方案并组织实施，国资委对其年度工资总额预算进行备案管理。

第八条　实行工资总额预算核准制管理的中央企业，根据国资委有关制度要求，科学编制职工年度工资总额预算方案，报国资委核准后实施。

第九条　工资总额预算经国资委备案或者核准后，由中央企业根据所属企业功能定位、行业特点和经营性质，按照内部绩效考核和薪酬分配制度要求，完善本企业工资总额预算管理体系，并且组织开展预算编制、执行以及内部监督、评价工作。

第十条　中央企业工资总额预算一般按照单一会计年度进行管理。对行业周期性特征明显、经济效益年度间波动较大或者存在其他特殊情况的企业，工资总额预算可以探索按周期进行管理，周期最长不超过三年，周期内的工资总额增长应当符合工资与效益联动的要求。

第三章　工资总额分类管理

第十一条　主业处于充分竞争行业和领域的商业类中央企业原则上实行工资总额预算备案制管理。职工工资总额主要与企业利润总额、净利润、经济增加值、净资产增长率、净资产收益率等反映经济效益、国有资本保值增值和市场竞争能力的指标挂钩。职工工资水平根据企业经济效益和市场竞争力，结合市场或者行业对标科学合理确定。

第十二条　主业处于关系国家安全、国民经济命脉的重要行业和关键领域、主要承担重大专项任务的商业类中央企业原则上实行工资总额预算核准制管理。职工工资总额在主要与反映经济效益和国有资本保值增值指标挂钩的同时，可以根据实际增加营业收入、任务完成率等体现服务国家战略、保障国家安全和国民经济运行、发展前瞻性战略性产业以及完成特殊任务等情况的指标。职工工资水平根据企业在国民经济中的作用、贡献和经济效益，结合所处行业职工平均工资水平等因素合理确定。

上述企业中，法人治理结构健全、三项制度改革到位、收入分配管理规范的，经国资委同意后，工资总额预算可以探索实行备案制管理。

第十三条　公益类中央企业实行工资总额预算核准制管理。职工工资总额主要与反映成本控制、产品服务质量、营运效率和保障能力等情况的指标挂钩，兼顾体现经济效益和国有资本保值增值情况的指标。职工工资水平根据公益性业务的质量和企业经济效益状况，结合收入分配现状、所处行业平均工资等因素合理确定。

第十四条　开展国有资本投资、运营公司或者混合所有制改革等试点的中央企业，按照国家收入分配政策要求，根据改革推进情况，经国资委同意，可以探索实行更加灵活高效的工资总额管理方式。

第四章　工资总额决定机制

第十五条　中央企业以上年度工资总额清算额为基础，根据企业功能定位以及当年经济效益和劳动生产率的预算情况，参考劳动力市场价位，分类确定决定机制，合理编制年度工资总额预算。

第十六条　工资总额预算与利润总额等经济效益指标的业绩考核目标值挂钩，并且根据目标值的先进程度（一般设置为三档）确定不同的预算水平。

（一）企业经济效益增长，目标值为第一档的，工资总额增长可以与经济效益增幅保持同步；目标值为第二档的，工资总额增长应当低于经济效益增幅。

（二）企业经济效益下降，目标值为第二档的，工资总额可以适度少降；目标值为第三档的，工资总额应当下降。

（三）企业受政策调整、不可抗力等非经营性因素影响的，可以合理调整工资总额预算。

（四）企业未实现国有资产保值增值的，工资总额不得增长或者适度下降。

第十七条 工资总额预算在按照经济效益决定的基础上，还应当根据劳动生产率、人工成本投入产出效率的对标情况合理调整。企业当年经济效益增长但劳动生产率未提高的，工资总额应当适当少增。企业劳动生产率以及其他人工成本投入产出指标与同行业水平对标差距较大的，应当合理控制工资总额预算。

第十八条 主业处于关系国家安全、国民经济命脉的重要行业和关键领域、主要承担重大专项任务的商业类中央企业和公益类中央企业可以探索将工资总额划分为保障性和效益性工资总额两部分，国资委根据企业功能定位、行业特点等情况，合理确定其保障性和效益性工资总额比重，比重原则上三年内保持不变。

（一）保障性工资总额的增长主要根据企业所承担的重大专项任务、公益性业务、营业收入等指标完成情况，结合居民消费价格指数以及企业职工工资水平对标情况综合确定，原则上不超过挂钩指标增长幅度。

（二）效益性工资总额增长原则上参照本办法第十六、十七条确定。

第十九条 工资总额在预算范围不发生变化的情况下，原则上增人不增工资总额、减人不减工资总额，但发生兼并重组、新设企业或者机构等情况的，可以合理增加或者减少工资总额。

第二十条 国资委按照国家有关部门发布的工资指导线、非竞争类国有企业职工平均工资调控水平和工资增长调控目标，根据中央企业职工工资分配现状，适度调控部分企业工资总额增幅。

对中央企业承担重大专项任务、重大科技创新项目等特殊事项的，国资委合理认定后，予以适度支持。

第二十一条 中央企业应当制定完善集团总部职工工资总额管理制度，根据人员结构及工资水平的对标情况，总部职工平均工资增幅原则上在低于当年集团职工平均工资增幅的范围内合理确定。

第五章 工资总额管理程序

第二十二条 中央企业应当按照国家收入分配政策规定和国资委有关要求编制工资总额预算。工资总额预算方案履行企业内部决策程序后，于每年一季度报国资委备案或者核准。

第二十三条 国资委建立中央企业工资总额预算动态监控制度，对中央企业工资总额发放情况、人工成本投入产出等主要指标执行情况进行跟踪监测，定期发布监测结果，督促中央企业加强预算执行情况的监督和控制。

第二十四条　中央企业应当严格执行经国资委备案或者核准的工资总额预算方案，在执行过程中出现以下情形之一，导致预算编制基础发生重大变化的，可以申请对工资总额预算进行调整：

（一）国家宏观经济政策发生重大调整。

（二）市场环境发生重大变化。

（三）企业发生分立、合并等重大资产重组行为。

（四）其他特殊情况。

第二十五条　中央企业工资总额预算调整情况经履行企业内部决策程序后，于每年 10 月报国资委复核或者重新备案。

第二十六条　中央企业应当于每年 4 月向国资委提交上年工资总额预算执行情况报告，国资委依据经审计的财务决算数据，参考企业经营业绩考核目标完成情况，对中央企业工资总额预算执行情况、执行国家有关收入分配政策等情况进行清算评价，并且出具清算评价意见。

第六章　企业内部分配管理

第二十七条　中央企业应当按照国家有关政策要求以及本办法规定，持续深化企业内部收入分配制度改革，不断完善职工工资能增能减机制。

第二十八条　中央企业应当建立健全职工薪酬市场对标体系，构建以岗位价值为基础、以绩效贡献为依据的薪酬管理制度，坚持按岗定薪、岗变薪变，强化全员业绩考核，合理确定各类人员薪酬水平，逐步提高关键岗位的薪酬市场竞争力，调整不合理收入分配差距。

第二十九条　坚持短期与中长期激励相结合，按照国家有关政策，对符合条件的核心骨干人才实行股权激励和分红激励等中长期激励措施。

第三十条　严格清理规范工资外收入，企业所有工资性支出应当按照有关财务会计制度规定，全部纳入工资总额核算，不得在工资总额之外列支任何工资性支出。

第三十一条　规范职工福利保障管理，严格执行国家关于社会保险、住房公积金、企业年金、福利费等政策规定，不得超标准、超范围列支。企业效益下降的，应当严格控制职工福利费支出。

第三十二条　加强企业人工成本监测预警，建立全口径人工成本预算管理制度，严格控制人工成本不合理增长，不断提高人工成本投入产出效率。

第三十三条　健全完善企业内部监督机制，企业内部收入分配制度、中长期激励计划以及实施方案等关系职工切身利益的重大分配事项应当履行必要的决策程序和民主程序。中央企业集团总部要将所属企业薪酬福利管理作为财务管理和年度审计的重要内容。

第七章　工资总额监督检查

第三十四条　中央企业不得违反规定超提、超发工资总额。出现超提、超发行为的企业，应当清退并且进行相关账务处理，国资委相应核减企业下一年度工资总额基数，并且根据有关规定对相关责任人进行处理。

第三十五条　国资委对中央企业工资总额管理情况进行监督检查，对于履行主体责任不到位、工资增长与经济效益严重不匹配、内部收入分配管理不规范、收入分配关系明显不合理的企业，国资委将对其工资总额预算从严调控。

第三十六条　实行工资总额预算备案制管理的中央企业，出现违反国家工资总额管理有关规定的，国资委将责成企业进行整改，情节严重的，除按规定进行处理外，将其工资总额预算由备案制管理调整为核准制管理。

第三十七条　国资委将中央企业工资总额管理情况纳入出资人监管以及纪检监察、巡视等监督检查工作范围，必要时委托专门机构进行检查。对工资总额管理过程中弄虚作假以及其他严重违反收入分配政策规定的企业，国资委将视情况对企业采取相应处罚措施，并且根据有关规定对相关责任人进行处理。

第三十八条　中央企业应当依照法定程序决定工资分配事项，加强对工资分配决议执行情况的监督。职工工资收入分配情况应当作为厂务公开的重要内容，定期向职工公开，接受职工监督。

第三十九条　国资委、中央企业每年定期将企业工资总额和职工平均工资水平等相关信息向社会披露，接受社会公众监督。

第八章　附　则

第四十条　本办法由国资委负责解释，具体实施方案另行制定。

第四十一条　本办法自 2019 年 1 月 1 日起施行。《关于印发〈中央企业工资总额预算管理暂行办法〉的通知》（国资发分配〔2010〕72 号）、《关于印发〈中央企业工资总额预算管理暂行办法实施细则〉的通知》（国资发分配〔2012〕146 号）同时废止。

国资委　国家知识产权局关于印发《关于推进中央企业知识产权工作高质量发展的指导意见》的通知

（国资发科创规〔2020〕15号）

各中央企业：

为全面贯彻党的十九大和十九届二中、三中、四中全会精神，深入实施创新驱动发展战略，全面提升中央企业知识产权工作水平，进一步增强中央企业自主创新能力，国资委、国家知识产权局制定了《关于推进中央企业知识产权工作高质量发展的指导意见》，现印发给你们，请认真贯彻落实。

请各地方国资委、知识产权局（知识产权管理部门）参照执行本意见，积极推进地方国有企业知识产权工作高质量发展。

国资委　国家知识产权局

2020年2月26日

关于推进中央企业知识产权工作高质量发展的指导意见

为全面贯彻党的十九大和十九届二中、三中、四中全会精神，落实《关于强化知识产权保护的意见》（中办发〔2019〕56号），深入实施创新驱动发展战略，全面推进中央企业知识产权工作高质量发展，推动中央企业自主创新能力持续提升，加快培育具有全球竞争力的世界一流企业，增强国有经济竞争力、创新力、控制力、影响力和抗风险能力，提出以下意见。

一、总体要求

（一）指导思想。

以习近平新时代中国特色社会主义思想为指导，坚定不移贯彻新发展理念，以高质量发展为主线，以提升自主创新能力为根本，以保护企业合法权益为基础，以促进科技成果转化为重点，以激发企业家和科研人员创新创造活力为导向，巩固和增强中央企业知识产权创造、运用、管理能力，不断完善知识产权保护体系，健全体制机制，更好发挥知识产权对中央企业创新发展的支撑作用，为建设知识产权强国作出积极贡献。

（二）基本原则。

——坚持战略引领。贯彻知识产权强国战略纲要，主动对接高质量发展重大需求，紧密结合企业自身发展需要，总体谋划、统筹实施企业知识产权工作。

——聚焦核心技术。在关系国家安全和国民经济命脉的重要行业和关键领域、战略性新兴产业，围绕中央企业主责主业，加快关键核心技术知识产权培育，增强企业竞争力。

——遵循市场规律。在知识产权创造、布局、定价、运用、风险防范、国际合作等方面，按照市场规则，依法合规组织开展，充分发挥市场在资源配置中的决定性作用。

——突出问题导向。找准知识产权工作薄弱环节，克服体制机制障碍，夯实工作基础，着重解决专利质量不高、运用不足等问题，强化专业化人才队伍建设。

——加强统筹兼顾。根据企业所处行业和知识产权工作发展阶段，组织协调各类资源，突出重点、上下结合、内外联动，分类分领域推进知识产权能力建设，促进知识产权工作与企业高质量发展深度融合。

（三）总体目标。

到 2025 年，基本建立适应高质量发展需要的中央企业知识产权工作体系，中央企业知识产权创造、运用、保护、管理能力显著增强，有效专利拥有量持续增长，在关键核心技术领域实现重点专利布局，工作模式更加成熟，体制机制更加完善，打造一支规模合理、结构优化的高水平人才队伍，对中央企业创新发展的引领支撑作用进一步提升，中央企业有效发明专利拥有量占有效专利拥有量的比重达到 50% 以上，中国专利奖获奖数量占全部奖项数量 20% 以上。与 2019 年初相比，中央企业美日欧有效专利拥有量翻一番，专利质量评价优秀企业数量翻一番，马德里商标国际注册量增长 50% 以上，中央企业集团层面国家知识产权示范企业数量增长 50% 以上。

二、加强知识产权高质量创造

（四）坚持知识产权战略引领。针对有关重点领域、重要产业的知识产权特点和发展趋势，加强专利分析与产业运行决策深度融合，建立专利导航工作机制，制定本企业知识产权战略，进一步明确知识产权工作的目标、方向和重点任务。着眼企业长远发展需要，对标世界一流，制定和完善企业知识产权工作相关意见和办法，编制重大关键核心技术专项知识产权规划。

（五）培育一批高价值专利。聚焦重要行业和关键领域，依托重大科研项目和企业研发平台，培育一批创新程度高、市场竞争力强的原创型、基础型高价值专利。在项目立项、研发过程、试验验证、推广应用等技术全生命周期，挖掘和培育高价值专利。积极参与标准制定，将自身先进专利技术纳入行业、国家或国际标准，形成标准必要专利。

（六）加强海外知识产权布局。综合企业发展需求、国际维权能力、竞争对手布局等因素，制定海外知识产权策略，绘制专利导航图。优先在符合技术发展趋势、具有领先水平和市场应用前景的领域申请海外专利，加强海外布局，提升国际竞争能力。

（七）提升知识产权创造能力。加强国际商标注册，培育知名品牌，对科技创新成果、核心竞争优势、商业模式等进行商标品牌化建设。针对新业态新领域发展趋势，加强版权、植物新品种、集成电路布图设计等方面知识产权工作，提升知识产权综合实力。

三、促进知识产权高效运用

（八）加大知识产权实施力度。鼓励建立内部技术市场和知识产权有偿使用机制，提高知识产权实施率。制定企业对外知识产权许可、转让相关程序和技术推广目录，开展分级管理，盘活现有资源。加强与其他企业之间的知识产权合作，提升运用效益。建立健全科技成果转化机制，充分利用工资总额、股权激励、分红权激励等分配激励政策，促进知识产权实施。

（九）加强知识产权合规使用。在知识产权许可、转让、收购时，通过评估、协议、挂牌交易、拍卖等市场化方式确定价格。在新技术、新工艺、新材料、新产品等投放市场前，开展知识产权法律风险分析，有效防范法律风险。尊重他人知识产权，严格按照约定的范围使用。

（十）拓宽知识产权价值实现渠道。通过质押融资、作价入股、证券化、构建专利池等市场化方式，挖掘和提升企业知识产权价值。鼓励企业运用知识产权开展海外股权投资，支撑国际业务拓展。积极发展知识产权金融，提升资本化运作水平。

（十一）建立知识产权运营平台。建立服务于科技成果转移转化的知识产权运营服务平台，为企业知识产权提供咨询、评估、经纪、交易、信息、代理等服务。制定技术转移服务制度，建立信用与评价机制。在中央企业“双创”工作中探索知识产权运营新模式。

四、提升知识产权保护能力

（十二）强化知识产权风险防范。将知识产权风险防范意识贯穿科研生产经营活动全过程，防范知识产权流失和侵权。涉及国家安全和国计民生的关键核心技术，在对外转让、许可时要加强知识产权风险审议。在高端人才引进、技术合作、企业并购等重大经营活动中全面开展知识产权尽职调查。

（十三）加强技术秘密保护。实施技术秘密与专利的组合保护策略。重视技术秘密的登记与认定，加强对涉密人员、载体、场所等全方位管理。加强人才交流和技术合作中的技术秘密保护，强化对掌握关键技术秘密离职人员的竞业限制。规范涉及技术秘密的合同管理，防范不当使用或泄密。

（十四）加大知识产权保护力度。加强在线监测和市场巡视，及时发现知识产权侵权行为。完善知识产权快速维权机制，有效运用行政、刑事、民事、仲裁、调解等多种形式维护企业合法权益。积极应对国内外知识产权滥用和滥诉行为，切实维护自身权益。

（十五）提升海外知识产权保护能力。完善海外知识产权纠纷预警防范机制，加强重大案件跟踪研究。建立海外知识产权法律修改变化动态跟踪机制，及时进行风险提示。建立信息沟通机制，加大工作协调力度，提高知识产权纠纷应对处理能力。

五、完善知识产权管理体系

（十六）强化知识产权机构和制度建设。中央企业集团要明确负责知识产权管理工作的部门。中央企业所属科研单位和重要生产制造企业要明确知识产权管理归口部门，配备与知识产权业务规模相适应、满足工作实际需要的专职管理人员。完善知识产权管理制度，夯实工作基础，推动专利、技术秘密等集中管理。在关键核心技术研发、重要成果转移转化过程中，配备知识产权专员。鼓励有条件的企业贯彻实施《企业知识产权管理规范》（GB/T 29490—2013），优化知识产权管理体系。

（十七）实施知识产权分级管理。综合技术、法律、市场等因素，制定符合本行业特点的知识产权质量评价办法。根据对主营业务影响程度，对专利、技术秘密进行分级管理并动态调整。定期梳理存量专利，及时合规处置低价值专利和闲置商标。

（十八）加强知识产权服务机构管理。中央企业集团公司要加强对知识产权服务机构的准入、考核、淘汰等方面管理，完善服务机构评级体系，优化资源配置和使用。具备条件的中央企业可在内部组建知识产权服务机构，实行市场化薪酬，提高服务质量和效率。

（十九）提高知识产权管理信息化水平。搭建信息化管理平台，实现知识产权业务流程化和规范化。建立专业化数据库，加大信息集成力度，提高综合研判能力。建立竞争情报分析和信息共享机制，支撑经营决策、技术研发和市场开拓。

六、组织实施和措施保障

（二十）加强组织领导。进一步强化对知识产权工作的重视，企业主要负责同志要亲自研究部署，领导班子中明确专人分管。科技、规划、财务、人力资源、法律等部门要加强协同联动，按照本意见目标任务要求，制定实施方案及配套措施，不断完善工作机制，保障知识产权各项工作的落实。

（二十一）加大投入力度。不断提高企业知识产权投入，设立专项资金预算，组织开展高价值专利培育、专利导航、知识产权尽职调查、管理信息系统建设、专利数据库建设、知识产权保护与维权、风险评估等重点工作。探索设立企业知识产权相关基金，拓宽资金投入渠道。

（二十二）加强人才队伍建设。健全知识产权人才工作体系，建设一支数量充足、结构合理、素质优良的人才队伍，培养和引进知识产权领军人才、国际化专业人才。鼓励申报知识产权专业职称，设置高层级专家职（岗）位。加强对研发人员、知识产权管理人员、运营人员、专员的多层次、精准化系统培训。建立企业知识产权专家库。具备条件的企业研究组建专业化检索分析团队。

（二十三）加强考核激励。将知识产权工作纳入所属企业绩效考核评价体系，作为各级领导班子综合考评的重要内容。对在知识产权工作中作出重要贡献的单位和人员给予表彰和奖励。

（二十四）进一步加强对中央企业知识产权工作的指导。国资委加强对中央企业知识产权工作的总体统筹和顶层设计，指导企业编制实施知识产权战略。推动中央企业提升对于知识产权密集型产业发展的贡献度。对中央企业知识产权实施科技成果转化所涉及工资总额，结合工资总额特殊事项清单相关规定予以单列管理，加大中长期激励范围及力度。持续开展中央企业专利质量评价工作，进一步强化专利质量导向，组织中央企业高质量专利申报中国专利奖。鼓励中央企业牵头推动知识产权联盟建设，研究建设中央企业知识产权运营平台，指导企业加强对所属知识产权中介服务机构的管理。建立中央企业知识产权专家库，促进中央企业知识产权工作交流，宣传推广先进经验和典型模式，定期组织开展多层次知识产权培训。

（二十五）进一步加强对中央企业知识产权工作的政策支持。增强与中央企业联系互动，建立定期沟通交流机制，帮助解决知识产权痛点、难点问题。指导中央企业开展知识产权贯标和申报国家知识产权优势企业、示范企业。指导支持中央企业开展专利导航、建立产业知识产权运营中心、技术与创新支持中心等。支持中央企业申报中国专利奖。支持中央企业将战略性高价值专利组合纳入国家知识产权运营公共服务平台项目库，开展高价值专利运营。支持中央企业在相关知识产权保护中心备案，提升中央企业知识产权创造和保护效率。

中华全国总工会关于进一步深化劳模和工匠人才创新工作室创建工作的意见

（总工发〔2017〕13号　2017年7月6日）

为深入贯彻习近平总书记关于劳模工作重要讲话精神和大力弘扬工匠精神的重要指示，落实《新时期产业工人队伍建设改革方案》的有关要求，激励广大劳模和工匠人才发挥示范带头作用，引领职工群众积极投身大众创业、万众创新，现就进一步深化劳模和工匠人才创新工作室（以下简称创新工作室）创建工作提出如下意见。

一、充分认识深化创新工作室创建工作的重要意义

创新工作室是由较强技术能力、业务能力、创新能力和管理能力的劳模、工匠人才领衔，以技术创新、管理创新、服务创新和制度创新为主要内容，以解决工作现场难题、推动所在单位创新发展为目标的群众性创新活动团体。深化创新工作室创建工作，有利于传承劳模精神、劳动精神、工匠精神，展示劳模和工匠人才的时代风采，增强劳模和工匠人才的感召力，让广大职工学有榜样、赶有目标；有利于发挥劳模和工匠人才的示范引领作用，更好地传播劳动技能、创新方法、管理经验，培养造就更多“大国工匠”；有利于提升职工技能素质，为职工学习交流、攻坚克难构筑平台，夯实大众创业、万众创新群众基础；有利于提高职工创新能力，促进优秀创新成果转化应用，增强企业自主创新能力和核心竞争力，实施创新驱动发展战略。各级工会要把深化创建工作作为贯彻落实《新时期产业工人队伍建设改革方案》的重要举措，提高认识，增强责任感和使命感，切实推进工作，务求取得实效。

二、深化创新工作室创建工作的总体要求和目标任务

（一）总体要求。深入贯彻习近平总书记系列重要讲话精神和治国理政新理念新思想新战略，牢固树立和贯彻落实新发展理念，紧紧围绕实施创新驱动发展战略和《中国制造2025》，大力弘扬劳模精神、劳动精神、工匠精神，以

提高广大职工的职业道德、创新能力和技术技能素质为核心，以发现和解决工作现场的急、难、险、重问题为重点，广泛开展技术创新、管理创新、服务创新、制度创新，不断提高创建质量和运行实效，最大限度实现创新工作室示范引领、集智创新、协同攻关、传承技能、培育精神等功能，团结和动员广大职工积极投身群众性创新实践，加快形成人人敢创新、人人会创新、人人善创新的良好局面，打造一支规模宏大、技能精湛、素质优良、结构合理的技术工人队伍，为实现中华民族伟大复兴的中国梦作出新的更大贡献。

（二）目标任务。到 2020 年，创新工作室创建工作取得重大进展，各级创新工作室创建总数超过 10 万家，全国示范性创新工作室总数达到 300 家，形成以全国示范性创新工作室为引领、以省市级创新工作室为中坚，基层创新工作室蓬勃发展的良好局面。创新工作室的运作更加规范，创新创效成绩更加突出，品牌影响力更加显著，真正成为发挥劳模和工匠人才作用，传承劳模精神、劳动精神、工匠精神的“新平台”；解决生产技术难题的“攻关站”；推动企业技术创新的“孵化器”；培养高技能人才的“练兵场”，促进职工队伍整体素质不断提高，打造一支知识型、技术型、创新型技术工人队伍。

三、扎实推进创新工作室创建工作

创新工作室是深入开展群众性技术创新活动的有效载体，为发挥劳模和工匠人才示范引领作用拓展了新途径，各级工会要多措并举，积极探索，不断深化创建工作。

（三）加强对创建工作的指导。要站在全局和战略的高度，把进一步深化创新工作室创建工作列入重要议事日程，统筹有序推进创建工作，突出问题导向，加强分类指导，提升创建工作整体水平。引导国有企业创新工作室加强制度建设、制定工作标准、规范运转程序，促进持续健康发展；提高非公企业对创建创新工作室重要性的认识，指导其深入挖掘本企业劳模和工匠人才的创新创造潜能，加快创新工作室的建立和推广；鼓励机关事业单位创建符合单位实际的创新工作室，进一步拓宽创建领域。

（四）鼓励企业积极开展创建工作。各级工会要通过各种方法和手段，积极与企业达成共识，调动企业创建创新工作室的积极性和主动性。鼓励企业将创建工作纳入企业创新工作总体规划，从场地保障、人员配备、资金投入、设备设施、活动时间等方面给予大力支持。引导企业探索建立跨区域、跨行业、跨企业的创新工作室联盟。企业工会要发挥承上启下的重要作用，为创新工作室的创建工作和活动开展提供指导帮助，及时研究解决工作中遇到的困难和问题，确保创建工作落地见效。

（五）增强创新工作室的创新能力。要积极发挥创新工作室的创新潜能，进一步提高各种类型创新工作室的创新攻关能力、创新成果管理能力。技术攻关型创新工作室要紧贴企业生产实际，开展群众性技术攻关、技术革新和发明创造活动，破解技术难题，推动企业技术进步。技能传授型创新工作室要为劳模和工匠人才传授绝技绝活提供条件，达到“传帮带”效果的最大化，培养和造就一大批高技能人才。窗口服务型创新工作室要在适应客户需求、改进服务流程、拓展服务手段上大胆创新，不断提高服务质量和水平。

（六）搭建创新成果转化平台。建立健全创新工作室创新成果网上展示系统，充分发挥网络平台的媒介作用和服务功能，及时发布创新成果，加强技术交流，推动创新成果在本产业、本地区乃至更大范围应用。组建专家咨询委员会和专业技术委员会，为创新工作室提供政策咨询、技术指导、创新支持、知识产权保护等专业服务，组织开展创新成果鉴定、成果展示、成果评选工作，举办技术推广、经验交流等活动，积极向政府相关部门推荐优秀创新成果，促进创新项目孵化和成果转化。

（七）加大对创新工作室领衔人的培养力度。要立足实际需求，运用工会组织的资源和手段，积极搭建各种有效平台，定期或不定期地开展有针对性的培训活动，提高创新工作室领衔人的管理能力和工作水平，带领创新工作室不断开创新局面。拓展不同企业、行业创新工作室的交流合作，鼓励职业相关、技术相近、技能相通的工作室领衔人互学互鉴，共同提升创新能力和水平，进一步推动创新工作室不断深化发展。

四、强化创新工作室创建工作的保障措施

面对新形势新任务新要求，各级工会要加大创新工作室创建工作力度，健全工作机制，完善政策措施，促进创新智慧竞相迸发、创新能量充分释放、创新成果大量涌现。

（八）形成工作合力。积极争取党政重视和支持，主动加强与有关部门沟通协调，创造有利于创新工作室深化发展的条件和环境；把创建工作与企业创新发展相结合，与高技能人才振兴计划、大国工匠培养支持计划和技能劳动者激励计划相衔接，促进创建工作制度化、规范化、长效化，使创新工作室在推动企业技术进步、产业转型升级、创新驱动发展战略实施中发挥支撑作用。

（九）加大经费投入。全国总工会设立的职工创新补助资金，要拓展来源、增加额度，重点用于创新工作室开展的技术革新、技术协作、发明创造和技能培训等活动；各地工会也要加大对创新工作室的资金支持力度，把更多的资金用在示范效应好、创新攻关能力强、培养人才较多的创新工作室建设上；基层

工会要积极争取各方面的支持，加大对创新工作室的经费投入，保障其工作的正常开展。

（十）完善奖惩机制。精心培育先进典型，加大激励力度，对成绩突出的创新工作室及其成员应给予相应的精神或物质奖励，在评选表彰各级工人先锋号时应向创新工作室倾斜，优先推荐作出突出贡献的成员参与五一劳动奖章的评选。加强动态管理，对作用发挥不佳、整改措施不力、考核不合格的创新工作室及时予以摘牌。

（十一）强化宣传引导。加强舆论宣传，运用现场会、观摩会、学习交流会等方式，及时总结、推广创建创新工作室的经验和做法，形成推进创新工作室不断深化发展的良好氛围。运用微博、微信、移动客户端等新媒体，开展分众化、互动式宣传，扩大创新工作室的社会影响力，激励广大职工积极践行新发展理念，为建设创新型国家贡献聪明才智。

职工创新工作室创建工作，根据实际情况，参照本意见执行。

中华全国总工会关于充分发挥地方工会劳模和一线职工兼职副主席作用的意见

（总工发〔2018〕11号　2018年4月16日）

为认真学习贯彻习近平新时代中国特色社会主义思想和党的十九大精神，深入推进工会系统改革创新，进一步做好地方工会劳模和一线职工兼职副主席工作，充分发挥地方工会劳模和一线职工兼职副主席作用，现提出如下意见。

一、重视发挥地方工会劳模和一线职工兼职副主席的积极作用

党的十八大以来，习近平总书记高度重视工人阶级和工会工作，多次发表重要讲话，作出重要论述，提出并形成一系列新思想新观点新论断，为做好工会工作提供了理论指导和行动指南。在中央党的群团工作会议上，习近平总书记指出，在工会等群团组织中要适当增加兼职干部比例，增强群团组织广泛性、代表性。《中共中央关于加强和改进党的群团工作的意见》明确，工会、共青团、妇联负责人中基层一线代表人士的兼职比例应当适当增加。党的十九大报告提出："推动工会、共青团、妇联等群团组织增强政治性、先进性、群众性，发挥联系群众的桥梁纽带作用，组织动员广大人民群众坚定不移跟党走。"这为开创新时代工会工作新局面指明了前进方向。

近年来，各级地方工会把在工会领导班子中增设劳模和一线职工兼职副主席，作为推进工会改革的一项重要内容，在工会领导班子的安排上，不断提高劳模和一线职工兼职副主席比例，把产业工人、农民工等一线职工中的劳动模范、先进人物吸纳进工会领导班子，通过明确职责、建立制度、搭建平台、提供保障等多种方式，充分发挥劳模和一线职工兼职副主席的作用，取得了一定成效。实践证明，在地方工会领导班子中增设劳模和一线职工兼职副主席，契合工会改革实际，符合职工群众需要，是新形势下促进工会密切联系职工群众的有力举措，对于保持和增强工会工作和工会组织的政治性、先进性、群众性，更好承担起团结带领职工群众听党话、跟党走的政治责任具有重要意义。

各级地方工会要以习近平新时代中国特色社会主义思想为指导，全面贯彻

落实党的十九大精神，深入贯彻落实习近平总书记关于工人阶级和工会工作的重要论述，始终站在巩固党执政的阶级基础和群众基础的高度，把充分发挥劳模和一线职工兼职副主席作用作为深化工会系统改革的重要举措，加强组织领导、强化责任担当，更好地发挥劳模和一线职工兼职副主席作用，把工会组织建设得更加充满活力、更加坚强有力，努力推动新时代工会工作展现新作为、展示新形象、再上新台阶。

二、明确地方工会劳模和一线职工兼职副主席的人选范围和工作职责

（一）人选范围。地方工会劳模和一线职工兼职副主席人选应为中国工会会员，主要从产业工人、农民工等一线职工中的劳动模范、先进人物中产生。要坚持从工会组织性质和特点出发，根据工会工作需要和领导班子建设实际，突出政治标准，注重能力素质，充分考虑广泛性、代表性、专业性等因素，按照干部双重管理的有关规定，进行推荐、考察和审批。人选一般不在工会组织中重复兼职。

（二）主要职责。地方工会劳模和一线职工兼职副主席在兼职期间，应按照工会领导班子分工履行职责，重点做好以下工作：

1. 积极宣传贯彻党的基本理论、基本路线、基本方略和党中央的重大决策部署，党的工运理论、工会重点工作安排和与职工群众利益密切相关的法律法规和政策制度；

2. 带头践行党的群众路线，密切联系职工群众，听取意见建议，充分反映职工群众意愿和利益诉求；

3. 做好组织、宣传、教育、引导职工群众工作，服务职工群众，维护职工群众合法权益；

4. 按照工会有关工作规定行使职权、履行义务；

5. 积极参与工会重大事项和重大问题的研究，充分发表意见，认真执行工会各项决议决定，及时报告工作落实情况；

6. 充分发挥连结工会与职工群众的独特优势，参与和指导所在单位和系统的工会工作。

三、健全地方工会劳模和一线职工兼职副主席发挥作用的制度

（一）出席会议制度。地方工会劳模和一线职工兼职副主席出席工会有关重要会议，确保其参与工会重大事项和重大问题决策，参与制定工会重要政策文件，对涉及职工切身利益的全局性、政策性重大问题，提出意见和主张。

（二）调查研究制度。地方工会劳模和一线职工兼职副主席围绕工会重点

工作，结合本职工作，选定调研课题，开展调研活动，每年应参与不少于2次工会调研活动，并形成专项调研报告，为工会科学决策提供参考。

（三）报告工作制度。地方工会劳模和一线职工兼职副主席每年向主席会议报告工作。负责承担专项工作的，应不定期报告工作进展情况。遇有其他重大问题，应及时沟通汇报，保证工作顺利开展。

（四）服务保障制度。各级地方工会为劳模和一线职工兼职副主席参加会议、活动、调研、阅读文件等提供必要条件。指定专人负责做好劳模和一线职工兼职副主席联系服务工作，收集意见建议并及时答复。

四、加强对发挥地方工会劳模和一线职工兼职副主席作用工作的领导

（一）加强领导，明确责任。地方工会劳模和一线职工兼职副主席是工会领导班子成员，由同级党组织与上级工会共同管理，在工会兼职期间，不改变原身份，不脱离原工作岗位。各级地方工会要高度重视劳模和一线职工兼职副主席工作，在同级党组织和上级工会的领导下，严格进行选拔、使用、管理。要加强与有关部门沟通协调，为劳模和一线职工兼职副主席发挥作用提供组织保障。要明确责任分工，支持劳模和一线职工兼职副主席履行职责，妥善处理做好本职工作与工会兼职工作的关系。要根据实际情况，适时对劳模和一线职工兼职副主席履职情况进行评价，在届中调整或任期届满时，及时作出组织鉴定。

（二）创新方法，搭建平台。各级地方工会要根据劳模和一线职工兼职副主席专业特长和本职工作特点，合理安排工作，使劳模和一线职工兼职副主席更好地弘扬劳模精神和工匠精神，将本职岗位和自身优势与做好工会工作紧密结合，努力在本职岗位上创新、创造、创优。引导和帮助劳模和一线职工兼职副主席立足所在单位，结合实际认真贯彻工会各项工作部署，探索工会工作新思路，努力出特色、出经验、出亮点。运用“互联网+”等技术手段，打开直通职工群众的渠道，倾听职工呼声，了解职工诉求。

（三）加强培训，提高能力。各级地方工会要组织劳模和一线职工兼职副主席接受政治理论和工会业务等方面的教育培训，劳模和一线职工兼职副主席当选1年内应安排参加培训。定期举办劳模和一线职工兼职副主席专题培训班，依托工会教育培训阵地和互联网平台，为劳模和一线职工兼职副主席创造更多培训机会和更好的学习条件，使劳模和一线职工兼职副主席全面系统掌握工会工作的特点及必要知识，提高议事能力和服务职工水平。积极与同级党委组织部门沟通，将劳模和一线职工兼职副主席培训纳入同级党校、行政学院等主体培训班次调训范围。

（四）创造条件，强化保障。各级地方工会要及时了解劳模和一线职工兼职副主席在参与工会工作中遇到的困难和问题，加强与劳模和一线职工兼职副主席所在单位的沟通，积极协调解决劳模和一线职工兼职副主席开展工会工作所需时间和经费保障等问题，提供必备条件。注重总结推广劳模和一线职工兼职副主席发挥作用的好经验、好做法，促进交流学习，提升工作水平。加大舆论宣传力度，对劳模和一线职工兼职副主席履职情况及时进行宣传报道，充分调动劳模和一线职工兼职副主席的积极性，提高劳模和一线职工兼职副主席的社会影响力和在职工群众中的号召力。

各级地方工会要结合实际，根据本意见，制定具体办法。各级产业工会可根据实际情况，参照本意见执行。

中华全国总工会关于深入开展“当好主人翁、建功新时代”主题劳动和技能竞赛的意见

（总工发〔2018〕23 号　2018 年 7 月 25 日）

为深入贯彻习近平新时代中国特色社会主义思想和党的十九大精神，按照全总十六届七次执委会和 2018 年庆祝“五一”国际劳动节暨“当好主人翁、建功新时代”劳动和技能竞赛推进大会的部署要求，动员广大职工充分发挥主力军作用，凝聚起新时代的奋斗伟力，在决胜全面建成小康社会、全面建设社会主义现代化国家新征程中展现新作为，现就深入开展“当好主人翁、建功新时代”主题劳动和技能竞赛（以下简称“主题劳动和技能竞赛”）提出如下意见。

一、主题劳动和技能竞赛的指导原则

——坚持突出竞赛主题。竞赛活动要以“当好主人翁、建功新时代”为主题，以深化供给侧结构性改革、推动经济高质量发展为主线，以贯彻落实《新时期产业工人队伍建设改革方案》，建设知识型、技能型、创新型职工队伍为重点，大力弘扬劳模精神、劳动精神、工匠精神，推进全国引领性劳动和技能竞赛，动员广大职工用劳动筑梦，以实干圆梦，做新时代的见证者、开创者、建设者。

——坚持以职工为中心。竞赛活动要面向基层、面向一线职工、面向普通劳动者，满足职工多样化需求；尊重职工首创精神，让职工当主角，动员职工群众积极参与竞赛方案的制定和过程监督；扩大竞赛在非公企业和农民工群体中的覆盖面和影响力，最大限度地把职工组织到竞赛活动中来。

——坚持新发展理念。竞赛活动要坚持创新、协调、绿色、开放、共享的发展理念，坚持质量第一、效益优先，突出技术创新和素质提升，促进竞赛由“速度型”、“体力型”向“效益型”、“智力型”转变；按照建设“智慧工会”

的要求，利用“互联网+”等现代化手段，创新竞赛的方式和载体，使竞赛活动富有新时代特色，具有吸引力和感召力。

——坚持职工和企业“双赢”。竞赛活动要坚持共建共享，紧扣企业生产经营实际，促进企业发展；着力提高职工素质和能力，维护职工发展权益；完善竞赛激励制度，推动职工创新成果和技能要素按贡献参与分配，在促进经济发展的同时，让职工受益，增强职工在竞赛中的获得感。

二、围绕制造强国和创新驱动发展战略开展职工技术创新活动

（一）营造良好职工创新环境。引导职工树立时时可创新、处处可创新、人人可创新的理念，立足岗位开展创新，解决身边技术难题；建立健全以岗位创新、班组（团队）创新、劳模和工匠人才（职工）创新工作室为主要载体的职工创新体系；发挥职工技协作用，搭建职工创新成果展示、交流平台，促进成果转化。

（二）聚焦关键核心技术突破开展竞赛。在实施科技创新2030——重大项目和国家科技重大专项、关系民生福祉的重点领域技术供给、面向科技强国的基础研究等领域开展技术攻关、发明创造等竞赛活动，推动关键共性技术、前沿引领技术、现代工程技术、颠覆性技术等取得重大突破，增强原始创新能力，铸就大国重器，为建设科技强国提供有力支撑。

（三）突出质量提升开展竞赛。推动实施质量强国战略，贯彻落实《中共中央　国务院关于开展质量提升行动的指导意见》，教育引导职工牢固树立质量第一意识，提高职工群众质量素养，深入开展质量管理小组和质量信得过班组建设等活动，围绕提升产品、服务、工程质量和加强品牌建设开展群众性质量提升活动，推动形成企业追求质量、社会崇尚质量、人人关心质量的良好氛围。

（四）针对发展先进制造业开展竞赛。围绕实施《中国制造2025》，聚焦新技术、新管理、新模式、新业态，瞄准关键领域、基础材料、核心技术和共性需求，广泛开展小革新、小发明、小改造、小设计、小建议等“五小”活动，深化劳模和工匠人才（职工）创新工作室创建活动，动员广大职工立足岗位、提升技能、精益求精、创新创造，在优化传统制造、发展高端制造、推进智能制造、实施绿色制造中发挥重要作用。

三、围绕人才强国战略和新时期产业工人队伍建设改革强化职工技能素质提升活动

（五）开展岗位练兵、师傅带学徒等活动。坚持工作和培训相结合，组织职工立足岗位开展经常性、普遍性练兵活动，强化基本功训练，掌握岗位技

能，通过工作提高技术，通过练兵促进工作。广泛开展师傅带学徒活动，积极协助政府和企业推广现代学徒制和企业新型学徒制，总结推广选树技能带头人（工匠人才、金牌工人、首席技师、首席员工等）活动经验，鼓励劳模和工匠人才进行“传帮带”，培养大批高技能人才。

（六）促进职工职业技能竞赛向纵深发展。推动建立以企业岗位练兵和技术比武为基础、以国家和行业竞赛为主体、国内竞赛与世界技能大赛等国际竞赛相衔接的职业技能竞赛体系；根据国家战略性发展需要，重点从国家支柱性产业、战略性新兴产业、现代服务业等产业中选择就业人数多、技术含量高的工种进行比赛；强化技能竞赛的培训功能，重视赛前练兵、赛后交流，让竞赛成为职工展示才能、交流技艺的平台和提升技能水平的绿色通道。

（七）加强职工技能培训和交流。推动企业制定职工培养计划，健全职工培训制度，监督企业足额提取职工教育经费，并将经费的60%以上用于一线职工的培训；依托工会院校、企业培训中心和社会培训机构等，推进职工技能实训基地建设，提升职业技能培训基础能力；开展职工技能交流活动，总结推广先进操作法，促进职工之间相互学习、共同提高。

四、围绕实施区域协调发展战略推进全国引领性劳动和技能竞赛

（八）突出竞赛重点。围绕京津冀协同发展、长江经济带发展、“一带一路”建设、粤港澳大湾区建设、大运河文化带建设、东北振兴等国家战略的实施，进一步落实全总有关通知要求，结合各自功能定位和发展导向，聚焦重点地区、重点领域和重点项目，细化具体实施方案，不断丰富和完善竞赛活动。

（九）深化重大工程建设竞赛。在总结多年来开展重大工程竞赛经验和做法的基础上，结合新时代国家战略规划，依据《重大工程建设劳动和技能竞赛工作指南》，进一步规范竞赛的组织领导、活动形式、活动内容、日常管理、考核评估、表彰奖励等，推动重大工程劳动和技能竞赛进一步扎实有效开展。

（十）开展贫困地区基础设施建设竞赛。在贫困地区的交通、水利、电力等基础设施重点项目和民族地区重大基础设施项目、民生工程建设中，组织动员职工群众广泛开展重大工程竞赛、职工技术创新和素质提升等活动，促进项目优质高效安全完工，促进贫困地区基础设施进一步完善，加快经济社会发展。

五、围绕建设美丽中国和可持续发展战略组织群众性生态文明建设活动

（十一）加强生态文明宣传教育。把生态文明作为职工素质教育的重要内容，结合全国节能宣传周和全国低碳日活动，广泛开展形式多样、职工喜闻乐

见的宣传活动，普及生态文明法律法规和科学知识，引导职工树立绿色发展理念，倡导简约适度、绿色低碳的生活方式，推动形成人人、事事、时时崇尚生态文明的社会氛围。

（十二）开展污染防治竞赛。动员广大职工积极参与污染防治攻坚战，推动实施大气、水、土壤污染防治三大行动计划；按照国家化解过剩产能和产业转型升级的要求，重点在高耗能、高排放、高污染的行业领域，围绕关键技术、生产设备改造、环保设施运行等重点难点问题，瞄准国内外同行业一流水平，开展清洁生产、节能减排、循环利用等竞赛活动；发挥职工节能减排义务监督员队伍作用，群防群治，促进企业节能减排。

（十三）开展生态系统保护竞赛。根据国家生态环境保护战略规划，围绕重点水利工程建设、防汛抗旱水资源优化调度、推进荒漠化、水土流失综合治理等开展重大工程竞赛；围绕各流域水污染防治、湿地保护和恢复、地质灾害防治等开展对标竞赛；助力国家生态文明先行示范区建设，积极参加国土绿化行动，推动生态系统质量和稳定性的提升。

六、围绕新时代职工安全健康需求深化“安康杯”竞赛

（十四）开展群众性安全生产活动。组织职工广泛开展隐患排查治理、安全生产合理化建议、安全管理优秀成果展示、安全知识普及和安全技能培训等活动，切实提高职工的安全意识和技能水平；强化班组安全建设，推进班组安全管理标准化、规范化和科学化，不断夯实安全生产的群众基础。

（十五）发挥工会劳动保护监督检查作用。加强工会劳动保护监督检查员和特聘煤矿群众监督员队伍建设，提升“两员”的专业素质和工作水平，按照工作要求履职尽责，配合政府有关部门加强对职业病防治工作的监督管理，切实保障职工生命安全与健康权益。

（十六）加强安全宣传和企业安全文化建设。加大国家相关法律法规和政策文件的宣传力度，做好职工劳动安全卫生知识的普及工作；结合全国“安全生产月”，有针对性地开展宣传培训、操作演练、亲情教育、警示教育等安全文化活动，把先进的安全生产理念、科学的安全管理方法、实用的安全操作技能送到企业，逐步形成上下齐心、知行合一的安全文化。

七、切实加强组织领导

（十七）高度重视，认真谋划。开展“当好主人翁、建功新时代”主题劳动和技能竞赛是贯彻落实党的十九大精神、实现宏伟目标的重要举措，是践行为实现中华民族伟大复兴的中国梦而奋斗这一工运时代主题的重要载体。各级

工会要高度重视，摆上重要议事日程，在完成《2016—2020年劳动和技能竞赛规划》目标任务的基础上，确定新目标，提出新要求，采取切实措施，对竞赛活动进行再动员、再部署，在全国职工中掀起劳动和技能竞赛新热潮。

（十八）因地制宜，分类指导。适应新时代新要求，探索建立既有宏观指导、又有具体举措，既有示范引领、又有面上发动，既有丰富内容、又有机制保障的地方、产业、企业相结合的竞赛工作体系。地方和产业工会要搭建区域和行业的竞赛平台，做好竞赛方案制定、竞赛发动和指导工作，从实际出发确定竞赛重点，以点带面，精准发力。企业工会要积极探索和创新竞赛的组织形式、活动内容和载体，并动员职工群众积极参加上级工会组织的竞赛活动，为职工发挥聪明才智和实现自身价值提供更大的舞台。注重总结竞赛工作经验、选树竞赛典型，发挥引领性竞赛的示范带动作用，推动全国竞赛广泛深入开展。

（十九）强化监督，完善机制。加强竞赛过程管理和考核评估，通过对地方和企业开展竞赛活动的成效进行评估，发现问题、找出不足、改进工作。评估方法、指标体系要科学合理，评估内容、评估范围要切合实际，评估结果要作为竞赛活动评先评优、推荐表彰的重要参考。完善督促检查、统计监测、动态调整机制，进一步把竞赛活动做实。认真落实全总《基层工会经费收支管理办法》（总工办发〔2017〕32号）有关规定，积极推动政府（企业）制定和完善劳动和技能竞赛奖励办法，进一步完善竞赛激励机制。

（二十）弘扬精神，示范引领。注重从劳动和技能竞赛中发现和宣传典型，培养和选树先进，营造劳动光荣的社会风尚和精益求精的敬业风气。坚持面向基层、面向一线、面向普通职工群众，做好五一劳动奖和工人先锋号推荐评选等工作，培养和选树不同层面的工匠人才。精心组织劳模和工匠人才进学校、进企业、进社区，用他们的干劲、闯劲、钻劲鼓舞更多的人，激励广大职工勤于创造、勇于奋斗、善于团结、敢于梦想，争做新时代的奋斗者。

（二十一）加强宣传，总结经验。充分发挥工会系统宣传阵地的作用，广泛运用微博、微信、移动客户端等新媒体，宣传推广基层开展竞赛活动的新鲜经验和先进典型，把主题劳动和技能竞赛打造成在职工中有较强感召力、在社会上有广泛影响力的品牌。坚持继承与创新相结合，适应新时代、聚焦新目标，不断丰富和完善竞赛内容，创新方式，总结推广先进经验，让劳动和技能竞赛在新时代展现出新的生机和活力。

中华全国总工会关于印发《基层工会会员代表大会条例》的通知

（总工发〔2019〕6号）

各省、自治区、直辖市总工会，各全国产业工会，中央和国家机关工会联合会筹备组，全总各部门、各直属单位：

《基层工会会员代表大会条例》已经中华全国总工会第十七届书记处第4次会议通过，现印发给你们，请结合实际，认真贯彻执行。

中华全国总工会

2019年1月15日

基层工会会员代表大会条例

第一章　总　则

第一条　为完善基层工会会员代表大会制度，推进基层工会民主化、规范化、法治化建设，增强基层工会政治性、先进性、群众性，激发基层工会活力，发挥基层工会作用，根据《中华人民共和国工会法》《中国工会章程》等有关规定，制定本条例。

第二条　本条例适用于企业、事业单位、机关、社会团体和其他社会组织单独或联合建立的基层工会组织。

乡镇（街道）、开发区（工业园区）、村（社区）建立的工会委员会，县级以下建立的区域（行业）工会联合会，如召开会员代表大会的，依照本条例执行。

第三条　会员不足100人的基层工会组织，应召开会员大会；会员100人以上的基层工会组织，应召开会员大会或会员代表大会。

第四条　会员代表大会是基层工会的最高领导机构，讨论决定基层工会重大事项，选举基层工会领导机构，并对其进行监督。

第五条　会员代表大会实行届期制，每届任期三年或五年，具体任期由会员代表大会决定。会员代表大会任期届满，应按期换届。遇有特殊情况，经上一级工会批准，可以提前或延期换届，延期时间一般不超过半年。

会员代表大会每年至少召开一次，经基层工会委员会、三分之一以上的会员或三分之一以上的会员代表提议，可以临时召开会员代表大会。

第六条　会员代表大会应坚持党的领导，坚持民主集中制，坚持依法规范，坚持公开公正，切实保障会员的知情权、参与权、选举权、监督权。

第七条　基层工会召开会员代表大会应向同级党组织和上一级工会报告。换届选举、补选、罢免基层工会委员会组成人员的，应向同级党组织和上一级工会书面报告。

上一级工会对下一级工会召开会员代表大会进行指导和监督。

第二章　会员代表大会的组成和职权

第八条　会员代表的组成应以一线职工为主，体现广泛性和代表性。中层正职以上管理人员和领导人员一般不得超过会员代表总数的20%。女职工、青年职工、劳动模范（先进工作者）等会员代表应占一定比例。

第九条　会员代表名额，按会员人数确定：

会员100至200人的，设代表30至40人；

会员201至1000人的，设代表40至60人；

会员1001至5000人的，设代表60至90人；

会员5001至10000人的，设代表90至130人；

会员10001至50000人的，设代表130至180人；

会员50001人以上的，设代表180至240人。

第十条　会员代表的选举和会议筹备工作由基层工会委员会负责，新成立基层工会的由工会筹备组负责。

第十一条　会员代表大会根据需要，可以设立专门工作委员会（小组），负责办理会员代表大会交办的具体事项。

第十二条　会员代表大会的职权是：

（一）审议和批准基层工会委员会的工作报告；

（二）审议和批准基层工会委员会经费收支预算决算情况报告、经费审查委员会工作报告；

（三）开展会员评家，评议基层工会开展工作、建设职工之家情况，评议基层工会主席、副主席履行职责情况；

（四）选举和补选基层工会委员会和经费审查委员会组成人员；

（五）选举和补选出席上一级工会代表大会的代表；

（六）罢免其所选举的代表、基层工会委员会组成人员；

（七）讨论决定基层工会其他重大事项。

第三章　会员代表

第十三条　会员代表应由会员民主选举产生，不得指定会员代表。劳务派遣工会员民主权利的行使，如用人单位工会与用工单位工会有约定的，依照约定执行；如没有约定或约定不明确的，在劳务派遣工会员会籍所在工会行使。

第十四条　会员代表应具备以下条件：

（一）工会会员，遵守工会章程，按期缴纳会费；

（二）拥护党的领导，有较强的政治觉悟；

（三）在生产、工作中起骨干作用，有议事能力；

（四）热爱工会工作，密切联系职工群众，热心为职工群众说话办事；

（五）在职工群众中有一定的威信，受到职工群众信赖。

第十五条　会员代表的选举，一般以下一级工会或工会小组为选举单位进行，两个以上会员人数较少的下一级工会或工会小组可作为一个选举单位。

会员代表由选举单位会员大会选举产生。规模较大、管理层级较多的单位，会员代表可由下一级会员代表大会选举产生。

第十六条　选举单位按照基层工会确定的代表候选人名额和条件，组织会员讨论提出会员代表候选人，召开有三分之二以上会员或会员代表参加的大会，采取无记名投票方式差额选举产生会员代表，差额率不低于15%。

第十七条　会员代表候选人，获得选举单位全体会员过半数赞成票时，方能当选；由下一级会员代表大会选举时，其代表候选人获得应到会代表人数过半数赞成票时，方能当选。

第十八条　会员代表选出后，应由基层工会委员会或工会筹备组，对会员代表人数及人员结构进行审核，并对会员代表进行资格审查。

符合条件的会员代表人数少于原定代表人数的，可以把剩余的名额再分配，进行补选，也可以在符合规定人数情况下减少代表名额。

第十九条　会员代表实行常任制，任期与会员代表大会届期一致，会员代表可以连选连任。

第二十条　会员代表的职责是：

（一）带头执行党的路线、方针、政策，自觉遵守国家法律法规和本单位的规章制度，努力完成生产、工作任务；

（二）在广泛听取会员意见和建议的基础上，向会员代表大会提出提案；

（三）参加会员代表大会，听取基层工会委员会和经费审查委员会的工作报告，讨论和审议代表大会的各项议题，提出审议意见和建议；

（四）对基层工会委员会及代表大会各专门委员会（小组）的工作进行评议，提出批评、建议；对基层工会主席、副主席进行民主评议和民主测评，提出奖惩和任免建议；

（五）保持与选举单位会员群众的密切联系，热心为会员说话办事，积极为做好工会各项工作献计献策；

（六）积极宣传贯彻会员代表大会的决议精神，对工会委员会落实会员代表大会决议情况进行监督检查，团结和带动会员群众完成会员代表大会提出的各项任务。

第二十一条　选举单位可单独或联合组成代表团（组），推选团（组）长。团（组）长根据会员代表大会议程，组织会员代表参加大会各项活动；在会员代表大会闭会期间，按照基层工会的安排，组织会员代表开展日常工作。

第二十二条　基层工会讨论决定重要事项，可事先召开代表团（组）长会议征求意见，也可根据需要，邀请代表团（组）长列席会议。

第二十三条　基层工会应建立会员代表调研、督查等工作制度，充分发挥会员代表作用。

第二十四条　会员代表在法定工作时间内依法参加会员代表大会及工会组织的各项活动，单位应当正常支付劳动报酬，不得降低其工资和其他福利待遇。

第二十五条　有下列情形之一的，会员代表身份自然终止：

（一）在任期内工作岗位跨选举单位变动的；

（二）与用人单位解除、终止劳动（工作）关系的；

（三）停薪留职、长期病事假、内退、外派超过一年，不能履行会员代表职责的。

第二十六条　会员代表对选举单位会员负责，接受选举单位会员的监督。

第二十七条　会员代表有下列情形之一的，可以罢免：

（一）不履行会员代表职责的；

（二）严重违反劳动纪律或单位规章制度，对单位利益造成严重损害的；

（三）被依法追究刑事责任的；

（四）其他需要罢免的情形。

第二十八条 选举单位工会或三分之一以上会员或会员代表有权提出罢免会员代表。

会员或会员代表联名提出罢免的，选举单位工会应及时召开会员代表大会进行表决。

第二十九条 罢免会员代表，应经过选举单位全体会员过半数通过；由会员代表大会选举产生的代表，应经过会员代表大会应到会代表的过半数通过。

第三十条 会员代表出现缺额，原选举单位应及时补选。缺额超过会员代表总数四分之一时，应在三个月内进行补选。补选会员代表应依照选举会员代表的程序，进行差额选举，差额率应按照第十六条规定执行。补选的会员代表应报基层工会委员会进行资格审查。

第四章 会员代表大会的召开

第三十一条 每届会员代表大会第一次会议召开前，应将会员代表大会的组织机构、会员代表的构成、会员代表大会主要议程等重要事项，向同级党组织和上一级工会书面报告。上一级工会接到报告后应于 15 日内批复。

第三十二条 每届会员代表大会第一次会议召开前，基层工会委员会或工会筹备组应对会员代表进行专门培训，培训内容应包括工会基本知识、会员代表大会的性质和职能、会员代表的权利和义务、大会选举办法等。

第三十三条 会员代表全部选举产生后，应在一个月内召开本届会员代表大会第一次会议。

第三十四条 会员代表大会召开前，会员代表应充分听取会员意见建议，积极提出与会员切身利益和工会工作密切相关的提案，经基层工会委员会或工会筹备组审查后，决定是否列入大会议程。

第三十五条 召开会员代表大会，应提前 5 个工作日将会议日期、议程和提交会议讨论的事项通知会员代表。

第三十六条 每届会员代表大会第一次会议召开前，可举行预备会议，听取会议筹备情况的报告，审议通过关于会员代表资格审查情况的报告，讨论通过选举办法，通过大会议程和其他有关事项。

第三十七条 召开会员代表大会时，未当选会员代表的经费审查委员会委员、女职工委员会委员应列席会议，也可以邀请有关方面的负责人或代表列席会议。

可以邀请获得荣誉称号的人员、曾经作出突出贡献的人员作为特邀代表参加会议。

列席人员和特邀代表仅限本次会议，可以参加分组讨论，不承担具体工作，不享有选举权、表决权。

第三十八条　基层工会委员会、经费审查委员会及女职工委员会的选举工作，依照《工会基层组织选举工作条例》规定执行。

第三十九条　会员代表大会应每年对基层工会开展工作、建设职工之家和工会主席、副主席履行职责等情况进行民主评议，在民主评议的基础上，以无记名投票方式进行测评，测评分为满意、基本满意、不满意三个等次。测评结果应及时公开，并书面报告同级党组织和上一级工会。

基层工会主席、副主席测评办法应由会员代表大会表决通过，并报上一级工会备案。

第四十条　基层工会主席、副主席，具有下列情形之一的，可以罢免：

（一）连续两年测评等次为不满意的；

（二）任职期间个人有严重过失的；

（三）被依法追究刑事责任的；

（四）其他需要罢免的情形。

基层工会委员会委员具有上述（二）（三）（四）项情形的，可以罢免。

第四十一条　本届工会委员会、三分之一以上的会员或会员代表可以提议罢免主席、副主席和委员。

罢免主席、副主席和委员的，应经同级党组织和上一级工会进行考察，未建立党组织的，由上一级工会考察。经考察，如确认其不能再担任现任职务时，应依法召开会员代表大会进行无记名投票表决，应参会人员过半数通过的，罢免有效，并报上一级工会批准。

第四十二条　规模较大、人数众多、工作地点分散、工作时间不一致，会员代表难以集中的基层工会，可以通过电视电话会议、网络视频会议等方式召开会员代表大会。不涉及无记名投票的事项，可以通过网络进行表决，如进行无记名投票的，可在分会场设立票箱，在规定时间内统一投票、统一计票。

第四十三条　会员代表大会与职工代表大会应分别召开，不得互相代替。如在同一时间段召开的，应分别设置会标、分别设定会议议程、分别行使职权、分别作出决议、分别建立档案。

第四十四条　会员代表大会通过的决议、重要事项和选举结果等应当形成书面文件，并及时向会员公开。

第五章　附　则

第四十五条　除会员代表的特别规定外，召开会员大会依照本条例相关规定执行。

第四十六条　本条例由中华全国总工会负责解释。

第四十七条　本条例自发布之日起施行，以往有关规定与本条例不一致的，以本条例为准。1992 年 4 月 14 日中华全国总工会办公厅印发的《关于基层工会会员代表大会代表实行常任制的若干暂行规定》同时废止。

中华全国总工会关于加强专职集体协商指导员队伍建设的意见

（总工发〔2019〕19 号　2019 年 6 月 21 日）

为进一步依法推动集体协商工作创新发展，促进集体协商提质增效，努力造就一支高素质的专职集体协商指导员队伍，为开展集体协商工作提供有力的人才支撑，现就加强专职集体协商指导员队伍建设提出如下意见。

一、重要意义

推进集体协商机制建设，是发展社会主义协商民主、完善政府、工会、企业共同参与的协商协调机制的重要内容，也是工会维护职工权益、构建和谐劳动关系的一项基础性、战略性、长期性的重要任务。新形势下加强专职集体协商指导员队伍建设，努力建设一支懂法律、会维护、善协商的专职集体协商指导员队伍，推动集体协商工作创新发展，是履行好工会维护职工合法权益、竭诚服务职工群众基本职责的客观需要，对于推动实现企业与职工协商共事、机制共建、效益共创、利益共享，推动构建中国特色和谐劳动关系，具有十分重要的现实意义。

二、指导思想和工作目标

（一）指导思想。坚持以习近平新时代中国特色社会主义思想为指导，全面贯彻党的十九大精神和习近平总书记关于工人阶级和工会工作的重要论述，进一步做好集体协商提质增效工作，坚持不懈地推进集体协商制度建设，着力建设一支高素质专业化的工会集体协商指导员队伍。

（二）工作目标。加强集体协商指导员队伍建设，应坚持专兼职结合、以兼职为主，更加注重发挥专职集体协商指导员的优势和作用。通过建立规范化的专职集体协商指导员选聘、管理、使用和培养制度，培养造就高素质的专职集体协商指导员队伍，着力解决县（区、旗）、乡镇（街道）、企业工会开展集体协商工作力量和能力不足的问题，确保集体协商工作深化发展。聘用专职集体协商指导员，原则上省级总工会2—3人，地市及县级总工会不少于3人。企业比较集中、职工人数较多的乡镇（街道）总工会和开发区（工业园区）工会可根据自身工作实际情况，合理配备专职集体协商指导员。各级工会聘用的专职集体协商指导员，原则上应分派到县及县以下行业、乡镇（街道）、开发区（工业园区）工会（工会联合会）开展工作。

三、主要职责

（一）宣传指导。面向企业（行业）宣传开展集体协商的意义和作用，提供政策法律咨询；推动企业建立完善集体协商机制，指导和帮助企业工会、行业性（区域性）工会联合会搜集整理与集体协商相关的资料、收集职工意见，提出协商要约，拟定协商方案，研究协商策略，确定协商内容，起草集体合同草案等。

（二）参与培训。协助本级工会对负责集体协商工作的工会干部、职工方协商代表等进行业务培训，着力提高工会干部和职工方协商代表开展集体协商的能力和水平。

（三）参加协商。接受上级工会指派或接受企业工会、行业性（区域性）工会联合会委托，作为职工方协商代表直接参加集体协商。对集体协商过程中发生的重大问题，及时向本级工会报告并提出意见建议。

（四）调查研究。调查了解地区、行业、企业人工成本、经营状况以及与集体协商相关的各种数据和信息，为基层工会开展集体协商提供数据支持；及时了解本地区开展集体协商工作的最新动态，发现和总结本地区先进经验和做法；对履行职责过程中面临的新情况、新问题进行调查研究，提出解决的对策建议。

（五）监督检查。按照本级工会的统一部署，参加对本地区集体合同履行情况的定期监督检查，协助本级工会对集体协商工作开展情况进行监督指导。

四、选聘条件

（一）认真贯彻习近平新时代中国特色社会主义思想，坚定不移走中国特色社会主义工会发展道路，政治立场坚定，品行端正，作风严谨，办事公道，热心服务职工群众，廉洁自律，具有较强的事业心和责任感。

（二）掌握国家和地方劳动法律法规和相关政策，熟悉企业人力资源管理、财务制度，以及劳动工资、社会保障、劳动安全卫生等相关专业知识。

（三）熟悉集体协商工作，具备一定的集体协商专业知识和实践经验，有较强的组织协调能力、协商谈判能力和研究解决问题的能力。

（四）身体健康，能独立承担参加协商、调查研究、工作指导和培训教学等任务。

选聘专职集体协商指导员应优先选用具有协调劳动关系专业资质及曾在劳动人事和法律援助机构工作的人员，将具有一定专业知识、热心服务职工群众的人才纳入到专职集体协商指导员队伍中来。

五、选聘办法和要求

（一）选聘办法。

各地应根据本地企业、职工队伍和劳动关系情况，科学合理制定人员选聘办法，有序推进专职集体协商指导员队伍建设。

1. 工会直接选聘人员。各地工会可优先从机关事业单位、企业的离岗退休人员中选聘。专职集体协商指导员年龄一般不超过 65 周岁，特殊需要的经上一级工会同意可延聘至 68 周岁。

2. 开发工会社会工作者岗位。对接本地区工会社会工作专业人才队伍体系，采用购买岗位或者设置专业岗位等方式，从本地区工会社会工作人才队伍中配置专门人员担任专职集体协商指导员。

3. 购买社会组织服务。工会大力培育孵化职工服务类社会组织，面向具有专业资质的社会组织购买集体协商工作相关服务，由社会组织承接工会集体协商工作任务或提供相关专业人才。

（二）选聘要求。

1. 严格选聘标准。按照专职集体协商指导员的职责任务和选聘条件，坚持公开、平等、竞争、择优的原则，严把准入门槛，规范选聘程序，建立规范化的选聘工作制度。

2. 分级聘任管理。省（区、市）总工会可以直接从符合条件的人员中择优选聘。各地（市）级及以下地方总工会、开发区（工业园区）工会可从符合条件的各类人员中择优选聘，统一培训、考试合格后颁发聘任证书，登记注册、建立档案，报上级工会备案。各省（区、市）总工会应每年将辖区内聘用的专职集体协商指导员基本情况报全国总工会权益保障部备案。

六、管理制度

通过制定相应办法、完善工作机制，建立健全专职集体协商指导员工作保障、考核激励、定期培训、联系沟通、职业发展等制度，保障专职集体协商指导员队伍长期稳定发展。

（一）工作保障制度。建立健全专职集体协商指导员薪酬或补贴制度。各级工会应根据当地经济社会发展水平，统筹考虑社会平均工资、其他社会工作者薪酬等因素，合理确定薪酬标准和增长机制。完善专职集体协商指导员工作保障机制，为其开展工作提供必要的办公条件，合理解决其交通费、伙食费、差旅费、保险费、通讯费等。

（二）考核激励制度。建立分级考核制度，按照不同的管理权限和工作要求，建立岗位责任制，量化考核指标；定期开展工作业绩评估考核，根据考核情况决定续聘、解聘或调整工作，对工作业绩特别突出的专职集体协商指导员应给予适当奖励。

（三）定期培训制度。制定专职集体协商指导员培训规划，有计划、有重点，分步骤、分层次开展培训，创新培训方法，拓展培训内容，通过集中学习、交流观摩、模拟协商、典型案例分析等多种形式，逐步提升专职集体协商指导员的专业水平。

（四）联系沟通制度。建立工会组织与本级聘用的专职集体协商指导员之间定期联系沟通制度，及时安排部署工作、交流通报情况、研究解决问题，进一步增强专职集体协商指导员队伍的凝聚力、责任感、归属感。

（五）职业发展制度。注重当前需要和长远发展相结合，探索建立专职集体协商指导员职业发展通道，鼓励他们参加相关专业技术考试和职业资格认证，拓展职业发展空间，逐步建立专职集体协商指导员的人才培养制度。

七、有关要求

（一）加强组织领导。各级工会要切实加强组织领导，研究制定发展规划，落实工作保障机制，确保专职集体协商指导员队伍健康发展、发挥作用。要把加强专职集体协商指导员队伍建设作为一项长期性基础性工作来抓，努力培养造就一支善于协调劳动关系的人才队伍。

（二）明确职责任务。各级工会要进一步明确职责任务，分级抓好落实。省级总工会负责统一制定管理办法和工作细则，建立本省专职集体协商指导员数据库，加强工作考核，确保本地区各级工会足额配齐配强专职集体协商指导员。各级地方总工会负责本级工会聘用的专职集体协商指导员的日常管理，建立工作档案，定期督促检查，开展年度考核，充分发挥专职集体协商指导员作用。

（三）强化经费保障。各级工会要建立和完善专职集体协商指导员队伍经费保障机制。全国总工会将根据专职集体协商指导员队伍建设情况给予适当补贴。各省（含省）以下地方总工会要列支专项经费对下级工会进行补助，保障本地专职集体协商指导员队伍的稳定和发展。各级工会要结合实际，因地制宜，结合绩效评价工作，对于专项经费发挥效益好的，应加大支持力度。

（四）强化督促检查。聘用专职集体协商指导员的专项经费必须做到专款专用。全国总工会将不定期对专项经费及配套资金的落实和使用情况进行检查。对不按规定列支专项经费的，全国总工会将缓拨或减拨下一年度该项经费；挪用该专项经费或虚报聘用专职集体协商指导员人数的，全国总工会将停拨该专项经费。各级地方工会要采取经常性督查和随机抽查等方式，及时了解掌握本地区专职集体协商指导员专项经费使用情况，加强对选派到县及县以下行业、乡镇（街道）、开发区（工业园区）工会（工会联合会）工作的专职集体协商指导员的指导和服务。

（五）营造良好氛围。各级工会要进一步加大宣传力度，推动形成有利于专职集体协商指导员队伍充分发挥作用的良好社会氛围；要积极争取党委、政府、人大、政协以及社会各界对这项工作的关心支持，形成齐抓共管的良好局面。

各级产业工会可根据工作需要建立专职集体协商指导员队伍，参照本意见执行。

中华全国总工会　人力资源社会保障部
中国企业联合会/中国企业家协会
中华全国工商业联合会关于实施
集体协商“稳就业促发展构和谐”
行动计划的通知

（总工发〔2019〕23号）

各省、自治区、直辖市总工会、人力资源社会保障厅（局）、企业联合会/企业家协会、工商业联合会，新疆生产建设兵团人力资源社会保障局、企业联合会/企业家协会、工商业联合会：

为深入贯彻党的十九大提出的“发展基层协商民主”和“完善政府、企业、工会共同参与的协商协调机制，构建和谐劳动关系”的要求，在当前经济下行压力加大和外部环境更加复杂严峻的形势下，进一步发挥集体协商集体合同制度协调劳动关系的基础性作用，稳定就业岗位，促进企业发展，构建和谐劳动关系，实现企业和职工共商共建共创共享，国家协调劳动关系三方会议研究决定，从2019年至2021年，在全国范围内实施集体协商“稳就业促发展构和谐”行动计划（以下简称行动计划）。

一、指导思想

坚持以习近平新时代中国特色社会主义思想为指导，深入贯彻落实党的十九大和十九届二中、三中全会精神，坚持新发展理念和中国特色社会主义集体协商理念，围绕落实中央经济工作会议和民营企业座谈会议要求，正确把握当前形势任务，切实将稳就业、促发展、构和谐作为当前集体协商工作的主线，着力健全集体协商制度，巩固集体协商基础，拓展集体协商内容，提升集体协商质量，引导职工正确看待和处理当前利益与长远利益，有效协调劳动关系双方利益关系，保护和调动企业与职工的生产经营积极性主动性，推动企业和职工形成利益共同体，促进实现劳动者体面劳动和企业健康持续发展，营造有利于改革发展稳定的环境。

二、目标任务

通过各级协调劳动关系三方的共同努力，集体协商制度在推动构建和谐劳动关系中的作用更加明显，中国特色社会主义集体协商制度更加巩固发展，集体协商实效性不断增强，力争2021年实现已建工会的企业集体协商建制率动态保持在80%以上，其中规模（限额）以上已建工会的企业开展年度集体协商、签订工资专项集体合同保持在90%以上，行业（区域）集体合同覆盖职工数达到8000万以上，职工利益诉求表达渠道进一步畅通，企业和职工获得感、满意度不断提升。

三、具体措施

（一）分类实施企业集体协商。鼓励生产经营正常的企业，围绕工资调整、奖金分配、考核奖惩、劳动定额、休息休假、工时制度、职工福利费和教育经费使用、劳动保护、女职工特殊保护等进行协商。鼓励和支持因产业转型升级、结构调整和经贸摩擦等造成生产经营困难或生产经营方式重大调整的企业，围绕转岗稳岗、轮岗休假、待岗培训、工资福利、裁员方案等涉及职工利益调整的重大事项进行协商。鼓励基础较好的企业建立经常性的沟通协商机制，开展多层次协商，畅通职工诉求表达渠道，努力解决企业及职工生产生活中的困难和问题。

（二）积极推进行业集体协商。坚持以劳动密集型、中小企业集中的行业（区域）作为重点，聚焦企业和职工普遍关心的问题，就行业最低工资标准、主体工种指导价位、劳动定额、计件单价、劳动保护、休息休假、福利待遇等进行协商。鼓励有条件的企业在行业集体协商的基础上，开展企业集体协商。在环卫清洁等农民工集中的行业，通过开展集体协商建立健全职工工资正常增长机制，推动低收入群体收入合理增长。在快递、外卖、网约车等新业态领域行业，通过探索确定协商主体、创新协商模式开展行业集体协商，签订行业性集体合同或协议，明确行业用工规范和劳动标准。

（三）深入推进集体协商提质增效。将开展质效评估工作作为促进集体协商提质增效的重要途径，进一步规范代表产生、要约应约、协商会议、审议报送、公示等协商程序，广泛收集企业和职工诉求，切实将企业和职工关心的问题纳入协商内容，增强集体协商的实效性。坚持以企业（行业）自评为主、外部评估为辅的原则实施集体协商质效评估工作，引导企业（行业）通过开展自我评估，发现和整改存在的问题，提高集体协商质量和职工参与率、知晓率、满意率以及企业认可度。各地协调劳动关系三方根据工作需要，可自行或委托第三方专业机构进行评估，并将评估结果作为评先评优的重要条件。通过努力，力争评估优秀企业（行业）数量达到60%以上，建制企业职工对集体协商工作的参与率达到80%以上、知晓率达到90%以上。

（四）继续开展集体协商要约行动。各地要根据企业实际情况，每年适时集中开展协商要约行动，企业或企业代表组织应支持工会提出要约。对提出要约尚有困难的工会，上级工会要给予帮助和指导，必要时可依法代替基层工会行使要约权。一方提出集体协商要约的，另一方应当在规定时间内及时给予回应。

（五）发挥集体协商谋求共识、化解矛盾、凝聚力量、促进发展作用。鼓励生产经营困难企业开展“共同约定行动”，开展以“稳岗位、促发展”为主要内容的劳动竞赛和和谐劳动关系创建活动，推动形成企业关爱职工、职工关心企业、共谋企业发展的良好氛围。工会和职工要支持企业的改革创新，加强职工技能培训、推广职工先进操作法，努力提高企业生产效率和核心竞争力。各级工会和企业要进一步强化职工法律意识和责任意识教育，引导职工遵纪守法、履行劳动合同、服从企业管理、履职尽责，为企业发展做贡献。

四、保障机制

（一）加强协商主体建设。加强基层工会组织建设，推进工会组织向新兴领域新兴群体延伸，巩固和扩大工会组织覆盖面。各级企业代表组织要切实加强行业协会、商会等组织建设，着力培育企业方协商主体，将推进行业集体协商作为加强行业自律、规范行业用工和竞争秩序、营造良好发展环境重要内容抓紧抓好。

（二）加强集体协商人才队伍建设。加强集体协商专家指导机构和指导员队伍建设，发挥集体协商指导员开展宣传指导、业务培训、技术支持等方面的积极作用。畅通专职集体协商指导员职业发展通道，将其作为劳动关系协调员队伍的重要力量，建立与相应职业资格相衔接的激励机制，力争专职指导员队伍达到1万人以上。加大职工方和企业方代表的培训力度，提高协商代表的能力和水平。省级、地市级工会每年培训集体协商职工方代表不少于100人，经济较发达、职工人数较多的县级工会每年培训集体协商职工方代表不少于50人；省级、地市级企业组织每年培训集体协商企业方代表不少于80人。

（三）加强对集体协商的指导服务。建立健全本地区本行业企业人工成本、劳动关系发展态势的监测体系，及时发布企业人工成本、职业薪酬、工资指导线、最低工资标准等集体协商参考数据。完善由人力资源社会保障部门、工会和企业组织等共同参与的集体协商争议调处机制，及时调处协商争议。加强对履行集体合同情况的监督检查，督促企业通过职工代表大会等形式，向职工公开集体合同履行情况。

（四）加强宣传凝聚共识。大力宣传国家积极就业政策和鼓励支持企业特别是民营企业发展的政策，推动各项政策落实落地。深入企业和工业园区、街道（社区）宣传集体协商在化解矛盾、构建和谐劳动关系、促进企业发展的意义。各级协调劳动关系三方每年要选树推广一批开展集体协商构建和谐劳动关系的典型，努力发挥典型的示范引领作用。

五、有关要求

（一）各地要加强组织领导，切实把推动实施行动计划摆上重要议事日程，争取当地党委、政府的重视和支持，努力推动形成党委领导、政府主导、三方协同、企业和职工积极参与的工作格局，积极争取将集体协商工作纳入各级党政和社会管理目标体系，作为人大执法检查的重要内容。

（二）各地要坚持从不同地区、不同行业和企业的实际出发，因地制宜，强化指导服务，分类实施，注重实效，力戒形式主义，不搞一刀切。加强对新业态新领域的调查研究，积极探索集体协商规范新业态劳动用工的途径和方法，努力发挥集体协商构建和谐劳动关系的作用。

（三）各地协调劳动关系三方要各司其职，密切配合，协同推进。人力资源社会保障部门要发挥好主导作用，积极做好推进立法、完善制度、制定规划、指导协调和集体合同审查等工作；各级工会要加强工会组织建设，强化宣传发动职工、指导协商要约、培训职工协商代表、监督集体合同履行等工作；企业联合会、工商联要加强企业代表组织建设和企业协商代表培训工作，做好引导企业树立协商理念、履行社会责任和督促企业履行集体合同等工作。各级协调劳动关系三方办公室要切实推进组织实施工作，建立健全沟通协调机制，适时开展调查研究和联合督导，注重培育推广典型，营造良好的社会舆论氛围。

中华全国总工会　人力资源社会保障部

中国企业联合会 / 中国企业家协会　中华全国工商业联合会

2019 年 6 月 5 日

中华全国总工会关于加强新时代工会女职工工作的意见

（总工发〔2022〕5 号　2022 年 4 月 25 日）

工会女职工工作是工会工作、妇女工作的重要组成部分。为更好地传承发扬党的工运事业和妇女事业光荣传统，主动适应新形势新任务，积极回应女职工新需求新期盼，推动新时代工会女职工工作高质量发展，现提出如下意见。

一、把握总体要求

（一）指导思想。坚持以习近平新时代中国特色社会主义思想为指导，全面贯彻党的十九大和十九届历次全会精神，深入学习贯彻习近平总书记关于工人阶级和工会工作、关于妇女工作的重要论述，坚持以人民为中心的发展思想，坚定不移走中国特色社会主义工会发展道路，贯彻落实男女平等基本国策，牢牢把握为实现中华民族伟大复兴的中国梦而奋斗的工人运动时代主题，推动实施《中国妇女发展纲要（2021—2030 年）》，切实履行维权服务基本职责，团结引领广大女职工奋进新征程、建功新时代，为全面建设社会主义现代化国家、实现第二个百年奋斗目标贡献智慧和力量。

（二）基本原则。

——坚持党的领导。切实把党的意志和主张贯彻到工会女职工工作的全过程、各方面，牢牢把握工会女职工工作正确政治方向。

——坚持服务大局。把握新发展阶段，贯彻新发展理念，构建新发展格局，在全面建设社会主义现代化国家新征程中充分发挥“半边天”作用。

——坚持需求导向。坚持以职工为本，适应职工队伍深刻变化和劳动关系深刻调整，聚焦广大女职工急难愁盼问题，增强维权服务工作的针对性和实效性。

——坚持大抓基层。树立落实到基层、落实靠基层理念，加强基层工会女职工组织建设，强化上级工会与基层工会女职工组织的联系和工作指导，使基层工会女职工组织建起来、转起来、活起来。

——坚持改革创新。紧紧围绕保持和增强政治性、先进性、群众性，着力健全推动工会女职工工作创新发展的制度机制，激发工会女职工组织的内生动力。

——坚持系统观念。加强统筹谋划，广泛汇聚资源，强化保障落实，努力构建全会重视、上下联动、各方支持、合力推进的工会女职工工作格局。

二、聚焦基本职责，实现工会女职工工作水平新提升

（三）加强思想政治引领。坚持用习近平新时代中国特色社会主义思想武装女职工，不断增进广大女职工对新时代党的创新理论的政治认同、思想认同、情感认同。强化理想信念教育，深化中国特色社会主义和中国梦宣传教育，引导女职工坚定不移听党话、矢志不渝跟党走。大力弘扬劳模精神、劳动精神、工匠精神，组织开展巾帼劳模工匠论坛、宣讲等活动，进一步发挥先进典型示范引领作用。加强新时代家庭家教家风建设，倡导开展“培育好家风——女职工在行动”主题实践活动，推动社会主义核心价值观在家庭落地生根。

（四）深化提升素质建功立业工程。贯彻落实产业工人队伍建设改革各项部署，充分发挥技能强国——全国产业工人学习社区、工匠学院等阵地作用，落实科技创新巾帼行动，加强女职工数字技能培训，培育女职工创新工作室，助力女职工成长成才。引导女职工积极参与“建功‘十四五’、奋进新征程”主题劳动和技能竞赛，广泛深入持久开展具有女职工特色的区域性、行业性劳动和技能竞赛，推动竞赛向新产业新业态新组织拓展。开展女职工先进集体和个人表彰或表扬，规范完善“五一巾帼奖”评选管理工作；在全国五一劳动奖章等评选表彰中重视并保障女职工比例。

（五）维护女职工合法权益和特殊利益。参与国家和地方有关女职工权益保护法律法规政策的研究和制定修订，推动地方出台《女职工劳动保护特别规定》实施办法。充分发挥女职工权益保护专项集体合同作用，突出民主管理、生育保护、女职工卫生费、帮助职工平衡工作和家庭责任等重点，提升协商质量和履约实效。定期开展普法宣传活动，常态化做好维权典型案例评选、联合专项执法检查、工会劳动法律监督，及时推动侵犯女职工权益案件调查处理，促进劳动关系和谐稳定，维护劳动领域政治安全。依法维护新就业形态女性劳动者劳动报酬、休息休假、劳动保护、社会保险等权益。

（六）提升女职工生活品质。落实国家生育政策及配套支持措施，支持有条件的用人单位为职工提供托育服务，推动将托育服务纳入职工之家建设和企业提升职工生活品质试点工作，推进工会爱心托管服务，加强女职工休息哺乳

室建设，做好职工子女关爱服务，创建家庭友好型工作场所。高度关注女职工劳动保护和身心健康，加大女职工劳动安全卫生知识教育培训力度，推动特定行业、企业等开展女职工职业病检查；扩大宫颈癌、乳腺癌筛查受益人群和覆盖范围，加强女职工人文关怀和心理疏导工作。深化工会婚恋交友服务，教育引导职工树立正确婚恋观，开展更加符合职工需求及特点的婚恋交友活动。

三、夯实组织基础，激发工会女职工组织新活力

（七）扩大工会女职工组织覆盖。坚持以工会组织建设带动工会女职工组织建设，女职工组织与工会组织同时筹备、同时产生（或换届）、同时报批，努力实现在已建工会组织单位中女职工组织的全覆盖。着力加强产业工会、区域（行业）工会联合会以及乡镇（街道）、村（社区）、工业园区工会女职工委员会建设，建立健全工会女职工组织体系。将工会女职工组织建设工作纳入模范职工之家、劳动关系和谐企业创建以及会员评议职工之家活动等各项评比内容。

（八）加强工会女职工组织机构建设。省、自治区、直辖市，设区的市和自治州总工会，实行垂直领导的产业工会，机关、事业单位工会，根据工作需要，按照机构编制管理权限，经机构编制部门同意，设立女职工委员会办公室（女职工部）或明确女职工工作责任部门，安排专人负责女职工委员会的日常工作。县（旗）、自治县、不设区的市，乡镇（街道），村（社区），企业和其他社会组织等工会，根据工作需要安排专人负责女职工工作。企业工会女职工委员会是县或者县以上妇联的团体会员，通过县以上地方工会接受妇联的业务指导。

（九）推动工会女职工组织运行制度化规范化。落实女职工委员会向同级工会委员会和上级工会女职工委员会报告工作制度，完善工会女职工委员会委员发挥作用制度。发挥女职工工作联系点、女职工工作信息员、社会化工会工作者、工会积极分子、工会工作志愿者以及社会组织作用。完善女职工工作培训制度，将女职工工作作为工会干部教育培训的重要内容，引导工会领导干部增强重视和支持女职工工作的意识；通过定期举办工会女职工工作干部培训班，逐步实现教育培训对专兼挂工会女职工工作干部的全覆盖。注重培育不同层面工会女职工组织先进典型，以点带面推进工会女职工工作。

四、创新工作方式，拓宽工会女职工工作新路径

（十）构建统筹协调机制。做好对内统筹，各级工会相关部门、产业工会和直属单位结合工作职能，将女职工工作纳入工作规划、年度安排、重点工作

中研究部署、统筹考虑，汇聚资源力量，合力推动女职工工作。做好对外协调，积极争取人社、卫健等政府部门的支持，发挥专家智库作用，整合社会资源，延长工会女职工工作手臂；在现有体制机制不变的前提下，密切与妇联等群团组织的联系合作，凝聚强大合力，共同做好党的群众工作。

（十一）加强调查研究工作。深化对党领导下的工运事业和妇女事业重大成就及历史经验的学习研究，把握工会女职工工作规律性认识，推进理论创新和实践创新。聚焦党中央决策部署和工会重点工作，立足新时代职工队伍和劳动关系发展变化，定期开展女职工队伍状况调查和专题调研。加强调研设计，提高调研质量，及时通报、交流调研成果，加大优秀调研成果宣传力度，推动形成工作性意见、转化为政策制度。

（十二）注重品牌塑造创新。强化品牌意识，推动工会女职工工作传统特色品牌的巩固拓展和发展提升，持之以恒做优做强女职工普法宣传、女职工权益保护专项集体合同、玫瑰书香、会聚良缘、爱心托管、托育服务、女职工休息哺乳室等特色品牌，不断赋予品牌新内涵、新亮点，发挥品牌示范引领效应。结合实际及时发现培育、总结提炼基层典型经验，努力创建更多体现时代特色和地域特点的工作品牌，增强工会女职工工作的社会影响力。

（十三）用好网上工作平台。顺应数字化、信息化、智能化时代发展趋势，依托各级网上工会、智慧工会平台，探索设置符合女职工特点和需求的女职工工作专区，打造快捷高效的女职工工作网上矩阵，提高活动参与度和服务覆盖面，使广大女职工网上网下都能找到娘家人。发挥工会网上舆论阵地和主流网络媒体作用，加强女职工网上引领和女职工工作网上宣传，营造尊重关心女职工、关注支持工会女职工工作的社会氛围。

五、强化组织实施

（十四）加强组织领导。各级工会要高度重视女职工工作，加强对女职工工作的领导，将女职工工作列入重要议事日程，纳入工会工作整体部署。每年至少召开 1 次党组（党委）会议专题听取女职工工作情况汇报，及时研究解决女职工工作发展中的重大问题。

（十五）加大支持保障。各级工会要赋予女职工工作更多资源手段。选优配强工会女职工工作干部。加大对工会女职工工作的经费支持和保障力度，落实《基层工会经费收支管理办法》，基层工会开展职工子女托管、托育以及“六一”儿童节慰问活动等职工子女关爱服务所需经费，可从工会经费中列支。加强正向激励，将女职工工作情况作为评优评先的重要参考。

（十六）狠抓责任落实。各级工会要强化责任担当，明确思路举措和具体分工，做到层层有责任、事事有人抓，落细落实目标任务。加强指导协调和跟踪问效，坚持一级抓一级、逐级抓落实，及时跟进工作、解决问题，推动工会女职工工作各项部署要求落地见效。

中华全国总工会　国务院国资委党委关于印发《关于充分发挥国有企业在推进产业工人队伍建设改革中带动作用的意见》的通知

（总工发〔2022〕17号）

各省、自治区、直辖市总工会、国资委，新疆生产建设兵团国资委，各全国产业工会，各中央企业：

现将《关于充分发挥国有企业在推进产业工人队伍建设改革中带动作用的意见》印发给你们，请结合实际认真贯彻执行。

中华全国总工会　国务院国资委党委

2022年11月6日

关于充分发挥国有企业在推进产业工人队伍建设改革中带动作用的意见

技术工人队伍是支撑中国制造、中国创造的重要力量。为深入贯彻党的二十大精神和习近平总书记关于产业工人队伍建设改革的重要指示精神、在全国国有企业党的建设工作会议上的重要讲话精神，落实中共中央、国务院印发的《新时期产业工人队伍建设改革方案》和《中华人民共和国工会法》，坚持全心全意依靠工人阶级，维护职工合法权益，充分发挥国有企业在推进产业工人队伍建设改革中的带动作用，大力弘扬劳模精神、劳动精神、工匠精神，重视发挥技术工人队伍作用，使他们的创新才智充分涌流，造就一支有理想守信念、懂技术会创新、敢担当讲奉献的宏大产业工人队伍，为建设世界一流企业、推动高质量发展、实施制造强国战略、全面建设社会主义现代化国家贡献智慧和力量，现提出如下意见。

一、加强产业工人队伍思想政治建设

（一）强化和创新产业工人队伍党建工作。注重在产业工人队伍中发展党员，优先发展在一线岗位上作出突出贡献的产业工人入党，确保产业工人党员占产业工人总数的合理比例。开展各种形式的党员责任区、党员示范岗、党员突击队、党员服务队、工人先锋号等活动，发挥基层一线党支部战斗堡垒作用和工人党员的先锋模范作用，引导产业工人立足岗位、勇担重担，不断增强产业工人先进性。

（二）健全保证产业工人主人翁地位的制度安排。适当增加产业工人在国有企业各级党代会、职代会、团代会中的代表比例。积极推荐产业工人中的先进模范人物和杰出代表作为地方党的代表大会代表和委员会委员、人民代表大会代表、政协委员、群团组织代表大会代表和委员会委员。推进优秀产业工人在企业群团组织兼挂职工作，提高一线产业工人在企业群团组织中的兼挂职比例。

（三）加强产业工人思想政治引领。坚持不懈用习近平新时代中国特色社会主义思想凝心铸魂，推动理想信念教育常态化制度化，在企业、车间、班组开展形式多样的党史、新中国史、改革开放史、社会主义发展史宣传教育活动，团结引导产业工人听党话、跟党走。把产业工人队伍思想政治建设与解决产业工人急难愁盼问题结合起来，引导产业工人自觉践行社会主义核心价值观，深化爱国主义、集体主义、社会主义教育，着力培养担当民族复兴大任的时代新人。加强法治教育，提高产业工人法律素养和诚信意识，引导产业工人依法理性有序表达利益诉求，坚决维护产业工人队伍团结统一和社会和谐稳定。

（四）持续开展国有企业艰苦创业史、改革奋进史学习教育活动。弘扬以伟大建党精神为源头的中国共产党人精神谱系，组织产业工人学习大庆精神（铁人精神）、“两路”精神、载人航天精神、“两弹一星”精神、探月精神、新时代北斗精神、青藏铁路精神等，引导产业工人以高度的历史使命感和主人翁责任感争当推动高质量发展的先锋楷模。建立健全荣誉表彰机制，通过选树典型、广泛宣传、建立基地等方式，在广大职工中大力弘扬劳模精神、劳动精神、工匠精神。

二、构建完善国有企业产业工人技能形成体系

（五）落实企业培养产业工人的主体责任。坚持尊重劳动、尊重知识、尊重人才、尊重创造，建立和完善贯穿产业工人职业生涯全过程的职业技能培训制度。足额提取职工教育培训经费，确保60%用于一线职工培训。积极推行

企业新型学徒制和现代学徒制，积极推动技能传承和技术工人培养。充分利用“技能强国——全国产业工人学习社区”等网络平台开展线上培训，构建产业工人数字素养及技能发展的培育体系。

（六）积极参与校企合作。具备条件的企业可积极利用优惠政策，举办职业教育，全面提高人才自主培养质量。积极参加产教融合企业试点，支持劳模和工匠人才在职业学校和技工院校兼职教学。接纳职业学校、技工院校学生实习，积极为职业学校、技工院校开展劳动教育提供便利。

（七）改进产业工人技能评价方式。推进落实《人力资源社会保障部关于健全完善新时代技能人才职业技能等级制度的意见（试行）》（人社部发〔2022〕14号）。健全完善技能人才评价制度，积极开展产业工人技能等级自主评价，对于没有形成国家职业技能等级标准的新兴职业（工种），行业龙头企业要积极探索开发职业技能等级标准和评价规范，具备条件的可积极推动成为国家职业标准。

（八）创新和完善高技能人才职业发展制度。积极推动高技能人才与专业技术人才职业发展贯通，支持高技能人才取得专业技术人员职业资格，具备条件的企业可自主开展高技能人才职称评审，建立职业资格、职业技能等级与相应技术职称比照认定制度。改进高技能人才职称评价标准，淡化学历要求，加大对创新能力、现场解决问题能力和业绩贡献的评价比重，积极吸纳优秀高技能人才参加职称评审机构，参与制定评价标准。

（九）培养造就更多大国工匠。建立国有企业工匠选树培养制度，设立具有企业、产业特色的工匠称号，全国总工会与国务院国资委联合选树“央企工匠”宣传典型，优先推荐为大国工匠年度人物候选对象，为优秀产业工人成长成才搭建平台、创造条件，进一步叫响做实大国工匠品牌。

三、充分发挥产业工人主力军作用，促进国有企业高质量发展

（十）激发产业工人创新活力。积极引导产业工人岗位创新，鼓励高技能人才参加企业技术攻关、产品研发，将产业工人技术创新嵌入企业技术创新链条，融入国家创新体系。组织开展产业工人创新实践、专利申报、成果转化等群众性经济技术创新活动，为产业工人创新成果转化提供服务，推动建设产品卓越、品牌卓著、创新领先、治理现代的世界一流企业。

（十一）充分发挥劳模和工匠人才作用。以国家、企业战略需求为导向，组织劳模和工匠人才开展、参与原创性引领性科技攻关，助力打赢关键核心技术攻坚战。国有企业普遍创建劳模和工匠人才创新工作室，加大示范性创新工作室创建工作力度，发挥工作室在弘扬精神、创新攻关、技能传承、人才培养

方面的重要作用。行业龙头企业依托产业链探索创建跨区域、跨行业、跨企业的劳模和工匠人才创新工作室联盟，充分发挥劳模和工匠人才的独特作用，推动解决“卡脖子”关键核心技术难题。

（十二）广泛开展技能提升活动。将企业的主要工种纳入竞赛范围，尽可能组织更多产业工人参赛。积极组织参加行业性技能比赛，推动行业、产业工人技能水平提升。积极参加工会和政府部门举办的地方和全国技能竞赛，层层选拔培养“高精尖缺”技能人才，全面提高产业工人技能水平。

（十三）加强劳动竞赛组织管理。围绕国有企业改革发展目标和中心任务，广泛深入持久开展劳动竞赛。建立健全工作机制，对竞赛中涌现出的优秀产业工人加大表彰奖励力度，通过召开表彰会、举办线上线下创新展、举办论坛等方式广泛宣传，激励引导产业工人为国有企业高质量发展建功立业。

（十四）加强企业班组建设。以强化企业基础管理为核心，以提高班组成员整体素质为重点，积极开展班组创先争优劳动竞赛和创建“工人先锋号”活动，全面提升班组管理水平，增强企业竞争力。

（十五）强化安全生产和职业卫生工作。加强企业安全文化建设，强化安全生产和职业卫生教育培训，积极参加“安康杯”竞赛，提高产业工人安全健康素质和技能，最大限度地减少生产安全事故和职业病危害。

四、加强机制保障，推动产业工人队伍建设改革走深走实

（十六）提高政治站位。国有企业党委（党组）要把推动产业工人队伍建设改革工作作为学习贯彻党的二十大精神、坚持全心全意依靠工人阶级方针、增强党的阶级基础和扩大群众基础、巩固国有经济主体地位的重要政治任务和具体行动，结合实际情况把改革目标任务纳入企业发展战略规划。

（十七）加强统筹协调。国有企业工会要在党委（党组）的领导下，切实负起责任，承担好产业工人队伍建设改革的日常工作，抓好指导协调、组织推进、督促检查。注重总结改革工作的好做法好经验，推动上升为企业的制度性安排。

（十八）摆上重要位置。各级国资委要强化国有企业的政治责任，把产业工人队伍建设改革工作纳入对国有企业政治巡视内容，纳入对企业党建工作考核、党政领导班子年度考核的重要内容。企业党委（党组）要把产业工人队伍建设改革工作纳入对企业工会及相关部门年度工作考核评价的重点内容。

（十九）完善工作机制。全国总工会、国务院国资委按照推进产业工人队伍建设改革协调小组责任分工，加强沟通协调，密切联系合作，在发挥国有企业推进产业工人队伍建设改革的示范带动作用上加强顶层设计，加大督导落实

力度，深入了解情况，研究破解重点难点堵点问题，推动改革不断深入。各级国资委、地方工会、产业工会要采取务实举措，加大宣传引导力度，创新推动各项改革政策举措落地落实。对于产业工人队伍建设改革工作开展好的企业和个人，在五一劳动奖等表彰奖励时适当予以倾斜。

中华全国总工会办公厅关于印发《全国示范性劳模和工匠人才创新工作室命名管理工作暂行办法》的通知

（总工办发〔2017〕19号）

各省、自治区、直辖市总工会，各全国产业工会，中共中央直属机关工会联合会、中央国家机关工会联合会：

《全国示范性劳模和工匠人才创新工作室命名管理工作暂行办法》已经中华全国总工会第十六届书记处第七十二次会议审议通过。现印发给你们，请认真贯彻执行。

中华全国总工会办公厅

2017年7月6日

全国示范性劳模和工匠人才创新工作室命名管理工作暂行办法

第一章　总　则

第一条　为进一步规范全国示范性劳模和工匠人才创新工作室（以下简称示范性创新工作室）的命名和管理工作，提高质量、突出实效、发挥作用、扩大影响，充分发挥劳模和工匠人才在创新实践中的示范引领和骨干带头作用，加快知识型、技术型、创新型技术工人队伍建设，推进新时期产业工人队伍建设改革，夯实创新驱动发展的群众基础，推动大众创业、万众创新，促进企业技术进步、产业转型升级和国家创新驱动发展战略的实施，制定本办法。

第二章　条件与任务

第二条　示范性创新工作室必须工作有计划、活动有开展、创新有成果。同时还应具备以下条件：

1. 原则上以一名在技术、业务方面有专长，且具有较高技能水平、管理经验和创新能力的省部级（含）以上劳模、全国五一劳动奖章获得者或有精湛技艺的工匠人才为领衔人，组成的创新团队。

2. 已有效运行 3 年以上，以相对固定的团队协作模式开展创新工作。

3. 具有相对固定的活动场所、基本的设备设施、明确的技术攻关课题和创新目标、必要的工作经费、完善的管理制度，能定期开展技术攻关或创新活动，运作规范有序。

4. 具有较强的创新和攻关能力，能积极开展创新创造活动，承担本地区、本行业、本单位的创新课题或技术攻关项目，取得创新成果，产生显著经济效益和社会效益。

5. 能充分发挥示范引领、集智创新、协同攻关、传承技能、培育精神等功能，带动本地区、本行业、本单位的群众性技术创新活动和职工技能素质提升。

6. 应在省（区、市）总工会命名的劳模和工匠人才创新工作室、职工创新工作室等职工创新先进团体中产生。

企事业单位原有建制的研发机构和班组等不在命名之列。

第三条　示范性创新工作室的主要任务是：弘扬劳模精神、劳动精神、工匠精神，发挥劳模和工匠人才在技术、业务等方面的专长，围绕本地区、本行业、本单位生产经营活动中的重点难点问题和工艺技术难题，积极开展技术创新、服务创新、管理创新、制度创新，增强企业核心竞争力；积极发挥劳模和工匠人才“传帮带”作用，开展技术培训、业务交流、师徒帮教等活动，推进新时期产业工人队伍建设，为实施创新驱动发展战略、制造强国战略提供人才保证和技能支撑。

第三章　命名与管理

第四条　全国总工会每 3 年命名 100 个示范性创新工作室。

第五条　示范性创新工作室命名工作应自下而上进行，由所在单位工会提出申请，经地市级总工会或省（区、市）产业工会考核后，由省（区、市）总工会或全国产业工会择优向全国总工会推荐。全国总工会组织审核、评审、公示，择优命名。已命名的示范性创新工作室申请更换领衔人，按上述程序进行。

第六条 示范性创新工作室须建立工作台账，记录日常活动、创新成果和成员发展等事项。所在单位工会应加强对工作台账的监督管理。

第七条 示范性创新工作室日常活动经费原则上由所在单位承担。各级工会应结合实际情况，给予一定资金支持，确保其正常开展活动，并保证专款专用、合法合规。全国总工会设立的职工创新补助资金将重点用于扶持示范性创新工作室的优秀项目。

第八条 示范性创新工作室要加强自身建设。各省（区、市）总工会和各全国产业工会每年要对示范性创新工作室进行考核，考核情况于年底前报全国总工会备案，对考核不达标的要求其制定整改方案，并督促落实。

第九条 示范性创新工作室实行动态管理。全国总工会每 3 年对示范性创新工作室进行考核，考核不达标的予以摘牌。

第十条 示范性创新工作室经所在省（区、市）总工会或全国产业工会推荐，可优先申报全国工人先锋号。

第四章 措施与要求

第十一条 各级工会要积极争取党政的重视和支持，将推进示范性创新工作室创建工作列入重要议事日程，纳入企业研发创新体系、发展规划和人才培养计划。

第十二条 各级工会要加强对示范性创新工作室的指导和服务。积极搭建交流平台，促进其相互学习、共同提高，更好地发挥示范带动作用；积极帮助示范性创新工作室转化创新成果，及时推广和应用到生产经营活动之中；引导有条件的示范性创新工作室加强横向联合，创建跨区域、跨行业、跨企业的创新工作室联盟。

第十三条 各级工会要关心示范性创新工作室成员的成长和进步，保护其成员的创造热情，在总结推广创新成果、推荐评选先进、组织疗休养和进修深造等方面予以优先考虑。

第十四条 各级工会要广泛宣传示范性创新工作室的先进事迹，总结推广其创新成果、成功经验或做法，带动更多的企事业单位开展创新工作室创建工作，积极引导广大职工以先进典型为榜样，扎实工作，创先争优，建功立业。

第十五条 本《办法》自发布之日起实施。

中华全国总工会办公厅关于印发《推进货车司机等群体入会工作方案》的通知

（总工办发〔2018〕9号）

各省、自治区、直辖市总工会，各全国产业工会，中共中央直属机关工会联合会、中央国家机关工会联合会，全总各部门、各直属单位：

按照全总书记处会议要求，现将《推进货车司机等群体入会工作方案》印发给你们，请结合实际，认真组织实施。相关工作进展情况，请及时报全国总工会基层工作部。

中华全国总工会办公厅

2018年3月3日

推进货车司机等群体入会工作方案

为认真贯彻落实全总十六届七次执委会议精神，最大限度地把货车司机等群体组织到工会中来，持续推进农民工入会工作，不断扩大工会组织和工会工作有效覆盖，现提出如下方案。

一、目标任务

在整体推进工会组建和会员发展工作基础上，以开展“货车司机入会集中行动”为牵引，全会上下联动，合力攻坚克难，大力推进货车司机、快递员、护工护理员、家政服务员、商场信息员、网约送餐员、房产中介员、保安员等群体（以下简称“八大群体”）入会，实现八大群体入会取得突破，推动农民工入会工作实现新提升，力争到2020年底全国农民工入会率达到55%。

二、指导原则

（一）坚持以党建带动工建。积极主动把建会工作融入党政工作全局，在党委领导下推进货车司机等八大群体入会工作，争取党委、政府重视支持，推动将其纳入各地党建工作目标考核体系，同部署、同检查、同落实。

（二）坚持围绕中心、服务大局。着眼于服务改革发展稳定大局，服务行业企业发展，充分发挥各级工会组织作用，最大限度地吸收货车司机等八大群体加入工会，加快提高农民工组织化程度，夯实党执政的阶级基础和群众基础。

（三）坚持维护职工合法权益。把全心全意服务货车司机等群体、维护其合法权益贯穿各项工作始终，紧扣职工需求、解决职工困难，以维权服务实效凝聚人心、增强入会吸引力，团结广大货车司机等群体坚定不移听党话、跟党走。

（四）坚持依法依章程开展工作。依照《工会法》《中国工会章程》，加大实践创新和政策创新力度，妥善处理新技术新业态新模式下货车司机等群体参加和组织工会的新问题，努力扩大工会组织对新产业新群体的覆盖面，坚决维护职工队伍和工会组织团结统一。

三、主要措施

（一）开展货车司机入会集中行动试点。

1. 试点单位。确定河北、浙江、安徽、广东、广西以及上海宝山、江苏南京、河南郑州、陕西西安、贵州贵阳等 5 省（区）、5 市（区）作为全总开展货车司机入会集中行动试点单位。其他省份可参照全总试点安排，自行开展试点，探索推进工作。

2. 试点内容。立足道路货运行业现状和货车司机工作生活特点，在组织货车司机入会方式和工会组建形式上积极探索、大胆实践。重点从五个方面探索推进：①推动物流园区和龙头企业建会，带动其他货运企业建会和货车司机入会；②积极稳妥推进道路货运行业工会建设，扩大对中小微货运企业和货车司机的有效覆盖；③推进以挂靠方式运营的企业工会建设，引导其积极吸纳货车司机入会；④依托乡镇（街道）、村（社区）工会等，组织灵活就业的货车司机入会；⑤推行“互联网 +”工会普惠性服务，借助货运网络平台等宣传动员货车司机入会。

3. 进度安排。2018 年 3 月中旬，全总下发《推进货车司机等群体入会工作方案》，启动试点工作。3 月中旬 ~8 月中旬，各单位开展试点工作。8 月底前，各试点单位向全总报试点工作总结。全总将在总结各地试点经验基础上，适时召开全国工会系统推进货车司机入会工作现场会，全面部署推进货车司机入会工作。

4. 责任分工。货车司机入会集中行动由全总基层工作部牵头，中国海员建设工会配合，全总办公厅、宣传教育部、权益保障部、网络工作部、财务部等部门参与，协调推进落实相关工作部署。

（二）同步推进其他群体入会。

1. 各省（区、市）总工会统筹协调本地各类重点群体入会工作。要加强与党委部门、政府部门、行业协会（商会）、功能性园区和龙头企业沟通联系，建立完善党委领导、政府支持、工会主抓、职工参与、社会协同的工作格局，凝聚推进工作合力。加强调查研究，切实摸清各类重点群体工作生活特点和入会现状，因地制宜确定工作重点，明晰集中发力方向。制订工作计划，明确任务分工，列出工作清单、时间表和路线图，有力有序推进工作。

2. 相关全国产业工会协力推进入会工作。根据产业工会职能分工，护工护理员入会主要由中国教科文卫体工会负责推动，房产中介员入会主要由中国海员建设工会负责推动，快递员入会主要由中国国防邮电工会负责推动，家政服务员、商场信息员入会主要由中国财贸轻纺烟草工会负责推动，网约送餐员入会主要由中国国防邮电工会、中国财贸轻纺烟草工会负责推动，保安员入会由全总基层工作部会同相关全国产业工会共同推动。各相关全国产业工会要认真研究产业发展趋势、产业政策和本产业重点群体入会现状、劳动关系特点，加强与政府部门、行业协会（商会）沟通协作，明确工作目标，制订实施方案，强化政策指导，深化服务引导，协力推动各类重点群体入会工作落地落实。

3. 发挥工会网上工作在推进入会方面的积极作用。要立足职工与互联网结合日益紧密的趋势，充分运用信息化手段畅通入会渠道，努力将各类重点群体纳入会员实名制管理体系，积极与新兴互联网信息平台企业合作，实现发展会员“精准定位”、服务职工“按需施策”，自下而上打造“工惠驿家”等服务品牌，以有效服务促进有效入会。

四、组织领导

（一）主要领导亲自抓。各级工会要高度重视推进货车司机等八大群体入会工作，将其作为“一把手”工程，精心谋划部署，不断加大工作力量和经费投入。注重发挥地方工会和产业工会两方面积极性，强化目标牵引，加强分工协作，形成全会一盘棋推进工作的良好态势。在推进货车司机等八大群体入会工作的同时，要继续保持工会组建和会员发展力度不减，工作不断，坚决消除建会盲区和空白点，补齐影响建会工作持续发展的短板。

（二）加大宣传力度。充分利用工会主流媒体以及微博、微信等现代传播手段，争取相关行业媒体支持，扩大舆论宣传，营造合力落实工作任务的良好氛围。工人日报、中工网要开设专题专栏，广泛宣传推进货车司机等群体入会工作先进经验做法。

（三）改进工作作风。各级工会要以高度的政治责任感和深厚的职工情怀，发扬钉钉子精神，全面推进货车司机等群体入会工作。要从实际出发，加强分类指导，注重改革创新，强化督促检查，确保工作实效。2018 年底前，各省（区、市）总工会、各相关全国产业工会分别形成推进重点群体入会情况报全总办公厅。全总将对各地工作开展督查，并适时下发推进货车司机等群体入会情况督查通报。

中华全国总工会办公厅关于印发《中华全国总工会关于企业集团建立工会组织的办法》的通知

（总工办发〔2018〕23号）

各省、自治区、直辖市总工会，各全国产业工会，中央和国家机关工会联合会筹备组，全总各部门、各直属单位：

《中华全国总工会关于企业集团建立工会组织的办法》已经中华全国总工会第十六届书记处第一百次会议审议通过，现印发给你们，请结合实际，认真贯彻执行。

中华全国总工会办公厅

2018年9月3日

中华全国总工会关于企业集团建立工会组织的办法

第一章　总　则

第一条　为进一步规范企业集团工会组织建立，充分发挥企业集团工会作用，根据《中华人民共和国工会法》《中国工会章程》《企业民主管理规定》《企业工会工作条例》等有关规定，制定本办法。

第二条　本办法所称企业集团，是指以资本为主要联结纽带的母子公司为主体，以集团章程为共同行为规范的母公司、子公司、参股公司及其他成员企业或机构共同组成的具有一定规模的企业法人联合体。

凡符合前款规范要求、行政管理机构健全并依法设立登记的企业集团，经上级工会批准，可在企业集团范围内建立集团工会组织。

第三条　建立集团工会组织，在同级党组织和上级工会的领导下进行。企业集团未建立党组织的，在上级工会领导下进行。

第四条 企业集团建立工会组织，必须坚持党的领导，贯彻落实党的全心全意依靠工人阶级的根本指导方针，始终把握正确政治方向；坚持民主集中制，注重广泛性、代表性；坚持职工为本，充分反映职工群众的意愿和要求；坚持依法规范，符合法律和工会章程规定。

第五条 企业集团根据法人治理结构、经营模式、企业规模、职工队伍状况等实际，适应贯彻新发展理念、建设现代化经济体系、加快完善社会主义市场经济体制的需要，统筹考虑振兴实体经济、深化国有企业改革、发展混合所有制经济、民营企业发展等形势任务，立足实际建立健全工会组织。

第二章 集团工会的建立

第六条 集团工会是工会的基层组织。组建集团工会，依照《工会基层组织选举工作条例》产生。集团工会的组织形式，根据集团实际确定。

第七条 在京中央企业集团组建集团工会，按规定报相关全国产业工会，由相关全国产业工会按程序报中华全国总工会批准。京外中央企业集团和其他企业集团组建工会，按规定报企业集团所在地同级地方工会批准。

第八条 集团工会选举主席1人、副主席若干人、常务委员若干人，组成常务委员会。成员单位和职工人数较少的，可不设常务委员会。

集团工会每届任期三年至五年。任期届满，应按期进行换届选举。

第九条 集团工会在选举产生集团工会委员会的同时，选举产生同级工会经费审查委员会。集团工会成立后，按照有关规定及时建立集团工会女职工委员会，并选配女职工委员会主任。

第十条 集团工会的名称，为“企业集团工商登记名称+工会（联合会）委员会”。集团所属子公司的工会组织名称，为“子公司工商登记名称+工会委员会”。对于工会名称不规范的，应结合工会换届工作进行规范。

第十一条 集团工会依法依规设置工会工作机构，并按照有关规定配备专职工作人员，专职工作人员人数，根据有关规定确定，或由集团工会与集团协商确定。根据工作需要，可配备兼职工作人员，坚持以专职为主，兼职为辅，专兼职相结合。

集团工会根据工作需要，设立相关工作机构或专门工作委员会、工作小组。

第十二条 在企业集团改组改制中，要科学设置、合理规范工会组织，不得随意把工会组织机构撤销、合并或者归属其他工作部门。

第十三条　集团工会具备法人条件的，依法取得社会团体法人资格，工会主席为法定代表人。

第十四条　各级工会要加强对企业集团建立工会组织工作的领导，确保集团工会组织建立符合法律和工会章程、组织机构健全、职工群众拥护、作用发挥明显。

第三章　集团工会的组织领导关系

第十五条　集团工会的领导关系，根据产业和地方相结合的组织领导原则确定。

集团工会以同级党组织领导为主，同时接受所在地方工会的领导和上级有关产业工会的指导。

在京的中央企业集团工会，以同级党组织领导为主。同时在中华全国总工会领导下，按照行业分类原则，由相关全国产业工会实施具体指导。

第十六条　集团工会对集团母公司所在地的子（分）公司工会实行直接领导。不在母公司所在地的子（分）公司工会，在同级党组织领导下，以所在地工会领导为主，其工会组织关系、经费关系等明确在所在地工会，在所在地工会的领导下建立健全工会组织并按期换届，参加所在地工会组织开展的工作；同时接受集团工会的领导，参加集团工会统一组织开展的具有集团特点的工作和活动等。铁路、民航、金融等行政管理体制实行垂直管理的产业所属企业集团子（分）公司除外。

第十七条　以地方政府部门改组的资产经营公司为母公司组建的企业集团，可按照本办法建立集团工会委员会。原工会组织承担地方产业工会领导职能的，改建为集团工会后，如所在地方工会认为需要，可继续依托集团工会组建产业工会，也可建立新的产业工会。

第十八条　集团工会是集团职工代表大会的工作机构，负责集团职工代表大会的日常工作。

第四章　集团工会的经费

第十九条　集团工会经费，通过经费留成、上级工会补助、集团行政补助支持等方式解决。

第二十条　集团工会经费收缴，实行属地管理原则。铁路、民航、金融等行政管理体制实行垂直管理的产业所属企业集团子（分）公司除外。

企业集团所在地的子（分）公司工会，其工会经费按规定的比例上缴给集团工会，由集团工会按比例上缴上级工会。集团工会与所在地子（分）公司工会经费分成比例由集团工会确定。

企业集团所在地以外的子（分）公司，工会经费上缴所在地工会。集团工会可与其子（分）公司所在地工会协商，从子（分）公司上缴所在地工会经费中明确一定比例上缴集团工会。

第五章　附　则

第二十一条　本办法由中华全国总工会负责解释。

第二十二条　本办法自印发之日起施行。1997 年 3 月 17 日全国总工会办公厅印发的《全国总工会关于企业集团建立工会组织的试行办法》（总工办发〔1997〕19 号）同时废止。

中华全国总工会办公厅印发《关于广泛深入持久开展“五小”活动的指导意见》的通知

（总工办发〔2019〕17 号）

各省、自治区、直辖市总工会，各全国产业工会，中央和国家机关工会联合会，全总各部门、各直属单位：

《关于广泛深入持久开展“五小”活动的指导意见》已经全总十七届第十三次书记处会议审议通过，现印发给你们，请结合实际认真贯彻落实。

中华全国总工会办公厅

2019 年 10 月 14 日

关于广泛深入持久开展“五小”活动的指导意见

小发明、小创造、小革新、小设计、小建议活动（以下简称“五小”活动）是工会的一项传统工作，是“当好主人翁、建功新时代”主题劳动和技能竞赛的重要内容。为使“五小”活动在新时代展现新的生机和活力，推动劳动和技能竞赛广泛深入持久开展，现对广泛深入持久开展“五小”活动提出如下意见。

一、开展“五小”活动的总体要求

（一）重要意义。习近平总书记指出，“要组织职工广泛深入开展岗位练兵、技术交流、技能培训，踊跃参加技术革新、技术协作、合理化建议等活动，着力培养知识型、技术型、创新型人才队伍”。开展“五小”活动是贯彻落实习近平总书记重要讲话精神的重要举措，是推动产业工人队伍建设改革、提高职工技能素质、培养大国工匠的重要抓手，是组织动员职工立足岗位建功立业、把“当好主人翁、建功新时代”主题竞赛落实到基层的重要途径。

（二）总体要求。“五小”活动要以习近平新时代中国特色社会主义思想为指导，深入贯彻落实《新时期产业工人队伍建设改革方案》，按照全总关于广泛深入持久开展劳动和技能竞赛的工作要求，注重岗位创新，注重解决一线问题，注重增强创新能力，扩大覆盖面、提高参与度，使活动落实到基层、深入到一线，长期坚持下去、形成长效机制，进一步组织动员广大职工建功新时代。

（三）基本原则。“五小”活动要坚持以职工为中心，尊重职工首创精神，让职工当主角，动员职工群众参与到活动的各个环节，夯实活动的群众基础；坚持以需求为导向，围绕生产经营的重点和难点，紧密结合岗位实际，根据市场需求、企业需要、职工期盼开展活动；坚持在继承中创新，在总结以往经验做法的基础上，适应新时代新要求，不断丰富和完善竞赛内容，创新活动方式和载体；坚持共建共享，通过抓好活动激励，在促进企业发展的同时让职工受益，增强职工获得感。

二、大力增强职工岗位创新能力

（四）增强职工创新意识。职工是“五小”活动的参与者，是岗位创新的主力军。要引导职工充分认识技术创新的重要性，充分认识“改善改进也是创新”，树立“时时可创新、处处可创新、人人可创新”的理念。通过“工匠论坛”“职工创新大讲堂”等形式，推广普及创新方法，激发职工创新潜能，动员职工立足岗位开展技术创新、管理创新和服务创新。

（五）提升职工技能素质。要围绕提升职工技能水平和创新能力组织开展群众性、常态化的岗位练兵活动，注重线上线下相结合，引导职工在干中学、学中练。积极协助政府和企业推广现代学徒制和企业新型学徒制，采取“一带一”“一带多”“多带多”等多种形式促进师带徒活动创新发展，做好传帮带。广泛开展技能比武、技术培训等活动，强化实战化要求，让先进生产技术和先进操作方法为更多的职工所掌握。

（六）营造良好创新氛围。大力弘扬劳模精神、劳动精神、工匠精神，注重从“五小”活动中发现、培养、选树劳动模范和工匠人才，特别是优秀技能人才和一线职工典型，宣传他们的先进事迹，推广他们的劳动技能、创新方法、管理经验，充分发挥其示范带头作用。把职工创新纳入企业创新体系，把“竞赛文化”融入企业文化和职工文化当中，鼓励创新，既要重视结果，也要重视过程，不断增强职工创新勇气，引导职工积极投身“五小”活动。

三、立足岗位开展“五小”活动

（七）重视发现和解决岗位难点问题。要从发现问题入手，组织一线职工、立足一线岗位、解决一线问题。重点围绕提升产品、服务、工程质量和效益，改造落后的技术设备、不合理的工艺和过时的操作方法，推动节能降耗、污染防治、生态环境保护，促进劳动安全和职业健康，提升企业管理水平和服务水平等方面开展活动。

（八）把合理化建议摆到突出位置。合理化建议活动是我国工人阶级的一个伟大创举，是职工发扬主人翁精神和发挥聪明才智的有效形式，也是职工参与企业管理、推动技术进步的重要途径。把合理化建议作为“五小”活动最基础最重要的环节，一方面要增强广泛性，提高合理化建议的参与率，组织广大职工积极参与；另一方面要增强实效性，提高合理化建议的质量，促进合理化建议的采纳和实施。

（九）完善“五小”活动体系。进一步完善以岗位创新、班组（团队）创新、劳模和工匠人才（职工）创新工作室以及创新工作室联盟等为主要内容的“五小”活动体系，形成基础广泛、人才集聚、成果丰硕的良好局面。发挥职工技协的组织优势、人才优势和阵地优势，开展技术交流、技术协作、技术帮扶等活动，在“五小”活动中发挥骨干作用。

（十）创新“五小”活动方式方法。按照建设“智慧工会”的要求，运用“互联网+”、移动客户端、大数据、云计算等现代化手段组织开展“五小”活动，促进活动在策划动员、组织实施、考核评选等各个环节的智能化，增强活动的先进性、便利性和趣味性。在活动中设置形式多样、职工喜闻乐见的比赛项目，设立创新看板等可视化载体，增加活动的“赛味”，更好地激发广大职工的积极性，使活动更具吸引力和感召力。

四、进一步扩大“五小”活动覆盖面

（十一）推动“五小”活动从国有企业向非公企业拓展。要系统总结国有企业开展活动的经验做法，在展现良好成效的同时，推动活动不断向科学化、制度化、规范化发展。积极探索非公企业开展活动的新途径、新模式，选好切入点和突破口，加强分类指导，重点推进已建工会规模以上非公企业劳动和技能竞赛，带动中小企业活动的普遍开展。

（十二）推动“五小”活动从生产领域向管理、服务等领域延伸。生产、管理和服务都是企业运营的重要环节。要推动“五小”活动从一线生产岗位向管理岗位、服务岗位延伸，充分发挥每一个技术工人、科技人员和管理人员的聪明才智，努力形成全方位、全领域的活动新格局。在组织职工创新产品技术、工艺和设备的同时，围绕管理方式、管理手段、管理模式等进行创新，不断提升企业管理水平；围绕服务方法、服务途径、服务市场等进行创新，进一步提高服务质量和水平。

（十三）推动“五小”活动从企业向机关事业单位扩展。“五小”活动作为发挥职工积极性、动员职工岗位建功的载体和手段，不仅适用于企业，同样适用于机关事业单位。机关事业单位可借鉴企业开展“五小”活动的经验，结合自身实际，动员职工从提升岗位技能、改进工作方法、提高工作效率等方面入手开展“五小”活动，交流工作经验，进一步提升机关事业单位的管理服务水平。

五、促进“五小”活动成果的推广和转化

（十四）搭建职工创新成果交流、转化平台。通过组建技能人才（劳模）服务队、劳模和工匠人才创新工作室联盟、举办创新成果展示活动等，积极推动“五小”创新成果走出班组、走出企业、走向社会。积极参与技术市场活动，有条件的地区和企业要建立职工创新成果库，充分利用科技中介机构开展技术开发、技术转让、技术咨询、技术服务活动，与有关部门联合开展创新辅导、项目对接、产业论坛、人才服务、产学研用合作等活动，促进创新成果转化。

（十五）重视职工创新成果知识产权保护。要在职工中开展知识产权普及教育，增强职工知识产权意识，加强专利宣传和咨询服务，依托有关机构和专家帮助职工做好创新成果的专利申请。推动有关部门通过源头追溯、实时监测、在线识别等强化知识产权保护，保护职工创新成果。积极推荐职工优秀创新成果参评国家科技进步奖、中国专利奖等奖项。

（十六）加大创新成果应用和孵化力度。注重对职工的创新提案进行分类整理，分段控制，及时反馈，保证创新提案的科学性、针对性和可行性。积极争取行政主管部门和企业的支持，利用科技成果孵化基地，组织开展专题项目开发，加大产业化扶持力度。活动中创造出来的先进技术、工具、工作法、管理经验等要通过成果表彰、举办培训班、现场讲解演示等方法进行推广。

六、加强“五小”活动的组织领导

（十七）建立健全协同推进的组织领导机构。各地要高度重视，建立活动组织领导机构，制定活动方案，落实活动责任，形成“党委领导、行政支持、工会牵头、多部门协作，职工广泛参与”的工作格局。注重发挥产业工会优势

和作用，组织开展形式多样、具有产业特色的活动。与其他有关部门加强政策协调和资源整合，合力推进“五小”活动。加强对工会干部的培训，引导大家深入了解“五小”活动，吸取先进经验，提高活动组织能力。

（十八）积极开展科学合理的绩效评估工作。要加强活动过程管理和考核评估，坚持问题导向和成果导向并重，定性与定量相结合，建立科学合理的评估指标体系，全面评价地方和企业活动效果。评估可通过自上而下评估、自查自评或第三方评估的方式进行，注重评估结果反馈和工作改进，并以此作为评先评优、推荐表彰的重要参考。建立健全项目预报、工作台账、督导通报等工作制度，强化活动过程管理、督导和考核。

（十九）多样化设计活动奖励激励措施。坚持物质奖励和精神奖励相结合，积极争取地方政府和企业行政支持，根据职工的需求和期盼，通过“积分制”“创新银行”等多种方式，加大奖励、及时奖励、精准奖励，扩大职工受益面。推动企业合理制定“五小”成果的收益分配方案，建立活动奖励晋级制度，把“五小”活动作为职工业绩评价、技能评定、培训深造、晋级晋升的重要依据，保护好职工创新创造的积极性。

（二十）注重活动品牌建设和宣传推广。加强调查研究，认真总结“五小”活动的创新举措和先进经验，注重典型引路，及时发现和解决存在的问题，不断完善活动体制机制，推动活动常态化、长效化。运用传统媒体和新兴媒体相结合的方式，充分利用工会及其他宣传资源和手段，做好“五小”活动的宣传推广工作，把“五小”活动打造成在职工中有较强感召力、在社会上有广泛影响力的品牌。

各省（区、市）总工会、各全国产业工会要根据本意见，结合实际、强化措施、贯彻落实。

中华全国总工会办公厅印发《中华全国总工会关于加强乡镇（街道）工会建设的若干意见》的通知

（总工办发〔2019〕24号）

各省、自治区、直辖市总工会，各全国产业工会，中央和国家机关工会联合会，全总各部门、各直属单位：

《中华全国总工会关于加强乡镇（街道）工会建设的若干意见》已经中华全国总工会第十七届书记处第19次会议审议通过，现印发给你们，请结合实际认真贯彻落实。

中华全国总工会办公厅

2019年12月27日

中华全国总工会关于加强乡镇（街道）工会建设的若干意见

为深入贯彻党中央的决策部署，贯彻党的十九大和十九届二中、三中、四中全会精神，落实中国工会十七大要求，推动工会改革创新举措在基层落地见效，夯实工会基层基础，现就加强乡镇（街道）工会建设提出如下意见。

一、明确指导思想。坚持以习近平新时代中国特色社会主义思想为指导，深入学习贯彻习近平总书记关于工人阶级和工会工作的重要论述，紧紧围绕保持和增强工会组织政治性、先进性、群众性这条主线，以促进区域经济高质量发展、加强和创新基层社会治理为中心任务，以维护职工合法权益、竭诚服务职工群众为基本职责，完善工会组织体系、扩大工会组织覆盖，优化运行机制、激发基层活力，充分发挥乡镇（街道）工会组织的重要作用。

二、主要工作职责。乡镇（街道）工会在同级党（工）委和上级工会领导下，依据《中华人民共和国工会法》和《中国工会章程》独立自主地开展工作。主要是：积极推动企事业单位依法建立工会组织，广泛吸收职工入会；加强职工思想政治引领；深化劳动和技能竞赛；维护职工合法权益，指导开展集体协商、签订集体合同，健全以职工代表大会为基本形式的企事业单位民主管理制度，健全协调劳动关系机制；推动落实职工福利待遇，开展困难职工帮扶，建设职工信赖的“职工之家”。

三、规范组织形式。乡镇（街道）工会组织应依据《中华人民共和国工会法》和《中国工会章程》建立，不得随意撤销、合并，具备法人条件的，依法取得社会团体法人资格。

乡镇（街道）工会组织形式有工会委员会、工会联合会和总工会。乡镇（街道）工会委员会由会员（代表）大会选举产生。乡镇（街道）工会联合会委员会可以由会员（代表）大会选举产生，也可以按照联合制、代表制原则，由下一级工会组织民主选举的主要负责人和适当比例的有关方面代表组成。乡镇（街道）辖区内有企业 100 家以上、职工 5000 人以上，能够配备专职工会主席（副主席）和专职工作人员的，可以建立乡镇（街道）总工会，其委员会换届和选举工作参照《关于地方工会召开代表大会及组成工会委员会、经费审查委员会的若干规定》执行。建立乡镇（街道）工会组织，应同时建立经费审查委员会和女职工委员会。

乡镇（街道）工会领导辖区内有隶属关系的各类基层工会组织（含区域性、行业性工会联合会）。

根据工作需要，县（市、区）总工会可以在不具备建立工会组织条件的乡镇（街道）设派出代表机关，即乡镇（街道）工会工作委员会。

四、健全制度机制。推动乡镇（街道）工会建设纳入党建带工建机制，推动建立乡镇（街道）党（工）委定期听取工会工作汇报、乡镇（街道）工会主席列席党（工）委有关会议制度，落实重大事项向乡镇（街道）党（工）委和上级工会请示报告制度。健全乡镇（街道）工会（会员）代表大会、委员（常委）会议、工作例会等制度；落实基层工会会员代表大会代表常任制，充分发挥会员代表、委员的作用。探索建立乡镇（街道）工会工作权责清单，健全工作评价制度。

五、强化干部配备。县级以上地方工会应与党委组织部门、编制部门协商，推动把乡镇（街道）工会干部纳入编制内统筹解决，纳入各级党委组织人事工作总体安排进行培养、使用，推动落实工会党员负责人作为同级党（工）委委员候选人提名人选制度。在推荐乡镇（街道）工会主席、副主席人选时，上级工会应积极争取工会主席按党政同级副职配备，专职副主席按中层正职配备。优化乡镇（街道）工会干部队伍结构，保持任期内相对稳定。建立乡镇（街道）总工会的，应设立专职主席（或副主席）和专职工作人员。积极推动乡镇（街道）党（工）委副书记兼任总工会主席。通过“专兼挂”等方式配强乡镇（街道）工会领导班子成员，充分发挥兼职、挂职副主席作用。

六、建设社会化工会工作者队伍。落实《中华全国总工会　民政部　人力资源社会保障部关于加强工会社会工作专业人才队伍建设的指导意见》，巩固发展社会化工会工作者队伍，将其作为乡镇（街道）工会专职人员的重要来源。地方工会要通过争取公益性岗位、直接聘用、购买服务等方式，积极发展社会化工会工作者队伍，建立健全选聘、管理、使用等制度。职工 2000 人以下的乡镇（街道）工会，可配备 1 名社会化工会工作者；职工 2000 人以上的，每 3000 人可配备 1 名社会化工会工作者。社会化工会工作者可以作为区域性、行业性工会联合会主席（副主席）候选人。各级工会要加大培育工会积极分子和志愿者队伍力度，引导社会力量参与工会工作。

七、提高培训质量。各级工会应高度重视乡镇（街道）工会干部培训工作。省级工会要制定培训规划，市、县级工会根据规划认真组织实施。新任乡镇（街道）工会主席、专职副主席在上岗一年内应参加上级工会组织的脱产培训，并达到合格；其他干部可通过脱产培训、以会代训、交流研讨、网上学习等多种途径，提高理论政策水平和业务工作能力，以适应岗位需求。社会化工会工作者应进行岗前培训。

八、保障工作经费。各级工会要保障乡镇（街道）工会的工作经费，通过经费留成、上级工会补助、财政支持等方式，保障乡镇（街道）工会正常运行。全国总工会每年从对下补助经费中，安排专项资金用于乡镇（街道）工会的工作经费，专款专用。地方工会综合考虑乡镇（街道）辖区内企业、职工数量和工作实际情况，确定一定比例的经费留成，或在本级经费预算中通过转移支付、项目化管理和定额补助等方式给予一定数量的专项经费。开展各种群众性、普惠性服务项目和活动，要积极争取地方政府和社会的支持。

县以上各级工会要在年度本级经费预算中安排专项资金，解决乡镇（街道）社会化工会工作者的经费，并逐步提高其待遇。有条件的地方，上级工会可以向乡镇（街道）工会的非公职人员发放兼职补贴。

九、严格财务监管。乡镇（街道）工会全部收支都要纳入预算管理，按照上级工会的要求编制年度收支预算和决算，严格按照工会财务管理规定所确定的范围使用工会经费，确保工会经费用于服务工会工作和用在职工身上，让工会经费真正惠及职工群众和工会会员。具有社会团体法人资格的乡镇（街道）工会，应按规定开设独立的银行账户，实行财务独立核算；不具备开设独立银行账户或不具备独立核算条件的乡镇（街道）工会，其经费由所在县（市、区）总工会代管。有条件的乡镇（街道）工会可以建立会计核算中心，对所辖小型企业工会实行集中核算，分户管理。乡镇（街道）工会应严格执行工会财务管理的相关规定，强化内部会计监督，实行工会委员会集体领导下的主席负责制，重大收支集体研究决定。强化工会经费的审查监督。

十、建好服务阵地。各级工会要推动乡镇政府、街道办事处帮助解决乡镇（街道）工会办公和会员职工开展活动所必要的场所和设施等。按照“会、站、家”一体化的要求，统筹建好、用好、管好职工服务和活动阵地。乡镇（街道）工会可单独建设服务阵地，也可与党政机构、其他群团组织，辖区内机关、事业单位、企业等共建共享阵地，实现资源有效配置。积极推进“互联网 +”工会普惠性服务，建设线上线下融合的区域服务职工平台。引导社会组织为职工提供专业化服务，延伸工作手臂，提升服务质量。

十一、加强组织领导。各级工会要提高政治站位，引导乡镇（街道）工会积极参与加强和创新基层社会治理。将乡镇（街道）工会建设作为夯实基层基础的重点，列入重要议事日程，加大资金和力量投入，及时研究解决乡镇（街道）工会建设中的重要问题。加强分类指导，引导乡镇（街道）工会按照“六好”标准因地制宜开展工作，不断提升工作水平。鼓励和支持乡镇（街道）工会探索创新，及时总结推广典型经验。加强舆论宣传，为乡镇（街道）工会工作营造良好氛围。

中华全国总工会办公厅印发《中华全国总工会关于加强和规范区域性、行业性工会联合会建设的意见》的通知

（总工办发〔2020〕2号）

各省、自治区、直辖市总工会，各全国产业工会，中央和国家机关工会联合会，全总各部门、各直属单位：

《中华全国总工会关于加强和规范区域性、行业性工会联合会建设的意见》已经中华全国总工会第十七届书记处第20次会议审议通过，现印发给你们，请结合实际认真贯彻执行。

中华全国总工会办公厅

2020年1月15日

中华全国总工会关于加强和规范区域性、行业性工会联合会建设的意见

为进一步加强和规范区域性、行业性工会联合会建设，充分发挥区域性、行业性工会联合会作用，深入推进新时代工会工作创新发展，根据《工会法》及《中国工会章程》等有关规定，结合工会基层组织建设实际，提出如下意见。

一、加强和规范区域性、行业性工会联合会建设的重要意义和总体要求

（一）区域性、行业性工会联合会是基层工会的一种组织形式，是由若干个单位在各自成立基层工会组织（基层工会委员会、联合基层工会委员会或基层工会联合会）的基础上，在一定的区域或行业范围内，按照联合制、代表制

原则建立的区域性、行业性的基层工会的联合体。

（二）区域性、行业性工会联合会是近年来各级工会在扩大组织覆盖、扩大工作覆盖探索实践中形成的一种有效形式。实践证明，加强区域性、行业性工会联合会建设，对于基层工会组织围绕中心服务大局、促进区域、行业经济持续健康发展，参与基层社会治理、积极发挥作用，加强维权服务、构建和谐劳动关系，树立以职工为中心的工作导向、夯实工会基层基础，确保职工队伍和工会组织团结统一具有重要意义。

（三）加强和规范区域性、行业性工会联合会建设，要深入学习贯彻习近平总书记关于工人阶级和工会工作的重要论述特别是关于加强工会基层组织建设的重要指示精神，聚焦保持和增强政治性、先进性、群众性，坚持正确政治方向，在党组织领导、政府支持下，通过党建带工建等机制方法有序有力推进；坚持依法依规，做到依法建会、依法管会、依法履职、依法维权，健全完善制度，严格落实制度；坚持产业和地方相结合的工会组织领导原则，着眼组织健全、职责明确、关系顺畅的目标，推动形成自下而上、工作贯通、覆盖不同所有制企业和相关社会组织的组织体系；坚持从实际出发，积极稳妥推进，立足区域、行业所辖基层单位的分布、数量以及职工人数等实际，按照规模适度、便于管理、科学合理的原则进行组建，并确定覆盖范围。

二、区域性、行业性工会联合会的建立

（四）区域性、行业性工会联合会一般建立在县（市、区、旗）及以下范围内。城市工会可根据本地区域、行业发展情况，从实际出发，探索在市级建立行业性工会联合会。

（五）建立区域性、行业性工会联合会，必须坚持在同级党组织和上一级工会的领导下进行。上级工会及时有效跟踪指导服务，严把组建前置环节，严格规范组建程序，积极稳妥推进组建工作。在广泛征求各方面意见特别是覆盖单位意见，进行充分酝酿协商的基础上，经同级党组织同意并报上一级工会批准后成立工会筹备组。筹备组依法依规做好筹备工作。未建立党组织的，在上一级工会领导下进行。

（六）区域性、行业性工会联合会委员会按照联合制、代表制的原则建立。坚持广泛性和代表性，委员由本区域或行业内所覆盖基层工会的主席和适当比例的有关方面代表等组成，所覆盖基层工会数量较多的，区域性、行业性工会联合会委员会委员可以由所覆盖基层工会主席民主推选代表担任；根据工作需要，可吸收政府有关部门代表参加。

（七）区域性、行业性工会联合会委员会的产生适用《工会基层组织选举

工作条例》《基层工会会员代表大会条例》等规定。担任区域性、行业性工会联合会主席、副主席职务，必须履行民主程序。区域性、行业性工会联合会主席、副主席可以由全体委员选举产生，也可以由区域性、行业性工会联合会所覆盖基层工会联合组成会员（代表）大会选举产生。区域、行业内的基层单位行政主要负责人不得作为区域性、行业性工会联合会委员会委员人选，行业协会（商会）会长、副会长等不得担任区域性、行业性工会联合会主席、副主席。上级工会派出的工会干部、社会化工会工作者或者区域、行业龙头骨干企业工会主席、社区工作者等可以作为区域性、行业性工会联合会主席、副主席人选。区域性、行业性工会联合会主席、副主席可以专职，也可以兼职，其任期与区域性、行业性工会联合会委员会相同。

（八）区域性、行业性工会联合会委员会委员实行替补、增补制。区域性、行业性工会联合会委员会委员，当其不再担任原工会组织的主要负责人时，其委员职务由其原单位工会新当选的主要负责人经履行民主程序后予以替补。新覆盖基层工会的主要负责人，经履行民主程序，可以增补为区域性、行业性工会联合会委员会委员。

（九）区域性、行业性工会联合会可结合区域、行业实际，制定工会联合会组织办法等。区域性、行业性工会联合会委员会每届任期三年至五年，任期届满应按时换届。特殊情况需提前或延期换届的，应报上一级工会批准。

（十）建立区域性、行业性工会联合会，原则上所覆盖基层工会的组织领导关系、经费拨缴关系和会员会籍关系保持不变。确需调整的，须经县级以上地方工会批准。

（十一）区域性、行业性工会联合会所覆盖区域、行业内的基层单位，应当分别单独建立基层工会组织（基层工会委员会、联合基层工会委员会或基层工会联合会）。

（十二）区域性、行业性工会联合会的名称应根据区域、行业、单位等情况确定，一般为“××（行政区划名称）+××（区域或行业名称）+工会联合会”，不能以职业名称或基层工会名称等作为区域性、行业性工会联合会的名称。

（十三）具备条件的区域性、行业性工会联合会，要在上级工会的指导下，及时登记取得社团法人资格，开设独立工会经费账户。

（十四）独立管理经费的区域性、行业性工会联合会，应同时成立工会经费审查委员会。区域性、行业性工会联合会所覆盖基层工会女职工较多的，建立女职工委员会，在工会联合会委员会领导下开展工作。

（十五）建立区域性、行业性工会联合会的，应采取有效措施，逐步实现对区域、行业内的基层工会以及不具备单独建会条件的小微企业和零散就业人员全覆盖。实际履行联合会职能但不规范的，应在上级工会指导下，按照联合制、代表制原则，逐步规范为工会联合会。

三、区域性、行业性工会联合会的主要职责任务

（十六）加强对职工的思想政治引领，承担团结引导职工群众听党话、跟党走的政治责任，推动习近平新时代中国特色社会主义思想进社区、进企业、进车间，深化理想信念教育，教育职工践行社会主义核心价值观，恪守社会公德、职业道德、家庭美德、个人品德，遵守劳动纪律。

（十七）在同级党组织和上级工会的领导下，推动和指导区域、行业内基层单位的工会组建、发展会员等工作，夯实工会基层基础。承担本区域、行业职工代表大会工作机构的职责。

（十八）大力弘扬劳模精神、劳动精神、工匠精神，组织开展具有区域特点、行业特色的劳动和技能竞赛、经济技术创新等活动，建设知识型、技能型、创新型的高素质职工队伍。

（十九）代表和组织职工依照法律规定，通过职工代表大会或其他形式参与本区域、行业民主管理和民主监督。调查研究和反映本区域、行业中涉及职工切身利益的重大问题。

（二十）参与制订本区域、本行业涉及劳动和职工权益的政策、标准等。积极推进区域、行业集体协商，推动建立区域、行业集体合同制度。

（二十一）参与协调劳动关系和调解劳动争议，协商解决涉及职工切身利益问题，为所覆盖区域、行业的基层工会和职工提供法律服务和法律援助。

（二十二）突出行业特色、区域特点、职工需求，强化服务意识、健全服务体系、建立服务机制，精准化、精细化开展服务工作。

四、区域性、行业性工会联合会的工作保障

（二十三）加强区域性、行业性工会联合会工作经费保障，建立区域性、行业性工会联合会建设专项经费，并列入本级工会年度预算，保障工会联合会正常运转。各地工会结合实际，可建立项目补贴办法，实行一事一补。区域性、行业性工会联合会可以争取行政支持，也可在所覆盖基层工会自愿的基础上，由基层工会按照一定比例承担部分工作经费。上级工会要加强对区域性、行业性工会联合会经费使用的指导监督。区域性、行业性工会联合会的经费要做到专款专用。

（二十四）加强区域性、行业性工会联合会办公场地、活动场所、服务阵

地建设，根据《基层工会经费收支管理办法》等有关规定，争取多方面、多渠道为区域性、行业性工会联合会办公和开展活动提供必要的设施和活动场所等。

（二十五）各地工会可结合实际，建立区域性、行业性工会联合会工会干部日常性工作补贴制度，对非国家工作人员担任的工会主席、副主席及其他工会干部，可给予适当的工作补贴。

五、加强对区域性、行业性工会联合会建设的领导

（二十六）充分认识加强和规范区域性、行业性工会联合会建设的紧迫性和必要性，把加强对区域性、行业性工会联合会建设摆上重要位置，加强统筹协调、形成工作合力，解决好区域性、行业性工会联合会规范和建设中遇到的矛盾和困难，为区域性、行业性工会联合会作用发挥创造有利条件、提供有力保障，努力把工会联合会建设成深受职工群众信赖的学习型、服务型、创新型职工之家，工会干部努力成为职工群众信赖的娘家人、贴心人。

（二十七）积极探索符合区域性、行业性工会联合会特点的工会干部管理使用方式，拓宽来源渠道，采取专职、兼职、挂职相结合的方式，配备区域性、行业性工会联合会干部。加强教育培训，切实提高工会干部适应岗位需要的能力素质。

（二十八）加强分类指导，注重对已建立的区域性、行业性工会联合会加强规范；立足区域、行业实际，适应职工需求，指导区域性、行业性工会联合会突出工作重点，发挥优势作用。加强调查研究，及时总结推广好典型、好经验，发挥示范引领作用。加强监督检查，严格考核考评，坚持问题导向，督促整改解决，不断提升区域性、行业性工会联合会整体建设水平。

中华全国总工会办公厅关于印发《职工创新补助资金管理办法》的通知

（总工办发〔2020〕3号）

各省、自治区、直辖市总工会，各全国产业工会：

为进一步管好用好职工创新补助资金，提高一线职工技术创新能力和水平，经中华全国总工会第十七届书记处第18次会议审议，对《职工创新补助资金管理办法（试行）》进行了修订。现将修订后的《职工创新补助资金管理办法》印发给你们，请结合实际认真贯彻执行。

中华全国总工会办公厅

2020年1月17日

职工创新补助资金管理办法

第一章　总　则

第一条　为鼓励和支持一线职工技术创新活动，推动建设知识型、技能型、创新型劳动者大军，进一步发挥劳模和工匠人才创新工作室、职工创新工作室等职工创新团体（以下统称“创新工作室”）示范引领、集智创新、协同攻关、传承技能、培育精神等功能，确保职工创新补助资金科学管理、规范实施、取得实效，根据国家有关法律法规制定本办法。

第二条　职工创新补助资金设立，用于鼓励和支持一线职工技术创新活动，重点支持创新工作室开展的技术攻关、技术革新、发明创造等。

第三条　职工创新补助资金主要来源是全国总工会经费，并积极争取中央财政、社会及企业资金支持。

第四条　补助项目的确定，坚持公平公开公正，遵循“自愿申请、择优立项、重在引导、务求实效”的原则。

第二章　机构与职责

第五条　全国总工会劳动和经济工作部、财务部共同负责职工创新补助资金的管理，审定补助项目及补助金额，监管补助资金使用，决定与补助资金有关的其他重大事项等。全国总工会财务部、经费审查委员会办公室以及省级工会经审组织负责对职工创新补助资金的管理使用情况进行审计监督。

第六条　全国总工会劳动和经济工作部负责组织补助项目申报和评审，受理投诉举报，组织补助项目绩效考核等。

第七条　各省（区、市）总工会、各全国产业工会负责本地区（产业）职工申报补助项目的推荐、审核、汇总、上报，补助项目的年度检查、交叉互检、结项验收、成果和知识产权汇总等工作，推动补助项目实施。

第八条　承担项目的创新工作室所在单位工会负责补助项目的具体实施，并按规定管理和使用补助资金。

第三章　补助范围

第九条　职工创新补助资金补助范围重点是创新工作室开展的：

（一）具有一定科研价值、科技含量，实施后能切实解决现场工艺技术难题的项目；

（二）填补某一技术领域空白，对我国产业升级、技术进步等具有积极推动作用的项目；

（三）先进、合理、实用、可行，具有较好预期经济和社会效益的项目；

（四）其他优秀职工创新项目。

第十条　项目应具有群众性和自发性，凡属各种财政性基金或财政专项资金资助范围内的项目，或所在单位年度计划内的重点科研项目，不在职工创新补助资金补助范围之内。

第四章　申报与确定

第十一条　每期补助项目运作周期原则上不超过 3 年，各创新工作室按照全国总工会通知要求申报补助项目。

第十二条　补助项目的申报条件和要求：

（一）补助项目申报单位必须是经全国总工会或各省（区、市）总工会、各全国产业工会命名的创新工作室；

（二）项目负责人必须是创新工作室领衔人。申报项目时，项目负责人距退休原则上不得少于 5 年；

（三）申报补助项目应提交《职工创新补助资金项目申请书》和项目可行性研究报告；

（四）每个创新工作室每次只能申报 1 个补助项目。创新工作室有未结补助项目时，不得申报新的补助项目；

（五）补助项目申报单位应从实际出发，科学合理编制项目总预算，结合项目预期效益申请补助金额。补助资金申请金额应小于或等于项目总预算。

第十三条　项目申报应逐级推荐申报，不得越级申报。

补助项目确定的具体程序是：

（一）初审。省（区、市）总工会和全国产业工会按照本办法第九条和第十二条规定，对申报单位和申报材料进行审查，并在规定时间内将审查合格的材料报送全国总工会劳动和经济工作部。

（二）形式审查。全国总工会劳动和经济工作部组织或委托相关社会组织对通过初审的申报单位资质及报送材料的完整性、规范性、合理性进行形式审查。合格者进入评审程序。

（三）评审。全国总工会劳动和经济工作部组织专家或委托相关社会组织对进入评审程序的项目进行网络评审和会议评审，确定拟补助项目和补助金额。

（四）公示。拟补助项目和补助金额经全国总工会审定后向社会公示。公示期满后，经全国总工会批准实施。

第五章　实施与管理

第十四条　补助资金批准后，全国总工会财务部按照财务规定办理拨款手续，由全国总工会拨款到省级工会后，再由省级工会向下拨款，各全国产业工会推荐并经全国总工会批准的补助资金，由项目所在省（区、市）总工会代为拨付，并纳入其统一管理。首次拨付补助资金总额的 60%；次年经年度检查合格后，拨付余款。

第十五条　补助资金的使用应严格执行项目预算，并专项用于补助项目的研究与开发，包括器材、原辅材料及资料购置、知识产权申请与保护、成果鉴定与审查等直接成本费用支出，不得用于办公经费、发放奖金和津补贴、购买通讯设备等支出。

第十六条 全国总工会拨付的补助资金应纳入项目所在单位工会账户，实行专款专用、单独核算。所有支出均需经项目负责人和经办人签字，原始票据与会计凭证需详细完整，按规定报销并存档。

第十七条 有下列变更事项之一者，承担项目的创新工作室应提交书面申请，经项目推荐单位审核后，报全国总工会审批。补助项目变更审批期间，暂停拨款。

（一）补助项目内容有重大变化；

（二）补助项目延期完成；

（三）终止补助项目；

（四）其他需要审批的重大变更事项。

除上述需审批事项外，其他事项变更需报全国总工会备案。

第十八条 补助项目实行年度检查制度。补助项目的年度检查工作由项目推荐单位负责。年度检查工作应于每年 10 月 31 日前完成，并将年度检查报告报送全国总工会劳动和经济工作部。

第十九条 补助项目结项实行验收制度。结项验收工作由全国总工会或委托推荐单位负责组织。验收合格项目成果与专利纳入中国职工经济技术信息化服务平台管理，择优推荐参评国家科学技术奖励、中国专利奖等；对符合条件的项目负责人，推荐参加高技能领军人才境外培训。

第二十条 补助项目实行交叉互检制度。全国总工会依据年度检查报告与结项验收情况，每年组织对部分补助项目开展交叉互检，以进一步提高补助资金使用绩效。

第六章　罚　则

第二十一条 补助资金管理使用情况纳入省级工会财务监管和审计监督。承担项目的创新工作室及所在单位应积极配合年度检查、结项验收和交叉互检等工作。各项检查及审计监督结论作为续拨补助资金、评审新报补助项目的重要依据。对于未专款专用、扩大开支范围使用的资金，全国总工会予以收回，并取消该创新工作室再次申请补助资金的资格。

第二十二条 对未能按期完成项目的创新工作室，将予以书面警告，并要求其提出延期完成的计划，推荐单位负责监督。补助资金项目逾期仍未完成的，将取消该创新工作室再次申请补助资金的资格，并作为创新工作室动态管理的重要依据。

第七章　附　则

第二十三条　本办法适用于职工创新补助资金项目管理。

第二十四条　关于职工创新补助资金项目其他财务管理事项执行财政部和全国总工会有关规定。

中华全国总工会办公厅印发《关于深化工会参与尘肺病防治工作的意见》的通知

（总工办发〔2020〕5号）

各省、自治区、直辖市总工会：

《关于深化工会参与尘肺病防治工作的意见》已经中华全国总工会第十七届书记处第20次会议审议通过，现印发给你们，请结合实际认真贯彻落实。

中华全国总工会办公厅

2020年2月26日

关于深化工会参与尘肺病防治工作的意见

为认真落实党中央、国务院关于职业健康工作的重要决策部署，进一步发挥工会组织在尘肺病防治工作中的作用，有效维护职工职业健康权益，现就深化工会参与尘肺病防治工作提出以下意见。

一、深化工会参与尘肺病防治工作的重要意义和总体要求

（一）重要意义。党的十九大把实施健康中国战略作为保障和改善民生的重要任务，强调要坚持预防为主，预防控制重大疾病。尘肺病是当前我国最主要的职业病，严重危害职工身体健康和生命安全。深化工会参与尘肺病防治工作，是把实施健康中国战略落实到工会工作中的有效举措，是全面推动尘肺病防治工作的迫切需要，是维护职工职业健康权益的重要途径。各级工会要充分认识深化工会参与尘肺病防治工作的重要性和紧迫性，进一步提高政治站位，以对职工群众高度负责的态度，把深化工会参与尘肺病防治工作抓紧抓实抓好。

（二）总体要求。以习近平新时代中国特色社会主义思想为指导，坚持以人民为中心的发展思想，认真落实《职业病防治法》《国家职业病防治规划

（2016—2020年）》《国务院关于实施健康中国行动的意见》以及《尘肺病防治攻坚行动方案》有关要求，切实履行维护职工合法权益、竭诚服务职工群众的基本职责，坚持预防为主、群防群治、群专结合、依法监督，深入推广并不断完善工会参与职业病防治工作模式，在源头参与、督促企业落实主体责任、协助政府提高尘肺病防治监管水平、动员职工主动参与粉尘危害防控、维护职工职业健康权益等方面彰显工会作为，努力推动尘肺病防治工作取得新成效。

二、加大尘肺病防治工作源头参与力度

（三）深入开展调查研究。加强对工业化、城镇化快速发展过程中尘肺病防治工作趋势、特点的调查研究，聚焦重点行业、重点环节、重点人群，了解掌握前期预防、劳动过程中的防护与管理、尘肺病诊断与尘肺病人保障等方面存在的问题以及职工群众的诉求，深入分析产生问题的原因，研究提出意见和建议，努力推动优秀调研成果向国家相关政策转化。

（四）加大立法和政策参与力度。积极参与国家和地方劳动安全卫生法律、法规、政策、标准的制定和修改，推动完善尘肺病防治工作法律法规和政策体系。通过提交人大建议、政协提案，参加各级安全生产委员会，召开政府与工会联席会议等，提出工会的意见和主张，推动解决尘肺病防治工作中的突出问题。

（五）切实发挥劳动安全卫生专项集体合同作用。将协商签订劳动安全卫生专项集体合同作为工会依法参与企业尘肺病防治监督管理的有效途径，不断扩大专项集体合同在粉尘危害重点行业的覆盖范围。从企业实际情况出发，从职工在尘肺病防治方面反映强烈的问题入手，科学确定协商内容，增强专项集体合同的针对性和可操作性。加强专项集体合同履约情况的监督检查，及时发现和解决合同履行过程中出现的问题，确保合同发挥作用。

三、加强对尘肺病防治工作的监督检查

（六）督促企业落实尘肺病防治主体责任。切实履行工会监督职责，依法对企业贯彻落实尘肺病防治相关法律法规的情况进行监督。督促企业健全职业健康管理制度，设置或者指定职业健康管理机构（或组织），配备专兼职管理人员，依法如实申报粉尘危害项目，按要求开展粉尘日常监测和定期检测工作，完善防尘设施设备并保证其正常运行，为职工配发有效的防尘口罩或防护面具，依法与职工签订劳动合同，如实告知职工粉尘危害及防护知识，为职工缴纳工伤保险，组织职工进行上岗前、在岗期间和离岗时的职业健康检查，建立职业健康监护档案。

（七）推动并协助政府及有关部门加大监管力度。协助有关部门推动地方政府将尘肺病防治工作纳入本地区国民经济和社会发展规划，纳入本地区民生工程绩效考核指标。积极配合政府有关部门加强对粉尘危害重点行业领域的监管执法，深入开展粉尘危害专项治理等工作，严肃查处违法违规行为，推动企业加强源头控制和过程管理，改善工作条件。

（八）增强监督检查实效。充分借助“一法三卡”（事故隐患和职业病危害监控法及安全检查提示卡、有毒有害物质信息卡、危险源点警示卡）工作法、事故隐患报告书和限期整改通知书、职代会保安全和职工代表安全巡视等行之有效的工会劳动保护工作方法，提升工会参与尘肺病防治监督检查的成效和水平。进一步落实职工代表大会、厂务公开等民主管理制度，保障广大职工对尘肺病防治工作的知情权、参与权、表达权、监督权。

四、广泛开展群众性尘肺病防治活动

（九）进一步丰富“安康杯”竞赛活动的形式内容。以“安康杯”竞赛活动为载体，组织开展内容丰富、形式多样的群众性尘肺病防治活动。把推动加强职业健康监护管理、组织开展职业危害隐患排查治理、协商签订劳动安全卫生专项集体合同、开展职业健康教育培训等作为竞赛活动重要内容，使竞赛活动更贴近企业尘肺病防治工作实际。通过开展岗位练兵、技能竞赛、技术培训、应急演练等活动，全面提升职工预防尘肺病技术技能，夯实尘肺病防治工作的群众基础。

（十）积极参与职业危害隐患排查治理。重视发挥职工群众的主力军作用，组织动员广大职工从本职岗位做起，从自身做起，深入排查粉尘浓度超标、防尘措施不到位、违章指挥、违章作业等各类隐患，推动尘肺病防治工作关口前移、重心下移。强化跟踪落实，督促企业切实做到整改措施、责任、资金、时限和预案“五到位”。

（十一）深入开展群众性粉尘危害防控技术革新。围绕粉尘危害防控薄弱环节，发动职工广泛开展“小发明、小创造、小革新、小设计、小建议”等职工技术创新活动。尊重职工首创精神，坚持问题导向，完善激励机制，鼓励职工立足岗位创新，着力解决一线粉尘危害防控实际问题，促进适合职工参与的粉尘危害防控措施的推广。

五、加强尘肺病防治宣传教育

（十二）加强教育培训。督促并协助企业加强对职工特别是农民工的尘肺病防治教育培训，帮助职工熟悉尘肺病防治法律法规及企业有关规章制度，了解自身享有的权利和应履行的义务，掌握粉尘危害防控及自我保护技能。通过板报、橱窗、网络等多种途径，大力普及粉尘危害防治知识。通过座谈研讨、案例分析、知识竞赛等形式，增强教育培训的吸引力和实效性。

（十三）营造良好氛围。以《职业病防治法》宣传周、安全生产月等活动为契机，深入开展尘肺病防治法治宣传教育，推动企业、职工和社会各界提高对尘肺病防治工作重要性的认识，营造有利于尘肺病防治工作开展的良好氛围。充分发挥各类传统媒体及新媒体作用，积极宣传各级工会参与尘肺病防治工作的先进经验和广大职工促进尘肺病防治工作的典型事例，扩大工会参与尘肺病防治工作的社会影响。

六、切实维护患尘肺病职工的合法权益

（十四）依法参与尘肺病危害事件的调查处理。按照“四不放过”（事件原因没有查清不放过、责任人员没有受到处理不放过、防范措施没有落实不放过、有关人员没有受到教育不放过）的原则，积极配合政府有关部门查明事件原因，严肃追究相关人员的责任，督促落实整改措施，妥善处理尘肺病患者的医疗和赔偿等问题，维护职工合法权益，确保职工队伍和谐稳定。

（十五）积极开展职工法律援助工作。进一步扩大职工法律援助覆盖面，加大职工法律援助力度，引导并帮助患尘肺病职工依法理性表达利益诉求。把尘肺病高发、劳动争议多发的行业作为重点服务领域，把农民工、困难职工作为重点服务对象，积极为患尘肺病职工提供法律咨询、代书等服务，把推动解决尘肺病诊断、工伤赔偿等产生的劳动争议作为重要援助内容，充分发挥法律援助在保障职工职业健康权益中的作用。

（十六）努力做好对患尘肺病职工的帮扶救助。在工会送温暖等活动中加大对患尘肺病职工的走访慰问力度，做好对他们的人文关怀和困难帮扶。积极推动政府有关部门统筹利用基本医保、大病保险、医疗救助、社会救助等各项政策，加强对患尘肺病职工的分类救治救助，建立完善解决患尘肺病农民工救治救助问题的长效机制。

七、强化组织保障

（十七）加强组织领导。各级工会要把深化工会参与尘肺病防治工作作为维权工作重要内容，摆上工会工作重要议事日程，强化领导，制定切实可行的工作措施，不断提高工会参与尘肺病防治工作水平。积极争取党政的重视和支持，争取更多资源和手段，为工会参与尘肺病防治工作创造有利条件。充分发挥工会组织整体优势，借助工会组建、协商签订集体合同、创建劳动关系和谐

企业、开展工会劳动法律监督等工作，统筹推进工会参与尘肺病防治工作。

（十八）抓好队伍建设。建立健全各级工会劳动保护工作机构，充实力量，为深化工会参与尘肺病防治工作提供组织保障。强化对工会劳动保护干部的职业健康知识培训，切实提高其履职能力。以《工会劳动保护监督检查员工作条例》《基层工会劳动保护监督检查委员会工作条例》《工会小组劳动保护检查员工作条例》为基础，进一步健全和完善工会劳动保护监督检查三级组织网络，探索通过建立监督检查员片区服务站、劳动保护监督检查站等途径，逐步加强非公企业工会劳动保护监督检查网络建设。充分发挥粉尘危害重点行业产业工会熟悉本行业情况、具有专业知识的优势，指导本行业企业工会做好尘肺病防治工作。

（十九）完善技术支撑。尘肺病防治工作是一项专业性、政策性较强的工作。各级工会要充分借助工会院校、科研机构等社会专业力量和资源，探索通过购买服务、组建专家顾问库等方式，使更多具备职业卫生专业能力的专家学者、社会组织为职工职业健康服务，不断提升工会参与尘肺病防治工作科学化水平。

中华全国总工会办公厅印发《中华全国总工会关于加强新时代职工文化建设的指导意见》的通知

（总工办发〔2020〕18号）

各省、自治区、直辖市总工会，各全国产业工会，中央和国家机关工会联合会，全总各部门、各直属单位：

《中华全国总工会关于加强新时代职工文化建设的指导意见》已经中华全国总工会第十七届书记处第32次会议审议通过，现印发给你们，请结合实际抓好贯彻落实。

中华全国总工会办公厅

2020年11月11日

中华全国总工会关于加强新时代职工文化建设的指导意见

职工文化是中国特色社会主义文化的重要组成部分，是强化思想政治引领、凝聚职工奋斗力量的重要内容。为深入贯彻落实习近平总书记关于新时代中国特色社会主义文化建设、关于工人阶级和工会工作的重要论述精神，打造健康文明、昂扬向上、全员参与的职工文化，推动新时代职工文化繁荣发展，助力实现2035年建成文化强国的奋斗目标，现提出如下意见。

一、总体要求

1. 指导思想。以习近平新时代中国特色社会主义思想为指导，深入贯彻党的十九大和十九届二中、三中、四中、五中全会关于文化建设的战略规划，认真落实党和政府出台的相关法规政策，围绕“举旗帜、聚民心、育新人、兴文化、展形象”的使命任务，以培育和践行社会主义核心价值观为主线，以“中国梦·劳动美”为主题，以满足职工群众精神文化需求为中心，着力增强职工文化的政治性、先进性、群众性，着力创新职工文化建设的理念、机制和手段，着力构建职工文化繁荣发展的工作体系，着力增强广大职工的文化自信，为实现中华民族伟大复兴的中国梦提供强大价值引导力、文化凝聚力和精神推动力。

2. 基本原则。

——坚持党的领导。各级工会党组织要切实担负起政治责任，加强对职工文化建设的政治领导、思想领导、组织领导。

——坚持正确导向。职工文化建设必须始终把坚持正确方向、价值取向和艺术导向放在首位，充分发挥思想政治引领作用，促进广大职工在理想信念、价值理念、道德观念上紧紧团结在一起。

——坚持公益性方向。职工文化阵地是国家公共文化服务体系的有机组成部分。要始终坚持把社会效益放在首位，推动建立政府、工会、企业、社会等多渠道的资金保障体系，使其充分履行公益性服务职能。

——坚持共建共享。坚持党委领导、行政支持、工会运作、职工参与的职工文化共建机制，坚持力量和资源向基层倾斜，使发展成果惠及更多职工。

——坚持改革创新。适应新时代的发展和要求，充分运用互联网技术，推进职工文化建设理念思路、内容形式、方法手段改革创新，提升职工文化感召力和影响力。

3. 任务目标。坚持中国特色社会主义文化发展道路，坚持弘扬中华优秀传统文化、革命文化和社会主义先进文化，加强职工思想政治引领，培育践行社会主义核心价值观，积极推进职业道德建设，繁荣发展职工文艺，团结带领广大职工听党话跟党走。推动党委领导、行政支持、工会运作、职工参与的职工文化共建机制不断健全，布局合理、契合需求、作用突出、公益彰显的职工文化阵地管理、运行和保障机制日趋完善，特色鲜明、思想性艺术性俱佳的职工文化品牌和精品不断涌现，专业化、社团化、志愿化相结合的职工文化人才队伍优化壮大，职工群众文化获得感显著增强，经过5年的努力，推出一批职工文化阵地建设示范典型，打造一批职工文化创作培训基地，培育一批德艺双馨、具有一定社会影响力的职工文化建设领军人才，创作一批思想性强、艺术性高、社会影响大、群众口碑好的精品力作。

二、聚焦政治性先进性群众性，着力打造职工文化品牌

4. 坚持正确导向。坚持用习近平新时代中国特色社会主义思想教育引导职工，通过接地气、易于被职工接受的方式推动党的创新理论进企业、进车间、进班组，引导广大职工坚定理想信念，树立正确的国家观、历史观、民族观、文化观和人生观、价值观，增强“四个意识”，坚定“四个自信”，做到“两个维护”。

5. 着力打造“中国梦 · 劳动美”系列职工文化品牌。持续深化“中国

梦·劳动美”品牌内涵，创新载体和形式，广泛开展“中国梦·劳动美”主题全国职工演讲比赛、知识竞赛、摄影、视频和书画大赛、全健排舞比赛以及各类群众性健身活动，不断提升吸引力和感染力。充分发挥全总文工团等工会专业文艺团体示范带动作用，组织文艺工作者深入基层、深入生活、深入职工，开展创作和演出活动，集中力量扶持创作一批主题鲜明、思想精深、艺术精湛、制作精良、社会影响大的精品力作。

6. 鼓励地方广泛开展“工”字特色职工文化活动。探索项目制培育创作带有“工”字特征、体现“工”字内涵、彰显“工”字精神的优秀职工文化活动和作品。鼓励和推动地方工会、社会组织以及有条件的企业建立职工艺术院团、文体协会、文化工作室等职工文化组织，通过设立专项资金或项目基金等方式，加大对创作活动的扶持。支持职工文化团队和职工文化骨干参加有关部门举办的文艺演出、文化创作、评选表彰等活动。构建“工”字特色职工文化精品库，择优向各类评选活动进行重点推荐。

7. 丰富职工文化产品供给。把满足职工精神文化需求作为职工文化建设的出发点和落脚点，因地制宜、因时制宜，采用职工群众喜闻乐见的方式，提供丰富多样的文化服务。充分发挥工人文化宫、职工书屋等职工文化阵地作用，发挥职工艺术院团、文体协会作用，开展“菜单式”、“订单式”服务，常态化举办各种展映展播展演展览、品读鉴赏传唱、书画摄影比赛、文艺演出、读书征文、文化健康讲座、体育健身竞赛等活动，鼓励开展全国性、区域性、行业性的职工艺术节、示范性展演、才艺擂台赛、运动会以及各类群众性体育项目比赛等活动，不断提高参与率、覆盖率，把更多的职工吸引进来、组织起来。各级工会要加大对文化产品和服务的购买力度，为基层一线、为文化生活条件匮乏地区的职工特别是农民工送文化、送演出。广泛开展公益性文化艺术活动，支持艺术表演团体为基层职工提供高品质公益性演出，不断增强职工群众文化获得感。

三、完善平台和阵地，构建圈层式职工文化服务网络

8. 加强职工文化阵地建设。深入落实《中华人民共和国公共文化服务保障法》，落实《中华全国总工会关于加强和规范工人文化宫管理的意见（试行）》等文件精神，推进工人文化宫、职工书屋等职工文化阵地建设，积极争取当地政府将工人文化宫、职工书屋建设纳入地方公共文化服务体系建设范围，在建设资金、场地、税费减免等方面给予优惠扶持，以购买服务、项目补贴、定向资助、贷款贴息等方式，对工人文化宫、职工书屋提供公共文化服务给予支持。工会应通过购买服务等方式，支持工人文化宫、职工书屋为职工提供文化

服务。推动企业建立职工活动中心、职工书屋并改善服务设施。

9. 构建面向社区园区便利化、普惠化的文化设施网络。着力优化职工文化阵地布局，聚焦中小企业和农民工、新就业形态职工，积极争取政府部门支持，发挥企业积极性，在街道社区、产业园区、商圈楼宇等职工聚集区建设职工文化场馆、职工书屋等，构建“企业—产业园区—社区—镇街—楼宇”圈层式文化服务网络，打造布局合理、覆盖广泛、资源集成、服务共享的职工文化服务体系，让职工就近、便捷、高效地得到文化服务。

10. 提升职工文化阵地管理和服务水平。工人文化宫、职工书屋等各类职工文体活动场馆，以及职工文艺院团、文化团体是意识形态的重要阵地，各级工会要严格落实意识形态工作责任制，按照谁主管谁负责和属地管理原则，管好导向、管好阵地、管好队伍，做到守土有责、守土担责、守土尽责。认真落实《中华全国总工会办公厅关于深入推进工人文化宫、工人疗休养院清理整改工作的意见》、《全国工会职工书屋管理办法（试行）》，依法坚决制止以各种形式非法侵占、处置工人文化宫阵地的行为，清理出租、承包行为，规范引导合作行为，做优做强职工文化服务主业。建立健全双效体制机制，把社会效益放在首位，实现社会效益和经济效益相统一。健全职工文化设施运行管理和服务标准体系，规范各类服务项目和服务流程，完善内部管理制度，提高服务水平。

四、推广互联网+，创新职工文化服务内容、工作方式和活动载体

11. 推动职工文化与新技术、新模式、新媒体有机融合，提高网络文化产品制作和供给能力。充分利用互联网拓展职工文化渠道平台，结合工会融媒体建设搭建覆盖广泛、功能齐全的网上职工文化服务平台。加快推进电子职工书屋建设和应用，建立和完善职工优秀文化作品电子资料库。鼓励和引导文化工作者在线创作反映劳动人生，弘扬劳模精神、劳动精神、工匠精神的职工文化作品。推动职工文化网络化传播，运用微博、微信、移动客户端等载体，促进优秀作品多渠道传输、多平台展示、多终端推送。

12. 推动职工文体活动线上线下齐头并进。推广健康文明的网络文体活动，广泛开展网上健步走比赛、工间操网络展播，以及网上摄影书画展、文艺汇演、微视频展播、“随手拍”、云上演出等线上线下并行的灵活多样、趣味便利、大众化文体活动。开展线上问卷调查和网络讲座培训，精准把握职工需求，提升职工参与度和满意度。

五、强化统筹指导，完善职工文化建设的制度体系和工作机制

13. 加强顶层设计。强化政策引领，加强源头参与，充分利用人大、政协

以及工会与政府部门联席会议、公共文化服务体系协调小组等平台和机制，积极反映职工文化诉求，主动参与相关法规政策制定，推动职工文化建设纳入政府公共文化服务体系和经济社会发展规划，切实推动相关法规政策贯彻落实，为促进工会文化事业文化产业繁荣发展提供法律保障和政策指导。

14. 推动构建职工文化共建共享机制。认真贯彻落实《中共中央关于繁荣发展社会主义文艺的意见》精神，积极推动建立党委领导、行政支持、工会运作、职工参与的职工文化共建机制，建立与政府职能部门、社会机构、专业文化团体沟通协调、密切合作的长效机制，完善相关工作制度，推动形成优势互补、资源共享、活动联办、人才共育、联动发展的社会化职工文化建设体系。

六、加强人才培养，建设一支高素质的职工文化队伍

15. 加强职工文化工作队伍思想政治建设。要强化理论武装，深入学习贯彻习近平新时代中国特色社会主义思想，深化社会主义核心价值观学习教育，始终坚持正确的政治方向、价值取向和艺术导向。要牢记文化担当和社会责任，用健康文明、昂扬向上的文化作品和文化活动启迪思想、陶冶情操、温润心灵。要牢固树立为职工群众服务意识，深入基层、植根职工生产生活进行创作演出，讲好中国故事、中国工人故事、中国工会故事。

16. 建设专兼结合的职工文化人才队伍。逐步建立省级、市县级和产（行）业等不同梯次的业余职工文化建设骨干队伍，加大资助扶持、宣传推介力度，重点培养一批职工文化建设领军人才。鼓励从专业艺术院团、企业、社会吸纳政治素质好、业务专精、具有一定社会影响力的文化人才到工人文化宫、职工文化社团或机构任职。提倡有条件的地方及企业设立工人文创基地或职工文化艺术空间，为工人作家、歌唱家、画家、书法家、艺术家等脱颖而出提供资金、阵地、平台、培训、推介等全方位支持。

17. 推动职工文化志愿队伍建设。从工会干部、社会组织以及一线职工中招募热爱职工文化事业、有一定业务专长、具有辅导和教学能力的志愿者，建立起职工文化志愿工作者队伍。建立职工文化志愿服务项目资金及政策扶持制度，吸引专业文化工作者和社会各界人士参与职工文化志愿服务。将职工文化志愿服务纳入工会志愿服务工作体系，充分发挥志愿服务者在职工文化建设中的积极作用，对优秀职工文化志愿服务项目和志愿者进行定向推优。

18. 建立和完善职工文化队伍培训机制。发挥全总文工团等专业文艺团体以及专业文化人才的示范带动作用，加强对基层文艺团体的业务指导和队伍培训，坚持举办专题培训班。省级工会和中心城市工会要加大培训力度，在年度培训计划中安排相应班次。积极组织职工文化团体工作人员到相关专业院团和

院校进修培训，组织专业文化工作者到基层教、学、帮、带。建立“结对子、种文化”工作机制，加大对贫困地区和非公企业职工文化骨干人才的培养力度。工人文化宫以及职工文体协会应充分发挥各自优势，举办各类培训班，为基层培养文化骨干。

七、加强组织领导，提供支持保障

19. 加强党委统一领导。党对职工文化工作的领导，是职工文化繁荣发展的根本保证。各级工会党组织要提高对职工文化建设的政治站位，把职工文化建设摆上重要议事日程，切实担负起政治责任和领导责任。要选优配强工人文化宫、职工文艺团体的领导班子，把德才兼备、熟悉文化工作规律、善管理、敢担责的人才选拔到领导岗位上来。要加强对文化工作者的引导和团结，遵循文化规律、尊重文化人才、尊重文化创造，完善人才培养、引进、管理、保障与奖励机制，为人才成长成才创造条件。

20. 强化组织引导。各级工会要切实履行好组织责任，把职工文化建设纳入整体工作安排，统筹谋划、一体部署，做到有工作规划、有专人负责。加强对工人文化宫、职工文体协会、职工艺术团体的指导和扶持，积极培育推广职工文化示范典型。各级工会应将职工文化建设情况纳入年度考核评价以及有关评先评优条件，对做出突出贡献的单位和个人给予通报表扬。

21. 促进企业落实主体责任。推动企业保障职工精神文化权益，在职工文化阵地建设、团队培育、项目创作以及活动开展等方面加大投入，做到有制度、有组织、有场地、有队伍、有经费。对职工文化建设实效突出的企业，在工会组织的各类评先推优项目中给予优先考虑。

22. 加大资金保障。各级工会要对文化阵地建设、文化品牌项目以及队伍建设提供支持保障。省、市级总工会应对基层特别是经济条件比较落后地方的工人文化宫等职工文化活动阵地建设进行扶持，给予配套资金支持。各级工会要结合实际，把工人文化宫、职工书屋等人员经费、日常运营费用、公益活动费用列入本级工会年度预算，保障其充分履行公益服务职能。

各地工会应根据本意见的要求，制定实施办法，落实工作责任，抓好贯彻落实。

中华全国总工会办公厅印发《关于加强工会劳动保护工作的意见》的通知

（总工办发〔2020〕19号）

各省、自治区、直辖市总工会，各全国产业工会：

《关于加强工会劳动保护工作的意见》已经中华全国总工会第十七届书记处第32次会议审议通过，现印发给你们，请结合实际抓好贯彻落实。

中华全国总工会办公厅

2020年11月11日

关于加强工会劳动保护工作的意见

工会劳动保护工作是法律赋予工会组织维护职工安全健康权益的一项重要职责，是工会工作的一项重要任务，在国家安全生产和职业病防治工作中发挥着重要作用。为进一步加强工会劳动保护工作，推动新时代工会劳动保护工作创新发展，切实维护职工安全健康权益，现提出以下意见。

一、深刻认识加强工会劳动保护工作的重要意义

党的十八大以来，习近平总书记高度重视安全生产工作，就安全生产发展理论、责任体系、深化改革、依法治理、科技创新、源头治理，应急救援等方面，作出了一系列重要讲话和指示批示。党的十九大明确指出要树立安全发展理念，弘扬生命至上、安全第一的思想，健全公共安全体系，完善安全生产责任制，坚决遏制重特大安全事故，提升防灾救灾能力，把实施健康中国战略作为保障和改善民生的重要任务，为加强工会劳动保护工作进一步指明了方向，提出了要求。加强工会劳动保护工作，是贯彻落实习近平总书记关于安全生产工作系列重要指示批示精神的应有之义，是促进企业安全发展的有效举措，是维护职工安全健康权益的必然要求，是团结动员广大职工为国家安全生产和职

业病防治形势持续稳定好转建功立业的具体体现。新时代工会劳动保护工作只能加强，不能削弱；只能改进提高，不能停滞不前。各级工会要深刻领会习近平总书记关于安全生产工作系列重要指示批示精神，提高政治站位，从增强“四个意识”、坚定“四个自信”、做到“两个维护”的政治高度，充分认识做好工会劳动保护工作的重要性，以认真负责的态度和有力有效的措施切实把工会劳动保护工作抓紧抓实抓好。

二、准确把握工会劳动保护工作的总体要求

以习近平新时代中国特色社会主义思想为指导，全面落实党中央、国务院关于安全生产和职业病防治工作的重大决策部署，牢固树立以人为本、生命至上的安全发展理念，切实履行法律赋予工会组织的职责，有效维护职工的安全健康权益。充分发挥工会组织作用，不断深化以“安康杯”竞赛为载体的群众性安全生产和职业病防治活动，大力提升工会劳动保护监督检查水平，努力提高广大职工的安全意识和技能，团结动员广大职工为国家安全生产和职业病防治形势持续稳定好转建功立业。

三、积极推动事关职工安全健康权益法律法规和政策的制定和完善

（一）深入开展调查研究。针对工会劳动保护工作面临的新形势、新任务、新情况和职工群众最关心、最关注的难点热点问题开展调查研究，深入分析问题产生的原因，提出有针对性、可操作的对策措施建议。通过各级人大和政协提案议案、参与同级政府联席会议、参与各级安全生产委员会等渠道，及时反映涉及职工安全健康的利益诉求，推动实际问题的解决。

（二）积极参与法律法规和政策的制定修改。积极参与安全生产、职业病防治、工伤保险、女职工劳动保护等事关职工安全健康权益的法律法规和政策的制定完善，提出工会主张，反映职工的意愿和合理诉求，切实从源头上维护职工合法权益。把基层在实践中创造出的可借鉴可复制的好经验好做法总结提炼出来，上升到法律法规政策层面，积极推动涉及职工安全健康权益的法律法规政策的不断完善。

四、督促企业做好安全生产和职业病防治工作

（一）督促企业落实主体责任。切实履行法律赋予工会的监督职责，督促企业贯彻落实安全生产相关法律法规，履行安全生产主体责任和企业全员安全生产责任制，执行安全生产规章制度和操作规程，加强现场安全管理和重大危险源监控，强化关键设施装置安全运行维护和落实安全防范措施。督促建立

健全职业病防治责任制，采取职业病防治管理措施，采用有效的职业病防护设施。加大资金投入，实施安全生产和职业病防治教育培训计划，提高企业安全生产和职业病防治水平。

（二）落实职工在安全生产和职业病防治中的民主权利。督促企业充分发挥职代会作用，保障广大职工的知情权、参与权、表达权、监督权。在制定涉及职工安全健康合法权益的规章制度、确定涉及安全生产和职业病防治的重大事项时，要广泛征求职工意见，经过职代会审议通过。在开展劳动安全卫生集体协商、签订专项集体合同时，要与职工认真协商达成共识，经职代会审议通过。积极推动企业建立健全重大隐患治理情况向负有安全生产监督管理职责的部门和企业职代会“双报告”制度。

（三）参与安全生产监督检查。积极配合协助政府或企业开展安全生产和职业病防治监督检查，促进企业和职工增强安全意识，消除生产过程中的不安全因素。工会要主动监督、敢于监督、善于监督，对监督检查中发现的违章指挥、强令职工冒险作业、生产设备安全隐患突出、职工培训不足等危害职工安全健康权益的重大问题，要依法采取相应措施予以制止，并向政府相关部门反映，提出工会的处理意见，督促、跟踪企业及时整改。

（四）参加职工伤亡事故的调查处理。按照《工会法》《安全生产法》和《生产安全事故报告和调查处理条例》的规定，依法参加事故调查处理。在参加事故调查过程中，重点关注职工伤亡程度、抢险救援进展、受灾职工安置、职工是否获得工伤保险待遇等方面。要旗帜鲜明维护伤亡职工的合法权益，按照事故原因未查清不放过、责任人员未处理不放过、整改措施未落实不放过、有关人员未受到教育不放过的“四不放过”原则，提出工会组织的意见和建议。及时做好职工伤亡事故的信息上报和统计分析工作，研究事故发生规律，协助事故单位制定和改进工作措施，预防同类事故反复发生，保护更多职工免受伤害。

（五）参与监督“三同时”的实施。生产经营单位工会要督促本单位新建、改建或扩建的工程项目严格落实法律法规和标准规范，劳动安全卫生设施必须与主体工程同时设计、同时施工、同时投入生产和使用，对不符合“三同时”规定或安全卫生设施不达标的，要向有关部门反映，提出改进意见和建议，并督促整改。

五、切实提升职工的安全意识和安全技能

（一）加大宣传力度。积极配合政府或企业开展“安全生产月”、《职业病防治法》宣传周等活动，积极营造良好的安全生产和职业病防治氛围。充分利用宣传栏、职工书屋、工人文化宫等工会宣传阵地，通过网络、短视频等新媒

体工具多角度、全方位向企业和广大职工宣传习近平总书记关于安全生产和职业病防治的重要指示精神，宣传党中央、国务院关于安全生产和职业病防治的重大决策部署，宣传安全生产和职业病防治的法律法规和技术规范，引导企业和职工树立正确的安全价值观和行为准则，建设健康向上的安全文化。

（二）强化教育培训。督促和协助企业做好职工安全生产和职业病防治教育培训工作，落实新入职员工、车间班组、企业“三级”安全教育培训，特别是农民工上岗前的安全生产和职业病防治知识培训。充分发挥工会“大学校”作用，通过举办学习培训班、组织职工开展针对安全生产和职业病防治的“小发明、小创造、小革新、小设计、小建议”活动、探索开展职工劳动保护技能竞赛等形式，培养职工的安全意识和安全习惯，提高职工的事故防范、应急处置和自我保护能力，不断提升职工的安全技能和水平。

六、充分调动职工群众参与安全生产和职业病防治的积极性

（一）深入开展“安康杯”竞赛。进一步贯彻中华全国总工会、应急管理部、国家卫生健康委员会《关于进一步深化全国“安康杯”竞赛活动的指导意见》，深入研究和准确把握竞赛的特点和规律，创新竞赛活动的形式和内容，探索开展互联网 +“安康杯”竞赛活动方式，不断扩大竞赛活动的覆盖面。严格规范竞赛活动的评选、表彰和管理工作，提升竞赛活动的规范化水平，提高竞赛活动的质量和效果。把开展“安康杯”竞赛与工会组建、劳动和技能竞赛、创建劳动关系和谐企业活动等有机结合起来，相互促进、相得益彰，推动竞赛广泛深入持久开展。

（二）组织职工开展隐患排查治理。按照《中华全国总工会关于组织职工开展安全生产隐患排查治理工作的意见》的要求，充分调动广大职工的积极性和主动性，组织动员职工立足岗位开展隐患排查，把隐患当事故来对待，力争把事故隐患解决在萌芽状态。要建立安全生产奖励举报制度，公布举报电话，设立举报电子邮箱，畅通举报渠道，为广大职工参与举报生产事故和严重职业危害提供便利。要认真受理举报的问题，保护举报人的合法权益，及时将举报内容向当地政府或该企业反映，对举报信息内容经核实属实的，依据事故隐患分级给予奖励，所需经费由各级工会从年度经费预算中列支。

（三）加强安全型班组建设。协助企业充分发挥班组在企业安全生产与职业病防治中的基础性作用，进一步完善和强化班组安全管理，逐步实现班组安全管理标准化、规范化、制度化，把“安全第一、预防为主、综合治理”的安全生产方针落实到班组，把班组打造成为安全生产和职业病防治的第一道防线。把安全型班组建设与建设“职工小家”和创建“工人先锋号”等活动紧密

结合起来，切实提高班组安全建设水平。

（四）做好特殊条件、特殊环境下劳动保护工作。推动加强和规范高温、低温、有毒有害等特殊工作环境劳动者的职业健康保护，强化重点行业和工种职工劳动保护措施落实情况的监督检查。督促用人单位加强从业职工的健康监护，规范建立职业健康监护档案并定期评估，落实防暑降温、防寒保暖、劳动保护用品发放等措施。积极开展暑期“送清凉”活动，做好工会户外劳动者服务站点建设工作，细化服务项目，解决户外作业职工的实际困难。

七、加强和提供工会劳动保护工作的组织保障

（一）加强组织领导。各级工会要站在全局的高度，把进一步加强工会劳动保护工作摆上重要议事日程，制定工作规划，完善工作措施，加强监督检查，确保工作实效。主要负责同志要亲自谋划、亲自部署、亲自推动，统筹协调工会内外资源，在人、财、物等方面给予大力支持和保障，着力解决工会劳动保护工作中遇到的困难和问题，为做好工会劳动保护工作创造良好条件。

（二）注重队伍建设。切实加强工会劳动保护干部队伍建设，确保有专门机构或专人负责工会劳动保护工作。加强对工会劳动保护干部的关心和培养，通过多种途经和方式加强对工会劳动保护干部的培训，提高工会劳动保护干部的政策理论水平和专业技术水平。进一步完善各级群众性安全监督检查队伍网络，注重对工会劳动保护监督检查员的管理考核、业务指导和定期培训，积极探索有效的激励机制，充分调动他们的积极性和主动性，做到敢监督、善监督。

（三）形成工作合力。积极争取党政支持，发挥好各方面的作用，寻求更多的资源和手段，为工会劳动保护工作创造良好的环境和条件。要从组织建设、民主管理、集体协商、法律工作、权益保障、经济技术、网络工作、资金投入、人才支持等多方面发力，形成齐抓共管的工作格局。要充分发挥产业工会熟悉产业、贴近企业和联系职工的优势，引导推动各级产业工会积极开展工会劳动保护工作。

（四）抓好典型示范引领。加强对工会劳动保护工作的指导，认真总结地方、产业和企业的典型经验，把在工作实践中创造出来的行之有效的、具有引领性的做法加以推广。充分发挥典型经验的示范引领作用，鼓励积极探索建立健全群众化、社会化、网络化的工作运行机制，积极运用“互联网 +”、大数据、区块链等新技术手段和购买社会服务方式开展工会劳动保护工作，提高工作的科学性和实效性。

各省（区市）总工会根据本意见，结合自身实际制定实施措施，贯彻落实情况及时报全国总工会。

中华全国总工会办公厅关于印发《全国职工素质建设工程五年规划（2021—2025年）》的通知

（总工办发〔2020〕25号）

各省、自治区、直辖市总工会，各全国产业工会，中央和国家机关工会联合会，全总各部门、各直属单位：

《全国职工素质建设工程五年规划（2021—2025年）》已经中华全国总工会第十七届书记处第35次会议审议通过，现印发给你们，请结合实际认真贯彻落实。

中华全国总工会办公厅

2020年12月23日

全国职工素质建设工程五年规划（2021—2025年）

为贯彻落实《新时期产业工人队伍建设改革方案》，全面提高职工队伍整体素质，结合《全国职工素质建设工程五年规划（2015—2019年）》实施情况，制定《全国职工素质建设工程五年规划（2021—2025年）》。

一、指导思想

坚持以习近平新时代中国特色社会主义思想为指导，全面贯彻党的十九大和十九届二中、三中、四中、五中全会精神，深入贯彻习近平总书记关于工人阶级和工会工作的重要论述，围绕巩固党的执政基础、推进产业工人队伍建设改革，把提高职工队伍整体素质作为一项战略任务抓紧抓好，为劳动者成才创造良好条件，形成推进文化强国、教育强国、人才强国、体育强国、健康中国建设的强大力量，为实现“十四五”规划和二〇三五年远景目标、夺取全面建设社会主义现代化国家新胜利作贡献。

二、基本任务

到2025年，习近平新时代中国特色社会主义思想更加深入人心，广大职工践行社会主义核心价值观的自觉性不断加强，终身学习支撑保障更加有力，技能培训体系更加健全，教育培训效果更加显著，思想道德、科学文化、技术技能、民主法治、健康安全、社会文明素质明显提高，造就一支有理想守信念、懂技术会创新、敢担当讲奉献的宏大产业工人队伍。

——加强思想道德素质建设，增强“四个意识”、坚定“四个自信”、做到“两个维护”。始终把学习贯彻习近平新时代中国特色社会主义思想作为首要政治任务，落实《中国共产党宣传工作条例》、《新时代公民道德建设实施纲要》、《新时代爱国主义教育实施纲要》，落实加强和改进新时代产业工人队伍思想政治工作要求，打牢广大职工团结奋斗的共同思想基础，引领职工坚定不移听党话、矢志不渝跟党走。

——加强科学文化素质建设，提升职工队伍知识化水平。实施全民科学素质行动，弘扬科学精神，增加职工提升学历层次、科学文化素养和从业能力的机会与途径。引导职工养成善于学习、勤于思考的习惯，实现学以养德、学以增智、学以致用。每年帮助30万职工特别是农民工提升学历水平。

——加强技术技能素质建设，促进优秀技术工人脱颖而出。贯彻尊重劳动、尊重知识、尊重人才、尊重创造方针，推动落实《关于推行终身职业技能培训制度的意见》、《关于提高技术工人待遇的意见》，激励更多劳动者特别是青年人走技能成才、技能报国之路，培养更多高技能人才和大国工匠。每年帮助60万职工提升技能等级。

——加强民主法治素质建设，提高职工守法自觉和维权能力。完善工会维权服务工作体系，加强新就业形态群体权益保障，推动健全保障职工主人翁地位的各项制度安排。提高职工权益保护法律法规知识知晓率。

——加强健康安全素质建设，促进安全生产和体面劳动。传播普及健康理念和传染病防控知识，促进群众性安全生产和职业病防治工作，增强职工安全生产、健康生活以及应对突发公共卫生事件的素养和能力。

——加强社会文明素质建设，培育健康文明、昂扬向上、全员参与的职工文化。落实《关于新时代文明实践志愿服务机制建设的实施方案》，深化群众性精神文明创建活动，推动广大职工形成适应新时代要求的思想观念、精神风貌、文明风尚、行为规范。

三、主要措施

（一）思想道德素质建设方面。

强化理论武装。紧密结合职工生产生活实际，运用传播领域新技术新手段，开展多形式、分层次、广覆盖的习近平新时代中国特色社会主义思想学习宣传教育。通过理论宣讲、演讲比赛、知识竞赛等方式，用职工群众听得懂、听得进的语言，把党的创新理论讲透彻、讲鲜活。建立健全企业班组常态化学习制度，用“小故事”讲“大道理”，推动习近平新时代中国特色社会主义思想进基层、进企业、进车间、进头脑。

突出理想信念教育。深化中国特色社会主义和“中国梦·劳动美”、“网聚职工正能量　争做中国好网民”等主题宣传教育活动，壮大网络思政教育力量，推动形势任务、理想信念教育常态化制度化。充分利用重大事件纪念活动、爱国主义教育基地、国家公祭仪式等开展爱国主义、集体主义、社会主义教育。把“十三五”时期辉煌成就和防控疫情重大战略成果作为生动教材，加强对职工思想引领。

加强道德修养。坚持以社会主义核心价值观为引领，结合传统节日、重大节庆，传承勤俭节约、艰苦奋斗等中华民族传统美德，动员职工广泛参与以职业道德建设为重点的“四德”建设，加强家庭、家教、家风建设。开展以劳动创造幸福为主题的宣传教育，选树宣传劳动模范、大国工匠、最美职工，组织“大国工匠进校园”、“劳模进校园”活动，弘扬劳模精神、劳动精神、工匠精神。

（二）科学文化素质建设方面。

传播科学思想。充分利用工会媒体，结合科普日、科技周、健康中国行等活动，发挥职工技协作用，开展形式多样的主题科普活动，宣传科学发展观，宣传创新、协调、绿色、开放、共享发展理念，宣传节约资源、保护生态、改善环境等知识和观念。倡导科学方法，提升科学素养，抵制愚昧落后。

践行终身学习理念。推动完善现代职业教育制度，促进学历、非学历教育与职业培训衔接互认。利用现有资源及资源服务平台，搭建职工优质网络学习资源公共服务平台，建立网络课程、视频公开课、微课等多种类型的网络资源开放目录，发展在线教育和远程教育。

鼓励职工提升学历。深化农民工“求学圆梦行动”，资助奖励更多职工实现学历与能力双提升。结合高职院校扩招，引导工会系统职工教育培训阵地积极参与。鼓励教育机构为职工提供网上报名、学习、考试、补贴申领等优质便捷的入学和学习方式。

（三）技术技能素质建设方面。

广泛开展岗位练兵和技能竞赛。围绕“十四五”时期国家重大战略、重大工程、重大项目、重点产业，组织职工广泛深入持久开展各种形式的劳动和技能竞赛。健全完善劳动和技能竞赛机制体系，推动竞赛在促进区域联动、体现产业特色、丰富载体内容、加强机制建设等方面实现新突破，取得新进展。组织职工积极参与“五小”等群众性经济技术创新活动。

落实终身职业技能培训制度。推动各级工会整合培训资源，把学历教育、技能提升、就业培训统一起来，为产业工人提供普惠性、均等化的职业技能培训。实施“互联网 + 职业技能培训计划”，加强工匠学院、线下培训基地建设，丰富培训形式内容，为职工技能鉴定考试、职业生涯规划提供咨询服务。

促进形成尊重技能的社会风尚。推进高技能人才待遇、技能要素参与分配等纳入工资集体协商范围，推动完善和落实技术工人培养、使用、评价、考核机制，支持劳模和工匠人才（职工）创新工作室创建活动，打造大国工匠品牌，在全国劳模、全国五一劳动奖等评选中注重选树高技能产业工人。

（四）民主法治素质建设方面。

加大普法力度。以“七五”普法验收和“八五”普法为抓手，开展“宪法宣传周”、“法治宣传周”等各种形式的法律宣传活动，重点宣传《宪法》、《民法典》、《工会法》、《劳动法》、《劳动合同法》、《中华人民共和国妇女权益保障法（2018 年修正）》等法律法规。加强普法宣讲团建设，注重以案释法，坚持送法下基层、进企业。

扩大法律服务覆盖面。贯彻落实总体国家安全观，完善工会维权服务体系，加强对被拖欠工资农民工的法律援助和生活救助。开展“尊法守法 · 携手筑梦”服务农民工公益法律服务行动，推动建立健全劳动争议协商解决机制、企业劳动争议调解委员会和行业性、区域性调解组织。建设工会法律服务网上平台，组织开展网上法律服务工作。

组织职工参与民主管理和集体协商工作。健全以职工代表大会为基本形式的企业民主管理制度体系，推进厂务公开制度化、规范化，完善职工董事、职工监事制度。围绕就业培训、工资收入、劳动保护、休息休假、考核奖惩、职工福利费和教育经费使用等劳动关系重要问题开展协商协调。开展形式多样的职工代表提案征集活动，丰富职工民主参与形式。

（五）健康安全素质建设方面。

开展职业安全健康教育。聚焦重点行业、重点项目、重点人群，加强安全教育培训，围绕安全生产薄弱环节，加大重点行业领域开展“安康杯”竞赛活动力度。

提升健康教育质量。灵活运用各类媒体，通过健康讲堂、讲座等形式，普及传染病防治科学知识，传播公共卫生健康知识，开展增强忧患意识、防范化解重大突发公共卫生风险宣传教育。推广建立企业“心理驿站”，加大对职工的人文关怀，帮助职工缓解心理压力。

推动工会劳动保护工作创新发展。积极参与国家安全生产巡查考核和特别重大生产安全事故调查处理工作。发挥工会劳动保护监督检查员和特聘煤矿群众监督员作用，通过集体协商、职工代表大会等途径，督促用人单位按照《工会法》、《安全生产法》、《职业病防治法》等法规政策要求，落实劳动保护主体责任。

（六）社会文明素质建设方面。

打造职工志愿服务品牌。推进以“农民工平安返乡”、“关爱困难职工”等为主题的“送温暖”职工志愿服务，拓展职工志愿服务内容，推动岗位学雷锋活动覆盖各行各业。发挥产业工会作用，常态化开展以文明礼仪知识普及、法律宣传、普通话推广、扶贫助困、教育医疗服务等为主要内容的职工志愿服务活动，引导职工积极参与文明企业、文明车间、文明班组等群众性精神文明创建活动。

推进职工文化建设。贯彻落实《关于加强新时代职工文化建设的指导意见》，以“五一”特别节目、“中国梦·劳动美”文化活动等为载体，推动特色鲜明、思想性艺术性俱佳的职工文化品牌和精品不断涌现。发挥各类职工文化体育阵地和职工文艺团体作用，传播传承弘扬中华优秀传统文化、革命文化、社会主义先进文化。开展形式多样的线上线下阅读学习活动和“文化送温暖”活动，发展积极健康的工会网络文化。

四、组织保障

（一）加强组织领导。

各级工会要把提升职工素质作为推进产业工人队伍建设改革的重要任务，结合本地区工作实际，制定实施方案。要强化责任担当，突出工作重点，加强调查研究，统筹力量、科学规划，加强规划实施的协调指导，杜绝形式主义。

（二）保障经费投入。

建立多元化的经费投入体系。县级以上工会本级经费收支预算中，根据年度任务安排，给予职工素质建设工程经费保障。引导企业履行好自身职责，加大教育培训投入力度，督促企业按规定足额提取并用好职工教育经费。广泛吸纳社会资金，拓宽培训经费筹资渠道。

（三）丰富学习平台。

充分发挥工会报刊、网站、职工学校和工人文化宫（俱乐部）、职工教育培训基地、职工书屋等宣传教育阵地作用。积极运用 APP、短视频、微信等移动新媒体，推进“互联网 + 职工素质建设工程”模式，搭建职工在线学习平台，发展在线教育，为职工终身学习提供便利条件。

（四）营造舆论氛围。

坚持典型引路，不断完善推进职工素质建设工程的工作机制，推动职工素质提升活动常态化、长效化。充分运用报刊、广播、电视等传统媒体和网站、“两微一端”等新媒体平台作用，组织形式多样的宣传活动，传播知识，讲好故事，营造劳动光荣、技能宝贵、创造伟大的社会氛围。

中华全国总工会办公厅关于印发《中华全国总工会关于推行企业集团职工代表大会制度的意见》的通知

（总工办发〔2020〕27号）

各省、自治区、直辖市总工会，各全国产业工会，中央和国家机关工会联合会，全总各部门、各直属单位：

《中华全国总工会关于推行企业集团职工代表大会制度的意见》已经中华全国总工会第十七届书记处第36次会议审议通过，现印发给你们，请结合实际抓好贯彻落实。

中华全国总工会办公厅

2020年12月28日

中华全国总工会关于推行企业集团职工代表大会制度的意见

为深入学习贯彻习近平新时代中国特色社会主义思想，全面贯彻落实党的十九大和十九届二中、三中、四中、五中全会精神，进一步健全以职工代表大会（以下简称职代会）为基本形式的企业民主管理制度，充分发挥企业集团职工代表大会（以下简称集团职代会）在公司法人治理结构中的作用，依据《中华人民共和国公司法》、《企业民主管理规定》等，现就推行集团职代会制度提出如下意见。

本意见所指集团职代会是指企业集团总部和所属基层单位按照一定比例选举产生职工代表，对涉及企业集团改革发展和职工权益有关事项履行民主程序、行使相应职权的职代会。

一、推行集团职代会制度的重要意义

（一）推行集团职代会制度是新形势下健全充满活力的基层群众自治制度的必然要求。党的十九届四中全会通过的《中共中央关于坚持和完善中国特色社会主义制度、推进国家治理体系和治理能力现代化若干重大问题的决定》明确要求，健全充满活力的基层群众自治制度，全心全意依靠工人阶级，健全以职工代表大会为基本形式的企业民主管理制度。当前，我国企业规模日益壮大，企业产权结构、管控模式、管理层级发生了深刻变化，出现了许多大型企业集团，这对推进企业民主管理提出了新要求。推行集团职代会制度，有利于完善企业集团职工参与管理的有效方式，保证职工在整个企业集团层面参与管理，把制度优势转化为企业集团职工参与经济社会事务管理的实际效能，使人民当家作主权利落到实处。

（二）推行集团职代会制度是加快完善中国特色现代企业制度的内在需要。职代会制度是中国特色现代企业制度的题中应有之义，是公司法人治理结构的主体之一。随着国企改革三年行动方案加快实施，混合所有制改革积极稳妥推进，将进一步推动形成更加成熟更加定型的中国特色现代企业制度。与以往国有企业“脱困式的改革”明显不同，本轮国有企业改革更加侧重战略重组和产业结构重新布局，改革路径自上而下，涉及到企业集团和基层单位多个层面，对不同层面的企业民主管理制度有序运行带来了新挑战。推行集团职代会制度，有利于更好地将民主管理制度与企业管理制度相衔接，与企业管控模式相匹配，与公司法人治理结构相融合，促进企业集团决策更加科学民主，推动企业管理与改革创新良性互动，实现企业高质量发展。

（三）推行集团职代会制度是企业集团构建和谐劳动关系的有效途径。我国正在加快构建以国内大循环为主体、国内国际双循环相互促进的新发展格局，企业劳动关系和谐稳定是构建新发展格局的重要基础。受新冠肺炎疫情的冲击，众多企业生产经营困难增多、职工权益保障面临诸多新情况新问题。企业集团用工方式多元，职工人数众多，劳动关系更为复杂，受到的影响更大。推行集团职代会制度能够有效规范企业集团及所属基层单位劳动关系，为企业集团制定涉及全体职工切身利益的重大事项和重要制度提供程序保障，为所属基层单位民主管理制度的运行提供指导遵循，及时回应和解决职工利益诉求，化解劳动关系双方的矛盾，促进经济社会平稳发展。

二、推行集团职代会制度的基本原则

——坚持加强党的领导。要坚持以习近平新时代中国特色社会主义思想为指导，认真贯彻落实党的基本理论、基本路线、基本方略，坚持党委统一领导，坚持重大问题事前请示，坚持全心全意依靠职工办企业，在党组织的统筹协调下推进企业集团和所属基层单位职代会制度建设，确保集团职代会制度建设沿着正确的方向发展。

——坚持依法有序推进。要依照相关法律法规，推动对所属基层单位在重大决策、经营管理、干部任免、薪酬福利、人力资源等方面拥有管控权限的企业集团建立职代会制度，保证职工通过企业集团和所属基层单位等多层级职代会行使民主管理权力。不能以企业集团总部职代会替代集团职代会。在此基础上积极推进制度化规范化建设，使集团职代会制度更加健全、运行程序更加规范、作用发挥更加有效。

——坚持融入公司治理。要推动企业集团在制定公司章程时，落实职代会在公司治理结构中的地位，明确其主体权责，并与其他公司治理主体有效衔接。要以集团职代会为牵引，建立与企业管控模式相适应、上下配套、层次清晰、各司其职、独立运行的企业集团内部多层级职代会制度体系，把民主管理制度融入到企业生产经营管理活动之中，推动加快完善中国特色现代企业制度。

——坚持协同联动推进。集团职代会的内容要更加侧重涉及企业集团改革发展的全局性、根本性、指导性的重大事项，以及涉及职工切身利益带有普遍性、倾向性的重大问题。所属基层单位要在遵循集团职代会基本原则基础上，从本单位实际出发，细化和完善本单位职代会制度。要准确把握和处理上下级职代会之间的关系，充分发挥企业集团内各层级职代会的职能作用。

三、推行集团职代会制度的工作要求

（一）集团职代会职工代表构成比例和产生方式。集团职代会职工代表的名额数量应以企业集团职工人数为基数，依据《企业民主管理规定》第八条有关规定确定。其中，集团中层以上管理人员和领导人员，原则上不超过职工代表总数的20%，所属单位多、分布广的集团中层以上管理人员和领导人员一般不超过代表总数的35%。职工代表中应有适当比例的劳模先进、高技能领军人才、女职工、青年职工、农民工的代表。

参加集团职代会的职工代表可以在企业集团总部和各所属基层单位职代会的职工代表中选举产生，也可以在企业集团全体职工中直接选举产生。

（二）集团职代会的届期和会议召开。集团职代会每届届期为三年至五年，具体届期由职代会根据实际情况确定，每年应至少召开一次。在条件允许的情况下，要合理规划职代会会期、内容，与董事会、年度工作会议等有机衔接。

职工人数众多、地域分布广的企业，在集团职代会召开形式上可探索线上和线下相结合的方式，但在涉及重要事项表决时，应集中现场开会，以保障职工真实意愿的表达。

（三）集团职代会闭会期间的工作制度。企业集团工会是集团职代会的工作机构，负责集团职代会的日常工作。闭会期间，遇有确需经集团职代会审议或审议通过的重大事项，按规定召开临时集团职代会；有需要临时解决涉及职工切身利益的重要问题可由企业集团工会组织召集职工代表团（组）长和专门委员会（小组）负责人联席会议协商处理。联席会议必须有各代表团（组）长参加；协商讨论解决属于集团职代会职权范围内的事项必须由集团职代会授权，并提请下一次集团职代会确认；企业集团改革改制方案必须经集团职代会审议，国有及其控股企业集团职工安置方案必须经集团职代会审议通过，不可由联席会议替代集团职代会行使职权。

四、认真履行集团职代会的职权

要根据国家相关法律法规，从企业集团决策管理权限出发，围绕企业集团发展规划、经营决策、重要规章制度、涉及职工切身利益的重大问题，确定集团职代会的各项职权内容。

（一）审议建议权。集团职代会应听取企业集团工作报告，审议企业集团经营方针、中长期发展规划、年度计划、财务预决算、安全生产等重要事项的报告；审议企业集团改制方案和重大改革措施；审议企业集团员工持股方案；审议企业集团制定、修改或者决定的有关劳动报酬、工作时间、休息休假、劳动安全卫生、保险福利、职工培训、劳动纪律以及劳动定额管理等直接涉及职工切身利益的规章制度或者重大事项方案，提出意见和建议。

（二）审议通过权。集团职代会应审议企业集团民主管理制度实施办法；审议企业集团集体合同草案、专项合同草案、企业年金方案、住房制度改革方案；审议职工奖惩办法、劳动模范推荐人选等重大事项。在审议的基础上，进行投票表决，形成通过或不通过的决议。国有及其控股企业集团产权转让、合并、分立、改制、解散、破产实施方案中职工的裁减、分流和安置方案也应当经集团职代会审议通过。

（三）监督评议权。集团职代会应监督企业集团及所属基层单位建立和健全完善职代会和厂务公开等民主管理制度情况；监督企业集团职代会决议贯彻执行情况和提案落实情况；审查监督企业集团及所属基层单位执行劳动法律法规和劳动规章制度的情况；审查监督企业集团及所属基层单位履行集体合同的情况；民主评议集团职工董事、职工监事。国有及其控股企业集团应当通过集团职代会民主评议集团领导人员。

（四）民主选举权。集团职代会应依法选举或罢免企业集团职工董事、职工监事；选举集团职代会专门委员会（小组）成员；选举依法进入破产程序企业集团的债权人会议和债权人委员会中的职工代表；选举法律法规规定或者企业集团党委、行政与工会协商确定应当由集团职代会选举产生的其他人员。

（五）法律法规赋予职代会的其他权利。

在推进企业集团改革改制过程中，特别是在国有企业集团推进混合所有制改革过程中，要重点规范改革调整重大事项的集团职代会审议建议程序。涉及企业集团改革调整的重大事项，应当通过集团职代会履行审议建议权的民主程序，提出意见建议。所属基层单位在此基础上细化方案，提交本级职代会审议并履行相应的民主程序。要重点规范涉及企业集团职工切身利益重要事项的集团职代会审议通过程序。涉及企业集团职工安置等职工切身利益的重要事项，应当通过集团职代会严格履行审议通过权的民主程序，根据所属基层单位实际，提出统一要求与分类指导相结合的原则，表决通过后实施。所属基层单位按照集团职代会决议细化方案，提交本级职代会审议通过后实施。

五、扎实推进集团职代会制度建设

（一）加强组织领导。各级工会要提高思想认识、主动担当作为，突出问题导向，把推行集团职代会制度摆上重要位置，善于借助厂务公开协调领导机构、劳动关系三方协调机制等平台，营造协同推进的良好氛围，积极稳妥地推动集团职代会制度建立健全。

（二）强化分类指导。各级工会要紧密结合实际，根据不同企业集团在产权结构、管控模式、组织规模方面的差异，推动符合建制条件但尚未建立职代会的企业集团抓紧建立集团职代会制度，认真落实职代会职权；推动已经建立职代会的企业集团继续完善制度、理顺关系、规范运行、彰显效能。

（三）统筹谋划落实。各级工会要加强制度设计，按照本意见要求，结合自身实际，制定完善配套政策或实施措施，注重加强对典型经验的总结推广，形成整体推进的工作态势，为推行集团职代会制度营造良好舆论环境和社会氛围。

本意见也适用于由多个子公司、分公司组成，多层级管理的集团性质企业。

中华全国总工会办公厅印发《关于进一步提高非公企业劳动和技能竞赛工作水平的意见》的通知

（总工办发〔2020〕30号）

各省、自治区、直辖市总工会，各全国产业工会，中央和国家机关工会联合会，全总各部门、各直属单位：

《关于进一步提高非公企业劳动和技能竞赛工作水平的意见》已经中华全国总工会第十七届书记处第36次会议审议通过，现印发给你们，请结合实际认真贯彻落实。

中华全国总工会办公厅

2020年12月29日

关于进一步提高非公企业劳动和技能竞赛工作水平的意见

为深入学习贯彻习近平新时代中国特色社会主义思想，贯彻落实党的十九大和十九届二中、三中、四中、五中全会精神，特别是习近平总书记关于工人阶级和工会工作的重要论述以及产业工人队伍建设改革重要指示精神，引导广大非公企业紧扣推动高质量发展广泛深入持久开展劳动和技能竞赛，进一步提高竞赛工作水平，现提出如下意见。

一、坚持多措并举，着力在扩大覆盖面、提高参与度上取得突破

（一）充分调动非公企业负责人及管理层开展劳动和技能竞赛的积极性主动性。非公企业负责人及管理层对开展劳动和技能竞赛的认识高度和重视程度，是做好竞赛工作的重要前提。要抓住非公企业负责人及管理层这个关键，在引领推动、示范引导、学习交流、宣传政策上下功夫，展示竞赛工作在提高

企业核心竞争力和凝聚力等方面的积极成效，通过全方位、多角度、立体化宣传动员，引导他们进一步深化对开展竞赛活动必要性、可行性和方式方法的认识。

（二）积极做好非公企业竞赛的分类指导工作。尊重企业主体地位和职工意愿，做好分类指导、示范带动。对国有改制或规模以上、已建工会的非公企业，动员保持发扬传统和优势，进一步提高竞赛工作实效，发挥好示范带动作用；对竞赛工作基础薄弱的中小微企业和新建企业，通过现场推进会、建立联系点、派出指导员等方式，解难纾困、逐步推动；对意愿不强或未建工会的企业，发挥产业、园区、经济带的聚合作用，组织开展企业间的夺标竞赛、技能竞赛等，引导非公企业在相互竞争中增强内生动力。

（三）进一步拓展竞赛活动的内容和领域。在组织好传统产业竞赛的同时，着力推动在非公企业集中的新业态新组织和新兴产业链中开展竞赛；在组织好生产领域竞赛的同时，大力开展多层级、多行业、多工种的竞赛活动，将一线工人、技术人员和管理人员纳入竞赛；在组织好企业主营范围内竞赛的同时，向安全生产、职业健康、节能环保等方面拓展；在发挥好工会作用的同时，坚持党建带工建，借助党建、团建优势开展竞赛，扩大覆盖面，增强影响力。

（四）切实增强竞赛活动对职工的吸引力。针对非公企业生产经营和员工结构特点，不断丰富载体内涵，引导职工参与竞赛。突出“趣”，创新具有现代元素、接地气的竞赛方式，引入积分兑换、创新银行、报告对话与现场点评等模式，借鉴大型晚会、誓师大会、颁奖典礼等职工喜闻乐见的形式，做到常赛常新。突出“网”，按照“智慧工会”建设要求，加强竞赛信息化平台建设，运用“互联网+”、大数据推行“云赛事”“云表彰”等，增强竞赛的便利性和群众性。

二、充分发挥作用，着力在推动职工技能素质提升和促进企业高质量发展上取得突破

（五）通过生产型竞赛推动企业达标达产。在严格落实《劳动法》和“促进企业发展、维护职工权益”的企业工会工作原则基础上，围绕企业发展和生产经营任务，引导组织职工开展保工期、保质量、保安全为主题的追逐赛、攻坚赛等，助力企业提高劳动生产率。特别是在企业生产高峰期，组织职工立足岗位和生产任务开展实战化竞赛，调动职工比产量、比质量、比安全的热情，保质保量完成生产任务。

（六）通过技能型竞赛提升职工技能素质。抓住推进产业工人队伍建设改革的重要契机，紧扣激发人才创新活力提升职工素质，为非公企业高质量发展

提供人力支撑。指导企业开展常态化、实战化岗位练兵、网上练兵、技术比武等活动，多渠道多方式开展培训。坚持练赛合一，鼓励和支持企业组织职工参加国内外技能大赛和比武交流活动，开阔视野、提高技能。协调做好非公企业职工培训和技术帮扶，推动“农民工职业技能提升计划”落实，用好“技能强国——全国产业工人学习平台”，建设知识型、技能型、创新型职工队伍。

（七）通过智能型竞赛激发职工创新活力。聚焦非公企业生产技术难题和经营薄弱环节，紧扣坚持创新核心地位引导职工参与科技创新。营造大胆创新、包容创新的良好氛围，发挥技术革新、技术协作、“五小”等群众性创新活动便于企业组织、易于职工接受的优势，在关键领域、卡脖子的地方下大功夫，推动关键核心技术攻关。把合理化建议作为基础环节，坚持立足一线岗位、组织一线职工、解决一线问题进行持续改善，推动生产组织创新、技术创新、市场创新。促进职工创新成果向现实生产力转化，形成“成果—转化—效益—成果”创新生态链，助力企业精益生产，提高核心竞争力。

（八）通过团队竞赛提高企业发展效益。以创建“工人先锋号”为载体广泛开展班组竞赛，引导职工互帮互学、技术攻关、团结协作。组织劳模和工匠人才创新工作室、学习创新小组、QC 小组等团队竞赛，提高团队建设水平，增强辐射带动能力、创新攻关能力和人才培养能力。推动实施新型学徒制、企业现代学徒制，结合企业传统，创新帮带方式，提高帮带质量，促进企业生产管理效益提高。

（九）通过搭建交流合作平台汇聚发展资源。着眼非公企业对项目、资金、人才、信息、技术等方面的需求，以市场为导向，以合作为牵引，围绕地区和行业发展战略、重大项目、技术课题等开展企业间的夺标竞赛，为非公企业和职工搭建技术交流、项目合作的平台，助力资金、技术、应用、市场等要素协同向企业集聚，推动新技术产业化规模化应用。

三、完善工作机制，着力在推动竞赛常态化、长效化上取得突破

（十）完善竞赛组织机制。各级总工会突出引领性和协同性，着力在政策、资金、协调、宣传等方面给予非公企业支持和引导，特别是着眼推进产业基础高级化、产业链现代化，围绕重大战略、重大工程、重大项目和重点产业，强化区域联动机制，组织引领性区域性竞赛；产业、园区、楼宇、街道工会等突出专业性和特殊性，体现产业特色，发挥企业集中、产业聚集、行业相近等优势，举办行业性专业性竞赛。

（十一）完善竞赛激励机制。着眼打造利益共同体，让企业和职工共享竞赛活动成果。对竞赛中涌现的优秀企业负责人和职工，推荐参评劳模和五一劳

动奖章等，开展首席员工、工匠人才评选及创新成果、先进操作法命名，切实提高获得感；把竞赛与职业资格认定、等级晋升相结合，推行“培训、练兵、竞赛、晋级”一体化机制，拓宽职工发展通道。把竞赛组织情况作为推荐非公企业参评五一劳动奖状、和谐劳动关系企业、创新型企业等的重要条件；对竞赛成效明显、社会贡献较大的非公企业，推动党政出台并落实优惠政策，加大职工培训、创新补助资金、创新工作室建设等支持力度，扩大企业社会影响力和知名度，助力实现更大发展。

（十二）完善竞赛评估机制。结合实际用好《企业劳动和技能竞赛绩效评估指标体系（试行）》，发挥绩效评估对竞赛的指挥棒、检测器作用。紧紧围绕非公企业发展战略、职工利益诉求，针对不同竞赛主题和阶段设置评估项目、内容。坚持目标导向、定性与定量相结合，采取自上而下、自查自评、专家评价或第三方评估等方式，提高评估的科学性和准确性。

四、加强组织领导，着力在提升竞赛动力上取得突破

（十三）不断强化领导合力。立足党和国家各项事业发展全局，立足党中央对改革发展稳定各项工作的决策部署，充分认清加强非公企业竞赛工作的重要意义，提高政治站位、增强工作责任感。发挥各级劳动竞赛委员会的组织协调作用，加强与党政相关部门、行业协会以及工商联、商会等的沟通，提升工作合力。注重工作指导，加强竞赛项目申报、推进、验收的闭环管理，提高竞赛规范化水平。

（十四）提供必要的经费保障。认真落实全总《基层工会经费收支管理办法》等有关规定，用足、用好竞赛工作经费。拓宽资金保障渠道，发挥工会经费的引导、撬动效应，鼓励企业赞助等社会化市场化模式，推动非公企业设立竞赛奖励基金。督促企业足额提取职工教育经费，且 60% 以上用于一线职工培训。

（十五）营造浓厚竞赛氛围。广泛宣传竞赛活动，既在企业内兴起比学赶帮超的劳动热潮，又在全社会产生强大带动力和影响力。深入学习贯彻习近平总书记在 2020 年全国劳动模范和先进工作者表彰大会上的重要讲话精神，构建以劳模精神、劳动精神、工匠精神为核心，以创新创造、发挥作用为价值理念，以多劳者多得、技高者多得为共同意识，以爱岗敬业、公平公正为基本内涵的竞赛文化，激发职工正能量、增强企业凝聚力。开展以劳动创造幸福为主题的宣传教育，讲好劳模故事、讲好劳动故事、讲好工匠故事，弘扬劳动最光荣、劳动最崇高、劳动最伟大、劳动最美丽的社会风尚。

中华全国总工会办公厅关于印发《中华全国总工会劳动和技能竞赛规划（2021—2025年）》的通知

（总工办发〔2021〕11号）

各省、自治区、直辖市总工会，各全国产业工会，中央和国家机关工会联合会，全总各部门、各直属单位：

《中华全国总工会劳动和技能竞赛规划（2021—2025年）》已经中华全国总工会第十七届书记处第43次会议审议通过，现印发给你们，请结合实际认真贯彻落实。

中华全国总工会办公厅

2021年6月23日

中华全国总工会劳动和技能竞赛规划（2021—2025年）

为贯彻落实党的十九届五中全会精神、《中华人民共和国国民经济和社会发展第十四个五年规划和2035年远景目标纲要》部署要求，充分发挥工人阶级主力军作用，支持和激励广大职工在新时代更好建功立业，制定本规划。

一、“十四五”时期劳动和技能竞赛总体要求和主要目标

1. 指导思想。坚持以习近平新时代中国特色社会主义思想为指导，深入学习贯彻习近平总书记关于工人阶级和工会工作的重要论述，落实《新时期产业工人队伍建设改革方案》、中国工运事业和工会工作“十四五”发展规划要求，立足党和国家各项事业发展全局，立足党中央对改革发展稳定各项工作的决策部署，紧扣推动高质量发展广泛深入持久开展“建功‘十四五’、奋进新征程”主题劳动和技能竞赛，大力弘扬劳模精神、劳动精神、工匠精神，进一步增强竞赛的针对性和实效性，动员广大职工为全面建设社会主义现代化国家建功立业。

2. 基本原则。

——坚持推动高质量发展。贯彻新发展理念，围绕构建新发展格局，充分激发广大职工的积极性、主动性、创造性，促进供给侧结构性改革、重大战略实施和产业基础高级化、产业链现代化，在推动高质量发展中充分发挥工人阶级主力军作用。

——坚持以职工为中心。严格落实《中华人民共和国劳动法》、《新时期产业工人队伍建设改革方案》要求，坚持职工自愿参与，坚持面向基层、面向一线、面向普通劳动者，把竞赛活动打造成为职工成长成才的平台，切实增强职工的获得感、幸福感。

——坚持创新引领。瞄准技术变革和产业优化升级的方向，紧扣坚持创新核心地位引导职工参与科技创新，大幅提高创新成果转移转化成效，紧扣激发人才创新活力提升职工技能水平，建设知识型、技能型、创新型劳动大军。

——坚持广泛深入持久的基本要求。牢固树立系统观念，抓大促小、示范带动、整体推进，不断扩大覆盖面、提高参与度，落实到基层、深入到一线，长期坚持下去、形成长效机制。

3. 主要目标。着眼提高竞赛工作质量、发挥竞赛积极作用，“十四五”时期努力实现以下主要目标。

——在推动高质量发展上实现新进步。全国引领性劳动和技能竞赛进一步规范，竞赛项目超过 100 项，带动多层级、多行业、多工种竞赛蓬勃开展；全国各级各类创新工作室达到 15 万家，有序扩大跨区域、跨行业、跨企业的劳模创新工作室联盟，推动“卡脖子”关键核心技术攻关，在服务国家和地区重大战略、重大工程、重大项目、重点产业建设发展上发挥积极作用。

——在促进创新发展上达到新水平。职工创新和成果转化机制进一步完善，“五小”活动广泛开展，合理化建议达到 4000 万件，技术革新 240 万项，发明创造 85 万项，总结推广先进操作法 66 万项，企业核心竞争力、全员劳动生产率、节能环保效益、安全生产和经营管理水平得到有效促进。

——在增强职工获得感上取得新成效。岗位练兵、技能比赛、技能大赛广泛开展，职工技能水平普遍提高，培训职工超过 2000 万人次，劳模本科班培养 300 人。竞赛激励力度不断加大，对职工待遇提高、晋级晋升、评选表彰等促进作用进一步发挥，受益面受益度不断扩大。

——在落实广泛深入持久的基本要求上迈出新步伐。全国开展竞赛活动的已建工会规模以上企业数、职工参与率稳中有升，中小微企业、“三新”组织、机关事业单位竞赛工作持续推进，参赛职工类型和竞赛领域不断拓展；竞赛制度机制进一步健全，形成一批职工叫好、企业欢迎、社会支持的竞赛新载体新模式。

二、深化全国引领性劳动和技能竞赛，推动高质量发展

围绕国家和地区重大战略、重大工程、重大项目、重点产业，紧扣推动高质量发展深化竞赛活动，不断提高竞赛实效。

4. 在聚焦战略性和引领性上求深化。围绕制造强国、科教兴国、创新驱动发展等国家战略，以推动振兴实体经济、重大基础设施建设、打造数字经济、绿色低碳发展、首台（套）重大技术装备研发制造以及“卡脖子”技术难题等为重点，广泛开展多种形式的竞赛活动，做到高起点谋划、高标准推动、高质量落实。

5. 在提高竞赛组织规范化水平上求深化。坚持项目化管理，严格项目遴选标准，精心制定竞赛方案，建立完善竞赛项目库，健全信息反馈、项目督导、调查研究、评估考核、总结表彰等工作机制，强化闭环管理。加大组织力度，各级总工会突出引领性和协同性，发挥牵头协调作用，围绕国家、区域、地区经济社会发展目标开展不同层级的引领性竞赛；各全国产业工会突出优势特色，紧盯推进产业基础高级化、产业链现代化开展竞赛，打造左右协同、高低配套、整体推进的竞赛体系。

6. 在拓展竞赛内容上求深化。开展重大工程建设竞赛，围绕建设目标任务，以质量为核心，以安全生产为保证，激发职工劳动热情和创造活力，提高全员劳动生产率，促进项目优质高效、安全环保竣工和使用。开展创新创效、产业转型升级竞赛，推动重大项目建设、关键核心技术攻关，助力打造一流产品，提供一流服务。开展职工职业技能竞赛，结合岗位实际和生产任务开展技术比武、网上练兵，引导广大职工学习新知识、钻研新技术、创造新工艺。着眼碳达峰、碳中和目标，开展生态环保、降耗增效等竞赛，推动重点行业和重要领域绿色化改造。

7. 在以点带面、引领带动上求深化。借助重大工程项目人才聚集、科技密集、社会影响力大的平台优势，把思想引领贯穿始终，大力弘扬劳模精神、劳动精神、工匠精神，让劳动光荣、创造伟大成为时代强音；把创新引领贯穿始终，推动核心基础零部件、关键基础材料、先进基础工艺、产业技术基础突破，带动全产业链优化升级；把组织引领贯穿始终，探索可复制、可推广的竞赛新模式新手段，为全国竞赛工作出经验、当表率、作示范。

三、强化竞赛区域联动，促进区域协调发展

牢固树立系统观念，紧扣高质量和一体化两个关键，健全竞赛区域联动机

制，推动区域发展向更高水平迈进。

8. 紧贴区域发展目标。围绕继续推进京津冀协同发展、雄安新区建设、长江经济带发展、长三角一体化发展、粤港澳大湾区建设和“一带一路”建设等，总结竞赛经验，强化区域联动，锚定高质量、推动新发展。围绕推进西部大开发、东北全面振兴、中部地区崛起、东部率先发展、黄河流域生态保护和高质量发展等，在重大工程建设、产业结构调整中开展立功竞赛、引领性竞赛，发挥竞赛积极作用。围绕支持革命老区、民族和边疆地区建设、推进兴边富民和乡村振兴，以促进特色产业和生态建设为牵引，围绕职工技能提升、重大基础设施建设、农业科技装备制造等开展区域性行业性竞赛，推动绿色创新发展。

9. 建立健全联动机制。坚持资源共享、合作共赢，建立健全区域竞赛组织机制，强化组织领导。着眼常态化、一体化、实效化，签订战略合作协议，完善联席会议制度，构建区域融合、行业联合、条块结合的联动机制，做到同频共振、同抓共促。以产业发展、项目合作为纽带，发挥企业集中、产业聚集、行业相近等优势，引导市、县、乡镇、工业园区以及毗邻地区加强竞赛区域联动，开展多层次、宽领域合作，提升竞赛的聚合效应。

10. 加大交流合作力度。加强人才培训交流合作，共享职工实训基地、技能学院等资源，举办区域性行业性职业技能大赛。加强技术创新交流合作，开展创新成果展示交流活动，创建劳模和工匠人才创新工作室联盟，组织劳模工匠开展技术帮扶，提升区域整体技术水平。加强竞赛组织交流合作，分享推广竞赛活动经验，着力研究解决矛盾问题，推动竞赛广泛深入持久开展。

四、提升企业竞赛工作水平，激发各类市场主体活力

围绕提升产业链供应链现代化水平，激发职工创新创造热情，提高全员劳动生产率，增强企业活力、创造力和竞争力。

11. 巩固深化国有企业竞赛工作。以国企改革三年行动为契机，发挥产业工会作用，创新国企竞赛方式载体，推动竞赛工作上台阶。综合运用生产型、技能型、智能型竞赛等形式，突出抓好关系国家安全、国民经济命脉、国计民生和前瞻性战略性新兴产业等领域的竞赛工作，推动提高国企战略支撑能力。利用国有经济布局优化、结构调整和战略性重组、产业链合作等时机，发挥龙头国企优势，示范带动不同所有制企业竞赛工作交流融合，形成更具特色、更具带动力的竞赛新模式。

12. 大力提升非公企业竞赛工作水平。落实全国总工会《关于进一步提高非公企业劳动和技能竞赛工作水平的意见》，着眼非公企业经营管理特点，充

分调动企业负责人及管理层的积极性，在分类推进、发挥作用上下功夫。探索在新产业新业态新组织、八大群体中开展竞赛的方式途径，围绕技术研发、运营管理开展“五小”等群众性创新活动，推动提升职工技能素质和企业经营管理水平。创新竞赛方式，扩大覆盖面，促进职工待遇提升、成长成才，做到企业、职工和竞赛工作的组织者、支持者受益。

13. 内外结合激发企业发展活力。以创建“工人先锋号”为载体深化班组竞赛活动，加强劳模和工匠人才创新工作室建设，引入“揭榜挂帅”竞赛机制，深入开展质量管理小组和质量信得过班组建设活动，增强企业各类团队的辐射带动能力、创新攻关能力和人才培养能力，让企业“细胞”更活跃、更有效，推动企业更好发挥创新主体作用。围绕优化营商环境，广泛开展合理化建议、对标竞赛、优质服务立功竞赛等活动，提高相关企事业单位服务保障水平。

五、释放职工创造潜能，为高质量发展提供强大人力支撑

坚持立足一线岗位、组织一线职工、解决一线问题，把职工技术创新嵌入企业研发链条，融入社会主义市场经济条件下新型举国体制，在打好关键核心技术攻坚战、提高创新链整体效能中发挥广大职工的主力军作用。

14. 扎实开展职工技能素质提升活动。把提高职工创新能力作为助力职工成长和企业发展的重要基础，广泛开展常态化、实战化的岗位练兵、技能培训、师徒帮教等活动，发挥工会院校、职工学校、技能实训基地作用，突出抓好农民工技能培训，深化高技能领军人才境外培训，推动职工技能国际交流，用好“技能强国——全国产业工人技能学习平台”。坚持以赛促训，叫响做实全国职工职业技能大赛品牌，以国家级一类、二类技能竞赛为牵引，带动多层级、多行业、多工种职工技术比武活动，激发职工学习热情，造就高素质技术技能人才、能工巧匠、大国工匠。

15. 大力开展群众性创新活动。倡导敬业、精益、专注、宽容失败的创新文化，聚焦生产技术难题和经营薄弱环节，大力开展技术革新、持续改善等活动，推动生产组织创新、技术创新、市场创新。突出“五小”在群众性创新活动中的战略地位，把合理化建议作为基础环节，形成基础广泛、人才集聚、成果丰硕的活动体系。加大支持力度，定期举办大国工匠创新交流大会和全国职工优秀技术创新成果交流活动，用好职工创新补助资金，完善中国职工经济技术信息化服务平台，建立区域性、行业性职工技术创新联盟，推动解决跨行业跨领域关键共性技术问题。

16. 大幅提高创新成果转化应用成效。加强顶层设计和机制建设，畅通职

工创新成果转化应用渠道，做好全国创新争先奖、中国专利奖等推荐工作，促进创新链和产业链精准对接。以竞赛为平台，以项目合作为牵引，助力资金、技术等要素协同集聚，推动职工创新成果产业化规模化应用。利用好技术市场，加强职工知识产权保护，开展技术转让和技术服务，形成“成果—转化—效益—成果”的创新生态链。

六、抓实“安康杯”竞赛，维护职工安全健康权益

着眼抓基层、打基础、求实效，发挥竞赛在推动企业落实安全生产主体责任、实现安全发展、控制职业危害上的重要作用。

17. 提高职工安全健康意识和技能。配合政府或企业开展“安全生产月”、《职业病防治法》宣传周、争做“职业健康达人”等活动，协助企业落实新入职员工、车间班组、企业“三级”安全教育培训，提高职工事故防范、应急处置和自我保护能力。

18. 切实维护职工生命健康权益。以一线职工、农民工、重体力劳动职工等群体为重点，把维护职工生命健康安全作为“安康杯”竞赛的出发点落脚点。探索在特殊条件、特殊环境下竞赛方式载体，推动加强高温、低温、有毒有害等特殊工作环境劳动者的职业健康保护。组织动员职工立足岗位开展隐患排查，建立安全生产奖励举报制度。

19. 推动竞赛不断往深里走。探索“互联网 +”模式，规范竞赛活动评选、表彰和管理，提高竞赛的规范化水平。开展安全型班组竞赛，推动班组安全管理标准化、规范化、制度化建设。把开展“安康杯”竞赛与工会组建、创建劳动关系和谐企业活动等有机结合起来，做到相互促进、相得益彰。

七、加强规划实施保障，增强竞赛发展动力

深刻把握广泛深入持久开展竞赛的基本要求，切实提高政治站位、增强工作责任感，形成推动竞赛深入发展的强大合力。

20. 强化组织领导。建立健全竞赛组织领导机构，积极争取各级党委和政府、产业链“链长”、企业负责人的重视支持，加强与行业协会、工商联、商会等的沟通协调，发挥产业工会、街道楼宇工会的优势作用，强化党政支持、工会牵头、上下联动、共同推进的“一盘棋”格局。不断完善竞赛组织机制、绩效评估机制、激励机制等，探索建立重大疫情和经济波动等条件下的竞赛工作预案，推动竞赛活动常态化、长效化。

21. 加强激励保障。充分发挥竞赛对促进职工成长成才的积极作用，联合政府有关部门加大激励力度，推动竞赛同劳模评选、职称评定、技术等级认

定、工资收入、人员聘用选拔等相融合，在培养“高精尖缺”人才上求突破，在提高职工待遇上求突破，在拓展职业发展通道上求突破。拓宽资金保障渠道，健全奖补结合的资金支持机制，发挥工会经费的引导、撬动效应，督促企业足额提取职工教育经费，且60%以上用于一线职工培训。

22. 营造浓厚氛围。把习近平总书记关于劳动创造幸福的理念贯穿竞赛宣传和组织的全过程，讲好劳模故事、讲好劳动故事、讲好工匠故事，既在企业内部兴起比学赶帮超的劳动热潮，又在全社会产生强大的带动力和影响力。积极构建和倡导以劳模精神、劳动精神、工匠精神为核心，以创新创造、发挥作用为价值理念，以多劳者多得、技高者多得为共同意识，以爱岗敬业、公平公正为基本内涵的竞赛文化，激发职工干一行、爱一行、专一行、奉献一行的正能量和自豪感，增强企业凝聚力竞争力。

各省（区、市）总工会、各全国产业工会要依据本规划，结合实际细化实施方案，加大督促检查、总结评估、协调推进力度，确保规划目标和任务得到落实。

中华全国总工会办公厅关于印发《全国总工会关于加强产业工会工作的实施办法》的通知

（厅字〔2018〕10号）

各全国产业工会、全总各部门：

《全国总工会关于加强产业工会工作的实施办法》已经中华全国总工会第十六届书记处第八十八次会议审议通过，现印发给你们，请结合实际，认真贯彻执行。

中华全国总工会办公厅

2018年4月17日

全国总工会关于加强产业工会工作的实施办法

为深入学习贯彻习近平新时代中国特色社会主义思想和党的十九大精神，贯彻落实《新时期产业工人队伍建设改革方案》，深入推进产业工会工作创新发展，充分发挥产业工会在加强产业工人队伍建设改革、促进产业经济高质量发展的积极作用，根据《中华全国总工会关于深入推进产业工会工作创新发展的意见》，制定加强产业工会工作的实施办法。

一、建立全国产业工会工作专题会议制度

1. 建立全国产业工会工作会议制度。全总每5年召开一次全国产业工会工作会议，遇有特殊情况，可适时召开。会议的主要任务是贯彻落实中央有关会议精神，总结推广加强产业工会建设、发挥产业工会作用等方面的经验，研究推进产业工会工作创新发展的思路和举措，更好地发挥产业工会作用。

2. 建立全总机关产业工会工作会议制度。根据产业工会面临的形势任务，

全总每年适时召开全总机关产业工会工作会议，听取各全国产业工会工作汇报，研究产业工会工作面临的重大理论和实践问题，明确重点工作任务和要求，把产业工会工作纳入工会工作总体格局一起部署、一起推进。

二、加大对全国产业工会经费保障力度

3. 继续将产业工会年度重点工作所需经费纳入全总本级经费收支预算，继续在驻会全国产业工会的日常办公经费、差旅费等方面加大保障力度。

4. 进一步加大对产业工会工作经费的支持力度，经全总书记处批准的临时性重大活动所需经费，由全总本级调整预算安排，保障重点工作、重点活动的开展。

三、积极为全国产业工会工作创造条件

5. 全总在开展全国五一劳动奖和全国工人先锋号等各类评选表彰活动时，在条件允许的情况下，适当增加全国产业工会推荐名额。加强同政府有关部门的沟通协调，推动全国产业工会会同有关国家部委共同做好相关评选表彰工作。

6. 对在参加国家重大战略、重大工程等纳入全国引领性劳动和技能竞赛中取得优异成绩、表现突出的先进集体和先进个人，纳入全总总体表彰范围，经报全总书记处研究审批，进行适量表彰。

四、加强全国产业工会与省级地方工会的协调配合

7. 由全总办公厅下发文件，要求各省（区、市）总工会明确与全总各相关全国产业工会对口联系的产业工会或工作部门，以及具体工作职责、内容、方法、途径等，形成制度性安排，以更好加强全国产业工会的对下领导和工作指导，推动产业工会工作创新发展。

8. 各全国产业工会要积极主动加强与省级地方工会以及相应省级地方产业工会或部门的联系，建立有效的联系渠道，推动健全完善产业工会组织体系，确保工作上下贯通、指导及时有力。

五、加强对省（区、市）产业工会工作的督查

9. 建立专项督查制度。每 2 年对省（区、市）产业工会工作进行一次督查，遇有重大任务、重要工作，根据工作需要，可随机进行督查。督查由全总办公厅、组织部、财务部等部门，会同各全国产业工会共同进行。

10. 督查主要围绕组织领导、组织体系建设、人员配备、责任落实、经费

保障、完成工作任务、发挥作用等情况进行。当前和今后一个时期，重点督查推进《新时期产业工人队伍建设改革方案》和《中华全国总工会关于深入推进产业工会工作创新发展的意见》的贯彻落实情况。

六、切实加强全国产业工会党的建设

11. 在全总党组领导下，修订完善各驻会全国产业工会分党组工作规则，更好发挥分党组领导核心作用，为推进产业工会工作创新发展提供坚强政治保证。全国产业工会要更加自觉做到坚持党的领导，落实全面从严治党要求，切实提高党的建设水平，坚定不移走中国特色社会主义工会发展道路，始终坚持产业和地方相结合的我国工会组织领导原则，确保产业工会工作正确的政治方向。

12. 着眼建设高素质专业化产业工会干部队伍，加强产业工会领导班子建设，优化干部结构，加大培训力度，注重产业工会干部的培养、锻炼、交流和使用。推进产业工会委员会机关和委员、常委单位互派挂职干部，切实提高产业工会干部的综合素质和专业化水平。

中华全国总工会办公厅关于广泛深入持久开展劳动和技能竞赛　助力夺取疫情防控和实现经济社会发展目标双胜利的通知

（厅字〔2020〕14 号）

各省（区、市）总工会，各全国产业工会，中央和国家机关工会联合会，全总各部门：

为深入学习贯彻习近平总书记关于统筹推进新冠肺炎疫情防控和经济社会发展工作的重要讲话精神，广泛深入持久开展“当好主人翁、建功新时代”主题劳动和技能竞赛，团结动员广大职工充分发挥主力军作用，主动担当、众志成城、共克时艰，为奋力夺取疫情防控和实现今年经济社会发展目标双胜利做贡献，现将有关要求通知如下。

一、高度重视，切实把思想和行动统一到习近平总书记重要讲话精神和党中央决策部署上来

今年是全面建成小康社会和“十三五”规划的收官之年。新冠肺炎疫情发生以来，党中央高度重视，习近平总书记亲自部署、亲自指挥，多次发表重要讲话、作出重要指示，亲临一线调研指导，特别是提出要统筹推进疫情防控和经济社会发展工作，为全国人民打赢疫情防控人民战争、总体战、阻击战和完成经济社会发展目标提供了科学指导和强大动力。全国人大常委会副委员长、中华全国总工会主席王东明和全国总工会党组、书记处高度重视，对学习贯彻习近平总书记重要讲话精神，抓好疫情防控、推动企业复工复产、助力实现经济社会发展目标等工作作出具体部署，提出明确要求。

广大职工是抗击疫情、实现经济社会发展目标的主力军。面对当前的新形势、新挑战，团结动员广大职工广泛深入持久开展劳动和技能竞赛，是落实习近平总书记重要指示精神和全总党组、书记处部署要求的重要举措，是充分释放我国发展潜力和强大动能的必然要求，是广大职工和工会组织围绕中

心、服务大局的具体行动。各级工会要切实增强“四个意识”、坚定“四个自信”、做到“两个维护”，把思想和行动统一到习近平总书记重要讲话精神和党中央决策部署上来，变压力为动力，化危为机，广泛深入持久开展劳动和技能竞赛，团结动员广大职工积极主动参与打好三大攻坚战，推动做好“六稳”工作，努力把时间赶回来，把损失补回来，为夺取疫情防控和实现经济社会发展目标双胜利作出积极贡献。

二、突出重点，助力夺取疫情防控和实现经济社会发展目标双胜利

紧紧围绕党中央确定的决胜全面建成小康社会、决战脱贫攻坚、完成“十三五”规划等重点任务，根据各地分区分级精准防控要求，因地因企开展“当好主人翁、建功新时代”主题劳动和技能竞赛，争时间、赛质量、保安全、促发展，助力夺取疫情防控和实现经济社会发展目标双胜利。

一是推动企业全面复工复产。要在医疗、能源、生活必需品等生产企业中开展保生产、保供给竞赛，组织职工积极投入生产、全力保障供应。组织开展交通物流领域竞赛，打通人流、物流堵点，确保员工回得来、原料供得上、产品出得去。央企、国企大多处于产业链上游，要针对重点行业、龙头企业和产业链核心企业开展企业内、企业间和区域竞赛，带动全产业链加快复工复产。深化“安康杯”竞赛活动，以化工、煤矿、运输、建筑等行业为重点，广泛开展安全隐患排查，切实发挥职工监督作用，为复工复产和经济社会发展营造安全稳定的环境。

二是深化重大战略、重大工程、重大项目和重点产业竞赛。努力克服疫情不利影响，着力抓好在建和新开工项目建设劳动和技能竞赛。继续围绕京津冀协同发展、长江经济带发展、长三角地区一体化发展、雄安新区建设、粤港澳大湾区建设、“一带一路”建设、振兴东北等国家重大战略，进一步深化全国引领性劳动和技能竞赛，在促进区域联动、丰富竞赛内涵、创新竞赛载体、加强机制建设等方面下功夫，求实效。围绕发展智能制造、无人配送、在线消费、医疗健康等新兴产业开展技术创新竞赛，壮大新兴产业，优化产业结构。进一步落实《关于广泛深入持久开展“五小”活动的指导意见》，动员广大职工立足岗位建功立业，把竞赛活动落实到基层、深入到一线。

三是大力支持非公企业发展。针对疫情对非公企业特别是中小企业影响较大的实际，发动职工献计献策，组织劳动模范、技术能手深入企业开展技术服务、技术帮扶等，协助企业渡难关、求发展。把提高职工技能水平、加强班组建设作为切入点，开展多种形式的技能提升和班组竞赛活动，提高职工特别是农民工的技能水平，增强企业管理能力。要坚持抓大促小、形成合力、全面推

进，依托行业协会，发挥园区、街道、楼宇工会的作用，积极搭建竞赛平台，开展以达标对标、技能提升为主要内容的竞赛活动，由点到面、逐步深化。

四是助力完成脱贫攻坚任务。围绕决战决胜脱贫攻坚目标开展多种形式的劳动和技能竞赛，助力贫困地区脱贫攻坚。结合国家兴边富民行动和产业扶贫工程等，抓好扶贫龙头企业、扶贫车间的竞赛工作，提高经济效益。着眼扶贫搬迁，注重抓好安置规模大、工期进度紧项目的竞赛工作，组织职工高质高效完成工程建设任务。

五是着力提高职工技能素质。进一步落实四部委下发的《关于应对新型冠状病毒感染肺炎疫情　支持鼓励劳动者参与线上职业技能培训的通知》要求，注重线上线下相结合，认真组织职业技能培训，提升职工技能水平。按照常态化、长效化、实战化的要求，广泛开展岗位练兵、技能比赛、技术交流、师带徒等活动，引导职工在干中学、学中练。

六是发挥先进典型的示范引领作用。通过竞赛活动，认真选树奋战在抗疫一线的医护人员、社区工作者、服务保障人员、志愿者等先进典型，宣传他们的崇高精神和感人事迹，激励职工投身疫情防控和经济建设。广泛开展“工人先锋号”、劳模和工匠人才创新工作室、劳模示范岗等创建活动，引导职工发扬劳模精神、劳动精神、工匠精神，助力企业克服困难、推动高质量发展。

三、加强领导，把竞赛工作抓实抓细抓落地

各级工会要把抗击疫情、助力企业复工复产和经济社会发展列入重要议事日程，切实做到思想上高度重视、组织上加强领导、工作上扎实推进，团结动员广大职工在对冲疫情影响、促进经济高质量发展上展现新作为、作出新贡献。

一是加强统筹规划。针对疫情影响，对竞赛工作目标、任务安排进行调整；充分利用国家、地方出台的相关优惠政策举措，进一步完善具体方案，特别是湖北各级工会要根据疫情防控要求和复工复产进度，周密筹划、扎实推进竞赛工作，助力经济恢复和发展。要深入基层及时研究新情况、解决新问题，健全完善竞赛组织领导机制、活动管理机制、绩效评估机制、表彰激励机制等，推动竞赛活动科学化、常态化、长效化。

二是创新形式载体。按照疫情防控要求，灵活组织竞赛启动、调研和总结等活动，防止大规模人员聚集。深入总结疫情期间线上学习培训等经验，完善运用“互联网 +”、移动客户端、大数据、云计算等现代化手段开展竞赛的形式载体，增强竞赛的先进性、便利性和群众性。坚持以职工为中心，让职工当主角，从发现问题入手，组织一线职工、立足一线岗位、解决一线问题，动员职

工参与活动各环节，提升竞赛吸引力、凝聚力。

三是加大激励力度。非常时期尤其需要典型示范、众志成城。要结合全国劳模、全国引领性劳动和技能竞赛表彰、最美职工等推荐评选工作，对助力企业复工复产、推动经济社会发展竞赛中表现突出的先进集体和个人，及时给予表彰，加大奖励力度，激励广大职工为实现经济社会发展目标贡献力量。

四是强化责任担当。各级工会要坚持两手抓，在党委政府的统一领导下，认真做好统筹推进疫情防控和经济社会发展工作。广大工会干部特别是各级领导干部要增强必胜之心、责任之心，既有责任担当之勇、又有科学防控之智，既有统筹兼顾之谋、又有组织实施之能，狠抓落实、务求实效，在疫情防控和推动经济社会发展中彰显广大职工和工会组织的担当作为。

中华全国总工会办公厅

2020 年 3 月 22 日

全国厂务公开协调小组办公室关于印发《2019—2023 年全国企业民主管理工作五年规划》的通知

（国厂开组办发〔2019〕4 号）

各省、自治区、直辖市厂务公开协调（领导）小组：

《2019—2023 年全国企业民主管理工作五年规划》已经 2019 年 5 月 22 日全国厂务公开协调小组第二十三次会议审议通过。现予印发，请结合本地实际，认真贯彻落实。

全国厂务公开协调小组办公室

2019 年 6 月 11 日

2019—2023 年全国企业民主管理工作五年规划

党和政府高度重视发展和谐劳动关系，党的十九大提出坚持以人民为中心的发展思想，强调构建和谐劳动关系。企业民主管理是构建和谐劳动关系的重要内容，对建立完善科学有效的利益协调、诉求表达、矛盾调处、权益保障机制具有重要作用。当前，我国发展仍处于并将长期处于重要战略机遇期，在新技术新业态新模式下，劳动用工呈现许多新特点，劳动关系出现许多新情况新问题，对构建和谐劳动关系带来新的挑战。《2014—2018 年全国厂务公开民主管理工作五年规划》实施以来，各级厂务公开协调领导机构采取有效举措，认真落实规划要求，取得了积极成效，企业民主管理工作进一步深化发展。但还存在区域行业发展不平衡、覆盖面不充分、总体质量不够高等主要问题。为适应全面深化改革的新要求和劳动关系发展变化的新趋势，深入推动新时代企业民主管理工作创新发展，现制定 2019—2023 年全国企业民主管理工作五年规划。

一、指导思想

1. 坚持以习近平新时代中国特色社会主义思想为指导，全面贯彻党的十九大精神，服从服务全面深化改革的新要求，凝聚广大职工力量，汇集广大职工智慧。

2. 坚持以职工为本，立足社会主要矛盾新变化，把解决广大职工最关心、最直接、最现实的利益问题，作为企业民主管理工作的出发点和落脚点。

3. 坚持依法依规，切实贯彻落实劳动法律以及《中共中央办公厅、国务院办公厅关于在国有企业、集体企业及其控股企业深入实行厂务公开制度的通知》《企业民主管理规定》等法律法规政策，运用法治思维和法治方式推进工作。

4. 坚持共建共享，统筹处理好促进企业发展和维护职工权益的关系，加强体制机制建设，推动企业和职工构建利益共同体、事业共同体、命运共同体，助力企业高质量发展，实现共创共建共享共赢。

二、总体要求

5. 着力建制扩面，扩大领域、夯实基础。把企业民主管理建制工作与工会组建紧密结合起来。分类指导，以点带面，协调联动，扩大覆盖面，推动各类型企事业单位普遍建立职代会和厂务公开制度，设立董事会、监事会的公司制企业应建立健全职工董事职工监事制度。

6. 着力提质增效，提升质量、突出成效。推动企事业单位建立企业民主管理长效机制，实现企业民主管理融入企事业单位日常生产经营更加自觉紧密，企业民主管理制度更加健全完善，职工参与企业民主管理更加广泛充分，企业民主管理效能更加有效彰显。

三、具体目标

7. 中央企业全部建立职代会制度，符合条件的公司制企业建立职工董事职工监事制度；已建工会的国有企业及其控股企业、100 人以上的非公有制企业普遍建立职代会、厂务公开制度。推进事业单位普遍建立职代会、厂务公开制度。

8. 普遍推行区域（行业）职代会制度，鼓励小微企业结合自身特点开展多种形式的民主管理活动，实现 100 人以下非公有制企业民主管理制度覆盖率稳步增长。

9. 引导经济开发区（工业园区）、乡镇（街道）、产业聚集区的企业及社会组织广泛开展企业民主管理工作。

四、主要举措

10. 加强政策指导，推进企业民主管理制度化规范化法治化建设。全国厂务公开协调小组及其办公室将适时出台关于推进集团企业职代会制度建设、新时代深化企业民主管理工作等文件。各地要指导企事业单位贯彻落实企业民主管理相关法律法规，制定或修改完善有关职代会、厂务公开制度的实施细则及职工董事职工监事履职规则。严格规范民主程序，坚持企业改制方案提交职代会审议，职工安置方案、集体合同草案等涉及职工切身利益的重大事项提交职代会审议通过。指导各地通过运用“工会劳动法律监督意见书”“工会劳动法律监督建议书”，督促企事业单位依法建立职代会、厂务公开等民主管理制度。借助社会信用信息平台，督促未建制的企业及时整改。开展立法调研活动，继续推进国家层面的企业民主管理专项立法工作。出台地方法规规章的地区，要联合人大、政协、劳动监察等部门做好执法检查、政协视察和行政监察，督促法规政策落实落地。

11. 坚持依法治企，把企业民主管理融入企事业单位经营管理中。引导企事业单位依法经营管理、依法治企兴企，依据法律法规在决策制定、规章制度、人员安排、绩效考核、物资采购、招标投标等经营管理过程中，通过职代会、厂务公开等民主形式，广泛听取职工的意见和建议，不断完善管理制度，提高管理水平。

逐步推动将职工代表大会制度写入国有企业公司章程，与企业专业管理相结合，并纳入到企业管理的制度体系中，严格规范履行职工代表大会的职责，完善符合市场经济规律和我国国情的国有企业法人治理结构。逐步推动职代会、职工董事等工作纳入国有企业党建巡视工作内容。国有企业应当发挥职代会、工会作用，坚持和完善职代会民主评议企业领导人员制度，加强职工民主监督。要依法推进职工董事职工监事制度建设，坚持职工董事、职工监事由职工代表大会选举产生，完善职工董事、职工监事履职的必要保障。职工董事、职工监事要向企业职代会报告工作，接受职代会监督、质询和民主评议。保障职工代表有效参与公司治理，在处理劳动关系重大问题、涉及职工切身利益重要事项时，切实发挥监督作用。

推动非公有制企业守法经营，自觉保障职工合法权益，积极履行社会责任，用法治方式规范企业经营管理。指导单独建制的非公有制企业认真落实职代会职权，制定或修改涉及劳动者切身利益的规章制度或者重大事项方案，提交职代会审议或审议通过。引导企业就劳动报酬、职工教育培训经费提取与使用、企业年金方案、工作时间、劳动安全卫生等涉及职工权益的事项与职工开展集体协商，并将协商内容经职代会或职工大会讨论通过。加强厂务公开制度建设，企业改革发展中的重大问题和职工关心的热点难点问题，必须通过厂务公开广泛听取职工的意见建议。将职代会、厂务公开作为非公有制企业经营管理的一项重要制度，与企业文化建设结合起来，进一步提高企业经营管理者和职工代表的民主意识，形成民主自觉。

12. 丰富内容形式，激发企业创新发展内生动力。持续深入开展“公开解难题、民主促发展”主题活动，紧密结合经济社会发展情况和企事业单位实际，进一步丰富活动形式。引导企业特别是非公有制企业经营管理者树立以人为本的理念，引导职工与企业共克时艰，为推动企业实现高质量发展贡献智慧和力量。将主题活动与开展“职工代表优秀提案活动”相结合，提高职工代表参与企事业单位管理和监督评议的能力，调动职工的积极性主动性创造性，激发企业在纾困解难、转型发展中的内生动力。进一步推动企业民主管理工作的内容向企业经营管理的重大问题延伸、向职工关心的热点难点问题延伸，与企业党建、领导班子建设、职工队伍建设、企业文化建设等结合起来。各地要探索建立全方位、多层次、制度化的企事业单位协商民主机制，与和谐劳动关系创建活动相结合，进一步丰富职代会闭会期间的民主管理活动，做到与职代会制度有效衔接。适应“互联网 +”时代特点，指导企事业单位运用信息技术，积极探索民主管理、信息公开等有效实现形式，催生民主管理新活力，开辟民主管理工作新阵地，创造民主管理工作新方法，降低职工参与民主管理、民主监督的门槛，提高民主管理工作的便捷性、灵活性、互动性，使职工在参与过程中有更多获得感。

13. 完善工作机制，保障企业民主管理制度全面落实。各地要推动企业民主管理纳入推进基层民主政治建设、科学发展、促进社会和谐的党政目标责任制考核体系，纳入党建工作总体部署，纳入组织人事部门对党政干部的考核监督机制。要普遍推行企业民主管理质量评估机制建设，逐条细化标准，强化定量操作。以创建厂务公开民主管理示范单位活动为抓手，指导企事业单位把职代会制度作为民主管理机制建设的重点，健全职代会议案预告、职代会决议“票决制”、各专门委员会（工作小组）工作制度和决议落实制度。完善职工代表选举、提案、述职评议、巡视检查、培训等制度。鼓励各地建立健全企业民主管理激励约束机制，把企业职代会制度建设和发挥作用情况作为评选五一劳动奖状、模范职工之家及推荐企业经营管理者参评劳动模范等荣誉称号的必备条件。

14. 加强职工代表队伍建设，提升企业民主管理工作水平。各地要以增强职工代表履职能力为重点，深入推进职工代表素质提升工程。着力提高培训针对性有效性，努力实现职工代表培训工作覆盖面不断拓展、内容不断深化、方式不断改进、效果不断凸显，为推进新时代企事业单位民主管理工作打下坚实基础。各省（区、市）要建设一支高水平职工代表培训师资队伍，全国厂务公开协调小组办公室将在此基础上建立全国职工代表培训师资库。2022 年全国企业民主管理调研检查活动，将把各地职工代表培训情况作为检查的重点内容，检验各地培训工作成果。

15. 坚持典型引领，充分发挥先进单位的示范带动作用。各地要以厂务公开民主管理先进单位表彰活动和创建厂务公开民主管理示范单位活动为抓手，精准指导、分类施策、对症下药，认真发现、总结、培育一批工作过硬的厂务公开民主管理示范单位、厂务公开民主管理工作先进单位以及推动厂务公开民主管理工作先进单位。通过宣传经验、一带一、一带多等形式，切实发挥不同类型的典型单位的示范带动作用，以点带面推动本地区企业民主管理工作提升整体水平。

五、组织领导

16. 加强组织领导。各地要争取同级党委政府支持，健全组织机构。已撤销机构的地区，要积极推动恢复工作机构。相关机构的领导或人员不到位的，要及时充实组织力量。各级厂务公开协调领导机构要坚持工作例会制度，每年定期研究部署工作。各成员单位要加强协调配合，形成整体合力，推动工作落实。要充分发挥厂务公开协调领导机构这一重要平台的作用，借助各方力量，巩固“党委统一领导、党政共同负责、有关方面齐抓共管、职工群众广泛参与”的领导体制和工作格局，加大政策指导力度、理论研究力度和督促检查力度。

17. 加强调查研究。各级厂务公开协调领导机构要深入基层开展调查研究。以 2020 年、2022 年全国企业民主管理工作调研检查活动为契机，推动各地认真制定调研方案，按照工作情况评分表的要求，通过自检、互检、抽检等方式，围绕当前工作的重点内容，开展本级企业民主管理工作调研活动。要分析研究新时代企业民主管理工作的发展规律，正确研判工作发展趋势，及时解决工作中的理论与实践问题。加强对国有企业、集体企业、非公有制企业、外资企业、事业单位等不同类型企事业单位民主管理差异性研究，邀请地方有关部门、学术界及企业界人士，就企业产权结构变化对延伸民主管理工作领域的影响、在企业经营管理模式转变中如何推进企业民主管理工作创新发展、适应职工队伍结构深刻变化如何组织职工更有效地参与企业管理、适应互联网经济特点如何使企业民主管理更具有针对性等问题，举办各种类型的研讨会和经验交流会，形成理论成果，推动工作深入发展。

18. 加强督促实施。各地要围绕本规划提出的目标任务，制订本地区工作规划或工作计划，明确目标措施和工作步骤，确保工作落实。结合调研活动，定期对本地区和企事业单位开展企业民主管理工作进行指导，及时掌握工作情况，加强跟踪服务。在制定评估标准时，要将本地区劳动关系和谐状况、企业和职工发展情况、职工群众满意程度等作为企业民主管理工作的重要指标。各地要选树一批不同类型的先进典型，对工作完成较好的地区、单位予以表彰；对态度消极、不作为、乱作为问题予以批评，及时督促整改。

19. 加强分类指导。各级厂务公开协调领导机构要根据国有企业、非公有制企业的不同特点，因企施策、精准发力，推动企业破解发展困境、适应市场竞争，完善改革方案、积极稳妥推进改革，促进构建和谐劳动关系。积极推动混合所有制企业建立健全民主管理制度，探索工作新举措。进一步规范区域（行业）职代会的职权内容、工作制度、组织制度，引导小微企业结合自身特点，畅通利益表达渠道，推动协商解决区域（行业）内的共性问题，提升工作实效。指导学校、医院等事业单位把内部事务公开与社会事务公开结合起来，坚持将改革方案和涉及职工切身利益方案等提交职代会审议或审议通过，广泛听取职工群众的意见建议。

20. 加强宣传引导。全国厂务公开协调小组办公室将加强厂务公开信息员队伍建设和全国厂务公开民主管理工作网站建设，进一步畅通信息报送渠道。各级厂务公开协调领导机构要充分发挥各类媒体的宣传阵地作用，针对社会上出现的一些模糊认识和错误观点，通过专栏、专题片、动画、微电影等多种形式，讲好民主管理故事，普及企业民主管理基本知识，进一步引导企业经营管理者、广大职工群众和社会各界正确认识企业民主管理工作。广泛宣传企业民主管理在维护职工合法权益、构建和谐劳动关系，完善公司法人治理结构、加强企业党风建设，建立现代企业制度、促进企业健康发展，保障职工民主权利、推进基层民主政治建设中的积极作用。注重正面激励，不断释放正能量，扩大企业民主管理工作的社会影响力，为推动企业民主管理工作创新发展创造良好的社会环境和舆论氛围。

全国厂务公开协调小组办公室关于印发《2019—2023年职工代表培训规划》的通知

（国厂开组办发〔2019〕5号）

各省、自治区、直辖市厂务公开协调（领导）小组：

《2019—2023年职工代表培训规划》已经2019年5月22日全国厂务公开协调小组第二十三次会议审议通过。现予印发，请结合本地实际，认真贯彻落实。

全国厂务公开协调小组办公室

2019年6月11日

2019—2023年职工代表培训规划

职工代表培训是企事业单位实行民主管理的基础性工作和战略性工程，是健全以职工代表大会为基本形式的企事业单位民主管理制度体系的重要支撑。全国厂务公开协调小组办公室下发《2014—2018年职工代表培训规划》以来，各地区、各单位认真落实规划，不断加强职工代表培训师资队伍建设，推动职工代表履职能力有了显著提升，为企事业单位民主管理工作提供了充分保障。同时，职工代表培训工作也存在发展不平衡，师资队伍建设与实际需求还有一定差距，培训的广度深度还有待进一步拓展等问题。为培养造就高素质专业化的职工代表队伍，不断把新时代企事业单位民主管理工作推向前进，结合职工代表培训工作实际，制定本规划。

一、指导思想

高举中国特色社会主义伟大旗帜，全面贯彻党的十九大和十九届二中、三中全会精神，以习近平新时代中国特色社会主义思想为指导，以全面增强职工代表履职本领为重点，把强化代表意识、提升能力素质贯穿培训全过程，着力增强职工代表培训的针对性实效性，坚持注重实践、注重能力，联系实际、改革创新，不断深化职工代表培训工作，高质量教育职工代表、高水平服务企业改革发展。

二、主要目标

通过深入扎实推进职工代表培训工作，实现广大职工代表政治理论素养不断提高，对党的基本理论、基本路线、基本方略的政治认同、思想认同、情感认同不断增强，自觉把党的意志和主张落实到广大职工中去。

通过深入扎实推进职工代表培训工作，更加精准、有效地为职工代表提供专业知识和综合能力培训，实现广大职工代表参政议政意识明显增强，履职的基本知识体系不断健全、知识结构不断改善、综合素养不断提高。

通过深入扎实推进职工代表培训工作，建设一支高水平的职工代表师资培训队伍，建立全国职工代表师资培训库，努力实现职工代表培训工作覆盖面不断拓展、内容不断深化、方式不断改进、效果不断凸显，为推进新时代企事业单位民主管理工作打下坚实基础。

围绕以上目标，具体指标如下：

1. 各省（区、市）要围绕本规划提出的目标和任务，结合实际制定本地区职工代表培训五年规划或者实施办法。

2. 各省（区、市）要建设一支高素质职工代表培训师资队伍，在五年内至少要培养 20 名能够讲授有关职工代表培训课程的优秀讲师，为大规模、高质量、常态化、长效化开展职工代表培训提供重要的师资保障。

3. 各省（区、市）要注重加强案例式教学和互动式教学，充分发挥各级厂务公开示范单位的示范引领作用，结合全国厂务公开民主管理示范单位创建活动，在五年内选树出 30 家教学示范点，为职工代表培训提供一批生动鲜活案例样本。

4. 各省（区、市）及所辖地市要不断加大培训工作力度，通过在本级举办示范性培训班，在五年内至少完成 4000 人次民主管理业务培训。其中，每年至少开展一次对工会干部的民主管理业务培训。

5. 各省（区、市）及所辖地市要通过不同层次、各种形式，确保每年至少完成 5 万人次的职工代表培训，确保五年内各企事业单位的职工代表在其一届任期内能够至少接受一次履职能力培训，培训时间累计不少于 8 课时，确保公司制企业的职工董事、职工监事在任期内至少要接受一次履职能力培训，培训时间累计不少于 16 课时。

三、工作举措

（一）强化任务分工。全国厂务公开协调小组及办公室负责示范培训，重点抓好职工代表培训师资队伍建设；省级厂务公开协调领导机构及办公室负责主体培训，定期掌握培训规划完成进度，指导相关业务部门必须完成一定数量的职工代表培训；地市级以下厂务公开协调领导机构及办公室负责适应性培训，加强对企事业单位职工代表培训工作的推动和指导；各企事业单位负责基础性培训，采取多种灵活有效方式，认真组织开展有针对性的职工代表履职能力培训。

（二）改进培训方式。要适应"以需求为导向、以能力为核心"的职工代表学习特点，切实改进职工代表培训的方式方法。综合运用组织调训与自主选学、脱产培训与在职自学相结合的方式，采取就近、就地、短期、专题、送教上门、网络教学、远程培训等灵活多样的办班形式，积极推行互动式、案例式、模拟式、体验式等教学方法，把课堂教学与现场教学、考察学习与工作交流结合起来，提高培训效果。大力推广网络培训和远程教育普及型培训，不断提高职工代表培训的现代化、信息化水平。

（三）完善培训内容。适应新时代企事业单位民主管理工作特点，不断丰富职工代表培训内容，将习近平新时代中国特色社会主义思想，特别是习近平总书记关于工人阶级和工会工作的重要论述；职工代表大会、厂务公开、职工董事职工监事等企事业单位民主管理制度的基本知识；企业生产经营管理以及协调劳动关系的有关法律、法规、政策；提升职工代表履职能力的相关知识等内容作为培训重点。加强教材建设，鼓励各地区、各单位开发一批适应职工代表履职需要和学习特点，体现企事业单位民主管理工作理论和实践最新进展的精品课程、培训教材和基础知识读本，有条件的地方和企业可制作一批教学视频，便于基层企事业单位直接开展培训。

（四）加强师资建设。不断加强职工代表培训理论研究，深化对职工代表培训规律的认识。注重从各级厂务公开协调领导机构工作人员、业务骨干、优秀企业工会主席以及专家学者中选聘政治素质好、理论水平高、善于教学和研究的同志担任兼职教员。推动各级厂务公开协调领导机构建立健全师资库，每年进行更新，实行动态管理和师资共享。

（五）明确进度安排。

2019 年，为培训规划制定年，重点推动各地区、各单位围绕本规划提出的目标和任务，结合实际制定本地区职工代表培训五年规划或者实施办法。

2020 年，为师资队伍建设年，重点推动各地区加大职工代表培训师资力量的充实储备，基本完成培养至少 20 名能够讲授有关职工代表培训课程的优秀讲师的目标，推动建立全国职工代表培训师资库。

2021 年，为中期评估推进年，重点掌握各地区、各单位职工代表五年规划落实进度情况，查摆、改进规划落实过程中存在问题，推动各地区、各单位继续加大工作力度。

2022 年，为教学案例选树年，结合全国厂务公开民主管理示范单位创建活动的开展，重点推动各地区落实好 30 家职工代表培训教学示范单位的选树，为职工代表培训提供一批生动鲜活案例样本。

2023 年，为规划总结验收年，重点督促各地做好职工代表培训规划的总结收尾工作。

各地区、各单位要结合培训规划的各项具体指标要求，根据年度重点任务，制定完成规划的进度表和路线图，逐年推进培训规划目标任务落实落地。

四、组织实施

（一）加强组织领导。各级厂务公开协调领导机构及成员单位要各司其职、密切配合、形成合力，不断加强对职工代表培训工作的组织领导，坚持分类分级、统筹安排，对规划实施情况进行督导，确保各项任务扎实推进、取得实效。

（二）做好经费保障。职工代表培训经费实行分级负责的原则。各地区各部门各单位要进一步加大投入，做好经费预算，完善培训经费“跟着培训项目走”的管理办法，严格实行专款专用，为开展职工代表教育培训工作提供充足经费保障。

（三）加强评估监管。各级厂务公开协调领导机构及办公室要建立科学有效的培训考核和评估机制，对培训机构要加强监管，对培训设计、培训实施、培训管理、培训效果等进行评估，及时根据评估结果查找不足、改进工作、提高质量。有条件的地方和企业可探索建立职工代表数据库，对职工代表履职情况进行跟踪反馈，实现培训成果可追溯、可查询、可转换。

（四）加强宣传动员。强化典型示范，突出导向作用，大力宣传推行职工代表培训的典型经验和良好成效。创新宣传方式，充分运用全国厂务公开民主管理网以及各类新闻媒体，采取灵活多样的形式，做好推广动员宣传工作，为在企事业单位广泛深入开展职工代表培训营造良好社会氛围，广泛动员企事业单位、培训机构积极开展职工代表培训。